Handbuch Literatur & Raum

Handbücher zur kulturwissenschaftlichen Philologie

Herausgegeben von Claudia Benthien,
Ethel Matala de Mazza und Uwe Wirth

Band 3

Handbuch
Literatur & Raum

Herausgegeben von
Jörg Dünne und Andreas Mahler

DE GRUYTER

ISBN 978-3-11-057185-1
e-ISBN [PDF] 978-3-11-030140-3
e-ISBN [EPUB] 978-3-11-038920-3
ISSN 2197-1692

Library of Congress Cataloging-in-Publication Data
A CIP catalog record for this book has been applied for at the Library of Congress.

Bibliografische Information der Deutschen Nationalbibliothek
Die Deutsche Nationalbibliothek verzeichnet diese Publikation in der Deutschen Nationalbibliografie; detaillierte bibliografische Angaben sind im Internet über http://dnb.dnb.de abrufbar.

© 2015 Walter de Gruyter GmbH, Berlin/Boston
Dieser Band ist text- und seitenidentisch mit der 2015 erschienenen gebundenen Ausgabe.
Satz: fidus Publikations-Service GmbH, Nördlingen
Druck und Bindung: Hubert & Co. GmbH & Co. KG, Göttingen

♾ Gedruckt auf säurefreiem Papier
Printed in Germany

www.degruyter.com

Inhaltsverzeichnis

I.	**Einleitung** – *Jörg Dünne und Andreas Mahler* —— **1**	
II.	**Modelle und Theorien**	
II.1	*Achsen*	
1.	Topologie – *Andreas Mahler* —— **17**	
2.	Topographien: Zur Ausgestaltung literarischer Räume – *Wolfram Nitsch* —— **30**	
3.	Dynamisierungen: Bewegung und Situationsbildung – *Jörg Dünne* —— **41**	
II.2	*Räume*	
4.	Deixis – *Michael Cuntz* —— **57**	

Felder

5.	Schrifträume – *Hermann Doetsch* —— **73**
6.	Der literarische Raum – *Xavier Garnier* —— **88**
7.	Raum und Erzählung – *Birgit Neumann* —— **96**
8.	Raum und Theatralität – *Sabine Friedrich* —— **105**
9.	Räume des Wissens – *Burkhardt Wolf* —— **115**
10.	Geopolitik und Globalisierung – *Niels Werber* —— **126**
11.	Postkoloniale Räume – *Tobias Döring* —— **137**

Orte

12.	Landschaft – *Michel Collot* —— **151**
13.	Chronotopoi – *Michael C. Frank* —— **160**
14.	Semiosphäre und Sujet – *Cornelia Ruhe* —— **170**
15.	Utopie und Heterotopie – *Rainer Warning* —— **178**

16. Nicht-Orte – *Matei Chihaia* —— **188**
17. Mnemotop – *Nicolas Pethes* —— **196**

WEGE

18. *Ecocriticism* und Geopoetik – *Tatjana Hofmann* —— **207**
19. Literarische Geographie und Geokritik – *Michel Collot* —— **217**
20. Literaturgeographie und Literaturkartographie – *Barbara Piatti* —— **227**
21. Literarisches Feld – *Joseph Jurt* —— **240**
22. Kartographisches Schreiben und kartographische Imagination – *Federico Italiano* —— **249**
23. Transitorische Räume – *Vittoria Borsò* —— **259**
24. Nicht-euklidische Räume – *Oliver Simons* —— **272**

III. **Paradigmen**

III.1 *Plateaus*

25. Formationen literarischer Raumgeschichte – *Roger Lüdeke* —— **285**

III.2 *Texträume und Raumtexte*

26. Das Mittelmeer: Reisen, Navigieren, Erzählen – *Markus Janka* —— **301**
27. Athen: Autochthoner Raum und politisches Theater – *Susanne Gödde* —— **312**
28. Rom: Imperium Romanum – *Bernhard Teuber* —— **324**
29. Vom Artushof nach King's Landing: Chrestien de Troyes und die Mediävisierung politischer Topographie – *Xuan Jing* —— **335**
30. Der lange Raum: Die *grosse kirch* in der *Vnderweisung der kunst des Messens* der Offizin Hieronymus Rodler – *Christina Lechtermann* —— **344**
31. Die ‚Neue Welt': Reisen und Alterität – *Hanno Ehrlicher* —— **355**

32. Atlantik/Pazifik: Die imaginäre Erschließung der Ozeane im Zeitalter der Segelschifffahrt – *Margaret Cohen* —— 364

33. Venedig: Ambiguität der Republik – *Isabel Karremann* —— 376

34. London: Frühneuzeitliche Großstadt – *Sabine Schülting* —— 385

35. Die Straße: Mobilität und Festkultur im Siglo de Oro – *Miriam Lay Brander* —— 393

36. Versailles: Höfische Spielräume – *Ulrike Sprenger* —— 403

37. Das Kaffeehaus: Bürgerliche Öffentlichkeit – *Sebastian Domsch* —— 413

38. Nissopoiesis: Wie Robinsone ihre Inseln erzählen – *Daniel Graziadei* —— 421

39. Paris: Urbanität, Entgrenzung, Flüchtigkeit – *Karin Westerwelle* —— 431

40. Meer/Luft/Wüste: Eroberung des Naturraums – *Wolfgang Struck* —— 442

41. ‚Intervenierendes Papier': Die Seite als Schrift- und Denkraum – *Kurt Hahn* —— 451

42. St. Petersburg: Exzentrische Moderne – *Susi K. Frank* —— 461

43. New York: „The center of things" – Die Raumzeit der Metropole – *Johanna Schumm* —— 469

44. Tlön: Imaginationsräume und Ander-Welten – *Victor A. Ferretti* —— 478

45. Das Lager: Raum der Ausnahme – *Judith Kasper* —— 485

46. Megastadt: Kinematographisches Mumbai und das Rhizom des Abjekten – *André Otto* —— 494

47. Korallen: Migration und Transozeanität – *Johanna Abel und Gesine Müller* —— 505

IV.	**Glossar** —— 515	
V.	**Auswahlbibliographie** —— 529	
VI.	**Register**	
	Personenregister —— 563	
	Sachregister —— 571	
VII.	**Abbildungsnachweise** —— 585	
VIII.	**Autorinnen und Autoren** —— 587	

I. Einleitung

Jörg Dünne und Andreas Mahler

1. Artikulationen

Das „&"-Zeichen zwischen den beiden Wörtern, die den Titel des Handbuchs *Literatur & Raum* bilden, ist bekanntlich aus der lateinischen Ligatur von *e* und *t* hervorgegangen, die eine besonders enge Verbindung zwischen zwei Buchstaben und, so kann man in metonymischer Ausweitung annehmen, auch zwischen den solcherart verbundenen Wörtern selbst anzeigt. Worin die besonders enge Verbindung zwischen ‚Literatur' und ‚Raum' bestehen mag, worin also die spezifische Räumlichkeit von Literatur sowie von anderen kulturellen Praktiken, die sich auf deren Grundlage beschreiben lassen, begründet liegt, ist Gegenstand dieses Handbuchs.

Angesichts der beträchtlichen Konjunktur, die das Thema ‚Räumlichkeit' in den letzten Jahren erfahren hat, ist das Konzept des Bandes nicht – wie dies in vielen neueren Publikationen und Forschungsprojekten zu ‚Raum' üblich geworden ist – von vornherein inter- oder transdisziplinär angelegt (Günzel 2010; 2012). Vielmehr soll in diesem Band vornehmlich die disziplinäre, d. h. im vorliegenden Fall also die literaturwissenschaftliche Spezifität der Untersuchungskategorie ‚Raum' in den Blick genommen werden, ohne damit die von der Handbuchreihe angestrebte kulturwissenschaftliche Öffnung infrage zu stellen, sondern indem auf den besonderen Status von Literatur im Zusammenspiel mit anderen kulturellen Praktiken reflektiert wird. Unter ‚Literatur' werden dabei im Folgenden generell ästhetische und kulturelle Praktiken wie etwa Film oder Theater wie auch andere ‚materielle' Praktiken miterfasst, sofern diese einen Bezug zu Formen des Literarischen unterhalten.

Die Existenz einer spezifischen Räumlichkeit der Literatur, nach der die Beiträge des Handbuchs fragen, soll in dieser Einleitung nicht einfach im Sinn einer vorgängigen Definition festgeschrieben und für den Rest des Bandes vorausgesetzt werden. Vielmehr kann hier nur die Aufgabe angedeutet werden, die sich die folgenden Beiträge selbst stellen, nämlich die Konturen des aktuellen Feldes spezifisch literaturwissenschaftlicher Raumforschung sichtbar zu machen. Damit kann und soll nicht geleugnet werden, dass zum Verhältnis von Raum und Literatur in den letzten Jahren bereits sehr viel geforscht wurde, wie die Forschungsbibliographie am Ende dieses Bandes bezeugt. Aber dies bedeutet nicht, dass sich die Frage nach diesem Verhältnis schon zufriedenstellend geklärt hätte – oder dass sie überhaupt je abschließend zu klären wäre. Daher versteht sich dieses Handbuch nicht als bloßes Resümee oder Forschungsüberblick über ein vermeintlich bereits umfassend gesichertes Forschungsfeld, das es lediglich methodisch für künftige Applikationen aufzubereiten gälte. Vielmehr bemühen sich die folgenden Beiträge gleichsam stets gerade von der Ligatur, d. h. von der immer aufs Neue herzustellenden und zu reflektierenden Verknüpfung ‚zwischen' Raum ‚und' Literatur aus zu denken. Die Notwendigkeit, einen spezifisch literaturwissenschaftlichen Ansatz in Raumfragen immer wieder aufs Neue zu erproben, ergibt sich dabei insbesondere aus der Einsicht, dass die Literaturwissenschaft eine Tätigkeit ist, die sich bis zu einem gewissen Punkt selbst von den Semiosepraktiken der Texte leiten lässt, mit denen sie umgeht.

Vor diesem Hintergrund stellt sich zunächst die grundsätzliche Frage, inwiefern es möglich und sinnvoll ist, die wissenschaftliche Beschäftigung mit der Literatur in dem von Stephan Günzel (2010) näher bestimmten Sinn zu einer ‚Raumwissenschaft' zu machen. Der Anspruch auf eine Raumwissenschaft wird nach Günzel (2010, 7–10) erstmals in einem apriorischen Sinn von Immanuel Kant für die Geometrie reklamiert, während im Laufe des 19. Jahrhunderts sodann zunehmend die Geographie diesen Titel für sich zu beanspruchen beginnt – mit all den historischen Folgen, die die Bindung des Raums an die Georäumlichkeit der Erdoberfläche beinhaltet (Dünne und Günzel 2006, 371–385). Doch auch jenseits einer zunehmend vorgebrachten Skepsis gegenüber geopolitischen Zugängen zu Raumfragen (Sprengel 1996; Köster 2002) – wie zugleich auch deren weiterhin behaupteter fortdauernder Aktualität (Maresch und Werber 2002; Werber 2007) – haben sich etwa seit der Jahrtausendwende verschiedene Disziplinen zu den ‚Raumwissenschaften' hinzugesellt, die für sich einen privilegierten oder zumindest eigenen Zugang zum Raum reklamieren, etwa, um in ihm ‚die Zeit zu lesen', wie die Geschichtswissenschaft (Schlögel 2003), oder um sozialwissenschaftlich ‚Gesellschaft' über Raumbildungsprozesse zu beschreiben (Löw 2001; Lippuner 2005; Schroer 2006). Der so genannte *spatial* (oder auch *topographical/topological) turn*' (Bachmann-Medick 2006; Döring und Thielmann 2009; Weigel 1999; Günzel 2007) erweist sich somit nicht nur als transdisziplinäre Öffnung der Kulturwissenschaften allgemein, sondern zugleich auch als Konkurrenz einzelner Disziplinen um eine besondere Deutungskompetenz für räumliche Zusammenhänge.

In diesem differenzierten Feld der ‚Raumwissenschaften' scheint es zunächst so, als verfüge die Beschäftigung mit Literatur weder genealogisch noch systematisch über eine besonders hervorgehobene Stellung. Zumindest seit Lessings *Laokoon*, in den erstmals prominent der Raum als Kriterium zur Unterscheidung der Kunstformen eingesetzt wird (Ott 2003, 129; Sasse 2009, 225–226), hat sich eine Sichtweise verbreitet, die die Literatur als Zeitkunst in erster Linie dem zeitlichen Nacheinander und nicht dem Nebeneinander der auf Bildlichkeit beruhenden Raumkünste verpflichtet sieht. Wollte man dieser Grundannahme der Literatur als Zeitkunst folgen, so bliebe ihr im Hinblick auf den Raum nur eine sekundäre, mimetische Funktion gegenüber den bereits in ihrer Eigenmedialität auf dem räumlichen Nebeneinander basierenden Raumkünsten. Und auch die Literaturwissenschaft könnte sich dann nur mit den sekundären, mimetischen Raumbeschreibungen der Literatur auseinandersetzen; die Chance, zu einer originären ‚Raumwissenschaft' aufzusteigen, wäre ihr somit allein schon aufgrund ihres Gegenstandsbereichs verwehrt.

Demgegenüber ist eine nachhaltige Aufmerksamkeit auf die spezifische Räumlichkeit von Literatur – sofern sie in der ihr eigenen Medialität begründet liegt – insbesondere im Zuge der Diskussion um die Schriftlichkeit literarischer Praktiken entstanden, sofern diese – anders als bei Lessing – nicht lediglich dazu dient, nach Maßgabe der gesprochenen Sprache auf eine zeitliche Abfolge von ‚linear' nacheinander zu rezipierenden Aussagen hin überstiegen und damit neutralisiert zu werden (Derrida 1967; Krämer 2005). Doch auch die schrifttheoretisch ausgerichtete Frage nach der medialen Eigenräumlichkeit von Literatur führt noch nicht ohne Weiteres dazu, den ‚literarischen Raum' (Genette 1969, Sasse 2009) zu einer positiven Raum-Wissenschaft zu machen. Vielmehr bleibt auch hier die Frage bestehen, ob sich der Raum der Literatur kraft der ihm eigenen Materialität seines Schriftraums nicht erneut in spezifischer Weise einem auf der Grundlage fester Raumkonzepte operierenden Ansatz raumwissenschaftlichen Denkens entzieht, das durch eine wirkmächtige westliche philosophische Denktradition geprägt ist (zu einem Überblick über die Vielfalt der so entstandenen Raumkonzepte Günzel 2012). Die erstmals in dieser Form von Maurice Blanchot (1955) beschriebene besondere Qualität des ‚*espace littéraire*' läge dementsprechend möglicherweise gerade in der Schaffung einer ‚Reserve'– im Sinne von ‚Reservat', aber zudem auch von ‚Reserviertheit' – gegenüber einem Denken in festen Raumbegriffen und Raumordnungen. Diese ‚Reserviertheit' literarischer Räume gegenüber einem konzeptuell oder materiell bestimmten raumwissenschaftlichen Zugriff lässt sich aber nicht nur als Entzug, sondern durchaus positiv beschreiben, und zwar aufgrund der Tatsache, dass sich in literarischen Texten eine ‚Zwischenräumlichkeit' ausbildet, die für kulturelle Raumbildungsprozesse überhaupt konstitutiv ist, jedoch selten als solche hervortritt.

Am Ursprung jeder literarischen Konfiguration von ‚Raum' bzw. jeder Reflexion auf ihn steht eine mediale ‚Zäsur' bzw. ein ‚Intervall'. Dieses Intervall sorgt dafür, dass sich Literatur nie vollständig einem gegebenen materiellen, durch die Medialität bestimmten, oder aber einem rein symbolischen Raum zuschlagen lässt, sondern dass beide erst in ihrer Verknüpfung miteinander im literarischen Text Gestalt annehmen. Im Grunde demonstrieren literarische Räume damit das, was kulturelle Praktiken generell leisten – sofern man ihnen einen Vorrang vor den durch sie konstituierten Ordnungen und Begriffen zugesteht (Schüttpelz 2006) –, dass sie nämlich im Sinn Henri Lefebvres (1974) kulturellen Raum durch die spezifische Koppelung einer Dimension des Bezeichnens und des möglichen Handelns allererst ‚produzieren'.

Die besondere Funktion der Literatur gegenüber anderen sprachlich bzw. schriftlich konstituierten Räumen – d. h. genau das, was von den Theoretikern des ‚*espace littéraire*' als ihre besondere ‚Reserve' beschrieben wurde – besteht nun möglicherweise vor allem darin, dass in ihr die Artikulation der prinzipiellen, auf einem Intervall basierenden ‚Heterogenität' von Räumlichkeit (Ott 2003) deutlicher präsent bleibt als in anderen kulturellen Raumpraktiken, die aufgrund ihrer funktionalen Ausrichtung stärker darauf fixiert sind, dem ‚Raum' ein ganz bestimmtes Wissen oder eine ganz bestimmte Art der Ordnungsstiftung abzuringen – ihn also interessiert zu ‚homogenisieren'.

Verstärkt wird diese allein schon medial gegebene Reflexivität darüber hinaus durch die Entwicklung und Institutionalisierung literarischer Kommunikationsformen, die sich von unmittelbar pragmatisch gebundenen Aspekten des Umgangs mit Raum distanzieren und dementsprechend vor allem in fiktional entworfenen ‚Als-Ob-Räumen' ihrerseits ‚frei' und möglichkeitsreich auf Räumlichkeit reflektieren können. Aus der komplexen Pragmatik literarischer Kommunikation geht sodann nicht nur die ‚selbst-bewusste' Reflexivität eines raumbasierten ‚sekundären modellbildenden Systems' (Lotman 1972) hervor, sondern stets zugleich auch eine besondere Produktivität literarischer Räume, d. h. die Möglichkeit, Imaginations- und Vorstellungsräume zu eröffnen, die Variationen und Alternativen zu tatsächlich erfahr- oder begehbaren Räumen darstellen. Diese Vorstellungsräume bringen ihrerseits potentiell wieder neue konkrete Raumerfahrungen hervor, die in einem weiteren Schritt erneut literarisch reflektiert werden können. Auf diese Weise entsteht eine im Prinzip endlose Bewegung. Literarische Räume bilden ‚begehbare' Räume dementsprechend nicht nur ‚mimetisch' ab, sondern lassen nicht zuletzt alternative Räume bzw. Raumpraktiken ‚performativ' (Iser 1993, 481–515) vorstellbar und schließlich in der Folge unter Umständen sogar auch wiederum realisierbar, also ‚Wirklichkeit' werden.

Die Tatsache, dass die Literaturwissenschaft auf sprachliche Untersuchungsobjekte verwiesen bleibt, anhand deren gleichsam unter ‚experimentellen' Bedingungen wechselnde Artikulationen von Medienräumlichkeit und Raumsemantik durchgespielt werden können, hat schließlich auch Folgen für die Wissenschaftlichkeit der Konzepte und Theorien, mit denen über Literatur gesprochen wird. Denn auch die Literaturwissenschaft als Disziplin fungiert möglicherweise als Ort der Artikulation, an dem Raumkonzepte in einer Art und Weise gebildet und transformiert werden können, dass sie zu ‚*travelling concepts*' (Bal 2002) werden, d. h. dass sie sowohl von der Literaturwissenschaft anverwandelt, aber auch von ihr ausgehend transdisziplinär anderweitig genutzt werden können. Generell weisen die Theorien und Konzepte, mit denen literarische Räume analysiert werden können und die in diesem Handbuch sowohl als Gegenstand theoretischer Reflexion als auch in Verknüpfung mit exemplarischen literarischen Analysen vorgestellt werden, eine charakteristische Doppelgestalt auf, der sie sowohl zur philologischen Arbeit als auch zum Übertrag auf außerliterarische Felder aktueller Kulturtheorie befähigt. Während erstere sich insbesondere durch ihre ‚Materialorientierung', d. h. durch die Arbeit mit konkreten Texten auszeichnet, macht die Verbindung zu letzteren das ‚Raumwissen der Literatur' zum experimentellen Ort für kulturwissenschaftliche Erweiterungen und Transformationen literaturwissenschaftlicher Ansätze.

Die besondere Chance der Literaturwissenschaft läge dementsprechend – so ließe sich unter Rückbezug auf die Frage nach ihren Ansprüchen auf eine besondere Deutungskompetenz in Raumfragen formulieren – nicht so sehr darin, verspätet doch noch in den Kreis der ‚Raumwissenschaften' aufgenommen zu werden, sondern in der Option, in der untrennbaren Verknüpfung von Philologie und Kulturtheorie einen eigenen Ort zu schaffen, an dem die kulturwissenschaftliche Raumforschung stets auf die – von ihr oftmals vergessenen – sprachlichen und medialen Grundlagen ihrer eigenen Theoriebildung zurückverwiesen bleibt und sich genau darin stets auch auf ihre möglichkeitsreichen Alternativen verwiesen findet.

2. Durchführungen

Die Konzeption des vorliegenden Bandes folgt dem Handbuchkonzept der Gesamtreihe mit einigen eigenen Akzentsetzungen. Dabei geht die Gliederung der beiden Hauptteile des Bandes von der suggestiven Überlegung aus, dass wissenschaftliches Denken selbst bestimmten räumlich beschreibbaren Strukturen folgt. Dementsprechend wird in der Gliederung versucht, die raumtheoretische Forschungs-‚Landschaft' in der Literaturwissenschaft als ein räumliches Gebilde zu beschreiben, das (der besseren Vorstellbarkeit halber) wie ein dreidimensionaler geometrischer Raum strukturiert ist, das also seine Koordinaten, Lagebeziehungen, Verbindungswege sowie seine zur Orientierung in einem solchen kulturtheoretischen Meta-Raum möglicherweise hilfreichen Lageskizzen bzw. Karten aufweist. Auf eine Visualisierung dieses zwar metaphorischen, aber in seiner Metaphorizität als räumliches Gebilde doch unhintergehbaren Theorie-Raums in Form von *concept maps* oder Ähnlichem wurde zwar verzichtet, aber es sei hier an die räumliche Imagination der Leser dieses Bandes appelliert, sich einen solchen

Raum der literaturwissenschaftlichen Raumtheorie mit seinen Basiskoordinaten, seinen Feldern, Wegen, Punkten, aber auch seinen unablässigen Reisebewegungen innerhalb des beschriebenen Gesamtraums sowie über seine Grenzen hinaus vorzustellen. Hierin sind die Einzelbeiträge zur besseren Auffindbarkeit in einfacher fortlaufender Nummerierung eingelassen. Der Theorie-Raum selbst setzt sich dabei aus folgenden Elementen zusammen:

Teil II („Modelle und Theorien") hat das Ziel, eine literatur- wie kulturtheoretische Meta-Topologie zu beschreiben, um auf diese Weise einen Orientierung gebenden und zugleich offenen Überblick über allgemeine Fragestellungen, ertragreich diskutierte Probleme und aktuelle Entwicklungen literaturwissenschaftlicher Raumforschung zu geben. Ausgangspunkt für die Darstellung dieses Theorie-Raums sind in Teil II.1 zunächst drei Beiträge zu grundlegenden *Achsen*, die die denkbaren Möglichkeiten des Zugangs zu einer literaturorientierten Raumforschung eröffnen und diesen zu eröffnenden Meta-Raum nach Art eines Koordinatensystems zugleich in dreierlei Hinsicht strukturieren. Geht man ganz allgemein aus von den semiotischen Aspekten einer die Relation von Zeichen zu anderen Zeichen regelnden Syntaktik, einer ihre Relation zu der mit ihnen verbundenen Bedeutung bestimmenden Semantik und einer ihren tatsächlichen Gebrauch berücksichtigenden Pragmatik (Morris 1981, 324–328), so lässt sich die topologische Dimension reiner Relationierung begreifen als elementare Achse der Syntaktik, die topographische Dimension der Referenz- und Bedeutungszuweisung als konkretisierende Achse der Semantik und die dynamische Dimension ihrer im Prinzip unbegrenzten Praktiken als in ‚Welt' verankernde Achse der Pragmatik. Während also topologische Zugriffsweisen vor allem auf die Beschreibung abstrakter Relationen von semiotisierbaren, aber keineswegs stets vorgängig semiotisierten Differenzen zielen, zeichnen sich topographische Ansätze aus durch ihren gleichermaßen lokalisierenden wie spezifizierenden Gestus, auf dessen Basis sich kulturelle Orte wie auch Bedeutungssysteme herausbilden. Eine dritte Achse wird schließlich durch die Raumpraktiken dargestellt, mit denen topologische wie auch topographische Ordnungen durch eingängige ‚Inbetriebnahme' und beständiges veränderndes wie auch stabilisierendes ‚Inganghalten' vektoriell dynamisiert werden. Ausgehend von diesen drei Achsen lassen sich sodann in Teil II.2 die ‚Räume' der literaturwissenschaftlichen Raumforschung im engeren Sinn beschreiben. Dabei wird hier, nach einer einleitenden Reflexion auf die topologische wie auch die topographische Rolle der Deiktika in literarisch raumbildenden Prozessen, wiederum im Sinn einer Meta-Topologie der Raumtheorie unterschieden zwischen – in sich offenen und letzthin auch nie abschließbaren, sondern vielmehr stets erweiterbaren – *Feldern*, *Punkten* und *Wegen*.

Felder der Theoriebildung wie die Schrift, der ‚*espace littéraire*', die Narratologie, das Theater, die Frage nach Wissens- und geopolitischen Räumen oder etwa die postkoloniale Theoriebildung stellen Grundlagen oder bereits etablierte Bereiche der Raumforschung dar, an denen sich die literaturwissenschaftliche Textanalyse orientiert und die meist auch schon methodisch abgesicherte Zugänge zu literarischen Räumen eröffnen. Darin eingelassen markieren *Punkte* – wie etwa die Landschaft, der Chronotopos, die Semiosphäre, die Heterotopie, der Nicht-Ort oder auch das Mnemotop – einzelne Konzepte oder Themenbereiche, auf die sich die literaturwissenschaftliche Diskussion in bestimmten Forschungskontexten der letzten Zeit fokussiert hat, die aber zugleich nicht nur stellvertretend für bestimmte Methoden stehen, sondern immer wieder neue, z. T. auch äußerst kontroverse Aktualisierungen erfahren haben. Dabei eignet sich die Literaturtheorie – als besonders aktiver Umschlagplatz für die bereits erwähnten *travelling concepts* – immer wieder Konzeptualisierungen und Theorien an, die in anderen wissenschaftlichen Disziplinen entwickelt worden sind, um sie ihrerseits weiterzubearbeiten und mit neuen Funktionen und Bedeutungen zu belegen. Darüber hinaus ist die Literaturwissenschaft aber zuweilen selbst auch ein ‚Entstehungsherd' von Raumkonzepten, die sich ihrerseits dann umgekehrt in anderen wissenschaftlichen Diskursen festsetzen. Schließlich werden unter *Wegen* – wie etwa dem *Ecocriticism* und der Geopoetik, der *Géographie littéraire*, der Theorie vom literarischen Feld, dem Gedanken von der kartographischen Imagination oder auch demjenigen des transitorischen Raums – aktuelle Paradigmen der literaturwissenschaftlichen Raumforschung vorgestellt, die, aufbauend auf bestehenden Grundlagen und Konzepten, unter Nutzung der Felder und Aufsuchen der Punkte, einen spezifischen Zugriff auf die Frage nach Literatur und Raum vorschlagen und auf diese Weise in der Lage sind, etablierte Forschungsfelder neu zu ordnen und bereits gegebene Leitkonzepte anders zu perspektivieren. Hierüber lässt sich verfolgen, welchen argumentativen Verlauf einmal ausgemachte Punkte in konstituierten disziplinären Feldern nehmen, etwa in der soziologisch ausgerichteten Beschreibung des literarischen Feldes eines Chronotopos wie Paris in Erzählungen des 19. Jahrhunderts (Bourdieu 1992) oder aber beispielsweise auch in politisch engagierten Erkundungen des Transitorischen in Nicht-Orten (Augé 1992) wie etwa dem Auffanglager in postkolonialen Argumentationszusammenhängen. Am Ende dieses Teils zu *Wegen* literaturwissenschaftlicher Raumforschung steht ein Beitrag zu nicht-euklidischen Räumen, der die Grundlage der Raum-Analysen in den meisten Beiträgen des Bandes sowie auch des hier versuchsweise skizzierten Meta-Raums selbst noch einmal kritisch hinterfragt und den Raum der euklidischen Geometrie zum bloßen Spezialfall einer alternativen Vorstellungsmatrix sowohl von Theorieräumen als auch von literarischen Räumen werden lässt.

Ziel von Teil III („Paradigmen") ist es, im Anschluss an die theoretischen Felder, Punkte und Wege an konkreten Raumtexten ausgerichtete praktische exemplarische Analysen von ausgewählten Textraumentwürfen vorzustellen. Dabei erhebt die getroffene Auswahl wiederum keinen Anspruch auf Vollständigkeit, sondern versteht sich erneut als eine offene und im Prinzip unabschließbare suggestive Liste realisierter wie möglicher Texträume und Raumtexte. Während die Gliederung des zweiten Teils auf dem Versuch der Verräumlichung von Theorieansätzen beruht und dabei vorrangig auf systematischer Ebene operiert, orientiert sich demnach der dritte Teil nunmehr am ebenfalls räumlich fassbaren, jedoch vor allem auf Prozesse der Verzeitlichung zielenden Modell einer schichtenartigen Sedimentierung von literatur- und kulturgeschichtlichen Zusammenhängen.

Entsprechend erfolgt in Teil III.1 unter dem Titel „*Plateaus*" wiederum zunächst eine vorgeschaltete allgemeinere Überlegung zur Art und Weise, wie im Bereich der Literaturwissenschaft Formationen spezifisch der Raumgeschichte gedacht werden und wie diese grundlegende Historizität Texträume und die von ihnen hervorgebrachten kulturellen Raumtexte jeweils prägt. Dem folgt sodann in Teil III.2 eine Serie von Einzelanalysen, welche sich insofern als paradigmatisch verstehen, als in ihnen an einzelnen Beispielen und ohne jeden Anspruch, damit alles historisch Relevante zu erfassen, selektiv und gleichwohl exemplarisch zu zeigen versucht wird, wie vorwiegend zu bestimmten Zeitpunkten und mit unterschiedlich dauerhafter Wirkung prägnante Raumdynamiken im Zusammenhang mit bestimmten Topologien wie auch Topographien der Literatur auftreten und wie sie in der Folge mannigfaltige produktive Anschlüsse in literarischen oder auch kulturellen Praktiken hervorbringen. Diese Beiträge zeichnen sich dadurch aus, dass sie ausgehend von einer spezifischen topographisch oder topologisch beschreibbaren Formation wie etwa dem „Mittelmeer" anhand der gegebenen Achsen integrativ spezifische Formen der literarischen Dynamisierung wie etwa das „Reisen, Navigieren, Erzählen" zu beschreiben suchen. Dabei führt die textuelle Zeitreise ohne Anspruch auf eine genaue flächendeckende oder auch lineare Erfassung aller historisch maßgeblichen Punkte wie literaturgeschichtlich bedeutsamen Zusammenhänge – man mag etwa Einträge zu Byzanz, Dublin, Yoknapatawpha oder auch Los Angeles vermissen – über so unterschiedliche wie wirkmächtige Texträume wie das antike Athen und Rom, den mittelalterlichen Hof und die Kathedrale, die Neue Welt und die Weltmeere, über Venedig, London, die Straße, den Hof von Versailles, das Kaffeehaus und die Insel bis hin zu europäischen Metropolen oder gar Weltstädten des 19. bis 21. Jahrhunderts wie Paris, St. Petersburg, New York und Bombay einerseits und entzogenen imaginären, textuellen oder auch erschreckend realen Raumformationen wie Ozean, Wüste, Luft, die Buchseite, das Lager und den Transitraum andererseits. Um den Charakter der Exemplarität zu wahren, sind die Analysen hierbei oftmals an einen prototypischen Einstiegstext gebunden wie etwa die homerische *Odyssee*, Ben Jonsons *Volpone*, Balzacs *Illusions perdues*, John Dos Passos' *Manhattan Transfer* oder auch Danny Boyles *Slumdog Millionaire*, welcher sodann als Ausgangspunkt genommen wird für die Bildung von Serien, anhand deren die Tragweite der literatur- wie auch kulturgeschichtlichen Folgen des vorgestellten Paradigmas sichtbar gemacht wird. Die einzelnen Beiträge sind nach den jeweiligen Einstiegstexten in weitgehend chronologischer Reihenfolge angeordnet und umfassen zugleich, wie angedeutet, die verschiedensten Epochen, Weltregionen und Kulturkreise von der Antike bis zur Gegenwart. Dabei wurde in der Auswahl der behandelten Texte Wert auf ihre ‚traditionsbildende' Funktion gelegt, was notgedrungen eine gewisse Nähe zum weltliterarischen Kanon im engeren Sinn erklärt – allerdings stets unter Einbeziehung bewusster Öffnungen und literarischer Infragestellungen genau dieses Kanons, wie etwa im Fall von karibischen Umschreibungen der von Daniel Defoes Roman geprägten Robinsonaden in der Gegenwartsliteratur.

Teil IV enthält schließlich (in Übereinstimmung mit den anderen Bänden dieser Reihe) ein kurzes Glossar mit hilfreichen Analysebegriffen zu literarischer Räumlichkeit, das komplementär zu den Titeln der Beiträge in Teil II des Bandes angelegt ist. Die Schlussbibliographie erfasst die gesamte von den Autoren des Bandes verwendete Raumliteratur (unter Verzicht auf reine Sekundärliteratur zu einzelnen literarischen Texten und nicht unmittelbar raumspezifische Titel) sowie darüber hinaus grundlegende weiterführende Literatur zum Thema „Raum & Literatur". Das Namens- und Sachregister erleichtert die Suche nach einschlägigen Autoren und Konzepten.

3. Danksagungen

Die Herausgeber sind im Rahmen der Arbeiten an diesem Band mehreren Personen zu Dank verpflichtet. Julien Knebusch war bei der Konzeption und hinsichtlich der Kontakte zu den französischen Autorinnen und Autoren des Handbuchs in besonderem Maß behilflich. Kathrin Fehringer oblag die undankbare Sorge der Einrichtung und Angleichung der unterschiedlichen Manuskripte; sie war darüber hinaus für die Registererstellung verantwortlich. Sara Cunningham und Maik Siegel leisteten bei der Erstellung der Bibliographie unschätzbare Hilfe. Nicht zuletzt gilt unser Dank Manuela Gerlof und Anja-Simone Michalski vom De Gruyter-Verlag für ihre Hilfsbereitschaft und Geduld im Vorfeld wie auch bei der Produktion sowie den Herausgeber/inne/n der Handbücher zur kulturwissenschaftlichen Philologie (HKP), allen voran Ethel Matala de Mazza, für ihr verständiges Entgegenkommen und unerschütterliches Vertrauen.

Literatur

Augé, Marc. *Non-lieux: Introduction à une anthropologie de la surmodernité*. Paris: Seuil, 1992.
Bachmann-Medick, Doris. *Cultural Turns: Neuorientierungen in den Kulturwissenschaften*. Reinbek bei Hamburg: Rowohlt, 2006.
Bal, Mieke. *Travelling Concepts in the Humanities. A Rough Guide*. Toronto: University of Toronto Press, 2002.
Blanchot, Maurice. *L'espace littéraire*. Paris: Gallimard, 1955.
Bourdieu, Pierre. *Les règles de l'art: Genèse et structure du champ littéraire*. Paris: Seuil, 1992.
Curtius, Ernst Robert. *Europäische Literatur und lateinisches Mittelalter*. Bern und München: Francke, 1984 [1948].
Derrida, Jacques. *De la grammatologie*. Paris: Minuit, 1967.
Döring, Jörg, und Tristan Thielmann (Hrsg.). *Mediengeographie: Theorie – Analyse – Diskussion*. Bielefeld: Transcript, 2009.
Dünne, Jörg, und Stephan Günzel (Hrsg.). *Raumtheorie: Grundlagentexte aus Philosophie und Kulturwissenschaften*. Frankfurt a. M.: Suhrkamp, 2006.
Genette, Gérard. „La littérature et l'espace." *Figures II*. Paris: Seuil, 1969. 43–49.
Günzel, Stephan (Hrsg.). *Topologie: Zur Raumbeschreibung in den Kultur- und Medienwissenschaften*. Bielefeld: Transcript, 2007.
Günzel, Stephan (Hrsg.). *Raum: Ein interdisziplinäres Handbuch*. Stuttgart und Weimar: Metzler, 2010.
Günzel, Stephan (Hrsg.). *Lexikon der Raumphilosophie*. Darmstadt: Wissenschaftliche Buchgesellschaft, 2012.
Iser, Wolfgang. *Das Fiktive und das Imaginäre: Perspektiven literarischer Anthropologie*. Frankfurt a. M.: Suhrkamp, 1993 [1991].
Köster, Werner. *Die Rede über den ‚Raum': Zur semantischen Karriere eines deutschen Konzepts*. Heidelberg: Wissenschaftsverlag der Autoren, 2002.
Krämer, Sybille. „‚Operationsraum Schrift': Über einen Perspektivenwechsel in der Betrachtung der Schrift". *Schrift: Kulturtechnik zwischen Auge, Hand und Maschine*. Hrsg. von Gernot Grube, Werner Kogge und Sybille Krämer. München: Fink, 2005. 23–57.
Lachmann, Renate. *Gedächtnis und Literatur: Intertextualität in der russischen Moderne*. Frankfurt a. M.: Suhrkamp, 1990.
Lefebvre, Henri. „Die Produktion des Raums" [1974]. *Raumtheorie: Grundlagentexte aus Philosophie und Kulturwissenschaften*. Hrsg. von Jörg Dünne und Stephan Günzel. Frankfurt a. M.: Suhrkamp, 2006. 330–342.
Lippuner, Roland. *Raum, Systeme, Praktiken: Zum Verhältnis von Alltag, Wissenschaft und Geographie*. Stuttgart: Steiner, 2005.
Löw, Martina. *Raumsoziologie*. Frankfurt a. M.: Suhrkamp, 2001.
Lotman, Jurij M. *Die Struktur literarischer Texte*. Übers. von Rolf-Dietrich Keil. München: Fink, 1972 [1970].

Lotman, Jurij M. *Die Innenwelt des Denkens: Eine semiotische Theorie der Kultur*. Hrsg. von Susi K. Frank, Cornelia Ruhe und Alexander Schmitz. Übers. von Gabriele Leupold und Olga Radetzkaja. Berlin: Suhrkamp, 2010.
Maresch, Rudolf, und Niels Werber (Hrsg.). *Raum – Wissen – Macht*. Frankfurt a. M.: Suhrkamp, 2002.
Morris, Charles W. *Zeichen, Sprache und Verhalten*. Mit einer Einführung von Karl-Otto Apel. Übers. von Achim Eschbach und Günther Kopsch. Frankfurt a. M., Berlin und Wien: Ullstein, 1981 [1946].
Ott, Michaela. „Raum". *Ästhetische Grundbegriffe*. 6 Bde. Hrsg. von Karlheinz Barck *et al.* V. Stuttgart und Weimar: Metzler, 2003. 113–149.
Sasse, Sylvia. „Literaturwissenschaft". *Raumwissenschaften*. Hrsg. von Stephan Günzel. Frankfurt a. M.: Suhrkamp, 2009. 225–241.
Schlögel, Karl. *Im Raume lesen wir die Zeit: Über Zivilisationsgeschichte und Geopolitik*. München: Hanser, 2003.
Schroer, Markus. *Räume, Orte, Grenzen: Auf dem Weg zu einer Soziologie des Raums*. Frankfurt a. M.: Suhrkamp 2006.
Schüttpelz, Erhard. „Die medienanthropologische Kehre der Kulturtechniken". *Kulturgeschichte als Mediengeschichte (oder vice versa?)*. Hrsg. von Lorenz Engell. Weimar: Universitäts-Verlag, 2006. 87–110.
Sprengel, Rainer. *Kritik der Geopolitik: ein deutscher Diskurs: 1914–1944*. Berlin: Akademie-Verlag, 1996.
Weigel, Sigrid. „Zum ‚topographical turn': Kartographie, Topographie und Raumkonzepte in den Kulturwissenschaften". *KulturPoetik* 2/2 (2002): 151–165.
Werber, Niels. *Die Geopolitik der Literatur: Eine Vermessung der medialen Weltraumordnung*. München: Hanser, 2007.

II. **Modelle und Theorien**

II.1 *Achsen*

1. Topologie
Andreas Mahler

1. Primat der Relation

„Man kann sich fragen," so eine Überlegung des Tartuer Semiotikers und Literaturtopologen Jurij Lotman, „ob der Satz ‚Er hat das Höchste erreicht' auch für eine denkende Fliege oder für jemanden, der in einer schwerelosen Umgebung aufgewachsen ist, ohne weiteres verständlich wäre." (2010, 175) Verständlich wäre der Satz vielleicht gerade deshalb nicht, weil ihm von den genannten Instanzen kaum ereignishafte Semantik zuschreibbar wäre; wer sich scheinbar mühelos und frei zwischen ‚unten' und ‚oben' bewegt, besetzt die Differenz kaum mit Valorisierungen, welche die vermeintlich gegebene ‚Welt' entscheidend prägten: statt Differenz besteht weithin nichts als Indifferenz. Unter den Relationen ‚nah' – ‚fern', ‚vorne' – ‚hinten', ‚unten' – ‚oben' wäre mithin für die Fliege letztere mutmaßlich die unerheblichste. Dies ist für den Menschen anders. Für ihn ist die Schwerkraft einschränkende Bindung an den Boden und der Ausbruch nach oben mögliche Befreiung aus dem Zwang. Vor diesem Hintergrund ist das Erreichen des ‚Höchsten', der ‚Aufstieg', die Option, es ‚bis ganz nach oben geschafft' zu haben, anders. Dies benennt ein entscheidendes Problem wissenschaftlicher Raumbeschreibung. Als Beobachter und Involvierter ist der Mensch immer schon Teil des von ihm beschriebenen Raums, immer schon im Raum verortet wie vom Raum abhängig, und er erscheint unweigerlich als dessen Element. Damit ist aber in der Regel die Entscheidung über die konzeptuelle Vorstellung vom Raum vor aller Untersuchung bereits gefallen: der Raum erscheint von Anbeginn als ein konkreter, physikalischer Raum, ein vom Menschen genutzter und für ihn gemachter, als ein ‚etwas'; und dieses etwas ist, wie Einsteins berühmte Formulierung es benennt, am plausibelsten vorstellbar als „Schachtel", wie ein aus Elementen bestehender und Inhalte aufnehmender und ordnender – letzthin anthropozentrisch ‚aufräumender' – Container (1988, 93).

Dies Problem unbemerkter Beobachterinvolviertheit zu umgehen sucht aus raumanalytischer Sicht ab etwa der Mitte des 19. Jahrhunderts die insbesondere von Johann Benedict Listing als Teildisziplin der Mathematik intensiv propagierte Topologie (Günzel 2007, 21–23; Nunold 2012). Statt der vermeintlich unhintergehbaren, scheinbar natürlichen Innensicht verschreibt sie sich versuchsweise einem strikten utopischen Blick von außen; statt eines vorschnellen Schlusses aufs Konkrete vorweg einer grundsätzlichen Abstraktion. In logisch-mathematischem Sinn gilt als ‚Struktur' die Menge aller Relationen, als ‚System' die Menge aller Relationen plus der Menge der Elemente (Piaget 1987, 5–32). Eine Struktur ist also ein System ohne Beachtung der Elemente. Genau hier – im unbedachten voreiligen Einbezug immer schon auch der Elemente – liegt der Kurzschluss der auf den Menschen zentrierten Raumbeschreibung, denn sie erfasst den Raum immer schon lediglich als anthropozentrisches System. Doch ist Raum topologisch womöglich zuallererst nichts als Struktur. Dies meint Gilles Deleuzes Rede vom ‚reinen *spatium*': „Was struktural ist," formuliert Deleuze in dezidiertem Mathematismus, „ist der Raum, aber ein unausgedehnter, prä-extensiver Raum, reines *spatium*, das sich nach und nach als Ordnung der Nachbarschaft herausgebildet hat und in dem der Begriff der Nachbarschaft zunächst einen ordinalen Sinn hat und nicht eine Bedeutung in der Ausdehnung." (2003, 253) Raum ist mithin nicht schon Reduktion auf seine konkreten Ausfüllungen: konkretes, benennbares, begehbares *spatium*, sondern vor aller Besetzung überhaupt erst einmal die Möglichkeit einer nachbarschaftlichen Verhältnishaftigkeit, einer auf Ordnung richtbaren wie gerichteten Inbezugsetzung, dynamisierender Relationierung. Vor aller ‚semantischer' Füllung (→ 2. Topographien) wie auch ‚pragmatischer' Nutzung (→ 3. Dynamisierungen) ist der Raum dementsprechend zunächst einmal im semiotischen Sinn bloßer ‚syntaktischer' Ermöglichungsgrund (Morris 1981, 324–328). In seiner ganzen ‚reinen' Abstraktheit formt er so die Elemente, durch deren Relationen er scheinbar erst beschreibbar wird; was der gesunde Menschenverstand intuitiv als richtig anerkennt, wird gedreht: nicht gibt es scheinbar natürlicherweise erst im Raum Objekte und dann zwischen ihnen mögliche Relationen, sondern die Relationen prägen ihrerseits die Objekte allererst mit aus. Die Dinge sind nicht immer schon im Raum, sondern der Raum macht auch die Dinge. Dies meint die Rede vom Primat der Relation.

In solcher auf Piaget, Foucault, Deleuze, nicht zuletzt auf Cassirer aufbauender topologischer Sicht erscheint Raum mithin zunächst einmal ganz abstrakt als ‚heterogenisierende Relationalität' (Ott 2003, 113–118). Das reine *spatium* ist nichts als eine schiere Menge unterschiedlichster Vektoren; nicht ausgedehnte Fläche, nicht räumliches Kontinuum, nicht integrales Behältnis von und für etwas, sondern in aller ‚ordinaler Nachbarschaftlichkeit' abstrakte Ansammlung denkbarer Relationen: einfacher vektorieller Relationen wie ‚vorne' – ‚hinten', ‚nah' – ‚fern', ‚unten' – ‚oben', ‚links'– ‚rechts', ‚innen' – ‚außen', aber auch zunehmend nicht-euklidisch komplexer und paradoxaler Relationen wie der des Netzes, des Rhizoms, des Knotens, der Kante, der Umstülpung, des Torus oder der Möbius'schen Fläche (→ 24. Nicht-euklidische Räume). Dies bezeugt überdies zugleich den in Aussicht stehenden Wissenszuwachs topologischen Denkens. Denn erst bei solchem Abstraktionsgrad entbirgt sich etwa die topologisch ausgerichtete Erkenntnis ‚struktureller Homologie' – relationaler Äquivalenz trotz scheinbar divergentester substantieller Füllung –, wie sie sich niederschlägt im epistemologischen Weg vom im Foucault'schen Sinne ‚positivistisch' dokumentierenden ‚Archiv' zum struktural relationierenden ‚Diagramm' (Deleuze 1992).

2. Topologie und Kognition

Ist Raum aus topologischer Sicht zunächst nichts als ‚heterogenisierende Relationalität', so streben anthropologische Akte der Raumaneignung in der Regel konstruktivistisch hin auf Aspekte seiner möglichen Homogenisierung. Bei unserer Geburt – ihrerseits schon topologisch beschreibbar als mysteriöse Transformation eines ‚Innen' in ein ‚Außen' – driften wir unversehens in ein Meer von unverstandenen Relationen. Zunächst in der Tat umgeben von nichts als ‚reinem *spatium*', von undeutbar rauschenden, im wörtlichen Sinne ‚prä-positionalen' Ereignissen ‚über', ‚unter', ‚hinter', ‚vor', ‚neben' wie auch ‚in' unserem Körper, suchen wir kognitiv nach ‚Anhaltspunkten' räumlicher Orientierung, nach Optionen verortender Erfassung, der eigenen ‚Positionierung'. Verlässlichster Anker hierfür wird uns alsbald der Körper selbst als Zentrum unseres Erlebens; intuitiv willkürlich setzen wir ihn als scheinbar einzig fixen Bezugspunkt: als suppositionalen Nullpunkt ‚unserer' Welt. Dies ist die erkenntnisversprechende Falle eines räumlichen Vorurteils, des unseren Zugriff auf ‚Welt' pragmatisch prägenden „anthropocentric bias" (Levinson 2003, 9–14); es ist der Auftakt eines intensiven Homogenisierungs- und Synchronisierungsprozesses, welcher allererst alle Wahrnehmung in Relation setzt zu uns selbst als trotz aller Prekarität und Willkür womöglich verlässlichster Konstante inmitten einer Fülle vermeintlich unkontrollierter und unkontrollierbarer direktionaler Dynamiken: etwas kommt ‚auf mich zu', geht ‚von mir weg', ist (nicht nur im Freud'schen Sinne) ‚fort' und wieder ‚da', ist ‚nah' und mit einem Mal ganz ‚fern'.

Hierüber etabliert sich aus kognitiver Sicht eine erste topologische Achse; es ist dies die Achse von ‚nah' und ‚fern', ‚hier' und ‚dort', in rudimentärster Form vielleicht erst einmal diejenige von ‚Ich' – ‚Nicht-Ich'. Indem ich lerne, Dinge an mich herankommen zu lassen, sie von mir zu werfen, sie in mittlerer Distanz zu betrachten, sie herbeizuwünschen wie mich ihrer dadurch als unangenehm zu entledigen, dass ich sie ‚verschwinden' lasse, beginne ich mich differenziert zu ihnen ins Verhältnis zu setzen und etabliere auf diese Weise eine Fülle von Relationen, die mich selbst wiederum mitverorten. Im Lauf der Zeit spaltet sich die so etablierte Nah-Fern-Achse zudem in eine horizontale und eine vertikale Variante. Das ferne Objekt kann ebenso weit ‚hinten' wie weit ‚unten' oder ‚oben' sein. Gefördert wird dies durch die zunehmend ins Bewusstsein tretende Erfahrung der Schwerkraft. Momente des Stolperns, Fallens, Entgleitens, Verlierens bezeugen eine zusätzliche vertikale Verhältnishaftigkeit. „Das Zusammenspiel zwischen der Erdanziehungskraft, dem durchschnittlichen Gewicht des Menschen und seiner vertikalen Körperhaltung", so noch einmal Jurij Lotman, „hat den in allen Menschheitskulturen vorhandenen Gegensatz von oben und unten hervorgebracht, mit den dazugehörigen inhaltlichen (religiösen, politischen, moralischen usw.) Interpretationen." (2010, 175) Zugleich spezifiziert sich die horizontale Achse zum einen anthropologisch, gemäß unserer dominant visuellen Wahrnehmung als „Sehtiere" (Bühler 1982, 127), in ein den perspektivisch bedingten menschlichen Wahrnehmungsausschnitt stärker berücksichtigendes ‚Vorne' – ‚Hinten', welches dem von Bühler so genannten *„Körpertastbild"* (129; Herv. i. O.) entspricht und die Achse gewissermaßen nach einem unsichtbaren ‚Hinten' verlängert; zum anderen spezifiziert sie sich zunehmend kulturell über welthermeneutische semantische Besetzungen, welche aus dem Nah- bzw. Innenraum einen Raum des Vertrauten, Eigenen, und aus dem Fern- bzw. Außenraum einen Raum des Fremden, Bedrohlichen, Zivilisationslosen zu machen suchen. „Am Beginn jeder Kultur", so ein weiteres Mal Jurij M. Lotman, „steht die Einteilung der Welt in einen inneren (‚eigenen') und einen äußeren Raum (den der ‚anderen'). Wie diese binäre Einteilung interpretiert wird, hängt vom jeweiligen Typus von Kultur ab, die Einteilung an sich aber ist universal." (2010, 174)

Kognitiv erstellen wir uns so Schritt für Schritt ein topologisches Modell von unserer Welt (→ 9. Räume des Wissens). Es ist Zeichen wie Ausdruck unserer tiefen, basalen topologischen Verankerung in der Welt: „Auf eine sehr grundsätzliche, aber schwer faßbare Art und Weise ist unsere eigene Identität unlösbar mit der Kenntnis der räumlichen Umwelt verbunden." (Downs und Stea 1982, 49) Interaktive Fort-da-Spiele, die Erfahrung der Gravitation, der Zuschnitt unseres Gesichtsfelds wie Körpertastbilds, Furcht und Bedenken vor dem Unbekannten und Akzeptieren des Vertrauten spannen uns mithin in ein Feld von Welterfahrungen, welches alles von uns Erlebbare euphorisch lokalisier- wie projizierbar werden lässt im Raum. Dabei setzen wir uns vermeintlich ‚egozentrisch' (Bühler 1982, 131) am Schnittpunkt der erfahrenen topologischen Achsen als jeweiliges individuelles Weltenzentrum, vor dem sich, scheinbar in Exklusivität von uns ausgehend, ein das ‚reine *spatium*' strukturierendes Netz möglicher Vektoren, ein Rhizom potentieller Relationen entspannt. Auf diese Weise entsteht für uns über die Achsen ‚oben' – ‚unten', ‚innen' – ‚außen', ‚vorne' – ‚hinten' ordnungshalber ein dreidimensionales Orientierungs- und Verfügungsmodell der Welt, welches uns topologisch weitgehend so plausibel scheint, dass es uns handlungsmächtig werden lässt. Hierin artikuliert sich unsere weltkonstruierende ‚kognitive Matrix' (Mahler 2004). Über die im sogenannten ‚Spiegelstadium' aufbrechende Erkenntnis unserer mutmaßlichen Egozentrik als einer über die Kluft einer Spiegelung lediglich gewähnt zentrischen, im eigentlichen Sinne aber körperliches ‚Ich'-Sein und geistiges ‚Ich'-Bewusstsein fundamental scheidenden, ‚exzentrischen Positionalität' (Plessner 2003, 360–425) bezeugen wir uns auf grundlegende Weise topologisch unsere genau über dieses Intervall bestimmte, repräsentierende Materialität und repräsentierte Vorstellung paradoxal koppelnd ineinssetzende – und uns somit eigentlich unvorstellbare, in der Latenz zu haltende – ‚metaleptische Existenz' (Mahler 2012, 251).

3. Topologie und Sprache

Karl Bühler hat diese topologische Verhaftetheit menschlicher Befindlichkeit aus sprachlicher Sicht theoretisiert unter dem Begriff der ‚Origo' (1982, 102–148). Die Origo als vermeintlicher Ursprung und Navigationszentrum unserer sprachlichen Existenz vereint illusionshaft alle situationsabhängigen Elemente des Sprechens – die Deiktika des von Bühler so genannten ‚Zeigfelds' – am Schnittpunkt von ‚hier', ‚jetzt' und ‚ich' (→ 4. Deixis). Dabei konstituiert sich die Origo des Sprechens für jeden Einzelsprecher wie für jeden einzelnen Sprechakt stets neu. Jedes Sprechen findet im ‚Hier' und ‚Jetzt' statt, und jedes Sprechen präsupponiert ein ‚Ich'. Damit ist jedes Sprechen immer zugleich auch raumdeiktisch gebunden an den (anwesenden) Körper des Sprechenden, auf den die kognitiv erspielten topologischen Achsen immer schon vermeintlich zulaufen (Levinson 1983, 79–85). Die kognitive Illusion des Zentrischen wird mithin sprachlich immer schon entsprechend markiert, verankert, begleitet und gestützt, zuweilen aber auch in zumindest für Zentraleuropäer ungewohnter Weise verändert und verschoben (Levinson 2003; Levinson und Wilkins 2006).

Über die Lokaldeiktika hinaus verfügt die Sprache in der Regel zudem über eine Fülle räumlicher Ausdrücke zur Artikulation an sich nicht-räumlicher Sachverhalte. Dies hat man zu theoretisieren versucht unter dem Begriff einer „Sprache räumlicher Relationen" (Lotman 1972, 313). Alltagssprachlich rekurrieren Wendungen wie ‚wer trinkt, sinkt', ‚sie trägt das Herz am rechten Fleck', ‚das war ganz schön link', ‚hinter jedem erfolgreichen Mann steckt eine starke Frau', ‚die eigentliche Gefahr kommt von rechts', ‚du bist der Gipfel meiner Träume', ‚nichts liegt mir ferner, als Ihnen zu schaden', ‚das war unterste Schublade', ‚da muss man drüber stehen' etc. genau auf das skizzierte unausgesprochene Koordinatensystem, welches sich aus den frühkindlichen kognitiven Relationserfahrungen als plausibel navigierbares Welterklärungsmodell etabliert zu haben scheint. Dabei sind solche Wendungen allererst topologisch zu verstehen und nicht unmittelbar konkret topographisch; kaum jemand denkt bei den ‚Oberen Zehntausend' direkt an einen Oben-Raum, kaum einer imaginiert einen NPD-Funktionär im rechten

Eck oder einen Hinterwäldler hinterm Wald. Vielmehr scheint es zuvörderst um ein komparativisch-direktionales Verhältnis entlang den supponierten Achsen zu gehen: der Reiche erscheint ‚höher als' der Arme, der Nationaldemokrat ‚weiter rechts' im Verhältnis zum Konservativen, der Hinterwäldler ‚weiter weg' von vermeintlich anerkannter Norm. Weniger wichtig ist mithin nochmalig die konkrete Verortung denn die ins Verhältnis setzende Relation. Im reinen *spatium* topologischen Denkens dient sie allein der Strukturierung; imaginiert wird weniger ein ‚Oben' – ‚Unten', ‚Innen' – ‚Außen', ‚Vorne' – ‚Hinten' als ein ‚Höher', ‚Tiefer', ‚Offener', ‚Geschlossener', ein ‚Näher-dran' und ‚Weiter-weg'.

Genau solche basalen topologischen Relationen öffnen sich schließlich einer gesellschaftlichen Semantik. Hierin liegt die Ausprägung einer kulturspezifischen ‚Semiosphäre' (Lotman 2010, 161–290; → 14. Semiosphäre und Sujet), die Kristallisation wie Institution eines je bestimmten ‚gesellschaftlichen Imaginären' (Castoriadis 1990). Besonders augenfällig ist dies in der weitgehend komplementären Auffüllung der ‚Eigen'/‚Fremd'-Achse. „Es ist frappierend," so vermerkt Lotman, „in welchem Maß sich die Ausdrücke gleichen, die ganz verschiedene Zivilisationen zur Beschreibung der Welt jenseits der Grenze finden. Ein Mönch und Chronist im Kiev des 11. Jahrhunderts etwa beschreibt das Leben der anderen, noch heidnischen ostslawischen Stämme so: ‚Die Derevljanen aber lebten auf tierische Art, wie das Vieh lebend; und sie töteten einander und aßen alles Unreine. Ehen gab es bei ihnen nicht, sondern sie raubten die Mädchen. [...]' Und so beschreibt ein christlicher Chronist in Franken die Sitten der heidnischen Sachsen: ‚Sie sind von wildem Schlag, Teufelsverehrer und Feinde unseres Glaubens, sie achten weder menschliche noch göttliche Gesetze und halten das Verbotene für erlaubt.' In den letzten Worten zeigt sich das spiegelbildliche Verhältnis von ‚unserer' und ‚anderer' Welt: Was bei uns verboten ist, ist bei den anderen erlaubt." (2010, 174–175) Die reine Relationalität des Topologischen wird hier gezielt genutzt für eine Differentialität des Semantischen: der Fremde, Andere, ist mithin alles, was wir nicht sind, zumindest alles das, was wir uns nicht zuzuschreiben gewillt sind. Was Lotman hier also skizziert, ist die allenthalben zwischen Grenzvölkern praktizierte, auf kulturtypische Weise differentiell identitätsstiftende wie -schaffende Entgegensetzung und Gegenüberstellung eines Innen- oder Nahraums zu einem Außen- oder Fernraum und dessen unmittelbare Semantisierung zum Gegensatzpaar von ‚eigen' *vs.* ‚fremd', ‚Vertrautem' *vs.* ‚Unbekanntem', bevor mit der Spreizung in ‚Verbotenes' *vs.* ‚Erlaubtes' weitere Semantisierungen einsetzen, welche, wie die zitierten Chroniktexte zeigen, den Raum des Eigenen zum Raum des ‚Zivilisierten', ‚Menschlichen', ‚Reinen', ‚Gläubigen', ‚Ehrhaften', ‚Züchtigen' stilisieren und zugleich in binär oppositiver Projektion den Raum des Fremden als Raum des ‚Wilden', ‚Barbarischen', ‚Tierischen', ‚Unreinen', ‚Gottlosen', ‚Liederlichen' und ‚Unzüchtigen' imaginieren bzw. immer schon zu wissen vorgeben.

Bestimmt also einerseits die Semiosphäre als Ausprägungsraum von ‚Kultur' eine grundsätzliche Innen-Außen-Orientierung mit einer konnotativen Spezifizierung in ‚vertraut' und ‚fremd', ‚sicher' – ‚gefährlich', so scheint andererseits die Biosphäre, die ‚Natur' des Menschen, bereits aufgrund der Erdanziehungskraft und der Unzugänglichkeit der Himmelssphären vorgängig eine Oben-Unten-Ausrichtung zu suggerieren, welche ihrerseits konnotativ aufladbar ist mit ganz allgemeinen semantischen Werten wie ‚Zwang' *vs.* ‚Freiheit', ‚Last' *vs.* ‚Erleichterung', ‚schlechter' *vs.* ‚besser'. Gleichwohl ist auch hier vor aller voreiliger Besetzung nochmalig der Primat des Relationalen zu betonen; kein Oben-Raum ist von Haus aus automatisch gut, wohl aber kann er, wie dies etwa Balzacs diskursive Paris-Universen suggerieren (→ 39. Paris), im Text sozial als solcher ausgewiesen werden, wenn auch in moralischer Hinsicht zugleich als sein genaues Gegenteil (Warning 1999, 43).

4. Topologie und Literatur

Das letzte Beispiel verweist bereits auf den Zusammenhang von Topologie und Literatur. Es ist das große Verdienst von Jurij Lotman (Mahler 2010), bereits früh, im Raum-Kapitel seiner *Struktur literarischer Texte*, auf die Bedeutung des Raums für das Wortkunstwerk hingewiesen zu haben (Lotman 1972, Kap. 8). Dabei verweist er zunächst auf die wesentliche Funktion des Rahmens. Denn paradoxerweise macht gerade die Begrenzung des Kunstwerks durch den Rahmen dies zu einem möglichkeitsreichen Modell für die im Prinzip unbegrenzte Welt: „Das Kunstwerk, das selbst begrenzt ist, stellt ein Modell der unbegrenzten Welt dar." (301) Genau im Gegensatz zu marxistischen Theorien mit ihrer literarisch im Rahmen des Identitären verbleibenden ‚Widerspiegelung' erweist sich dementsprechend der Raum des Wortkunstwerks insofern von Haus aus als ein Raum anderer Möglichkeit, als aufgrund des Rahmens bereits aus topologischer Sicht basalste euklidische Annahmen wie der legendäre Parallelensatz keine notwendige Geltung haben. Dies veranschaulicht Lotman im Rekurs auf die Geometrie des russischen Mathematikers Lobačevskij, wonach in einer durch einen Kreis begrenzten Fläche sehr wohl Geraden sich nicht schneiden, ohne deshalb schon Parallelen sein zu müssen (302–303). D. h. die Modellierbarkeitsoptionen werden durch die Einschränkung erhöht; topologisch gesehen, spiegelt der literarische Text, insonderheit der welthaltige Roman (Blumenberg 2001), nicht bestenfalls einen vermeintlich präexistenten repräsentativen metonymischen Teil (*pars pro toto*) der gegebenen Welt, sondern er modelliert immer schon *in toto* ein ganzes, auch mögliches Universum (→ 7. Raum und Erzählung).

Hieraus entwickelt Lotman sein bekanntes Sujet-Modell (→ 14. Semiosphäre und Sujet). Es dient der Beschreibung literarischer Handlung. Dessen nicht zu bagatellisierende Pointe besteht in der konsequenten Nutzung räumlicher Aspekte zur Beschreibung eines Phänomens der Zeit (was manche Rezeptionsansätze zuweilen über vorschnelle Rückverzeitlichungen eher wieder zunichte machen; Renner 1983; Lukas 1996). Ausgehend von der Begrenztheit des Texts basiert Lotmans *histoire*-Modell zunächst rein topologisch auf nichts anderem als auf einer Relation. Diese teilt die modellierte Welt an einer topologischen Achse in zwei sich komplementär ergänzende Felder, getrennt durch eine im Prinzip unüberschreitbare Grenze, welche im ‚vorliegenden Fall' eines erzählenswerten Sujettextes durch den „Held als Handlungsträger" gleichwohl überschritten wird (341). Lotman fasst dies als drei Elemente, recht eigentlich sind es lediglich zwei, der ‚Ordnung' und der ‚Störung' (Mahler 1998, 6–7). Dies ist die von Lotman so genannte „Struktur des Topos" (1972, 330). Vor seinem sujetlosen Hintergrund ergibt sich als sujethaftes ‚Ereignis' die „*Versetzung einer Figur über die Grenze eines semantischen Feldes*" (332, Herv. i. O.). Über die Einbeziehung der Figuren als Menge der Elemente transformiert sich nunmehr in logisch-mathematischem Sinn die abstrakte topologische ‚Struktur' in ein weltengleiches sekundäres modellbildendes ‚System': es hat Bestand, wenn alle Elemente letztlich in der ihnen angestammten Teilmenge verbleiben (also alle sogenannten F_1-Figuren im zugehörigen Teilraum A und alle entsprechenden F_2-Figuren in Teilraum B; siehe mengentheoretisch Mahler 1998, 16, Anm. 60); es wird ‚revolutionär' (Lotman 1972, 339) verändert, wenn ein Element über die zentral gesetzte topologische Achse in den ‚falschen' Raum eindringt und dort verbleibt.

Trotz dieses Einbezugs der Elemente ist die Grundkonzeption des Lotman'schen Handlungsmodells zuallererst in strengem Sinne strukturell und topologisch; denn die avisierte Ereignishaftigkeit artikuliert sich, wie Lotman selbst des Öfteren betont, vornehmlich in unangemessener Relationalität als auf ordnungsstörende Weise ‚zu hoch', ‚zu tief', ‚zu nah', ‚zu weit entfernt', ‚zu weit draußen', ‚zu weit drinnen'. Entsprechend hat Lotman zufolge jede konkret unternommene Sujetanalyse methodologisch beim Topologischen zu beginnen, denn allein das Abstrakte eröffnet alle handlungslogische Möglichkeit, welche sich mit zunehmender Konkretheit in einem zweiten Schritt in aller Regel semantisch und in einem oftmals rein fakultativ verbleibenden dritten Schritt unmittelbar topographisch sogleich wieder zu reduzieren droht. Programmatisch formuliert er dies, wenn auch etwas am Rande, in seinem längeren Gogol'-Aufsatz am Beispiel einer klaren Nicht-Entgegensetzung der explizit topographischen Elemente ‚Stadt' und ‚Haus' in Griboedovs Komödie *Verstand schafft Leiden* (1824): „Aber insofern solche territorial ungleichen Räume wie das Haus und die Stadt sich als identisch erweisen, zeigt sich, dass ihre Gemeinsamkeit nicht materiell-dreidimensionalen, sondern topologischen Charakter hat. Eben die topologischen Eigenschaften des Raums geben die Möglichkeit zu seiner Verwandlung in ein Modell nichträumlicher Beziehungen." (1974, 267, Anm. 10) Erst also die Vorordnung des Topologischen (‚oben' vs. ‚unten') eröffnet überhaupt die verräumlichte Besetzung durch das Semantische (‚gut' vs. ‚böse' oder aber auch umgekehrt) und schließlich dessen potentielle, fakultative Konkretion in ein oftmals okkurrent und beliebig bleibendes Topographisches (‚Himmel' vs. ‚Hölle'; ‚Mansarde' vs. ‚Bel Étage'). Der Primat der Relation schlägt sich nieder im Primat des Topologischen.

In logischer Konsequenz basiert jede hierauf Rücksicht nehmende metasprachliche Beschreibung von Kulturtypen Lotman zufolge nochmalig „auf der Grundlage räumlicher Modelle, insbesondere des Apparats der Topologie" (1974a, 343). Die Evolution europäischer Sujetbildungen (Mahler 2011, 120–123) etwa setzt ein vornehmlich mit Modellierungen an der vertikalen Achse. Erzählt wird häufig die Geschichte eines ereignishaften Falls. Der mittelalterliche höfische Roman (→ 29. Artushof) operiert topologisch auf der Verhältnishaftigkeit eines ‚Oben'- und eines ‚Unten'-Raums und fokussiert in der Regel eine fehlerhaft ‚zu tief' platzierte Figur. Dies folgt dem gesellschaftlichen Imaginären eines feudal organisierten, brüderlichen ‚Personenverbands' (Mayer 1939, 462–466) als kollektiv und stabil stellvertretendem Garanten göttlich verbürgter Ordnung: als sichtbarem Zeichen einer als ‚garantiert' angesehenen Realität (Blumenberg 2001, 50–51). Die Störung dieser Ordnung liegt in der Versetzung einer Oben-Figur (F_1) nach unten (B). Erzählenswert ist einer solchen Kultur vor allem die ereignisannullierende Wiedergewinnung der als unverrückbar geltenden Ausgangsordnung über den Umweg einer als Abenteuerraum imaginierten Enklave (C) (Mahler 1998, 16), welche dem zu Unrecht versetzten ‚Helden' in einem ‚doppelten Kursus' zuerst die ihm zukommenden F_1-Merkmale wiederzuspielt und diese sodann, nach deren nochmaligem, leichtsinnig temporärem Verlust, in einem zweiten Durchgang dauerhaft bestätigt (Kuhn 1973; Warning 1979). Dieses zyklische Modell einer geschlossenen Weltversicherung gerät in den Öffnungen der frühen Neuzeit unter Verdacht. Statt der Restitution der einen, geschlossenen, kosmologischen Weltordnung, wie dies etwa Shakespeares programmatisch so betitelte Komödie *As You Like It* (1599) noch einmal in kontrafaktisch nostalgischer Beschwörung unternimmt (Lotman 1981; 2010, 203–233), verhandeln Sujetbildungen wie sein *King Lear* (1605/6) oder *Hamlet* (1602) die zunehmende Problematik der Schließung: in ersterem in einer glückenden Restitution unter abschließender Verweigerung eines noch lebenden Personenverbandsrepräsentanten (Cordelia und Lear sind tot); in letzterem in der unerhörten Verweigerung der Rückkehr des Restitutionshelden in den Obenraum (Hamlet ist im Moment seines Sieges schon gewusst todgeweiht) (Mahler 1998, 12–29). Ähnliches gilt etwa für Cervantes' *Novelas ejemplares* (1613) (Dürr 2010). Hierin liegt die nach Lotman für die frühe Neuzeit typische Überlagerung des zyklischen Textbildungsmechanismus eines aufs Identitäre angelegten ‚Mythos' durch den linearen der auf unerhört Neues zielenden ‚Anekdote'; statt der Bestätigung des einen, allein Geltung beanspruchenden ‚Prinzips' geht es ab frühneuzeitlichen Sujetbildungen also verstärkt auch um die Modellierung eines ‚Einzelfalls' (1981, 178). Dies hat seine lebensweltliche Entsprechung im allmählichen, weder logisch-linear noch kontinuierlich vorzustellenden Umbau des Wirklichkeitsbegriffs von dem der vorgegebenen ‚garantierten Realität' zu dem von Realität als dem individuell zu erarbeitenden ‚Resultat einer Realisierung' (Blumenberg 2001, 51–52). Topologisch wandelt sich mit der Öffnung der Welt der personenverbandserhaltende, auf Reintegration bedachte Restitutionskreis der Versetzung von Oben nach Unten über die Enklave zurück nach Oben (A→B→C→A) in subjektbewusst grenzüberschreitende und damit tentativ weltverändernde Bewegungen auf offenen Linien etwa von Unten nach Oben, Innen nach Außen, Hinten nach Vorn (A→B bzw. B→A). Dies entspricht weitgehend der Trias von ‚Aufsteiger-', ‚Expansions-' und ‚Domestikationssujet' im topologisch auf die drei basalen kognitiven Koordinatenachsen bezogenen sogenannten ‚Würfel des Patriarchats' mit dem weißen Oberschichtenmann an seinem vermeintlich rechtmäßig ereignislosen Nullpunkt (Mahler 2011, 118–119). Erzählenswert wird einer solchermaßen nunmehr dominant auf lineare Realisierung bedachten Kultur in einem ersten Schritt der unerhörte Realisierungsversuch samt dessen ordnungsrettender Verhinderung, in einem zweiten Schritt ab dem 19. Jahrhundert verstärkt die Feier seines individuell verdienten Gelingens (Mahler 1998, 29–42). An der zunehmend weniger kosmologisch denn schichtenspezifisch gedeuteten vertikalen Achse äußert sich dies im Wandel von gerade noch rechtzeitig aufstiegsverhindernden Sujets wie etwa Ben Jonsons *Volpone* (1605), wo in letzter Sekunde die ereignishafte Erhöhung des Dieners Mosca zum Clarissimo erstickt werden kann (→ 33. Venedig), zu aufstiegs- wie mobilitätszelebrierenden Sujets wie Balzacs *César Birotteau* (1837), das aus einem verdienten Parfümhändler aufgrund seiner selbst erarbeiteten Qualitäten zumindest zeitweilig durch Ernennung zum Ritter der Ehrenlegion einen quasi-aristokratischen ‚pair de France' werden lässt, während im Gegenzug Balzacs Roman *La Cousine Bette* (1846) die Figur des erotomanen Baron Hulot beim eigenverschuldeten irreversiblen Fall aus der Oberschicht beobachtet. Ähnlich äußert sich das ‚moderne' Realisierungsparadigma an der horizontalen Achse zum einen in Verhandlungen des Geschlechterverhältnisses: von der ab dem beginnenden 17. Jahrhundert zunehmend dringlicher erscheinenden, eine weibliche ‚Realisierung' zu verhindern suchenden Einsperrung der Frau in den ‚ausschließenden' Innenraum des Hauses wie in Shakespeares *Othello* (1604), in dem die vermeintliche wie wirkliche Eigenmacht der nach außen in die Gesellschaft drängenden Desdemona nur noch durch willkürlich-irrtümliche Tötung gestoppt werden kann, oder auch in John Websters *The Duchess of Malfi* (1614), wo der dynastischen Obenraumfigur der Herzogin von ihren Brüdern unmissverständlich klar gemacht wird, dass sie sich als Frau gleichwohl ins Innere zu fügen habe, bis hin zur allmählich ab der Mitte des 19. Jahrhunderts einsetzenden Feier des Ausbruchs aus dem Innenraum als eigenbestimmt ereignishaft gesellschaftsentdeckende weltverändernde ‚Emanzipation'. Es wird zum anderen ergänzt durch Verhandlungen des Fremden, in denen dieses kulturtypisch als ‚minderwertig' und ‚schlecht' erkannt und folgerecht kolonial ‚rettend' dem Eigenen zugeschlagen und einverleibt wird wie in Expansionsgeschichten spätestens ab Defoes *Robinson Crusoe* (1719). Das lineare Modell realisierender Weltversicherung über optimistisch erarbeitende Eroberung (oder auch zunächst erst ordnungssichernde Handlungsverhinderung) auf offenen Linien (A→B) gerät ab der Mitte des 19. Jahrhunderts seinerseits unter Verdacht. Dies entspricht der zunehmenden Erfahrung von Realität als ‚das dem Subjekt nicht Gefügige' (Blumenberg 2001, 53–54), einer sich vermehrt einstellenden epistemologischen bis hin zur ontologischen Skepsis gegenüber einer mimetischen Repräsentierbarkeit von ‚Welt' (McHale 1987, 3–11). Topologisch äußert sich dies in der konsequenten Verweigerung des zweiten Raums (und damit auch jeglicher Relation): in Flauberts *Madame Bovary* (1857) etwa im wiederholten Ausweis des ersehnten Fluchtraums als nicht erreichbare figurale Chimäre; in seiner *Éducation sentimentale* (1869) radikaler noch in der abschließenden analeptischen Annullierung des gesamten erzählten Sujets (Warning 1999, 175–176; Mahler 2013). Hierüber wird literarisches Erzählen zusehends reflexiv. Folgt man Lotmans Einsicht, dass der Mensch, indem er „Sujettexte schuf", es lernte, „Sujets im Leben zu erkennen und sich auf diese Weise das Leben zu deuten" (1981, 204; 2010, 233), so scheint solches Vermögen angesichts einer von Haus aus als kontingent begriffenen Welt sinnlos und eitel. Entsprechend erkunden Sujettexte ihr Deutungsvermögen fortan vornehmlich intertextuell selbst: während Alltagserzählen durchaus noch zyklische Restitutionen oder lineare Realisierungen lebensweltlich sinnvoll zu artikulieren vermag, kippen in diesem Sinne nunmehr ‚post-moderne' Sujetbildungen im Spiel der Literatur unter den – etwa bei Jorge Luis Borges beobachtbaren – neuen, nicht mehr ein-direktional linearen topologischen Bedingungen des ‚Rhizoms', der ‚Bifurkation', der ‚Zone' (McHale 1981) zunehmend von syntagmatisch organisierten mimetischen Realisierungsangeboten ‚*einer* Welt' (Blumenberg 2001, 61; Herv. i. O.) in enzyklopädisch auf vielen ‚Plateaus' (Deleuze und Guattari 1980) zugleich spielende, paradigmatisch organisierte performative ‚Wiederholungen' textueller – papierweltlicher – Möglichkeit (Warning 2001; → 5. Schrifträume; 41. Die Seite).

Literatur

Blumenberg, Hans. „Wirklichkeitsbegriff und Möglichkeit des Romans" [1964]. *Ästhetische und metaphorologische Schriften*. Hrsg. von Anselm Haverkamp. Frankfurt a. M.: Suhrkamp 2001. 47–73.
Bühler, Karl. *Sprachtheorie: Die Darstellungsfunktion der Sprache*. Stuttgart und New York: Gustav Fischer, 1982 [1934].
Castoriadis, Cornelius. *Gesellschaft als imaginäre Institution: Entwurf einer politischen Philosophie*. Übers. von Horst Brühmann. Frankfurt a. M.: Suhrkamp, 1990 [1975].
Deleuze, Gilles. „Woran erkennt man den Strukturalismus?" [1973]. *Die einsame Insel: Texte und Gespräche von 1953 bis 1974*. Hrsg. von David Lapoujade. Übers. von Eva Moldenhauer. Frankfurt a. M.: Suhrkamp, 2003. 248–281.
Deleuze, Gilles. *Foucault*. Übers. von Hermann Kocyba. Frankfurt a. M.: Suhrkamp, 1992 [1986].
Deleuze, Gilles, und Félix Guattari. *Mille plateaux: Capitalisme et schizophrénie II*. Paris: Seuil, 1980.
Downs, Roger M., und David Stea. *Kognitive Karten: Die Welt in unseren Köpfen*. Hrsg. von Robert Geipel. Übers. von Daniela und Erika Geipel. New York: Harper & Row, 1982 [1977].
Dürr, Susanne. *Die Öffnung der Welt: Sujetbildung und Sujetbefragung in Cervantes' Novelas ejemplares*. Stuttgart: Steiner, 2010.
Einstein, Albert. *Über die spezielle und die allgemeine Relativitätstheorie*. Berlin, Heidelberg und New York: Springer, ^{23}1988 [1916].
Günzel, Stephan. „Raum – Topographie – Topologie". *Topologie: Zur Raumbeschreibung in den Kultur- und Medienwissenschaften*. Hrsg. von Stephan Günzel. Bielefeld: Transcript, 2007. 13–29.
Kuhn, Hugo. „Erec" [1948]. *Hartmann von Aue*. Hrsg. von Hugo Kuhn und Christoph Cormeau. Darmstadt: Wissenschaftliche Buchgesellschaft, 1973. 17–48.
Levinson, Stephen C. *Pragmatics*. Cambridge: Cambridge University Press, 1983.
Levinson, Stephen C. *Space in Language and Cognition*. Cambridge: Cambridge University Press, 2003.
Levinson, Stephen C., und David P. Wilkins (Hrsg.). *Grammars of Space: Explorations in Cognitive Diversity*. Cambridge: Cambridge University Press, 2006.
Lotman, Jurij M. *Die Struktur literarischer Texte*. Übers. von Rolf-Dietrich Keil. München: Fink, 1972 [1970].
Lotman, Jurij M. „Das Problem des künstlerischen Raums in Gogol's Prosa" [1968]. *Aufsätze zur Theorie und Methodologie der Literatur und Kultur*. Hrsg. von Karl Eimermacher. Kronberg/Ts.: Scriptor, 1974. 200–271.
Lotman, Jurij M. „Zur Metasprache typologischer Kultur-Beschreibungen" [1969]. *Aufsätze zur Theorie und Methodologie der Literatur und Kultur*. Hrsg. von Karl Eimermacher. Kronberg/Ts.: Scriptor, 1974. 338–377 [1974a].
Lotman, Juri M. „Die Entstehung des Sujets – typologisch gesehen" [1973]. *Kunst als Sprache: Untersuchungen zum Zeichencharakter von Literatur und Kunst*. Hrsg. von Klaus Städtke. Übers. von Michael Dewey et al. Leipzig: Reclam, 1981. 175–204.
Lotman, Jurij M. *Die Innenwelt des Denkens: Eine semiotische Theorie der Kultur*. Hrsg. von Susi K. Frank, Cornelia Ruhe und Alexander Schmitz. Übers. von Gabriele Leupold und Olga Radetzkaja. Berlin: Suhrkamp, 2010.
Lukas, Wolfgang. *Das Selbst und das Fremde: Epochale Lebenskrisen im Werk Arthur Schnitzlers*. München: Fink, 1996.

Mahler, Andreas. "Welt Modell Theater: Sujetbildung und Sujetwandel im englischen Drama der Frühen Neuzeit". *Poetica* 30 (1998): 1–45.
Mahler, Andreas. "Semiosphäre und kognitive Matrix: Anthropologische Thesen". *Von Pilgerwegen, Schriftspuren und Blickpunkten: Raumpraktiken in medienhistorischer Perspektive*. Hrsg. von Jörg Dünne, Hermann Doetsch und Roger Lüdeke. Würzburg: Königshausen & Neumannn, 2004. 57–69.
Mahler, Andreas. "Jurij Lotman (1922–1993)". *Klassiker der modernen Literaturtheorie: Von Sigmund Freud bis Judith Butler*. Hrsg. von Matías Martínez und Michael Scheffel. München: C. H. Beck, 2010. 239–258.
Mahler, Andreas. "Kontextorientierte Theorien". *Handbuch Erzählliteratur: Theorie, Analyse, Geschichte*. Hrsg. von Matías Martínez. Stuttgart und Weimar, 2011. 115–125.
Mahler, Andreas. "Probleme der Intermedialitätsforschung: Medienbegriff – Interaktion – Spannweite". *Poetica* 44 (2012): 239–260.
Mahler, Andreas. "Joyce's Bovarysm: Paradigmatic disenchantment into syntagmatic progression". *Comparatio* 5 (2013): 249–295.
Mayer, Theodor. "Die Ausbildung der Grundlagen des modernen deutschen Staates im hohen Mittelalter". *Historische Zeitschrift* 159 (1939): 457–487.
McHale, Brian. *Postmodernist Fiction*. London: Methuen, 1987.
Morris, Charles W. *Zeichen, Sprache und Verhalten*. Mit einer Einführung von Karl-Otto Apel. Übers. von Achim Eschbach und Günther Kopsch. Frankfurt a. M., Berlin und Wien: Ullstein, 1981 [1946].
Nunold, Beatrice. Art. "Topologie". *Lexikon der Raumphilosophie*. Hrsg. von Stephan Günzel. Darmstadt: Wissenschaftliche Buchgesellschaft, 2012. 415–416.
Ott, Michaela. "Raum". *Ästhetische Grundbegriffe*. 6 Bde. Hrsg. von Karlheinz Barck *et al.* V. Stuttgart und Weimar: Metzler, 2003. 113–149.
Piaget, Jean. *Le structuralisme*. Paris: PUF ^{9}1987 [1968]
Plessner, Helmuth. *Die Stufen des Organischen und der Mensch: Einleitung in die philosophische Anthropologie* [1928]. Gesammelte Schriften 4. Hrsg. von Günter Dux *et al.* Frankfurt a. M.: Suhrkamp, 2003.
Renner, Karl N. *Der Findling: Eine Erzählung von Heinrich von Kleist und ein Film von George Moorse. Prinzipien einer adäquaten Wiedergabe narrativer Strukturen*. München: Fink, 1983.
Warning, Rainer. "Formen narrativer Identitätskonstitution im höfischen Roman". *Identität*. Poetik und Hermeneutik VIII. Hrsg. von Odo Marquard und Karlheinz Stierle. München: Fink, 1979. 553–589.
Warning, Rainer. *Die Phantasie der Realisten*. München: Fink, 1999.
Warning, Rainer. "Erzählen im Paradigma: Kontingenzbewältigung und Kontingenzexposition". *Romanistisches Jahrbuch* 52 (2001): 176–209.

2. Topographien: Zur Ausgestaltung literarischer Räume

Wolfram Nitsch

Literarische Raumgestaltung lässt sich mit Diagrammen immer nur im Ansatz erfassen. Zwar hat Jurij M. Lotman aus zeichentheoretischer Perspektive gezeigt, dass der in literarischen Texten aufgebaute ‚künstlerische Raum' allererst auf einer abstrakten Struktur beruht (1972, 311–329; 2010, 163–190; → 1. Topologie). Wie der ‚semiotische Raum' menschlicher Kulturmodelle, den er zugleich nachbildet und in Bewegung versetzt, geht er aus der topologischen Modellierung nichträumlicher Sachverhalte in der „Sprache räumlicher Relationen" hervor (313). Da diese einem elementaren Verlangen nach Anschaulichkeit besonders entgegenkommen, werden kulturelle Leitdifferenzen wie das Heilige und das Profane oder das Eigene und das Fremde mit Rücksicht auf die Asymmetrie des menschlichen Körpers in räumliche Oppositionen wie ‚oben' – ‚unten', ‚rechts' – ‚links' oder ‚innen' – ‚außen' übersetzt. Mit der topologischen Modellierung verbindet sich somit zweitens eine semantische Besetzung der solchermaßen voneinander abgegrenzten Bereiche. Je nach ‚Orientiertheit' des künstlerischen Raumes fällt diese Besetzung unterschiedlich aus: Sogar bei ein und demselben Autor können sich in einem Text ein schützender Innenraum und ein bedrohlicher Außenraum, anderswo wiederum ein hemmender Innenraum und ein befreiender Außenraum gegenüberstehen (Lotman 1974; Uspenskij 1975, 69–78). Drittens jedoch zeichnet sich der künstlerische Raum durch eine topographische Konkretion der semantisch besetzten Teilräume aus. Wie Lotman (1972, 329) betont, ist er „immer mit einer bestimmten Gegenständlichkeit ausgestattet", gleichviel, ob sich diese Ausstattung wie im realistischen Roman der alltäglichen Umwelt annähert oder wie in der phantastischen Literatur davon entfernt. Vor allem durch diese sinnliche Konkretion unterscheidet sich der künstlerische vom semiotischen Raum, abgesehen davon, dass er für Lotman in erster Linie den Rahmen für das in dramatischen und narrativen Texten entfaltete Sujet abgibt, also für die erfolglose oder für die erfolgreiche und damit ereignishafte Überschreitung der zwischen den Teilbereichen gezogenen Grenze durch einen beweglichen Helden (1972, 329–347; Mahler 1998, 6–12; → 14. Semiosphäre und Sujet). Verschiedene Techniken und Komplikationen einer solchen topographischen Ausgestaltung topologischer Strukturen sollen im Folgenden an romanischen Beispielen aus dem 19. und 20. Jahrhundert erläutert werden. Besondere Beachtung finden dabei zwei von Lotman bereits bedachte, aber noch nicht näher beschriebene Sonderfälle literarischer Raumkonkretion: exterritoriale Räume, die dem zweigeteilten

‚Gesamt-Topos' gleichsam eingelagert erscheinen, sowie mobile Räume, die sich innerhalb seiner Grenzen fortwährend verlagern.

1. Techniken der Ausgestaltung

Wie Andreas Mahler am Beispiel der Stadtbeschreibung dargelegt hat, wirken bei der Ausgestaltung literarischer Räume drei Verfahren zusammen: ihre geographische Lokalisierung, ihre chorographische Konstitution und ihre atmosphärische Spezifikation (1999; Dünne 2011, 71–87). Ihre geographische Lokalisierung erfolgt durch die Benennung konkreter Orte, der in der Regel deren Einzeichnung auf einer Karte entspricht. Grundsätzlich ist dies der Fall, wenn sich das im Text verwendete Toponym auf eine reale Örtlichkeit bezieht. Diese Beziehung kann direkt durch die Benennung des ganzen Ortes oder indirekt durch die Erwähnung prototypischer Elemente desselben angezeigt werden. In Balzacs Roman *Le père Goriot* (1834) verweist gleich der erste Satz auf den Schauplatz Paris; in Ricardo Piglias Roman *La ciudad ausente* (1992) hingegen bleibt die argentinische Hauptstadt auch insofern bis zum Ende eine ‚abwesende Stadt', als sie nur anhand einiger Wahrzeichen greifbar wird. Aber auch fiktive Ortsnamen können kartierbar wirken, wenn sie auf reale bezogen oder aber auf einer fiktiven Karte verzeichnet werden (Stockhammer 2006, 59–88). Obwohl die am Anfang des *Père Goriot* beschriebene Pension Vauquer auf historischen Stadtplänen fehlt, lässt sich ihre genaue Adresse dort gleichwohl verorten, so dass sich reale und fiktive Elemente wie in einem Panorama vermengen. Kaum weniger präzise lokalisiert wirken die Orte der erfundenen nordspanischen Provinz Región, die auf der eingelegten topographischen Karte in Juan Benets Romanzyklus *Herrumbrosas lanzas* (*Rostige Lanzen*, 1983–1991) erscheinen.

Während die geographische Lokalisierung literarischer Räume im Grunde auch ausfallen kann, muss ihre chorographische Konstitution durch eine mehr oder weniger detaillierte Ortsbeschreibung grundsätzlich immer erfolgen, denn erst dadurch materialisiert sich der topologische Raum zu einem sichtbaren und ‚physisch begehbaren Raum' (Bronfen 1986, 25–166). Diese deskriptive Konkretion besteht darin, dass eine raumbezogene ‚Nomenklatur' wiederholt verwendet und so eine semantische Isotopie spezifischer Räumlichkeit aufgebaut wird (Hamon 1993). In einer Stadtbeschreibung werden sukzessive Straßen und Bauten, in einer Hausbeschreibung Zimmer und Möbel, in einer Landschaftsschilderung Gewässer und Pflanzen erwähnt. Die Ortsbeschreibung im engeren Sinn kann sich zu einer Milieubeschreibung erweitern, wenn neben den räumlichen Elementen selbst auch typische Bewohner des Raumes geschildert werden. Solange sie als unbewegliche Figuren dem Raum verhaftet bleiben, ihn nicht wie der bewegliche Held hinter sich lassen, stellen sie nach Lotman lediglich „personifizierte Umstände" (1974a, 347, 371) dar, die ihn nicht weniger charakterisieren als sein unbelebtes Inventar (Ta 2007, 55–77). Gerade im Roman des 19. Jahrhunderts greifen Orts- und Milieubeschreibung eng ineinander. In Balzacs *Père Goriot* etwa verkörpert die Wirtin Madame Vauquer so sehr ihre Pension, dass man an ihrem Unterrock das restliche Interieur bereits ablesen kann. Und wenn in Sarmientos *Facundo* (1845) auf die einleitende Beschreibung der Pampa die Porträts von Spurensucher, Pfadfinder und Gaucho folgen, wird damit nur die menschliche Fauna erfasst, die sich sozusagen organisch durch diese Landschaft bewegt, ohne sie jemals zu verlassen. Wie diese Beispiele ebenfalls zeigen, hängen Verlauf und Reichweite der chorographischen Konstitution entscheidend von ihrer Modalisierung, also vom Standpunkt des Beobachters, ab (Mahler 1999, 21–23; Uspenskij 1975, 69–78). Die allwissenden Erzähler Balzacs und Sarmientos können die geschilderten Räume noch aus olympischer Distanz erfassen, während sie im modernen Roman Flaubert'scher Prägung vornehmlich aus der beschränkten Perspektive einer sie begehenden Figur beschrieben werden.

Erst recht schlägt sich die Modalisierung der Ortsbeschreibung in der dritten und wichtigsten Ausgestaltungstechnik nieder, der atmosphärischen Spezifikation des sprachlich konstituierten Raums. Sie kommt dadurch zustande, dass den einzelnen Raumbestandteilen qualitative Prädikate zugewiesen werden, die sich ihrerseits zu einer semantischen Isotopie zusammenschließen. Während eine nomenklatorisch ausdifferenzierte Konstitutionsisotopie einen von Barthes (1980) so genannten ‚Realitätseffekt', ein detailreiches Bild konkreter Räumlichkeit, erzeugt, ruft eine durch ähnliche Prädikate gebildete Spezifikationsisotopie im Gegenteil einen eingängigen ‚Poesieeffekt' im Sinne von Bachelards ‚Poetik des Raumes' hervor (1983; Warning 1999). Dadurch aber erscheint der physisch begehbare Raum als ein atmosphärisch ‚gestimmter Raum', als Resonanzraum menschlicher Wahrnehmung und Erfahrung (Hoffmann 1978, 55–57; Bronfen 1986, 77–86). Wenn die Spezifikation zurückverweist auf ein kulturelles Imaginäres, gewinnt der solchermaßen gestimmte Raum Züge eines ‚symbolischen Raums' (Lotman 2010, 234–288). So gleichen die Dichtermansarden in Balzacs Quartier Latin einem Haus im starken Sinne des Wortes, einer aufgeräumten Schutzzone für die Ausbildung künstlerischer Identität; die im gleichen Viertel angesiedelte Maison Vauquer hingegen bietet sich in ihrer durchgängigen Schäbigkeit als ‚Anti-Haus' dar, als unordentlicher und unbehaglicher Ort, an dem sich die Lebensenergie der Bewohner in bedrohlicher Weise entlädt. Stärker auf eine subjektive Perspektive bezogen wirkt die Atmosphäre in einer ‚Korrespondenzlandschaft' (→ 12. Landschaft), die als Projektionsraum für die Imagination des Beobachters fungiert (Hess 1953, 14–19; Matzat 1990, 98–109). Bei Chateaubriand ergibt sich eine solche Gleichgestimmtheit zwischen der Weite der Meeres- oder Gebirgslandschaft und der Sehnsucht des einsamen Reisenden, bei Baudelaire zwischen der Enge der Großstadtlandschaft und dem *ennui* des Fensterguckers oder Flaneurs. Je mehr solche atmosphärischen Bestimmungen in den Vordergrund treten, umso schwerer fällt es dem Leser, sich die physische Konfiguration des beschriebenen Raumes vor Augen zu stellen.

2. Komplikationen der Ausgestaltung

Die semantische Spezifikation des topographisch konkretisierten Raumes muss freilich keineswegs einsinnig verlaufen. Es kann dabei auch zu Komplikationen kommen, und zwar noch diesseits oder außerhalb der heldenhaften Grenzüberschreitung, die nach Lotman die Ordnung des künstlerischen Raumes wenigstens zeitweilig erschüttert. So lässt sich vor dem Hintergrund epistemischer Umbrüche um 1800 schon im Roman des 19. Jahrhunderts beobachten, wie eine multiple Spezifikation der aufgerufenen Orte einer klaren Orientiertheit des Raumes entgegenwirkt. Dabei wird die von Lotman betonte Möglichkeit einer mehrfachen, ja konträren semantischen Besetzung eines Teilraums in ein und demselben Text verwirklicht (1974, 255–263), die Bachelard nur am Rande bedenkt (1983, 191–199). Eine solche Desorientierung tritt etwa in Zolas Großstadtroman *La curée* (*Die Beute*, 1871) zutage. Dort werden typische Gebäude des alten und des neuen, von Haussmann brachial umgebauten Paris in jeweils höchst ambivalenter Weise beschrieben. Der auf einer Seine-Insel gelegene Altbau des Magistraten Béraud wirkt gediegen, aber steril, der zu den großen Boulevards hin offene Neubau des Parvenus Saccard stillos, aber vital. Diese doppelte Kodierung der Chronotope (→ 13. Chronotopoi) zeigt bereits an, dass der Übertritt der Magistratentochter Renée in Saccards Palais sowohl einem moralischen Niedergang als auch einer grandiosen Kraftentladung gleichkommen wird (Warning 1999a, 287–294). In ähnlich zwiespältiger Weise wird in Sarmientos *Facundo* die Pampa gleichermaßen als gesetzlose Welt und als Entstehungsherd des Neuen geschildert. Der Erzähler bewertet sie durchaus unterschiedlich, je nachdem, ob er sie der weltoffenen Kapitale Buenos Aires oder der verschlafenen Kolonialstadt Córdoba gegenüberstellt.

Darüber hinaus kann der literarische Raum (→ 6. Literarischer Raum) auch eine variable Spezifikation erfahren, die seine anfängliche Gliederung ohne Zutun eines Helden ins Wanken bringt. Wie Lotman (2010, 258–269) andeutet, tritt vor allem im modernen Roman der Fall auf, dass einander ausschließende Perspektiven auf die gleichen Lokalitäten einander ablösen oder überlagern, dass beispielsweise ein ‚Anti-Haus' sich zeitweilig in ein echtes Zuhause verwandelt und wieder zurück. Ein solcher Perspektivenwandel kennzeichnet auch die Darstellung von Combray in Prousts Romanzyklus *À la recherche du temps perdu* (1913–1922). Zu Beginn werden die beiden auf gesonderten Spaziergängen erkundeten Seiten des Ortes, ‚*le côté de Méséglise*' und ‚*le côté de Guermantes*', noch als denkbar gegensätzliche Welten geschildert: obskures Bürgertum und indezentes Begehren hier, strahlender Adel und hohe Liebe dort. Am Ende jedoch bietet sich die gleiche Landschaft dem Protagonisten ganz anders dar. Er erfährt nicht nur, dass man ganz einfach über Méséglise nach Guermantes gelangt, sondern erlebt zudem am Fall des Barons de Charlus, wie ein nicht salonfähiges Begehren auch in aristokratischen Kreisen waltet. So bricht die anfangs noch klare Welt- und Raumordnung in einer von Lotman so genannten ‚Kollision außerhalb des Sujets'(1974a, 359–361) zusammen, allerdings nicht so sehr in der erzählten Wirklichkeit selbst als vielmehr in der Wahrnehmung des erst nach und nach eingeweihten Protagonisten (Deleuze 1986, 140–157). Da dieser jedoch im Roman zugleich als erzählendes und erinnerndes Subjekt fungiert, deren Perspektiven sich bei der Raumbeschreibung immer schon überlagern, deutet bei der Zweitlektüre bereits das zweiseitige Combray auf die erst viel später erlebte Raumkatastrophe voraus.

Ähnlich wie die Spezifikation des konstituierten Ortes erfolgt schließlich auch seine Lokalisierung nicht immer ohne Komplikationen. Dies zeigt bereits die phantastische Literatur des 19. Jahrhunderts, wo sich der physisch begehbare Raum im äußersten Fall bis hin zum Ortsverlust entmaterialisiert (Lotman 1974, 210–220). Vor allem aber in der Literatur der Moderne kommt eine derartige Delokalisierung in Gang, und zwar in dem Maße, wie dargestellte Akte des Imaginierens oder Fingierens von Raum eine irritierende Eigendynamik entfalten. So erscheint Paris im Romanwerk Patrick Modianos immer wieder als ‚Stadt des Imaginierens' mit direktem Zugang zum Meer. In den Tagträumen einiger seiner vagabundierenden Protagonisten liegt gleich am Ende der Straße der Strand, so dass die alte Metapher vom Stadtschiff auf der Seine fast buchstäbliche Geltung gewinnt (Zelinsky 2012). In Piglias *Ciudad ausente* wiederum häufen sich die Indizien dafür, dass die indirekt am Río de la Plata lokalisierte Stadt ‚abwesend' auch im Sinne eines rein virtuellen Gebildes sein könnte. Denn zu ihrer Ausstattung zählt neben unzähligen Überwachungsmonitoren und Fernsehbildschirmen auch eine im Zentrum untergebrachte Erzählmaschine, die sie vielleicht überhaupt erst hervorgebracht hat (Ta 2007, 245–277). Mehr noch als eine multiple oder variable Spezifikation des beschriebenen Raumes erinnert eine solche Delokalisierung daran, dass der literarische Text selbst einen Raum aus Wörtern und Buchstaben bildet (→ 5. Schrifträume; 41. Die Seite). Wo der physisch begehbare

Ort ganz verlorengeht, tritt die Materialität des von Blanchot (1989) so genannten ‚*espace littéraire*' umso klarer zutage (Genette 1979; Bronfen 1986, 316–335).

3. Eingelagerte Räume

Nicht nur durch zwieschlächtige oder veränderliche Spezifikation und durch ungewisse Lokalisierung erlangt der künstlerische Raum besondere Komplexität. Auch seine topographische Ausdifferenzierung kann die Grenzziehung zwischen den Teilräumen erschweren. Dies ist insbesondere dann der Fall, wenn den einander entgegengesetzten Bereichen exterritoriale Zonen eingelagert werden. Die einfachste Spielart derartiger Zonen bilden Enklaven und Exklaven, also Vorposten des anderen im eigenen oder des eigenen im anderen Raum. Sie entstehen durch Figuren, die „den ihnen eigenen *locus* mitbringen", also nicht wirklich zu den beweglichen Helden zählen (Lotman 1974, 206). Solche Vorposten können den Gegensatz zwischen den Teilbereichen verstärken, ganz im Sinne von Bachelards Beobachtung, dass die bergende Wirkung des Hauses nirgendwo stärker scheint als inmitten der Wildnis (1983, 51–78). So bauen in Vernes Roman *L'île mystérieuse* (1874/1875) einige mit dem Ballon abgestürzte Amerikaner auf einer unbesiedelten Südseeinsel die technische Zivilisation im verkleinerten Maßstab nach, um den Naturgewalten standzuhalten. Umgekehrt kann sich aber auch gerade an Enklaven und Exklaven eine irritierende Affinität zwischen den hier besonders eng benachbarten Teilbereichen erweisen. So bildet in Vargas Llosas Roman *La casa verde* (1966) ein Bordell namens ‚Das grüne Haus' eine wilde Enklave mitten in der alten Kolonialstadt Piura, die ihrerseits in Gestalt einer Missionsstation eine Exklave im Urwald unterhält. Die räumliche Nähe unterstreicht jedoch nicht den Gegensatz zwischen Barbarei und Zivilisation, sondern fördert vielmehr barbarische Schattenseiten zivilisierten Gebarens zutage, etwa wenn im Grünen Haus Männlichkeitsrituale militärischer Herkunft zum Russischen Roulette eskalieren oder wenn das Vorgängerbordell gleichen Namens von einem entfesselten Mob aus respektablen Bürgern gebrandschatzt wird.

Andere eingelagerte Zonen wieder lassen sich von Anfang an keinem der beiden Teilbereiche zuordnen. Solche neutralen Zwischenräume ermöglichen den Figuren, die sie betreten, ‚ekstatische' Erfahrungen außerhalb der semantisch aufgeladenen Räume, zwischen denen sie sich bewegen (Bronfen 1986, 135–146). Ein prominenter Raum dieser Art ist das *terrain vague*, das zweck- und herrenlose Brachland im Stadtgebiet (Nitsch 2013). Schon in Balzacs Roman *Ferragus* (1833) taucht am Ende ein solcher ‚*espace sans genre*' auf, der sich weder dem respektablen noch dem verrufenen Paris zuordnen lässt. Der dort gestrandete kriminelle Titelheld erlebt ihn als bloßen Möglichkeitsraum, als Ort einer blinden, nurmehr im Modell des Boule-Spiels fassbaren Kontingenz. In Zolas *Curée* wiederum stehen die beim Umbau von Paris entstandenen Brachen für einen mit Raumverlust verbundenen Selbstverlust (Warning 1999a, 289–290). In Hugos Roman *Les misérables* (1862) hingegen eröffnen die sinistren *terrains vagues* am Rand von Paris eine utopische Perspektive, da sie den Kindern des ‚elenden' Proletariats einen kreativen Spielraum gewähren. Einen charakteristischen Zwischenraum der späten Moderne stellt der dem *terrain vague* diametral entgegengesetzte ‚Nicht-Ort' dar, die hyperfunktionale Transitzone ohne Gesicht (Augé 1992, 97–143; → 16. Nicht-Orte). Als dem künstlerischen Raum eingelagerte Zone kann jedoch auch dieser Zwischenraum zum Freiraum geraten. In Toussaints Roman *L'appareil-photo* (1988) etwa erweisen sich ‚Nicht-Orte' wie eine Tankstelle oder ein Fährhafen als geeignete Aufenthalte für einen sich treiben lassenden Protagonisten, dem an einer photographischen wie anderweitigen Feststellung seiner diffusen Identität wenig gelegen ist (Nitsch 1999). Und in Cortázars Reisebericht *Los autonautas de la cosmopista* (1983) wird das Niemandsland französischer Autobahnrastplätze durch spielerische Aneignung zum ‚*all man's land*', wo Grenzen aller Art ihre Geltung verlieren (Kasch 2012, 93–119).

Genau umgekehrt verhält es sich mit einem dritten Typ exterritorialer Zonen, dem Modellraum, in dem sich der gesamte künstlerische Raum im verkleinerten Maßstab spiegelt. Während der Zwischenraum weder zum einen noch zum anderen Teilraum gehört, kommen hier beide auf engstem Raum zusammen. Insofern reflektiert der Modellraum als *mise en abyme* das textumspannende Unterfangen, in einem begrenzten Rahmen ein Weltmodell zu entwerfen. Sofern er zu den begehbaren Räumen zählt, entspricht er der von Foucault so genannten ‚kompensatorischen Heterotopie' (2006, 326–327), also einem realen Gegenraum zum alltäglichen Raum, der dessen Unübersichtlichkeit durch eine besonders strenge Ordnung ausgleicht (→ 15. Utopie und Heterotopie). Einen Raum dieser Art stellt das im Roman des 19. Jahrhunderts gern aufgesuchte Theater dar, auch für Lotman das Modell literarischer Modellbildung *par excellence* (1974, 200–201; 1972, 355–356). In Balzacs *Illusions perdues* (1837–1843) etwa verleiht das Pariser Schauspielhaus *Panorama-Dramatique* den verschiedenen Welten der Hauptstadt anschauliche Gestalt (→ 39. Paris). Die Logen über dem Parterre repräsentieren für den Helden aus der Provinz die besseren Kreise, die Kulissen hinter der Bühne wiederum die Halb- und Unterwelt, deren Unterstützung er für seinen sozialen Aufstieg benötigt. In *Ferragus* hingegen spiegelt der städtische Friedhof Père Lachaise die Kapitale im Ganzen. Die akribisch gerasterte Totenstadt wirkt wie ein ‚mikroskopisches Paris' innerhalb von Paris, wie ein restlos geordneter Mikrokosmos, der die am Zwischenraum des *terrain vague* erkennbaren Defizite des urbanen Kosmos beseitigt, dadurch aber zugleich hervortreten lässt (Nitsch

2004, 181–182). Als nicht-begehbares Gegenstück zu solchen Heterotopen tauchen im literarischen Raum außerdem manchmal Miniaturen auf. Wie Bachelard (1983, 140–167) feststellt, kommen sie dem Verlangen nach einer überschaubaren und beherrschbaren Welt in noch stärkerem Maße entgegen. Tatsächlich dienen sie oft der Orientierung des Lesers, wie schon die Puppenbühne Maese Pedros im zweiten Teil von Cervantes' *Don Quijote* (1615) belegt. Das für den Ritter von der traurigen Gestalt charakteristische Nebeneinander von romanesker Abenteuerwelt und banaler Alltagswelt kommt dort in aller Deutlichkeit zum Vorschein. In der modernen Literatur gehen von eingelagerten Miniaturen dagegen durchaus auch Desorientierungseffekte aus. So erzählt Piglia im Prolog zu *El último lector* (*Der letzte Leser*, 2005) davon, wie ein mikroskopisch genaues Modell von Buenos Aires die Unterscheidung zwischen realer und verkleinert reproduzierter Stadt ins Wanken bringt. Bei genauer Betrachtung oder vielmehr Lektüre der in einer Dachkammer aufgestellten ‚synoptischen Maschine' verblasst die Erinnerung an das monumentale Original zur schemenhaften Phantasmagorie.

4. Bewegliche Räume

Erst recht kompliziert sich die topographische Konkretion des literarischen Raumes, wenn es sich bei den eingelagerten Orten um bewegliche Orte handelt (→ 3. Dynamisierungen). Eine Bewegung solcher extraterritorialer Vehikel ist noch keine sujetbildende Bewegung. Wenn Lotman (1972, 340–341) die ereignishafte Grenzüberschreitung mit der Fahrt eines Schiffes auf einer in die Karte eingezeichneten Route vergleicht, bedenkt er zu wenig, dass nicht schon die Passage selbst, sondern erst ihre Umleitung oder Unterbrechung Aufsehen erregt (Dünne 2011, 182–187). Doch wirkt auch eine technische Mobilisierung von Figuren diesseits des Sujets auf die Ausgestaltung des künstlerischen Raumes zurück (Nitsch 2012). Dies zeigen bereits Fahrzeuge, die im durchquerten Raum Enklaven oder Exklaven bilden. Auch für solche mobile Vorposten gilt, dass sie die grundlegende Ordnung des Raumes unterstreichen oder unterwandern können. Das Unterseeboot Nautilus in Vernes *Vingt mille lieues sous les mers* (1869/1870) gleicht einem komfortabel ausgestatteten Haus, aus dem sich die fremde Außenwelt des Meeres bequem betrachten lässt, wenn auch um den Preis einer weitgehenden Abschottung und Stillstellung des Passagiers (Barthes 1982; Certeau 1990). Der Zug in Prousts *À la recherche du temps perdu* dagegen erschüttert den Gegensatz zwischen den Teilräumen, statt ihn noch zu erhärten. Denn wenn der Protagonist auf der Fahrt ans Meer zwischen zwei gegenüberliegenden Zugfenstern hin und her läuft, um die beiden gegensätzlichen Aussichten zu einer Gesamtansicht der

Landschaft zusammenzufügen, nimmt er damit im Grunde schon die abschließende Öffnung der scheinbar geschlossenen Grenze zwischen den Seiten von Méséglise und Guermantes vorweg (Nitsch 2004a, 251–252).

Darüber hinaus können Verkehrsmittel auch als bewegliche Zwischenräume fungieren, ähnlich wie statische Übergangs- oder Transitzonen Raum für ‚ekstatische' Erfahrungen bieten. Diese Rolle übernimmt in Modianos Roman *La Petite Bijou* (2001) die von der Titelheldin regelmäßig benutzte Pariser Metro (Nitsch 2015). Einerseits erscheint ihr die Untergrundbahn als unbehagliche Unterwelt, als abgedunkelter ‚Nicht-Ort' auf Rädern, dem es so schnell wie möglich wieder zu entrinnen gilt. Andererseits gewinnt die ‚Kleine Bijou' gerade in der Metro Abstand zur unruhigen Großstadt sowie zu ihrer nicht weniger unruhigen eigenen Geschichte, die zwischen den denkbar gegensätzlichen Polen des vornehmen 16. Arrondissements und einer anonymen Vorstadt im Osten verläuft. So wird die beide Pole verbindende Metrolinie 1 zu einer regelrechten Lebenslinie, einem Freiraum für die Bewältigung der alten und für den Beginn einer neuen Existenz.

Schließlich eignen sich größere Fahrzeuge ganz besonders dazu, als Modellräume das Ensemble des künstlerischen Raums im Kleinen zu spiegeln. Auch hierfür gibt Vernes Nautilus ein anschauliches Beispiel ab. Das geräumige Unterseeboot bietet nicht nur Seeleuten verschiedener sozialer und ethnischer Herkunft Platz, es enthält zudem ein Museum und eine Bibliothek, die verschiedene Räume und Zeiten auf einmal zu überblicken gestatten. Insofern bestätigt es Foucaults Bemerkung, das Schiff sei „die Heterotopie *par excellence*" (2006, 327). Allerdings überbietet dieser mobile Mikrokosmos bei Weitem die Ordnung der überseeischen Welt, deren Wirren Kapitän Nemo in die Tiefen des Meeres entflohen ist. Das Zugabteil in Butors Roman *La modification* (1957) hingegen entfaltet in seiner Funktion als eingelagerter Modellraum eine desorientierende Wirkung. Auch hier kommen verschiedene Sozialtypen, Räume und Zeiten zusammen, da der gutsituierte Protagonist ausnahmsweise dritter Klasse reist und unterwegs sowohl seine Pariser Alltagswelt als auch seinen Sehnsuchtsort Rom vergegenwärtigt. Gerade dadurch aber wird ihm bewusst, dass das geplante Zusammenleben mit seiner römischen Geliebten sich kaum von seinem Eheleben unterscheiden würde. Obwohl die angebahnte Grenzüberschreitung ausbleibt, erscheint der von den Polen Paris und Rom bestimmte Raum des Romans am Ende der Bahnfahrt in ‚modifizierter' Beleuchtung.

Literatur

Augé, Marc. *Non-lieux: Introduction à une anthropologie de la surmodernité*. Paris: Seuil, 1992.
Bachelard, Gaston. *La poétique de l'espace*. Paris: PUF, ¹¹1983 [1957].
Barthes, Roland. „L'effet de réel" [1964]. *Le bruissement de la langue*. Paris: Seuil, 1980. 167–174.
Barthes, Roland. „Nautilus et Bateau ivre" [1957]. *Mythologies*. Paris: Seuil, 1982. 80–82.
Blanchot, Maurice. *L'espace littéraire*. Paris: Gallimard, 1989 [1955].
Bronfen, Elisabeth. *Der literarische Raum: Eine Untersuchung am Beispiel von Dorothy M. Richardsons Romanzyklus „Pilgrimage"*. Tübingen: Niemeyer, 1986.
Certeau, Michel de. „Naval et carcéral". *L'invention du quotidien: 1. Arts de faire*. Paris: Gallimard, 1990 [1980]. 165–169.
Deleuze, Gilles. *Proust et les signes*. Paris: PUF, 1986 [1964].
Dünne, Jörg. *Die kartographische Imagination: Erinnern, Erzählen und Fingieren in der Frühen Neuzeit*. München: Fink, 2011.
Foucault, Michel. „Von anderen Räumen" [1967]. *Raumtheorie: Grundlagentexte aus Philosophie und Kulturwissenschaft*. Hrsg. von Jörg Dünne und Stephan Günzel. Frankfurt a. M.: Suhrkamp, 2006. 317–329.
Genette, Gérard. „La littérature et l'espace" [1969]. *Figures II*. Paris: Seuil, 1979. 43–48.
Hamon, Philippe. *Du descriptif*. Paris: Hachette, 1993.
Hess, Gerhard. *Die Landschaft in Baudelaires „Fleurs du Mal"*. Heidelberg: Winter, 1953.
Hoffmann, Gerhard. *Raum, Situation, erzählte Wirklichkeit: Poetologische und historische Studien zum englischen und amerikanischen Roman*. Stuttgart: Metzler, 1978.
Kasch, Martin. *Von anderen Maschinen: Technik als Medium und Motor von Kollektivität in Literatur, Film und Kunst der argentinischen Gegenwart*. Diss. Köln, 2012. http://kups.ub.uni-koeln.de/id/eprint/4849 (19. Dezember 2014).
Lotman, Jurij M. *Die Struktur literarischer Texte*. Übers. von Rolf-Dietrich Keil. München: Fink, 1972 [1970].
Lotman, Jurij M. „Das Problem des künstlerischen Raums in Gogols Prosa" [1968]. *Aufsätze zur Theorie und Methodologie der Literatur und Kultur*. Hrsg. von Karl Eimermacher. Kronberg/Ts.: Scriptor, 1974. 200–271.
Lotman, Jurij M. „Zur Metasprache typologischer Kultur-Beschreibungen" [1969]. *Aufsätze zur Theorie und Methodologie der Literatur und Kultur*. Hrsg. von Karl Eimermacher. Kronberg/Ts.: Scriptor, 1974. 338–377 [1974a].
Lotman, Jurij M. *Die Innenwelt des Denkens: Eine semiotische Theorie der Kultur*. Hrsg. von Susi K. Frank, Cornelia Ruhe und Alexander Schmitz. Übers. von Gabriele Leupold und Olga Radetzkaja. Berlin: Suhrkamp, 2010.
Mahler, Andreas. „Welt Modell Theater: Sujetbildung und Sujetwandel im englischen Drama der frühen Neuzeit". *Poetica* 30 (1998): 1–45.
Mahler, Andreas. „Stadttexte – Textstädte: Formen und Funktionen diskursiver Stadtkonstitution". *Stadt-Bilder: Allegorie – Mimesis – Imagination*. Hrsg. von Andreas Mahler. Heidelberg: Winter, 1999. 11–36.
Matzat, Wolfgang. *Diskursgeschichte der Leidenschaft: Zur Affektmodellierung im französischen Roman von Rousseau bis Balzac*. Tübingen: Narr, 1990.
Nitsch, Wolfram. „Paris ohne Gesicht: Städtische Nicht-Orte in der französischen Prosa der Gegenwart". *Stadt-Bilder: Allegorie – Mimesis – Imagination*. Hrsg. von Andreas Mahler. Heidelberg: Winter, 1999. 305–321.

Nitsch, Wolfram. „Vom Mikrokosmos zum Knotenpunkt: Raum in der Kulturanthropologie Leroi-Gourhans und in Balzacs ‚Ferragus'". *Von Pilgerwegen, Schriftspuren und Blickpunkten: Raumpraktiken in medienhistorischer Perspektive.* Hrsg. von Jörg Dünne, Hermann Doetsch und Roger Lüdeke. Würzburg: Königshausen & Neumann, 2004. 175–185.

Nitsch, Wolfram. „Vom Panorama zum Stereoskop: Medium und Metapher bei Proust". *Marcel Proust und die Künste.* Hrsg. von Wolfram Nitsch und Rainer Zaiser. Frankfurt a. M.: Insel, 2004. 240–262 [2004a].

Nitsch, Wolfram. „Mobile Mediatope: Verkehrsmittel als Medien und Milieus in der französischen Literatur der Gegenwart". *Zeitschrift für Medien- und Kulturforschung* 2 (2012): 151–166.

Nitsch, Wolfram. „*Terrain vague*: Zur Poetik des städtischen Zwischenraums in der französischen Moderne". *Comparatio* 5 (2013): 1–18.

Nitsch, Wolfram. „Vers la famille par le métro: Identité et transport dans ‚La Petite Bijou' de Patrick Modiano". *Le roman contemporain de la famille.* Hrsg. von Sylviane Coyault, Christine Jérusalem und Gaspard Turin. Paris: Classiques Garnier, 2015 [i. V.].

Stockhammer, Robert. *Kartierung der Erde: Macht und Lust in Karten und Literatur.* München: Fink, 2007.

Ta, Beatrix. *Von Städten des Realen zu Städten des Imaginären: Entwicklungstendenzen im hispanoamerikanischen Stadtroman des 20. Jahrhunderts.* München: Martin Meidenbauer, 2007.

Uspenskij, Boris A. *Poetik der Komposition: Struktur des künstlerischen Textes und Typologie der Kompositionsform.* Hrsg. von Karl Eimermacher. Frankfurt a. M.: Suhrkamp, 1975 [1970].

Warning, Rainer. „Physiognomik und Serialität: Beschreibungsverfahren bei Balzac und bei Robbe-Grillet" [1987]. *Die Phantasie der Realisten.* München: Fink, 1999. 77–88.

Warning, Rainer. „Der Chronotopos Paris bei den ‚Realisten'". *Die Phantasie der Realisten.* München: Fink, 1999. 269–312 [1999a].

Zelinsky, Zeno. „Présence urbaine et images maritimes chez Patrick Modiano". *French cultural studies* 23 (2012): 358–365.

3. Dynamisierungen: Bewegung und Situationsbildung

Jörg Dünne

1. Primäre und sekundäre Dynamisierungen

Georges Perecs Selbstverortung in seinem ‚Tagebuch eines Raumbenutzers' mit dem Titel *Espèces d'espaces* beginnt als Adressbestimmung, bei der gleichermaßen eine Raumschachtel um die andere gelegt wird: die Reihenfolge Wohnung – Stockwerk – Treppenaufgang – Haus – Straße – Stadt usw. („Georges Perec / 18, rue de l'Assomption / Escalier A / 3e étage / Porte droite / Paris 16e / Seine / France [...]"; 2000 [1974], 166) wird jedoch dadurch *ad absurdum* geführt, dass sie bis in kosmische Dimensionen ausgedehnt wird („[...] Europe / Monde / Univers") und damit jede Praxisrelevanz verliert. Sie erweist sich somit als parodistische Umkehrung eines im literarischen Realismus, etwa bei Honoré de Balzac (→ 39. Paris), zur Perfektion entwickelten Beschreibungsverfahrens, das in umgekehrter Richtung verläuft und das als paradigmatische Form des Verhältnisses von Statik und räumlicher Dynamisierung von Michel Serres (1980, 30–39) untersucht wurde: Man nehme als größte Raum-Einheit Frankreich, dort die Bretagne, darin wiederum die Stadt Guérande, inmitten der genau beschriebenen Straßen der Stadt ein altes Haus, dort, zentral unter dem Dachgiebel verortet, seinen Eigentümer, den Baron du Guénic: Auf diese Art beginnt Balzacs Roman *Béatrix* (1839) – im Roman ist die Beschreibung eines zunächst statischen Innenraums Ausgangspunkt einer sujethaften Dynamisierung dieser gegebenen Situation, indem in einem zweiten Schritt ein Moment der Bewegung hinzukommt, die die Ausgangsordnung verändert.

Verschiedene erzähltheoretische Ansätze, die Erzählung über Bewegung im Raum erläutern (→ 7. Raum und Erzählung), setzen an räumlich beschreibbaren Strukturen wie dem Beginn des Romans von Balzac an: Eine statische Ausgangssituation von klar begrenzter räumlicher Ausdehnung, die oft durch eine architektonische Begrenzung markiert ist, wird dynamisiert, indem Personen mit unabsehbaren Folgen anfangen, dieses stabile Ensemble zu verlassen, so dass sich mit ihrer Bewegung im topographischen Raum (→ 2. Topographien) auch soziale Positionen und Zuordnungen verändern. In Balzacs Roman bedeutet das, dass der Sohn des Barons, getrieben von der Liebe zu einer *femme fatale*, die Heimat seiner Familie verlässt und in Paris die Raumordnung aufs Spiel setzt, die aus dem Erbe des Vaters hervorgeht und die zu Beginn des Romans noch als "vollständig getrennt von der sozialen Bewegung, die dem 19. Jahrhundert seine Physiognomie verleiht" (1979 [1839], 25), beschrieben wird.

Ein ursprünglich auf die filmische Erzählung bezogenes Analysemodell für eine derartige Raumordnung ist das Schema der so genannten ‚großen Form', das Gilles Deleuze im ersten Teil seiner Studien zum Kino, *L'image-mouvement* (1983, 196–219), beschreibt: Deleuze geht hier von einem Handlungsschema S-A-S' aus: aus einer gegebenen ‚Situation' S heraus entsteht eine ‚Aktion' A, die schließlich in eine neue, mehr oder weniger stark veränderte zweite Situation S' mündet (wie z. B. in *Béatrix* die abschließende Rückkehr zur Häuslichkeit, die allerdings nicht mehr in der Bretagne, sondern in Paris stattfindet). Ein solches Handlungsschema setzt nach Deleuze die Existenz eines „globalen Raums" bzw. eines „umfassenden Milieus" (*milieu englobant*) voraus (253–254). Doch stellt er dieser ‚großen' Form des Aktionsbildes – immer unter der Prämisse, dass überhaupt eine sujethafte Situationsveränderung im Sinn von Jurij M. Lotman (1972; → 14. Semiosphäre und Sujet) erkennbar ist – eine ‚kleine Form' (220–242) gegenüber, die ein anderes Handlungsschema aufweist, das sich schematisch als A-S-A' beschreiben lässt. Die ‚kleine' Form beginnt mit bewegter Handlung, bedarf also keines statisch vorgegebenen Gesamtraums, meist in Form von traditionsreichen und somit Stabilität signalisierenden Bauwerken, als Voraussetzung, um sich entfalten zu können. Die Räumlichkeit dieser Form lässt sich, so Deleuze, vielmehr nach dem Modell der Strömungsmechanik, ausgehend von einer vektorialisierten Bewegung verstehen, „die über die Entfernung hinweg die Einwirkung eines Körpers auf einen anderen überträgt" [„qui transmet à distance l'action d'un corps sur l'autre"] (253). Die große und die kleine Form verhalten sich also zueinander wie Verortungen im ‚festen' und im ‚flüssigen' Raum.

Im Modell des ständig bewegten, flüssigen Raums ist Handlung nicht mehr als Transgression eines statischen Ausgangszustands anzusehen; Handlung stellt sich vielmehr her durch eine fortgesetzte indexikalische Verknüpfung zwischen etwas aktuell und etwas nur virtuell Präsentem, auf das aber eine Bewegung bereits zuläuft. Während Deleuze generell an der Handlungs- bzw. Sujetförmigkeit der kleinen Form festhält, etwa zur Beschreibung der paradigmatischen Struktur einer komischen Handlung wie in der unablässigen Bewegung eines Charlie Chaplin (231–237), macht Michel Serres (1980, 27–39) die vektorielle Bewegung nach Maßgabe der Beschreibung von Strömungsvorgängen zum Paradigma eines Umgangs mit Räumlichkeit, der jenseits herkömmlicher Ereignislogiken steht: Sein Beispieltext, dies zu demonstrieren, ist der Beginn von Robert Musils *Mann ohne Eigenschaften* (1990 [1930], I. 9–11), der die Beschreibung fester Körper im städtischen Raum durch atmosphärische Parameter (barometrische Minima bzw. Maxima, Isothermen usw.) verfremdet. Der Roman demonstriert also durch den Beginn in einem meteorologischen Strömungsraum, dass er nicht gewillt ist, eine ‚Verortung' handelnder Personen im Sinn eines prägenden, handlungsleitenden Herkunftsraums nach Honoré de Balzac vorzunehmen. Vielmehr ergibt sich Handlung, so hat man den Eindruck, aus den Feldbeziehungen zwischen den meteorologischen Minima bzw. Maxima, die zunächst unsichtbare topologische Bewegungsvektoren aktualisieren. Am Ende des Kapitels steht ein Autounfall, der jedoch nicht als Ereignis im Sinn des Zusammenpralls von Körpern nach den Gesetzen der Newtonschen Physik beschrieben wird, sondern der die ursprüngliche Bewegung von Körpern im Raum in einem Feld unsichtbarer Kraftlinien vorübergehend aussetzt, bis sich die nur kurze Zeit stabile Situation wieder in eine neue Konstellation der Bewegung auflöst.

Michel Serres' Analyse von narrativen Texten versucht anhand dieses Paradigmas, Bewegung in Texten konsequent auf der Grundlage einer topologischen Raumbeschreibung (→ 1. Topologie) zu denken, die seiner Darstellung nach aus Leibniz' *Analysis situs* hervorgeht und die Räumlichkeit jenseits eines Containerdenkens als ‚*ordo coexistendi*' von Körpern versteht (Frahm 2010, 68). Dieses topologische Verständnis von Räumlichkeit in Form von Lagebeziehungen, das Michel Foucault (1994) in seinen kurzen Bemerkungen zur Raumgeschichte als spezifisch moderne Räumlichkeit versteht, kann dazu dienen, historische Differenzierungen in literarische und filmische Erzählschemata einzutragen. Ansätze zu einem solchen Verständnis geben die erwähnten Analysen von Michel Serres, aber auch von Gilles Deleuze selbst, wenn sie die ‚fluiden' Erzählräume als neues Paradigma einer bestimmten Räumlichkeit verstehen, das den Realismus der ersten Hälfte des 19. Jahrhunderts ablöst bzw. das auf Handlung beruhende klassische Erzählkino der 1930er Jahre in die Krise führt. Man kann ihren Ansatz jedoch auch – und dies ist die Absicht der folgenden Überlegungen – als Reflexion auf eine grundlegende Form der Dynamisierung literarischer Räume verstehen, deren Tragweite möglicherweise über ihre spezifische Bedeutung für moderne Erzählverfahren hinausreicht und die eine konstitutive Bedeutung für literarische Situationsbildungen schlechthin hat: Während man das Balzac'sche Modell als das einer ‚sekundären' Dynamisierung ansehen könnte, wäre das Musil'sche Modell das einer ‚primären' *dynamis*, die literarischen Räumen inhärent ist. Um sowohl die primäre als auch die sekundäre Dynamisierung literarischer Räume näher untersuchen zu können, gilt es in einem nächsten Schritt, sich näher mit den dabei implizierten Raum- und Bewegungspraktiken zu beschäftigen.

2. Netzwerke und andere Verknüpfungen

Ausgangspunkt dieses Überlegungsschritts ist die von Michel de Certeau (1990, 170–191) postulierte Verbindung von Raumpraktiken und Erzählpraktiken: Erzählen ist nach Certeau zunächst einmal immer mit einer Raumerfahrung in Form eines ‚parcours' verbunden, bei dem man von vornherein nicht über ein Überblickswissen von einem Gesamtraum verfügt wie im komplementären Modus der ‚carte': Im Gegensatz zu Jurij Lotman, der in *Die Struktur literarischer Texte* einen sujethaften Erzähltext mit einer Bewegung auf einer gegebenen Karte vergleicht (1972, 340; → 14. Semiosphäre und Sujet), sieht Certeau Texte als Praktiken, die die Möglichkeit der Konstitution von ‚Karten' überhaupt erst mit hervorbringen. Diese Konstitution von größeren Raumzusammenhängen durch narrative Verknüpfungen lässt sich in struktureller Homologie zu materiellen Kulturtechniken der Raumkonstitution verstehen.

In Auseinandersetzung mit Michel de Certeau hat so insbesondere der Anthropologe Tim Ingold (2007, 72–103) dessen Modell der Raumkonstitution durch Praktiken der Bewegung weiterentwickelt, indem er zwischen zwei Formen des *parcours* differenziert: dem ‚wayfaring' und dem ‚transport'. Ingold unterscheidet ersteren als eine Bewegung ohne festen Anfangs- und Zielpunkt von einer Bewegung, die von einem vorher bestimmten Ausgangs- zu einem ebenso festgelegten Zielpunkt läuft, wie dies für Verkehrsnetzwerke typisch ist. Diese Unterscheidung von verschiedenen Bewegungsformen bzw. den mehr oder weniger vorgegebenen spurhaften bzw. konnektiven Linien, die sie hinterlassen, wird bei Ingold vor allem anhand der Vorstellung einer terrestrischen Bewegung entwickelt. Sie ließe sich ergänzen durch die Unterscheidung von ‚Direktionalität' und ‚Dimensionalität' nach Gilles Deleuze und Félix Guattari (1980, 592–625), wobei sich die ‚direktionale' Form der Bewegung im ‚glatten' Raum vor allem am Modell der Navigation auf dem Meer orientiert, allerdings mit dem Unterschied zu Ingold, dass der Raum des Meeres immer schon Orientierungstechniken herausfordert, die das spurhafte *wayfaring* in planbare Konnektivität überführen (zur Geschichte der Navigation als Kulturtechnik siehe Wolf 2013). Diese idealtypischen Beschreibungen von Bewegungsformen werden von Ingold nicht ausschließlich im Sinn einer historischen Entwicklung verstanden, die etwa von reinen Körpertechniken wie dem Gehen oder mechanisch betriebenen Verkehrsmitteln wie dem Segelschiff zu thermodynamischen Verkehrstechniken wie der Eisenbahn- oder der Dampfschifffahrt im Rahmen eines globalen ‚Weltverkehrs' (Krajewski 2006) führt und mit der Beschleunigung von Bewegung im topographischen Raum einhergeht (Virilio 1995) – auch wenn diese Unterscheidung zweifellos ebenso relevant für Historisierungen von literarischen Texten in bestimmten verkehrsgeschichtlichen Kontexten ist (Dünne und Kramer 2013).

Vielmehr stellt sich die Frage, ob man nicht in Anschluss an Ingold das Erzählen seit jeher in einer konstitutiven Beziehung zu einer der beiden Bewegungsformen sehen kann – zumindest erlaubt es diese Sicht, die oben dargestellte ‚primäre' Dynamik literarischer Räume in kulturtechnischer Hinsicht zu beschreiben: Folgt man Ingold, setzt Erzählen nicht unbedingt eine Einschreibung in ein bereits gegebenes Netzwerk mit seiner spezifischen Raumorganisation voraus. Es lässt sich als das Herstellen von Raumrelationen verstehen, das zur Knüpfung von so genannten ‚*meshworks*' führt, d. h. von Verknüpfungen, die nicht auf festen Punkt-zu-Punkt-Zuordnungen basieren wie das, was Ingold ‚*networks*' nennt (zur Netzwerktheorie allgemein Böhme 2004; Gießmann 2014), sondern die sich im Erzählen als einem Verknüpfen (engl. *to relate*) selbst erst konstituieren: „Far from connecting points in a network, every relation is one line in a meshwork of interwoven trails. To tell a story, then, is to *relate*, in narrative, the occurrences of the past, retracing a path through the world that others, recursively picking up the threads of past lives, can follow in the process of spinning out their own." (Ingold 2007, 90) Ohne hier näher auf die für Kulturtechniken konstitutive Rekursivität und damit auf die Raumzeitlichkeit des Erzählens (→ 13. Chronotopoi) eingehen zu können, zeichnet sich hier doch eine Funktion literarischer Texte (nicht nur von Erzähltexten) ab, die sich im Knüpfen von Raumrelationen durch semiotische Operationen äußert und die man grundlegend als die Relationierung von einzelnen Objekten, Akteuren und Ereignissen beschreiben kann.

Auf dieser Grundlage kann man nun Michel de Certeaus Bemerkungen zu Raumerzählungen weiterzudenken versuchen: Möglicherweise geht es nicht nur um die von Certeau zugrunde gelegte Homologie von körperlicher Bewegung und textueller ‚Erzählbewegung', sondern auch und vor allem um ein andere Form der Artikulation von Beschreibung und Begehbarkeit, die im Ausgang von der originären raumkonstitutiven Potenz sprachlicher und insbesondere literarischer Texte gedacht wird: Literarische Räume sind auf dieser Grundlage mehr als nur ein „sekundäres modellbildendes System" (Lotman 1972, 39), sondern können vielmehr eine konstitutive Funktion für die Herausbildung von Räumlichkeit überhaupt haben. Diese Funktion äußert sich darin, dass literarische Texte selbst Kulturtechniken der Verräumlichung darstellen, die dank ihrer sprachlichen Organisation überhaupt erst eine ‚doppelte Artikulation' (Deleuze und Guattari 1980, 53–94, in Anschluss an André Martinet) von sprachlicher Darstellung und indexikalischer Verknüpfung mit einem Bezugsraum herstellen. Dabei ist es zunächst von zweitrangiger Bedeutung, ob die Begehbarkeit von Räumen eine wirklich körperlich umsetzbare oder eine ‚nur' imaginierte ist; man könnte allerdings behaupten, dass die imaginierte Form der kulturtechnischen Verknüpfung von Beschreiben mit Begehen, wie sie literarische Texte praktizieren, ein Erprobungsfeld ist, das besonders vielfältige Aktualisierungen zulässt – eine, bei

Weitem aber nicht die einzige Funktion dieser Texte kann es sein, ihre Aktualisierungsmöglichkeiten durch die Referenz auf ein tatsächlich existierendes ‚Reales' zu stabilisieren (dazu am Beispiel von Stadttexten Mahler 1999).

Die doppelte Artikulation umfasst nun einerseits eine Inbezugsetzung von koexistierenden Körpern in einem topologischen Sinn, wie sie idealtypisch auf der Basis ‚fluider Räume' beschreibbar ist. Es ist wiederum Michel Serres (1996), der in diesem Zusammenhang den Vorschlag gemacht hat, nicht Ortsadverbien und räumliche Deiktika zum charakteristischen Merkmal der Raumkonstitution in sprachlichen Gebilden und insbesondere in literarischen Texten zu erheben, sondern Präpositionen, in denen sich Raumrelationen sprachlich artikulieren (→ 4. Deixis). Allerdings umfasst die doppelte Artikulation von sprachlich konstituierten Räumen komplementär zur topologischen Relationalität im Sinn von Lagebeziehungen zwischen Körpern immer auch einen positionierenden Aspekt, der auf ein mehr oder weniger festgelegtes, indexikalisch durch Sprache bezeichnetes Jenseits der reinen Relationalität verweist. Ihre pragmatische Bedeutung für kulturelle Räume gewinnt literarische Raumkonstitution vermutlich erst dadurch, dass sie einen Nexus zwischen ‚Relationalität' und (virtueller oder aktueller) ‚Positionalität' stiftet. Dies bedeutet nicht einfach eine Rückkehr zur Repräsentationsfunktion von Literatur im Hinblick auf ‚tatsächlich' gegebene Räume und beschränkt sich auch nicht allein darauf, literarische Räume auf ihre Bedeutung für das kulturelle Gedächtnis festzulegen (→ 17. Mnemotop; 19. Literarische Geographie). Vielmehr geht es um die verräumlichenden Arten der Welterzeugung, die literarische Texte ermöglichen. Wie sich dies näher fassen lässt, soll Gegenstand des letzten Teils dieser Überlegungen sein.

3. ‚*Scapes*' und ‚*topes*' als Grundtypen literarischer Situationsbildung

Die situationsbildende Funktion literarischer Texte, die in der Folge näher untersucht werden soll, wurde in der neueren Forschung vor allem in Bezug auf das Verhältnis von Literatur und Globalisierung beschrieben, das in der Tat für eine Neubestimmung der Funktionen des Literarischen besonders interessante Ansatzpunkte bietet, weil es dazu einlädt, das, was hier als doppelte Artikulation sprachlicher Gebilde beschrieben wird, als Verhältnis zwischen topologischer Relationalität und topographischer Positionalität neu zu denken.

Die Globalisierungsdebatte soll hier nicht für sich betrachtet werden (Reichardt 2010), sondern als das literaturwissenschaftlich geprägte Feld aktueller Raumforschung, das den Anstoß geben könnte für die Beschreibung von zwei komplementären Grundtypen literarischer Situationsbildung, die im Folgenden vorgestellt werden sollen und die sowohl literarische Texte zu beschreiben erlauben als möglicherweise auch dafür geeignet sind, die in den Beiträgen dieses Bandes vorgestellten Ansätze und Konzepte der literaturwissenschaftlichen Raumforschung auf einer Skala zwischen diesen beiden Polen von Raumkonstitution einzuordnen. Diese beiden Pole nehmen die eingangs skizzierte Gegenüberstellung von ‚stabilem' Haus bei Honoré de Balzac und ‚fluidem' Stadtraum bei Robert Musil wieder auf, versuchen aber, sie konsequent auf der Grundlage der ‚primären' Dynamik literarischer Raumkonstitution zu denken. Sprachlich lassen sich diese abstrakten Typen von räumlichen Gefügen am besten über Suffixbildungen erfassen: So wie Präpositionen nach Michel Serres dazu geeignet sind, Raumrelationen zwischen einzelnen Körpern *in statu nascendi* zu beschreiben, so versuchen die beiden im Folgenden vorgeschlagenen, aus Suffixen hervorgegangenen Raumbegriffe (ausführlicher dazu Dünne und Knebusch i. V.) die räumlichen Ordnungen und Konfigurationen zu beschreiben, die aus solchen relationalen Gefügen hervorgehen. Näherhin sollen dabei ‚*scapes*' von ‚*topes*' unterschieden werden.

3.1 *Scapes*

Die Einführung neuer Raumkonzepte als Komposita mit dem Suffix ‚*-scape*' geht vor allem auf den Anthropologen Arjun Appadurai zurück, der in seiner Studie *Modernity at Large* (2010, 33–36) fünf unterschiedliche *scapes* als charakteristisch für die Epoche der Globalisierung ansieht (‚ethnoscapes', ‚technoscapes', ‚financescapes', ‚mediascapes' und ‚ideoscapes'). Die Verwendung des Suffixes hat sich aber auch in anderen kulturwissenschaftlichen Feldern zunehmend eingebürgert, etwa wenn von *Soundscapes* (Schafer 1994), *Soulscapes* (Hotz-Davies 2001), *Smellscapes* (Porteous 2006) oder aber, wie in der Urbanistik, von *Cityscapes* (Lindner 2004) bzw. in der Theaterforschung von *Theatrescapes* (Leonhardt 2014) die Rede ist. Man hat also den Eindruck, dass *scapes* als englischsprachiger Ausdruck in der aktuellen Diskussion über kulturelle Räume dabei sind, sich von ihrem bloßen Suffixcharakter, der in Ausdrücken wie *land-scape* (dt. *Land-schaft*) erkennbar ist, zu befreien. Dies wirft natürlich die Frage auf, worin das gemeinsame Moment liegt, das diese sehr unterschiedlichen Suffixbildungen eint. Es bietet sich an, zur Bestimmung dieses Moments exemplarisch auf Appadurais Definitionsversuch von *scapes* einzugehen, der gerade in seiner tastenden Unsicherheit aufschlussreich ist. Appadurai sieht in *scapes* eine Möglichkeit zur Beschreibung von globalen Dynamiken, die man als losgelöst von festen topographischen Orten betrachten müsse. Appadurai spricht in diesem

Zusammenhang von deterritorialisierten räumlichen Strukturen einer transnationalen, diasporischen Welt (2010, 188). Er bemüht sich dabei, sein Verständnis von *scapes* von der Topographie des ‚*land*' abzukoppeln, d. h. von der Wurzel der indogermanischen Sprachen, aus denen er das Suffix -*scape* (dt. -*schaft*) isolieren möchte (→ 12. Landschaft): Sein Paradigma ist dabei einmal mehr das des ‚flüssigen' Raums: „The suffix -scape allows us to point to the fluid, irregular shapes of these landscapes." (31) Auffällig an diesem Definitionsversuch ist, dass Appadurai hier (vermutlich unbewusst) eine paronomastische Beziehung zwischen *scape* und *shape* herstellt, die *scapes* also zu einer Kategorie macht, die statt der in Verbindung gesetzten Personen oder Gegenstände vielmehr die Formen und Prozesse der Verbindung selbst zu beschreiben versucht. Konkret geht es um die Vernetzungen, z. B. in Form von *ethnoscapes*, die sich unabhängig von einem festen Rahmen einer Nation in transitorischen Räumen der Migration (→ 23. Transitorische Räume) und in virtuellen, elektronisch vernetzten Gemeinschaften entfalten. Appadurai unterscheidet dabei allerdings nicht zwischen flexiblen *meshworks* und konnektiven *networks* im Sinn von Ingold – auch elektronische Netzwerke stehen bei ihm im Zeichen eines für die 1990er Jahre charakteristischen Optimismus der Abkehr von territorial bestimmten Räumen wie dem des Nationalstaats, der durch die Rückkehr zu geopolitischen Fragen und Konflikten nach der Jahrtausendwende erschüttert wurde (Maresch und Werber 2002).

Unabhängig von der möglichen Kritik an der ‚Ortsvergessenheit' dieses Modells deterritorialisierter Vernetzungen lässt sich das, was Appadurai für eine globalisierte transnationale Welt als Ausbildung von vernetzten *scapes* beschreibt, im Anschluss an die oben angestellten Überlegungen zur literarischen Situationsbildung auch als eine genuine Leistung literarischer Räume verstehen: dass sie nämlich semiotische Verknüpfungen zwischen Gegenständen herstellen, die einander nicht notwendigerweise physisch benachbart sind. Literarische Situationsbildungen lassen sich also, so könnte man annehmen, als Operationen beschreiben, die zumindest in dieser Hinsicht dem Modell der *scapes* folgen und sich nicht nur in einen gegebenen Gesamtraum einschreiben, sondern ihn durch Knüpfung von Bezügen zwischen Gegenständen und Akteuren erst als solchen herstellen. *De facto* macht auch Balzac am Romananfang von *Béatrix* nichts anderes, als solche Relationen sprachlich zu knüpfen, selbst wenn sich diese Beschreibung dabei auf eine scheinbar selbstverständliche Ordnung des Raums beruft, die über die Semantik des traditionsreichen Hauses als ‚natürlich' dargestellt wird. Die scheinbar stabile ‚Einschachtelung' eines Körpers in einen anderen ist tatsächlich aber nur ein Spezialfall einer sehr viel offeneren (bzw. ‚flüssigeren') Situationsbildung, die auch in anderen Balzac-Texten sehr wohl deutlich wird. Beispielsweise lässt das Schlusskapitel seines Paris-Romans

Ferragus (2001 [1834], 223–227) deutlich hervortreten, dass literarische Beschreibungen sich im Grunde immer als ‚instabile' Wechselbeziehung zwischen einzelnen Körpern entfalten, deren Bewegung nie vollständig zu kontrollieren ist. Allerdings wird es vom auktorialen Erzähler als Skandalon gewertet, wenn inmitten eines Pariser Ödlands der Körper des Protagonisten, des seiner Darstellung nach größten Verbrechers des 19. Jahrhunderts, gleichsam losgelöst von allen festen topographischen Bindungen erscheint: Ferragus' rätselhafte Bewegung ist offensichtlich nicht mit den Mitteln der Newton'schen Physik fester Körper beschreibbar, sondern tritt, wie von Gilles Deleuze in Bezug auf das Paradigma der Strömungsmechanik dargestellt, als *actio in distans* in eine Wechselbeziehung zum ‚*cochonnet*', d. h. zur Zielkugel eines Boule-Spiels, die ihre Lage von Spielzug zu Spielzug unaufhörlich ändert (Nitsch 2004). Hier tritt auch bei Balzac an die Stelle der mit der Absicht wissenschaftlicher Tableau-Bildung beschworenen Stabilität des Sozialen die ambivalente Faszination an seiner fundamentalen Bewegtheit.

Scapes erlauben also, relationale Verknüpfungen zwischen Menschen und Objekten zu beschreiben, die erst in ihrer Interaktion einen Raum schaffen, der zuvor nicht vorhanden war ist – nicht nur für die physikalische Strömungslehre, sondern auch für die sprachliche Bedeutungskonstitution in literarischen Texten ist das der Regelfall und nicht nur die Ausnahme der Situationsbildung. Doch lässt sich der Nexus zwischen einer Topologie der Flüsse und Ströme und einer Topographie der Verortung an spezifischen Schauplätzen so einfach kappen, wie Appadurai dies vorschwebt, wenn er ‚deterritorialisiert' in Vereinfachung der Bedeutung dieses Ausdrucks bei Deleuze und Guattari (1980) als ‚losgelöst von jeder konkreten Topographie' versteht? Es könnte sein, dass die *scapes*, wie sie sich in der Globalisierungsdiskussion als Konzept etabliert haben, letztlich doch nicht ganz vom *land*, allgemeiner: von einer bestimmten Form der Positionalität lösen lassen. Dies wird zumindest bei Appadurai selbst nicht näher reflektiert, soll hier aber anhand eines zu den *scapes* komplementären Suffixes erläutert werden, das die positionsbildende Funktion räumlicher Dynamik in den Blick nimmt.

3.2 *Topes*

Im Gegensatz zur Verknüpfungs- und Netzwerklogik der *scapes* konstituieren sich *topes*, so könnte man behaupten, über die Relation eines Ortes mit seiner Umwelt bzw. seinem Milieu. Die Beschäftigung mit *topes* kann somit auf einen genealogischen Ursprung in den Umweltwissenschaften und in der Beschäftigung mit Bio*topen* zurückgeführt werden, ebenso wie sich *scapes* in Auseinandersetzung mit bzw. in Abgrenzung von dem Konzept der Land*schaft* entwickelt haben: Wie bereits Georges Canguilhem (1992) in seinem einflussreichen Überblick über die Milieu- bzw. Umwelttheorien seit dem 19. Jahrhundert ausgeführt hat, erfährt diese Theorie vor allem im 20. Jahrhundert eine wichtige Transformation in dem Sinn, dass sie nun nicht mehr von einem determinierenden Einfluss des Milieus auf die von ihm geprägten Lebewesen ausgeht (so die Milieutheorie Taines), sondern dass, Canguilhems Darstellung folgend, in der Milieu- bzw. Umwelttheorie des 20. Jahrhunderts (etwa bei Jakob Johann von Uexküll) jedes lebendige System aktiv seine eigene Umwelt formt und gestaltet. Diese aktive Formung der Umwelt weist den Weg zu einer kulturwissenschaftlichen Verwendung des Milieubegriffs (Brandstetter 2010) insbesondere in der Philosophie der Technik, die von einer rein biologischen Perspektive Abstand nimmt und kulturelle Gefüge als „gemischte Milieus" (Simondon 2012, 68; Cuntz 2011) zu denken versucht, die natürliche, technische und nicht zuletzt auch mediale Aspekte vereinen.

Ausgehend von der Theorie der Umwelten des Lebendigen bzw. von der Philosophie der Technik hat in den letzten Jahren, wenn auch bisher nicht so umfassend wie zu den *scapes*, eine theoretische Reflexion auf *topes* in Kultur, Medien und auch in Literatur eingesetzt, die sich ebenfalls in enger Anbindung an die Frage der Globalisierung herausgebildet hat (→ 10. Geopolitik und Globalisierung). Allerdings fordert dieser Ansatz – gegen Appadurais Grundannahme der *scapes* als deterritorialisierte Räume der Flüsse und Ströme (Castells 1996) bzw. gegen die weitgehende Auflösung physischer Räumlichkeit zugunsten der Kommunikation in einer ‚Welt-Gesellschaft' (Stichweh 2000) – eine Einbeziehung des Denkens der ‚Erde' (Stockhammer 2014) bzw. des ‚Planetarischen' (Bergermann *et al.* 2010) in das Denken der Globalisierung, d. h. die Berücksichtigung der im Zeitalter des ‚Anthropozän' immer deutlicher werdenden, akteur-netzwerktheoretisch beschreibbaren Wechselwirkungen zwischen menschlichem Handeln und globalem Ökosystem (Latour 2013). Selbst wenn diese Ansätze nicht immer frei sind von einer gewissen Esoterik (→ 18. *Ecocriticism*), bringen sie dennoch den Gedanken ins Spiel, dass Globalisierung nicht nur trans-territoriale Vernetzungsprozesse beinhaltet, sondern unmittelbar mit der Reterritorialisierung von Raumbildungsprozessen auf der Erde durch Schaffung anthropotechnischer Lebensumgebungen zusammenhängt.

Am weitesten entwickelt ist unter diesen Ansätzen sicherlich Peter Sloterdijks Theorie der ‚-tope' (Sloterdijk benutzt, im Gegensatz zu diesem Beitrag, die deutsche Pluralbildung), wenn er im dritten Teil seiner *Sphären*-Trilogie (2004, 357–490) anthropotechnisch generierte Milieus untersucht, die nach dem mikrosphärischen Humanraum des ersten Teils und dem makrosphärischen Raum verschiedener Formen der (u. a. terrestrischen) Globalisierung im zweiten Teil als Grundlage einer Theorie des Sozialen auf der Basis menschlich produzierter

Milieu-Räume fungieren sollen. Näherhin versteht Sloterdijk die von ihm untersuchten ‚-tope' (es sind bei ihm nicht nur fünf, wie Appadurais *scapes*, sondern neun, vom ‚Chirotop' bis hin zum ‚Nomotop') nach dem Muster einer von Menschen geschaffenen Insularität, die sich selektiv von ihrer Umwelt abgrenzt. Zwar stellt sich die Frage, ob bei Sloterdijk – etwa, wenn er vom ‚Uterotop' spricht – nicht manchmal doch biologische Ursprungsmetaphern in den Vordergrund drängen und somit eine Tradition des organizistischen Gesellschaftsdenkens wieder aufleben lassen, von der sich seine Theorie sozialer Räume vorderhand doch abgrenzen will. Dennoch kann man an seinen Überlegungen festhalten, dass sein Verständnis von *topes* die Möglichkeit schafft, ‚Welten' experimentell und kulturtechnisch als Mikrosphären zu erzeugen, die keiner prästabilierten Ähnlichkeit zwischen Mikro- und Makrokosmos folgen, sondern die die Komplexität einer ‚allgemeinen Ökologie' (Hörl 2013) kulturtechnischer Gefüge vor Augen führen.

Über Sloterdijks stark dem Paradigma des Biologischen verhaftet bleibendes Denken von *topes* hinaus hat unlängst Wolfram Nitsch (2012) anhand der Frage nach der Beziehung zwischen Transportmitteln und Medien eine Theorie der ‚mobilen Mediatope' skizziert und damit einen ersten Schritt im Hinblick auf eine literatur- bzw. filmwissenschaftliche Konkretisierung eines Raumdenkens nach dem Modell von *topes* unternommen. Nitsch geht dabei davon aus, dass Verkehrsmittel, wie Medien generell, nicht nur ‚neutrale' Transportmittel von einem Punkt zu einem anderen in einem konnektiven Netzwerk sind, sondern ihrerseits auch als milieubildend verstanden werden können und müssen. Nitsch dynamisiert damit das eingangs vorgestellte ‚statische' Modell des Hauses in dem Sinn, dass er dieses Milieu nicht an einen festen topographischen Ort bindet, sondern selbst zum beweglichen Ort macht – der Milieu-Raum, der auch nach Deleuze noch an das zunächst statische Modell einer Ausgangssituation gebunden ist, wird somit von seiner festen topographischen Bindung gelöst und zu einem aktiven Moment in der Exploration einer sich ständig wandelnden Beziehung von Innen- und Außenraum. Nicht zuletzt deswegen sind es wohl auch die bewegten Räume, die sowohl in der Literatur als auch insbesondere im Film seit jeher besondere Aufmerksamkeit auf sich gezogen haben.

Nitsch beschränkt sich in seinem Aufriss einer Theorie medialer Mediatope darauf, der Literatur bzw. dem Film eine Funktion der Nachbildung und Dynamisierung bestehender Kulturmodelle zuzuweisen (→ 2. Topographien) – es wäre allerdings die Frage, ob sich nicht auch die literarische Raumkonstitution durch Texte selbst als spezifisches ‚Medien-Milieu' denken ließe, das in seiner doppelten Artikuliertheit zweierlei leistet: Es bildet einerseits als ‚sekundäres modellbildendes System' kulturelle Räume nach und reflektiert auf ihre Veränderbarkeit. Gleichzeitig wird ein solches Medien-Milieu aber auch kraft seiner eigenen semiotischen Verknüpfungs- und Lokalisierungsoperationen, wie der des Erzählens, des Benennens und auch des Anordnens auf dem Raum der Schriftseite, zum ursprünglichen Ort der Konstitution virtueller Räume, die sich auch jenseits der rein sprachlichen Sphäre aktualisieren können (→ 5. Schrifträume; 41. Die Seite). Diese spezifische Eigenschaft eines Textes als eines positionierenden *tope* macht literarische Raumkonstitution nicht nur im fiktionstheoretischen Sinn einer Theorie möglicher Welten (Goodman 1992) abstrakt vorstellbar. Literatur wird vielmehr durch das Verknüpfen verschiedener semiotischer Operationen zu einer eigenen Semiosphäre (Lotman 2010), die sich als solche mit der Biosphäre als ihrem spezifischen Milieu möglicher Aktualisierung artikulieren kann, und wird somit zu einer spezifischen Kulturtechnik, die wesentlich zur Konstitution kultureller Räume beiträgt.

Literatur

Appadurai, Arjun. *Modernity at Large: Cultural Dimensions of Globalization*. Minneapolis, MN: University of Minnesota Press, 2010 [1996].
Balzac, Honoré de. *Béatrix* [1839]. Hrsg. von Madeleine Ambrière-Fargeaud. Paris: Gallimard, 1979.
Balzac, Honoré de. *Ferragus, chef des Dévorants* [1834]. Hrsg. von Roger Borderie. Paris: Gallimard, 2001.
Bergermann, Ulrike *et al.* (Hrsg.). *Das Planetarische: Kultur – Technik – Medien im postglobalen Zeitalter*. München: Fink, 2010.
Böhme, Hartmut: „Einführung. Netzwerke: Zur Theorie und Geschichte einer Konstruktion". *Netzwerke: Eine Kulturtechnik der Moderne*. Hrsg. von Jürgen Barkhoff, Hartmut Böhme und Jeanne Riou. Köln: Böhlau, 2004. 17–37.
Brandstetter, Thomas (Hrsg.). *Ambiente: Das Leben und seine Räume*. Wien: Turia + Kant, 2010.
Canguilhem, Georges. „Le vivant et son milieu" [1952]. *Connaissance de la vie*. Paris: Vrin, 1992. 129–154.
Castells, Manuel: *The Rise of the Network Society I*. Cambridge, MA: Blackwell, 1996.
Certeau, Michel de: *L'invention du quotidien: 1. Arts de faire*. Paris: Gallimard, 1990 [1980].
Cuntz, Michael: „Kommentar zur Einleitung aus Gilbert Simondons ‚Die Existenzweise technischer Objekte'". *Zeitschrift für Medien- und Kulturforschung* 1 (2011): 83–92.
Deleuze, Gilles, und Félix Guattari. *Mille plateaux: Capitalisme et schizophrénie II*. Paris: Seuil, 1980.
Deleuze, Gilles. *L'image-mouvement: Cinéma I*. Paris: Minuit, 1983.
Dünne, Jörg, und Julien Knebusch. „‚-scapes/-topes': Mise en situation, littérature et mondialisation". *Littérature entre mondialisation et globalisation*. Hrsg. von Kirsten Kramer *et al.* [i. V.].
Dünne, Jörg, und Kirsten Kramer. „Weltnetzwerke – Weltspiele – Welterzählungen". *Weltnetzwerke – Weltspiele: Jules Vernes „In 80 Tagen um die Welt"*. Hrsg. von Passepartout. Konstanz: Konstanz University Press, 2013. 15–22.

Foucault, Michel. „Des espaces autres" [1967]. *Dits et écrits*. 4 Bde. Hrsg. von Daniel Defert und François Ewald. Paris: Seuil, 1994. IV, 752–762.
Frahm, Laura. *Jenseits des Raums: Zur filmischen Topologie des Urbanen*. Bielefeld: Transcript, 2010.
Gießmann, Sebastian. *Die Verbundenheit der Dinge: Eine Kulturgeschichte der Netze und Netzwerke*. Berlin: Kadmos, 2014.
Goodman, Nelson. *Ways of worldmaking*. Indianapolis, IN: Hackett, 1992 [1978].
Hörl, Erich. „A Thousand Ecologies: The Process of Cyberneticization and General Ecology". *The Whole Earth: California and the Disappearance of the Outside*. Hrsg. von Diedrich Diederichsen und Anselm Franke. Berlin: Sternberg Press, 2013. 121–130.
Hotz-Davies, Ingrid. *The Creation of Religious Identities by English Women Poets from the Seventeenth to the Early Twentieth Century: Soulscapes*. Lewiston, NY: Edwin Mellen, 2001.
Ingold, Tim. *Lines: A Brief History*. London: Routledge, 2007.
Iser, Wolfgang. *Das Fiktive und das Imaginäre: Perspektiven literarischer Anthropologie*. Frankfurt a. M.: Suhrkamp, 1993 [1991].
Krajewski, Markus. *Restlosigkeit: Weltprojekte um 1900*. Frankfurt a. M.: Fischer, 2006.
Latour, Bruno. *Facing Gaia* [Gifford Lectures, Edinburgh 2013]. http://www.bruno-latour.fr/node/487 (19. Dezember 2014).
Leonhardt, Nic (Hrsg.). *Theatrescapes: Mapping Theatre History* [Weblog seit 2014]. http://mappinggth.hypotheses.org (19. Dezember 2014).
Lindner, Christoph (Hrsg.). *Urban Space and Cityscapes*. London: Routledge, 2004.
Lotman, Jurij M. *Die Struktur literarischer Texte*. Übers. von Rolf-Dietrich Keil. München: Fink, 1972 [1970].
Lotman, Jurij M. *Die Innenwelt des Denkens: Eine semiotische Theorie der Kultur*. Hrsg. von Susi K. Frank, Cornelia Ruhe und Alexander Schmitz. Übers. von Gabriele Leupold und Olga Radetzkaja. Berlin: Suhrkamp, 2010.
Mahler, Andreas. „Stadttexte – Textstädte. Formen und Funktionen diskursiver Stadtkonstitution". *Stadt-Bilder: Allegorie – Mimesis – Imagination*. Hrsg. von Andreas Mahler. Heidelberg: Winter, 1999. 11–36.
Maresch, Rudolf, und Niels Werber (Hrsg.). *Raum – Wissen – Macht*. Frankfurt a. M.: Suhrkamp, 2002.
Musil, Robert. *Der Mann ohne Eigenschaften* [1930]. 2 Bde. Reinbek bei Hamburg: Rowohlt, 1990.
Nitsch, Wolfram. „Vom Mikrokosmos zum Knotenpunkt: Raum in der Kulturanthropologie Leroi-Gourhans und in Balzacs ‚Ferragus'". *Von Pilgerwegen, Schriftspuren und Blickpunkten: Raumpraktiken in medienhistorischer Perspektive*. Hrsg. von Jörg Dünne, Hermann Doetsch und Roger Lüdeke. Würzburg: Königshausen & Neumann, 2004. 175–185.
Nitsch, Wolfram. „Mobile Mediatope: Verkehrsmittel als Medien und Milieus in der französischen Literatur der Gegenwart". *Zeitschrift für Medien- und Kulturforschung* 2 (2012): 151–166.
Perec, Georges. *Espèces d'espaces* [1974]. Paris: Galilée, 2000.
Porteous, Douglas J. „Smellscape". *The Smell Culture Reader*. Hrsg. von Jim Drobnick. Oxford: Berg, 2006. 89–106.
Reichardt, Ulfried. *Globalisierung: Literaturen und Kulturen des Globalen*. Berlin: Akademie-Verlag, 2010.

Schafer, Murray. *The Soundscape: Our Sonic Environment and the Tuning of the World*. Rochester: Destiny Books, 1994.
Serres, Michel. *Hermès V. Le Passage du Nord-Ouest*. Paris: Minuit, 1980.
Serres, Michel. *Atlas*. Paris: Flammarion, 1996 [1994].
Simondon, Gilbert. *Du mode d'existence des objets techniques*. Paris: Aubier, 2012 [1958].
Sloterdijk, Peter. *Sphären III: Schäume*. Frankfurt a. M.: Suhrkamp, 2004.
Stichweh, Rudolf. *Die Weltgesellschaft: Soziologische Analysen*. Frankfurt a. M.: Suhrkamp, 2000.
Stockhammer, Robert. „Welt oder Erde: Zwei Figuren des Globalen". *Figuren des Globalen. Weltbezug und Welterzeugung in Literatur, Kunst und Medien*. Hrsg. von Christian Moser und Linda Simonis. Göttingen: V&R unipress, 2014. 47–72.
Virilio, Paul. *La Vitesse de libération*. Paris: Galilée, 1995.
Wolf, Burkhardt. *Fortuna di mare: Literatur und Seefahrt*. Zürich und Berlin: Diaphanes, 2013.

II.2 *Räume*

4. Deixis
Michael Cuntz

1. Deixis als sprachliches (An-)Zeigen

Deixis als das Zeigen mit sprachlichen Mitteln ist eine – weder von semantischen noch von syntaktischen Aspekten abtrennbare – Grundkategorie der Pragmatik, die, vermittelt über die Sprachwissenschaft (Wunderlich 1971) und im Rückgriff auf angloamerikanische Positionen (Morris 1938; Peirce 1998; 1998a), vor allem aber auf Karl Bühlers *Sprachtheorie* (1999), spätestens seit den 1970er Jahren Eingang in die literaturwissenschaftliche Analyse gefunden hat. Zeigen mit sprachlichen Mitteln hat wie jedes Zeigen drei Dimensionen: Im ‚Zeigen *für*' einen Adressaten verbindet sich das ‚Zeigen *auf*' mit dem ‚*Sich*-Zeigen' desjenigen, der zeigt. Zeigen referiert also nicht nur, sondern ist auch Anzeichen, ‚Index' oder, wie Bühler sagt, ‚Symptom' des Zeigenden. Beides wirkt – und deshalb stellt Bühler selbst diese Dimension in den Vordergrund – im *Signal* an den Adressaten zusammen. Dieser sieht den Finger (oder sein sprachliches Pendant) *und* das, worauf er zeigt – wobei das Zeigen immer auch ein Zeigen auf die Ich- oder die Du-Position sein kann. Das Zeigen erfolgt – dies ist bis heute *communis opinio* (Erhardt und Heringer 2011; Wenzel und Jäger 2008) – stets ausgehend von der eindeutig verortbaren (‚hier') und eindeutig besetzten (‚ich'), körperlichen *hic-nunc-ego*-Origo, die allerdings Versetzungen oder Verschiebungen erfahren kann.

Hinsichtlich der Bedeutung der Deixis für die Raumkonstitution erscheint es sinnvoll, sich dafür zu interessieren, *worauf* und *was* gezeigt wird, nämlich auf Objekte und Orte. Dagegen wurde in der literaturwissenschaftlichen Operationalisierung dieser Konzepte zunächst in erster Linie auf den zeigenden Finger gesehen: Im Fokus standen Deiktika sowie deiktische Wörter und Wendungen als Indizes des Zeigenden bzw. des durch den Zeigenden Adressierten, also die Frage nach Markierung oder Nicht-Markierung a) von Aussageinstanzen wie Erzähler (Warning 1983) oder lyrisches Ich (Coenen 1979; Mahler und Weich 2002) als die binnenpragmatische Ebene konstituierende Aussagesubjekte und b) ihren Adressaten und somit nach jenen Entitäten, zwischen denen sich die Sprachhandlung vollzieht. Das Modell ist aber prinzipiell auf jede Konstitutionsebene anwendbar (auf Äußerungen des Autors in einer Vorrede, Inszenierungen des Autors im Text, aber auch auf die Figurenebene, insbesondere deiktische Handlungen von Personen im szenischen Drama). Deixis dient somit nicht nur der Bestimmung der Relation des *sujet de l'énonciation* zum *énoncé* (und damit etwa von verschiedenen Erzählertypen), sondern auch zur Unterscheidung zwischen den Aussageinstanzen der jeweiligen Ebenen sowie zur Beschreibung ihrer historischen Ausdifferenzierung im Übergang von Mündlichkeit und Schriftlichkeit mit der Unterscheidung zwischen Autor und Sänger, Autor und Buch als Aussageinstanz. Deutlich wird hier, dass es sich nicht nur um ‚Inszenierungen' (Warning 1983), sondern auch um Delegationen oder Stellvertretungen handelt, durch die ineinander verschachtelte oder auch ineinander verschlungene pragmatische Räume der Aussage konstituiert werden – eine Konstitution, die ohne die deiktische Markierung der jeweiligen Instanzen, die in den jeweiligen pragmatischen Situationen wirksam sind, nicht auskommt. Schon hier zeigt sich die Interdependenz von Subjekt und Raum auch in der sprachlich-literarischen Deixis. Denn auch das Subjekt unterliegt einer, es *ist* eine Raumordnung.

Dieses Positionsspiel folgt impliziten Prämissen: Die Konstruktion von Subjekt(raum) und Raum beruht auf einer mehrfachen Unterscheidung eines Innen und Außen. Dabei werden oftmals sowohl die Handelnden als auch der Raum, in dem sie sich situieren, als bereits konstituiert vorausgesetzt, statt Subjekt und Raum als etwas aufzufassen, das sich erst durch Handlungen konstituieren muss. Neben der Rekonstruktion des vom Akteur als Container der Interiorität und seiner Position in einem fertigen Container-Raum ausgehenden Deixis-Paradigmas können daher auch Ansätze für eine Gegenkonzeption skizziert werden, die annimmt, dass Relation und Operation den Entitäten vorgängig sind. Ausgangspunkt von Bühlers Überlegungen ist die Geste, *idealiter* das Zeigen mit Hand oder Finger, prinzipiell aber jede Form des nichtsprachlichen, körperlichen Zeigens in einer vor allem räumlich konkreten Situation, die Produzent und Rezipient der Zeigehandlung unmittelbar vor Augen steht. Zeigen wird charakterisiert als das Hinweisen auf ein Gegebenes, das in solchen konkreten Situationen auch mittels bestimmter Wörter erfolgen kann, die das Gestische, die Hand, in die Sprache transponieren. Die Affinität des Deiktischen zum Dramatischen, wo Körper und umgebender Raum Teil der Kommunikationssituation sind, ist offensichtlich (→ 8. Raum und Theatralität). Die Fähigkeit der wechselseitigen Ersetzung konstatiert bereits Quintilian, wenn er einerseits die performative Funktion der Hände für den Redner hervorhebt, andererseits aber vor allem auch, worauf sie zeigen (XI, 87). Quintilian und Bühler ist gemeinsam, von der anthropologischen Universalität des Zeigens auszugehen. Auch ein Primat des Raums für das Zeigen und seine Theoretisierung wird schon in Quintilians Fokussierung auf Orte und Dinge deutlich, die adverbial bestimmt oder pronominal bezeichnet werden.

Diejenigen Wörter, die für Bühler ganz in dieser Funktion aufgehen, die echten Deiktika ‚ich', ‚du', ‚hier' und ‚dort', die keinerlei semantische Füllung besitzen, sondern aus der Position jedes Sprechers etwas anderes – einen anderen Ort und eine andere Person – bezeichnen (1999, 103), konstituieren das vom ‚Symbolfeld' zu scheidende ‚Zeigfeld', das *de facto* allerdings um zahlreiche Mischbildungen wie Adverbien und Präpositionen, die Bühler ausdrücklich nicht zu den echten Deiktika zählt, zu erweitern ist. Hier zeigt sich eine weitere Grenzziehung, die mit dem Deixis-Paradigma erreicht werden soll: die Reinigung des ‚reinen' Zeigens als anthropologischer Konstante von jeder Kontamination durch das Symbolische und somit die Disjunktion menschlicher Natur von Kultur als ‚Überformung'.

2. Deixis am Phantasma/Rhetorik der *evidentia* und *memoria*

Das reine Zeigen lässt sich laut Bühler nur durch den Kontext der Situation verstehen, auf den es referiert, ohne dass dieser in der Kommunikation thematisiert werden muss; die Ablösung oder ‚Erlösung aus der Situation' geht mit der Ersetzung der deiktischen Marken und der Auffüllung durch semantisch vollständige und von Situation, Kontext und Position der Aussage unabhängige Aussagen einher. Dies heißt aber gerade nicht, dass in situationsentbundenen Sprachhandlungen und Sprachwerken keine Deixis existieren würde. Als spezifische Dimension komplexerer sprachlicher Äußerungen beschreibt Bühler den anaphorischen Gebrauch der Zeigwörter. Im Fall der Schriftlichkeit funktioniert dabei der Text selbst als Raum, in dem – in Abweichung vom linear-syntagmatischen Vorangehen der Lektüre – der Leser paradigmatisch zurück und vor respektive nach oben oder unten verwiesen werden kann (→ 5. Schrifträume). Schließlich beschreibt Bühler die Deixis am Phantasma, die ganz analog der ‚normalen' Deixis funktioniere: Es geht also nicht um den Text *als* Raum, sondern um den Raum *im* Text, auf den verwiesen wird. Hier gelte die Möglichkeit des *ad oculos monstrare* ebenso wie in der Normalsituation, auch die Deiktika funktionierten in gleicher Weise, wobei drei Fälle zu unterscheiden seien: 1. die Versetzung des Zeigenden in einen abwesenden Raum; 2. die Versetzung eines oder mehrerer abwesender Gegenstände in den aktuellen Raum des Zeigenden; und schließlich 3. den „Zwischenfall zwischen Hierbleiben und Hingehen" (135), in dem es zur ‚*Superposition*' (137), tatsächlich aber eher zur bloßen Koordination, zum Abgleich zwischen den Koordinaten des ‚anwesenden' und des ‚abwesenden' Raums kommt. Selbst dies muss von Bühler gleich zweifach abgetan werden: als „labiles und unbeständiges Eingangserlebnis" (135) und zugleich als psychologische Frage an die „Kenner […] der zentralen Sprachstörungen" (138). Schon diese Form der Superposition ist also ein Zwischenfall, der das Bühler'sche System stört. Für Inszenierungen der Normalfälle lassen sich *prima facie* als exemplarische Beispiele *Vita Nova* und *Divina Commedia* Dantes anführen, der in beiden Texten als Subjekt der Aussage und des Ausgesagten (bzw. als homodiegetischer Erzähler) auftritt: Während Beatrice sich als Erscheinung in der Kammer Dantes manifestiert, wird in der *Commedia* Dante in das Reich des Jenseits versetzt, das er durchschreitet. Gleichwohl müssen im literarischen Text beide Situationen fingiert werden, d. h. für den Leser handelt es sich in beiden Fällen um ‚Deixis am Phantasma'. Wenn das *ad oculos monstrare* in der Deixis am Phantasma ebenso funktionieren soll wie in der ‚normalen' Situation, weil man sich in beiden auf gleiche Weise orientiere, so muss doch erst einmal vor Augen gestellt werden (*ante oculos ponere*), worauf verwiesen werden kann. Dabei ist die Deixis am Phantasma auf das engste mit den rhetorischen Verfahren der *hypotyposis*, der *evidentia*, der *energeia* und *enargeia*, also der lebhaften, aus sich herausleuchtenden und detailreichen Schilderung, verknüpft und gehört somit in eine Rhetorik des Pathos, in die die Versetzung in die Augenzeugenschaft (Lausberg 1973, 400) fällt und die auf die Affizierung des Rezipienten ausgerichtet ist. Das Zeigen auf das Vor-Augen-Gestellte kann dieses authentifizieren, indem die Handlung des Zeigens davon ablenkt, dass das Vor-Augen-Gestellte selbst Resultat von Sprachhandlungen ist: „εναργεια est imaginatio quae actum incorporeis oculis subicit, et fit modis tribus: persona, loco, tempore." („Schemata dianoeas", Lausberg 1973, 402) Schon die antike Rhetorik benennt dies als Strategien, mittels deren die Aussageinstanz das Geschehen sich und den Zuhörern vor dem *körperlosen* Auge erstehen lässt: „den Gebrauch des Präsens, den Gebrauch der die Anwesenheit ausdrückenden Ortsadverbien, die Anrede an in der Erzählung vorkommende Personen" (Lausberg 1973, 402).

Abgesehen davon, dass die direkte Adressierung der Personen der Handlung nicht automatisch bedeutet, dass sich die Sprechinstanz ‚zu ihnen' begeben muss, sondern sie über die raumzeitliche Distanz hinweg adressieren kann (‚persona, cum absentem alloquimur *quasi* praesentem'), handelt es sich bei den Präsenzdeiktika um Spezialeffekte, die nur im Kontrast ihre steigernde Wirkung entfalten. Dementsprechend treten die Präsenzstrategien nicht alle gemeinsam auf, und dies bedeutet, dass es nicht notwendig zu einer kompletten Versetzung eines ‚intakten', raumzeitlich lokalisierbaren Referenzsystems kommt, sondern dass sich in komplexeren Weisen als Bühlers weitgehend a-medialer ‚Superposition' die Sprechinstanz häufig raumzeitlich spaltet, ausdehnt, verdoppelt oder vervielfacht, sich gleichzeitig *hier*, am Ort der Aussage, *und dort*, am Ort des Ausgesagten, situiert (oder gleichermaßen *jetzt* und *damals* ist). Statt, wie Bühler meint, die ‚normale', a-medial gedachte Origo der Nahkommunikationssituation durch die einfache Transposition des Zeigfelds zu simulieren, entsteht etwas anderes: Das Feld ‚transformiert' sich gemäß der jeweiligen Art und Weise, in der die Origo selbst in den Raum des Medialen einrückt, und zeigt eine plurinodale Topologie.

Über das bloße Konstatieren des Zeigens als Sprachhandlung – oder auch als im Text figurierte Geste – stellt sich aber auch die Frage nach seiner Qualität, also nach der Existenzweise, die dieses Zeigen präsupponiert oder instauriert: Ist das Zeigen konstativ oder performativ, verweist es nur auf einen homogenen und prä-etablierten Raum oder stiftet es Übergänge und Passagen zwischen heterogenen, verschiedenartigen Räumen und Raumlogiken und weiß möglicherweise darum? Dies betrifft einerseits deiktische Vermittlungen etwa zwischen Diesseits und Jenseits, zwischen Alter und Neuer Welt (de Léry 2004), aber auch, weitaus profaner und alltäglicher, das Zeigen auf Karten, Schemata, Abbildungen, Texte, Bildschirme, Photographien – allesamt ‚Zwischenfälle', die mit den von ihnen produzierten ‚ungrammatikalischen' Äußerungen aus den Normalsituationen der Deixis in der Nachfolge Bühlers ausgeschlossen bleiben, weil sie zeigen, dass Ausdehnungen, Spaltungen, Verteilungen, Verdopplungen bzw. Vervielfachungen der Origo gang und gäbe sind und daraus nicht die Konstruktion eines oder die Superposition homogen ausgedehnter Räume resultiert, sondern topologische Verhältnisse der Faltung, Montage, Vernähung und Insertion zumeist heterogener Räume (→ 1. Topologie). Dies gilt in verstärktem Maße für die Räume, die in literarischen Texten modelliert werden und *qua* Modell immer schon Verhältnisse der Faltung oder der Metalepse zwischen Räumen und Raumdarstellungen inszenieren bzw. sich reflexiv auf diese Inszenierungen zurückwenden können (→ 3. Dynamisierungen).

Eine zweite Hinsicht, welche rhetorische Tradition und literarische Raumdeixis am Phantasma verbindet, hat diese topologischen Verhältnisse teilweise camoufliert. Neben der *inventio* sind es besonders die Memorierungstechniken, die das zu Memorierende über in abzuschreitenden Zimmerfolgen postierte Topoi organisieren und somit die *memoria* selbst als eine Abfolge von Kammern verstehen (Augustinus [ca. 400] 1987): als kontinuierlichen Raum, in dem sich das memorierende Subjekt orientiert (→ 17. Mnemotop). Dieses Prinzip gilt auch für Dantes Abschreiten des Jenseits in der *Commedia*, wo die Memorialfiguren weniger die Stellen der Jenseitstopographie einnehmen, als dass sie von ihnen hervorgebracht werden. Das Zeigen am Phantasma wird hierbei nicht so sehr von der Sprechinstanz vorgenommen als von den lehrenden Führern, Vergil, Statius und Beatrice, welche die Aufmerksamkeit des Geführten durch Zeiggesten in die richtige Richtung lenken, und eben diese Zeigegesten werden in den Illuminationen wieder und wieder dargestellt. Es ist dieser didaktische Moment, das Auffordern zum und Ermöglichen eines eigenständigen Nachvollzugs durch den Rezipienten, der diese Hodegetik, die Weglehre (Carruthers 1990; 2006; Ingold 2010), und auch das Bild von Führer und Geführtem motiviert, das Bühler als grundsätzlich gültig für die Orientierung im phantasmatischen Raum postuliert (1999, 124). Die *Commedia* und ihre Illustrationen zeigen aber auch, dass die Konstitution eines kontinuierlichen diegetischen Raums eine Illusion ist und es sich beim Jenseitsparcours tatsächlich um eine diskontinuierliche Abfolge von herausgehobenen Topoi handelt. Die vermeintlich allgemeingültige Orientierung im phantasmatischen Raum wie ihre Bindung an den Körper des Subjekts der Aussage als Ausgangspunkt beziehungsweise die Art, *wie* sie an den Körper gebunden wird, kann jedoch noch weiter hinterfragt werden.

3. Deixis vor der Körper-Positionierung

Die Postulierung einer *hic-nunc-ego*-Origo als Normalfall der Positionierung des Aussagesubjekts, als *default position*, als Voreinstellung jeder Aussagesituation, von der aus das sprachliche Zeigen erfolge und auf die sich jedes sprachliche Zeigen zurückführen lasse – auch dann, wenn diese Origo verschiebbar ist, sich also die Sprechinstanz in der Deixis in eine andere Situation versetzt und dabei ihr präsentes sogenanntes ‚Körpertastbild' mitnimmt (Bühler 1999, 137) –, ist der Bewahrung identitätsphilosophischer, cartesianisch-kantischer Grundbestände geschuldet, die weder transkulturell noch transhistorisch universalisierbar sind. Tatsächlich liefern Stellen etwa aus der *Aeneis*, die als Beispiele für *evidentia* unter Einbeziehung von Deixis am Phantasma angeführt werden, keinerlei Anhaltspunkte für eine Positionierung der Sprechinstanz gemäß einem Körpertastschema: „hi summo in fluctu pendent, his unda dehiscens / terram inter fluctus aperit" (I, 106–107). Wenn der Übersetzer dies wiedergibt mit ‚Hier hängt hoch auf Fluten ein Schiff, dort öffnet die Woge klaffend andern den Boden des Meers', folgt er dem heutigen Bedürfnis, durch die ‚Hier'/‚Dort'-Unterscheidung eine Situierung vorzunehmen, die Vergils Text nicht liefert. Denn es geht nicht darum, die Aussageinstanz in der Szene zu positionieren, sondern darum, dass die *ganze* Szene den Lesern präsent gemacht wird. Die Prä-position *vor* reicht vollkommen aus, um diese Topologie zu beschreiben. Nicht umsonst spricht Genette von Null-Fokalisation für jenes narrative Verfahren, das bis ins 18. Jahrhundert Standard war (1972, 206 und 221–222; → 7. Raum und Erzählung). Tatsächlich berührt die Frage der Deixis direkt die Frage der Fokalisation und somit den Befund, den man in Modifikation von Genette machen kann, dass (a) die Fragen ‚wer spricht?' und ‚wer nimmt wahr?' gesondert zu behandeln sind und (b) Wahrnehmung, oder *wie* man sieht, durchaus historisch variabel sein kann. Erst mit der Herausbildung der personalen Erzählsituation seit dem Realismus, die auf interner Fokalisation beruht, und der analogen Umrüstung der im 17. Jahrhundert noch keine positionsabhängigen Daten liefernden homodiegetischen Narration proliferieren Wahrnehmungen mit einer Körper-Origo, die allerdings nicht jene der Aussageinstanz ist, sondern die einer oder mehrerer Figuren. Es handelt sich also nicht um ein Phänomen der Versetzung der Origo, sondern um eine Stellvertretung oder – im Fall der homodiegetischen Narration – um eine Spaltung: In der Regel ist eine Figur ‚*lieu-tenant*' des Erzählers, und die Verschiebung der Origo geschieht nicht ausgehend von der Aussage-, sondern von der Wahrnehmungsinstanz, denn es bedarf in der Regel eines (Leih-)Körpers (Voss 2013), der in der Diegese figuriert, um diese realistisch erscheinen zu lassen – und dass dies so ist, hat mit der allmählichen Herausbildung und Stabilisierung der ontologischen Ordnung des Naturalismus zu tun (Descola 2005). Insonderheit der personale Erzähler bewohnt die Leihkörper der Figuren, aus denen heraus fokalisiert wird. So kommt es auch zum bekannten Phänomen der Superposition der Deiktika, was zunächst heißt, dass nicht die Aussage-, sondern zumeist die Wahrnehmungsinstanz als Zeigeinstanz fungiert. Es überlagern sich also zwei *verschiedene* Origo-Systeme. Für eine körperorientierte Deixis am Phantasma ist die Positionalität der Wahrnehmungsinstanz wichtiger als die der Aussageinstanz.

4. De-Zentrierung und utopischer Knotenpunkt, dynamisches Körperschema

Eine ‚De-Zentrierung' gegenüber der *hic-nunc-ego*-Origo ist schon dem Schema des Organon-Modells der Sprache inhärent, mit dessen Entwurf Bühlers *Sprachtheorie* einsetzt. Im Zentrum des Dreiecks von Sender, Empfänger und Referent steht die Sprache selbst – ein Widerspruch, der nie ausgetragen wird. Dabei benennt Bühler Sprache explizit als Medium und situiert seine Überlegungen, noch vor Leroi-Gourhan (1964) von Geste und Wort ausgehend, explizit in einer kulturtechnologischen Traditionslinie. Ist Sprache hier als ein Werkzeug gedacht, so wird der Ego-Zentrismus durch die Auffassung von Werkzeugen als Organ-Projektion gedeckt: Ein bereits konstituiertes, jeder Medialität vorgängiges abgeschlossenes Körpersubjekt projiziert sich in den Medien der (Sprach-)Werkzeuge nach außen, ohne dass dabei die Möglichkeit einer rekursiven Modifikation des Körper mitbedacht würde (so noch bei Wenzel und Jäger 2008). Gleichwohl bleibt die Frage offen, wie die *hic-nunc-ego*-Origo ihren Körper-Nullpunkt dann in die Sprache transportieren kann und sich somit in der Transposition verdoppelt. Aufgelöst wird dieses Positionsparadox bei Greimas und Courtés: Die Origo erscheint nie in der Sprache; die logisch erste Aussage ist ein ‚Auskuppeln' (*débrayage*; 1993, 79–82), das sich unweigerlich von der *hic-nunc-ego*-Origo entfernt. Das Subjekt der Aussage ist also ein Nicht-Ich, Nicht-Hier, Nicht-Dort, das erst durch nachgeordnete Aussageakte des ‚Einkuppelns' (*embrayage*; 119–121) die Annäherung an die Origo unternimmt, die aber stets nur asymptotisch sein kann. Dieses Sprachmodell deckt sich insofern mit der rhetorischen Konzeption der *evidentia*, als die Produktion einer Deixis am Phantasma als Endpunkt einer aufwendigen Spracharbeit zu sehen ist, in der ein *quasi-hic-nunc-ego* nicht gegeben ist, sondern allererst konstituiert werden muss. In diesem Modell wird Sprache nicht nur komplett von jeder Referenz oder außer-sprachlicher Handlung abgeschnitten, sondern die Origo bleibt erst recht in der absoluten Unzugänglichkeit ihres *locus reconditus* ein phantasmatisch Präsupponiertes, das von den Operationen und Handlungen in keiner Weise affiziert wird.

Demgegenüber hat Foucault dieses Körperzentrum, vermeintlich ganz in der Origo-Tradition, als Nullpunkt definiert (2009; → 15. Utopie und Heterotopie). Doch ist dieser weder als entzogener Ort noch als euklidischer Punkt aufgefasst. Der utopische Körper als Nullpunkt ist nicht in der Welt, er ist kein geschlossenes Objekt hier und jetzt, sondern immer schon geöffnet auf ein Anderswo. Weder entwicklungsgeschichtlich noch historisch ist der Körper *a priori* gegeben. Die Griechen Homers hatten kein Wort für ihn; nur *von außen*, durch den Spiegel (Lacan 1949) und den Kadaver (Serres 1999) kommt dem Körper eine Integrität zu, die entweder im Virtuellen des Spiegels entzogen bleibt oder die stabile Hier-Ich-Jetzt-Position auf dem Kadaver begründet und dabei die Topologie des Lebendigen (Serres 1996; Simondon 2005) austreibt. Foucault skizziert diese Topologie, die jede Innen/Außen-Abgrenzung durchkreuzt (Latour 1996) und in der u. a. Masken, Tätowierungen, Tanz oder Drogen als Medien benannt werden, die den Körper transformieren und immer schon auf andere Räume als den homogenen präsenten Raum und andere Entitäten, Gottheiten, Geliebte und Verstorbene hin öffnen. Damit lässt sich sagen, dass die grundlegenden Kulturtechniken keineswegs nur in der Abgrenzung eines Kulturraums bestehen, sondern dass sie, beim Körper ansetzend, diesen als Medium verstehen, der, mit anderen Medien verbunden, den Raum des Hier mit abwesenden Räumen und Räumen anderer Ordnung ‚vernäht'. Eben dies tut auch Literatur, häufig in Auseinandersetzung mit anderen Medien, etwa mit dem Meskalin und der von ihm ausgelösten Modifikation von Körper- und Raumwahrnehmung in Henri Michaux' *L'infini turbulent*.

Bereits Merleau-Ponty, an den Foucault anschließt, denkt sowohl ein Diesseits als auch ein Jenseits der Origo und ihrer statischen Positions-Räumlichkeit, die er explizit zugunsten einer dynamischen *mise-en-situation* verwirft. Auch für Merleau-Ponty ist der Körper nicht *in der* Welt, sondern ‚au monde', zur Welt gehörig, nicht primordiales Objekt, sondern offenes Medium, das Milieu, in dem und durch das ein Subjekt sich Welt, Raum und Objekte allererst konstituiert. Die *mise-en-situation* greift immer schon über die statische Präsenz des *hic-nunc-ego* hinaus. Das in konkreter Präsenz verhaftete Subjekt kann lediglich greifen, während die Fähigkeit zum Zeigen die Abstraktion von der konkret präsenten Situation voraussetzt. Zeigen ist immer schon Hinausweisen über die *hic-nunc-ego*-Situation. So lassen sich mit Merleau-Ponty und Foucault auch und erst recht Medien als Bestandteil des Körperschemas denken, die über diese hinausführen. Dies bedeutet schließlich, dass wir uns nicht, wie Bühler meint, gemäß eines ursprünglichen oder grundlegenden Körperschemas – Kants links/rechts etc. (1986 [1786]) – überall orientieren, sondern dass sich in Medien je eigene Topologien und topologische Möglichkeiten entwickeln, die eingeübt werden müssen, bevor sie als Gewohnheiten in ein somit dynamisches Körperschema inkorporiert werden (Benjamin 1973).

5. Orientierung im literarischen Raum

Wenn der Körper aber utopisch, offen und an Medien gebunden ist, die uns einerseits über die Nahsituation hinaustransportieren und dabei das Körperschema transformieren, andererseits aber den Raum falten und netzförmig organisieren (Latour 2004, 293–294), so darf die Funktionstüchtigkeit eines egozentrischen Orientierungssystems generell, erst recht aber in literarischen Texten bezweifelt werden, die als mediale Konstruktionen einen ‚realen' Raum nicht abbilden, sondern durch Faltungen, Montagen etc. modellieren. Selbst innerhalb eines Schauplatzes bleibt die Positionierung und ‚Orientierung' gemäß dem Kantisch-Bühler'schen Körperpositionsschema häufig unterdeterminiert und je nach Bedarf dem Leser überlassen. Was aber die Verknüpfung einzelner Schauplätze angeht, so wird der Raum zwischen ihnen nicht kontinuierlich gefüllt und für die Orientierung helfen links – rechts, vorne – hinten, oben – unten nicht weiter, weil man sich nicht an sich selbst orientieren, sondern seinen Körper nur nach etwas ausrichten kann: nach Himmelsrichtungen oder markanten topographischen Punkten, die als Wegmarken dienen (→ 2. Topographien).

So lässt sich zunächst sagen, dass die Orientierung im Text nicht als deiktische Positionierung oder Situierung in einem geometrisch-kontinuierlichen Raum funktioniert. Die Ausnahme, welche die Regel bestätigt, liefert Robbe-Grillet mit *La jalousie*: Erfolgt darin tatsächlich eine exakte räumliche Positionierung, so ist dies nur deshalb möglich, weil der als Fokalisationsinstanz fungierende namenlose Ehemann nicht nur seine Plantage, sondern selbst das schlichte Rechteck seines Hauses niemals verlässt. Selbst unter diesen Bedingungen extremer Reduktion bedarf es zusätzlich eines geometrisierenden Beschreibungsexzesses, der, wie häufig im *Nouveau Roman*, nicht zur Konsolidierung, sondern zur Störung des Realitätseffekts führt. Durch die Aussparung jeglicher konkreter Zeitangaben und Relationierungen der Kapitel untereinander wird zudem die situierende Funktion des ‚Jetzt' in der seriellen Wiederholung *ad absurdum* geführt. Ebenso wenig entwerfen literarische Texte das mentale Bild einer vollständigen Karte, andernfalls wäre die Beifügung von Karten und Stadtplänen nicht nur fiktiver, sondern auch realer Länder, Regionen, Städte pure Redundanz. Tatsächlich hilft diese Supplementierung, die stets ‚topo-logische' – im Sinne der Modellierung von Orten – Raumkonstruktion des Texts mittels dieser und auf diesen Geo-Medien zu situieren. Ein besonders interessanter Fall sind Léo Malets *Nouveaux Mystères de Paris* mit ihren Detailkarten der Pariser Arrondissements, auf denen die Schauplätze durch pfeilartige Linien markiert und benannt werden: Es handelt sich um Deixis, die von jedem Körper und jedem Standort abgelöst ist. Ebensowenig aber erfahren wir den Raum aus dem Körpergefängnis einer Aussage- oder Wahrnehmungsinstanz. Auch hier liefert eines der Experimente des *Nouveau Roman*, Michel Butors *La modification*, den Beweis mittels der die Regel zur Anschauung bringenden Ausnahme. Vielmehr handelt es sich um einen ‚Parcours' (Dünne und Nitsch 2014), der aber nicht mit dem Parcours durch einen ‚realen' Raum zu verwechseln ist, welcher notwendig kontinuierlich erfolgt, wobei aber das Verwenden diverser Verkehrsmittel Diskontinuitäten in Körperschema und Raumwahrnehmung produziert.

Daher erscheint es sinnvoll, auf das zurückzukommen, was Bühler als Alternative zum egozentrischen Zeigen nur in wenigen Sätzen streift, um es sofort wieder an die Ego-Positionalität der Aussage-Instanz zu binden. Gemeint ist die topomnestische Orientierung an Landmarken (1999, 146). Nimmt man zusammen, dass ein kohärentes Körperbild kein anthropologisches Datum ist (Foucault 2009; Leenhardt 2005), dass Körperschema und unsere Existenzweise generell nicht auf ein hier-ich-jetzt reduzierbar ist (Merleau-Ponty 2002; Latour und Hermant 1998) und dass die *mise-en-situation* der Handlung einerseits den Raum durch das *hin zu* qualitativ polt, wodurch er erst zum Feld, nämlich zum Handlungsfeld wird, dies aber nicht über eine begriffliche Selbst-Erfassung des Körpers nach links – rechts etc. erfolgt, sondern vielmehr Körper und Raum *ein* Milieu bilden (Merleau-Ponty 2002), so scheint die Ausrichtung an solchen Landmarken tatsächlich als die originäre Form der Orientierung. Diese These wird auch von Gilbert Simondon vertreten, der seinen Begriff des Netzwerks als technisch-geographisches Ensemble von der Annahme her entwickelt, dass der Raum ursprünglich nicht homogen organisiert war, sondern ausgehend von Schlüsselpunkten, die die Landschaft strukturieren (Simondon 1958, 164–170; analog für China Jullien 2003, 90–92) und immer schon symbolisch codiert sind. Es sind also die Orte selbst, die uns orientieren.

6. Deiktische Präpositionen, hervorhebend-affektische Deiktika

Zu ergänzen ist, dass diese zueinander in Relation gesetzt werden müssen, um ein topologisches Netzwerk aus Schlüsselpunkten zu konstruieren. Eben dies, so die abschließende These, geschieht in literarischen Texten (→ 6. Literarischer Raum): Diese entwerfen eine Topologie von Orten, die für die Rezipienten zueinander relationierbar sein müssen, wobei symbolische Codierungen (oben/unten, jenseits der Kulturgrenze, Freund/Feind etc.) immer schon mit in die Konzeption und die Orientierung eingehen. Selbst bei Distanzen ist die symbolische Dimension entscheidender als die geometrische Vermessbarkeit, wofür die Swann- und die Guermantes-Seite in Prousts *Recherche* als Beispiel genügen mögen. Tatsächlich entscheidend für die räumliche Organisation ist jene Wortart, die Serres immer wieder hervorgehoben hat: Präpositionen entwerfen einen topologischen, keinen euklidischen Raum. Bühler muss diese aus den Deiktika ausschließen, weil sie auch völlig ohne die Positionalität einer *hic-nunc-ego*-Origo funktionieren, als ‚Prä-Positionen' der Konstruktion dieser Position vorgängig sind und das Verhältnis dessen, was vor Augen gestellt wird, zueinander, also relational anzeigt. Präpositionen wären demnach die eigentlichen Deiktika der literarischen Texte.

Serres weist seine topologischen Analysen als Fortsetzung der Leibniz'schen *Analysis situs* aus (1996, 71). Leibniz' Geometrie der Lagen (1996; 1996a [1693]) könnte weiterführen als die Tradition Kantischer Körperverankerung. Eben weil die Positionen von Sprech- und Wahrnehmungsinstanz häufig unbestimmt bleiben, weil auch ihre Bestimmung nicht garantiert, dass sie den Leser mitpositioniert und selbst eine solche Positionierung im Sprung zwischen Schauplätzen oder anderen Raffungen, Unterbrechungen etc. wenig hilfreich ist, gelingt Orientierung nur, wenn es gelingt, die Lage der Orte zueinander, ihre Relationen, auszumachen und miteinander zu verbinden. Auch bei der Bestimmung des Verhältnisses literarischer zu realen Räumen könnte Leibniz weiterhelfen: Weder bilden literarische Räume reale Räume ab, noch können beide ‚nebeneinander' gelegt und verglichen werden. Ihr Verhältnis ist also nicht quantitativ bestimmbar, sondern eines der geometrischen Ähnlichkeit (1996a [1693], 51). Die Topologie des literarischen Raums wird mithin qualitativ mit realen Räumen verglichen.

Eine Orientierung in Räumen literarischer Texte im Sinne einer Lokalisierung erfolgt jedenfalls nicht in erster Linie über die reinen Deiktika Bühlers und auch nur in Ausnahmesituationen relativer Stasis aus dem Positionsnachvollzug einer Wahrnehmungs-, geschweige denn einer Aussageinstanz gemäß dem Kantischen Körperschema. Mittels der Deiktika wie *hier, ich, jetzt* können Subjekte auf eine Position festgelegt und damit dingfest gemacht werden. Anhand ihrer lassen sich aber auch komplexere Topologien der personal-raum-zeitlichen Verteilung analysieren – paradigmatisch intratextuell Flauberts *discours indirect libre*, in dem Erzähler und Figur miteinander verwoben werden –, die für den Medienverbund Literatur konstitutiv sind. Damit hängt eine andere, vielleicht die wichtigere Funktion der reinen Deiktika zusammen, die Bühler beinahe verkannt hat. Im literarischen Text dienen sie überhaupt nicht der Orientierung, sondern der Authentifizierung, etwa über die Simulation einer gemeinsamen Autopsie durch Sprecher und Adressaten (Collot 1980), oder der Hervorhebung der mit Deiktika bedachten Orte und Entitäten: Damit bestimmen sie aber weniger eine statische Position, als dass sie das Hervor- oder Herausgehobene prominent werden lassen und unserer Aufmerksamkeit annähern. Darin ist ihre Funktion affektisch. Völlig zutreffend ordnet Bühler sie daher primär als Signale an den Adressaten ein, doch auch der deiktisch hervorgehobene Referent wird gleichsam adressiert, was insbesondere in der Lyrik deutlich wird. Die Rhetorik wies von Anfang an den Weg zum höchsten Stilregister und seiner emotiven Dimension: Deiktika sind Pathosformeln, die die Leser bewegen und somit verlebendigen.

Literatur

Alighieri, Dante. *Vita Nova* [ca. 1283/1295]. Hrsg. von Luca C. Rossi. Mailand: Mondadori, 1999.
Alighieri, Dante. *La Divina Commedia* [ca. 1307–1321]. 3 Bde. Hrsg. von Emilio Pasquigni und Antonio Quaglio. Mailand: Garzanti, 1982.
Anon. „Schemata dianoeas quae ad rhetores pertinent". *Rhetores Latini minores*. Hrsg. von Karl Halm. Leipzig: Teubner, 1863. 71–77.
Augustinus. *Bekenntnisse* [ca. 400]. Lateinisch und Deutsch. Hrsg. von Joseph Bernhardt. Übers. von Joseph Bernhart. Frankfurt a. M.: Insel, 1987.
Benjamin, Walter. „Das Kunstwerk im Zeitalter seiner technischen Reproduzierbarkeit" [1936]. *Das Kunstwerk im Zeitalter seiner technischen Reproduzierbarkeit: Drei Studien zur Kunstsoziologie*. Frankfurt a. M.: Suhrkamp, 1973. 7–44.
Bühler, Karl. *Sprachtheorie: Die Darstellungsfunktion der Sprache*. Stuttgart: Lucius & Lucius, 1999 [1934].
Butor, Michel. *La modification* [1957]. Paris: Minuit, 1987.
Carruthers, Mary. *The Book of Memory: A Study of Memory in Medieval Culture*. Cambridge: Cambridge University Press, 1990.
Carruthers, Mary. „On Affliction and Reading, Weeping and Argument: Chaucer's Lachrymose Troilus in Context". *Representations* 93 (2006): 1–21.
Coenen, Hans G. „Lyrik und Pragmatik: Zur ‚Sprechsituation' von Gedichten". *Bildung und Ausbildung in der Romania. Bd. 1.: Literaturgeschichte und Texttheorie*. Hrsg. von Rolf Kloepfer in Verb. mit Arnold Rothe, Henning Krauß und Thomas Kotschi. München: Fink, 1979. 504–514.
Collot, Michel. „La dimension du déictique". *La littérature* 38 (1980): 62–76.
Descola, Philippe. *Par-delà nature et culture*. Paris: Gallimard, 2005.

Dünne, Jörg, und Wolfram Nitsch (Hrsg.). *Scénarios d'espace: Littératures, cinéma et parcours urbain*. Clermont-Ferrand: Presses universitaires Blaise Pascal, 2014.
Erhardt, Claus, und Hans Jürgen Heringer. *Pragmatik*. München: Fink, 2011.
Foucault, Michel. „Le corps utopique" [1966]. *Le corps utopique, les hétérotopies*. Hrsg. von Daniel Defert. Fécamp: Lignes, 2009. 9–20.
Genette, Gérard. „Discours du récit". *Figures III*. Paris: Seuil, 1972. 65–282.
Greimas, Algirdas Julien, und Joseph Courtés. *Sémiotique: Dictionnaire raisonné de la théorie du langage*. Paris: Hachette, 1993.
Ingold, Timothy. „Ways of mind-walking: Reading, writing, painting". *Visual Studies* 25.1 (2010): 25–33.
Jullien, François. *La propension des choses: Pour une histoire de l'efficacité en Chine*. Paris: Seuil, 2003 [1992].
Kant, Immanuel. „Von dem ersten Grunde des Unterschiedes der Gegenden im Raum" [1786]. *Vorkritische Schriften bis 1786: Werkausgabe Bd. 2*. Hrsg. von Wilhelm Weischedel. Frankfurt a. M.: Suhrkamp, 1986. 993–1000.
Lacan, Jacques. „Le Stade du miroir comme formateur de la fonction du Je: telle qu'elle nous est révélée dans l'expérience psychanalytique". *Revue française de psychanalyse* 4 (1949): 449–455.
Latour, Bruno. *Petite réflexion sur le culte moderne des dieux faitiches*. Le Plessis-Robinson: Synthélabo, 1996.
Latour, Bruno. *La fabrique du droit: Une ethnographie du Conseil d'État*. Paris: La Découverte, 2004.
Latour, Bruno, und Émilie Hermant. *Paris, ville invisible*. Le Plessis-Robinson: Les empêcheurs de penser en rond/La Découverte, 1998.
Lausberg, Heinrich. *Handbuch der literarischen Rhetorik: Eine Grundlegung der Literaturwissenschaft*. München: Hueber, ²1973.
Leenhardt, Maurice. *Do kamo: La personne et le mythe dans le monde mélanésien*. Paris: Gallimard, 2005 [1947].
Leibniz, Gottfried Wilhelm. „Aus den metaphysischen Anfangsgründen der Mathematik/Initia rerum mathematicarum metaphysica". *Hauptschriften zur Grundlegung der Philosophie. Teil 1* [1904]. Hrsg. von Ernst Cassirer. Hamburg: Meiner, 1996. 35–48.
Leibniz, Gottfried Wilhelm. „Zur Analysis der Lage/De analysi situs" [1693]. *Hauptschriften zur Grundlegung der Philosophie. Teil 1* [1904]. Hrsg. von Ernst Cassirer. Hamburg: Meiner, 1996. 49–55 [1996a].
Léry, Jean de. *Histoire d'un voyage faict en la terre du Brésil* [1587]. Hrsg. von Frank Lestringant. Paris: Livre de poche, 2004.
Leroi-Gourhan, André. *Le geste et la parole*. 2 Bde. Paris: Albin Michel, 1964.
Mahler, Andreas, und Horst Weich. „Grundfragen der Analyse von Lyrik und Chanson". *Handbuch Französisch: Sprache, Literatur, Kultur, Gesellschaft*. Hrsg. von Ingo Kolboom, Thomas Kotschi und Edward Reichel. Berlin: Erich Schmidt, 2002. 655–659.
Malet, Léo. *Les Nouveaux mystères de Paris*. Hrsg. von Nadia Dhoukar. I und II. Paris: Robert Laffont, 2006.
Merleau-Ponty, Maurice. *Phénoménologie de la perception*, Paris: Gallimard, 2002 [1945].
Michaux, Henri. *L'infini turbulent*. Paris: Gallimard, 1994 [1964].
Morris, Charles. *Foundations of the Theory of Signs*. Chicago: University of Chicago Press, 1938.

Peirce, Charles S. „What is a Sign?". *The Essential Peirce: Selected Philosophical Writings. Volume 2 (1893–1913)*. Bloomington und Indianapolis: Indiana University Press, 1998. 4–10.
Peirce, Charles S. „Of Reasoning in General". *The Essential Peirce: Selected Philosophical Writings. Volume 2 (1893–1913)*. Bloomington und Indianapolis: Indiana University Press, 1998. 11–26 [1998a].
Proust, Marcel. *A la recherche du temps perdu*. 8 Bde. Hrsg. von Jean-Yves Tadié. Paris: Gallimard (Pléiade), 1988.
Quintilian. *Institutio oratoria*. http://www.hs-augsburg.de/~harsch/Chronologia/Lspost01/Quintilianus/qui_in11.html#03. Biblioteca Augustana (19. Dezember 2014).
Robbe-Grillet, Alain. *La jalousie*. Paris: Minuit, 1957.
Serres, Michel. *Rome: Le livre des fondations*. Paris: Hachette, 1999 [1983].
Serres, Michel. *Atlas*. Paris: Flammarion, 1996 [1994].
Simondon, Gilbert. *Du mode d'existence des objets techniques*. Paris: Aubier, 1958.
Simondon, Gilbert. *L'individuation à la lumière des notions de forme et d'information*. Grenoble: Millon, 2005.
Vergil. *Aeneis*. Lateinisch-deutsch. Hrsg. von Johannes und Maria Götte. Übers. von Johannes Götte. Düsseldorf und Zürich: Artemis und Winkler, [10]2002.
Voss, Christiane. *Der Leihkörper: Erkenntnis und Ästhetik der Illusion*. München: Fink, 2013.
Warning, Rainer. „Der inszenierte Diskurs: Bemerkungen zur pragmatischen Relation der Fiktion". *Funktionen des Fiktiven: Poetik und Hermeneutik X*. Hrsg. von Dieter Henrich und Wolfgang Iser. München: Fink, 1983. 183–206.
Wenzel, Horst, und Ludwig Jäger (Hrsg.). *Deixis und Evidenz*. Freiburg i.Br.: Rombach, 2008.
Wunderlich, Dieter. „Pragmatik, Sprechsituation, Deixis". *Zeitschrift für Literaturwissenschaft und Linguistik* 1.1 (1971): 153–190.

Felder

5. Schrifträume
Hermann Doetsch

1. Schreiben: ‚Prozess' und ‚Spur'

Die Rede von der Schrift ist in der abendländischen Geschichte durch einen elementaren Widerspruch geprägt; einerseits stellt sie einen ihrer wesentlichen kulturellen Träger dar (Guenther und Ludwig 1996), andererseits erscheint sie – wie z. B. in der Philosophie seit Aristoteles – als etwas Supplementäres, als reine Repräsentation von Sprache (Derrida 1967). Doch Schrift stellt nicht nur die ‚Spur' eines intentionalen Aktes, sondern, wie im englischen ‚writing' und im französischen ‚écriture' deutlicher wird, selbst eine Handlung, einen ‚Prozess' dar (Zanetti 2012a): ein Schreiben, das heterogene materielle wie semiotische Elemente in sich vereint (Flusser 2012, 261–262) und das im Folgenden im Hinblick auf seine räumliche Entfaltung untersucht werden soll.

Wie der Anthropologe Leroi-Gourhan erläutert hat, entsteht Schreiben nach einer Reihe zur Ausbildung vernetzter Gehirnstrukturen führender physiologischer Prozesse im ‚Relationsfeld' zwischen Auge, Mund und Hand (1995, 49). Indem es in dieser Konstellation von Denken, Sehen, Sprechen und Schreiben eine besondere Vernetzung kognitiver, semiotischer, technischer wie sozialer Tätigkeiten herstellt (147–153 und 237–238), wird es zu einer grundlegenden Kulturtechnik, die menschliche wie nicht-menschliche Akteure zu techno-sozialen Kollektiven fügt (Latour 1987). In diesem Sinne ist Schrift nicht nur als Text – als Träger sprachlicher Informationen – zu sehen, sondern dynamisch als Praxis (Technè) der Produktion von Objekten, die heterogene Materialien in bestimmten Konstellationen immer wieder regelhaft neu und anders zusammenbringen und auf diese Weise symbolische Operationen durch- sowie soziale Handlungen ausführen (Bredekamp und Krämer 2003).

Dabei fügt sich die Kulturtechnik ‚Schreiben' in dieses heterogene Feld ihrerseits auf dynamische Weise ein. Im Gegensatz zu anderen, stark festgelegten Kulturtechniken, kann sie die verschiedensten Arten von materieller Substanz und Form aufweisen: etwa Papier, Haut, Stein, Papyrus. Daneben weisen auch die symbolischen und sozialen Praktiken ein breites Spektrum auf: Schrift kann piktographisch, ideographisch, syllabisch, alphabetisch sein (Robinson 2009). Was Schrift ist, kann mithin nur gesagt werden, wenn sie als dynamische Konstellation in einem Feld von Denken, Handeln, Sprechen und Zeichnen verortet wird. Schrift ist und ist nicht Sprache, Schrift ist und ist nicht Bild, Schrift ist und ist nicht Akt, Schrift prozessiert und prozessiert nicht Bedeutung (Kogge 2004). Eine ihrer wesentlichen Funktionen und Leistungen ist, diese Konzepte in wandelbare Relationen zueinander zu setzen. Dieses Feld aus Relationen bildet zudem nie ein geschlossenes System; vielmehr ist der Raum der Schrift immer eingewirkt in Räume benachbarter Praktiken und Kulturtechniken: Die Hand, die schreibt, ist auch die Hand, die Waffen trägt, Urteile fällt, Güter verkauft, Steuern einstreicht und Summen berechnet.

Das Konzept Schrift beinhaltet demnach eine konstitutive Unschärfe, eine in jüngerer Zeit zunehmend hervorgehobene Wandelbarkeit und Vielgestaltigkeit (Wirth 2007). Dies schlüssig um einige wesentliche Kerne begrifflich gefasst zu haben, ist die Leistung von Campe (2012). Angesichts der zweifachen Realität des Schreibens schlägt er vor, Schrift unter dem Aspekt des ‚Datums' zu betrachten: nicht nur als ‚Gegebenes', Objekt und Ergebnis einer Handlung, sondern stets auch als deren ‚datierbar' schreibenden Vollzug. Auf diese Weise gelingt es, die Aufmerksamkeit weg vom Schriftstück als bloßer Repräsentation von Bedeutung hin zur ‚Schreibszene' zu lenken: zu den performativen Momenten, die den raumzeitlichen Rahmen für die Ausführung des Schreibaktes bilden. Campe unterscheidet drei grundlegende Aspekte des Schreibens, die in Anlehnung an Dünne (2004) in räumlicher Hinsicht verstanden und dabei als sozial-pragmatische (2.1), materielle (2.2) und virtuelle Dimension (2.3) von Schrifträumen bezeichnet werden können. Zudem lassen sich vier verschiedene Operationen unterscheiden, die in je spezifischer Weise die grundlegenden medialen Funktionen ‚Aufzeichnen', ‚Übermitteln' und ‚Verarbeiten' durchführen, durch die Schrift als *„Archiv, Adresse* und *Algebra"* (Wetzel 1991, 8) fungiert. Da sind zunächst die regelgeleiteten *technischen Operationen (a)* der Inskription, die Zeichen komplexer Artikulation herstellen. In alphabetischen Kulturen ist zudem selbstverständlich, dass Schriftzeichen *sprachliche Operationen (b)* durchführen, indem sie auf der Ebene des Ausdrucks Formen schriftlicher Substanz mit Formen lautlicher Substanz korrelieren, wobei die Schriftzeichen selbst schon, ohne Koppelung mit Lautzeichen, eine zweifache Artikulation aufweisen und – wie Gross (1994) empirisch an Lektürepraktiken belegt hat – materielle Inskriptionen direkt mit semantischen Konzepten verbinden. Als *symbolische Operation (c)* eröffnet Schrift einen Raum der Virtualität, in dem Wissen gespeichert und verarbeitet werden kann (Lachmann und Rieger 2003; Giesecke 1998). In *rekursiven Operationen (d)* schließlich werden die so produzierten Konzepte auf den Raum der sozialen Wirklichkeit zurückbezogen, doch kann Schrift auch direkt rekursiv wirken und über die elektrischen Zustände eines Computers Wirklichkeit direkt adressieren und modulieren (Grube 2005). Schreiben schließt somit eine vollkommene Rekursionsschleife, in der soziales Handeln sich in Schrift zum einen verräumlicht, also wahrnehmbare Gestalt annimmt, zum anderen aber auch virtualisiert, also Sprech- und Denkakte prozessierbar macht und sie so wieder in das soziale

Handeln einträgt, und darüber hinaus das Potenzial entfaltet, Wirklichkeit direkt zu verändern (Goody, Watt und Gough 1986).

2. Räume und Operationen der Schrift

2.1. Sozial-pragmatischer Raum

Der pragmatische Aspekt betrifft die sozialen Rahmenbedingungen des Dispositivs ‚Schreiben', seine Institutionen, Subjekte und – im wörtlichen Sinne – ‚Programme' (Flusser 1992, 52–57). In ihrer Studie zur Praxis administrativen Schreibens in Kanzlei und Büro hat etwa Cornelia Vismann (2000) demonstriert, dass Schreiben im Kontext von bestimmten Institutionen stattfindet, die Schreibprogramme definieren und Subjekte adressieren, aber auch eine eigene Geschichte haben und historischen Veränderungen unterworfen sind. Dabei sind es diese Institutionen selbst, die sowohl die Anlässe als auch die ausführenden Personen, die Inhalte, Formen, Codes, deren Korrelationsregeln und die zu verwendenden Materialien des Schreibens bestimmen und regulieren. Seit jeher sind der Kulturtechnik ‚Schreiben' Orte zugewiesen, die ihr nicht nur je spezifisch Form wie Stil vorschreiben, sondern sie mit ihrem symbolischen Kapital und ihrer Aura auch zuweilen soweit infizieren, dass diese im besonderen Fall selbst sakralen Charakter anzunehmen beginnen, wie etwa der Tempel in Ägypten oder die Skriptorien des Mittelalters (Assmann 1997, Kap. 4; Hauschild 2013). Solche Orte stellen aber kein einheitliches Ganzes dar; sie erfüllen vielmehr heterogene Funktionen, verhandeln verschiedenartige Praktiken und versammeln unterschiedlichste Akteure und Objekte. Zudem sind Institutionen stets auf andere Institutionen bezogen, was sich insbesondere in der frühen Neuzeit im okzidentalen Kulturraum beschleunigt zeigt. Da nunmehr mehrere Institutionen zugleich auf die Praxis des Schreibens zurückgreifen und verschiedene, beständig konkurrierende Praktiken entwickeln, beginnen sich Funktionen des Schreibens auszudifferenzieren. ‚Modernes' Schreiben situiert sich, exemplarisch etwa im pikaresken Erzählen wie in historiographischen Darstellungspraktiken des frühneuzeitlichen Spanien (Gumbrecht 1994; Siegert 2006), in einem Konfliktfeld zwischen den administrativen Schreibpraktiken von Büros und Kanzleien und dem Schreiben in einer sich aus bereits geschriebenen Texten und deren charakteristischen Motiven und Stilen speisenden Privatbibliothek. Es stellt zudem stets auch einen Kampf um einen eigenen Ort für das Schreiben dar, sei es fundamental wie bei Virginia Woolf oder Friedrich Glauser als Ermöglichungsraum gegen geschlechterpolitisch oder psychiatrisch-juristisch motivierte Ausgrenzungspraktiken, sei es wie bei Kafka als Rückzugsraum vor den Übergriffen administrativer Schreibpraktiken (Thüring 2005; Campe 2005).

Indem jede Institution nicht nur Formen, Inhalte und Funktionen des Schreibens regelt, sondern auch bestimmte Rollen für die Ausübung der Praxis formuliert, adressiert sie zudem je bestimmte, lange Zeit einzig als männlich konzipierte Subjekte (Wall 1993) und bildet etwa im 18. Jahrhundert durch das Ineinandergreifen von unterschiedlichsten Diskursen und kommunikationstechnischen Praktiken mit dem ‚Autor' eine bis dahin unerhörte Person literarischen Schreibens aus (Bosse 1981; Kittler 1987, Kap. 1). Doch betreffen die institutionellen Programme nicht nur Rollen und symbolische Strukturen, sondern auch die Körper der Subjekte; sie regeln nicht nur die richtige orthographische Ordnung der symbolischen Strukturen des Schreibens, sondern auch die korrekte Ausführung des materiellen Artefakts und stellen so eine Kopplung zwischen den institutionellen pragmatischen und den materiellen Räumen her.

(a) Operation 1: Technè
Die Operation des Schreibens beinhaltet zunächst einen technischen Vorgang der Einschreibung, in dessen Verlauf sich Körper und materielle Artefakte in formatierten Körpergesten zueinander in Beziehung setzen. Schreiben ist in diesem Sinne eine Körpertechnik, eine körperliche Geste der ‚Skription' (zu lat. *scribere*; Barthes 2002, 267), des Einritzens oder – insbesondere im fernöstlichen Schreiben – Auftragens von Markierungen, die, wie Goldberg (1990) aufgewiesen hat, eine strikte Disziplinierung des Körpers mit sich bringt. Gleichzeitig aber resultiert aus den Bewegungen des Körpers ein Überschuss an körperlichem Genießen: die Geste des Schreibens ist demnach gekennzeichnet durch Unterwerfung, Genuss und Selbstermächtigung (Mainberger 1995). Auf diese Weise verfügt jedes Schriftstück über eine orthographische wie über eine kalligraphische Dimension. Indem der Akt des Schreibens vorgegebenes Material verändert, stellt er zugleich immer auch einen Akt des Widerstands gegen Notwendigkeiten dar, in dem der Schreibende das Gegebene auf das Virtuelle zu öffnen vermag (Flusser 2012).

Schrift koppelt Körper und Materie in einem komplexen Gefüge aus technischen, biologischen und sozialen Elementen, so dass ein neues technisches Produkt wie etwa die Schreibmaschine nicht nur die Kommunikation beschleunigt und revolutioniert, sondern zugleich Stimme und Schreiben in neuen Schreibpraktiken wie dem Diktat neuartig koppelt und damit spezielle Subjekt- bzw. Geschlechtermodelle ausbildet (Kittler 1987, 355–377). Jede technische Geste organisiert Raum wie Zeit, entscheidet darüber, was wahrgenommen und gewusst werden kann, und formatiert dazu den Modus der Einstellung; sie gibt also nicht nur die Strukturen unserer Wirklichkeitswahrnehmung vor, sondern steuert zudem die Praxis der Verarbeitung. Veränderungen in der Produktion von

Schrift, wie sie insbesondere die Automation durch Druckerpresse, Type-Writer oder Computer mit sich bringt, bilden so entscheidende Kristallisationspunkte für Veränderungen in perzeptiven und kognitiven Strukturen, mit denen wir Wirklichkeit verarbeiten, auch wenn sie nicht als determinierender Faktor gesehen werden können, sondern in einer Reihe ökonomischer, politischer, sozialer und anderer Praktiken betrachtet werden müssen (McLuhan 1994; Kittler 1985; Bolter 2009). Neben Techniken des Schreibens produzieren die gesellschaftlichen Räume auch Techniken des Lesens, die zwischen lauter und leiser, intensiver und extensiver, einsamer und gemeinsamer Lektüre, zwischen halluzinierendem Vorstellen und körperlicher Performance historisch wie sozial verschiedene Ausprägungen erfahren haben (Cavallo und Chartier 1999).

2.2. Materieller Raum

2.2.1. Inskriptionen

Die Operationen des Schreibens, welche die Ebenen 2.1 und 2.2 miteinander koppeln, dienen im Wesentlichen dem Speichern von Informationen, ihrer Aufbewahrung und Abrufbarkeit; sie stellen Wahrnehmbarkeit her. Das Produkt dieses Schreibens ist wiederum schwer zu fassen. Ein wesentliches Kennzeichen der Schrift ist ihre ‚wiederholbare Materialität' (Lüdeke 2005); sie ist nicht auf eine einzige Erscheinungsform festgelegt, sondern kann sich mithilfe der verschiedensten Schreib- und Druckgeräte (Finger, Meißel, Stilus, Feder, Pinsel, Bleistift, Drucktypen, Kugelschreiber, Licht) und Flüssigkeiten (Tinte, Tusche) an den unterschiedlichsten Materien manifestieren (Ehlich 2002): Sand, Stein, Wachs, Papyrus, Papier, Pergament, Rinde, sogar Schildkrötenpanzer wie im alten China und als elektrischer Zustand über Leuchtröhren oder Bildschirme.

Die Wahl des Materials, dessen Mobilität bzw. Transportabilität, ist von grundlegender Bedeutung für die Fähigkeit, mit Schrift nicht nur Informationen aufzeichnen und verarbeiten, sondern diese auch übertragen zu können. Eine Schlüsselrolle in der abendländischen Geschichte der Schrift kommt dabei dem Material Papier zu, das Schrift in verschiedener Weise zu organisieren und transportieren vermag (→ 41. Die Seite). Der Prozess der Inskription produziert im Verbund mit dem jeweiligen Material ein Objekt mit einer jeweils spezifischen Form, die Schrift als Einheit organisiert. Allerdings ist nicht gleichgültig, welche Materialien und Verfahren Verwendung finden, denn mit Nietzsche „arbeitet unser Schreibzeug an unseren Gedanken mit" (Stingelin 2000), produzieren unterschiedliche Schrifttechniken unterschiedliche Vorstellungen von der Wirklichkeit. In der Geschichte der Schrift bildet einen entscheidenden Übergang die im 1. Jahrhundert beginnende langsame Ablösung der Schriftrolle durch den

Kodex bzw. die Buchform, die Schrift als homogene Einheit, als ‚Text', wahrnehmbar werden lässt und durch die Befreiung einer Hand einzelne ihrer Elemente leichter verarbeitbar und kommentierbar macht. Gleichwohl existieren Schriftstücke bestimmter Techniken und Formen nie isoliert, sondern sind immer schon in heterogene Schrift- und Aufzeichnungsformen verflochten. Typoskripte verweisen auf Manuskripte, auf Diagramme und umgekehrt. Für alle aber gilt: Die technischen Operationen setzen Marken in einen zweidimensional formatierten Raum, den sie auf diese Weise strukturieren (Goodman 1976; Krämer 2005). Mehr noch als einzig das Sehen adressiert Schrift so den Raum: Schreiben ist eine Raumkunst, deren grundlegendes Prinzip in einem Prozess der Anordnung besteht, die Marken in bestimmte Relationen zueinander setzt und auf diese Weise stabile, reproduzierbare Zeichen ausbildet (Cancik-Kirschbaum und Mahr 2005). Diese Zeichen entwerfen eine komplexe, mindestens zweifache Struktur der Referenz; sie verweisen zum einen auf Strukturen des Wirklichen, auf Konzepte, zum anderen – wie zumindest Alphabetschriften – auf die Produktion von Lauten.

(b) Operation 2: Logos
Diese letzte Operation, in der ‚Graphè' und ‚Phonè' (Koch 1997), graphische und phonische Strukturen, miteinander korreliert werden, ist lange Zeit als wesentliche Eigenschaft der Schrift verstanden worden, die in diesem Sinne nur einen Mittler zur Sprache darstellt (zur Kritik Harris 1986; Krämer 2005a). Da Schrift nicht situationsgebunden ist, sondern das Potenzial hat, an beliebige Kommunikationssituationen gekoppelt zu werden, besteht ihre Funktion gewiss im Aufzeichnen sprachlicher Äußerungen, um so die Tradition des Logos zu garantieren. Exemplarisch erfüllt sich dies in der Alphabetschrift, die in diesem Sinn eine reine Sprechmaschine darstellt. Nach Powell (1991) bildete den grundlegenden Antrieb zur Entwicklung der Alphabetschrift der Wunsch, die Aussprache der Hexameter in den homerischen Epen Laut für Laut aufzuzeichnen. Die alphabetischen Schriftzeichen bilden derart Anweisungen zur Reproduktion von Lauten wie späterhin von mathematischen Ziffern (Kittler 2013, 327–395). Jeder Text ist damit virtuell Laut und Gesang. Lyrische Texte werden noch lange dieses Potenzial aufzeichnen. Hieraus entsteht eine komplexe Struktur, in der die Schrift immer schon auf eine andere Situation verwiesen ist und von einem ‚Geist' als diktierender Machtinstanz und unverfügbar unheimlichem Anderen heimgesucht wird. Gleichzeitig aber bringt Schrift diese Stimme in den stummen Buchstaben zum Schweigen, entzieht sie dem Zugang der Autorität, öffnet jede Äußerung auf eine potenziell unendliche Vielfalt an Kombinationen und macht sie so zu einem einfachen Element ständiger Dissemination von Bedeutungen.

2.2.2. Bildraum – Diagramm

Darüber hinaus gestalten die Inskriptionen einen optischen Wahrnehmungsraum, in welchem die Position und Konfiguration der Marken ohne Verweis auf einen Ton durch seine ‚Schriftbildlichkeit' bedeutungshafte Strukturen entfalten. Indem Schreiben so einen Bildraum etabliert, stellt es sich in besondere Beziehung zu anderen raumgestaltenden Aufzeichnungstechniken wie dem Zeichnen und dessen Nachfolgern, die in der Tradition der Figurengedichte zu komplexen Relationen zwischen visuellen, phonetischen und semiotischen Strukturen führt (Ernst 1991). Beide trotzen durch Operationen rekursiver Inskription dem chaotischen Rauschen eine Ordnung ab, lassen aus Gekritzel eine Struktur entstehen. Indem Schrift ein Notationssystem aus disjunkten und differenzierten Zeichen ausbildet, überbietet sie dabei die dichte Analogizität des mimetischen Bilds und instituiert ein relationales, strukturales System. Dieses langsame Entstehen der Schrift aus der Kontingenz über Kritzeln und Bild, der Prozess, wie sie ihre ‚semiotische' Dimension zwischen Rauschen und analoger Repräsentation allmählich erringt (Menke 1994; Kotzinger und Rippl 1994), lässt sich exemplarisch an den Skizzenblättern malerisch wie schriftstellerisch begabter Autoren sehen. Während aber Malerei wie Photographie und Film Wirklichkeit analog aufzeichnen, handelt es sich bei der Schrift um eine digitale Aufzeichnungstechnik, so dass ihre Raumgestaltung nicht in der Konstruktion eines zur aufzuzeichnenden Wirklichkeit homologen Raums besteht, sondern diesen übersteigt und so neue Bedeutungsmöglichkeiten öffnet, wie etwa Godards Einsatz der Schrift in seinen Filmen nachdrücklich unter Beweis stellt (Ropars-Wuilleumier 2009).

Schrift hat nicht zufällig eine genealogische Verwandtschaft mit diagrammatischen Aufzeichnungsformen wie mythenspeichernden Mythogrammen oder ökonomischen Tabellen (Leroi-Gourhan 1995, 237–239; Goody 1977, 74–111). Diese diagrammatische Dimension auch für das alphabetische Schreiben wiederzugewinnen, erforderte einen langen Prozess, der von der Entwicklung von Minuskeln und Kursivschrift in der spätantiken Verwaltung über die Ablösung der *scriptio continua* etwa durch Wortzwischenräume zur Markierung einzelner Einheiten und die Entwicklung der Groß- und Kleinschreibung in der irischen monastischen Tradition bis hin zur Ausbildung von Strukturen der Textorganisation wie Überschriften, Trennung von Text und Kommentar oder Bildung von Absätzen in der Scholastik reicht (Illich 1993; Raible 1991) und schließlich in der methodischen Konstruktion frühneuzeitlichen Schreibens eine neue rationale Ausdrucksform fand.

(c) Operation 3: Symbolon
Neben der Referenz auf Laute der Sprache prozessiert Schrift Bedeutung. Dies erfolgt visuell, im Wesentlichen aber sprachlich. Auf beiden Ebenen geschieht

dies, indem Differenzen gesetzt und die so differenzierten Elemente mit Bedeutung versehen werden. Diese Korrelation ist arbiträr, und so benötigt es zur Dekodierung der Bedeutung von Schrift neben einer Technik der Entzifferung auch eine Technik des Verstehens: eine Hermeneutik (Kittler 2013a). Bedeutung wird im Prozess des Schreibens also ‚wörtlich' durch ein Verfahren der Einräumung produziert, in welchem die Kontinuität unterbrochen, ja geradezu ‚zerrissen' wird (Flusser 1992, 14–18). Denn wesentliches Moment der schriftlichen Ordnung bildet im Gegensatz zur Kontinuität analoger Aufzeichnungstechniken die Leerstelle (Cancik-Krischbaum und Mahr 2005). Wie im Diagramm räumliche Kontinuität in diskontinuierliche Relationen zerlegt und damit das Sein des Phänomens auf seine es bedingenden Tendenzen und Potentialitäten geöffnet wird, so lassen sich auch durch die Schrift die virtuellen Dimensionen der Sprache aktualisieren, indem die differentiellen Strukturen sprachlicher Bedeutungskonstruktion wahrnehmbar werden. Schrift besitzt somit aufgrund ihrer besonderen Gestalt ein analytisches Potenzial, das erlaubt, sich zur unmittelbaren Situation des Wirklichen in Distanz zu bringen (Goody 1977). Eine ihrer wesentlichen Funktionen besteht also darin, einen Raum des Denkens zu schaffen, in dem man der Wirklichkeit nicht ausgeliefert ist, sondern sie in Anschauungen und Konzepten erfasst und verarbeitet. Diesen Raum bezeichnet man in der okzidentalen Philosophie als ‚Seele' oder ‚Geist' (Havelock 1963; Koschorke 1999). Schrift dient also auf der einen Seite dazu, die Welt lesbar zu machen und deren Wissen zu speichern, wodurch sie auf der anderen Seite zur herausragenden Metapher für das Verständnis der Welt selbst wird (Blumenberg 1989).

Doch Schrift speichert nicht nur Vorstellungen von Welt, sondern prozessiert zugleich Wissen (→ 9. Räume des Wissens). Indem sie erlaubt, Konzepte in immer neue Konstellationen zu setzen, schafft sie beim Schreiben, Umschreiben und Übertragen – von einem Zettel zum anderen, von einer Kladde in die andere – neue Konzepte in Wissenschaft und Philosophie. Sie ist schaltbar und greift insofern elektrischen Systemzuständen voraus. Dabei wird sie oft als Technik der Memoria verstanden (Assmann, Assmann und Hardmeier 1998; → 17. Mnemotop), doch ist ihre wesentliche Leistung weniger, etwas aufzubewahren bzw. anwesend sein zu lassen. Vor allem ist sie eine Technik der Latenz (Haverkamp 2002), d. h. sie entwirft die Differenz zwischen Abwesendem und Anwesendem in einer Überschreitung, die Anwesendes abwesend und Abwesendes anwesend macht, Aktuelles virtualisiert und Virtuelles aktualisiert. Darin impliziert sie ein Potenzial des Unvordenklichen, dient also nicht nur der Aufbewahrung von etwas, sondern weist stets über das je Aufzubewahrende hinaus. Es ist somit kein Zufall, dass Schreiben/Schrift zum privilegierten Motor des Denkens geworden ist, besteht doch die Operation des Denkens in genau diesem Prozess, das Je-Seiende auf das Virtuelle zu überschreiten und das Virtuelle im Seienden erscheinen zu lassen. Genau dies vermag Schrift, indem sie Marken setzt und auf diese Weise Strukturen generiert, welche Anschauungen hervorbringen, weiterprozessieren und sogar wieder rückgängig machen können.

Dass dieser Prozess nie abgeschlossen ist, dass neben der Operation des differenzschaffenden Einräumens eine weitere zentrale Operation im Tilgen und Überschreiben liegt, wussten schon die Palimpseste herstellenden Mönche des Mittelalters. Für einen Benutzer von Word-Prozessoren ist dies heutzutage noch augenfälliger. In der Perspektive der modernen Editionsphilologie gestaltet sich Schreiben selbst als potentiell unendlicher Prozess von Inskriptionen und Tilgungen, von Reinskriptionen, Super- und Subskriptionen, die immer wieder neue Konfigurationen der Schrift entwerfen, virtuelle Bedeutungsmöglichkeiten aktualisieren und den Text nie zur Ruhe kommen lassen (Grésillon 2012; Neumann 2012).

2.3. Virtueller Raum

In dieser Artikulation von Einschreibungen und symbolischen Bedeutungen konstituieren sich durch Schrift virtuelle Räume, die sich zu den gegebenen Räumen in einer obliken Relation befinden (→ 2. Topographien). Schrift dient dabei nicht nur der Strukturierung der Welt, sondern verfügt auch über das Potenzial zu ihrer Restrukturierung und Erneuerung. Indem sie so auf etwas anderes verweist, das zwar abwesend ist, aber dennoch irgendwie ‚existiert', entfaltet sie eine unheimliche phantasmatische Präsenz und Ambivalenz, die gerade Texte aus dem 19. Jahrhundert immer wieder augenfällig inszenieren (Lachmann 2002).

2.3.1. Soziale Raumorganisationen

Zwischen Schrift als Medium der Kommunikation und Gesellschaft als ihrem Produkt entsteht so ein komplexes Interdependenzverhältnis, in der das Medium die Gesellschaft prozessiert, in welcher ihm eine bestimmte Funktion, ein bestimmter Ort und eine bestimmte zeitliche Dimension zugeordnet sind. Jedes Imperium organisiert, wie Harold A. Innis (2007) herausgearbeitet hat, Zeit und Raum mit spezifischen Materialien und Formen; jedes Imperium basiert auf spezifischen Praktiken und Techniken der Kommunikation und Interaktion. Aber nicht nur politische, auch sakrale Gemeinschaften ziehen ein gewichtiges Moment ihrer Konsistenz aus Schriftstücken und bilden ‚*textual communities*' (Stock 1983). Das gilt insbesondere für die ‚Buchreligionen' im Mittelalter, für die das Buch in der prachtvollen materiellen Gestalt der Thora, des Koran, der Heiligen Schrift oder des Messbuchs als Garant und Präsenz des Göttlichen das auratische Zentrum der Gemeinde darstellt (Kiening und Stercken 2008). Entgegen dieser zentrierenden Funktion auratischer Schriftwerke konstruieren die frühneuzeitlichen Imperien mit unveränderlichen, aber auch extrem beweglichen Schriftstücken, sogenannten ‚*immutable mobiles*' (Latour 2006), dezentrale Netzwerke und bilden mit einer solchen um ‚*centers of calculation*' organisierten Machtstruktur den ersten Schritt zur dynamischen Globalisierungsbewegung.

2.3.2. Semiotische Räume: Fiktionen

Symbolische Räume müssen aber nicht unbedingt eine konkrete Verankerung in der sozialen Wirklichkeit aufweisen; sie können ebenso einfach ‚Nachbildungen' oder Variationen der wirklichen Welt entwerfen und so fiktive raumzeitliche Konstruktionen, ‚Chronotopoi', darstellen, in denen fiktive Figuren Ereignisse prozessieren (Bachtin 2008; Lotman 1986, Kap. 8; Mahler 1998; → 13. Chronotopoi).

(d) Operation 4: Rekursion

In dieser Fähigkeit, die wirkliche Welt mit Alternativen ihrer selbst zu konfrontieren, wird das rekursive Potenzial der Schrift deutlich, ohne sich darin zu erschöpfen. Gerade fiktionale Texte vergewissern sich der latenzschaffenden Funktion von Schrift, indem sie ‚Schreib-Szenen' inszenieren, in denen die ‚Schreibszene' auf sich selbst als Schreibprozess reflektiert und so den kybernetischen Regelkreis zwischen Schreibprogramm, referenzerzeugenden Schreiboperationen und symbolisch-virtuellem Modell schließt (Stingelin 2004; Giurato 2005). Es ist das Verdienst der Avantgarde, die welterschließenden Fähigkeiten der Schrift zwischen Sehen, Handeln, Sprechen und Denken schon zu Beginn des 20. Jahrhunderts auf die materiale Verfasstheit schriftlicher Texte projiziert zu haben (→ 41. Die Seite). Ein Text wie Apollinaires „Lettre-Océan" stellt eine grundlegende Meditation über die Verarbeitung von Information im massenmedialen Zeitalter dar, in welchem mündliche, bildliche und druckschriftliche Formen der Aussage bezogen werden auf heterogene – u. a. ideographische, diagrammatische, alphabetische und typographische – Formen der Speicherung und Übertragung wie Postkarte, Zeitschrift, Buch, Slogan und Telegraphie und so eine komplexe Form des Ausdrucks herstellen, der das Vermögen der Schrift, Informationen zu prozessieren, an seine Grenzen bringt (Dünne 2004). Die Überschreitung der Schrift zur Wirklichkeit reflektiert sich so nicht selten in ihrer Überschreitung auf eine andere Medialität. Das diagrammatische Potenzial der Schrift macht eine Medienform wie die Karte zu einem bevorzugten Modell der Selbstreflexion und Verweisung auf die Welt, wie sich auch an den komplexen Beziehungen von Deixis und Phorik in modernen Romanen zeigen lässt (Dünne 2011; Stockhammer 2001; → 4. Deixis). Doch die rekursive Funktion der Schrift weist noch weit über diesen

Kreislauf zwischen Modellen und deren Implementierungen im sozialen System hinaus. Schriftliches Rechnen stellt unter Beweis, dass Schrift keine Bedeutung produzieren muss, um Wirklichkeit adressieren und prozessieren zu können; sie kann Wirklichkeit auch direkt manipulieren: ein Traum, der Grundlage einer ganzen Reihe zahlen- und buchstabenmystischer Praktiken war und in modernen Maschinen Wirklichkeit geworden ist.

Schreiben ist somit eine Technik, die mit Symbolen operiert, ihnen an Leerstellen Orte zuweist, sie zueinander in Beziehung setzt und wieder tilgt. Nicht anders verfährt auch Turings Modell einer universellen Maschine (1987, 17–60). Krämer hat Schreiben deshalb als ‚symbolische Maschine' bezeichnet, die lediglich in eine reale Maschine elektrischer Zustände implementiert werden muss, um selbstständig operieren und so Wirklichkeit schreiben zu können (1988). Schrift enthält also bereits ihrerseits ein autooperatives Potenzial, das über sie hinausweist – vom Schaffen von Differenz zur Modulation elektrischer Zustände (Manovich 2001), die etwa in den Projekten zu Quanten-Computern sogar auch Differenzen offenzuhalten vermögen.

Literatur

Aristoteles. *Organon 2: Kategorien/Hermeneutik oder vom sprachlichen Ausdruck*. Hrsg. von Hans Günther Zekl. Hamburg: Meiner, 1998.

Assmann, Jan. *Das kulturelle Gedächtnis: Schrift, Erinnerung und politische Identität in frühen Hochkulturen*. München: C. H. Beck, 1997 [1992].

Assmann, Jan, Aleida Assmann und Christof Hardmeier (Hrsg.). *Schrift und Gedächtnis: Archäologie der literarischen Kommunikation I*. München: Fink, ³1998.

Bachtin, Michail. *Chronotopos*. Hrsg. von Michael C. Frank und Kirsten Mahlke. Frankfurt a. M.: Suhrkamp, 2008 [1937/38].

Barthes, Roland. „Variations sur l'écriture" [1973]. *Œuvres complètes IV: Livres, textes, entretiens 1972–1976*. Paris: Seuil 2002. 267–316.

Blumenberg, Hans. *Die Lesbarkeit der Welt*. Frankfurt a. M.: Suhrkamp, ²1989 [1981].

Bolter, Jay David. *Writing Space: Computers, Hypertext, and the Remediation of Print*. New York und London: Routledge, ²2009.

Bosse, Heinrich. *Autorschaft ist Werkherrschaft: Über die Entstehung des Urheberrechts aus dem Geist der Goethezeit*. Paderborn: Schöningh, 1981.

Bredekamp, Horst, und Sybille Krämer. „Kultur, Technik, Kulturtechnik: Wider die Diskursivierung der Kultur". *Bild – Schrift – Zahl*. Hrsg. von Sybille Krämer und Horst Bredekamp. München: Fink, 2003. 11–22.

Campe, Rüdiger. „Die Schreibszene: Schreiben" [1991]. *Schreiben als Kulturtechnik: Grundlagentexte*. Hrsg. von Sandro Zanetti. Berlin: Suhrkamp, 2012. 269–282.

Campe, Rüdiger. „Schreiben im ‚Process': Kafkas ausgesetzte Schreibszene". „*SCHREIBWERKZEUG IST EIN DING GLEICH MIR: VON EISEN"*: Schreibszenen im Zeitalter der Typoskripte. Hrsg. von Davide Giurato, Martin Stingelin und Sandro Zanetti. München: Fink, 2005. 115–132.

Cancik-Kirschbaum, Eva und Bernd Mahr. „Anordnung und ästhetisches Profil: Die Herausbildung einer universellen Kulturtechnik in der Frühgeschichte der Schrift". *Bildwelten des Wissens: Kunsthistorisches Jahrbuch für Bildkritik 3,1. Diagramme und bildtextile Ordnungen*. Hrsg. von Birgit Schneider. Berlin: Akademie-Verlag, 2005. 97–114.

Cavallo, Guglielmo, und Roger Chartier (Hrsg.). *A History of Reading in the West*. Cambridge und Oxford: Polity, 1999.

Derrida, Jacques. *De la grammatologie*. Paris: Minuit, 1967.

Dünne, Jörg. „Vorwort". *Von Pilgerwegen, Schriftspuren und Blickpunkten: Raumpraktiken in medienhistorischer Perspektive*. Hrsg. von Jörg Dünne, Hermann Doetsch und Roger Lüdeke. Würzburg: Königshausen & Neumann, 2004. 9–20.

Dünne, Jörg. *Die kartographische Imagination: Erinnern, Erzählen und Fingieren in der Frühen Neuzeit*. München: Fink, 2011.

Ehlich, Konrad. „Schrift, Schriftträger, Schriftform: Materialität und semiotische Struktur". *Materialität und Medialität von Schrift*. Hrsg. von Erika Greber, Konrad Ehlich und Jan-Dirk Müller. Bielefeld: Aisthesis, 2002. 91–111.

Ernst, Ulrich. *Carmen figuratum: Geschichte des Figurengedichts von den antiken Ursprüngen bis zum Ausgang des Mittelalters*. Köln, Weimar und Wien: Böhlau, 1991.

Flusser, Vilém. *Die Schrift: Hat Schreiben eine Zukunft?* Frankfurt a. M.: Fischer, 1992.

Flusser, Vilém. „Die Geste des Schreibens" [1991]. *Schreiben als Kulturtechnik: Grundlagentexte*. Hrsg. von Sandro Zanetti. Berlin: Suhrkamp, 2012. 261–268.

Giesecke, Michael. *Der Buchdruck in der frühen Neuzeit: Eine historische Fallstudie über die Durchsetzung neuer Informations- und Kommunikationstechnologien*. Frankfurt a. M.: Suhrkamp, ²1998.

Giurato, Davide. „(Mechanisches) Schreiben: Einleitung". *„SCHREIBWERKZEUG IST EIN DING GLEICH MIR: VON EISEN": Schreibszenen im Zeitalter der Typoskripte*. Hrsg. von Davide Giurato, Martin Stingelin und Sandro Zanetti. München: Fink, 2005. 7–20.

Goldberg, Jonathan. *Writing Matter: From the Hands of the English Renaissance*. Stanford, CA: Stanford University Press, 1990.

Goodman, Nelson. *Languages of Art: An Approach to a Theory of Symbols*. Indianapolis und Cambridge: Hackett Publishing, ²1976.

Goody, Jack. *The Domestication of the Savage Mind*. Cambridge: Cambridge University Press, 1977.

Goody, Jack, Ian Watt und Kathleen Gough. *Folgen und Entstehung der Schriftkultur*. Frankfurt a. M.: Suhrkamp, 1986.

Grésillon, Almuth. „Über die allmähliche Verfertigung von Texten beim Schreiben" [1995]. *Schreiben als Kulturtechnik: Grundlagentexte*. Hrsg. von Sandro Zanetti. Berlin: Suhrkamp, 2012. 152–186.

Gross, Sabine. *Lese-Zeichen: Kognition, Medium und Materialität im Leseprozess*. Darmstadt: Wissenschaftliche Buchgesellschaft, 1994.

Grube, Gernot. „Autooperative Schrift: und eine Kritik der Hypertexttheorie". *Schrift: Kulturtechnik zwischen Auge, Hand und Maschine*. Hrsg. von Gernot Grube, Werner Kogge und Sybille Krämer. München: Fink, 2005. 81–114.

Guenther, Hartmut, und Otto Ludwig (Hrsg.). *Schrift und Schriftlichkeit/Writing and its Use: Ein interdisziplinäres Handbuch internationaler Forschung/An Interdisciplinary Handbook of International Research*. 2 Bde. Berlin und New York: De Gruyter, 1994–1996.

Gumbrecht, Hans Ulrich. „Garcilaso de la Vega, el Inca: Von der Geburt des Subjekts aus dem System der Bürokratie". *Gutenberg und die Neue Welt*. Hrsg. von Horst Wenzel. München: Fink, 1994. 285–305.

Harris, Roy. *The Origin of Writing*. La Salle: Open Court, 1986.

Hauschild, Stephanie. *Skriptorium: Die mittelalterliche Buchwerkstatt*. Darmstadt: Wissenschaftliche Buchgesellschaft, 2013.

Havelock, Eric A. *Preface to Plato*. Cambridge, MA: The Belknap Press, 1963.

Haverkamp, Anselm. *Figura cryptica: Theorie der literarischen Latenz*. Frankfurt a. M.: Suhrkamp, 2002.

Illich, Ivan. *In the Vineyard of the Text: A Commentary to Hugh's Didascalicon*. Chicago: University of Chicago Press, 1993.

Innis, Harold A. *Empire and Communications*. Hrsg. von Alexander J. Watson. Toronto: Dundurn Press, 2007 [1948].

Kiening, Christian, und Martina Stercken (Hrsg.). *SchriftRäume: Dimensionen der Schrift zwischen Mittelalter und Moderne*. Zürich: Chronos, 2008.

Kittler, Friedrich A. *Grammophon. Film. Typewriter*. Berlin: Brinkmann & Bose, 1985.

Kittler, Friedrich A. *Aufschreibesysteme 1800 · 1900*. München: Fink, ²1987.

Kittler, Friedrich A. *Die Wahrheit der technischen Welt: Essays zur Genealogie der Gegenwart*. Hrsg. von Hans Ulrich Gumbrecht. Berlin: Suhrkamp, 2013.

Kittler, Friedrich A. *Philosophie der Literatur: Berliner Vorlesungen 2002*. Berlin: Merve, 2013 [2013a].

Koch, Peter. „‚Graphé': Ihre Entwicklung zur Schrift, zum Kalkül und zur Liste". *Schrift, Medien, Kognition: Über die Exteriorität des Geistes*. Hrsg. von Peter Koch und Sybille Krämer. Tübingen: Stauffenberg, 1997. 43–81.

Kogge, Werner. „Denkwerkzeuge im Gesichtsraum: Schrift als Kulturtechnik". *Grenzfälle: Transformationen von Bild, Schrift und Zahl*. Hrsg. von Pablo Schneider und Moritz Wedell. Weimar: Verlag und Datenbank für Geisteswissenschaften, 2004. 19–40.

Koschorke, Albrecht. *Körperströme und Schriftverkehr: Mediologie des 18. Jahrhunderts*. München: Fink, 1999.

Kotzinger, Susi, und Gabriele Rippl (Hrsg.). *Zeichen zwischen Klartext und Arabeske*. Amsterdam und Atlanta: Rodopi, 1994.

Krämer, Sybille. *Symbolische Maschinen: Die Idee der Formalisierung in geschichtlichem Abriss*. Darmstadt: Wissenschaftliche Buchgesellschaft, 1988.

Krämer, Sybille. „‚Operationsraum Schrift': Über einen Perspektivenwechsel in der Betrachtung der Schrift". *Schrift: Kulturtechnik zwischen Auge, Hand und Maschine*. Hrsg. von Gernot Grube, Werner Kogge und Sybille Krämer. München: Fink, 2005. 23–57.

Krämer, Sybille. „Mündlichkeit/Schriftlichkeit". *Grundbegriffe der Medientheorie*. Hrsg. von Alexander Roesler und Bernd Stiegler. München: Fink, 2005. 192–199 [2005a].

Lachmann, Renate. „Zeichen: Phantastik von Schrift und Buchstabe – Gogol, Dostojewskij, Hawthorne". *Erzählte Phantastik: Zu Phantasiegeschichte und Semantik phantastischer Texte*. Frankfurt a. M.: Suhrkamp, 2002. 195–237.

Lachmann, Renate, und Stefan Rieger (Hrsg.). *Text und Wissen: Technologische und anthropologische Aspekte*. Tübingen: Narr, 2003.

Latour, Bruno. *Science in Action: How to Follow Scientists and Engineers through Society*. Cambridge, MA: Harvard University Press, 1987.

Latour, Bruno. „'Drawing Things Together': Die Macht der unveränderlich mobilen Elemente". *ANThology: Ein einführendes Handbuch zur Akteur-Netzwerk-Theorie*. Hrsg. von Andréa Belliger und David J. Krieger. Bielefeld: Transcript, 2006. 259–307.
Leroi-Gourhan, André. *Hand und Wort: Die Evolution von Technik, Sprache und Kunst*. Frankfurt a. M.: Suhrkamp, ²1995.
Lotman, Jurij M. *Die Struktur literarischer Texte*. München: Fink, ²1986 [1970].
Lüdeke, Roger. „Strich/Geräusch: Poes ‚The Raven' und die Massenmedien". *„SCHREIBWERKZEUG IST EIN DING GLEICH MIR: VON EISEN": Schreibszenen im Zeitalter der Typoskripte*. Hrsg. von Davide Giurato, Martin Stingelin und Sandro Zanetti. München: Fink, 2005. 75–97.
Mahler, Andreas. „Welt Modell Theater: Sujetbildung und Sujetwandel im englischen Drama der frühen Neuzeit". *Poetica* 30 (1998): 1–45.
Manovich, Lev. *The Language of New Media*. Cambridge, MA: MIT Press, 2001.
McLuhan, Marshall. *Understanding Media: The Extensions of Man*. Cambridge, MA: MIT Press, ²1994 [1964].
Mainberger, Sabine. *Schriftskepsis: Von Philosophen, Mönchen, Buchhaltern, Kalligraphen*. München: Fink, 1995.
Menke, Bettine. „Ornament, Konstellation, Gestöber". *Zeichen zwischen Klartext und Arabeske*. Hrsg. von Susi Kotzinger und Gabriele Rippl. Amsterdam und Atlanta: Rodopi, 1994. 307–326.
Neumann, Gerhard. „Schreiben und Edieren" [1999]. *Schreiben als Kulturtechnik: Grundlagentexte*. Hrsg. von Sandro Zanetti. Berlin: Suhrkamp, 2012. 187–213.
Powell, Barry B. *Homer and the Origin of the Greek Alphabet*. Cambridge: Cambridge University Press, 1991.
Raible, Wolfgang. *Die Semiotik der Textgestalt: Erscheinungsformen und Folgen eines kulturellen Evolutionsprozesses*. Heidelberg: Winter, 1991.
Rheinberger, Hans-Jörg. „Zettelwirtschaft" [2005]. *Schreiben als Kulturtechnik: Grundlagentexte*. Hrsg. von Sandro Zanetti. Berlin: Suhrkamp, 2012. 441–452.
Robinson, Andrew. *Writing and Script: A Very Short Introduction*. Oxford: Oxford University Press, 2009.
Ropars-Wuilleumier, Marie-Claire. „L'instance graphique dans l'écriture du film: À bout de souffle, ou l'alphabet erratique". *Le temps d'une pensée: Du montage à l'esthétique plurielle*. Saint Denis: Presses Universitaires de Vincennes, 2009. 101–130.
Siegert, Bernhard. *Passagiere und Papiere: Schreibakte auf der Schwelle zwischen Spanien und Amerika*. München: Fink, 2006.
Stingelin, Martin. „Unser Schreibzeug arbeitet mit an unseren Gedanken: Die poetologische Reflexion der Schreibwerkzeuge bei Georg Christoph Lichtenberg und Friedrich Nietzsche". *Lichtenberg-Jahrbuch 1999* (2000): 81–98.
Stingelin, Martin. „Schreiben". *„Mir ekelt vor diesem tintenklecksenden Säkulum". Schreibszenen im Zeitalter der Manuskripte*. Hrsg. von Martin Stingelin. München: Fink, 2004. 7–21.
Stock, Brian. *The Implications of Literacy: Written Language and Models of Interpretation in the Eleventh and Twelfth Centuries*. Princeton: Princeton University Press, 1983.
Stockhammer, Robert. „‚An dieser Stelle': Kartographie und die Literatur der Moderne". *Poetica* 33 (2001): 273–306.
Thüring, Hubert. „‚…denn das Schreiben ist doch gerade das Gegenteil von Leben': Friedrich Glauser schreibt um seine Existenz". *„SCHREIBWERKZEUG IST EIN DING GLEICH MIR: VON*

EISEN": Schreibszenen im Zeitalter der Typoskripte. Hrsg. von Davide Giurato, Martin Stingelin und Sandro Zanetti. München: Fink, 2005. 255–278.

Turing, Alan. *Intelligence Service: Schriften*. Hrsg. von Bernhard Dotzler und Friedrich A. Kittler. Berlin: Brinkmann & Bose, 1987.

Vismann, Cornelia. *Akten: Medientechnik und Recht*. Frankfurt a. M.: Fischer, 2000.

Wall, Wendy. *The Imprint of Gender: Authorship and Publication in the English Renaissance*. Ithaca, NY: Cornell University Press, 1993.

Wershler-Henry, Darren. *The Iron Whim: A Fragmented History of Typewriting*. Ithaca, NY: Cornell University Press, 2007.

Wetzel, Michael. *Die Enden des Buches oder die Wiederkehr der Schrift: Von den literarischen zu den technischen Medien*. Weinheim: VCH, Acta humaniora, 1991.

Wirth, Uwe. „Sprache und Schrift". *Handbuch Literaturwissenschaft Band 1: Gegenstände und Grundbegriffe*. Hrsg. von Thomas Anz. Stuttgart und Weimar: Metzler, 2007. 203–213.

Zanetti, Sandro. „Einleitung". *Schreiben als Kulturtechnik: Grundlagentexte*. Hrsg. von Sandro Zanetti. Berlin: Suhrkamp, 2012. 7–34 [2012a].

6. Der literarische Raum
Xavier Garnier

Spricht man von der Literatur in Bezug auf ‚Raum', so steht man offensichtlich vor folgender Alternative: Entweder interessiert man sich für die Art und Weise, wie sie auf andere Räume (geographische, soziale, semiotische usw.) einwirkt oder man fasst sie als eigenen Raum auf und hebt dabei klar ihre Autonomie hervor. Im ersten Fall wird Literatur untersucht im Hinblick auf ihre Handlungsmacht, Orientierung in geographischen Räumen zu stiften, soziale Ordnungen durcheinander zu bringen und festgefügte diskursive Ordnungen oder gar ganze sprachliche Systeme zu verflüssigen. In diesem Fall wäre es sinnlos, ihr einen eigenen Raum zuzuweisen, da sie in den Räumen der Welt zur Erscheinung kommt. Man untersucht also den Einfluss der Literatur auf den Raum, ohne die Literatur selbst zu verräumlichen. Der sogenannte Kontext hat in dieser Perspektive Vorrang, da dem literarischen Text eine Wirkung auf all das zugeschrieben wird, was ihn umgibt. Die Literatur ist von vielfältigen Räumen umgeben, ohne selbst als Raum betrachtet zu werden. Im zweiten Fall legt man Wert auf die Eigenschaft von Literatur, sich einen eigenen, unabweisbar heiligen Raum zu schaffen – einen Raum, der für diejenigen, die ihn anerkennen, sehr intensiv ist, aber stets auch bedroht, als unwirklich, illusionär oder utopisch beurteilt zu werden. Die Bedingung dafür, dass Werke im literarischen Raum gegenwärtig werden, scheint ihre Ablösung von den Räumen der Welt zu sein. Die literarische Utopie, so Gérard Genette, entwirft „dieses plastische Feld, diesen gekrümmten Raum, in dem sich die am wenigsten erwarteten Verbindungen auftun und in jedem Augenblick die paradoxesten Begegnungen möglich sind" (1966, 131): eine Art Alternativraum, den man berücksichtigen muss, will man die Mechanismen der Produktion literarischer Texte und das, was dabei auf dem Spiel steht, verstehen.

Man kann diese Alternative dynamisch zum Einsatz bringen, um den literarischen Prozess zu verstehen: Der literarische Raum kann so etwa als unabdingbare Reserve zur Produktion von Werken verstanden werden, die sich in geographische, soziale und andere Räume einbringen. Das Werk wäre somit in den aktuellen Raum der Welt eingebunden, würde aber in einer Entstehungsbeziehung auf einen eigenen literarischen Raum verweisen. Kraft des Werks wäre der literarische Raum dazu da, sich im Raum der Welt aufzulösen.

1. Der literarische Raum als Existenzbedingung des Werks

Für Maurice Blanchot (1955) ist die Literatur dazu berufen, das Buch in ein Werk zu verwandeln. Während das *Buch* als Resultat bestimmter Umstände verstanden werden kann, die aus dem sozialen Raum hervorgehen, ist das *Werk* der ungewisse Horizont, den nur wenige Bücher erreichen. In der Diskussion um den literarischen Raum geht es entsprechend vornehmlich darum, ob er zu dem gehört, was die Soziologen ‚literarisches Feld' – verstanden als Unterkategorie des sozialen Raums – nennen (→ 21. Literarisches Feld). Für die Literatursoziologie entsteht das Werk aus einem Mechanismus der Rechtfertigung, den man im umfassenden Rahmen des sozialen Raums analysieren kann. Das literarische Feld ist voll von sozialen Akteuren, die an der Produktion literarischer Werke arbeiten, deren Ziel soziale Anerkennung ist. Der Begriff des literarischen Raums hat in dieser Perspektive keinen Platz, da alle Bestandteile der Produktion des Werks nur im Feld zum Einsatz kommen. Wenn die Literatursoziologie überhaupt vom literarischen Raum spricht, verweist sie auf die geographischen Räume, in die sich bestimmte Felder einschreiben – der literarische Raum ist in diesem Fall also ein geographischer.

Die Behauptung eines ‚literarischen Raums' parallel zum ‚literarischen Feld' beinhaltet eine Entscheidung dafür, Literatur als Praxis zu sehen, die einen Ausweg aus sozialen Dispositiven sucht – eine zweifelsohne spiritualistische, ja sogar mystische Sicht, die sich aber konkret, nicht metaphorisch, durch aktuelle Untersuchungen zum Verhältnis des Ortes zur Produktion sprachlicher Äußerungen stützen lässt. Dominique Maingueneaus Ausführungen zur Paratopie, welche er als paradoxe Sprechsituation auf der Grenze zwischen dem Innen und Außen des Sozialen versteht, sind bei der Beurteilung eines literarischen Raumes, der durch Aporien sprachlicher Äußerungen gekennzeichnet ist, besonders nützlich. Maingueneau unterscheidet explizit das in der Logik des Feldes stehende ‚literarische Leben' vom literarischen Raum, der auf Paratopien als unmögliche Orte verweist: „Zwar ziehen sich viele Schriftsteller, und nicht die unbedeutendsten, in die Wüste zurück und weisen jede Verbindung zum ‚literarischen Leben' zurück. Aber ihr Rückzug ist nur sinnvoll im Rahmen eines literarischen Raums, aus dem sie ihre Identität beziehen: Die Flucht in die Wüste ist eine der prototypischen Gesten, die den Verfasser eines entscheidenden Gründungstextes legitimieren. Diese Gesten können sich nicht außerhalb eines literarischen Raumes stellen, der ohnehin davon lebt, keinen wirklichen Ort zu haben." (2004, 70)

Schriftsteller sind nicht nur soziale Akteure, die um soziale Anerkennung rivalisieren, sondern auch eine Art Autisten, die sich an Bord eines ‚Narrenschiffs' befinden. Der literarische Raum, der sie umgibt, verzerrt in einzigartiger Weise die Modalitäten ihrer Kommunikation, wonach jedermann bestrebt ist, seine eigene Sprache zu erfinden. In der Paratopie nach Maingueneau macht sich das fortwährende Streben nach einem Ausweg aus dem sozialen Raum bemerkbar, mag dieser Ausweg auch illusorisch sein bzw. lediglich in der durch eine irreduzible Sprecherposition definierten Einbildung der Autoren existieren.

Das von Michel Foucault eingebrachte Konzept der ‚Heterotopie' erlaubt es, die Reflexion über einen literarischen Raum, der es mit dem Außen der sozialen Ordnung zu tun hat, fortzusetzen (→ 15. Utopie und Heterotopie). Die Heterotopien stellen für Foucault „gleichsam Gegenorte dar[], tatsächlich verwirklichte Utopien, in denen die realen Orte, all die anderen realen Orte, die man in der Kultur finden kann, zugleich repräsentiert, infrage gestellt und ins Gegenteil verkehrt werden. Es sind gleichsam Orte, die außerhalb aller Orte liegen, obwohl sie sich durchaus lokalisieren lassen." (2001, 1574) Foucaults Text endet mit der Erwähnung des Schiffs als Heterotopie *par excellence*, „ein Stück schwimmenden Raumes [...], Orte ohne Ort, ganz auf sich selbst angewiesen, in sich geschlossen und zugleich dem endlosen Meer ausgeliefert" (1581). Das Narrenschiff, dem Foucault das erste Kapitel seiner *Geschichte des Wahnsinns* gewidmet hat, kann man als treffende Allegorie eines literarischen Raumes verstehen, der einerseits einen sehr beschränkten Ort im sozialen Raum hat, wie dies das literarische Feld ist, der aber dennoch den nicht zu bändigenden Gezeiten des unendlichen Meeres ausgesetzt ist.

Der literarische Raum kann also keineswegs als Rahmen verstanden werden, sondern als praktizierter offener Raum, dessen Ausdruck man in der Erfahrung eines ‚Weltinnenraums' bei Rilke suchen könnte. Michel de Certeau schreibt sich in diese Denktradition ein, wenn er sich für die innersten Praktiken der Orte interessiert, die Räume produzieren: „Im Grunde *ist der Raum ein praktizierter Ort*" (1990, 173). Die Insistenz auf dem Gedanken einer raumproduzierenden Praxis ist entscheidend für ein nicht bloß metaphorisches Verständnis des literarischen Raums. Im Unterschied zum sozialen Raum, der von der Soziologie Durkheims als vorgegebener Rahmen verstanden wird, innerhalb dessen die sozialen Tatsachen beobachtbar sind, kann der literarische Raum nur aus einer lokalen, experimentellen Praxis hervorgehen, die nur unter Berücksichtigung der Tatsache, dass sie in ihren eigenen Hervorbringungen eingeschrieben bleibt, analysiert werden kann. Die Schreibpraxis bringt einen Text hervor, dessen Ziel darin besteht, einen Raum zu schaffen, der ihn in ein Werk verwandeln wird.

Da der literarische Raum aus einem praktizierten textuellen Ort hervorgeht, ist verständlich, dass der Akt des Lesens nicht von dessen Entstehungsprozess abgetrennt werden kann. Schreiben und Lesen sind zwei miteinander verbundene Praktiken, die den literarischen Raum unter den Bedingungen einer Arbeit am Text entstehen lassen, die man versuchsweise als Begegnung oder Ereignis beschreiben kann. Der literarische Raum geht aus der Art und Weise hervor, wie ein Text sich bei einem Autor oder Leser festsetzt und diese eigenartig verwandelt. Dabei spielt der Text nicht eine vermittelnde Rolle in einem Kommunikationsakt zwischen zwei Kommunikationsteilnehmern, zwischen denen im sozialen Raum Distanz besteht; er ist vielmehr der Ort eines unmittelbaren Kontakts zwischen zwei Praktiken: Indem ich mit den Augen einem Text folge und mich ihm anverwandle, bin ich zugleich bereit, das Risiko einzugehen, dass er mich verwandelt.

Die Ausführungen von Michail Bachtin über das ‚fremde Wort' (1979, 154–300) sind hier von großem Nutzen, die dynamische Natur des literarischen Raums verständlich zu machen. Bachtin spricht über das fremde Wort in räumlichen Begriffen, insofern es in eine persönlich bestimmte sprachliche Konstellation einbricht, um alle ihre Elemente zu verschieben. Die Ausstrahlung des fremden Wortes ist ein Prinzip der Destabilisierung, das es diskursiven Formationen unmöglich macht, sich auf geschlossene ideologische Systeme zu fixieren. Ein ein Ereignis darstellender Text ist einer, der sich aufgrund seiner Einzigartigkeit in der den jeweiligen Leser bestimmenden sprachlichen Konfiguration festsetzt. Von da an kann die Ausstrahlung des fremden Worts beginnen, wirksam zu werden.

Dieser untrennbar mit einer wohlberechneten literarischen Operation verbundene Raum ist also dynamischer Natur, befindet sich in ständiger Veränderung und ist an Lektürepraktiken gekoppelt, zuallererst an diejenigen des Autors selbst, der seinen eigenen Text im Laufe der Entstehung liest und im bestmöglichen Fall davon affiziert auf den Weg zum ‚Schriftsteller-Werden' gebracht wird. Solches Schriftstellertum ist der aus einer Textpraxis resultierende Effekt, von dem der literarische Raum seinen Ausgang nimmt: Man liest dann keine Bücher mehr, sondern man liest ‚Shakespeare' oder ‚Tolstoj'. Man kann als literarischen Raum dieses Potenzial einer Verwandlung bezeichnen, das in den Texten angelegt ist und das soziale Personen in eigenartige ‚eingeweihte' Wesen verwandelt, die man ‚Balzac-', ‚Rilke-' oder ‚Proust-Leser' nennt und die unsichtbare Gemeinschaften bilden, die nicht Personen verbinden, sondern Praktiken in Form von Erfahrungen gemeinsamer Lektüreereignisse.

2. Auswirkungen des literarischen Raums oder Wie verhält sich die Literatur zur Welt?

Trotz aller Anstrengungen bleibt es schwer, Skeptiker von der Tauglichkeit des Begriffs des literarischen Raums zu überzeugen, ohne dass auf seinen Bezug zur Welt eingegangen wird. Dabei wird gezeigt, dass der literarische Raum es ermöglicht, Phänomene zu berücksichtigen, die im literarischen Feld als blinde Flecken bestehen. Aus diesem Grund scheint es angebracht, vom Begriff des literarischen

Ereignisses, der aus der Perspektive der Feldtheorie durchaus akzeptabel ist, auszugehen.

Das literarische Leben eines Landes ist von entsprechend inszenierten literarischen Ereignissen durchsetzt (wie z. B. Neuerscheinungen zur Buchmesse, Preisverleihungen, Gedenkveranstaltungen für Schriftsteller, die Herausgabe von Gesamtausgaben, geräuschvoll proklamierte literarische Manifeste usw.). Diese Ereignisse verfügen zwar über eine mehr oder weniger große Reichweite, aber ihnen allen ist gemeinsam, dass sie zur selben Logik sozialer Sichtbarkeit gehören. In diesem Sinn sind sie der Stoff des literarischen Feldes, das allein durch sie zusammengehalten wird. Alle in diesem Feld tätigen sozialen Akteure verwenden ihre Energie auf Ereignisse, die der Rechtfertigung der Werke dienen. Gerade die Autonomie des literarischen Feldes gegenüber dem sozialen Feld sichert bekanntlich den spezifischen Charakter des literarischen Ereignisses (und dieser unterscheidet sich sehr wohl von kommerziellen, journalistischen, politischen und anderen Ereignissen).

Nun ist aber eine der wichtigsten Eigenschaften des literarischen Raums genau die Unsichtbarkeit seines Ereignischarakters – eine deswegen notwendige Unsichtbarkeit, weil es das Ereignis ist, das für die Entstehung und Ausbreitung des literarischen Raums verantwortlich ist, während in der zuvor dargestellten Perspektive umgekehrt das Feld das literarische Ereignis in sich aufnimmt und ihm Form gibt. Dies wird einsichtig angesichts der ganz einfachen Beobachtung, dass Bücher – wenn auch oft auf gewagten Wegen – in Gegenden zirkulieren, die von einer weitgehenden Auflösung sozialer Strukturen betroffen sind und jede Chance auf Aufrechterhaltung eines autonomen literarischen Feldes schwinden sehen. Auf diese Weise stellt ein Buch, das etwa im Kongo auf wundersame Weise den Brand eines Hauses während des Bürgerkrieges 1997 überstanden hat, von einem Angehörigen der Miliz mitgenommen und wenige Tage später in einem Dorf im Wald wieder zurückgelassen wurde, einen besonderen Köder dar, der auf seine Leser wartet.

Die materielle Zirkulation von Texten mit all ihren Zufällen, Unvorhersehbarkeiten, Kombinationen aus Beschleunigungen (ein Buch wird fieberhaft von Hand zu Hand weitergereicht) und Stillstellungen (ein Buch wird in einer Bibliothek jahrzehntelang nicht angerührt) ist die zufällige Schnittstelle des literarischen Raums, der ein blinder (oder zumindest nicht weiter behandelter) Fleck in der Theorie des literarischen Feldes bleibt. Die literarischen Texte verbreiten sich nach Art und Weise eines verzögert die Runde machenden Gerüchts, und der Raum, den sie hervorbringen, ist in den sozialen Konfigurationen nur unterschwellig vorhanden. Aus diesem Grund sind die Auswirkungen des literarischen Raums vielleicht besser dort greifbar, wo kein autonomes literarisches Feld besteht. Das meinen die Ausführungen von Gilles Deleuze und Félix Guattari (1975) zur ‚kleinen Literatur', deren räumlicher Anteil durch das Konzept der Deterritorialisierung explizit wird. So sagt Kafka über das Jiddische: „Er besteht nur aus Fremdwörtern. Diese ruhen aber nicht in ihm, sondern behalten die Eile und Lebhaftigkeit, mit der sie genommen wurden. Völkerwanderungen durchlaufen den Jargon von einem Ende bis zum anderen." (1953 [1912], 422) Die Art, wie Wörter und Laute, die von Sinti und Roma oder anderen nicht-sesshaften Völkern übernommen wurden, gerade nicht in ihrem sprachlichen Referenzraum verbleiben, sondern in deterritorialisierten Sprachen wie dem Jiddischen in Kontakt zu anderen Wörtern und Lauten treten, macht uns ein Verständnis von Deterritorialisierungsdynamiken möglich. Entsprechend verbreiten sich Texte auf die gleiche Art wie Wörter und Laute in den ‚kleinen' Formen des Umgangs, die man mit ‚großen' Sprachen und Literaturen pflegen kann. Solche Deterritorialisierungsdynamiken sind aufschlussreich für den literarischen Raum, der einer eben nicht an das je eigene Kulturerbe gebundenen Logik folgt. Um es einfach auszudrücken: die Literatur beginnt groß zu werden, wenn sie auf einem Feld ein eigenes Territorium ausbildet, und wird umgekehrt klein, sobald sie in einen offenen Raum hinaustreibt.

Genau diese Offenheit des literarischen Raums macht es auch möglich zu verstehen, woher das Potenzial der Einflussnahme der Literatur auf die Welt kommt. Die Texte mussten zunächst aus ihrem kulturellen Fundament gelöst werden, um sich an bestimmten, eigens ausgezeichneten Orten (*lieux éprouvés*) aktualisieren zu können. Der literarische Raum erlaubt, Aussagen, Wörter und Laute ihrem üblichen sprachlichen und kulturellen Territorium zu entreißen und sie in der Ökonomie eines Stils miteinander in Berührung zu bringen, bevor sie sich an den verschiedensten Orten realisieren können.

Für die hier angestellten Überlegungen zum Konzept des literarischen Raums ist die vom Geographen Augustin Berque eingeführte Unterscheidung zwischen *topos* und *chôra* von besonderem Wert. Berque (2003) stellt dem Ort als Topos, verstanden als abstrakter, objektiver und kartographierbarer Punkt, den Ort als Chora gegenüber, der sich in Bezug auf die Dinge und Ereignisse, die ihn affizieren, im Werden befindet. So kann der literarische Raum als Kraft der gegenseitigen Affizierung von Orten und Worten im gemeinsamen Werden einer *oikumene*, von der er spricht, verstanden werden. Die Oikumene existiert durch und im Hinblick auf die ereignishafte Kontaktaufnahme zwischen Sprache und Welt, zwischen dem literarischen und dem geographischen Raum, insofern dieser das Potenzial der De- und Reorientierung darstellt, wodurch Literatur in der Welt handelt.

Darüber hinaus sieht sich auch eine bestimmte Auffassung von Soziologie vom Gedanken herausgefordert, dass der literarische Raum über die Kraft zu sozialer Intervention verfügt. Denn durch seine Eigendynamik erlaubt er es, die

Art und Weise in den Blick zu nehmen, wie sich soziale Akteure genau aus dem Feld lösen können, das die Feststellung ihrer Identität ermöglicht, und wie sie so zu interagieren beginnen und Gesellschaft bilden. Die Soziologie der Akteur-Netzwerk-Theorie, wie sie von Bruno Latour (2005) vertreten wird, geht von einer Betrachtung des Sozialen aus Sicht der Dynamiken der Verknüpfung aus, nicht vom festen Zustand einer Gesellschaft, in deren Rahmen Soziologen Tatsachen beobachten (→ 3. Dynamisierungen). Eine solche Soziologie mit ihrer schwerpunktmäßigen Aufmerksamkeit auf Sozialisationsprozesse lässt dem literarischen Raum den ihm zustehenden Platz. In der Unvorhersehbarkeit der Verbindungen zwischen Akteuren, die ihren sozialen Raum durch Kontakt miteinander schaffen, liegt der Kanal, durch den der literarische Raum wirksam werden kann; mehr noch: der literarische Raum bezieht seine gesellschaftliche Relevanz genau aus der Art und Weise, wie er sich unablässig an verschiedensten spezifischen Orten miteinbringt, um gerade dadurch neue Formen der Sozialisation zu ermöglichen.

3. Schluss

Der literarische Raum ist also insgesamt weniger der ausgedehnte Raum, in dessen Innerem die Literatur existiert, als vielmehr derjenige, der unablässig für die Vitalität der Literatur sorgt. Die Literatur als beständiges Ereignis wäre nicht denkbar ohne die Hervorbringung eines intensiven, transversalen und dynamischen Raums, der die Kraft hat, bereits bestehende Systeme zu erneuern. Michel Foucaults Text über das ‚Narrenschiff' im ersten Kapitel seiner *Geschichte des Wahnsinns* liefert – ersetzt man den Verrückten durch den Schriftsteller – eine hervorragende Beschreibung des literarischen Raums: „Eingeschlossen in das Boot, aus dem es kein Entrinnen gibt, ist der Irre dem tausendarmigen Fluß, dem Meer mit tausend Wegen und jener großen Unsicherheit, die außerhalb alles anderen liegt, ausgeliefert. Er ist Gefangener inmitten der freiesten und offensten aller Straßen, fest angekettet auf der unendlichen Kreuzung. Er ist der Passagier *par excellence*, das heißt der Gefangene der Überfahrt, und, wie man nicht weiß, wo er landen wird, so weiß man auch nicht, wenn er landet, aus welcher Welt er kommt. Er hat seine Wahrheit und seine Heimat nur in dieser unfruchtbaren Weite zwischen zwei Welten, die ihm nicht gehören können." (1973, 29)

Hiermit schließen meine Überlegungen über die glanzvolle Natur des literarischen Raums und führen mich zurück zu Maurice Blanchot. Indem der literarische Raum das Buch ins Werk und den Autor in einen Schriftsteller verwandelt, schafft er zwar keinerlei soziale Anerkennung, ermöglicht dafür aber die Verbreitung von Ruhm als Ausstrahlung, an der man sich verbrennt und die davon zeugt, dass sich etwas in der Welt ereignet hat, das die Lage verändert hat.

Aus dem Französischen von Jörg Dünne

Literaturverzeichnis

Bachtin, Michail. *Die Ästhetik des Wortes*. Übers. von Rainer Grübel und Sabine Reese. Frankfurt a. M.: Suhrkamp, 1979.
Berque, Augustin. „Lieu 1". *Dictionnaire de la géographie et de l'espace des sociétés*. Hrsg. von Jacques Lévy und Michel Lussault. Paris: Belin, 2003. http://www.espacestemps.net/articles/lsquolieursquo-1/(19. Dezember 2014).
Blanchot Maurice. *L'espace littéraire*. Paris: Gallimard, 1955.
Certeau, Michel de. *L'invention du quotidien: 1. Arts de faire*. Paris: Gallimard, 1990 [1980].
Deleuze, Gilles, und Félix Guattari. *Kafka: Pour une littérature mineure*. Paris: Minuit, 1975.
Foucault, Michel. „Des espaces autres" [1967]. *Dits et écrits*. Hrsg. von Daniel Defert und François Ewald. Paris: Gallimard, 2001. II, 1571–1581.
Foucault, Michel. *Wahnsinn und Gesellschaft: Eine Geschichte des Wahns im Zeitalter der Vernunft*. Übers. von Ulrich Köppen. Frankfurt a. M.: Suhrkamp, 1973 [1961].
Genette, Gérard. „L'utopie littéraire". *Figures I*. Paris: Seuil, 1966. 123–132.
Kafka, Franz. „Rede über die jiddische Sprache" [1912]. *Hochzeitsvorbereitungen auf dem Lande und andere Prosa aus dem Nachlaß. Gesammelte Werke 7*. Hrsg. von Max Brod. Frankfurt a. M.: Fischer, 1953. 421–426.
Latour, Bruno. *Re-assembling the Social. An Introduction to Actor-Network Theory*. Oxford: Oxford University Press, 2005.
Maingueneau Dominique. *Le discours littéraire: Paratopie et scène d'énonciation*. Paris: Armand Colin, 2004.

7. Raum und Erzählung
Birgit Neumann

1. Erzählung, Zeit und Raum

Herkömmliche, vor allem in der Erzähltheorie etablierte Konzepte definieren Narrationen als zeitlich strukturierte Abfolge von Ereignissen – und damit ohne Berücksichtigung der ebenso grundlegenden Kategorie ‚Raum'. Während keine Erzählung, so die gängige Argumentation, ohne temporale Sequentialität auskomme, sei die Raumdarstellung für Erzählungen verzichtbar und damit allenfalls marginales Beiwerk. Das Verständnis der Erzählung als ‚Zeitkunst' führte vielleicht zwangsläufig dazu, dass dem erzählten Raum und der Räumlichkeit der Erzählung insbesondere in der klassischen Narratologie vergleichsweise wenig Beachtung zuteilwurden. Häufig wurde die Raumdarstellung primär unter der Kategorie der Beschreibung diskutiert, die als statisches Anderes der dynamisch fortschreitenden Erzählung definiert wurde (Genette 1976, 5–8; Prince 1987, 19). In der Tat hat die Erzähltheorie für die Raumanalyse keine vergleichbar systematischen Analysekategorien entwickelt wie für die Untersuchung der Zeitdarstellung (Hoffmann 1978, 1; Frank 2009, 65). Aus dieser Perspektive mag die häufig zitierte Kritik des Literatur- und Kulturwissenschaftlers Hartmut Böhme plausibel erscheinen, dass der „Raum wie ein unreiner Stiefbruder der Königin Zeit behandelt wurde" (2005, XII).

Übersehen wird dabei gleichwohl, dass die Theoretisierung der vielschichtigen Relation von Raum und Erzählung seit Beginn des 20. Jahrhunderts fester Bestandteil der Literaturwissenschaft ist. Michail Bachtin, Ernst Cassirer, Joseph Frank, Jurij Lotman und Michel de Certeau, um nur einige zu nennen, haben aus je unterschiedlichen theoretischen Perspektiven Formen, Strukturen und Funktionen der erzählerischen Raumkonstitution erforscht. Insbesondere Bachtin hat mit seinem Konzept des ‚Chronotopos' darauf aufmerksam gemacht, dass Raum und Zeit im Roman nicht unabhängig voneinander darstellbar sind, sondern in einem „untrennbare[n] Zusammenhang" (2008, 7) stehen (→ 13. Chronotopoi). Raum und Zeit sind Bachtin zufolge daher sogar konstitutiv für die formale Gattungsbestimmung des Romans. Aber auch innerhalb der Erzähltheorie wurden zahlreiche Kategorien und Konzepte entwickelt, die deutlich machen, dass Raum zentraler Bestandteil der narrativen Welterzeugung ist (Herman 2002) und über seine Funktion als Schauplatz eine wichtige Rolle für die Handlung, die Charakterisierung von Figuren sowie die Ausverhandlung des Wertesystems der fiktionalen Welt spielt (Bronfen 1986). Darüber hinaus hat sich die Literaturwissenschaft insbesondere in den letzten zehn Jahren – angeregt durch neue, sich mit dem *spatial turn* durchsetzende Raumkonzepte – verstärkt mit den ‚poietischen' Dimensionen von Erzählungen als Form der Raumerzeugung und des Raumwissens auseinandergesetzt. Im Folgenden soll das Feld kartiert werden, in dem Raum für Erzählungen relevant wird.

2. Raum und Setting

Ein zentraler Bestandteil der erzählerischen Welterzeugung ist die raum-zeitliche Lokalisierung des Geschehens und der fiktiven Akteure. Der Begriff der ‚Raumdarstellung' bezieht sich im weitesten Sinne auf die Konzeption, Ausgestaltung und Strukturierung der Gesamtheit von Schauplätzen, Landschaften und Umgebungen der fiktionalen Welt (Nünning 2009, 33). Zumeist sind es explizite Referenzen auf real existierende Orte (z. B. einen Stadtteil von London, einen Landstrich, ein Gebäude wie den Louvre), die in der Erzählliteratur zur Darstellung des Raums der Handlung bzw. des *setting* eingesetzt werden (→ 2. Topographien). Auch weil explizite Referenzen auf reale Orte bekanntes Weltwissen aufrufen, tragen sie wesentlich zur Produktion von Welthaftigkeit (Fludernik 2006, 53) bzw. zur Evokation einer referentiellen Illusion (eines ‚*effet de réel*'; Barthes 1984) bei. Diese punktuellen Realitätsreferenzen allerdings machen die Schauplätze der Erzählung „nicht weniger fiktiv" (Fludernik 2006, 53). Auch wenn gerade realistische Romane die Konstruktivität ihrer Raumkonstitution zu verschleiern suchen, ist eben das erzählte Paris keine Abbildung des realen Paris, sondern eine literarische Imagination (Mahler 1999, 12). Der realistischen Konkretisierung von Räumen stehen unspezifische Raumdarstellungen gegenüber, die sich einer direkten Referentialisierung weitgehend entziehen. Die literarische Konstruktion von phantastischen Räumen oder fiktiven Orten verstärkt in der Regel die Fiktionalität des Textes.

Die konkrete Ausgestaltung des Raums der Diegese kann in literarischen Erzählungen erheblich divergieren: Auf der einen Seite stehen solche Texte, in denen der Raum vorwiegend statischer Hintergrund für ein anderes, dominant behandeltes Thema oder ein dynamisch ausgestaltetes Geschehen ist; auf der anderen Seite stehen Texte, in denen der Raum „unkürzbarer Bestandteil des Textes" (Mahler 1999, 12) bzw. „Bedingung der Möglichkeit einer Handlung" (Sicks 2009, 343) ist. Letzteres trifft z. B. auf Reiseerzählungen und die Stadtliteratur zu. Darüber hinaus ist in zahlreichen Gegenwartsromanen, vielleicht angeregt durch die Neuordnung politisch-geographischer Räume seit 1989, eine intensive und zunehmende selbstreflexive Auseinandersetzung mit Raumkonstruktionen zu verzeichnen. Hallet (2009) bezeichnet Romane, die die narrative Konstitution von Räumen selbstreflexiv ausstellen, als *fictions of space*. Dass sich der Großteil der Forschungsarbeiten vor allem mit dem Raum der Diegese bzw. dem Raum der erzählten Geschichte beschäftigt, hat wohl vor allem damit zu tun, dass der Raum des Diskurses bzw. der Erzählraum in der Regel nur bei homodiegetischen Erzählungen deiktisch konkretisiert ist. Thematisch relevant wird der Raum des Diskurses insbesondere dann, wenn er zum Auslöser des Erzählprozesses wird oder diesen auf bestimmte Weise beeinflusst (wie z. B. bei der ‚prison narrative').

Schon Lotman hat darauf aufmerksam gemacht, dass „der Ort der Handlung mehr ist als eine Beschreibung der Landschaft oder des dekorativen Hintergrunds" (1993, 329). Räume in der Literatur sind poietisch kreierte und semantisierte Räume, die oftmals als Projektionsfläche für Stimmungen oder als Ausdrucksträger kultureller Vorstellungen fungieren (→ 14. Semiosphäre und Sujet). Kulturelle Normen, Wertvorstellungen und subjektive Erlebnisweisen finden im Raum „konkret anschauliche Manifestation" (Würzbach 2006, 1). Um den unterschiedlichen Funktionen des Raums für das fiktionale Geschehen Rechnung zu tragen, führt Hoffmann eine Unterscheidung zwischen drei unterschiedlichen Raumtypen ein, nämlich dem ‚gestimmten Raum', dem ‚Aktionsraum' und dem ‚Anschauungsraum'. Während der gestimmte Raum vor allem als atmosphärischer, emotional aufgeladener „Ausdrucksträger" (1978, 55) fungiert, ist der Aktionsraum zuvorderst Schauplatz für ein „handelndes Subjekt" (78) und steckt mögliche Handlungsspielräume für einzelne Figuren ab. Der Anschauungsraum schließlich ist ein „Fernraum", der in erster Linie eine „panoramaartige Überschau" (92) bietet.

Die Einsicht in den Symbolwert des Raums zieht sich durch die Toposforschung und Motivgeschichte, die wesentlich zur Untersuchung von *settings* in der Erzählliteratur, aber natürlich auch in Lyrik und Drama beigetragen haben. Insbesondere der Landschaftsgestaltung (→ 12. Landschaft) und verschiedenen Naturräumen (z. B. Insel oder Meer) wurde hierbei Aufmerksamkeit geschenkt (z. B. Ritter 1975; Kullmann 1995; → 38. Nissopoiesis; 40. Meer/Luft/Wüste). Landschaftsmotive, so die Prämisse der Motivforschung, können je unterschiedlich ästhetisch ausgestaltet und für wechselnde symbolische Veranschaulichung z. B. utopischer oder sozialkritischer Vorstellungen funktionalisiert werden. Mit Konzepten wie der ‚lesbaren Natur' oder dem *locus amoenus* bzw. *locus terribilis* wurde deutlich gemacht, dass Schauplätze oftmals als symbolische Ausdrucksträger für die Stimmungen und Schicksale von Figuren fungieren (Nünning 2009, 35). Thomas Kullmann untersucht beispielsweise in seiner Studie „die Naturschilderungen in englischen Romanen von 1790 bis 1890 als Bestandteil eines sich wandelnden Zeichensystems" (1995, 6) und zeigt, dass Naturdarstellungen als Projektionsfläche für physische Prozesse und verborgene Gedankeninhalte der Figuren eingesetzt werden (211). Insbesondere die jüngere Forschung hat das Augenmerk verstärkt auf die poietischen Dimensionen der erzählerischen Konstitution des *setting* gelenkt. Sie interessiert sich folglich weniger für den Symbolwert bestimmter Handlungsorte denn für die ästhetischen Imaginationsprozesse und semiologischen Prozeduren, durch die Raum als Bedeutungsraum hervorgebracht wird.

Wichtige Impulse zur Erforschung von Formen und Funktionen des *setting* hat die Literaturwissenschaft aus jenen Studien bezogen, die sich mit Verfahren der diskursiven Konstitution von Raum beschäftigen und den erzählten Raum in den Vordergrund rücken (Jäger 1998; Würzbach 2006; Dennerlein 2009; Nünning 2009). Als zentrale Verfahren der Raumdarstellung in Erzählungen fanden v. a. die Beschreibung, die Bewusstseinsdarstellung, die Erzählsituation sowie der Figurendialog Aufmerksamkeit. Dem Modus der Beschreibung kommt für die Konstitution narrativer Räume eine zentrale Bedeutung zu, denn er spezifiziert und differenziert den Raum z. B. über metonymische Relationen und semantische Zuschreibungen. Beschreibungen liefern daher keine „wertneutralen Informationen über die fiktive Welt" (Nünning 2009, 46); vielmehr enthalten sie fast immer evaluierende Aussagen, die maßgeblich dazu beitragen, den Raum mit Bedeutung und Atmosphäre aufzuladen. Vor allem dann, wenn Raumbeschreibungen in Relation zu Stimmungen der Figuren stehen oder zum Auslöser für Handlungen werden, sind sie nicht als Gegenstück der Erzählung zu verstehen. Vielmehr schreiben sie sich – im Sinne von Bachtins Chronotopos – in die Struktur der Narration ein, so dass der Raum „in die Bewegung der Zeit, des Sujets, der Geschichte hineingezogen" wird (2008, 7).

Entscheidend ist bei der Analyse der Raumgestaltung außerdem die Frage, ob der Raum primär von einer externen heterodiegetischen Erzählinstanz dargestellt wird oder aber an die Perspektive einer internen, wahrnehmenden Figur gebunden ist (Nünning 2009, 45). Während auktorial vermittelte Raumdarstellungen zumeist aus einer statischen Wahrnehmungs- bzw. Zentralposition erfolgen und panoramische Überschau gewähren, sind figural fokalisierte Räume an die subjektiv gefärbten und perspektivisch gebrochenen Wahrnehmungen von sich im Raum bewegenden Figuren gebunden. Der intern fokalisierte Raum ist daher zumeist ein subjektiver, nur partiell erschlossener Erfahrungsraum (Würzbach 2006), in dem sich die Erlebnisfähigkeit von Figuren konkretisiert und individuelle Befindlichkeiten, Wünsche und Imaginationen spiegeln. Verschiedene Modalisierungsformen des Raums bieten vor allem aus literaturhistorischer Perspektive wichtige Erkenntnisse, denn so ist etwa im Roman des frühen 20. Jahrhunderts eine Akzentverschiebung von auktorial vermittelten zu figural fokalisierten Raumdarstellungen zu verzeichnen (Nünning 2009, 45): Physische Räume werden hier zunehmend zu mentalen, metaphorischen und auch fragmentierten

Räumen, bei denen gelegentliche konkrete Referenzen durch subjektive Imaginationen und Visionen überlagert werden (Bronfen 1986, 274–314). Mit Albrecht Koschorke lässt sich die Entstehung solcher neuen perspektivisch gebrochenen, aperspektivischen und multiperspektivisch fokalisierten Raumdarstellungen in der modernistischen Literatur auf den Verlust der Zentralperspektive zurückführen, die seit der Neuzeit als „verbindliche Fluchtlinie der Anschauung" (1990, 326) die Raumerfahrung in Malerei und Literatur organisierte. Die Überwindung der Zentralperspektive bringt Darstellungen hervor, die keinen verbindlichen Horizont mehr haben und den Raum in disparate, perspektivisch gebrochene Segmente auflösen (324–325; → 25. Formationen literarischer Raumgeschichte).

3. Raum, Charakterisierung und Handlung

Eben weil Räume in der Literatur, wie Hartmut Böhme herausgestellt hat, nicht nur „Form der Anschauung" (2005, XVI) sind, sondern auch an die Bewegungen von Figuren im Raum sowie an die Erfahrbarkeit von Räumlichkeit gebunden sind, sind sie sowohl für die Charakterisierung von Figuren als auch für die Initiierung der Handlung zentral. Figuren werden durch die Schauplätze charakterisiert, an denen sie sich befinden; umgekehrt definieren diese Schauplätze Handlungsspielräume und Erfahrungsmöglichkeiten von Figuren. Freiwillige Mobilität und damit verbundene Übergänge von einem in einen anderen Raum stehen dabei zumeist in engem Zusammenhang mit einer *quest*, die sich in Grenzerfahrungen exemplarisch konkretisiert. Das Aufsuchen von Räumen, die Zuweisung von Domänen sowie Grenzüberschreitungen erfolgen dabei stets auch vor dem Hintergrund kultureller Werthierarchien und können ebenso emanzipatorisches wie konservatives Potential haben (Würzbach 2006, 1). Die wechselnden Verortungen von Figuren im Raum und individuellen Aneignungen von Räumen werden damit als zentrale Form einer offenen Subjektkonstitution beschreibbar, bei der kulturelle Ordnungen und die individuelle Erlebnisfähigkeit zusammenwirken. Insbesondere topologische Ansätze betonen in diesem Zusammenhang das relationale Verhältnis von Raum, Bewegung und Figur: So wird Raum nicht etwa als gegebener Rahmen bzw. als bloßer Container verstanden, sondern als ein erst durch Bewegungen von Figuren konstituiertes Gefüge bzw. als System räumlicher Relationen (Lotman 1993; Borsò 2004, 17; → 1. Topologie).

Den Übergang von räumlicher Struktur zur Dynamik der Handlung vollzieht vor allem der russische Literaturwissenschaftler und Mitbegründer der Moskau-Tartuer Schule der Semiotik, Jurij M. Lotman. In *Die Struktur literarischer Texte* zeigt er, wie zentral Bewegungen von Figuren im Raum für die Entwicklung der

Handlung sind. Ausgangspunkt seines strukturalistischen Modells ist die topologische Figur der Grenze, die Lotman zufolge den dargestellten Raum „in zwei disjunkte Teilräume" (1993, 327) untergliedert. Diese räumlichen Oppositionen sind, so Lotman, mit semantischen verbunden. Die Figuren der fiktionalen Welt sind jeweils bestimmten, binär strukturierten semantischen Feldern zugeordnet, die durch prinzipiell unüberwindbare Grenzen voneinander getrennt sind. Mindestens eine Figur wird versuchen, diese Grenze zu überschreiten. Die Grenzüberschreitung, d.h. der räumliche Übergang von einem semantischen Feld in ein anderes, ist als Ereignis zentral, um die Dynamik des Plots in Gang zu bringen. Indem Lotman die Bedeutung von Bewegungen im Raum für die Entfaltung der Handlung in den Vordergrund rückt (Frank 2009, 70), schafft er eine Grundlage für eine Neukonzipierung von Plot. Plot stellt sich aus dieser Perspektive nicht länger als nur eine zeitliche Abfolge von Ereignissen dar; vielmehr beinhaltet er auch räumliche Bewegung. Ganz in diesem Sinne stellt etwa der Narratologe Gabriel Zoran heraus: „[P]lot includes routes, movement, directions, volume, simultaneity, etc., and thus is an active partner in the structuring of space in the text." (1984, 314) Auch Certeau schließt in seiner *Kunst des Handelns* letztlich an Lotmans topologische Erkenntnisse an, wenn er betont, dass Raum (im Gegensatz zum Ort) in Erzählungen immer an Bewegung gebunden ist, „die ihn mit einer Geschichte verbindet" (1988, 219).

Die von Lotman thematisierte Bedeutung von Grenzen bzw. Grenzüberschreitungen sowie seine Korrelation von räumlichen und semantischen Feldern wurden insbesondere von ideologiekritischen Ansätzen wie den *gender* und *postcolonial studies* aufgegriffen (→ 11. Postkoloniale Räume). Diese haben zum einen demonstriert, dass Grenzüberschreitungen von Figuren stets auch unter Bedingungen kultureller Machtrelationen erfolgen; zum anderen haben sie untersucht, wie räumliche Relationen eingesetzt werden, um das Wertesystem der fiktionalen Welt sowie deren Ein- und Ausschlussmechanismen zu verhandeln (z.B. Faber und Naumann 1995; Fludernik und Gehrke 1999; Frank 2006; Würzbach 2006). Edward Said etwa hat in seinem 1978 erschienenen Buch *Orientalism* anhand des Kolonialromans des 19. Jahrhunderts illustriert, in welchem Maße Grenzziehungen zwischen dem ‚Orient' und dem ‚Okzident' für die Konstruktion kontrastiver und hierarchisch organisierter Konzepte von kultureller Identität und Alterität genutzt werden. Jüngere, zum Teil poststrukturalistisch inspirierte Studien versuchen die der Grenze inhärente Entweder/Oder-Logik zu überwinden und die Grenze als „Zone" (Fludernik 1999, 99) bzw. „Zwischenraum" (Certeau 1988, 233; Wirth 2012) zu konzipieren, in dem starre Binäroppositionen zugunsten hybrider Konstellationen aufgelöst werden. Dementsprechend wurde insbesondere interkulturelle Erzählliteratur auf ihr Potential untersucht, festgezurrte Grenzen und binäre Dichotomien zu überwinden und durch die Erschließung von Zwischenräumen imaginäre Überblendungen bzw. Übersetzungen ehedem getrennter kultureller Teilräume zu erproben.

4. Weitere Forschungsperspektiven: Erzählung, kulturelle Raumordnungen und Verräumlichung

Die im Zuge des *spatial turn* intensiv diskutierten sozialen und symbolischen Anteile an der Produktion von Raum haben das Augenmerk auf den performativen Beitrag von Literatur zur Konstitution kultureller Räume bzw. Raumvorstellungen gelenkt (Böhme 2005; → 3. Dynamisierungen): Gerade weil erzählte Räume häufig subjektiv gefärbte und emotional aufgeladene Erfahrungsräume sind, erfüllen sie wichtige epistemische Funktionen und sind daher zentral für die Konstruktion ‚imaginativer Geographien' (Said 1995; → 19. Literarische Geographie). Erzählte Räume „prägen Vorstellungen von ‚realen' Räumen, wecken Erwartungen und Abneigungen" (Sicks 2009, 346) und bieten Orientierung innerhalb unbekannter Räume. Für die Literaturwissenschaften erweisen sich Untersuchungen der Wechselbeziehung von erzählten und realen Räumen vor allem dann als produktiv, wenn sie den ästhetischen Eigensinn der Erzählliteratur ernst nehmen (Miller 1995, 3–4). So stellt Literatur eben nicht nur Raumwissen zur Verfügung (→ 9. Räume des Wissens). Vielmehr ist diesem Raumwissen immer auch „ein Verfahrenswissen und ein Wissen über die mit Räumen verbundenen Semantiken und Ideologien" (Sasse 2010, 304) eingeschrieben. Das narrativen Verfahren eingelassene Wissen von der symbolischen Herstellung von Raum kann aus literaturwissenschaftlicher Perspektive produktiv analysiert werden, um die Sensibilität für die Konstruktionsmechanismen von Räumen auch in anderen Medien zu schärfen.

Des Weiteren eröffnet auch die materielle Räumlichkeit von Erzählungen wichtige Forschungsperspektiven. Marie-Laure Ryan nimmt etwa die ‚Verräumlichung' (2009, 423) der Sprache durch die Schrift (Derrida 1999) als Ausgangspunkt, um zu einer Bestimmung des Raums des Diskurses (in Abgrenzung vom Raum des Erzählten) zu gelangen (→ 5. Schrifträume). Mehr Aufmerksamkeit ist auch der Buchseite (→ 41. Die Seite) als Raum der zweidimensionalen „Anordnung verbaler Zeichen" (Rippl 2005, 16) und damit als Medium der Fixierung einer sprachlichen Sukzession zu schenken (Sasse 2010, 295). Certeau konzipiert die „leere Seite" als einen Ort, an dem *„ein Text* gebaut" (1988, 246) wird, und Sybille Krämer diskutiert unter dem Konzept der ‚Schriftbildlichkeit' die „Räumlichkeit als Darstellungspotential" (2005, 162). Die Schriftbildlichkeit wird etwa in zeitgenössischen Romanen genutzt, um die übliche Anordnung der Zeichen sowie die Sequentialität von Erzählungen zu durchkreuzen, z. B. indem der Erzählung Bilder zur Seite gestellt und die räumlichen Bedingungen der zu beschreibenden Oberfläche sichtbar gemacht werden. Die räumliche Materialität von Erzählungen wird schließlich auch durch den Hypertext im virtuellen Raum virulent, der als Form des „non-sequential writing" (Nelson 1992, 2) in seiner Mehrdimensionalität und Interaktivität ebenfalls die übliche räumlich fixierte Anordnung von Erzählungen im Buch unterläuft.

Literatur

Bachtin, Michail M. *Chronotopos*. Hrsg. von Michael C. Frank und Kirsten Mahlke. Übers. von Michael Dewey. Frankfurt a. M.: Suhrkamp, 2008 [1937/38].
Böhme, Hartmut. „Einleitung: Raum – Bewegung – Topographie". *Topographien der Literatur: Deutsche Literatur im transnationalen Kontext*. Hrsg. von Hartmut Böhme. Stuttgart: Metzler, 2005. IX–XXIII.
Borsò, Vittoria. „Grenzen, Schwellen und andere Orte – ‚La géographie doit bien être au cœur de ce dont je m'occupe'". *Kulturelle Topographien*. Hrsg. von Vittoria Borsò und Reinhold Görling. Stuttgart und Weimar: Metzler, 2004. 13–41.
Bronfen, Elisabeth. *Der literarische Raum: Eine Untersuchung am Beispiel von Dorothy M. Richardsons Romanzyklus Pilgrimage*. Tübingen: Niemeyer, 1986.
Certeau, Michel de. *Kunst des Handelns*. Übers. von Ronald Voullié. Berlin: Merve, 1988 [1980].
Dennerlein, Katrin. *Narratologie des Raumes*. Berlin und New York: De Gruyter, 2009.
Derrida, Jacques. *Randgänge der Philosophie*. Übers. von Gerhard Ahrens *et al*. Wien: Passagen-Verlag, 1999.
Faber, Richard, und Barbara Naumann (Hrsg.). *Literatur der Grenze – Theorie der Grenze*. Würzburg: Königshausen & Neumann, 1995.
Fludernik, Monika. „Grenze und Grenzgänger: Topologische Etuden". *Grenzgänger zwischen Kulturen*. Hrsg. von Monika Fludernik und Hans-Joachim Gehrke. Würzburg: Ergon, 1999. 99–108.
Fludernik, Monika. *Erzähltheorie: Eine Einführung*. Darmstadt: Wissenschaftliche Buchgesellschaft, 2006.
Fludernik, Monika, und Hans-Joachim Gehrke (Hrsg.). *Grenzgänger zwischen Kulturen*. Würzburg: Ergon, 1999.
Frank, Michael C. *Kulturelle Einflussangst: Inszenierungen der Grenze in der Reiseliteratur des 19. Jahrhunderts*. Bielefeld: Transcript, 2006.
Frank, Michael C. „Die Literaturwissenschaften und der ‚spatial turn': Ansätze bei Jurij Lotman und Michail Bachtin". *Raum und Bewegung in der Literatur: Die Literaturwissenschaften und der Spatial Turn*. Hrsg. von Wolfgang Hallet und Birgit Neumann. Bielefeld: Transcript, 2009. 53–80.
Genette, Gérard. „Boundaries of Narrative". *New Literary History* 8 (1976): 1–13.
Hallet, Wolfgang. „‚Fictions of Space'. Zeitgenössische Romane als fiktionale Modelle semiotischer Raumkonstitution". *Raum und Bewegung in der Literatur: Die Literaturwissenschaften und der Spatial Turn*. Hrsg. von Wolfgang Hallet und Birgit Neumann. Bielefeld: Transcript, 2009. 81–114.

Herman, David. *Story Logic: Problems and Possibilities of Narrative*. Lincoln: University of Nebraska Press, 2002.
Hoffmann, Gerhard. *Raum, Situation, erzählte Wirklichkeit: Poetologische und historische Studien zum englischen und amerikanischen Roman*. Stuttgart: Metzler, 1978.
Jäger, Dietrich. *Erzählte Räume: Studien zur Phänomenologie der epischen Geschehensumwelt*. Würzburg: Königshausen & Neumann, 1998.
Koschorke, Albrecht. *Die Geschichte des Horizonts: Grenze und Grenzüberschreitung in literarischen Landschaftsbildern*. Frankfurt a. M.: Suhrkamp, 1990.
Krämer, Sybille. „'Schriftbildlichkeit' oder: Über eine (fast) vergessene Dimension der Schrift". *Bild – Schrift – Zahl*. Hrsg. von Horst Bredekamp und Sibylle Krämer. München: Fink, 2005. 157–176.
Kullmann, Thomas. *Vermenschlichte Natur: Zur Bedeutung von Landschaft und Wetter im englischen Roman von Ann Radcliffe bis Thomas Hardy*. Tübingen: Niemeyer, 1995.
Lotman, Jurij M. *Die Struktur literarischer Texte*. Übers. von Rolf-Dietrich Keil. München: Fink, 1993 [1970].
Mahler, Andreas. „Stadttexte – Textstädte: Formen und Funktionen diskursiver Stadtkonstitution". *Stadt-Bilder: Allegorie – Mimesis – Imagination*. Hrsg. von Andreas Mahler. Heidelberg: Winter, 1999. 11–36.
Miller, J. Hillis. *Topographies*. Stanford, CA: Stanford University Press, 1995.
Nelson, Theodor H. *Literary Machines*. Sausalito, CA: Mindful Press, 1992 [1980].
Nünning, Ansgar. „Formen und Funktionen literarischer Raumdarstellung: Grundlagen, Ansätze, narratologische Kategorien und neue Perspektiven". *Raum und Bewegung in der Literatur: Die Literaturwissenschaften und der Spatial Turn*. Hrsg. von Wolfgang Hallet und Birgit Neumann. Bielefeld: Transcript, 2009. 33–52.
Prince, Gerald J. *A Dictionary of Narratology*. Lincoln: University of Nebraska Press, 1987.
Rippl, Gabriele. *Beschreibungskunst: Zur intermedialen Poetik angloamerikanischer Ikontexte (1880–2000)*. München: Fink, 2005.
Ritter, Alexander (Hrsg.). *Landschaft und Raum in der Erzählkunst*. Darmstadt: Wissenschaftliche Buchgesellschaft, 1975.
Ryan, Marie-Laure. „Space". *Handbook of Narratology*. Hrsg. von Peter Hühn, John Pier, Wolf Schmid und Jörg Schönert. Berlin und New York: De Gruyter, 2009. 420–433.
Said, Edward. *Orientalism: Western Conceptions of the Orient*. London: Penguin, 1995 [1978].
Sasse, Sylvia. „Poetischer Raum: Chronotopos und Geopolitik". *Raum: Ein interdisziplinäres Handbuch*. Hrsg. von Stephan Günzel. Stuttgart: Metzler, 2010. 294–308.
Sicks, Kai Marcel. „Gattungstheorie nach dem ‚spatial turn': Überlegungen am Fall des Reiseromans". *Raum und Bewegung in der Literatur: Die Literaturwissenschaften und der Spatial Turn*. Hrsg. von Wolfgang Hallet und Birgit Neumann. Bielefeld: Transcript, 2009. 337–354.
Wirth, Uwe (Hrsg.). *Bewegen im Zwischenraum*. Berlin: Kadmos, 2012.
Würzbach, Natascha. *Raumerfahrung in der klassischen Moderne: Großstadt, Reisen, Wahrnehmungssinnlichkeit und Geschlecht in englischen Erzähltexten*. Trier: WVT, 2006.
Zoran, Gabriel. „Towards a Theory of Space in Narrative". *Poetics Today* 5 (1984): 50–335.

8. Raum und Theatralität
Sabine Friedrich

1. Forschungsperspektiven

Bereits die altgriechische Bezeichnung für Theater (*theatron* = Schauplatz) verdeutlicht, dass Raum seit jeher integraler Bestandteil von Theater ist. Raum stellt die grundlegende Voraussetzung für Theateraufführungen dar; zugleich ist die spezifische Räumlichkeit einer Aufführung jedoch erst das Produkt komplexer theatraler Prozesse. Die in der aktuellen Raumforschung herausgearbeitete Spannung zwischen Raumordnung – als einem in einer bestimmten Situation als Bezugsrahmen vorgegebener Raum – und Raumpraxis – als einem situativ sich konstituierenden Raum – kommt im Theaterraum daher auf exemplarische Weise zum Ausdruck (Dünne und Kramer 2009).

Aus systematischer Perspektive ist die Relation zwischen Theater und Raum in vier Teilbereiche zu untergliedern (Balme 2003, 136–146): (1) Dramatischer Raum: Raumsemantik, die im Dramentext angelegt ist; Unterschiede bestehen im Hinblick auf den jeweiligen Konkretisierungs- bzw. Neutralitätsgrad des fiktionalen Raumes sowie die spezifischen sprachlichen Lokalisierungstechniken. Zum dramatischen Raum gehören ebenfalls theoretisch entwickelte Raummodelle in Dramenpoetiken, die normativ, programmatisch oder deskriptiv orientiert sein können. Ausgehend von der systematischen Unterscheidung zwischen Typen des geschlossenen und des offenen Raums lassen sich historische Differenzierungen vornehmen. (2) Szenischer Raum: Bühnenraum mit Bühnenausgestaltung (Dekoration, Requisiten, Kulissen, Bühnenmaschinerie, Beleuchtung etc.) sowie Spielraum der Akteure. (3) Theatraler Raum: Architektonische Gegebenheiten der Theaterbauten, die unterschiedliche Grenzziehungen zwischen Bühnen- und Zuschauerraum und dementsprechend unterschiedliche Wahrnehmungssituationen erzeugen. (4) Ortsspezifischer Raum: Situierung des Theaterraums innerhalb des kulturellen Lebensraums der Zuschauer.

Die literaturwissenschaftliche Forschung beschäftigte sich bis zur kultur- und medienwissenschaftlichen Öffnung des Faches vorrangig mit dem ersten Teilbereich. Ohne Berücksichtigung der konkreten Aufführungssituation wurde die Raumsemantik eines Theaterstücks ausgehend von der Textvorlage untersucht; die Dramenpoetiken wurden literarhistorisch verortet. Bühnengestaltung und Theaterbauten wurden lediglich als theaterhistorisches Kontextwissen aufgearbeitet, ohne Bezug zu konkreten Theaterstücken und Aufführungspraktiken. Die Fokussierung auf eine rein textorientierte Untersuchung des Theaters führte zur Herausbildung der Theaterwissenschaft als eigener Disziplin, die darauf abzielte, einen neuen Zugang zu Theater als Aufführungskunst zu entwickeln. Max Hermanns Abhandlung zum Theater als ‚Raumkunst' (1931) verdeutlicht die räumliche Umorientierung der modernen Theaterwissenschaft „von der linearen Lektüre des Textes zu seiner dreidimensionalen Aufführung" (Carlson 2010, 18). „In der Theaterkunst handelt es sich nicht um die Darstellung des Raumes, sondern um die Vorführung menschlicher Bewegung im theatralischen Raum. Dieser Raum ist aber niemals oder doch kaum je identisch mit dem realen Raum, der auf der Bühne existiert [...]. Der Raum, den das Theater meint, ist vielmehr ein Kunstraum, der erst durch eine mehr oder weniger große innerliche Verwandlung des tatsächlichen Raumes zustande kommt, ist ein Erlebnis, bei dem der Bühnenraum in einen andersgearteten Raum verwandelt wird." (Hermann 1931, 153)

Aus einer phänomenologischen Perspektive betrachtet die theaterwissenschaftliche Theoriebildung den Theaterraum als temporären Kunstraum, der erst durch die Bewegungen der Akteure und die Wahrnehmung des Publikums entsteht und in seiner sinnlichen Ereignishaftigkeit zu erfassen ist (→ 3. Dynamisierungen). Die Fokussierung des singulären Erlebnisses einer theatralen Aufführung verstärkt sich im Verlauf des 20. Jahrhunderts in zweierlei Hinsicht: Zum einen bildet sich das postdramatische Theater heraus, das auf eine stabile Textvorlage zunehmend verzichtet zugunsten von theatralen Praktiken, die an die Körperpräsenz der Akteure gebunden sind. Zum anderen entsteht im Zuge des sogenannten ‚*performative turn*' und der Verbreitung des Konzepts von Theatralität Konsens innerhalb der theaterwissenschaftlichen Forschung, dass sich der Raum der Aufführung erst in der konkreten theatralen Performanz konstituiert. „So entsteht die Räumlichkeit durch die jeweils genutzten Möglichkeiten, die verschiedenen Beteiligten bzw. Gruppen von Beteiligten zueinander in ein Verhältnis zu setzen, ihre Bewegungen durch den Raum bzw. im Raum und ihre Wahrnehmung zu organisieren und zu strukturieren." (Fischer-Lichte 2012, 58; Fischer-Lichte 2004) Fischer-Lichte betrachtet Theaterräume – „ganz gleich ob fest installiert oder lediglich provisorisch errichtet" (2004, 188) – als performative Räume. Der performativ erzeugte Theaterraum ist hochgradig instabil: „Jede Bewegung von Menschen, Objekten, Licht, jedes Erklingen von Lauten vermag ihn zu verändern. Er ist instabil, ständig in Fluktuation begriffen." (187) Zudem kann die performative Raumerzeugung eine unkontrollierbare Eigendynamik entwickeln: „Der performative Raum eröffnet Möglichkeiten, ohne die Art ihrer Nutzung und Realisierung festzulegen. Darüber hinaus läßt er sich auch in einer Weise verwenden, die weder geplant noch vorgesehen war." (189)

In Erweiterung zur Theatralitäts- und Performativitätsforschung wurde in den letzten Jahren aus einer medienwissenschaftlichen Perspektive Theatralität als ein mediales Dispositiv beschrieben, als „ein relationales Gefüge, das nur durch die Interferenz von Körperpraktiken und technisch-materiell gestützten Inszenierungs-, Interaktions- und Wahrnehmungsformen beschreibbar ist, wobei sich je nach historischem und kulturellem Kontext divergierende Relationierungen der genannten Teilaspekte theatraler Performanz ergeben." (Dünne und Kramer 2009, 17) Das theatrale Mediendispositiv implementiert auf unterschiedlichen Ebenen historisch variable Ordnungen und Praktiken des Raums und gibt gleichermaßen den Bezugsrahmen für die Räumlichkeit des Theaters wie auch für die spezifische Theatralität jener Räume ab, die sich außerhalb einer konkreten Bühnen- oder Aufführungssituation (z. B. in technischen Medien wie dem Film oder der Computerkunst) konstituieren (15). „Die Funktionsweise jedes Mediums als eines raumgebenden Dispositivs beruht demnach notwendig auf der konstitutiven Wechselwirkung bzw. der Gleichursprünglichkeit von Ordnungsraum und körperbezogener Raumpraxis." (19–20)

2. Systematische Perspektiven

Im Folgenden wird aus systematischer Sicht skizziert, in welcher Weise die jüngeren theater-, kultur- und medienwissenschaftlichen Ansätze neue Perspektiven auf die verschiedenen Teilaspekte des theatralen Raums erlauben (Balme 2003, Kap. 7).

2.1. Dramatischer Raum

Die strukturalistische Literaturwissenschaft (Pfister 1984, Kap. 7.3) untersucht die Raumsemantik des *fictional space* (Wallis 1998, 120–132), die sich aus Haupt- und Nebentext des Theaterstückes ableiten lässt (→ 6. Literarischer Raum). Um die jeweilige Semantisierung des Raumes zu bestimmen, werden die Relationen innerhalb eines Schauplatzes, zwischen Schauplatz und *off stage*, zwischen mehreren Schauplätzen sowie zwischen Schauplatz und Geschehen analysiert (→ 13. Chronotopoi; 14. Semiosphäre und Sujet). Gefragt wird nach der jeweiligen Raumkonzeption (Neutralität – Stilisierung – Konkretisierung), deren Funktionalisierung sowie den Lokalisierungstechniken (verbal *vs.* nonverbal).

Während die theaterwissenschaftliche Forschung – nicht zuletzt durch die Fokussierung auf zeitgenössische postdramatische Aufführungen – die Analyse der Raumsemantik nicht zu ihren Arbeitsfeldern zählt (Balme 2003, 136), setzt die performanz- und medienwissenschaftlich orientierte Literaturwissenschaft den dramatischen Raum in Relation zum szenischen und theatralen Raum (Dünne und Kramer 2009). Textuell vorgegebene Raumsemantik, materiell ausgestalteter Bühnenraum, spezifische Bühnenform sowie die Interaktionen zwischen Figuren/Schauspielern und Zuschauern werden als integrale Bestandteile der Aufführung betrachtet, die erst in der umfassenden Berücksichtigung sämtlicher Teilaspekte ihre spezifische Gestalt erhält. Je nach überliefertem Dokumentationsmaterial – insbesondere bei Aufführungen früherer Jahrhunderte – sind dieser Herangehensweise allerdings gewisse Grenzen gesetzt.

2.2. Szenischer Raum

Der szenische Raum bezeichnet den Bühnenraum, wobei zwei Teilaspekte unterschieden werden: der Schauraum der Zuschauer sowie der Bewegungsraum der Akteure (Balme 2003, 141). Der Schauraum umfasst sämtliche visuelle, plastische, akustische Elemente, die den Bühnenraum gestalten (Bühnenbild, Dekoration, Requisiten, Bühnenbauten, Beleuchtung, Kostümgestaltung, Musik, Geräusche etc.). Die visuelle Ausgestaltung der Bühne (auch mit dem Begriff ‚Szenographie' bezeichnet; Balme 2003, 141; Meyer 2009) unterscheidet sich im Hinblick auf die Ausführlichkeit bzw. mögliche Leerstellen der Raumdarstellung sowie die Grade der Illusionsbildung und Anschaulichkeit, die zwischen abstrakter Neutralität und ‚realistischer' Konkretisierung oszillieren. Aus der Bühnengestaltung können reale und/oder imaginäre Topographien sowie metaphorische Räume entstehen (→ 2. Topographien). Einerseits entsprechen die architektonischen Gegebenheiten eines Bühnenraums dem statischen Ordnungsraum; andererseits erzeugen die einzelnen Elemente innerhalb des Bühnenraums – wie z. B. die Lichtgestaltung (Kirchmann 2000 und 2002) – einen atmosphärischen Wirkungsbereich (Fischer-Lichte 2012, 59–60) und tragen auf diese Weise zur performativen Gestaltung des theatralen Raums bei.

Der Bewegungsraum, der sich auf den Spielraum der Akteure bezieht, ist *per se* hochgradig performativ, insofern er erst durch die Körperpräsenz der Akteure und deren räumliche Bewegungen im Rahmen der Aufführungssituation entsteht. Die körperbezogenen Interaktionsformen der Akteure aktualisieren und semantisieren im Verlauf ihrer räumlichen Bewegungen spezifische Handlungsräume (Fischer-Lichte *et al.* 2001; Dünne und Kramer 2009, 21). In der Inszenierung der Körperbewegungen, die dem Bewegungsraum zugerechnet werden, ergeben sich punktuell Berührungspunkte zu bildmedialen Visualisierungstechniken, die zunächst dem Schauraum angehören, woraus ersichtlich wird, dass die Grenzen zwischen den beiden Teilaspekten des szenischen Raums fließend sind (die theatralen Inszenierungen der Emblematik und der *tableaux vivants*; Neumeister 1978; Röttger 2012; Brandl-Risi 2013).

2.3. Theatraler Raum

Der theatrale Raum bezeichnet die lokalen Gegebenheiten der Theateraufführung (Bühnenform, architektonische Gegebenheiten des Theatergebäudes). Zu unterscheiden sind geschlossene architektonische Räume, die speziell für die Aufführungssituation errichtet wurden und institutionalisiert sind (Cruciani 1992), und diejenigen Räume, die nur temporär als theatrale Spielorte fungieren (Aufführungen in der Kirche, Prozessions- und Passionstheater, bei dem der öffentliche Stadtraum in die Aufführung integriert wird; → 35. Die Straße). Carlson führt den Begriff des ludischen Raums (*ludic space*) ein, um auch ortsungebundene Aufführungsformen wie Straßentheater zu erfassen (1989, 6; Balme 2003, 136).

In der Theatergeschichtsschreibung wurden die theatralen Räume, bei denen Umriss und Gestaltung des Bühnen- und Zuschauerraums bereits vor Aufführungsbeginn festgelegt sind, als statische geometrische Räume beschrieben; die an den Kategorien der Performanz orientierte Theatertheorie betont jedoch die Notwendigkeit, auch die festen Theaterbauten im Hinblick auf ihre dynamischen Raumpraktiken zu untersuchen (Fischer-Lichte 2004, 188). Konstitutives Moment theatraler Räume ist die räumliche Beziehung zwischen Bühnen- und Zuschauerraum und die daraus resultierenden Darstellungs- und Wahrnehmungsmodi. Die heutige Forschung hat jedoch eine binäre Gegenüberstellung von Bühne und Publikum insofern überwunden, als die Bühne nicht mehr als isolierter Raum verstanden wird, in den die Zuschauer hineinblicken (Roselt 2005, 267); der theatrale Raum entsteht vielmehr aus einem dynamischen Wechselverhältnis, bei dem noch weitere Räume (wie z. B. der Bereich hinter der Bühne; Carlson 2010, 22–23) einbezogen werden. „Gesteuert wird die Wahrnehmung des Betrachters wesentlich durch die Form der *Rahmung* oder *Grenzziehung*, die die übergreifende Raumordnung des Theaters kennzeichnet, indem sie eine je spezifische Relationierung von Spielfläche und Zuschauerraum vornimmt, die maßgeblich die unterschiedlichen kulturellen und sozialen Funktionalisierungen des dispositiven Raumgefüges bestimmt." (Dünne und Kramer 2009, 23)

Aus theaterhistorischer Perspektive sind folgende Interaktionsformen zwischen Bühne und Zuschauerraum zu unterscheiden (Carlson 1989; Balme 2003, 137–141): (1) *Environmental theatre* (Schechner 1973): Diese Theaterform, die zu den ältesten zählt, jedoch seit der Avantgarde des frühen 20. Jahrhunderts wieder aufgenommen wird, kommt ohne feste architektonische Strukturen aus und zeichnet sich durch ein variables Raumverhältnis aus, bei dem das Publikum die Bühne umgibt und umgekehrt. Innerhalb flexibler räumlicher Grenzen lassen die Akteure einen Spielraum um sich herum entstehen und beginnen zu spielen. Die Blickrichtung des sich frei bewegenden Zuschauers ist nicht von vorneherein festgelegt. (2) Das Arenatheater: Es bietet eine große Integration von

Bühnen- und Zuschauerraum; gleichwohl besteht eine grundsätzliche Trennung. Die Zuschauer umkreisen vollständig den Bühnenraum. (3) Vorbühne: Durch den Anbau einer Vorbühne vergrößert sich der Bühnenraum in den Zuschauerraum hinein, so dass der Zuschauer den Akteur auf der Vorbühne eher als Teil des Zuschauerraums wahrnimmt; die Verlängerung der Bühne in den Zuschauerraum galt als eine architektonische Überwindung der Publikum und Akteure trennenden Rampe (Balme 2003, 138). (4) Guckkasten-/Proszeniumsbühne: Bei dieser Bühnenform ist die institutionell vorgegebene Grenze zwischen Bühnen- und Zuschauerraum am stärksten. Durch die Verwendung des in der Renaissance wiedereingeführten Bühnenvorhangs wird die Grenzziehung zusätzlich materialisiert. Die Einbindung der Akteure in die dargestellte fiktionale Welt ist bei dieser Bühnenform am deutlichsten ausgeprägt. (5) Die Entwicklung der Zentral- bzw. Linearperspektive verstärkt die Entstehung eines dreidimensionalen Illusionsraums auf der Bühne (Perspektivdekoration); zugleich trägt sie dazu bei, einen geometrischen Schauraum zu generieren, der die Blickrichtung des Betrachters fixiert und damit wesentlich auf dem disziplinierenden Visualisierungsprinzip der ‚Frontalität' beruht (Haß 2005; Dünne und Kramer 2009, 24). Einerseits wird auf diese Weise die räumliche Distanz von Betrachter und Betrachtetem unterstrichen; andererseits hebt gerade die linearperspektivische Wahrnehmungssteuerung die Grenzziehung zwischen Bühne und Publikum wieder auf, da die Perspektivbühne ein räumliches Ordnungsarrangement herstellen kann, das den Zuschauer als inhärenten Teil des Schauraums konstituiert; dies zeigt sich insbesondere im Konzept des Fürstensitzes, bei dem die perspektivische Ausrichtung der Bühne von einem einzigen Punkt aus – dem Sitz des Herrschers – konzipiert ist (→ 36. Versailles). Der Modus der perspektivischen Wahrnehmungssteuerung eröffnet demnach innerhalb des Zusammenspiels von Ordnungsraum und Praxisraum Möglichkeiten einer partiellen oder punktuellen Rückbindung des Theaters an anderweitige politische, soziale oder religiöse Aufführungsformen, in denen die Grenze zwischen Bühnen- und Zuschauerraum nicht fest gezogen ist (Dünne und Kramer 2009, 24).

Die jeweilige Beleuchtung von Zuschauer- und Bühnenraum ist ebenfalls signifikativ im Hinblick auf die Wahrnehmungssteuerung. Bis ins 18. Jahrhundert stehen Zuschauer- und Bühnenraum insofern in einem Konkurrenzverhältnis, als sich durch den hell beleuchteten Publikumsraum die Zuschauer auch während der Vorstellung gegenseitig beobachten (Balme 2003, 139; Kirchmann 2000 und 2002). Die Verdunklung des Zuschauerraums unterstreicht die Grenzziehung und damit zugleich den Aufbau imaginärer Räume im Bühnenraum. Eine ähnliche illusionsverstärkende Wirkung hat das Konzept der ‚Vierten Wand', bei dem es sich um eine imaginäre, ‚durchsichtige' Mauer handelt, welche die Bühne am Portal zum Publikum hin begrenzt (Lehmann 2000 und 2003) und das Spielgeschehen in einem geschlossenen Raum verortet, aus dem die Zuschauer ausgegrenzt sind (Dünne und Kramer 2009, 25).

Aus theaterhistorischer Perspektive lässt sich demzufolge eine zunehmende Verfestigung der Grenzziehung zwischen Zuschauer- und Bühnenraum feststellen (→ 25. Formationen literarischer Raumgeschichte). Aus wenig institutionalisierten theatralen Formen, die sich vor allem im Kontext höfischer und religiöser Festkultur herausgebildet haben, entsteht ein theatrales Dispositiv, das sich durch die Etablierung eines klar abgegrenzten Bühnenraums auszeichnet (Gumbrecht 1992; Dünne und Kramer 2009, 20). Die Infragestellung dieses Dispositivs vollzieht sich um 1900 parallel zur Infragestellung mimetischer Darstellungsweisen in allen Bereichen der Kunst und Literatur (Balme 2003, 138). Die Aufführungspraktiken der Avantgardebewegungen des 20. Jahrhunderts zielen darauf ab, die Grenze zwischen Bühnenraum und dem lebensweltlichem Erfahrungsraum der Zuschauer aufzuheben und knüpfen darin an frühere Aufführungspraktiken an, die diese Grenze als durchlässig präsentieren (Dünne und Kramer 2009, 25). Unterschiedliche öffentliche oder private Räume werden zu theatralen Räumen transformiert. Gerade die Verwendung ansonsten anderweitig genutzter Räume, deren spezifische Möglichkeiten in der theatralen Aufführung erforscht und erprobt werden, erhöht das Potential der Performativität des Raumes (Fischer-Lichte 2004, 192).

2.4. Ortsspezifischer Raum

Er umfasst die Positionierung des Aufführungsraums in den umgebenden kulturellen Lebensraum der Zuschauer (Carlson 1989; Balme 2003). Der Aufführungsort wird durch seine Einbindung in das Bezugssystem der urbanen oder ländlichen Umgebung definiert; insofern ist Theater Bestandteil der „kognitiven Kartographie" eines Ortes (Balme 2003, 144). Aus historischer Perspektive stellt sich die Frage, wie sich in unterschiedlichen kulturhistorischen Kontexten bestimmte Faktoren wie Lokalisierung, Größe, Form des Theaters verändert haben, in welcher Weise die Grenzziehung zwischen theatralem Raum und Alltagsraum erfolgt und inwiefern sich der Funktionswandel des Theaters ausgehend von seiner städtebaulichen Einordnung beschreiben lässt. Jüngere Projekte, die intendieren, eine theatrale Kartographie zu erstellen, schließen unmittelbar an die kultur- und medienwissenschaftliche Raumforschung an. In Anlehnung an Arjun Appadurais Konzept der ‚scapes' werden in dem Projekt „Mapping Global Theatrescapes", ausgehend von Migrationsbewegungen seit Mitte des 19. Jahrhunderts, globale Austauschprozesse und translokale Dynamisierungen im Bereich des Theaters erforscht, gerade auch im Hinblick auf die Entstehung öffentlicher Theater fernab ihrer Herkunftskultur (→ 3. Dynamisierungen).

3. Mediale Verschiebungen und Ausweitungen

Abschließend werden Entwürfe theatraler Räume skizziert, die entweder durch mediale Verschiebung und/oder intermediale Ausweitungen entstehen. Im Zuge der performativen Wende gab es vermehrt Versuche, das Konzept der Theatralität auf inszenatorische Akte innerhalb eines reinen Textraums zu übertragen. Mit Roland Barthes, der im Hinblick auf Sade, Fourier und Loyola von der In-Szene-Setzung der Sprache spricht, wird die Opposition zwischen textuellen Inszenierungen und theatraler, d.h. der Bewegung des Körpers geschuldeter Performanz infrage gestellt (Neumann 2000, 11–12). Verknüpft mit dem Wortfeld der Schrift (,*graphè*') wird der theaterwissenschaftliche Begriff Szenographie als theatrale Verräumlichung der Schrift gedeutet (Meyer 2009, 111–112). Der Text wird zur Bühne sprachlicher Performanz im Sinne einer Bedeutungsgenerierung (Neumann 2000, 13; → 5. Schrifträume; 41. Die Seite).

Im Unterschied zu solchen metaphorischen Gleichsetzungen von Theatralität mit Sprache werden in anderen Arbeiten die fundierenden Rahmenbedingungen der theatralen Aufführung auf narrative Texte übertragen. Ausgehend von der theatralen Praxis der *tableaux vivants* fragt Brandl-Risi, in welcher Weise diese Verfahren auch in nichtdramatischen, narrativen Texten auftreten können. Dabei geht es keineswegs um eine thematische Übertragung von *tableaux vivants* auf narrative Texte, sondern aus einer theater- und medientheoretischen Perspektive um die Übertragung der für diese ästhetische Praxis typischen Wahrnehmungs- und Darstellungsmodi in den Akt der Narration selbst. So erzeugen spezifische Textstrategien im Hinblick auf die Wahrnehmungsmuster, Inszenierungs- und Selbstinszenierungsformen der Figuren eine theatrale Dimension innerhalb der narrativen Texte (2013, 21; → 7. Raum und Erzählung).

Infolge des zunehmenden Einsatzes avancierter Medientechnik entstehen im zeitgenössischen Theater neuartige komplexe Klang-Raumentwürfe, welche die tradierten Raumordnungen des Theaters erweitern. Aus theaterhistorischer Perspektive wurde der Theaterraum meist territorial bestimmt und „durch codierte Zeichen des Raumes als identifizierbare Lokalität oder Materialisierung gesellschaftlicher Verhältnisse inszeniert" (Meyer 2009, 114). Durch die starke intermediale Ausrichtung und die digitale Technik entstehen im Gegenwartstheater hingegen multiple Hör- und Sehräume, die sich überlagernden medialen Inszenierungsebenen entspringen. „Seit den ersten Experimenten mit Video-Choreographie entstehen vielfältige Formen eines Zusammenspiels zwischen der physischen Materialität des Tänzerkörpers und seinen medialen Projektionen und Transformationen, zwischen realen und virtuellen Räumen, so dass sich die Bühnenexistenz der Tänzer und der Räume verdoppelt hat." (120) Durch die spezifische Anordnung von Videoeinblendungen und die Platzierung von Mikrofonen, Lautsprechern und Verstärkern innerhalb des Zuschauerraums werden die Zuschauer in neuartige digitale Klang- und Schauräume integriert. Der konkrete Bühnenraum steht in Wechselwirkung mit einem virtuellen Raum, in dem jede Bewegung der Akteure andere Raum- und Zeitstrukturen und somit andere Visualisierungen oder akustische Geschehnisse generieren kann. Der Akteur agiert als Interface in einem erweiterten Raum. Die Zuschauer sind mit hybriden Räumen konfrontiert, die immer auch Ebenen des Dazwischen-Wahrgenommenen freisetzen und Wahrnehmungsprozesse dynamisieren (14).

Literaturverzeichnis

Balme, Christopher. *Einführung in die Theaterwissenschaft*. Berlin: Erich Schmidt, 2003 [1999].
Brandl-Risi, Bettina. *BilderSzenen: ‚Tableaux vivants' zwischen bildender Kunst, Theater und Literatur im 19. Jahrhundert*. Freiburg i.Br.: Rombach, 2013.
Carlson, Marvin. *Places of Performance: The Semiotics of Theatre Architecture*. Ithaka, NY: Cornell University Press, 1989.
Carlson, Marvin. „Das Theater ici". *Politik des Raumes: Theater und Topologie*. Hrsg. von Erika Fischer-Lichte und Benjamin Withstutz. München: Fink, 2010. 15–30.
Cruciani, Fabrizio. *Lo spazio del teatro*. Rom: Laterza, 1992.
Dünne, Jörg, und Kristen Kramer. „Einleitung: Theatralität und Räumlichkeit". *Theatralität und Räumlichkeit: Raumordnungen und Raumpraktiken im theatralen Mediendispositiv*. Hrsg. von Jörg Dünne, Sabine Friedrich und Kirsten Kramer. Würzburg: Königshausen & Neumann, 2009. 15–32.
Fischer-Lichte, Erika. *Semiotik des Theaters: Eine Einführung: Bd. 1. Das System der theatralischen Zeichen*. Tübingen: Narr, 1998 [1983].
Fischer-Lichte, Erika. *Ästhetik des Performativen*. Frankfurt a. M.: Suhrkamp, 2004.
Fischer-Lichte, Erika. *Performativität: Eine Einführung*. Bielefeld: Transcript, 2012.
Fischer-Lichte, Erika, Christian Horn und Matthias Warstat (Hrsg.). *Verkörperung*. Tübingen und Basel: Francke, 2001.
Gumbrecht, Hans Ulrich. „Für eine Erfindung des mittelalterlichen Theaters aus der Perspektive der frühen Neuzeit". *Festschrift Walter Haug und Burghart Wachinger*. 2 Bde. Hrsg. von Johannes Janota. Tübingen: Niemeyer, 1992. II, 827–848.
Haß, Ulrike. *Das Drama des Sehens: Auge, Blick und Bühnenform*. München: Fink, 2005.
Hermann, Max. „Das theatralische Raumerlebnis". *Beilagenheft zur Zeitschrift für Ästhetik und Allgemeine Kunstwissenschaft* 25 (1931): 152–163.
Kirchmann, Kay. *Licht-Räume – Licht-Zeiten: Das Licht als symbolische Funktion im Theater der Neuzeit. Ein Essay*. Siegen: Universität-GH Siegen, 2000.

Kirchmann, Kay. „Vom erhellenden zum gestaltenden Licht. Die Licht-Ontologie im Theater der Moderne". *Licht und Leitung*. Hrsg. von Lorenz Engell, Joseph Vogl und Bernhard Siegert. Weimar: Verlag der Bauhaus-Universität Weimar, 2002. 139–154.

Lehmann, Johannes Friedrich. *Der Blick durch die Wand: Zur Geschichte des Theaterzuschauers und des Visuellen bei Diderot und Lessing*. Freiburg i.Br.: Rombach, 2000.

Lehmann, Johannes Friedrich. „Der Zuschauer als Paradigma der Moderne: Überlegungen zum Theater als Medium der Beobachtung". *Theater als Paradigma der Moderne? Positionen zwischen historischer Avantgarde und Medienzeitalter*. Hrsg. von Christopher Balme, Erika Fischer-Lichte und Stephan Grätzel. Tübingen und Basel: Francke, 2003. 155–166.

Leonhardt, Nic *et al.* Theatrescapes. Mapping Global Theatre Histories [Projekt der Ludwig-Maximilians-Universität München]. http://www.theatrescapes.theaterwissenschaft.uni-muenchen.de/index.html (19. Dezember 2014).

Lotman, Jurij M. *Die Struktur literarischer Texte*. Übers. von Rolf-Dietrich Keil. München: Fink, 1972 [1970].

Meyer, Petra Maria. „Der Raum, der dir einwohnt: Zu existentiellen Klang- und Bildräumen". *Inszenierung und Ereignis: Beiträge zur Theorie und Praxis der Szenografie*. Hrsg. von Ralf Bohn und Heiner Wilharm. Bielefeld: Transcript, 2009. 105–134.

Neumann, Gerhard. „Einleitung". *Szenographien: Theatralität als Kategorie der Literaturwissenschaft*. Hrsg. von Gerhard Neumann, Caroline Pross und Gerald Wildgruber. Freiburg i.Br.: Rombach, 2000. 11–32.

Neumeister, Sebastian. *Mythos und Repräsentation: Die mythologischen Festspiele Calderóns*. München: Fink, 1978.

Pfister, Manfred. *Das Drama: Theorie und Analyse*. München: Fink, 1984 [1977].

Roselt, Jens. „Raum". *Metzler Lexikon Theatertheorie*. Hrsg. von Erika Fischer-Lichte, Doris Kolesch und Matthias Warstat. Stuttgart und Weimar: Metzler, 2005. 260–267.

Röttger, Kati (Hrsg.). *Welt – Bild – Theater. Bd. II: Bilddramaturgien: Körper, Raum, Bewegung*. Tübingen: Narr, 2012.

Schechner, Richard. *Environmental Theatre*. New York: Hawthorn, 1973.

Wallis, Mick, und Simon Shepherd. *Studying Plays*. London: Arnold, 1998.

Withstutz, Benjamin. „Einleitung". *Politik des Raumes. Theater und Topologie*. Hrsg. von Erika Fischer-Lichte und Benjamin Withstutz. München: Fink, 2010. 7–13.

9. Räume des Wissens
Burkhardt Wolf

Ausgehend von den soziologischen Studien Henri Lefebvres und den diskurshistorischen Arbeiten Michel Foucaults ist im späteren 20. Jahrhundert die räumliche Dimension der Wissensspeicherung und -produktion zu einem Thema auch der Literaturforschung geworden. Während der Epistemologe Gaston Bachelard 1957 in seiner Phänomenologie literarischer Imagination den ‚Räumen der Dichtung' noch eine irreduzible poetische Eigenständigkeit zusprach, für die „das Nicht-Wissen eine Grundbedingung" sei (2003, 22; → 6. Literarischer Raum), geht die neuere ‚Wissensgeschichte' den entgegengesetzten Weg: Wie Lefebvre in *La production de l'espace* (1974) begreift sie den Raum als ein im umfassenden Sinne ‚poietisches' Medium, zugleich aber als Produkt oder Korrelat von Wahrnehmung, Vorstellung und materieller Praxis. Auf den späten Foucault geht dabei die Aufmerksamkeit für neuzeitliche Formen von Machtausübung zurück, die eigentümliche Raumordnungen und Lagebeziehungen, Sphären des Ein- und Ausschlusses und prekäre Zwischenregionen wie die ‚Heterotopien' hervorgebracht haben (2005, 931–942; → 15. Utopie und Heterotopie).

1. Das Wissen und seine räumlichen Dimensionen

Für die Wissensgeschichte allgemein war zunächst die Orientierung an Foucaults früher Diskurstheorie leitend. ‚Wissen' wird hier nämlich nicht, wie in der philosophischen ‚Standardanalyse', als „wahre und gerechtfertigte Meinung" (Williams 2001, 13–27) bestimmt, an welcher die Gültigkeit von Aussagen oder Urteilen zu messen wäre. Vielmehr problematisiert Foucault seine Vielgestaltigkeit unter diversen epistemischen und institutionellen Bedingungen. Als ‚Wissen' wird letztlich das begriffen, was sich in einer regelmäßigen diskursiven Praxis herausgebildet hat: ein (historisierbares) Korpus von ‚Aussagen', die einem bewährten (aber nicht zwangsläufig wissenschaftlichen) Verfahren der Wahrheitsproduktion unterstehen, und die nicht nur sprachlich oder propositional, sondern auch als Zahlenwerke, bildliche Darstellungen oder etwa technische Anordnungen formuliert sein können.

Solch ein Korpus stellt allererst Referenzen oder Gegenstandsbereiche (etwa den der Psychiatrie) her, stützt sich auf bestimmte Subjektpositionen oder Autorfunktionen (z. B. den klinischen Blick), entwirft ein eigentümliches Begriffssystem (wie das der ‚Naturgeschichte') und eröffnet gewisse thematische Gebiete (z. B.

das der ‚politischen Ökonomie') (Foucault 1992, 259–260). Unweigerlich grenzt sich jedes Wissen von benachbarten Aussagesystemen (etwa älteren Konzeptionen des Wahnsinns und des Körpers, der Schöpfung oder der Reichtümer) ab und ist in einen praktischen oder materiellen Kontext, in ein ‚Macht-Dispositiv' (der Institutionen und Technologien, politischen Maßgaben oder ökonomischen Prozesse) eingebettet. Gilles Deleuze spricht deshalb mit Blick auf Foucault von drei unterschiedlichen Räumen des Wissens: vom korrelativen Raum des Gewussten, vom kollateralen Raum angrenzenden Wissens und vom komplementären Raum der Wissenspraktiken (1995, 14–24, 55).

Auf die großen epistemischen Umordnungen der Neuzeit zielend, hat Foucault zunächst exemplarische Szenarien für die systematische Verschränkung von Wissen und Raum skizziert. Beispielsweise rekonstruiert *Naissance de la Clinique* (1963) als eine ‚Archäologie des ärztlichen Blicks', wie der architektonische Schauraum des frühneuzeitlichen anatomischen Theaters erstmals einen sozialen und epistemischen Zugang zur sezierten Leiche bahnt. An die Stelle der überkommenen Ähnlichkeits- und Signaturenlehren vom menschlichen Körper tritt in diesem Zuge Andreas Vesalius' streng geordnete Repräsentation anatomischer Elemente, ehe die Medizin den Raum des Organismus über seine funktionalen Störungen und über die Zeit der Krankheit erschließen wird. Dass jener „Raum der Empirizität", der sich im 17. Jahrhundert allgemein herausbildet, „bis zum Ende der Renaissance nicht existiert hat und seit dem Anfang des neunzehnten Jahrhunderts wieder verschwinden sollte" (Foucault 1990, 107), zeigt Foucault wiederum in *Les mots et les choses* (1966). Strebte die ‚Naturgeschichte' durch den systematischen Merkmalsvergleich zwischen unterschiedlichen Pflanzen und Tieren noch deren lückenlose klassifikatorische Ordnung an, so erkannte die Biologie, die ‚Wissenschaft vom Leben', dass für die Gestalten, Eigenschaften und Verhaltensformen der Lebewesen ihre ‚unsichtbare' funktionale Organisation entscheidend ist. Und diese war nicht mehr in der einfachen „Verräumlichung" (Foucault 2005, 339) taxonomischer Tableaus oder vergleichender Abbildungen zu erfassen.

Die bis hin zu Foucaults *Archéologie du savoir* (1969) noch stark von der ‚Aussagefunktion' abgeleitete Definition lässt sich diskurshistorisch auch allgemeiner fassen. ‚Wissen' ist dann als eine elementare Ressource zur Reproduktion von Kulturen und Gesellschaften zu begreifen, die von habituellen Gewissheiten bis zu institutionalisierten Wissenschaften, von in Praktiken sedimentierten Fähigkeiten bis zu streng begründeten, formalisierten oder selbstreflexiven Kenntnissen reicht. Derartige Kenntnisse können nicht nur vielfältige Wirklichkeitsbezüge implizieren und ebenso gut realistisch wie auch hypothetisch oder fiktiv formuliert sein. Überhaupt korrespondiert einer Geschichte des Wissens und seiner Aussagen eine Geschichte der Darstellungs- und Äußerungsweisen. ‚Wissenspoetologisch' stellen sich deshalb immer auch die Fragen: Inwiefern ist die Konstitution und Transformation von Wissen mit räumlichen Ordnungen verschränkt? Und welche Raumkonzepte entsprechen welchen Wissensordnungen?

2. Neuzeitliches Raum-Wissen

Will man von der traditionellen, aristotelischen Vermögenslehre ausgehen, so liegen der Erkenntnis zunächst in der sinnlichen Wahrnehmung (*aisthêsis*) empirische Raumperzeptionen zugrunde, die dann auf Ebene der Vorstellung (*phantasia*) reproduziert werden. Auf dem Niveau gedanklicher Einsicht (*noêsis*) scheinen Raumordnungen wiederum insofern unabdingbar, als sich abstrakte Erkenntnis immer wieder anschaulicher Vorstellungen bedient (Busche 2010, 24 und 28). Im Idealfall reflektiert allerdings, wie man systemtheoretisch sagen könnte, jede Erkenntnis die räumlichen Unterscheidungen ihrer Beobachtungen in einer Beobachtung zweiter Ordnung. Und dies gilt auch für Aristoteles: Schließlich unterscheidet er nicht nur die *chôra* (lat. *spatium*), den offenen, rezeptiven Raum, vom *topos* (lat. *locus*), von jenem Ort, den ein Körper von Natur aus einnimmt, ohne mit ihm zusammenzufallen. Den *topos* thematisiert er auch als Ordnungsbegriff des (rhetorischen, allgemein argumentativen oder auch poetischen) Wissens.

Neben topische Kosmologien der Scholastik, die direkt an Aristoteles anschlossen, und neben (newtonianische) Konzeptionen eines absoluten oder ‚Container-Raums' traten seit dem 17. Jahrhundert solche eines Lage- oder Ordnungsraums, der von den Krafteinwirkungen der Dinge allererst aufgespannt wird. Unter den Vorzeichen eines funktionalen Denkens, das die Kraft an die Stelle der Ausdehnung setzt, begriff Gottfried Wilhelm Leibniz den Raum als eine Struktur von Relationen, als eine ‚*chose idéale*' und Ordnung des bloßen Nebeneinanderseins. Mit seinem Programm einer *Analysis situs* (1693) hat er letztlich jener mathematischen Disziplin vorgearbeitet, die seit Johann Benedict Listings Studien Mitte des 19. Jahrhunderts ‚Topologie' genannt wird (→ 1. Topologie). Und mit seiner Auffassung, dass man nicht nur von Körpern und ihren räumlichen Anordnungen wissen könne, sondern das Wissen seinerseits als ein Körper zu betrachten sei, dem eine spezifische Raumordnung entspricht, hat Leibniz seine zahlreichen eigenen Projekte zur Disposition des Wissens (etwa seine *characteristica universalis* oder seine statistischen Projekte) methodisch begründet.

Die Topologie betrifft im Gegensatz zur Topographie nicht nur den euklidischen Raum und dabei die geodätische bzw. kartographische Beschreibung von Objekten mit ihren räumlichen oder geometrischen Verteilungen (→ 2. Topographien; 24. Nicht-euklidische Räume). Vielmehr zielt sie auf die strukturellen Beziehungen zwischen den Orten selbst und damit auf ‚qualitative' und transformative Räume (→ 3. Dynamisierungen). Die Unanschaulichkeit nicht-euklidischer Räume, für die im 20. Jahrhundert Einsteins Relativitätstheorie geradezu emblematisch werden sollte, hat – in der Wissenschaft ebenso wie in der Kunst und Literatur – längerfristig zu hochkomplexen Modellierungen des Raums geführt. Davon zeugen nicht nur die topologischen Beschreibungen, die etwa in der Psychoanalyse vom ‚psychischen Apparat' und seinen Wahrnehmungs-, Vorstellungs- und Erkenntnisleistungen gegeben wurden, sondern auch eine Kulturwissenschaft wie die des Neukantianers Ernst Cassirer: Unter den Vorzeichen topologischen Denkens werden hier unterschiedlichste Darstellungs- und Wissenspraktiken untersucht, die den Raum als „Ergebnis eines Prozesses der symbolischen *Formung*" und zugleich als „Schematismus der *Darstellung selbst*" bestimmen (Cassirer 1977, 167 und 174).

Seither sind die Elemente solch raum- und wissensgenerierender ‚symbolischer Formen' wiederholt zum Thema der Medien- und Wissensgeschichte geworden: vom Punkt als elementarstem ‚Schauplatz des Wissens', der seit der Neuzeit den Anfang wie auch die infinitesimale Grenze aller Geometrie markiert (Schäffner 2003); über das Spektrum graphematischer Operationen, in denen sich die Differenz zwischen Raum und Zeit allererst artikuliert, um dann beider Beziehung als Möglichkeitsbedingung allen Wissens erscheinen zu lassen (Derrida 1994, 114; → 5. Schrifträume); bis hin zu Visualisierungstechniken (seien es klassische wie die Zentralperspektive, seien es neuere wie die digitalen Bildgebungsverfahren), mit deren Codes sich ein repräsentativer Bezug zur Welt herstellen, aber auch das Verhältnis von Bild und Referenz regelrecht umstülpen kann (Rheinberger *et al.* 1997, 7–22).

3. Räume der Wissensdisposition

Was die bis heute gut erforschten poetologischen Aspekte der Wissensgeschichte angeht, lässt sich eine grundsätzliche Unterscheidung zwischen ‚Räumen der Wissensproduktion' und solchen der ‚Wissensdisposition' treffen. Diese betreffen ‚Aufschreibesysteme' (Friedrich Kittler), Techniken und Agenturen, die die elementare Funktion des Aufzeichnens und Darstellens, des Speicherns, Verarbeitens und Überlieferns von Wissen übernehmen. Als exemplarisch für eine räumliche Disposition des Wissens mag dabei abermals die Topik der *ars memorativa* gelten: eine Ordnung von Örtern und korrespondierenden *imagines agentes*, die Wissensinhalte sichern und zudem, über eine vorgestellte räumliche Ordnung, zueinander in Bezug setzen. Ursprünglich wohl im Totenkult und längerfristig in einer elaborierten Schriftkultur verwurzelt, war diese Mnemotechnik ein Kernbestandteil der antiken Rhetorik, Argumentationskunst und Dichtung, im Mittelalter dann ein bevorzugtes Mittel, theologisches Wissen (argumentativ oder allegorisch) zu disponieren. In der Renaissance wurde sie schließlich als universale Topik des Weltwissens neu konzipiert und, wie in Giulio Camillos *Teatro della Sapientia* (1530), zu einer regelrechten Apparatur räumlicher Wissensorganisation erklärt, ja als solche auch tatsächlich gebaut.

Eine Wissensdisposition vergleichbarer Bedeutung kannte das Mittelalter wohl allenfalls in Form der kaufmännischen Buchhaltung, der *raggione*, von deren elementaren symbolischen Operationen des Registrierens, Zählens und Buchens man die abendländische ‚Rationalität' (als vernünftige Beobachtung von Handlungen und Erfahrungen in Raum und Zeit) ebenso wie den wissenschaftlichen ‚Empirismus' der Neuzeit abgeleitet hat. Waren die herrschenden Schreib- und Lesetechniken immer schon von den verfügbaren Technologien und Materialien der Schrift (sei es die Papyrusrolle, sei es der Pergamentkodex oder die Papierseite) abhängig, so stellte die Einführung des Buchdrucks eine nachhaltige Zäsur dar. Mit der Möglichkeit, Texte typographisch zu gestalten und um visuelle Elemente zu erweitern, wurden nämlich die Zugriffsweisen auf das bestehende Wissen multipliziert. Dabei schuf das Typographeum ein eigenes Informationssystem der Rationalisierung und Kodifizierung, der Klassifizierung, Katalogisierung und Übermittlung, auf dessen Grundlage etliche neue Formen des Wissens und der Wissensproduktion entstanden.

Nicht nur, dass sich mit der Druckerpresse der interne ‚Raum' des Buchs neu gliederte, in ‚Paratexte' (Genette) und materielle Elemente unterschiedlichster Art vervielfältigte und sich daher – in Wissenschaft wie Dichtung – neuartige Weisen der Wissensadressierung, -verknüpfung und -verarbeitung anbahnten. Der gültige Stand der Kenntnisse konnte nun auch in einer ‚ikonotextuellen' Verschränkung von Symbolsystemen mit piktorialen Anordnungen zuverlässig dokumentiert und zugleich auf mannigfache Weise dargestellt werden: Tableaus oder Zahlenreihen, synoptische oder Funktionsdiagramme, Graphen, Karten oder Abbildungen eröffnen seit der Frühneuzeit einen zusehends komplexeren und dennoch anschaulichen Raum des Wissens, dessen Zusammenfassung in ihrer *Encyclopédie* die französische Aufklärung nicht ohne Grund als wissenspolitische Revolution verstanden hat.

Die doppelte Qualität dieses ‚Wissensraums' als ‚Theatrum' und spatiales Raster hat bereits Leibniz erkannt und sie Schriften wie der *Théodicée* (1710) ebenso zugrunde gelegt wie seinen zahlreichen Vorschlägen für die Disposition und Verarbeitung des zeitgenössischen wissenschaftlichen, staatspolitischen und ökonomischen Wissens. Neben seinem Entwurf für ein *Theatrum naturae et artis* und regierungsamtliche ‚Staats-Tafeln' betreffen diese Vorschläge die bis heute wichtigsten Techniken der schriftlichen Wissensdisposition: die planmäßige Einrichtung von Archiven (deren Bestände eines arkanen, geschützten oder bloß potentiellen Wissens schon durch die archivarischen Zugangsbeschränkungen räumlich abgesondert werden); der konzertierte Aufbau von Bibliotheken (deren systematischer Katalog Zugriff auf das gedruckte, daher im weitesten Sinne kanonisierte und dennoch unüberschaubar verstreute Wissen gewährleisten soll); der fortwährende und dezentrale Betrieb von Registraturen (deren indizierte Daten in diversen Inventar- und Katalogsystemen zugänglich gemacht werden sollen, ein Prinzip, das sich im 19. Jahrhundert auch abseits staatlicher Aktenführung als Zettelkasten materialisiert hat); schließlich das Projekt ‚symbolischer Maschinen' zur autonomen Navigation im, wie Leibniz sagt, ‚Wissensraum', für das seine *characteristica universalis* sowie seine Rechenmaschine modellhaft werden und das sich im 20. Jahrhundert mit dem Computer verwirklichen sollte.

4. Räume der Wissensproduktion

All diese Praktiken und Techniken der Wissensdisposition sind angeschlossen an jene Räume der Wissensproduktion, die in der Neuzeit institutionalisiert wurden. Was man zunächst noch als passive Lektüre im Buch der Natur verstand, wurde bald als ‚empirische' Beobachtung von Naturphänomenen aktiv und systematisch, d. h. mittels standardisierter Fragebögen, eigens entworfener Instrumente und neuer Aufzeichnungsverfahren betrieben. Egal, ob zu Lande oder zu Wasser und ob zum Zweck der Natur- oder der Kulturbeobachtung angetreten – Forschungsreisen oder ‚Feldforschungen' allgemein fördern seither nicht nur Erfahrungswissen zutage, sondern auch ein Verfahrenswissen von der medialen Produktion und Disposition des Wissens selbst. Dafür, dass das gewonnene und geordnete Wissen sich bei der Durchquerung des realen Raums nicht verzerrt, verstreut oder verliert, sorgen die von Bruno Latour so genannten *immutable mobiles*: Medien, die selbst transportabel sind, das Wissen dabei aber mitsamt seiner Disposition auf stabile, ‚unveränderliche' und dennoch weiter kombinierbare Weise transportieren, es also logistisch ‚mobilisieren'. Materiell sind damit etwa Schriftwerke, Bildobjekte oder Präparate gemeint, darstellungslogisch beispielsweise Texte, Listen, Tabellen, Diagramme oder Karten (Latour 1988, 26, 35). Nur mittels *immutable mobiles* vermag sich das Wissen und seine Disposition von den Räumen seiner Produktion abzulösen.

Im Allgemeinen versteht die jüngere Wissenschaftsgeschichte die Wissensproduktion als völlig raumabhängige Praktik (Knorr-Cetina 1981, 47), für die die neuzeitliche Laborarbeit als Paradigma gelten kann. Labore sind Experimentalräume, die den Austausch mit diversen Orten der Wissensdisposition (Archive, Bibliotheken, Universitäten) ermöglichen und dabei eigene Lebens-, Handlungs- und Inszenierungsräume eröffnen. Wie die ersten *laboratory studies* gezeigt haben, handelt es sich bei der Laborarbeit um ein Hybrid aus *paperwork* und Instrumentengebrauch. Die Wissensproduktion mag zwar, jenseits ihrer anschauungsfreien Symboloperationen, immer wieder um einen Schauraum und ein Dispositiv der Sichtbarmachung herum organisiert sein (Lynch 1991). Gekennzeichnet durch eine „manic passion for marking, coding, and filing, and the literary skills of writing, persuasion, and discussion" (Latour und Woolgar 1986, 45), zielt die Laborarbeit indes letztlich auf *inscriptions*: auf ‚Aussagen' im Sinne Foucaults, die – zum Zweck ihrer Disposition als wissenschaftliches Wissen – in Form von *immutable mobiles* implementiert und mobilisiert werden, und die dabei den *Raum* der Wissensproduktion auf eine Schreib*fläche* neu dimensionieren. Diese Konversion zwischen epistemisch produktiven Räumen einerseits, Schreibflächen und Bildschirmen andererseits (Rheinberger 2006, 353), welche, als komplexe Topologien des Wissens aufgefasst, räumliche Vorstellungen zumindest implizieren, bezeichnet exakt die Grenze zwischen einer wörtlichen und metaphorischen Rede von ‚Räumen des Wissens'.

Diese Grenze wird freilich durch jene virtuellen Datenräume zusehends aufgelöst, die mit der digitalen Technologie thematisch, in etlichen Anwendungen (etwa im *Computer-Aided-Design* von Architekten oder in der Nutzung von Datenbanken) aber auch praktikabel geworden sind. ‚Technobilder' (Flusser) sind zwar digital und, so gesehen, topisch im Sinne der *ars memorativa*. Sie können aber Räume und sogar regelrechte Zeit-Räume simulieren. Deshalb ist die Rede vom *Cyberspace* und ‚virtuellen Raum' nicht nur hinsichtlich der konkreten Räumlichkeit von ‚Rechnerarchitekturen' berechtigt. Legitim ist diese Rede ebenso mit Blick auf die als räumlich (etwa als Körper, Landschaft oder Stadt) simulierte Disposition von Daten und die mittels räumlicher Modelle (etwa in der Graphikprogrammierung) vollzogene Formierung von Daten zu Aussagen. Wissensgeschichtlich gedeckt ist sie schließlich durch die seit Mitte des 20. Jahrhunderts bestehende Allianz von Datenverarbeitung und Kognitionstheorie. Diese haben nicht nur füreinander, sondern auch für die Wissensgeschichte selbst räumliche Modelle der Wissensdisposition und -produktion geliefert. (Wagner 2006, 76–79) Besonders das Modell des ‚Netzwerks', das seit den 1960er Jahren prominent geworden und bis hin zu Latours ‚Akteur-Netzwerk-Theorie' ein Leitparadigma wissenschaftlicher Selbstbeschreibung geblieben ist, geht auf den kognitionswissenschaftlichen Konnektionismus und auf entsprechende informatorische Modelle der Datenverknüpfung zurück.

5. Räumliche Aspekte einer ‚Poetologie des Wissens'

Obschon hauptsächlich mit einer Archäologie neuzeitlicher Wissenschaften befasst, legten bereits Foucaults Arbeiten nahe, die Verschränkung von Wissen und Raum nicht nur auf theoretischem, sondern ebenso auf poetischem Feld zu untersuchen: „Die archäologischen Gebiete können ebenso durch ‚literarische' [...] Texte gehen wie durch wissenschaftliche Texte. Das Wissen ist nicht nur in Demonstrationen eingehüllt, es kann auch in Fiktionen" liegen. (1992, 261) Nicht allein wissenschaftliche Propositionen, sondern auch literarische Formen können als Aussagen gelten, selbst wenn beide „ohne gemeinsames Maß, ohne jede Reduktion oder diskursive Äquivalenz" (Deleuze 1995, 34) bleiben müssen. Foucault selbst hat angedeutet, dass gerade in dem Moment, da sich die moderne Episteme immer weniger über anschauliche Räume zu organisieren vermochte, die Literatur eine eigene „Sprache des Raumes" und neue Darstellungsoptionen für seine komplexen topologischen Ordnungen entdeckt haben könnte (etwa 2001, 533–539; → 6. Literarischer Raum; 21. Literarisches Feld).

Jedenfalls zeigt sich schon in dieser raumgeschichtlichen Perspektive, dass ‚die Literatur' ebenso sehr epistemisch informiert wie ‚das Wissen' poetologisch geprägt ist. Insofern sich poetische Texte nicht nur auf textexterne Gegenstände und Wissensbestände beziehen, sondern deren Auftauchen und Gestalt reflektieren oder gar transformieren können; und insofern die Artikulation von Wissen stets mit bestimmten Äußerungsweisen und Darstellungsverfahren verknüpft ist, die ihrerseits mit poetischen Formen und literarischen Repräsentationsweisen korrespondieren, kann man in doppelter Hinsicht von einer ‚Poetologie des Wissens' sprechen. Während dieses Forschungsprogramm an poetischen Texten deren vielfältige Bezüge zu zeitgenössischen Wissensbeständen herausarbeitet, untersucht es an vermeintlich rein wissenschaftlichen oder theoretischen Texten etwa deren ‚poetische Funktion' (Jakobson), deren ‚Schreibweise' (Barthes) oder deren ‚unbegriffliche' Formulierungen (Blumenberg) – Äußerungsweisen also, die strikt propositionale Aussagegehalte destabilisieren und transformieren.

Ob ein Text der ‚literarischen' oder aber ‚wissenschaftlichen' Domäne zuzurechnen sei, kann und will dieses Forschungsprogramm nicht immer vorab entscheiden. Auf dem Gebiet der frühneuzeitlichen Astronomie etwa, mit der das Wissen vom Weltraum ebenso wie die Ordnung des kosmologischen Wissens selbst neu verhandelt wurde, sind etliche Texte entstanden, die zu einer Verunsicherung der tradierten (anthropologischen und literarischen) Gattungsvorstellungen geführt haben. Johannes Keplers *Somnium* (1609) beispielsweise buchstabiert, wie Joseph Vogl gezeigt hat, eine Art „kopernikanische Poetik" (2007, 250) aus, die den Mond nicht als bloßes Beobachtungsobjekt oder als Referenten einer Theorie, sondern vielmehr als Fluchtpunkt eines hybriden, sowohl literarischen als auch gelehrten Aussagesystems vorführt. Der in der Traumerzählung vollzogene Perspektivwechsel, durch den auf die Erde regelrecht zurückgeblickt wird, bezeugt nicht nur eine fiktionale, sondern ebenso eine astronomisch legitimierte Hypothese möglicher Welten, wie sich in diesem formal und typographisch mehrfach verschachtelten Text überhaupt topographische und narrative, demonstrierende und selbstreflexive, epistemologische und ästhetische Elemente untrennbar vermischen (→ 31. Die ‚Neue Welt').

Ganz wie Keplers Traumtext eine sowohl räumliche als auch epistemische, zugleich topographische und topologische Grenzüberschreitung vornimmt, indem er von der Erde zum Mond und vom Ort des gesicherten Wissens zur narrativen Hypothese führt, hat man in der Narratologie allgemein erzählte Topographien als topologisch funktionalisierte Raumkonzepte begriffen (→ 7. Raum und Erzählung). Wie Jurij Lotman, Michail Bachtin oder Michel de Certeau gezeigt haben, drehen sich narrative Ereignisse allemal um eine Grenzüberschreitung kultureller Ordnungen und damit um eine mögliche Transformation von Wissens- und Geltungsordnungen, um einen Übergang von rhetorischen oder ideologischen Topiken hin zu ereignisträchtigen Topologien des Wissens (→ 14. Semiosphäre und Sujet; 13. Chronotopoi). Eine ‚Poetologie des Raum-Wissens' muss sich jedoch nicht auf Erzähltexte im strikten Sinne beschränken, wie wissenspoetologisch Gattungsbestimmungen generell nicht einfach vorausgesetzt, sondern stets problematisiert werden. So wäre etwa ein – den frühen astronomischen Texten assoziiertes, zuweilen explizit wissenspolitisch motiviertes – Genre wie das der frühneuzeitlichen Utopie mit seiner ereignislosen, ‚uchronischen' Zeit und seiner sowohl sinnbildlichen als auch geographischen Anlage nicht strikt ‚narrativ' zu nennen. Letztlich konstituiert der utopische Text einen hypothetischen Diskurs (über unbekannte oder ‚beste' Welten) als Raum, stellt eine einfache Äquivalenz zwischen Code und Referent, Lesbarem und Sichtbarem her und setzt mit seinen deskriptiven Operationen immer wieder eine Art diskursives Tableau an die Stelle der Erzählung (Marin 1973, 24, 81). Prägnante Raumkonzepte finden sich natürlich auch in der Lyrik, etwa in ‚physikotheologischen' Gedichten des 18. Jahrhunderts. Und Theaterstücke stellen eine eigentümliche wissenspoetologische Herausforderung dar, insofern mit ihnen die Konvertierung von Texten in Aufführungen, von typographischen in inszenatorische Räume verbunden ist (→ 8. Raum und Theatralität). Etliche Dramen haben als Texte und auch Aufführungen die räumliche Disposition des Wissens ebenso problematisiert wie die herrschenden Raumkonzepte: barocke Schauspiele etwa das kosmologisch-topische Wissen ihrer Zeit; ‚epistemologische' Dramen wie Schillers *Policey*-Fragment die Möglichkeit eines panoptischen Regierungswissens; und ‚experimentelle' Stücke wie die Brechts den Raum sozialer Interaktion, als welcher das Theater ja selbst zu begreifen ist (→ 25. Formationen literarischer Raumgeschichte). Sind graphematische und diagrammatische ‚Räume des Wissens' wegen ihrer inneren Gliederungen und Dynamiken (vom Lettern-Spatium über die Seite bis hin zum Kapitel und Buch, vom Bilddetail bis hin zum synoptischen Tableau; → 41. Die Seite) wissenspoetologisch von Interesse, dann Dramen und ihre Aufführung, schon weil sich die Wissensgeschichte selbst immer wieder auf unterschiedlichen Bühnen und Schauplätzen (von Sammlungen, Kunstkammern und Museen über Labore bis hin zu Hörsälen) angesiedelt hat, auf denen Kenntnisse produziert und inszeniert oder bestimmte Wissensordnungen regelrecht vor Augen gestellt werden sollten.

Literatur

Bachelard, Gaston. *Poetik des Raumes*. Übers. von Kurt Leonhard. Frankfurt a. M.: Fischer, 2003 [1957].
Busche, Hubertus. „Wissensräume. Ein systematischer Versuch". *Räume des Wissens: Grundpositionen in der Geschichte der Philosophie*. Hrsg. von Karen Joisten. Bielefeld: Transcript, 2010. 17–30.
Cassirer, Ernst. *Philosophie der symbolischen Formen: Dritter Teil. Phänomenologie der Erkenntnis*. Darmstadt: Wissenschaftliche Buchgesellschaft, 1977 [1929].
Deleuze, Gilles. *Foucault*. Übers. von Hermann Kocyba. Frankfurt a. M.: Suhrkamp, 1995 [1986].
Derrida, Jacques. *Grammatologie*. Übers. von Hans-Jörg Rheinberger und Hanns Zischler. Frankfurt a. M.: Suhrkamp, 1994 [1967].
Foucault, Michel. *Die Ordnung der Dinge: Eine Archäologie der Humanwissenschaften*. Übers. von Ulrich Köppen. Frankfurt a. M.: Suhrkamp, 1990 [1966].
Foucault, Michel. *Archäologie des Wissens*. Übers. von Ulrich Köppen. Frankfurt a. M.: Suhrkamp, 1992 [1969].
Foucault, Michel. *Dits et écrits. Schriften*. 4 Bde. Hrsg. von Daniel Defert und François Ewald. Übers. von Michael Bischoff et al. I. Frankfurt a. M.: Suhrkamp, 2001.
Foucault, Michel. *Dits et écrits. Schriften*. 4 Bde. Hrsg. von Daniel Defert und François Ewald. Übers. von Michael Bischoff et al. IV. Frankfurt a. M.: Suhrkamp, 2005.
Knorr-Cetina, Karin. *The Manufacture of Knowledge: An Essay on the Constructivist Nature of Science*. Oxford: Oxford University Press, 1981.
Latour, Bruno. „Drawing Things Together". *Representation in Scientific Practice*. Hrsg. von Michael Lynch und Steve Woolgar. Cambridge: Cambridge University Press, 1990. 19–68.
Latour, Bruno, und Steve Woolgar. *Laboratory Life: The Construction of Scientific Facts*. Princeton, NJ: Princeton University Press, 1986 [1979].
Lynch, Michael. „Laboratory Space and the Technological Complex: An Investigation of Topical Contextures". *Science in Context* 4 (1991): 51–78.
Marin, Louis. *Utopiques: Jeux d'espaces*. Paris: Minuit, 1973.
Rheinberger, Hans-Jörg. *Epistemologie des Konkreten: Studien zur Geschichte der modernen Biologie*. Frankfurt a. M.: Suhrkamp, 2006.
Rheinberger, Hans-Jörg, Michael Hagner und Bettina Wahrig-Schmidt (Hrsg.). *Räume des Wissens: Repräsentation, Codierung, Spur*. Berlin: Akademie-Verlag, 1997.
Schäffner, Wolfgang. „Punkt: Minimalster Schauplatz des Wissens im 17. Jahrhundert (1585–1665)". *Kunstkammer – Laboratorium – Bühne: Schauplätze des Wissens im*

17. Jahrhundert. Hrsg. von Helmar Schramm, Ludger Schwarte und Jan Lazardzig. Berlin und New York: De Gruyter, 2003. 56–74.

Vogl, Joseph. „Robuste und idiosynkratische Theorie". *KulturPoetik* 7.2 (2007). 249–258.

Wagner, Kirsten. *Datenräume, Informationslandschaften, Wissensstädte: Zur Verräumlichung des Wissens und Denkens in der Computermoderne*. Freiburg i.Br.: Rombach, 2006.

Williams, Michael. *Problems of Knowledge: A Critical Introduction to Epistemology*. Oxford: Oxford University Press, 2001.

10. Geopolitik und Globalisierung
Niels Werber

1939 stellt Carl Schmitt fest: „Wir denken heute planetarisch und in Großräumen" (1994, 353). Das Temporaladverb ‚heute' ist nicht erst heute, mehr als 75 Jahre später, sondern bereits 1939 alles andere als ein verlässliches Aktualitätssignal. Denn ‚planetarisch' und ‚in Großräumen' denkt man bereits seit Jahrzehnten. Der Zusammenhang, den Schmitt herstellt, wird seit dem ausgehenden 19. Jahrhundert beobachtet und als Verhältnis von Weltverkehr und Lage verhandelt. Man könnte auch von Globalisierung sprechen, verstanden als Differenz von Globalem und Lokalem (Beck 1997; Münch 1992, 1998; Kretzschmar 2001). Oder von Geopolitik und Globalisierung. Der folgende Text wird zeigen, dass beide auf den ersten Blick vollkommen unterschiedlichen Felder räumlichen Denkens zusammengehören und die geopolitische Semantik einen Begriff von Globalisierung hervorbringt wie auch umgekehrt die Semantik der Globalisierung geopolitische Konzepte produziert. In der Literatur, vor allem in Romanen, wird dieser Zusammenhang seit der Mitte des 19. Jahrhunderts ausgestellt und reflektiert, sei es, um Raumnahmen geopolitisch zu legitimieren und die kulturellen Konsequenzen des Weltverkehrs zu verteufeln, wie etwa Gustav Freytag es 1855 in *Soll und Haben* vorführt, sei es, um das Hohelied der Deterritorialisierung anzustimmen und die Auflösung rigider Raumordnungen zu feiern, wie es Herman Melville 1851 in *Moby Dick* hält (zu beidem Werber 2007; Wagner 2006; Köster 2002). Die Spannung zwischen Konzepten der Geopolitik und der Globalisierung wird immer wieder literarisch genutzt, besonders augenfällig etwa in der *Cyberpunk*-Literatur der 1980er und 1990er Jahre (Werber 1999) oder in den Polit-Thrillern unserer Gegenwart der *failed states* und Drohnen, globalen Überwachung und geheimen Stützpunkten (Suarez 2012; Forsyth 2013). Dass der geopolitische Diskurs in Deutschland eine eigene Theorie der Globalisierung hervorbringt, ist die zentrale These dieses Beitrags. Sie beansprucht auch Geltung für die literarischen Beiträge zur geopolitischen Semantik. Epochale Beiträge zu einer Geopolitik der Literatur liefern stets auch Entwürfe zu einer über das Netz des Weltverkehrs verknüpften globalen Zivilisation (Werber 2005; 2007; 2012).

1. Geopolitik

Die Politische Geographie, wichtigste Vorläuferin der Geopolitik in Deutschland, hat den „Staat als bodenständigen Organismus" verstanden, der – analog zur

„Biogeographie" – einen bestimmten „Lebensraum" einnehme, dessen geographische Spezifität zur Lage des Staates gehöre. „Er steht unter denselben Einflüssen wie alles Leben", stellt Friedrich Ratzel fest (1903, 3), und dies bedeutet für diesen Geographen und Zoologen, der das ‚Leben' darwinistisch auffasst (Jureit 2012, 142–151), dass der Staat in einer ökologischen Nische evoluiert und dabei mit anderen Staatsorganismen um Ressourcen und Räume konkurriert. Diese Perspektive auf den Staat begründet eine Art ‚Staatsbiologie' (Uexküll 1933), die sich nicht für Gesellschaftsverträge interessiert, sondern für die Gesetzmäßigkeiten der Evolution des ‚Staats als Lebensform' (Kjellén 1917). Geopolitiker sprechen nicht über Staaten wie Philosophen oder Juristen über Normen oder Verträge, sondern wie Biologen über konkurrierende Tierpopulationen in einem Biotop. Die entsprechende Metaphorik und Handlungsstrukturierung ist in literarischen Texten leicht nachzuweisen (etwa in Butler 1981 [1872]; Doyle 1995 [1912]; Wells 2008 [1895]; allgemein Kost 1988; Murphy 1997; Hartshorne 1935).

Staaten, die unter unterschiedlichen Umweltbedingungen ‚leben', bilden nach Auffassung des (geo-)politischen Zoologen ganz unterschiedliche Bevölkerungen, Kulturen, Techniken und Raumauffassungen aus. Wie die Umwelt beschaffen ist, hängt wiederum von der ‚Lage' ab. Sie bezeichnet „ein beständiges Verhältnis zur Erde" (Ratzel 1903, 259), ist also ein „geographischer Begriff" (263), hat aber zugleich auch eine politische Dimension, denn erst „Staaten, Städte, Grenzen, Wege und was sonst die Menschen […] auf der Erde hervorrufen" (262) verwandeln geographische Tatsachen in politisch wirksame Faktoren – etwa eine Bucht in einen Hafen oder einen Pass in eine Grenze. Die Unterscheidung von Landmächten und Seemächten ist für Ratzel ein sinnfälliges Beispiel für die „unwiderrufliche" Verknüpfung von Boden, Staat, Bevölkerung, Kultur und Wirtschaftsform (69). Es gibt „vortreffliche" und „unglückliche" Lagen (264), aber es kommt nicht nur auf die geographischen Tatsachen an, sondern darauf, wie ein Staat die „natürliche Lage" (262) für seine Entwicklung nutzt. Natürliche und politische Lage setzt Ratzel in ein koevolutionäres Verhältnis.

Ein Inselvolk entwickelt sich daher zwingend anders als ein Gebirgsvolk, wenn es die Gunst der Lage seines Staates zu erkennen imstande ist. Denn der Darwinismus, auf dessen „Grundlage" sich die Politische Geographie ausdrücklich stellt (Kirchhoff 1905, 5), verwandelt die ganze Welt zu Faktoren in einem selektiven, dynamischen, zukunftsoffenen Prozess: „Allerdings wäre es geistlos pseudogeographischer Fanatismus, wollte man dieses Verhältnis wie einen naturgesetzlichen Zwang deuten. Der Mensch ist kein willenloser Automat; er verhält sich zu den Naturanregungen seiner Heimat bald wie ein gelehriger, bald wie ein teilnahmsloser Schüler. Das Wasser des heutigen Welthafens von Neuyork diente einst den Indianern bloß zum Sammeln essbarer Muscheln; an derselben Schärenküste, die die Norweger zu so kühnen Schiffern erzog, leben die Lappen weiter als armselige Fischer" (24). Das ist genau der Ton, den auch Carl Schmitt anschlägt, wenn er fragt, wie ein „Volk von Schafzüchtern" ein see- und weltbeherrschendes *Empire* hervorbringen konnte (1993, 92). Der Raum und die Lage determinieren zwar nichts, aber sie stellen die „natürlichen Grundlagen" der Evolution des „Staates als Organismus" (Ratzel 1903, 5), der sie beispielsweise als Chance nutzt wie die Amerikaner und Briten oder in ihren Möglichkeiten verkennt wie die Indianer oder Lappen. Der Staatszoologe hat daher mit „Evolution" und mit „Devolution" der von ihm studierten Organismen gleichermaßen zu rechnen (Ratzel 1912, 398).

Es kommt aber nicht nur auf die Lage an, sondern auch auf die „Raumauffassung" (Maull 1936, 40) eines Volkes, welche die Lage in einen geopolitischen Faktor verwandelt. Friedrich Ratzel reiht solch vermeintlich kleine Besitzungen Großbritanniens wie Gibraltar, Malta, Cypern, Suez, Singapur, Hongkong ein in eine Reihe von „festen Plätzen, Flottenstationen, Kohlenstationen, Kabelklippen", die sich alle durch ihre „meerbeherrschende Lage" auszeichnen und aufgrund der entsprechenden Nutzung dieser Lage eine politische Funktion erfüllen: nämlich die Seeherrschaft Großbritanniens zu sichern (1903, 142–143). Die Ausstattung mit Funkstationen oder Telekommunikationsroutern macht selbst abgelegene Inseln wie Yap oder Angaur bedeutsam – der Zusammenhang zwischen Geopolitik und Globalisierung deutet sich hier bereits an, wenn man denn Globalisierung als weltweite Verknüpfung oder Verbindung von Standorten durch Medien- und Verkehrstechniken verstehen will (Castells 2001; Hugill 1999; Kretzschmar 2001; Sassen 2000; Werber 1997 und 2006).

Gibraltar ist dementsprechend für Ratzel nicht nur ein Ort mit spezifischem Klima, mit einer bestimmten Bevölkerung und einer Wirtschaft, die statistisch zu erfassen und in langen, genauen Listen wiederzugeben ist, sondern der „Schlüssel des Mittelmeeres" (1903, 120). Wenn England dies erkennt und Gibraltar zu einer Festung und einem Hafen so ausbaut, dass Kanonen und Schiffe die Meerenge beherrschen, kontrolliert diese Seemacht Ein- und Ausgang des ganzen Mittelmeers. Damit wird sie, mit nur wenigen Stützpunkten, zur Herrin eines gigantischen Raumes, denn die Freizügigkeit von Handel und Verkehr hängt nun von ihrem souveränen Willen ab, die Passage bei Suez oder Gibraltar zu gestatten oder zu verweigern. Der Weltverkehr, ohne den der Begriff der Globalisierung weder in ökonomischer noch in politischer oder kultureller Hinsicht Sinn machen würde, da Globalisierung weltweite Kommunikation voraussetzt (Luhmann 1991), muss analytisch mit den Interessen derartiger Mächte wie England in ein Verhältnis gesetzt werden. Dies ist heute wie vor hundert Jahren der Fall, wie gerade das weltweite Netz digitaler Kommunikation erweist, dessen Infrastrukturen und Programme in den Händen weniger Mächte liegen (Galloway 2004).

England jedenfalls, so Ratzel, habe seine Weltstellung darum errungen, weil es seine geographische Lage zu nutzen wisse. Die Lage ist einer der Hauptfaktoren, die das Leben des Staates als Organismus betreffen, also Einfluss auf seine „geschichtliche Bewegung" (1903, 259), mithin auf sein Wachstum oder seine Degeneration haben. Keine Landmacht kann England den Weg nach Kanada, Australien, Indien oder Afrika verlegen. Und da der Inselstaat keine großen Armeen benötigt, um sich vor einer Invasion zu schützen (660–662), kann es seine Energien in eine Flotte investieren, die für ihre Seeherrschaft nicht das Meer flächendeckend besetzen muss, sondern allein einige Stützpunkte an wichtigen Standorten, um die Meeresstraßen und Meerengen zu schützen (667). Englands „Weltherrschaft" beruhe „unerschütterlich" auf einem „großartigem System der ‚Imperial connections'". Und damit ist jene „Kette" von „genial ausgewählten, sehr wirksamen weltpolitischen Plätzen" wie „Gibraltar, Malta, Ceylon [...], Aden [...], Singapore [...] oder St. Helena" gemeint (Boeckmann 1924, 340), deren „Lage" für die Seesuprematie entscheidend ist (Ratzel 1903, Kap. 10 und 11). Eine Landmacht kann sich dagegen, aus geopolitischer Sicht, nicht damit begnügen, einige Stützpunkte zu kontrollieren; vielmehr sorgt sie typischerweise im Gleichschritt mit der ‚Landnahme' für die Ordnung und Polizierung des gesamten von ihr genommenen Raums. Anders als das Meer wird das Land lückenlos von einem ‚Nomos' geprägt (Schmitt 1997). Das Territorium einer Landmacht ist, um mit Deleuze und Guattari zu sprechen, ‚gekerbt' (1997). Der Staatsapparat kerbt und kontrolliert den Raum. Wenn ihn dagegen Ströme unreguliert durchziehen, wird er deterritorialisiert. Der Zusammenhang von Ordnung (= Staatsapparat) und Ortung (= gekerbter Raum) würde dann aufgehoben. Schmitt würde hier von ‚Entortung' sprechen. Castells' „space of flows" wäre ein solcher glatter, deterritorialisierter Raum, in dem Ordnung und Ortung beziehungslos auseinanderfallen (2001). Gekerbte oder glatte Räume prägen auch die Topographien der Literatur (Werber 2005), bisweilen auch die gesamte Narration (Dünne 2011).

2. Globalisierung

Die Evolution eines ‚Staats als Organismus' im Raum, von der nach Ratzel alle Geopolitiker von Rudolf Kjellén (1917) bis Karl Haushofer ausgehen (Hartshorne 1935; Kost 1988), findet unter Bedingungen des Weltverkehrs statt und hat also eine ‚planetarische' Dimension, die Schmitt betont, wenn er, wie gesagt, dekretiert: ‚Wir denken heute planetarisch und in Großräumen'. In Ratzels Politischer Geographie ist der ‚Verkehr' – der Begriff umfasst um 1900 alle Nachrichten-, Kommunikations- und Transportverbindungen und könnte am treffendsten mit dem angelsächsischen Begriff der *communications* (im Sinne von Innis 1986) wiedergegeben werden – eine der Wirkungsmächte im Spiel der Evolution von Staaten. „Der Verkehr" ist ein „Raumbewältiger" (Ratzel 1903, 461). Die Entstehung von Seemächten kann ohne diesen Faktor gar nicht verstanden werden, denn ohne die Hochseeschifffahrt und ohne ein Telegraphennetz könnte ein Weltreich wie das Britische Empire gar nicht existieren (Hugill 1999). Nicht nur der Welthandel beruht auf dem Weltverkehr, auch die Macht zu Lande und zu Wasser hängt von der Beherrschung der „Knotenpunkte des Verkehrs" ab (Ratzel 1903, 471). Freilich ändert sich die Art dieser Beherrschung erheblich mit der technischen Entwicklung (Sapper 1934). Flugzeuge und Funkwellen sind in der Lage, den Raum in völlig neuer Weise zu überbrücken; kein Wall, kein Graben, keine Festung vermag den Flug- oder Funkverkehr zu unterbrechen. Schmitt spricht mit Blick auf diese technischen Innovationen der „Verkehrs- und Nachrichtenmittel" von einer „Raumrevolution" (1993, 105–106), die zwar nicht das „Ende der Welt", aber das „Ende" ihrer bisherigen Ordnung herbeiführen werde: „Der alte Nomos freilich entfällt und mit ihm ein ganzes System überkommener Maße, Normen und Verhältnisse" (107). Die neue Ordnung ließe sich mit den Stichworten Vernetzung, Weltgesellschaft, *global governance* und, selbstredend, Globalisierung andeuten (→ 3. Dynamisierungen). Die geopolitische Semantik jedenfalls markiert mit Schmitt selbst das Ende ihrer Voraussetzungen und deutet bereits seit ihrer Entstehung auf die Möglichkeit ihrer Aufhebung in einer verkehrs- und medientechnischen Globalisierung hin. Der Begriff des Weltverkehrs ließe sich hier als Vorläufer benennen.

Eine umfangreiche Studie aus dem Jahre 1895 schildert unter dem Titel *Weltverkehr* detailliert die Entwicklung von Schifffahrt, Eisenbahnen, Stadt- und Untergrundbahnen, Postwesen, Telegraphie und Telephonie (Geistbeck 1895). Gestützt auf Hunderte von Statistiken der Kanalbaugesellschaften, Reedereien und Postbehörden, auf Kurspläne der Schifffahrts- und Eisenbahnlinien aller Welt kann ihr Autor Michael Geistbeck resümieren, dass in wenigen Jahrzehnten die Transportzeiten für Güter und Personen um 90 Prozent von Monaten auf Tage reduziert worden sind und die entsprechende Zeit für Nachrichtenübermittlung gegen Null gesunken ist. Ein Grund dafür sind technische Innovationen wie die Telegraphie, die Eisenbahn, das Dampfschiff und der drahtlose Funk, kurz: der bis heute anhaltende rapide Fortschritt in alldem, was die Angelsachsen *communications* nennen (Innis 1986; Hugill 1999). Ein weiterer Grund liegt in der Entstehung neuer, global agierender Organisationen, welche diese neuen technischen Möglichkeiten in feste Strukturen und erwartbares Verhalten transformieren und, wie beispielsweise der Weltpostverein, dafür sorgen, dass ein in Köln frankierter Brief überall in der Welt sein Ziel erreicht oder dass, im Falle der Eisenbahn- und Schiffsverbindungen, ein Reisender wie Phileas Fogg, der in

London den Zug besteigt, damit rechnen kann, in Dover Anschluss an eine Fähre nach Calais zu bekommen, in Calais Anschluss an einen Zug nach Paris, in Paris eine Verbindung nach Turin, von dort einen Zug nach Brindisi, von dort ein Schiff nach Suez und so weiter. „La chaîne de communications" nennt Jules Verne diese Verknüpfung der Anschlüsse (2009 [1873], 60).

Der Weltverkehr besteht aber nicht nur aus Schienen und Schiffen, Telegraphenlinien oder Funkmasten, sondern auch aus global agierenden Agenturen, die überall für die Anschlussfähigkeit von Daten, Waren und Personen sorgen. Diese im 19. Jahrhundert entstehende Welt des Weltverkehrs kommuniziert immer mehr, schneller, globaler, alles muss angeschlossen, jede Adresse muss erreicht werden, kein ‚Rest', wie Markus Krajewski sagen würde, soll übrig bleiben (2006). Auf zahlreichen Karten der Eisenbahn- und Schifffahrtslinien, der Telegraphen- und Telefonleitungen nimmt das immer enger gewebte „Weltnetz" sichtbare Gestalt an (Geistbeck 1895, 499). Dass der Verkehr in allen seinen Dimensionen zu den Tatsachen gehört, von denen Beschreibungen der Welt und der Gesellschaft auszugehen haben, wird um 1900 zu einem Gemeinplatz. Der rechtsliberale Politiker Friedrich Naumann etwa stellt 1915 fest: „Es gibt heute in der Tat eine wirtschaftlich verbundene Menschheit, die Menschheit der Dampfschiffe, Eisenbahnen, Briefe und Telegramme" (171). Und bereits 1887 spricht Ferdinand Tönnies in seiner berühmten Schrift *Gesellschaft und Gemeinschaft* von einer über „den ganzen Erdkreis" sich erstreckenden Zirkulation der Meinungen und Gelder im Medium des „Weltverkehrs", aus der nicht nur „Weltmarkt", „Weltindustrien", „Weltblätter" und „Weltstädte" längst hervorgegangen seien, sondern bald auch ein „Weltstaat" entspringen werde, der „über alle Grenzen hinaus sich erstrecken" werde (2005, 212 und 199). Diese Erwartung teilt allerdings Naumann nicht. Er argumentiert im Gegenteil, dass die Weltmedien der „Dampfschiffe, Eisenbahnen, Briefe und Telegramme" die Menschheit gerade nicht zur Gründung eines Weltstaates bewegen würden; vielmehr führten die großen Mächte dieser Welt einen erbitterten und 1915 auch globalen Streit „innerhalb des Austauschsystems mit ihren Mitteln um den Ertrag und um die Oberleitung des Weltapparates" (172). Auch aus der Semantik des Weltverkehrs führt so ein Weg in die Geopolitik. Die beiden Diskurse entwickeln sich in stetem Austausch untereinander und der technischen Entwicklung. Übrigens hat Huntington in seinen geopolitischen Thesen zum *Clash of Civilizations* diese alten Überlegungen Naumanns nur in ein zeitgemäßes Gewand gekleidet, wenn er die „Annahme" anführt, „daß die zunehmende Interaktion zwischen Menschen – Handel, Investitionen, Tourismus, Medien, elektronische Kommunikation generell – dabei [sei], eine gemeinsame Weltkultur zu erzeugen", um dann hinzuzufügen: „An der Zunahme des [...] internationalen Austauschs", am „gesteigerten Verkehr [...] um die ganze Welt" bestehe „kein Zweifel", „große Zweifel" bestünden jedoch „hinsichtlich des

Einflusses" dieses Weltverkehrs auf den Frieden (1998, 94). Erst aus den weltweiten *communications*, so Huntington, gingen die Identitäten der Populationen jener Kulturräume hervor, mit deren Bruchlinienkonflikten die Weltpolitik heute zu kämpfen habe (95–96, 193–194). Globale Medien und interkulturelle Kommunikation, so spitzt Huntington zu, machen Kriege erst „wahrscheinlich" (95).

Aus der Beobachtung derselben medialen Lage ziehen andere Autoren völlig andere Schlussfolgerungen. Geistbeck ist sich sicher, „[d]aß mit der Entwicklung der modernen Verkehrsmittel eine neue Kultur- und Civilisationsepoche, ein allgemeiner Fortschritt der Menschheit begonnen" habe. Dies werde „heutzutage von niemandem bestritten" (1895, 525). Der Weltverkehr werde bald vergleichbar dimensionierte Organisationen zunächst des Welthandels hervorbringen, die ihre Interessen auf der „ganzen bewohnten Welt" wahrnähmen (528). Dies zeitige, so hofft er, politische Wirkungen, erst regional, dann global. In seiner Studie *Weltverkehr* lesen wir: „Man wird […] nicht fehlgehen, wenn man Eisenbahnen und Telegraphen einen wesentlichen Anteil beimißt an der der Zeit eigenen Tendenz zur Bildung von Großstaaten und zur staatlichen Zusammenfassung von Nationen. Die Gleichartigkeit und die Verdichtung der Interessen auf dem durch die Verkehrsmittel erweiterten wirtschaftlichen Gebiete verträgt nicht dessen Stückelung in staatliche Kleingebilde" (536). Wie die deutsche Kleinstaaterei von der Eisenbahn überwunden worden sei (536), so sei den „modernen" Weltverkehrsmitteln eine Tendenz eingeschrieben, nicht nur den „Handel zum Welthandel" und die „Volkswirtschaft zur Weltwirtschaft" zu heben, sondern letztlich auch den „Widerstreit der Nationen zu begleichen und die friedlich gewordenen Völker zu Weltstaaten zu vereinigen". Aus dem Weltverkehr gehe eine „Gesellschaft" hervor, deren Pendant nicht mehr Staaten oder Nationen seien, sondern die „gesamte Menschheit" (545). Dies sei umso wahrscheinlicher, als die Intensität des Verkehrs ohnehin zu einer „Nivellierung der Lebenshaltung und der Sitten" führe (541) und vor den internationalen Standards letztlich alle nationalen Differenzen schwinden müssen. Der Autor legt nahe, im Weltpostverein die administrative Avantgarde eines künftigen Weltstaates zu erblicken. Thomas Mann hat diese medienpolitischen Prognosen scharf beobachtet und aus geopolitischer Perspektive kritisiert (Mann 2001 [1918]; dazu Werber 2012a).

Auch in unserem noch jungen Jahrhundert lässt sich der geradezu dialektische Zusammenhang zwischen der Globalisierungssemantik und dem geopolitischen Diskurs beobachten; und auch hier sind es die Medien und Technologien, die beide Denkformen verschalten. Hierzu sei abschließend ein Beispiel gegeben: In seinem Bestseller *Netzwerkgesellschaft* skizziert Manuel Castells die Umrisse des im Zuge der allerneuesten Medienumbrüche anbrechenden *Informationszeitalters*. Alles, so konstatiert Castells, was unsere Gesellschaft ökonomisch, politisch, kulturell, sozial überhaupt vollziehe, werde nunmehr von den Netzen der lichtschnell kommunizierenden Informationstechnologen ‚konfiguriert'. Diese Metapher impliziert nichts weniger als die These, dass die Weltgesellschaft heute als Konfiguration der neuen Medien aufzufassen sei. Die derart medientechnisch formatierte soziale Welt, so Castells weiter, prozessiere gänzlich anders als zuvor und in einem völlig anderen Raum, nämlich dem „Raum der Ströme", der „Raum" und „Zeit" fundamental verändere (2001, 467). Im Medium des „Kreislaufs elektronischer Vermittlungen" durch „mikroelektronische Geräte, Telekommunikation, computergestützte Verarbeitung, Funksysteme und Hochgeschwindigkeitstransport" finde die Netzwerkgesellschaft die „materielle Grundlage" (467–468). „Die gesellschaftliche Konstruktion der neuen herrschenden Formen von Raum und Zeit entwickelt ein Meta-Netzwerk", welches diese „fundamentale Dimensionen des menschlichen Lebens radikal" transformiere. Denn „Örtlichkeiten werden entkörperlicht und verlieren ihre kulturelle, historische und geografische Bedeutung" (535), während die historische Zeit von der Instantaneität der Echtzeit abgelöst werde (429).

Der Soziologe Castells besteht darauf, keine Utopie zu entwerfen, sondern die aktuelle Lage „unserer Gesellschaft" zu beschreiben, die für ihn *unmittelbar* aus der Verbreitung der „neuen Informationstechnologien" folge. Was sich so aus den neuen Medien gesellschaftlich ergeben soll, klingt jedoch utopisch genug: Der alte Nationalstaat, seine Machtpolitik und die ihm zugrunde liegenden rigiden Identitätsentwürfe würden „in einer Welt akultureller, transnationaler globaler Netzwerke" verschwinden, heißt es in Teil 2 der Trilogie (Castells 2002, 325). An die Stelle des endgültig ausgerotteten Leviathans Hobbes'scher Prägung, dessen Ende auch Schmitt in den Raumrevolutionen der neuesten Techniken gekommen sah, trete der „Netzwerkstaat", prophezeit Castells in Teil 3 (2003, 356), den wir uns als fluide Verknüpfung von „Knoten" und mit „variabler Souveränität" vorstellen sollen (381–382). Was immer das auch sein mag, offenkundig ist, dass eine bestimmte Beschreibung des Weltverkehrs eine entsprechende gesellschaftliche Großvision mit Evidenz versorgt: Die Faktizitäten der logistischen und nachrichtentechnischen globalen Netzwerke plausibilisieren die These vom Aufstieg des Netzwerkstaates. Dass Castells gleichzeitig, wenn auch an anderem Ort, von der Permanenz einer US-Hegemonie (2001, 151; „Supermacht" USA heißt es in Castells 2003, 409) ausgeht und sowohl der alten Geopolitik als auch dem neuen Terrorismus eine große, gemeinsame Zukunft voraussagt (2003, 408), macht seinen Ansatz sicher nicht konsistenter, belegt aber die hier verfolgte These, dass der Weltverkehr als Technik die unterschiedlichsten Varianten einer Semantik des Globalen zu motivieren vermag – sogar in ein und demselben Werk. Der Rekurs auf die technischen Faktizitäten dient *qua* Analogie der Erzeugung rhetorischer Evidenzen – aus dem Weltpostverein deduziert man den künftigen Weltstaat heraus und aus dem Internet die Netzwerkgesellschaft.

Literatur

Beck, Ulrich. *Was ist Globalisierung?* Frankfurt a. M.: Suhrkamp, 1997.
Boeckmann, Kurt von. *Vom Kulturreich des Meeres*. Berlin: Wegweiser, 1924.
Butler, Samuel. *Erewhon* [1872]. Übers. von Fritz Gütlinger. Frankfurt a. M.: Eichborn, 1981.
Castells, Manuel. *Der Aufstieg der Netzwerkgesellschaft: Das Informationszeitalter 1*. Opladen: Westdeutscher Verlag, 2001 [1996].
Castells, Manuel. *Die Macht der Identität: Das Informationszeitalter 2*. Opladen: Westdeutscher Verlag, 2002 [1996].
Castells, Manuel. *Jahrtausendwende: Das Informationszeitalter 3*. Opladen: Westdeutscher Verlag, 2003 [1999].
Deleuze, Gilles, und Félix Guattari. *Tausend Plateaus*. Übers. von Gabriele Ricke und Ronald Voullié. Berlin: Merve, 1997 [1980].
Doyle, Arthur Conan. *The Lost World* [1912] *& Other Stories*. Ware: Wordsworth, 1995.
Dünne, Jörg. *Die kartographische Imagination: Erinnern, Erzählen und Fingieren in der Frühen Neuzeit*. München: Fink, 2011.
Forsyth, Frederick. *Die Todesliste*. München: Bertelsmann, 2013.
Freytag, Gustav. *Soll und Haben*. Leipzig: Hirzel, 1855.
Galloway, Alexander R. *Protocol: How Control Exists after Decentralization*. Cambridge, MA: MIT Press, 2004.
Geistbeck, Michael. *Der Weltverkehr: Seeschiffahrt und Eisenbahnen, Post und Telegraphie in ihrer Entwicklung dargestellt*. Freiburg i.Br.: Herder, 1895.
Grabowsky, Adolf. *Raum als Schicksal: Das Problem der Geopolitik*. Berlin: Heymanns, 1933.
Hartshorne, Richard. „Recent Developments in Political Geography". *The American Political Science Review* 29.5 und 29.6 (1935): 785–804 und 943–966.
Hugill, Peter J. *Global Communications since 1844: Geopolitics and Technology*. Baltimore, MD: The Johns Hopkins University Press, 1999.
Huntington, Samuel P. *Kampf der Kulturen: Die Neugestaltung der Weltpolitik im 21. Jahrhundert*. München und Wien, 1998 [1993].
Innis, Harold Adams. *Empire and Communications*. Victoria, BC: Porcépic, 1986 [1950].
Jureit, Ulrike. *Das Ordnen von Räumen: Territorium und Lebensraum im 19. und 20. Jahrhundert*. Hamburg: Hamburger Edition, 2012.
Kirchhoff, Alfred. *Mensch und Erde: Skizzen von den Wechselbeziehungen zwischen beiden*. Leipzig: Teubner, 1905.
Kjellén, Rudolf. *Der Staat als Lebensform*. Leipzig: Hirzel, 1917.
Kost, Klaus. *Die Einflüsse der Geopolitik auf Forschung und Theorie der Politischen Geographie von ihren Anfängen bis 1945: Ein Beitrag zur Wissensgeschichte der Politischen Geographie und ihrer Terminologie unter besonderer Berücksichtigung von Militär- und Kolonialgeographie*. Bonn: Dümmlers, 1988.
Köster, Werner. *Die Rede über den ‚Raum': Zur semantischen Karriere eines deutschen Konzepts*. Heidelberg: Synchron Verlag, 2002.
Krajewski, Markus. *Restlosigkeit: Weltprojekte um 1900*. Frankfurt a. M.: Fischer, 2006.
Kretzschmar, Dirk, und Niels Werber. „Zwischen Globalisierung und Geopolitik: Regionale Beobachtungen der Weltgesellschaft durch die politische Semantik am Beispiel der USA und Russlands". *Soziale Systeme: Zeitschrift für soziologische Theorie* 1 (2001).190–204.
Luhmann, Niklas. „Die Weltgesellschaft" [1971]. *Soziologische Aufklärung*. Opladen: Westdeutscher Verlag, 1991. II, 51–71.

Mann, Thomas. *Betrachtungen eines Unpolitischen* [1918]. Frankfurt a. M.: Fischer, 2001.
Maull, Otto. *Das Wesen der Geopolitik*. Leipzig und Berlin: Teubner, 1936.
Melville, Herman. *Moby-Dick; or, The Whale* [1851]. London: Penguin, 1994.
Münch, Richard. „Die Dialektik der globalen Kommunikation". *Transkulturelle Kommunikation und Weltgesellschaft: Zur Theorie und Pragmatik globaler Interaktion*. Hrsg. von Horst Reimann. Opladen: Westdeutscher Verlag, 1992. 30–41.
Münch, Richard. *Globale Dynamik, Lokale Lebenswelten: Der schwierige Weg in die Weltgesellschaft*. Frankfurt a. M.: Suhrkamp, 1998.
Murphy, David Thomas. *The Heroic Earth: Geopolitical Thought in Weimar Germany, 1918–1933*. Kent, OH: Kent State University Press, 1997.
Naumann, Friedrich. *Mitteleuropa*. Berlin: Reimer, 1915.
Ratzel, Friedrich. *Politische Geographie oder die Geographie der Staaten, des Verkehrs und des Krieges*. München und Berlin: Oldenbourg, 1903 [1897].
Ratzel, Friedrich. *Anthropogeographie*. Stuttgart: Engelhorns Nachf., 1912 [1891].
Sapper, Karl. „Raumbewältigung und Weltverkehr". *Raumüberwindende Mächte*. Hrsg. von Karl Haushofer. Leipzig: Teubner, 1934. 278–317.
Sassen, Saskia. *The Global City*. Princeton, NJ: Princeton University Press, 2000.
Schmitt, Carl. *Land und Meer: Eine weltgeschichtliche Betrachtung*. Stuttgart: Klett-Cotta, 1993 [1942].
Schmitt, Carl. „Der Reichsbegriff im Völkerrecht" [1939]. *Positionen und Begriffe im Kampf mit Weimar – Genf – Versailles. 1923–1939*. Berlin: Duncker & Humblot, 1994. 344–354.
Schmitt, Carl. *Der Nomos der Erde*. Berlin: Duncker & Humblot, 1997 [1950].
Suarez, Daniel. *Kill Decision*. New York: Dutton, 2012.
Tönnies, Ferdinand. *Gemeinschaft und Gesellschaft: Grundbegriffe der reinen Soziologie*. Darmstadt: Wissenschaftliche Buchgesellschaft, 2005 [1887].
Uexküll, Jakob von. *Staatsbiologie*. Hamburg: Hanseatische Verlagsanstalt, 1933 [1920].
Verne, Jules. *Le Tour du monde en quatre-vingts jours* [1873]. Hrsg. von William Butcher. Paris: Gallimard, 2009.
Wagner, Benno. „Verklärte Normalität: Gustav Freytags ‚Soll und Haben' und der Ursprung des ‚Deutschen Sonderwegs'". *Internationales Archiv für Sozialgeschichte der deutschen Literatur* 20.2 (2006): 14–37.
Wells, Herbert George. *The Time Machine* [1895]. London: Forgotten Books, 2008.
Werber, Niels. „Die Form der Telematik: Zur Semantik der globalisierten Gesellschaft". *Merkur: Deutsche Zeitschrift für europäisches Denken* 9/10 (1997): 890–901.
Werber, Niels. „Die Zukunft der Weltgesellschaft". *Kommunikation. Medien. Macht*. Hrsg. von Rudolf Maresch und Niels Werber. Frankfurt a. M.: Suhrkamp, 1999. 414–444.
Werber, Niels. „Geopolitiken der Literatur: Raumnahmen und Mobilisierung in Gustav Freytags ‚Soll und Haben'". *Topographien der Literatur: DFG-Symposion 2004*. Hrsg. von Hartmut Böhme. Stuttgart und Weimar: Metzler, 2005. 456–478.
Werber, Niels. „Netzwerkgesellschaft: Zur Kommunikationsgeschichte von ‚technoiden' Selbstbeschreibungsformeln". *Archiv für Mediengeschichte: Kulturgeschichte als Mediengeschichte (oder vice versa)?* 6 (2006): 179–191.
Werber, Niels. *Die Geopolitik der Literatur: Eine Vermessung der medialen Weltraumordnung*. München: Hanser, 2007.
Werber, Niels. „Archive und Geschichten des ‚Deutschen Ostens': Zur narrativen Organisation von Archiven durch die Literatur". *Gewalt der Archive: Studien zur Kulturgeschichte der*

Wissenspeicherung. Hrsg. von Thomas Weitin und Burkhardt Wolf. Konstanz: Konstanz University Press, 2012. 89–111.

Werber, Niels. „Das Politische des Unpolitischen: Thomas Manns Unterscheidung zwischen Heinrich von Kleist und Carl Schmitt". *Deconstructing Thomas Mann*. Hrsg. von Alexander Honold und Niels Werber. Heidelberg: Winter, 2012 [2012a]. 65–87.

11. Postkoloniale Räume
Tobias Döring

Ein Dorf am Unterlauf des Niger namens Umuofia; eine Kleinstadt namens Malgudi an den Ufern des Sarayu in Südindien; die tropische Megalopolis Bombay oder die postimperiale Metropole Ellowen Deeowen (→ 46. Megastadt); die faszinierenden, doch tristen Weiten des australischen Outback vor seiner Erkundung und Kartierung durch Forschungsreisende aus Alteuropa (→ 40. Meer/Luft/Wüste); die fragmentarisierten Inselwelten des karibischen Archipel (→ 38. Nissopoiesis) oder das Labyrinth aus Flussläufen und Wasserarmen, das uns ins Innere der Neuen Welt entführt (→ 31. Die ‚Neue Welt'): dies sind einige der kennzeichnenden Orte, wie sie die Raumentwürfe postkolonialer Erzähler vor allem in der zweiten Hälfte des 20. Jahrhunderts ausgestaltet haben. Sie stammen von Autoren wie Chinua Achebe aus Nigeria (*Things Fall Apart*, 1958), R. K. Narayan (z. B. *Swami and His Friends*, 1935) oder Salman Rushdie aus Indien (*Midnight's Children*, 1981; *The Satanic Verses*, 1988), Patrick White aus Australien (*Voss*, 1957), Derek Walcott aus St. Lucia (*Omeros*, 1990) oder Wilson Harris aus Guyana (*Palace of the Peacock*, 1960; *The Secret Ladder*, 1963) und bezeugen insgesamt ein Feld, auf dem die Konzeption globaler Raumordnungen infolge der Passagen- und Gewaltgeschichte der Moderne seit 1492 zur Debatte steht (→ 10. Geopolitik und Globalisierung). Denn seit der ersten Indienreise von Kolumbus, die weniger als Irrtum denn als Transferleistung verstanden werden mag, haben sich Bezugssysteme zur Bearbeitung von Raumerfahrung überlagert und deren Namen wie Markierungen weltweit verschoben. Davon erzählen die genannten Beispiele, wenn sie die spezifischen Orte, die fiktional entworfen und erzählerisch erkundet werden, zugleich auch in ganz andere Orientierungsmuster einrücken (→ 7. Raum und Erzählung): So wird das nigerianische Dorf Achebes durch den Titel des Romans von der apokalyptischen Vision des irischen Modernisten W. B. Yeats überlagert; die Metropole London wird in Rushdies Diasporafiktion als tropische Phantasie ausbuchstabiert; das australische Outback, das ein deutscher Entdecker erschließen will, erscheint bei White ebenso rätselhaft mythisiert wie sich bei Walcott die Karibik ins griechische Archipel homerischer Epen versetzt findet. Dass sich jeweils das Lokale derart translokal verändert, wäre daher symptomatisch zu verstehen: Es deutet auf Verschiebungen entlang historischer Verwerfungslinien, die das gesamte Feld durchziehen und spezifisch kerben (→ 23. Transitorische Räume). Die Räume, die auf diese Art entstehen, werden im Folgenden skizziert.

1. Zum Begriff ‚*postcolonial*' und seinen Perspektiven

Grundsätzlich arbeiten Literaturen und Theorien, die sich dem Feld des Postkolonialen zurechnen lassen, in hohem Maße raumbezogen und bieten für die Raumforschung daher zentralen Anlass, ihre Fragestellungen, Weltentwürfe, Ordnungsmuster und Rhetorik in Betracht zu ziehen. Womöglich gewinnt überhaupt der *spatial turn* der Literaturwissenschaften – jedenfalls was deren anglophone Spielarten betrifft, um die es hier hauptsächlich geht – seine Dringlichkeit und Produktivkraft vorrangig aus dem Problemdruck, der mit zunehmender Präsenz postkolonialer Debatten seit den 1980er Jahren akut geworden ist (Bachmann-Medick 2006). Das mag überraschen, scheint das Kennwort ‚*postcolonial*' doch zunächst auf historische, also zeitlich ausgelegte Belange zu deuten. Allerdings ist dieser Terminus, 1989 eingeführt (Ashcroft *et al.*) und seither viel umstritten, in seiner kulturtheoretischen Gebrauchsweise gerade nicht chronologisch oder periodisierend zu verstehen; anders als in der Geschichtswissenschaft dient er nicht in erster Linie zur Bezeichnung der historischen Phase nach erfolgter Unabhängigkeitserklärung eines Landes, das vormals kolonialen Status hatte, also z. B. der meisten afrikanischen Staaten nach 1960. Vielmehr zielt er hier auf eine diskursive Konstellation: Er beschreibt die grundlegende Spannung, die durch Dominanzverhältnisse entsteht, wenn kulturelle Arbeit unter Bedingungen von politischer Repression, sozialer Kontrolle, kultureller Differenz und sprachlich-ästhetischer Normvorgabe vor sich geht, Produktionsbedingungen also, die eine solche Arbeit – wie beispielsweise die Veröffentlichung und Zirkulation von Literatur der Dominierten – regulär kaum vorsehen und eben deshalb durch genau diese Arbeit aktiv unterlaufen, verändert und vielleicht gar abgeschafft werden.

Prototypisch für die Prägung des Begriffs betraf dies das Verhältnis zwischen einem imperialen ‚Zentrum' wie der Metropole London und der kolonialen ‚Peripherie' (→ 14. Semiosphäre und Sujet), die es definiert und oft auch dann noch dominiert, wenn die formale Herrschaftsform sich ändert, wie in den Ländern des sogenannten Commonwealth. Im weiteren Sinne ist dieses Verhältnis – und der Begriff – anschließend auch für so viele verwandte, aber doch deutlich verschiedene Prozesse von Beherrschung, Migration, Kulturkontakt, Diaspora oder Globalisierung geltend gemacht worden, dass eine Hauptkritik sich gerade gegen derlei Weiterungen richtet, die kaum mehr sinnvoll unter einem Terminus zu fassen sind. Gleichwohl hat sich ‚postkolonial' als Sammelbegriff durchgesetzt und dient in jedem Fall entscheidend dazu, in Hegemonialsituationen einen Perspektivenwechsel zu vollziehen: Etablierte Blickrichtungen werden umgekehrt, um kulturelle Aufmerksamkeit auf das zu richten, was allenfalls als randständig gesehen wurde, nun aber, da die Selbstverständlichkeit der alten Zentren angefochten und ihre Machtbasis untergraben wird, neue Sichtbarkeit und Relevanz gewinnt. Postkoloniale Räume entstehen immer dann, wenn eine solche Verschiebung und Verkehrung stattfindet – wie es im Medium des Literarischen zur Geltung kommt, wenn beispielsweise die Dachkammer des englischen Landhauses in Charlotte Brontës viktorianischem Klassiker *Jane Eyre* (1847), wo die kreolische Ehefrau des Helden wie ein Tier gefangen ist, zum Reibungs- und Fluchtpunkt einer Gegenerzählung wird, um deren bislang unbekannte Geschichte zu imaginieren, wie in *Wide Sargasso Sea* (1966) von Jean Rhys (→ 6. Literarischer Raum). Das Beispiel verdeutlicht zugleich, wie die Raumentwürfe des Postkolonialen stets unter Voraussetzung eines vorgegebenen Herrschaftsraums gestaltet werden. So lässt sich verstehen, warum und in welcher Weise Raumordnung als Raum*um*ordnung für postkoloniale Literaturen schlechthin konstitutiv ist; wohl kaum ein anderes Feld der Kulturwissenschaften ist in diesem Maße gekennzeichnet von „a particular emphasis on real and imagined geographies, competing narrative locations, travelling theories, and narrative (counter-)strategies of (re-)locating cultures" (Munkelt et al. 2013, xlx). Was dabei zur Bearbeitung steht, lässt sich zunächst mit einem Argument von Fredric Jameson zeigen.

2. Grundpositionen der Theorie: Jameson, Said, Fanon

In *Modernism and Imperialism*, seinem Beitrag zu einer Serie von Pamphleten, herausgegeben von der Field Day Theatre Company in Derry (Nordirland), charakterisiert Jameson das Raumproblem der imperialen Welt um 1900 als ständige Verlusterfahrung. Da Kolonialökonomie darauf beruht, wesentliche Machtgrundlagen wie Rohstoffabbau in entfernte Überseegebiete auszulagern, erzeuge sie im Horizont der Metropole oder des vertrauten Mutterlands beständig Leerstellen: „a significant structural segment of the economic system is now located elsewhere, beyond the metropolis, outside of the daily life and existential experience of the home country" (1988, 11). Das stellt die Moderne – und insbesondere Kunst und Literatur – vor das ästhetische Problem, wie aktuelle Wirklichkeitswahrnehmung noch gestaltet oder überhaupt vermittelt werden kann: „the mapping of the new imperial world system becomes impossible, since the colonized other who is its essential other component or opposite number has become invisible" (11).

Die Unsichtbarkeit oder, wie man besser sagen könnte, Undarstellbarkeit kolonialer Außenräume für das Zentrum bedingen die modernistische Ästhetik des Fragments, wie beispielsweise in T. S. Eliots *The Waste Land*, d. h. den vorsätzlichen oder vorgeblichen Entzug aller umfassenden, kohärenten Weltentwürfe. Stattdessen arbeiten sich kennzeichnende Schwellentexte dieser Zeit wie Joseph Conrads *Heart of Darkness* (1899) oder Arthur Conan Doyles *The Lost*

World (1912) am Erbe alter Abenteuerhoffnung ab und können doch nur immer wieder von der Unmöglichkeit erzählen, ins Dunkle, Unbekannte, Fremde jemals vorzustoßen. Was Jameson also beschreibt, ist kulturelle Raumvermessung als Vermisstenanzeige – gemeldet wird hier ein Verlust „in a sense of a privation that can never be restored or made whole simply by adding back the missing component: its lack is rather comparable to another dimension, an outside like the other face of a mirror" (12). Wenn das die Diagnose für koloniale Raumentwürfe ist, lässt sich ohne Weiteres ermessen, was postkoloniale Raumordnungen leisten müssen, wenn sie jene andere Dimension, die Rückseite des Spiegels, von der Jameson spricht, manifestieren wollen. Was dies heißt und wie es vor sich gehen könnte, zeigt der Blick auf einige der Gründungstexte des Gebiets.

In Edward W. Saids Studie *Orientalism* von 1978, die für alle folgenden postkolonialen Debatten Grundlage und Zielscheibe abgibt, zielt das Argument auf die Verbindung eines konstruierten, vorgestellten Feldes – eben des ‚Orients' als diskursiver Erfindung des Westens, „a field with considerable geographical ambition" (1985, 50) – mit realpolitischer Pragmatik, die solches Raumbegehren in administrative Akte überführt. So wird ein Herrschaftsraum geschaffen, in dem sich wissenschaftliche und koloniale Unterwerfung und Durchdringung wechselseitig stärken und bedingen, zumal kein komplementäres Feld namens ‚Occidentalism' je kenntlich oder auch nur vorstellbar geworden ist. Said entwickelt dieses Argument mit Rekurs auf Gaston Bachelards *La poétique de l'espace* (1957) und nutzt das Kennwort des Poietischen, um herauszustellen, dass dieses Feld nicht einfach gegeben, sondern immer gemacht ist – interessegeleitet, machtgestützt, machtstabilisierend – und in spezifischer Weise besetzt werden kann: „So space aquires emotional and even rational sense by a kind of poetic process, whereby the vacant or anonymous reaches of distance are converted into meaning for us here." (55) Diese Semantisierung – im Fall des Orients durch Epitetha wie ‚dunkel', ‚rätselvoll', ‚verlockend', ‚verführerisch', ‚führungslos', ‚antriebslos', ‚ordnungslos', ‚emotional', ‚irrational', ‚stumm' usw. – dient zur Hierarchisierung und schafft insgesamt einen Diskursraum, den Said zusammenfassend als *‚imaginative geography'* bezeichnet, ein ebenso selbstbezügliches wie selbstgenügsames Repertoire rhetorischer Figuren: „the vocabulary employed whenever the Orient is spoken or written about [...], a set of representative figures, or tropes" (71). Die Geographie, die so entsteht, bietet sowohl Sprech- wie Blick- und Handlungsweisen zur Aufwertung der eigenen Position. Sie ist damit Vorgabe für die Geographie der Anderen und deren Selbstpositionierungsakte, d. h. für die Hervorbringung postkolonialer Räume (→ 2. Topographie).

Was dafür als entscheidend gilt, wird unter dem Leitbegriff *‚third space'* verhandelt und üblicherweise mit den wegweisenden Arbeiten verbunden, die Homi K. Bhabha 1994 in seiner Aufsatzsammlung *The Location of Culture* publiziert hat. Deren wichtigste Bestimmungsgrößen werden in kritischer Reflexion auf *Orientalism* entwickelt, finden sich allerdings ebenso wie das Konzept des ‚dritten' Raumes z. T. schon bei Said formuliert. Zentral geht es um die Frage, wie stabil oder überhaupt plausibel die Gegenüberstellung der binären Begriffspaare ist – West *vs.* Ost, Herrscher *vs.* Beherrschte, Kolonisatoren *vs.* Kolonisierte, Machthaber *vs.* Machtlose –, die den orientalistischen Diskurs prägen und dessen Hierarchien schaffen sollen. Mit der Analyse solcher Gegensätze nimmt Said die ‚manichäische' Struktur des Kolonialraums auf, wie Frantz Fanon sie 1961 in *Les Damnés de la Terre* beschrieben hatte: „Die von den Kolonisierten bewohnte Zone ist der von den Kolonialherren bewohnten Zone nicht komplementär. Die beiden Zonen stehen im Gegensatz zueinander, aber nicht im Dienste einer höheren Einheit." (1981, 32) Die Logik einer derart starren Raumordnung, die gerade auch Saids Orientalismus-Konzept kritisch vorgehalten worden ist, lässt offenbar weder Bewegung noch Veränderungen zu und sperrt sich daher gegen alles Diachrone und Veränderliche, das ihre Statik brechen könnte. Dabei weist schon *Orientalism* an einer wichtigen Stelle darauf hin, dass dieses statische Diskurssystem fortdauernd unter Druck steht: „The source of the pressure is narrative, in that if any Oriental detail can be shown to move, or to develop, diachrony is introduced into the system. What seemed stable – and the Orient is synonymous with stability and unchanging eternality – now appears unstable." (Said 1985, 240) Konstruktion und Fortdauer der vormals postulierten Zonen, wie überhaupt das Machtbegehren kolonialer bzw. orientalistischer Rhetorik, erscheinen so vielmehr als Wunschvorstellung.

3. Zum Konzept von *third space*: Bhabha und Said

Eben diese Textstelle und die Verschiebung, die sie inhaltlich wie argumentativ markiert, dient Bhabha mehrfach (1994, 71 und 86) zum Problemeinsatz für seine strategische Herausarbeitung von produktiven Spannungen, Ambivalenzen, Widersprüchlichkeiten, Inkohärenzen, Differenzen oder Inkongruenzen des Kolonialdiskurses, die er insgesamt zur Leitvorstellung eines ‚dritten Raums' zusammenfasst und mit Kennzeichnungen wie ‚*hybridity*' versieht. Darunter versteht er einen Raum der kulturellen Auseinandersetzung, Übersetzung und Aushandlung, der sich unter Bedingungen von Dominanz und Ausschluss, wie Fanon und Said sie beschreiben, zwar stets formiert, deren Machtbasis jedoch dem Druck des Veränderlichen aussetzt und somit auch veränderliche Identifikationsmuster für die Interaktion der Beteiligten bereitstellt: Herr und Knecht, Kolonisatoren und Kolonisierte, Hegemoniale und Subalterne begegnen und bewegen sich hier jenseits aller Sicherheiten, die ihnen hergebrachte Rollen bieten und die sie nunmehr gegeneinander ausspielen. Die Überlegenheit von Kolonialherren schwindet in dem Maße, wie sie ihr kulturelles Selbstverständnis eben dadurch verändert und verfremdet finden, dass sie es anderen vermitteln oder aufzwingen: Die Bibel werde von den Einheimischen gerne angenommen, schrieb 1817 ein englischer Missionar aus Bengalen; das Buch sei deshalb so beliebt, weil seine Seiten sich als Einwickelpapier eignen. Auf diese Art, so Bhabha (1994, 92), wird die Autorität der Verkündigung wie der Verkünder nachhaltig gestört und dem Prozess einer ‚Hybridisierung' ausgeliefert. Diesen Streitbegriff, der dem biologistischen Rassediskurs des 19. Jahrhunderts entstammt und dessen Karriere durch die Kulturwissenschaft von Robert Young (1995) nachgezeichnet worden ist, nutzt Bhabha immer wieder zur Beschreibung postkolonialer Räume – „The process of cultural hybridity gives rise to something different, something new and unrecognisable, a new area of negotiation of meaning and representation" (Bhabha 1990, 211) – und exemplifiziert ihn literarisch (wie an der zitierten Stelle) mit Salman Rushdies *The Satanic Verses*. Insgesamt, so lässt sich damit sagen, wird das Feld des Postkolonialen stets von diesen Durchkreuzungen konstituiert.

Was man sich darunter historisch konkret vorstellen soll, lässt sich wiederum an einem Beispielargument von Said am besten nachvollziehen. Auf die allfällige Kritik an *Orientalism* nämlich antwortet Said 1993 in *Culture and Imperialism* mit der Herausarbeitung von „overlapping territories, intertwined histories" (1), Konzepten der Überlagerung und Verwicklung also, die der starren Binarität zweier sich ausschließender Zonen entgehen und stattdessen ein Drittes hervorbringen. Als ein Beispiel dient W.B Yeats und seine Lyrik zur Zeit der Irish Renaissance um 1900: Said liest diese Gedichte, insbesondere wenn sie irische Topographien und Mythologien entwerfen, als Akte von Dekolonisierung und gezielter Neukartierung eines kulturellen Raums, der bislang von anderen beschrieben und besetzt war: „To the anti-imperialist imagination, our space at home in the peripheries has been usurped and put to use by outsiders for their purpose." Entscheidend ist jedoch, dass damit keine Vorstellung der Rückkehr zu vormals unberührtem Territorium einhergeht, sondern etwas anderes entsteht, das die Kolonialerfahrung gerade voraussetzt: „It is therefore necessary to seek out, to map, to invent, or to discover a *third* nature, not pristine and pre-historical [...] but deriving from the deprivations of the present." (272) So wird bereits hier ein postkoloniales Raumkonzept formuliert, das von einer Rhetorik des ‚Dritten' lebt (Döring und Breger 1998; → 15. Utopie und Heterotopie). Entsprechendes ist von Said für die Literatur der *négritude* oder die Lyrik Pablo Nerudas veranschlagt worden und ließe sich mit hoher Plausibilität für viele weitere postkoloniale Texte und ihre Raumentwürfe zeigen: für die Plantagennatur der Karibik wie in der Lyrik von Grace Nichols (*i is a long memoried woman*, 1983) oder David Dabydeen (*Slave*

Song, 1984); für die transatlantischen Passagen wie in den Erzähl- und Reisetexten von V. S. Naipaul (*The Middle Passage*, 1962; *The Enigma of Arrival*, 1987) oder Caryl Phillips (*The Final Passage*, 1985; *Cambridge*, 1991); für die synkretistischen Spielräume im afrikanischen Theater von Wole Soyinka (*The Dance of the Forests*, 1960; *Death and the King's Horseman*, 1975); für die heteroglosse Gesellschaft des alten imperialen Zentrums London in den Romanen von Samuel Selvon (*The Lonely Londoners*, 1956), Hanif Kureishi (*The Buddha of Suburbia*, 1990) und Andrea Levy (*Small Island*, 2004); für die Konflikträume der Familien- und Gewaltgeschichten aus Ceylon und Sri Lanka wie bei Michael Ondaatje (*Anil's Ghost*, 2000) – in jedem Fall zeigt sich, wie die Überlagerung, Durchdringung sowie Durcharbeitung differenter Raumentwürfe eine wechselseitige Infragestellung von deren Normvorgaben fordert und ermöglicht (→ 47. Korallen).

Paradigmatisch für diesen Prozess ist auch die irische Geschichte und Literatur der Moderne, die sich spätestens mit den Entwicklungen des 19. Jahrhunderts als postkolonial begreifen lässt (Kiberd 1995). Tatsächlich wurde Saids Yeats-Lektüre erstmals 1988 in Nordirland veröffentlicht und zwar (wie Jamesons oben zitierter Aufsatz) als Pamphlet der Field Day Company, einer Theatergruppe aus Derry/Londonderry, deren Arbeit raumpolitisch sehr einschlägig ist (Richtarik 1995). Angesiedelt in einer Grenzstadt, deren Namen, Lage wie Geschichte die fortdauernden Fronten eines alten Kolonialkonflikts bezeugen, versteht Field Day sich als ‚*fifth province*' auf der Insel, mithin als kulturelle Zone, die sich zu den vorfindlichen vier Provinzen Irlands ganz wie Bhabhas ‚dritter Raum' verhält: als Feld der Aushandlung und Auseinandersetzung. Gründungsereignis war 1980 die Produktion des Stücks *Translations* von Brian Friel, eines Historiendramas mit starken Gegenwartsbezügen über das Ordnance Survey Project aus dem frühen 19. Jahrhundert; damals gingen englische Kartographen mit militärischer Begleitung daran, Irland zu vermessen und die keltisch-gälische Kulturlandschaft in englische Begrifflichkeit und koloniale Ortsnamen zu übersetzen (→ 22. Kartographisches Schreiben). Dieses historische Material verbindet Friel mit der Humboldt'schen Sprachphilosophie von George Steiner (*After Babel*, 1974) und formt es zu einer politischen Parabel über soziale Raumordnungsverfahren, die ebenso wie alle der hier referierten Theorieansätze – nur sehr viel anschaulicher – in postkoloniale Raumdebatten einführt. Was die Zentralfigur des Stücks über die neuen, anglisierten Toponyme sagt – „We must learn to make them our own. We must make them our new home" (Friel 1984, 444) – trifft sich mit der Konzeption von ‚*imaginary homelands*', wie Rushdie sie in einem programmatischen Aufsatz 1982 formuliert hat: Postkoloniale Räume sind wie Palimpseste, in denen Unterschiedliches sich überlagert und die trotz ihrer Geschichte von Fremdbestimmung oder kultureller Invasion neue Zugehörigkeiten schaffen.

4. Zur Raumrhetorik des Reisens: *contact zones*

Nirgends aber ist die Raumgeschichte postkolonialer Perspektivenwechsel und Standpunktverschiebungen konkreter zu studieren als in der Literatur von Reisenden, Naturforschern, Abenteurern und Entdeckern (→ 31. Die ‚Neue Welt'). Seit Langem schon entwerfen sie die Grenz- und Außenräume der europäischen Imagination und leisten spätestens mit den klassischen Expeditionen des 19. Jahrhunderts auch direkte Zuarbeit zum Kolonialprojekt; denn, wie vielfach gezeigt wurde, bedarf das raumgreifende Begehren expansiver Großmächte ganz wesentlich der Mitwirkung der vielen kleinen Unternehmungen im Feld, manchmal durch Namensgebung schemenhaft erinnert, oft heroisch scheiternd, immer aber zielstrebig darum bemüht, weiße Flecken auf den Weltkarten zu tilgen und das Unbekannte, Unbenannte oder Unzugängliche in den Raum des Wissens einzuholen (→ 9. Räume des Wissens). Neben materiellen Trophäen – Pflanzen, Tieren, Einheimischen, Gesteins- oder Metallproben – sind Zeichengaben die entscheidende Errungenschaft, die von solchen Reisen mitgebracht und der heimischen Gesellschaft übermittelt werden: Logbücher, Journale, Landschaftsskizzen, Fluss- und Küstenlinien, topographische Merkpunkte oder Namenslisten bilden reiches Material, das zur semiotischen Verarbeitung in Weltkarten und Weltbilder eingeht. Entdeckung ist, wie Mary Louise Pratt (1992) hervorhebt, ein textueller Akt, und die Vertextung vormals unbeschriebener Regionen bildet ein zentrales Verfahren zur Raumordnung. Deshalb ist dieses Textkorpus geeignet, die Konstitution postkolonialer Räume abschließend noch einmal zu umreißen.

Grundlegend ist auch hier zu erkennen, in welche Widersprüche der koloniale Raumdiskurs gerät, allein schon wenn das zu Entdeckende als Niemandsland, als *terra nullius*, als unbeschriebene, weiße, reine, jungfräuliche Fläche propagiert. Wenn beispielsweise Walter Raleigh in *The Discoverie of Guiana* (1596) das Land als „a Countrey that hath yet her Madenheade" (1968 [1596], 96) beschreibt, fährt er noch im selben Satz mit folgender Spezifizierung fort: „the graues haue not beene opened for gold, the mines not broken with sledges, nor their Images puld down out of their temples", und konzediert damit, dass dieses unberührte Land Gräber und Kulturrelikte aufweist – die Jungfrau hat eine Vergangenheit. Komplementär zum Topos des Unberührten stützt sich die Rhetorik des Entdeckens daher seit der frühen Neuzeit auf die Vorstellung, dass in außereuropäischen Naturräumen das Vergangene im Sinne des Ursprünglichen weiterlebt und von den Reisenden besichtigt werden kann. „In the beginning all the World was America", so John Locke in *The Second Treatise of Government* (1690). Ein zeitlicher Rückgang zum Anfang der Welt ließe sich also durch Bewegung im Raum unschwer erreichen. Damit entsteht ein wirkmächtiger Chronotopos (→ 13. Chronotopoi), der die Peripherie zum vor- und frühgeschichtlichen

Stadium der eigenen Entwicklung erklärt und in Schlüsseltexten wie Conrads *Heart of Darkness* (1899) grandios inszeniert wird: „Going up that river was like travelling back to the earliest beginnings of the world", heißt es in der Binnenerzählung dieser Reise; „we were wanderers on prehistoric earth" (1984, 92 und 95). Im Innern eines fremden Kontinents finden sich die Überbleibsel einer primordialen Welt; dort lebt, was man selbst hinter sich gelassen hat; die Reise vom Zentrum in randständige Regionen wird so zum Abstieg in die Urvergangenheit.

Solche Beispiele belegen nicht nur die Verlust- und Raumerfahrung der Moderne, wie von Jameson diagnostiziert, sondern stehen auch für die ‚*imaginative geography*', wie von Said analysiert, d. h. für den interessegesteuerten, machtgestützten und handlungsleitenden Entwurf eines dominierten Feldes, das vollständig mit eigenen Vorstellungen besetzt werden kann, wenn er den Raum der Reise formt und überformt. Damit steht die Rhetorik von Abenteurern und Entdeckern, auch wenn sie westwärts oder südwärts reisen, ganz in der Tradition des Orientalismus. Demgegenüber muss aber geltend gemacht werden, dass diese Analyse eher einer Wunsch- und Zielvorstellung gilt und zu bereitwillig den Selbstbeschreibungen von Kolonialreisenden folgt, die ihre Dominanz zumindest retrospektiv im Medium ihrer Erzählungen feiern wollen. In postkolonialer Perspektive stellt sich deren Unternehmung oftmals anders dar und zeigt Bruchlinien der diskursiven Arbeit, an denen Ambivalenzen, Inkonsistenzen und andauernde Schwierigkeiten, das Feld des Fremden zu begreifen, kenntlich werden. Die koloniale Raumordnung, so zeigt sich hier, ist sehr viel brüchiger, strittiger, fraglicher, vorläufiger und unsicherer, als sie sich selbst gern darstellt. Am Beispiel der Entdeckung und Vertextung von Australien hat Paul Carter dies ausführlich untersucht: *The Road to Botany Bay* (1987) folgt den textuellen Spuren von Entdeckern wie James Cook und erkundet den fragilen Status des Raumwissens, das sie hervorzubringen suchen, „the traveller's sense of facts, not as discrete objects, but as horizons increasingly inscribed with spatial meanings, defined not in terms of objective qualities, but as directional pointers articulating and punctuating the explorer's destiny" (16). Was hier entsteht, erscheint sehr tentativ, prozessual und weit entfernt von allfälligen Macht- und Imponiergesten.

Das hebt auch Mary Louise Pratt in ihrer Studie *Imperial Eyes* (1992) hervor, wenn sie in Reiseklassikern vom 18. bis 20. Jahrhundert vor allem Täuschungen, Verkennungen und Selbstverkennungen herausarbeitet, denen die Autoren unterliegen; so deutet deren selbstgewisse Vorstellung vom ‚monarch-of-all-that-I-survey' (nach einer bekannten Gedichtzeile von William Cowper) zugleich darauf, was sie als Reisende tatsächlich übersehen – und zwar in der negativen Lesart dieses Worts. Pratt nutzt solche Fehlleistungen zur Erkundung der ungesicherten Kontaktzone zwischen Kulturen, wo sich sämtliche Begegnungen und Interaktionen vollziehen, „social spaces where disparate cultures meet, clash, and grapple with each other, often in highly asymmetrical relations of domination and subordination" (7). Gerade unter Voraussetzung derartiger Machtverhältnisse ist jedoch entscheidend, dass die Position der Überlegenheit hier immer auch infrage, zumindest auf der Probe steht, denn die Kontaktzone ist ein Raumentwurf, der niemals nur von einer Seite komplett kontrolliert wird. Das hat für das Verständnis von Reisediskursen wie für Kolonialdiskurse weitreichende Folgen, vor allem die Neuausrichtung des Interesses auf die Präsenz der sogenannten ‚Bereisten', d. h. der Einheimischen, denen Reisende begegnen und von denen sie oft abhängen, ohne dies in jedem Fall einzugestehen: „,travelee' means persons traveled to (or on) by a traveler. [...] Obviously, travel is studied overwhelmingly from the perspective of the traveler, but it is perfectly possible and extremely interesting, to study it from the perspective of those who participate on the receiving end." (242) Damit verschiebt sich der Akzent von Dominanz auf Teilhabe und das Augenmerk von Grenze auf Kontaktzone, und somit ist der Perspektivenwechsel, den Pratt vornimmt, ein starkes Beispiel für die Eröffnung jenes weiten Felds, das in dem zuvor beschriebenen Sinn als postkolonialer ‚dritter Raum' zu begreifen ist. In allen ihren Orts- und Raumverhandlungen arbeiten postkoloniale Literaturen daran mit, von Umuofia bis Ellowen Deeowen.

Literatur

Ashcroft, Bill, Helen Tiffin und Gareth Griffith. *The Empire Writes Back: Theory and Practice in Post-colonial Literatures*. London und New York: Routledge, 1989.

Bachmann-Medick, Doris. *Cultural Turns: Neuorientierungen in den Kulturwissenschaften*. Reinbek bei Hamburg: Rowohlt, 2006.

Bhabha, Homi K. „The Third Space" [interview with Jonathan Rutherford]. *Identity, Community, Difference*. Hrsg. von Jonathan Rutherford. London: Lawrence & Wishart, 1990. 207–221.

Bhabha, Homi K. *The Location of Culture*. London: Routledge, 1994.

Carter, Paul. *The Road to Botany Bay: An Exploration of Landscape and History*. New York: Alfred A. Knopf, 1987.

Conrad, Joseph. *Youth, Heart of Darkness* [1899], *The End of the Tether*. Oxford: Oxford University Press, 1984.

Döring, Tobias, und Claudia Breger (Hrsg.). *Figuren der/des Dritten: Erkundungen kultureller Zwischenräume*. Amsterdam und Atlanta: Rodopi, 1998.

Fanon, Frantz. *Die Verdammten dieser Erde*. Übers. von Traugott König. Frankfurt a. M.: Suhrkamp, 1981 [1961].

Friel, Brian. *Selected Plays*. London: Faber & Faber, 1984.

Jameson, Fredric. *Nationalism, Colonialism, and Literature: Modernism and Imperialism*. Derry: Field Day Theatre Company, 1988.

Kiberd, Declan. *Inventing Ireland: The Literature of a Modern Nation*. London: Jonathan Cape, 1995.

Munkelt, Marga, Markus Schmitz, Silke Stroh und Mark Stein (Hrsg.). *Postcolonial Translocations: Cultural Representation and Critical Spatial Thinking*. Amsterdam und New York: Rodopi, 2013.

Pratt, Mary Louise. *Imperial Eyes: Travel Writing and Transculturation*. London: Routledge, 1992.

Raleigh, Walter. *The Discoverie of the Large, Rich, and Bewtiful Empyre of Guiana* [1596]. Amsterdam und New York: Da Capo Press, 1968.

Richtarik, Marilynn J. *Acting Between the Lines: The Field Day and Irish Cultural Politics, 1980–1984*. Oxford: Oxford University Press, 1995.

Rushdie, Salman. *Imaginary Homelands: Essays and Criticism, 1981–1991*. London: Granta, 1991.

Said, Edward W. *Orientalism*. Harmondsworth: Penguin, 1985 [1978].

Said, Edward W. *Culture and Imperialism*. London: Chatto & Windus, 1993.

Steiner, George. *After Babel: Aspects of Language and Translation*. London: Oxford University Press, 1975.

Young, Robert. *Colonial Desire: Hybridity in Theory, Culture and Race*. London: Routledge, 1995.

ORTE

12. Landschaft
Michel Collot

Die beschleunigte Entwicklung der westlichen Gesellschaft seit dem Zweiten Weltkrieg war von einer Bewegung der Landflucht, einer massiven Urbanisierung und einer zunehmenden Umweltverschmutzung begleitet, die den Eindruck aufkommen lassen konnten, dass dabei die Landschaft aus dem Blick geraten ist. Auch in der Kunst und in der Literatur, die sich zunehmend zur Abstraktion und zum Formalismus hingezogen fühlten, schien die Landschaft die Bedeutung, die sie dort im 19. Jahrhundert erlangt hatte, verloren zu haben. Doch gerade im Moment ihres drohenden Niedergangs oder sogar ihres Verschwindens ist die Landschaft wieder zum Gegenstand allgemeinen Interesses im sozialen, intellektuellen, literarischen und künstlerischen Leben geworden (Collot 2011). Es sieht so aus, als wäre unserer Gesellschaft mit einem Mal der Wert der Landschaft bewusst geworden, die ihr Wachstum zu zerstören droht: Sind wir etwa dabei, ohnmächtig dem ‚Tod der Landschaft' beizuwohnen? Die erste Tagung, die diese Frage ohne Umschweife aufgeworfen hat (Dagognet 1982), hat diese Sorge ebenso zum Ausdruck gebracht wie ein sehr lebhaftes neues Interesse am Thema Landschaft, das seitdem ununterbrochen zugenommen hat.

1. Gegenwart

Die Landschaft ist seit etwa 30 Jahren Gegenstand eines immer dringlicheren und vielfältigeren sozialen Bedürfnisses sowie einer besonderen Aufmerksamkeit zahlreicher sozial- und geisteswissenschaftlicher Disziplinen, von der Geographie über die Ethnologie, die Soziologie, die Psychologie, die Anthropologie, die Ökonomie, die Geschichtswissenschaft und die Philosophie bis hin zur Kunstwissenschaft (Jackson 1984; Cosgrove 1988; Roger 1992; Mitchell 1994; Berque 1995; Ingold 2000; Besse 2000 und 2009; Olwig 2002; Dorrian und Rose 2003). Das Zusammenspiel all dieser Disziplinen erscheint notwendiger denn je, um die verschiedenen Aspekte des Landschaftsbegriffs berücksichtigen zu können: Es handelt sich dabei um ein vielschichtiges Phänomen am Kreuzungspunkt von natur- und kulturwissenschaftlicher Erkenntnis, von Geschichte und Geographie, von Individuum und Gesellschaft, von Realem, Imaginärem und Symbolischem (Collot 1996).

An der gegenwärtigen Diskussion hat sich die Literaturwissenschaft lange Zeit nur recht zögerlich beteiligt, was sicherlich damit zu tun hat, dass die Rede von der Landschaft in Bezug auf die Literatur keineswegs selbstverständlich ist. In unserer Geschichte ist die Landschaft mit der Malerei verknüpft, wo sie als eigenständiges Genre gilt. Etwas Vergleichbares existiert in der Literatur nicht, wo der Begriff ‚Landschaft' dazu bestimmt scheint, sich *per definitionem* auf einen außerliterarischen Gegenstand zu beziehen, ob es sich dabei um ein Gemälde, einen Landstrich als Gegenstand einer *ekphrasis* oder um eine mehr oder weniger realistische Beschreibung handelt. Die Landschaft zum Mittelpunkt einer literaturwissenschaftlichen Untersuchung zu machen, schließt also das Risiko ein, sich dem Vorwurf einer ausschließlich ‚thematischen' Untersuchung im herkömmlichen Sinn auszusetzen, bei der der Text ohne Berücksichtigung seiner Form und seiner Bedeutung der Ausrichtung auf seine Referenz oder seinen Inhalt geopfert wird. Manche unter diesen Ansätzen lassen sich bestenfalls als Beiträge zur Kulturgeographie und im schlimmsten Fall als literarischer Tourismus verstehen.

Spätestens seit dem Zweiten Weltkrieg ist nun die Literatur ins ‚Zeitalter des Verdachts' eingetreten und hat sich skeptisch gegenüber der Mimesis gezeigt. In den 1960er und 1970er Jahren haben sich textualistische und formalistische Analysen sowie Theorien der Literatur entwickelt, verbunden mit einer Präferenz der Literaturwissenschaft für eine textimmanente Lektüre, die jeglichen Bezug auf ein Außen des Textes im Sinn der Biographie des Autors, des Kontexts oder auch des Referenten ausschloss. Diese Einschränkung des Untersuchungsfeldes hat zu einer reduktiven Sicht auf die Komplexität der Literatur geführt, dass sie seit den 1980er Jahren auf starken Widerspruch gestoßen und weitgehend überwunden worden ist – damals kehrten Fragen wie die nach dem Subjekt und der Referenz zurück, für die nun neue Lösungsansätze in Abkehr von den herkömmlichen Schemata des Ausdrucks und der Mimesis, die zuvor mit Recht kritisiert wurden, an der Zeit waren.

In Zusammenhang damit wurde auch die Frage nach der literarischen Landschaft auf einer neuen Grundlage gestellt, die seit Jahren vielfältige Forschungsergebnisse gezeitigt hat, von denen zahlreiche Monographien (Hess 1953; Lobsien 1981; Koschorke 1990; Collot 2005), Tagungs- und Sammelbände (Smuda 1986; Chenet 1996; Chevalier 1993) und Themenhefte (*Littérature* 1986) Zeugnis ablegen. Ebenso haben die Schriftsteller selbst größtenteils immer daran festgehalten, ihre Schreibpraxis und ihre theoretische Reflexion an die Frage nach dem Horizont zu knüpfen (Collot 1988). Selbst wenn man seit den 1950er Jahren eine ‚Verinnerlichungstendenz' der französischen Lyrik feststellen kann, so haben doch wichtige Lyriker wie André du Bouchet, Yves Bonnefoy oder Philippe Jacottet die Landschaft zu ihrem bevorzugten Motiv sowie zu einem Lebens- und Arbeitsort gemacht. Und im Gegenwartsroman haben die Bedeutung der Beschreibung sowie Landschaften, die Autoren wie Julien Gracq, Claude Simon,

Robert Walser, Peter Handke, W. G. Sebald oder J. M. G. Le Clézio gleichsam in den Stand einer handelnden Person erhoben haben, nicht unwesentlich dazu beigetragen, die Grenzen zwischen Lyrik und Prosa zu erschüttern und einer Kategorie wie der der ‚poetischen Erzählung' (Tadié 1978) den Weg bereitet (→ 2. Topographien; 7. Raum und Erzählung).

So geht mit der Krise der Landschaft in der gegenwärtigen Gesellschaft und ihrer häufigen Infragestellung durch die künstlerische und literarische Moderne auch eine Vertiefung der durch sie aufgeworfenen Fragen und der durch sie vermittelten Werte sowie eine Erneuerung des damit verbundenen wissenschaftlichen Ansatzes einher, der aktuell zu einem besseren Verständnis und zu einer wahrhaften Renaissance der Landschaftsforschung zu führen scheint. Im Hinblick auf die Landschaft in der Literatur geht es nun nicht mehr um die Wiederaufnahme veralteter Fragen wie der des ‚Naturgefühls' oder von Untersuchungen, die sich mit der Bestimmung des geographischen Rahmens einzelner Texte begnügen und das Risiko in Kauf nehmen, die Besonderheit der literarischen Fiktion zu ignorieren, und stattdessen einer regionalistischen Sichtweise oder sogar einer touristischen Aneignung Vorschub leisten.

2. Geschichte und Definition

Zur Abkehr von diesen Annäherungsversuchen und Irrwegen ist es ausreichend, kurz auf die Geschichte und die Definition des Wortes ‚Landschaft' einzugehen, unter Beschränkung auf zwei Gruppen europäischer Sprachen, d. h. die germanischen und die romanischen Sprachen (Franceschi 1997, 75–111). In beiden Gruppen wird der Begriff durch Suffigierung im Ausgang von einer Wurzel, die die Erde oder das Land (‚*Land-schaft*', ‚*land-scape*' bzw. ‚*pays-age*', ‚*paes-aggio*') bezeichnet, gebildet. Diese Wortbildung gibt einen entscheidenden Punkt in der Semantik des Wortes zu erkennen: es bezeichnet nicht nur ein Territorium, sondern vor allem auch seine Formgebung oder Konfiguration – diese Vorstellung findet sich sowohl in dem Suffix ‚*-age*' (im Französischen) als auch in ‚*-ship*' (im Altenglischen), ‚*-scape*' oder ‚*-schaft*' (von *schaffen*). Die Art, diese Formgebung zu denken, ist in den beiden Wortfamilien zunächst einmal jedoch nicht identisch. Die germanischen Wörter haben sich zuerst herausgebildet: *landscipe* ist im Altenglischen seit dem 5. Jahrhundert bezeugt, *lantscaf* seit dem 8. Jahrhundert im Althochdeutschen; beide haben wohl zunächst das Gelände einer Gemeinschaft bezeichnet. Ihre Bedeutung war also ursprünglich geographischer und politischer Natur, hat sich aber im 16. Jahrhundert angesichts eines neuen kulturellen und sprachlichen Kontextes gewandelt. Das englische Wort *landskip*, das, vermutlich durch den Einfluss des niederländischen *landschap*, sehr schnell zu *landscape* geworden ist, bezeichnet von nun an ein Gemälde, das einen Landstrich darstellt (so bezeugt seit 1598); schon 1521 nennt Dürer den Flamen Joachim Patinir einen ‚guten Landschaftsmaler'. Das Aufkommen der Landschaftsmalerei hat wohl auch zur Erfindung eines neuen Wortes in den romanischen Sprachen geführt, das auf Französisch im Wörterbuch von Robert Estienne mit diesem einzigen Eintrag versehen wurde: „unter Malern gebräuchliches Wort" (1549, s. v. „Paisage"). Doch in den romanischen Sprachen trat bald als weitere und heute gebräuchlichste Bedeutung die der ‚Ausdehnung eines Landes, die man auf einem Blick erfassen kann' (Littré 1877, s. v. „Paysage"), hinzu. Seit dem 17. Jahrhundert sind der eigentliche und der übertragene Sinn eng miteinander verknüpft, es wird nicht zwischen der ‚wirklichen' Landschaft auf der einen und ihrer ‚Darstellung' auf der anderen Seite unterschieden: vielmehr ist charakteristisch für die Landschaft, sich immer schon als Konfiguration des ‚Landes' darzustellen (→ 3. Dynamisierungen).

Unabhängig von der Frage, ob eine dieser beiden Bedeutungen tatsächlich früher vorhanden war, fallen die Erfindung des Wortes in den romanischen und sein Bedeutungswandel in den germanischen Sprachen mit der Tendenz zur Landschaftsmalerei in der europäischen Kunst zusammen, in der das Dekor immer größeren Raum einnimmt und dabei bisweilen die Szene oder die Figuren an den Rand drängt, denen es ursprünglich als Hintergrund dient, wie man das bereits bei Patinir zu Ende des 15. Jahrhunderts beobachten kann. Ohne um jeden Preis der Malerei eine vorrangige Bedeutung bei der Herausbildung eines Landschaftsbewusstseins zuweisen zu wollen, wie dies die Anhänger der ‚Kunstwerdung' (*artialisation*) behaupten (Roger 1997), kommt man nicht umhin anzuerkennen, wie eng die Verbindung ist, die historisch wie sprachlich zwischen dem Aufkommen einer spezifischen Wahrnehmung des ‚Landes' und seiner bildlichen Darstellung besteht. Diese Rolle der Kunst ist jedoch nicht mit einer Ästhetisierung gleichzusetzen: Allzu oft wird die Landschaft mit dem *locus amoenus* der lateinischen und mittelalterlichen Tradition verwechselt, wo doch Maler und Schriftsteller sich ebenso häufig auf den *locus horribilis* beziehen, wovon beispielsweise die barocke Seemalerei mit ihren Sturm- und Schiffbruchmotiven zeugt.

Die Landschaft ist nicht das Land, sondern eine bestimmte Art, sie als wahrnehmungsmäßig und ästhetisch organisierte Ganzheit zu betrachten, zu beschreiben oder zu malen: Sie hat ihren Sitz niemals nur *in situ*, sondern immer auch schon *in visu* und/oder *in arte*. Ein Zugang zu ihrer tatsächlichen Gestalt erschließt sich nur über ihre Wahrnehmung und Darstellung. Insofern geht es für das Verständnis oder die Einschätzung einer künstlerischen Landschaft weniger um den Vergleich mit einem möglichen Referenten (dem ‚ausgedehnten Land') als um die Art und Weise, wie sie gezeigt und zum Ausdruck gebracht wird. Sie weist aus diesem Grund über jede geographische Verortung und jede biographische Verankerung hinaus (→ 20. Literaturgeographie). Sie ist auch nicht notwendigerweise bzw. ausschließlich natürlich: Die römische Landschaft, die lange eine besondere künstlerische und literarische Auszeichnung genossen hat, ist von Jahrhunderten der Kultur und der Landwirtschaft geprägt. Und selbst die künstlichste aller Städte kann als eine „urbane Landschaft" (Paquot 1999) betrachtet werden: die Fresken mit der ‚Allegorie der guten und der schlechten Regierung' im Palazzo Pubblico in Siena, die als eines der ersten gemalten Panoramen Europas gelten (Baridon 2006), gestehen der Stadt Siena und dem sie umgebenden Land die gleiche Bedeutung zu. Weder ist also das ‚Gefühl', das eine Landschaft erzeugt, auf eine bestimmte Region oder ein Land beschränkt, noch ist es ausschließlich an die ‚Natur' gebunden.

Allerdings erfordert es ein Subjekt. Erst *in visu* wird ein Ort zur Landschaft; er präsentiert sich ausschließlich von einer bestimmten Perspektive aus als Ganzheit, und der Ursprung dieses Sehens kann eigentlich nur in einem Subjekt liegen. Die Landschaft unterscheidet sich somit von der objektiven, geometrisch oder geographisch ausgedehnten Fläche. Es handelt sich um einen wahrgenommen und/oder begrifflich erfassten, also unhintergehbar subjektiven Raum. Der für die Landschaft konstitutive Horizont gibt die doppelte Dimension der Landschaft zu erkennen: Es handelt sich um eine imaginäre, auf keiner Karte verzeichnete Linie, deren Konturen zum einen von objektiven Faktoren (die Erhebungen im Gelände und etwaige Bauwerke) und zum anderen von der Perspektive eines Subjekts abhängen.

Es ist durchaus von Bedeutung, dass die Landschaft im Europa der Renaissance zugleich mit der Selbstbehauptung des Individuums auftritt; in der Malerei fällt ihr Aufschwung mit demjenigen des Porträts und der Entwicklung der Perspektive zusammen, noch bevor die neuzeitliche Wissenschaft und die Philosophie die Spaltung zwischen der *res cogitans* und der *res extensa* verschärfen. Man kann die Frage aufwerfen, ob die Landschaftsdarstellung aufgrund ihres engen Bezugs zum Standpunkt eines Subjekts nicht zum Rückzugsort einer anthropozentrischen Sichtweise geworden ist (Ritter 1963), die aus dem Feld der Naturwissenschaft inzwischen ausgeschlossen wurde. In die Landschaft scheinen all die subjektiven Bestandteile einer Welterkenntnis als ‚Geburt zur Welt' (‚co-naissance au monde' nach Claudel 1951) eingegangen zu sein, die das neuzeitliche Wissen um das Universum nicht mehr integrieren konnte: Empfindungen, Wahrnehmungen, Eindrücke und auch Affektionen, Emotionen und Imaginationen (→ 9. Räume des Wissens).

Denn trotz des Primats, den die abendländische Tradition dem Sehen zuweist, lässt sich die Landschaft unmöglich auf ein bloßes Schauspiel reduzieren. Sie bietet sich auch den anderen Sinnen dar und betrifft das Subjekt umfassend, körperlich und seelisch. Die Landschaft öffnet sich nicht nur dem Sehsinn, sondern auch dessen Empfindung und Bewusstsein. Entfernungen lassen sich in ihr auch mit dem Hör- und Geruchssinn erfahren, nach der Intensität der Geräusche, dem Kreislauf der Luftströmungen und der Ausdünstungen; und die Nähe lässt sich an der taktilen Eigenschaft eines Umrisses, am samtigen Charakter eines Lichteinfalls oder am Geschmack einer Farbgebung erfahren. All diese Empfindungen kommunizieren untereinander synästhetisch und rufen Erinnerungen wach, wie z. B. der Gesang der Drossel im Park von Montboissier (Chateaubriand 1997 [1848], 21) und der von Oberman geschätzte Blumenduft (Senancour 1931 [1804], I, 102). Die Erfahrung der Landschaft ist also nicht rein visueller Natur und selbst das Panorama enthält auch einen unsichtbaren, durch die Grenze des Horizonts markierten Anteil, der dazu aufruft, die Leerstellen des Blicks durch die Arbeit der Imagination und den Impuls zur Bewegung zu ersetzen. Die Landschaft verhält sich nicht still wie ein Bild, sondern sie ist ein Raum der durchlaufen werden will, zu Fuß, im Auto oder im Traum, denn träumen ist umherschweifen (*re-exvagari*, Raymond 1962, 212).

3. Poetik

Diese verborgene Bedeutungsdimension der Landschaft, die von den visuellen Künsten nur andeutungsweise erfasst werden kann, findet ihre bevorzugte Ausdrucksform in der Literatur (→ 6. Literarischer Raum). Wenn diese Dimension in China seit jeher in die Landschaftsauffassung integriert war, dann hat dies vielleicht damit zu tun, dass die chinesische Tradition mindestens ebenso oder sogar noch in höherem Maße von der Lyrik bestimmt wurde wie von der Malerei. Konzepte wie ‚Ideenschauplatz' (*idée-scène*) und ‚Landschaftsgefühl' (*sentiment-paysage*) (Cheng 1996, 91) haben in China schon sehr früh den innigen Austausch zwischen Innen und Außen verankert, der in Europa erst zu Ende des 18. Jahrhunderts seinen vollen Ausdruck gefunden hat, vor allem in Goethes *Leiden des jungen Werther* (1774) und in Rousseaus *Les rêveries du promeneur solitaire* (*Träumereien eines einsamen Spaziergängers*, 1782). Die romantische Landschaft ist eine Seelenlandschaft, die sich zugleich als innerlich und äußerlich darstellt: „I live not in myself, but I become / Portion of that around me; and to me / High mountains are a feeling" (Byron 1949 [1812], 206). Und auch wenn von ihnen oft die Projektion von Gefühlen auf die Welt kritisiert wurde, ist es auch dem Realismus sowie dem Naturalismus nur selten gelungen, den Affektbezug der von ihnen beschriebenen Landschaften zu beseitigen, wie etwa die Landschaften in Émile Zolas *La Faute de l'abbé Mouret* (*Die Sünde des Abbé Mouret*, 1875) von einer richtiggehenden erotischen Ausschweifung belebt werden. Und auch wenn sich der Modernismus der Landschaft gegenüber kritisch gezeigt hat, so nimmt diese doch in der Gegenwartskunst und -literatur wieder eine vorrangige Rolle ein (Bergé 2007, 87–101).

Unter den literarischen Gattungen scheint vor allem die Lyrik besonders geeignet, die subjektiven Anteile der Landschaftserfahrung auszudrücken. Die lyrische Sprechsituation in der ersten Person entspricht der Konzentration der Landschaft auf die Perspektive eines Subjekts. Michail Bachtin zufolge unterscheidet sich die lyrische Sichtweise grundsätzlich von derjenigen des Romans, indem in ihr die Welt von Innen als ‚Horizont' des poetischen Bewusstseins wahrgenommen wird, während der Erzähler eines Romans eine mehr oder weniger äußerliche Perspektive einnehmen kann, die die handelnden Personen objektiv in ihr Milieu oder ihre Umgebung einbettet (1984, 104–110; → 13. Chronotopoi; Raum und Erzählung). Während die Beschreibung im Roman dazu tendiert, im allgemeinen die visuellen Elemente der Landschaft hervorzuheben, gibt das lyrische Evozieren weniger Anlass zum Sehen als vielmehr zum Imaginieren und zum Hören der inneren Auswirkungen des äußeren Schauspiels. Sie drückt eine ‚Stimmung' aus, die in einer gemeinsamen Klangfärbung oder affektiven Gestimmtheit die Atmosphäre der Landschaft, die seelische Befindlichkeit eines Subjekts und die Resonanz des Gedichts ausdrückt. Im Gegensatz zu der allzu bekannten horazischen Redensweise des *ut pictura poiesis* gibt die Lyrik dank der Musikalität des Gedichts, das ihre affektive Nachwirkung zum Ausdruck bringt, und dank der Metapher, die das ‚zweite Gesichtsfeld' der Imagination auf ein Jenseits der Sichtbarkeit öffnet, das Unsichtbare an der Landschaft zu sehen.

Aber die Bachtin'sche Abgrenzung verlangt zumindest nach einer Differenzierung: Die Landschaft ist in allen literarischen Gattungen und vor allem im Roman von seinen Anfängen bis zur Gegenwart vertreten. So hat ein Gegenwartsautor ausgehend von einer Lektüre des Schäferromans *L'Astrée* (1606–1627) von Honoré d'Urfé den Begriff des ‚geographischen Gefühls' (Chaillou 1976) eingeführt. Sofern der Romanschriftsteller durch seine gesamte Erzählung hindurch die Perspektive einer einzigen Person einnimmt und dabei der Technik des eingeschränkten Blickfelds folgt, die man den ‚subjektiven Realismus' genannt hat, erscheint die Welt auf diese Art als sein Horizont. Die Beschreibung beschränkt sich selten auf die Konventionen einer angeblich objektiven Mimesis: Sie nimmt oft die Möglichkeiten der Lyrik zur Hilfe, ihren Rhythmus, ihre Bildlichkeit und ihre Expressivität. Man kann in der Landschaftsbeschreibung sogar einen der Entstehungsorte einer poetischen Prosa sehen, und sie ist ein charakteristisches, bestimmendes Merkmal der poetischen Erzählung (*récit poétique*) (→ 5. Schrifträume).

Da er allerdings selten auf eine einzige Person zentriert ist und stattdessen die Interaktion mit seiner Umgebung vorführt, nimmt sich der Roman stärker und umfassender der sozialen, ja sogar politischen Dimension der Landschaft an, ob es dabei nun um die überschaubare Ausdehnung eines Landgemeinde oder um die moderne Großstadt geht, in der das Individuum isoliert und zugleich doch auf Tausende Mitmenschen angewiesen ist. Es sieht ganz so aus, als würde sich der literarische Ausdruck der Landschaft von seinem am stärksten subjektiv bestimmten Standpunkt (den seit jeher die romanischen Sprachen betont haben) bis zu seinen am stärksten objektiv geprägten kollektiven Bestandteilen (die ursprünglich durch die Wörter der germanischen Sprachfamilie ausgedrückt wurden) entfalten. Man tut also gut daran, die Methoden zur Analyse literarischer Landschaften an die Gattung, die Epoche und die Ästhetik der untersuchten Werke anzupassen: Wenn sich beispielsweise eine phänomenologische Herangehensweise wie diejenige der ‚thematischen Analyse' (Collot 1997a, 191–205) als besonders aufschlussreich für die Untersuchung der romantischen Literatur, der Lyrik und der poetischen Erzählung erweist, wird sie der Komplexität anderer Ausdrucksformen von Landschaft keineswegs gerecht, die ein vorrangiges Eingehen auf ihre soziale, ökonomische oder politische Dimension erfordern (→ 25. Formationen literarischer Raumgeschichte). Die vielfältigen Formen, Funktionen und Bedeutungen der Landschaft in der Literatur verlangen somit nach verschiedenen komplementären Herangehensweisen, die man im Rahmen einer ‚literarischen Geographie' (→ 19. Literarische Geographie) und unter bevorzugter Zusammenführung der deutschen und der französischen literaturwissenschaftlichen Tradition miteinander verbinden könnte.

Aus dem Französischen von Jörg Dünne

Literatur

Bakhtine, Mikhaïl. *Esthétique de la création verbale*. Übers. von Alfreda Aucouturier. Paris: Gallimard, 1984.
Baridon, Michel. *Naissance et Renaissance du paysage*. Arles: Actes Sud, 2006.
Bergé, Aline. „Le tournant paysager de la littérature contemporaine: Une traversée des modernités". *Paysage et Modernité(s)*. Hrsg. von Aline Bergé und Michel Collot. Brüssel: Ousia, 2007. 87–101.
Berque, Augustin. *Les Raisons du paysage*. Paris: Hazan, 1995.
Besse, Jean-Marc. *Voir la terre: Six essais sur le paysage et la géographie*. Arles und Versailles: Actes Sud/École nationale Supérieure du Paysage, 2000.
Besse, Jean-Marc. *Le Goût du monde: Exercices de paysage*. Arles und Versailles: Actes Sud/École nationale Supérieure du Paysage, 2009.
Byron, George G. *Childe Harold's Pilgrimage* [1812]. Paris: Aubier-Montaigne, 1949.

Chaillou, Michel. *Le Sentiment géographique*. Paris: Gallimard, 1976.
Chateaubriand, François-René de. *Mémoires d'Outre-Tombe* [1848]. Paris: Acamédia, 1997. http://gallica.bnf.fr/ark:/12148/bpt6k1013503 (19. Dezember 2014).
Chenet, Françoise (Hrsg.). *Le Paysage et ses grilles*. Paris: L'Harmattan, 1996.
Cheng, François. *L'Écriture poétique chinoise*. Paris: Seuil, 1996.
Chevalier, Michel (Hrsg.). *La Littérature dans tous des espaces*. Paris: CNRS éditions, 1993.
Claudel, Paul. *Art poétique: connaissance du temps, traité de la co-naissance au monde et de soi-même, développement de l'Église*. Paris: Mercure de France, 1951.
Collot, Michel (Hrsg.). *Les Enjeux du paysage*. Brüssel: Ousia, 1997.
Collot, Michel. „La notion de ‚paysage' dans la critique thématique". *Les Enjeux du paysage*. Hrsg. von Michel Collot. Brüssel: Ousia, 1997. 191–205 [1997a].
Collot, Michel. *L'Horizon fabuleux*. Paris: Corti, 1988.
Collot, Michel. *Paysage et Poésie: Du romantisme à nos jours*. Paris: Corti, 2005.
Collot, Michel. *La Pensée-paysage*. Arles und Versailles: Actes Sud/École nationale Supérieure du Paysage, 2011.
Cosgrove, Denis (Hrsg.). *The Iconography of Landscape: Essays on the Symbolic Representation, Design and Use of Past Environments*. Cambridge: Cambridge University Press, 1988.
Dagognet, François (Hrsg.). *Mort du paysage?* Seyssel: Champ Vallon, 1982.
Dorrian, Mark, und Gillian Rose (Hrsg.). *Deterritorialisations ... Revisioning: Landscapes and Politics*. London: Black Dog Publishing, 2003.
Estienne, Robert. „Paisage". *Dictionnaire français-latin*. Paris: Imprimerie de R. Estienne, 1549.
Franceschi, Catherine. „Du mot paysage et de ses équivalents". *Les Enjeux du paysage*. Hrsg. von Michel Collot. Brüssel: Ousia, 1997. 75–111.
Hess, Gerhard. *Die Landschaft in Baudelaires „Fleurs du mal"*. Heidelberg: Winter, 1953.
Ingold, Tim. „The Temporality of Landscape". *The Perception of the Environment: Essays on Livelihood, Dwelling, and Skill*. London und New York: Routledge, 2000. 189–208.
Jackson, John Brinckerhoff. *Discovering the Vernacular Landscape*. New Haven: Yale University Press, 1984.
Koschorke, Albrecht. *Die Geschichte des Horizonts: Grenze und Grenzüberschreitung in literarischen Landschaftsbildern*. Frankfurt a.M: Suhrkamp, 1990.
Littérature n°61. „Paysages". 1986.
Littré, Émile. „Paysage". *Dictionnaire de la langue française*. Paris: Hachette, 1863–1877.
Lobsien, Eckhard. *Landschaft in Texten: Zu Geschichte und Phänomenologie der literarischen Beschreibung*. Stuttgart: Metzler, 1981.
Mitchell, William J. T. *Landscape and Power*. Chicago: University of Chicago Press, 1994.
Olwig, Kenneth. *Landscape, Nature, and the Body Politic: From Britain's Renaissance to America's New World*. Madison, WI: University of Wisconsin Press, 2002.
Paquot, Thierry. „Le paysage urbain, l'écoumène de la modernité".*Ville contre-nature: Philosophie et architecture*. Hrsg. von Chris Younès. Paris: La Découverte, 1999. 154–174.
Raymond, Marcel. *Jean-Jacques Rousseau: La quête de soi et la rêverie*. Paris: Corti, 1962.
Ritter, Joachim. *Landschaft: Zur Funktion des Ästhetischen in der modernen Gesellschaft*. Münster: Aschendorff, 1963.
Roger, Alain (Hrsg.). *La Théorie du paysage en France (1974–1994)*. Seyssel: Champ Vallon, 1995.
Roger, Alain. *Court traité du paysage*. Paris: Gallimard, 1997.
Senancour, Étienne Pivert de. *Oberman* [1804]. Genf: Droz, 1931. I, 102.
Smuda, Manfred (Hrsg.). *Landschaft*. Frankfurt a. M.: Suhrkamp, 1986.
Tadié, Jean-Yves. *Le Récit poétique*. Paris: PUF, 1978.
Zola, Émile. *La Faute de l'Abbé Mouret* [1875]. Paris: Gallimard, 1991.

13. Chronotopoi
Michael C. Frank

Der Begriff ‚Chronotopos' – eine gräzisierte Form des relativitätstheoretischen Konzepts der Raumzeit – stammt ursprünglich aus der Biologie. Geprägt wurde er von dem sowjetischen Neurophysiologen Aleksej A. Uchtomskij. Als dieser im Herbst 1925 einen Vortrag „Über den Raum-Zeit-Komplex oder über den Chronotopos" hielt, um die Bedeutung der Relativitätstheorie für seine Disziplin zu reflektieren (Sasse 2010, 141–143), befand sich im Publikum der Literaturwissenschaftler Michail Bachtin. Er sollte den Chronotoposbegriff später in ganz anderem Bedeutungszusammenhang aufgreifen. Bachtins zwischen 1937 und 1938 entstandene Studie „Formen der Zeit und des Chronotopos im Roman" wurde aufgrund der langen Verbannung des Autors (Clarke und Holquist 1984, 120–145) mit beinahe vierzigjähriger Verzögerung veröffentlicht. Sie erschien 1975, um einige Schlussbemerkungen aus dem Jahr 1973 ergänzt. Erst jetzt begann die eigentliche Karriere des Chronotoposkonzepts – nun allerdings in den Literatur- und Kulturwissenschaften.

Für den vorliegenden Zweck wäre es wünschenswert gewesen, wenn Bachtin seiner Studie eine möglichst prägnante Begriffsbestimmung vorangestellt hätte. Allein, diesen Gefallen tut uns der Autor nicht. Im Rahmen seiner kaum zweiseitigen Vorbemerkungen findet sich die einzige, oft zitierte Erläuterung des Chronotoposkonzepts. Der Passus bleibt vage: „Den grundlegenden wechselseitigen Zusammenhang der in der Literatur künstlerisch erfaßten Zeit-und-Raum-Beziehungen wollen wir als *Chronotopos* [...] bezeichnen. [...] Im künstlerisch-literarischen Chronotopos verschmelzen räumliche und zeitliche Merkmale zu einem sinnvollen und konkreten Ganzen. Die Zeit verdichtet sich hierbei, sie zieht sich zusammen und wird auf künstlerische Weise sichtbar; der Raum gewinnt Intensität, er wird in die Bewegung der Zeit, des Sujets, der Geschichte hineingezogen. Die Merkmale der Zeit offenbaren sich im Raum, und der Raum wird von der Zeit mit Sinn erfüllt und dimensioniert." (2008, 7; Herv. i. O.) Zumindest eines wird klar: Mit seinem Chronotoposbegriff möchte Bachtin der Tatsache Rechnung tragen, dass alle räumlichen Elemente der erzählten Welt eines literarischen Textes unweigerlich eine zeitliche Komponente in sich tragen – und umgekehrt. Erzählter Raum und erzählte Zeit bedingen sich wechselseitig und manifestieren sich als ein komplexes Zusammenspiel (→ 7. Raum und Erzählung). Die Zeit, die an sich abstrakt und nicht sinnlich erfahrbar ist, gewinnt erst durch ihre räumliche Konkretisierung im Chronotopos Gestalt und Sichtbarkeit. Und umgekehrt wird der an sich leere und statische Raum mit Zeit ausgefüllt und dynamisiert. Eine Trennung von Raum und Zeit bei der Textbetrachtung erscheint von dieser

Warte aus als künstliches Auseinanderdividieren miteinander verknüpfter Merkmale.

Was genau es bedeutet, das Zusammenspiel von Raum und Zeit bei der Literaturanalyse zu berücksichtigen, und welche Ausprägungen dieses Zusammenspiel im Einzelfall annehmen kann, wird noch anhand von Beispielen zu erörtern sein. Doch zunächst sind einige Worte zur methodischen Ausrichtung der Chronotopos-Studie erforderlich, um nachvollziehbar zu machen, in welchem Zusammenhang das Konzept bei Bachtin steht und in welcher Absicht er es verwendet. In einem zweiten Schritt sollen dann die theoretischen Grundlagen beleuchtet werden, die Bachtin selbst mehr andeutet als ausführt. Vor diesem Hintergrund können abschließend exemplarische Chronotopoi im Roman betrachtet werden.

1. Methodologische Ausrichtung

Wie schon der Titel „Formen der Zeit und des Chronotopos im Roman" signalisiert, geht es Bachtin weniger um eine allgemeine, theoretisch-abstrakte Bestimmung des Chronotoposkonzepts. Vielmehr beabsichtigt er eine Analyse konkreter Manifestationsformen des so bezeichneten Phänomens innerhalb der Gattung Roman. Hierfür wählt er eine diachrone Herangehensweise. Seine Untersuchung liefert einen Parcours durch verschiedene Epochen (→ 25. Formationen literarischer Raumgeschichte). Der Antike sind insgesamt drei Kapitel gewidmet, die jeweils den abenteuerlichen Prüfungsroman, den abenteuerlichen Alltagsroman sowie diverse Typen der Biographie und Autobiographie betrachten. Im Gegensatz dazu wird das Mittelalter – repräsentiert durch die Gattung des Ritterromans und Dantes *Divina Commedia* – in nur einem einzigen Kapitel durchschritten. Es folgt ein weiterer Block aus drei Kapiteln, der vom Umfang her fast die Hälfte der gesamten Studie ausmacht. Er behandelt den Romanzyklus François Rabelais' als Vertreter des Schelmenromans, den Gegenstand von Bachtins kurz darauf abgeschlossener, umfangreicher Dissertationsschrift (1987). Diese streckenweise etwas ausufernde Sequenz lässt die unmittelbar angrenzenden Abschnitte wie Vor- und Nachbetrachtungen erscheinen, so als dienten sie bloß dazu, die literarhistorische Sonderstellung Rabelais' zu unterstreichen, der in Bachtins Studie den Beginn der Neuzeit markiert. Es folgt ein schlankes Kapitel zur Idylle und ihren gattungsgeschichtlichen Spuren in Romanen der Aufklärung. Zwar finden sich in den Schlussbemerkungen noch kurze Ausblicke auf das späte 18. und 19. Jahrhundert; insgesamt aber liegt der Schwerpunkt auf Altertum und Renaissance – und somit auf Texten, die gemeinhin eher als *Vorläufer* des modernen

Romans betrachtet werden. Hier bildeten sich nach Bachtin die wichtigsten Chronotopoi heraus, die in späteren Jahrhunderten aufgegriffen und variiert wurden.

Bachtins Studie trägt nicht umsonst den Untertitel „Untersuchungen zur historischen Poetik". Die betrachteten Gattungen und Einzeltexte werden mit teils großem Aufwand kontextualisiert. Grund dafür ist Bachtins Bestreben, jeden literarischen Chronotopos mit dem „realen historischen Chronotopos" (2008, 8) der dazugehörigen Epoche in Beziehung zu setzen. Dieser „reale äußere Chronotopos" (58) kann sich den genannten Beispielen zufolge in unterschiedlichen Weisen manifestieren. Manchmal kommt er in konkreten Orten von besonderer soziokultureller Bedeutung zum Ausdruck. So sagt Bachtin etwa über den Versammlungsplatz (Agora) der griechischen Antike: „Hier ist [...] eine autobiographische Bewußtwerdung des Menschen seiner selbst und seines Lebens erstmals offenbar geworden und zu Form geronnen" (58). Die öffentliche Aufdeckung und Durchleuchtung des Privatlebens, wie sie sich auf der Agora vollzog, korrespondierte laut Bachtin mit einer Kultur der „totalen Extrovertiertheit", in welcher der Mensch „ganz und gar veräußerlicht" war und gleichsam ohne verborgenen, inneren Kern im „menschlichen Medium des Volkes" aufging (62). Unter diesen Bedingungen entstanden die ersten autobiographischen Formen, in denen das an den Chronotopos der Agora gekoppelte Menschenbild in einen literarischen Chronotopos übersetzt wurde. Spätere Texte übernahmen das Motiv vom Lebensweg und den Zeittyp ‚biographische Zeit', die sie vor dem Hintergrund anderer realer Chronotopoi aktualisierten.

Mit ‚realer Chronotopos' ist aber noch eine andere Art von kulturhistorischer Gegebenheit bezeichnet: die raumzeitliche Ordnungsstruktur, die das Weltbild einer bestimmten Epoche bestimmt. Menschenbilder, so ist Bachtin überzeugt, sind „in [ihrem] Wesen immer chronotopisch" (8), was er mit einem Verweis auf Immanuel Kants ‚Transzendentale Ästhetik' untermauert. In dem so betitelten Teil seiner *Kritik der reinen Vernunft* (1781/87) widmet sich Kant apriorischen Vorstellungen wie unter anderem denjenigen von Raum und Zeit. Die Vorstellungen von Raum und Zeit gehen Kant zufolge nicht nur jeder empirischen Anschauung voraus, sondern liegen dieser auch immer schon zugrunde, ja, machen sie überhaupt erst möglich, indem sie dem Angeschauten eine Ordnung verleihen (z. B. im Sinne eines Nebeneinander oder Nacheinander). Demnach sind Raum und Zeit jeweils als „die Bedingung der Möglichkeit der Erscheinungen, und nicht als eine von ihnen abhängende Bestimmung an[zu]sehen" (Kant 1974, B 39 [72] zum Raum; B 46 [78] zur Zeit). Anders als Kant möchte Bachtin Raum und Zeit allerdings „nicht als ‚transzendentale', sondern als Formen der realen Wirklichkeit selbst" begreifen und dabei „versuchen darzustellen, welche Rolle diese Formen im Prozeß der konkreten künstlerischen Erkenntnis (des künstlerischen Sehens) unter Bedingungen, die dem Romangenre eignen, spielen" (2008, 8, Anm.), womit er das Anliegen der Kant'schen *Kritik* zu verfehlen scheint. Denn für Kant besteht kein Zweifel daran, dass uns Dinge in der sinnlichen Wahrnehmung tatsächlich im Raum und in der Zeit erscheinen; als Transzendentalphilosoph ist er schlichtweg nicht an der empirischen Raum- und Zeitwahrnehmung interessiert, sondern allein daran, wie die apriorischen Vorstellungen von Raum und Zeit zur Möglichkeitsbedingung der Erkenntnis werden. Es fragt sich daher, warum Bachtin überhaupt auf Kant referiert, wenn er Raum und Zeit nicht als transzendentale Formen verstehen will. Eine mögliche Erklärung könnte lauten, dass er in Abgrenzung zu Kants universalistischem Ansatz den Apriorismus von Raum und Zeit für *historisch bedingt* und somit für variabel hält (zum Unterschied zwischen Kant und Bachtin vgl. Morson und Emerson 1990, 367, sowie Scholz 1998 und Frank und Mahlke 2008, 208–211). Für diese Lesart spricht die Formulierung, die „Aneignung" des realen Raums und der realen Zeit in der Literatur bleibe notwendigerweise partiell und selektiv; angeeignet werden könnten stets nur „einzelne Aspekte von Zeit und Raum", nämlich diejenigen, welche „auf der jeweiligen Entwicklungsstufe der Menschheit zugänglich" seien (Bachtin 2008, 7). Dies impliziert eine epistemische Begrenzung. Der Blick auf die Wirklichkeit und ihre raumzeitliche Beschaffenheit ist zwangsläufig limitiert. Sobald bis dahin unzugängliche Aspekte zugänglich werden (sich der reale Chronotopos also geändert hat), entsteht ein neues Welt- und Menschenbild.

In einem zeitnah entstandenen Aufsatz aus dem Jahr 1941 charakterisiert Bachtin den Roman als „das einzige im Werden begriffene und noch nicht fertige Genre", das im Gegensatz zu den bereits „abgestorbenen Genres" Epos und Tragödie in der Lage sei, den Kontakt mit der „Gegenwart (der zeitgenössischen Zeit) in ihrer Unabgeschlossenheit" zu wahren (1986, 465–466 und 473). Diese Prämisse liegt implizit auch dem Chronotopos-Essay zugrunde. Bachtin zeigt hier, wie die Gattung des Romans immer wieder flexibel auf die raumzeitlichen Neuorientierungen der abendländischen Kultur reagieren konnte, indem sie neue Untergattungen mit eigenen Chronotopoi hervorbrachte. Genau an diesem Punkt setzt Bachtin eine gattungstheoretische Untersuchung an. Während Chronotopoi in Bezug auf ihre Entstehung an bestimmte Epochen gebunden sind, werden sie als Bestandteil literarischer Texte zu transepochalen Merkmalen von Gattungen (in diesem Fall genauer: Untergattungen des Romans): „In der Literatur ist der Chronotopos für das *Genre* von grundlegender Bedeutung. Man kann geradezu sagen, daß das Genre mit seinen Varianten vornehmlich vom Chronotopos determiniert wird." (2008, 8; Herv. i. O.) Zwar begreift Bachtin den Roman als eine konstant in Entwicklung begriffene Form, zugleich nimmt er aber an, dass die verschiedenen Untergattungen des Romans strukturell stabil sind und ihren Entstehungskontext überdauern. Auf diese Weise kann der Roman einerseits ständig neue Chronotopoi generieren, andererseits aber auch alte Chronotopoi am Leben erhalten, wenn diese „ihre realistisch-produktive und adäquate Bedeutung" (8) verloren haben – es für sie also keine lebensweltlichen Entsprechungen mehr gibt. Das Nacheinander der realen Chronotopoi wird so zum Nebeneinander ihrer literarischen Entsprechungen, Literatur zum Medium des kulturellen Gedächtnisses (→ 17. Mnemotop): „Die kulturellen und literarischen Traditionen (darunter auch die allerältesten) werden nicht im individuellen subjektiven Gedächtnis des einzelnen Menschen und nicht in irgendeiner kollektiven ‚Psyche' aufbewahrt, und sie bleiben nicht dort am Leben, sondern in den objektiven Formen der Kultur selbst [...], und in diesem Sinne sind sie intersubjektiv und interindividuell [...]; von dort aus gelangen sie in die Werke der Literatur, wobei sie das subjektive individuelle Gedächtnis der Schöpfer mitunter fast völlig umgehen." (186–187, Anm.) Texte tragen Spuren der in ihnen reflektierten Realitäten und ermöglichen dadurch Rückschlüsse über diese.

2. Theoretische Grundlagen

„Formen der Zeit und des Chronotopos im Roman" vereint mithin drei parallele Analysen in sich: eine kulturphilosophische, eine literarhistorische und eine gattungstheoretische. Ungeachtet dieses Operierens auf verschiedenen analytischen Ebenen, stellt einen Bachtins methodisches Vorgehen vor keine größeren Probleme. Schwieriger gestaltet sich der Nachvollzug seiner theoretischen Ausgangspunkte. Einleitend verweist Bachtin auf die Ursprünge des Raumzeitbegriffs in der „mathematischen Naturwissenschaft", die sich ihrerseits auf die Einstein'sche Relativitätstheorie stützte. Dann aber fügt er hinzu: „Der spezielle Sinn, den dieser Terminus innerhalb der Relativitätstheorie erhalten hat, ist für uns hier [...] nicht von Relevanz; wir übertragen ihn auf die Literaturwissenschaft fast (wenn auch nicht ganz) wie eine Metapher. Für uns ist wichtig, daß sich in ihm der untrennbare Zusammenhang von Zeit und Raum (die Zeit als vierte Dimension des Raumes) ausdrückt." (2008, 7) Die Einführung des Chronotoposkonzepts erfolgt bei Bachtin also unter dem Vorbehalt der Beinahe-Metaphorik. Michael Wegner rät angesichts dieser kryptischen Erläuterung dazu, „den Zusammenhang von Bachtins Chronotopostheorie zur Relativitätstheorie nicht über[zu]strapazieren" (1988, 1361), und unterstreicht zu Recht die „von vornherein einkalkulierte begriffliche Unschärfe und semantische Mehrdeutigkeit" (1365) des Chronotoposbegriffs, den Bachtin im Laufe seiner Ausführungen in unterschiedlichen Bedeutungen verwendet (Wegner 1993, 388–391). Manchmal bezeichnet ‚Chronotopos' (wie gesehen) die erzählte Welt in ihrer raumzeitlichen Gesamtheit, manchmal aber auch nur bestimmte Elemente innerhalb dieser

Welt. Man könnte zur besseren Unterscheidbarkeit von Makro-Chronotopoi und Mikro-Chronotopoi sprechen. Während erstere an bestimmte Gattungen gebunden sind, können letztere – als Motive – in Texten unterschiedlicher Gattungen auftreten (Beispiele dafür sind etwa die Chronotopoi der Begegnung, des Weges und der Schwelle, die Bachtin neben anderen chronotopischen Motiven in seinen Schlussbemerkungen aufführt).

Trotz dieser terminologischen Unklarheiten lohnt es sich, Bachtins Vorbemerkungen beim Wort zu nehmen und genauer zu überprüfen, wie weit die Parallelen zur naturwissenschaftlichen ‚Raumzeit' gehen. Bachtins oben zitierte Ausführungen zum Chronotoposkonzept beziehen sich auf Hermann Minkowski, den mathematischen Lehrer Albert Einsteins, der 1907 zur Darstellung der speziellen Relativitätstheorie den sogenannten Minkowski-Raum entwarf. Darin werden die drei herkömmlichen euklidischen Dimensionen um die Zeitdimension ergänzt und zu einem vierdimensionalen Raum zusammengefasst. 1908 sagte Minkowski über die von ihm entwickelten „Anschauungen über Raum und Zeit": „Ihre Tendenz ist eine radikale. Von Stund' an sollen Raum für sich und Zeit für sich völlig zu Schatten herabsinken und nur noch eine Art Union der beiden soll Selbständigkeit bewahren." (1909, 75) Eine vergleichbare „Synthese von Zeit und Raum zu einem neuen Ganzen" (Wegner 1988, 1361) beabsichtigt Michail Bachtin, auch wenn er die trennende Betrachtung von Raum und Zeit (wie schon sein Verweis auf Immanuel Kant verdeutlicht) keineswegs aufgibt: Bachtin nimmt beide Komponenten des Chronotopos immer wieder einzeln unter die Lupe und gewichtet sie je nach Beispiel in unterschiedlichem Maße. Bezeichnenderweise spricht er einmal – in Bezug auf den Chronotopos der Begegnung – von der „untrennbare[n] Einheit (jedoch nicht Verschmelzung) der Zeit- und Raumbestimmungen" (2008, 21), was verdeutlicht, dass er Raum und Zeit zwar in ihrem Zusammenspiel betrachtet, sie anders als Minkowski aber nicht zu bloßen ‚Schatten herabsinken' lassen will.

3. Historische Perspektiven

Exemplarisch dafür ist Bachtins erste und wahrscheinlich berühmteste Fallstudie. Sie legt ihr Augenmerk auf den abenteuerlichen Prüfungsroman, einen spätantiken Vorläufer des modernen („*reinen*") Abenteuerromans, in dessen Mittelpunkt die „*Erprobung* der Helden" steht (2008, 10 und 31; Herv. i. O.). Hierzu gehören verschiedene Texte des 2. bis 4. Jahrhunderts, darunter *Leukippe und Kleitophon* von Achilleus Tatios, darüber hinaus die *Aithiopika* des Heliodor, *Chaireas und Kalirhoe* von Chariton, die *Ephesiaka* des Xenophon von Ephesos sowie *Daphnis und*

Chloë von Longos. In formalistischer Manier reduziert Bachtin dieses Textkorpus auf ein wiederkehrendes Handlungsmuster, das aus einigen wenigen Elementen besteht: Zwei gleichermaßen schöne wie keusche Figuren begegnen sich und verfallen in Liebe zueinander; doch es tun sich Hindernisse auf, die Liebenden werden getrennt. Es folgt eine lange Reihe retardierender Abenteuer (Prüfungen) in fremden Ländern, bevor sich der Jüngling und das Mädchen endlich wiederfinden und heiraten können. Wie Bachtin anmerkt, stehen die großen räumlichen Distanzen, die überwunden werden, und die schier unendlichen Abenteuer, die sich dabei ereignen, in einem seltsamen Missverhältnis zum Alterungs- und Reifungsprozess der Helden. Ein solcher nämlich bleibt aus. Als Held und Heldin am Ende heiraten, sind sie genauso jung und gutaussehend wie zu Beginn. Die zahlreichen Prüfungen, die sie bestehen mussten, haben sie nicht geprägt. Überhaupt haben die Figuren keinerlei Entwicklung durchlaufen. Ihre Liebe zueinander ist unverändert geblieben, und ihre Tugenden – mit denen sie von Anfang an ausgestattet waren – sind im Laufe ihrer Abenteuer nur bestätigt worden. So wie sie sich zu Beginn kennenlernten, finden sie sich am Ende wieder.

Dementsprechend konstatiert Bachtin „eine außerzeitliche Spanne zwischen zwei biologischen Momenten: dem Erwachen der Leidenschaft und deren Befriedigung": „Alle Romanereignisse, die diese Kluft ausfüllen, stellen ausschließlich eine Abschweifung vom normalen Gang des Lebens dar, die der realen Dauer entbehrt" (2008, 13). Die Regeln der biographischen Zeit scheinen während der Abenteuersequenz suspendiert zu sein. Oder besser gesagt: Es scheinen andere zeitliche Gesetzmäßigkeiten zu gelten. Diese andere Zeit – die Bachtin ‚Abenteuerzeit' nennt – ist an ein bestimmtes räumliches Bezugssystem gebunden: die fremde Welt, die analog als ‚Abenteuerraum' beschrieben werden könnte. In dem Moment, in dem die Helden ihre Heimat verlassen und den Abenteuerraum betreten, finden sie sich in einer anderen Zeit. Aus der Kombination von Abenteuerraum und Abenteuerzeit ergibt sich der für diesen Texttyp charakteristische Chronotopos. Bachtin spricht von einer *„fremden Welt, in der die Zeit des Abenteuers herrscht"* (12; Herv. i. O.). Dieser Chronotopos bleibt sowohl in räumlicher als auch in zeitlicher Hinsicht seltsam unkonkret. Zwar finden sich vereinzelte Hinweise auf bestimmte Länder, doch sind die Schauplätze prinzipiell austauschbar. Was zählt, ist nur die geographische Weite an sich: „Die griechische Abenteuerzeit bedarf einer *abstrakten* räumlichen Extensität. [...] Das Abenteuer braucht, um sich entfalten zu können, Raum, viel Raum" (23). Aus der Summe der Abenteuer lässt sich keine präzise Handlungsdauer ableiten, so wie auch die verschiedenen Schauplätze keine exakte Vorstellung von der Ausdehnung des Handlungsraums vermitteln. Der Eindruck, der beim Lesen entsteht, ist, dass die Figuren in kürzester Zeit (ja, gleichsam *ohne* Aufwendung biographischer Zeit) enorme Entfernungen überwinden – in einer chronotopischen Parallelwelt, in der andere Gesetze herrschen.

Ein genau umgekehrter Eindruck ergibt sich bei der Lektüre von Idyllen. Im Spektrum der Bachtin'schen Chronotopoi stellt der idyllische Chronotopos den Gegenpol zum Abenteuer-Chronotopos dar. Während letzterer „Raum, viel Raum" erfordert, gilt im idyllischen Chronotopos dasselbe für die Zeit. Die Zeit kann hier (dem Raum im Abenteuer-Chronotopos entsprechend) potentiell unendlich ausgedehnt werden. Dafür ist der Raum auf ein Minimum beschränkt: „Das Leben und seine Ereignisse sind organisch an einen Ort – das Heimatland mit all seinen Fleckchen und Winkeln, die vertrauten Berge, Täler und Felder, Flüsse und Wälder, das Vaterhaus – gebunden, mit ihm verwachsen (→ 6. Literarischer Raum). Das idyllische Leben mit seinen Ereignissen ist nicht zu trennen von dem konkreten Fleck Erde, wo die Väter und Vorväter lebten, wo die Kinder und Enkel leben werden. Diese räumliche Mikrowelt ist begrenzt und genügt sich selbst; sie ist mit anderen Orten, mit der übrigen Welt nicht auf wesentliche Weise verbunden. Doch die in dieser begrenzten räumlichen Mikrowelt lokalisierte Lebensreihe der Generationen kann unbegrenzt lang sein. (160) Der idyllische Chronotopos ist genau von der Art von Zeit geprägt, die im abenteuerlichen Prüfungsroman fehlt: einer zyklischen Zeit, die in natürlicher Weise mit den örtlichen Gegebenheiten und den Lebensgeschichten der Protagonisten korrespondiert. Allerdings handelt es sich bei der oben zitierten Skizze um einen Idealtypus, den Bachtin als Vorläufer verschiedener Romanformen des 18. Jahrhunderts postuliert. Im Gegensatz zum abenteuerlichen Prüfungsroman existiert dieses Genre nicht in Reinform, sondern nur in Gestalt einzelner Komponenten, die in so verschiedenen Untergattungen wie dem Heimatroman, dem Erziehungsroman, dem Roman nach Sterne'schem Vorbild, dem sentimentalen Roman oder auch dem Familien- und Generationenroman nachgewiesen werden können.

Die beiden näher betrachteten Fallstudien – aus dem ersten und letzten Kapitel von Bachtins Chronotopos-Essay – setzen Raum und Zeit in ein proportionales Verhältnis. Während im abenteuerlichen Prüfungsroman ,viel Raum' mit ,wenig Zeit' einhergeht, ist im idyllischen Roman das Gegenteil der Fall. In den übrigen Fallstudien äußert sich das Raum-Zeit-Verhältnis in anderer Weise. Hier geht es Bachtin nicht um eine Quantifizierung von Raum und Zeit, sondern um die Frage danach, welcher Art die jeweiligen Räume und Zeiten sind, das heißt, wie sie jeweils kulturell semantisiert sind. So etwa in der kurzen Passage zum Schauerroman (*Gothic novel*). Im Chronotopos des Schlosses, wie ihn Horace Walpoles *The Castle of Otranto* etablierte, materialisiert sich der Zeittyp ,historische Zeit'. Die Vergangenheit ist hier geradezu dinglich präsent, im Schloss als Gebäude selbst, aber auch in dessen Ausstattung (Mobiliar, Waffen, Ahnenporträts) (→ 2. Topographien). Bachtins Beobachtung lässt sich noch erweitern. Bei

Walpole und in späteren Schauerromanen wird die Hauptfigur mit einer schuldbeladenen, verdrängten und daher unheimlichen Vergangenheit konfrontiert, die im Schloss (oder einem vergleichbaren Ort) eine geisterhafte Gegenwart aufrechterhält. Nur der Chronotopos macht diese Begegnung möglich, da er die Zeit im Raum konserviert.

In seinen 1973 ergänzten Schlussbemerkungen fügt Bachtin seinen theoretischen Ausführungen zum Chronotopos noch einige wichtige Aspekte hinzu. Unter anderem betont er, dem Chronotopos komme „erstrangige sujetbildende Bedeutung" zu (2008, 187). Das bedeutet, dass die Wahl eines bestimmten Chronotopos den Verlauf der Handlung mitbestimmt, da sie diese in eine gewisse Richtung lenkt (→ 14. Semiosphäre und Sujet). Darüber hinaus unterstreicht Bachtin die gestalterische Funktion des Chronotopos. Nach seinem metaphorischen Bild stellt der Chronotopos das Fleisch auf dem Skelett der Plot-Struktur dar. Der Chronotopos ist es, der die Ereignisse des Sujets zu Bildern werden lässt; durch die „Materialisierung der Zeit im Raum" (188) schafft er die Voraussetzung für die szenische Entfaltung der Handlung. Unter dem Eindruck jüngerer rezeptionsästhetischer Ansätze (Wegner 1993, 384) merkt Bachtin ferner an, außer dem Autor befinde sich auch der Leser in konkreten lebensweltlichen Chronotopoi. Da beide „an der Erschaffung der im Text dargestellten Welt gleichermaßen beteiligt" seien (2008, 191), flössen neben den raumzeitlichen Gegebenheiten der vergangenen Epoche auch diejenigen der Gegenwart mit in die erzählte Welt ein. Bachtin wendet sich damit gegen eine naive Lesart, nach der uns literarische Texte einen ungebrochenen Einblick in das Weltbild vergangener Epochen ermöglichen, unabhängig vom Standpunkt des Lesers.

Diese verschiedenen Ergänzungen pluralisieren das Chronotoposkonzept noch weiter, so dass es zugleich definitorisch unterbestimmt und theoretisch überdeterminiert erscheint (Frank und Mahlke 2008, 205–207). Doch genau hierin liegt auch ein Potential. In Bachtins Schlussbemerkungen erweist sich der Chronotopos endgültig als ein *concept in progress*, das Bachtins Charakterisierung des Romans entspricht: Es ist unfertig und kann daher auf (Theorie-)Entwicklungen reagieren, indem es sich in neue Kontexte integriert und in anderer Gestalt präsentiert (→ 3. Dynamisierungen). Ein einfacher Rekurs auf ‚das Chronotoposkonzept Bachtins' ist daher in mehrfacher Hinsicht problematisch. Bevor man das Konzept anwendet, sind Präzisierungen nötig – aber auch eigene Modifikationen und Erweiterungen möglich.

Literatur

Bachtin, Michail M. „Formy vremeni i chronotopa v romane. Očerki po istoričeskoj poětike" [„Formen der Zeit und des Chronotopos im Roman. Untersuchungen zur historischen Poetik"]. *Voprosy literatury i ėstetiki. Issledovanija raznych let* [*Fragen der Literatur und Ästhetik. Studien aus verschiedenen Jahren*]. Moskau: Chudožestvennaja literatura, 1975. 234–407.

Bachtin, Michail M. „Epos und Roman" [1941]. *Untersuchungen zur Poetik und Theorie des Romans*. Hrsg. von Edward Kowalski und Michael Wegner. Übers. von Michael Dewey. Berlin und Weimar: Aufbau, 1986. 465–506.

Bachtin, Michail M. *Rabelais und seine Welt: Volkskultur als Gegenkultur*. Hrsg. von Renate Lachmann. Übers. von Gabriele Leupold. Frankfurt a. M.: Suhrkamp, 1987 [1965].

Bachtin, Michail M. „Formen der Zeit und des Chronotopos im Roman: Untersuchungen zur historischen Poetik". *Chronotopos*. Übers. von Michael Dewey. Mit einem Nachwort von Michael C. Frank und Kirsten Mahlke. Frankfurt a. M.: Suhrkamp, 2008. 7–199.

Clark, Katerina, und Michael Holquist. *Mikhail Bakhtin*. Cambridge, MA und London: The Belknap Press of Harvard University Press, 1984.

Frank, Michael C., und Kirsten Mahlke. „Nachwort". Michail Bachtin. *Chronotopos*. Übers. von Michael Dewey. Mit einem Nachwort von Michael C. Frank und Kirsten Mahlke. Frankfurt a. M.: Suhrkamp, 2008. 201–242.

Kant, Immanuel. *Kritik der reinen Vernunft 1* [1781/1787]. *Werkausgabe Bd. III*. Hrsg. von Wilhelm Weischedel. Frankfurt a. M.: Suhrkamp, 1974.

Minkowski, Hermann. „Raum und Zeit". *Jahresbericht der deutschen Mathematiker-Vereinigung* 18 (1909): 75–88.

Morson, Gary S., und Caryl Emerson. *Mikhail Bakhtin: Creation of a Prosaics*. Stanford, CA: Stanford University Press, 1990.

Sasse, Sylvia. *Michail Bachtin zur Einführung*. Hamburg: Junius, 2010.

Scholz, Bernhard F. „Bakhtin's Concept of ‚Chronotope': The Kantian Connection". *The Contexts of Bakhtin: Philosophy, Authorship, Aesthetics*. Hrsg. von David Shepherd. Amsterdam: Harwood Academic Publishers, 1998. 141–172.

Wegner, Michael. „Die Zeit im Raum: Zur Chronotopostheorie Michail Bachtins". *Weimarer Beiträge* 33.8 (1989): 1357–1367.

Wegner, Michael. „Michail Bachtins Chronotopostheorie: Bemerkungen zu ihren geistigen Quellen". *Die Welt der Slawen* 38 (1993): 381–394.

14. Semiosphäre und Sujet
Cornelia Ruhe

1. Die Semiosphäre

Der Begriff der Semiosphäre ist untrennbar mit dem Namen Jurij Lotman verbunden. Während allerdings die strukturalistischen Grundlagentexte des russischen Kultursemiotikers und Mitbegründers der Moskau-Tartuer-Schule, insbesondere *Die Struktur literarischer Texte* (1972, im russischen Original 1970), in der westlichen Wissenschaftslandschaft früh und intensiv zur Kenntnis genommen wurden, ist ihre kulturtheoretische Weiterentwicklung dort kaum rezipiert worden. *Die Innenwelt des Denkens*, in der Lotman sein vorher nur in kleineren Aufsätzen erläutertes Konzept der Semiosphäre umfassend darlegt, liegt seit 1990 in englischer, seit 2010 auch in deutscher Übersetzung vor. In den Blickpunkt der Aufmerksamkeit einer breiteren wissenschaftlichen Öffentlichkeit ist es erst mit dem so genannten *spatial turn*, dem wachsenden Interesse an raumtheoretischen Fragestellungen in den späten 1990er Jahren geraten. Lotmans Entwürfe gewinnen damit, so Michael C. Frank, „den Charakter von Pionierleistungen, die bereits zwanzig Jahre vor Aufkommen des Schlagwortes *spatial turn* die damit bezeichnete Neuausrichtung des Forschungsinteresses antizipierten" (2012, 218).

Lotman entwickelt sein Konzept in Anlehnung an Vladimir Vernadskijs Modell der Biosphäre (2012, 163). Die Semiosphäre ist für Lotman die kleinste mögliche Einheit für die Existenz und die Entwicklung von Kultur. Sie ist „der Raum der Kultur" (202), innerhalb dessen eine gemeinsame Sprache gesprochen und auf ein gemeinsames Symbolsystem rekurriert wird. Als selbstreferentielles System ist die Semiosphäre zugleich „Ergebnis und Voraussetzung der Entwicklung der Kultur" (165).

Als tatsächlicher Raum bleibt die Semiosphäre bei Lotman gewollt unscharf, denn sie ist einerseits der konkrete, auch geographische, kulturelle Raum, andererseits aber der mit den Mitteln der Topologie schwerer dingfest zu machende „gesamte semiotische Raum einer Kultur" (165; → 1. Topologie). Lotmans Vorstellung ist, so kann postuliert werden, dezidiert räumlich, aber keineswegs statisch. Kritiker haben problematisiert, dass sich hinter Lotmans Verständnis der Semiosphäre allzu deutlich die Vorstellung „nationaler ‚Hochkulturen'" (Werberger 2012, 271; Wutsdorff 2012; Makarska 2012) verberge. Es ist aber hervorzuheben, dass Lotman seine Thesen nicht nur auf einzelne Segmente einer Kultur bezieht – so verfügt für ihn etwa der universitäre Kontext über eigene Regeln und einen distinkten semiotischen Code –, sondern in anderen Zusammenhängen auch eine gesamteuropäische Semiosphäre postuliert, die sowohl die westeuropäischen Kulturen als auch die russische umspannt (2010, 193–194; Ruhe 2012, 16). Albrecht Koschorke geht davon aus, dass „ein fortentwickelter Begriff der Semiosphäre dabei helfen [könnte], dezentrierte Sozialordnungen beschreibbar zu machen, wie sie die gegenwärtige Debatte im Hinblick auf die Weltgesellschaft als ganze beherrschen" (2012, 31; → 10. Geopolitik und Globalisierung). Im Kontext aktueller Theoriediskussionen ist Lotmans Konzept der Semiosphäre insofern als fruchtbar zu betrachten, als er sich zwar Argumentationsstrukturen bedient, die in unterschiedlichem Maße Nähe zur Systemtheorie, zum *New Historicism*, zum Postkolonialismus oder zur Imperiumstheorie aufweisen (Ruhe 2012, 17, 27–34; Schahadat 2012; Koschorke 2012, 35–38), sich selbst aber nicht in dichotomen Kategorien von Macht und Ohnmacht, Kolonisator und Kolonisiertem verliert, sondern allein auf die kulturelle Dynamik der analysierten Prozesse und ihre historische Wandelbarkeit abhebt (→ 3. Dynamisierungen).

In ihrem Inneren ist die Semiosphäre in Zentrum und Peripherie untergliedert, eine Ausdifferenzierung, die laut Lotman vom Zentrum ausgeht. Auch wenn es nicht explizit erwähnt wird, so ist das beschriebene Verhältnis zwischen Zentrum und Peripherie doch von einem Machtgefälle bestimmt, in dem die kodifizierende und sanktionierende Macht im Zentrum angesiedelt ist und die Peripherie essentiell ein Ort der geringeren Macht bzw. der Machtlosigkeit ist. Im Zentrum einer Semiosphäre werden entsprechend zur Affirmation dieser Machtstrukturen in Phasen hoher semiotischer Aktivität normative Selbstbeschreibungssysteme generiert, die sodann auf den gesamten Kulturraum ausgedehnt werden. Diese Selbstbeschreibungen können, so Lotman, die Form von Grammatiken, Gesetzestexten und die anderer normativer Apparate annehmen.

Die so erzeugte idealisierte oder reale Selbstbeschreibung kollidiert beim Versuch ihrer Anwendung auf die Peripherie mit den dortigen Verhältnissen, die den Normen der Selbstbeschreibung nicht notwendigerweise entsprechen. Was der Vereinheitlichung dienen soll, produziert und stabilisiert so letztlich Differenz und etabliert Machtstrukturen. Der Prozess der Selbstbeschreibung kann darüber hinaus als Selektionsmechanismus verstanden werden: Im Zentrum wird entschieden, was in die Semantik der sich definierenden Semiosphäre einfließt und welche Phänomene ignoriert werden. Dieser Entscheidung kommt die Macht zu, festzulegen, welche Aspekte einer Kultur weiterhin die Sinnschwelle überschreiten und welche, in Ermangelung ihrer Einbeziehung in die Selbstbeschreibung, für „inexistent" (Lotman 2010, 172) erklärt werden. Insofern sind die Texte, die im Modus der Selbstbeschreibung generiert werden, im Sinne des frühen, strukturalistischen Lotman als sujetlose Texte zu betrachten, da sie für „die Bestätigung einer bestimmten Ordnung der inneren Organisation ihrer Welt" stehen (1993, 337; 2010, 205–206; Mahler 2012, 197).

Das Stadium der Kodifizierung der Normen im Zentrum einer Semiosphäre stellt zugleich den Abschluss einer semiotisch dynamischen Phase dar. Der Entwicklungsprozess kommt mit seiner Fixierung an sein Ende. Das Zentrum wird statisch und beginnt, so Lotman, sich Neuem zu verschließen: „Die Selbstbeschreibung ist die letzte Etappe im Prozess der Selbstorganisation. Was das System aber an struktureller Organisation gewinnt, verliert es andererseits an innerer Unbestimmtheit und damit auch an Flexibilität, Fähigkeit zur Erhöhung der Informationskapazität und an dynamischen Entwicklungsreserven" (2010, 170).

An der Peripherie, dem „Gebiet der semiotischen Dynamik" (178) lösen sich die Kodierungen des Zentrums auf; es kommt zu Ausdifferenzierungen, die im jeweils anderen Teil der Semiosphäre nicht oder kaum anschlussfähig sind. Es liegt zwar ein Vertrautheitsgefälle zwischen Zentrum und Peripherie vor, die gemeinsame Basis ist jedoch so breit, dass sie Zeichenprozesse im Allgemeinen für kommensurabel hält. Periphere Phänomene, die in den normativen Setzungen des Zentrums nicht vorgesehen sind, werden im Zentrum gleichwohl nicht wahrgenommen.

Die Kommunikationsprozesse bzw. Dialoge zwischen Zentrum und Peripherie sorgen in funktionierenden semiotischen Systemen dafür, dass die Semiosphäre flexibel bleibt, indem zwar die kulturellen Rahmenbedingungen sich ändern mögen, die Kultur als solche jedoch nicht zerstört wird. Die mit dem Abschluss der Phase der Selbstbeschreibung drohende Statik des Zentrums wird durch von der Peripherie kommende Einflüsse aufgehalten. Sie sorgen für Regeneration und Erneuerung bis ins Zentrum hinein und ermöglichen so eine Modifizierung der bisherigen Codes. Sie lassen Aspekte und Prozesse sichtbar werden, deren Existenz die bisherigen Normen ignorierten. Die Vielfalt und Heterogenität der Peripherie und die notwendig werdenden Übersetzungsleistungen zwischen ihr und dem Zentrum fordern zukünftige normative Setzungen heraus. Sie können als der Motor für Veränderung betrachtet werden, der die Kultur überlebensfähig hält.

Der Dialog zwischen Zentrum und Peripherie einer Semiosphäre ist ebenso wie der zwischen einer Semiosphäre und ihrer Außenwelt nicht nur auf eine Flexibilisierung ihrer Strukturen angelegt. Im Verlauf des von Lotman skizzenhaft beschriebenen Prozesses des kulturellen Austauschs, bei dem Übersetzungsvorgänge eine zentrale Rolle spielen, kann er auch zu einem Wechsel der Positionen führen: die Peripherie wird zum neuen Zentrum, das Zentrum hingegen zur Peripherie. Es sollte aber nicht unterschlagen werden, dass das bereits erwähnte Machtgefälle innerhalb von Lotmans raumsemantischem Entwurf bewirkt, dass der Dialog selbst asymmetrisch verläuft: Es sind die Selbstbeschreibungen des Zentrums, die infrage gestellt und verteidigt bzw. aufgelöst werden, während die Eingaben von der Peripherie oder von jenseits der Grenze den Charakter von

Störungen haben. Innerhalb des Normensystems der Semiosphäre wird ihnen jedoch nicht derselbe Grad an Organisiertheit und Komplexität zugeschrieben wie den Texten des Zentrums. Dieses Machtgefälle verschiebt sich erst in dem Moment, in dem ein Wechsel zwischen Zentrum und Peripherie erfolgt. Lotman nennt dies ‚Explosion' (2010a). In der Beschreibung dieser Prozesse erweist sich Lotmans Theorie als fruchtbare Ergänzung bzw. Neuperspektivierung postkolonialer Ansätze, die ebenfalls mit asymmetrischen Kommunikationsverhältnissen befasst sind (→ 11. Postkoloniale Räume; 47. Korallen).

An der Peripherie ebenso wie an der Grenze – die als Peripherie der Peripherie verstanden werden kann – erfolgen Einflüsse von außen, die man in Anlehnung an Mary Louise Pratt (1991) als ‚*contact zones*' bezeichnen könnte. Die Grenze ist nicht allein ein Mechanismus der Schließung nach außen, sondern vielmehr der Ort, an dem Kontakte mit anderen Semiosphären stattfinden: „Der Begriff der Grenze", so Lotman, „ist ambivalent: Einerseits trennt sie, andererseits verbindet sie" (2010, 182). Die Grenze dient als „filternde Membran, die die fremden Texte so stark transformiert, dass sie sich in die interne Semiotik der Semiosphäre einfügen, ohne doch ihre Fremdartigkeit zu verlieren" (182). An dieser Stelle dringt neues Wissen ein, das es für die bestehende Semiosphäre anzupassen gilt. Die Grenze ist für Lotman ein „Übersetzungsmechanismus" (182). Die hier erfolgende Übersetzung der eingedrungenen neuen Informationen ist allerdings keine rein linguistische, sondern dient dem Dialog mit einer fremden Semiosphäre. Sie muss gewährleisten, dass die Asymmetrie zwischen beiden Partnern des Dialogs zwar nicht völlig getilgt, dennoch aber soweit überwunden wird, dass Kommunikation stattfinden kann (Ruhe 2012, 19–26). Die Grenze ist als „Informationsgenerator" (Lotman 2010, 169) zu verstehen und erlangt somit für die gesamte Semiosphäre große Bedeutung. Mittels der an der Grenze stattfindenden Übersetzungsprozesse wird das Territorium, das jenseits der eigenen Grenze liegt, ausgemessen, „der Außenraum [wird] strukturiert" (187).

Die Grenze wird damit zu dem Ort, an dem die Semiosphäre darüber zu reflektieren genötigt wird, was sie ausmacht. Die Absetzung von Phänomenen, die von außen zu ihr dringen, führt aber nicht nur zu einer Vergewisserung ihrer selbst und somit zu einer Konsolidierung der zentralen Normen, sondern vielmehr auch zur Ausmessung des Raums, von dem es sich abzusetzen gilt und der als ‚fremd' ausgeschlossen wird. Es handelt sich folglich um eine ambivalente Region, deren Unstrukturiertheit und Unbestimmtheit der Kultur dazu dienen kann, sich zu erneuern, deren Dynamik andererseits jedoch in aggressive Frontenbildung umschlagen kann.

Laut Lotman ist die Grenze der Ort, an dem eine Semiosphäre diejenigen Mitglieder – im buchstäblichen wie übertragenen Sinne – ansiedelt, die besonders wenig angesehen sind. Nur hier werden diejenigen geduldet, die sich besonders schlecht in die bestehenden Normen einer Gesellschaft einfügen lassen, aber auch diejenigen, die von außen in die bestehende Semiosphäre hineinkommen (wobei die einen eine Schnittmenge der anderen sein mögen). Aufgrund ihrer ständigen Berührung mit dem fremden Territorium und seinen Bewohnern ist die Grenze daher ein Ort der Zweisprachigkeit, ein Ort, an dem „kreolisierte [...] semiotische [...] Systeme" (2010, 190) entstehen. Die eindringenden Informationen und ihre Übersetzungen führen dazu, dass die Peripherie sich immer weiter vom Zentrum der Semiosphäre entfernt. Die dort hegemonialen Normen werden solange infrage gestellt, bis sie durch Überalterung im Gegensatz zur semiotischen Aktivität der Peripherie regelrecht versteinern. Das Zentrum wird explosionsartig von der Peripherie verdrängt, die sich zu einem neuen Zentrum mit eigener „Metasprache" (170) entwickelt hat.

2. Das Sujet

Im Werk Lotmans lässt sich von seinen strukturalistischen Anfängen bis hin zum kultursemiotischen Spätwerk eine Betonung des Themas der Grenze feststellen, was zu der von Andreas Mahler pointiert formulierten Einsicht führt, „dass nichts bedeutsam sei, was keine Grenze hat" (2012, 193). Während die Grenze in *Die Struktur literarischer Texte* noch weitgehend als Bestandteil literarischer Texte untersucht wurde (auch wenn diese als „Modell der Struktur des Raumes der ganzen Welt" [Lotman 1993, 312] betrachtet werden), konkretisiert sie sich in den späteren, kulturwissenschaftlichen Texten zu einem raumtheoretischen Konzept, das im Rahmen der Überlegungen zur Semiosphäre dargelegt wird. Dadurch, dass er den literarischen Text als Mittel zur Modellierung einer Welt betrachtet, die ohne ihn gar nicht existieren würde (→ 2. Topographien), löst er ihn zunächst aus den Fängen der positivistischen Weltreferenz, um ihn in seinen kultursemiotischen Untersuchungen wieder stärker auf sie zu beziehen: Fragen nach den Grenzen menschlicher Zeichensysteme und damit nach der Entwicklung von Kultur in Auseinandersetzung mit Grenzphänomenen treten nun in den Vordergrund. Sein kultursemiotisches Programm verfolgt Lotman zwar weiterhin als Literaturwissenschaftler – wie man insbesondere an seinen zahlreichen Beispielen sehen kann; in seinem Spätwerk überschreitet er aber bei Weitem die Grenzen literarischer Texte. Es wäre gleichwohl verfehlt, einen Bruch in der Perspektive zu postulieren, vielmehr liegt bereits seinen narratologischen Texten ein kulturwissenschaftliches Interesse zugrunde, so wie seine kultursemiotischen Überlegungen sich stets auf die Analyse und die theoretische Durchdringung von literarischen Texten stützen. *Die Struktur literarischer Texte*, ein Text, der nach wie vor Generationen von Studierenden als Einführung in die strukturalistische Textanalyse dient, entwickelt ein Modell der erzählten Welt und ihrer räumlichen Unterteilung. Diese Beschreibung vertieft und ergänzt Lotman in *Die Innenwelt des Denkens*.

Der literarische Raum ist, so Lotman, in „zwei disjunkte Teilräume" (1993, 327) untergliedert, die sich zueinander komplementär verhalten, indem ihnen nicht allein topologische wie oben – unten, innen – außen, sondern vor allem semantische Gegensatzpaare wie beispielsweise weiß – schwarz, gut – böse zugewiesen werden. Diese Räume nun sind durch eine Grenze voneinander getrennt, die den Raum des Eigenen von dem des Fremden abtrennt und somit, um im Vokabular von Lotmans späteren, kultursemiotischen Überlegungen zu bleiben, die Semiosphäre erst recht eigentlich erschafft. Diese Grenze ist *per definitionem* unüberschreitbar. Wird die Grenze nun innerhalb eines Textes gleichwohl überschritten, erfolgt „die Versetzung einer Figur über die Grenze eines semantischen Feldes" (332), so liegt ein ‚Ereignis' vor. In diesem Fall kann, so Lotman, davon gesprochen werden, dass der Text ein Sujet hat. Liegt dem Text allerdings kein Ereignis zugrunde, hat er bloß „klassifizierend[en], stratifizierend[en] und ordnend[en]" Charakter (2010, 205), so handelt es sich um einen sujetlosen Text.

Andreas Mahler hat in diesem Zusammenhang hervorgehoben, dass die Begrifflichkeit Lotmans zu ergänzen wäre um eine differenziertere Unterscheidung von Texten, die Grenzüberschreitungen inszenieren, die im Verlauf des Textes rückgängig gemacht werden, und solchen, in denen die Grenze dauerhaft überschritten wird. Die erste Variante dieser Texte bezeichnet er als „Restitutionsschema", in denen die bestehende Raumordnung bestätigt wird, die zweite als „Revolutionssujet" (1998, 12), wobei er wiederum zwischen solchen Texten unterscheidet, in denen diese Ordnungsstörung zwar „konvergent zur zeitgenössischen Wirklichkeitserfahrung, aber divergent zum noch vorherrschenden Weltbild" (12) ist, und solchen, in denen die Übertretung mit einem „nunmehr etablierten neuen Weltbild konvergier[t]" (Dürr 2010, 26). Dieser letzte Fall ist mit Susanne Dürr insofern zu problematisieren, als der Wandel des Weltbildes als bereits vollzogen angesehen werden muss und daher – im Sinne des neuen Weltbildes – keine Ordnungsstörung mehr vorliegt.

Die Figur, der die Überschreitung der Grenze möglich wird, ist der „handelnde Held" (Lotman 1993, 346) des Textes. Ihm zur Seite stehen Figuren, denen – durchaus im Sinne der *Morphologie des Märchens* (1975) von Vladimir Propp – ein fester Platz und eine spezifische Funktion innerhalb des Textes zugeordnet ist. Man kann für den ersten, literaturwissenschaftlichen Entwurf dieses Modells in *Die Struktur literarischer Texte* zusammenfassend sagen, dass Lotman aufzeigt, wie Geschichten sich in Räumen und durch sie konstituieren (→ 7. Raum und Erzählung). Dem räumlichen Wechsel, der Grenzüberschreitung kommt in diesem Zusammenhang die bedeutungsunterscheidende Funktion zu, Dynamik in ein ansonsten statisches System zu bringen. Die Nähe zu Lotmans späteren, kultursemiotischen Texten, in denen die Grenzüberschreitung zu einer Dynamisierung kultureller Entwicklung führt, ist unübersehbar.

Lotman bestimmt sujetlose Texte darüber hinaus als solche, denen ein zyklisches Zeitverständnis zugrunde liegt, im Gegensatz zu den sujethaften, die ein lineares Zeitverständnis haben (2010, 203). Die ursprünglichen mythologischen Texte seien, so Lotman, zyklische Texte, in denen die „auf verschiedenen Ebenen des zyklischen mythologischen Systems erwähnten Figuren und Gegenstände [...] verschiedene Namen für dasselbe" darstellen (204). Mythologische Texte sind entsprechend als Teile der Selbstbeschreibungen einer Semiosphäre zu werten, die dazu dienen, ein einheitliches Bild von ihr zu entwerfen, und dabei räumlich organisiert sind (219). Erst ihre Projektion auf die Zeitachse, ihre Überführung in lineare Erzählstrukturen, die zur Schaffung sujetorientierter Texte führt, erlaubt dem Menschen jedoch, „Sujets im Leben zu erkennen und dieses Leben auch für sich zu deuten" (233). Literaturwissenschaft als Kulturwissenschaft wird so zur Wissenschaft vom Menschen (→ 9. Räume des Wissens).

Sujethafte Texte, denen ein Ereignis zugrunde liegt, stellen mit der Überschreitung der Grenze die „Störung der althergebrachten Ordnung" (206) ins Zentrum. Die bestehenden Selbstbeschreibungen dieser Semiosphäre, ihre sujetlosen, ordnungsaffirmierenden Texte also, stehen damit zur Disposition. Sujethafte Texte werden zum Teil des Dialogs, den eine Semiosphäre mit ihrer Außenwelt führt. Sie machen ihren Lesern neues Wissen und neue Informationen zugänglich, die die bisherige, sujetlos formulierte Organisation ihrer Welt infrage stellen und damit Neujustierungen der Selbstbeschreibung notwendig machen können. Die fremden Räume, die kartographiert, der eigene Raum, den es in Absetzung vom fremden zu verteidigen oder neu zu definieren gilt – sie werden mittels der Geschichten, die über sie erzählt werden, konstituiert. Der Abstraktionsgrad der Räume selbst hat deutlich abgenommen; im Sinne eines kulturwissenschaftlichen Programms gewinnt die Referentialität vermehrt an Bedeutung. Sujethafte Texte bieten ihren Rezipienten vor allem aber einen Möglichkeitsraum, innerhalb dessen sie Alternativen zum eigenen Weltbild erkunden können, ohne dabei – wie bei der realen Umsetzung – in Gefahr für Leib und Leben zu geraten.

Literatur

Dürr, Susanne. *Die Öffnung der Welt: Sujetbildung und Sujetbefragung in Cervantes' Novelas ejemplares.* Stuttgart: Steiner, 2010.

Frank, Michael C. „Sphären, Grenze und Kontaktzonen: Jurij Lotmans räumliche Kultursemiotik am Beispiel von Rudyard Kiplings ‚Plain Tales from the Hills'". *Explosion und Peripherie: Jurij Lotmans Semiotik der kulturellen Dynamik revisited*. Hrsg. von Susi K. Frank, Cornelia Ruhe und Alexander Schmitz. Bielefeld: Transcript, 2012. 217–246.

Frank, Susi K., Cornelia Ruhe und Alexander Schmitz. „Jurij Lotmans Semiotik der Übersetzung". Jurij Lotman. *Die Innenwelt des Denkens: Eine semiotische Theorie der Kultur*. Hrsg. von Susi K. Frank, Cornelia Ruhe und Alexander Schmitz. Übers. von Gabriele Leupold und Olga Radetzkaja. Berlin: Suhrkamp, 2010. 383–416.

Koschorke, Albrecht. „Zur Funktionsweise kultureller Peripherien". *Explosion und Peripherie: Jurij Lotmans Semiotik der kulturellen Dynamik revisited*. Hrsg. von Susi K. Frank, Cornelia Ruhe und Alexander Schmitz. Bielefeld: Transcript, 2012. 27–39.

Lotman, Jurij. *Die Struktur literarischer Texte*. Übers. von Rolf-Dietrich Keil. München: Fink, 1993 [1970].

Lotman, Jurij. *Die Innenwelt des Denkens: Eine semiotische Theorie der Kultur*. Hrsg. von Susi K. Frank, Cornelia Ruhe und Alexander Schmitz. Übers. von Gabriele Leupold und Olga Radetzkaja. Berlin: Suhrkamp, 2010.

Lotman, Jurij. *Kultur und Explosion*. Hrsg. von Susi K. Frank, Cornelia Ruhe und Alexander Schmitz. Übers. von Dorothea Trottenberg. Berlin: Suhrkamp, 2010 [2010a].

Pratt, Mary Louise. „Arts of the contact zone." *Profession* 91 (1991): 33–40.

Mahler, Andreas. „Welt Modell Theater: Sujetbildung und Sujetwandel im englischen Drama der Frühen Neuzeit". *Poetica* 30 (1998): 1–45.

Mahler, Andreas. „Semiosphärische Störungen: Über den Sujettext als Kulturkatalysator". *Explosion und Peripherie: Jurij Lotmans Semiotik der kulturellen Dynamik revisited*. Hrsg. von Susi K. Frank, Cornelia Ruhe und Alexander Schmitz. Bielefeld: Transcript, 2012. 193–216.

Makarska, Renata. „Das Leben in der Asymmetrie: Bronislawa Wajs und Mariella Mehr". *Explosion und Peripherie: Jurij Lotmans Semiotik der kulturellen Dynamik revisited*. Hrsg. von Susi K. Frank, Cornelia Ruhe und Alexander Schmitz. Bielefeld: Transcript, 2012. 307–322.

Ruhe, Cornelia. *„Invasion aus dem Osten": Die Aneignung russischer Literatur in Frankreich und Spanien (1880–1910)*. Frankfurt a. M.: Klostermann, 2012.

Schahadat, Schamma. „Russische Poetik des Verhaltens und amerikanische Poetics of Culture: Jurij Lotman und Stephen Greenblatt". *Explosion und Peripherie: Jurij Lotmans Semiotik der kulturellen Dynamik revisited*. Hrsg. von Susi K. Frank, Cornelia Ruhe und Alexander Schmitz. Bielefeld: Transcript, 2012. 153–173.

Werberger, Annette. „Die Grenzen von Lotmans Semiosphäre: Grenzerzählungen in der ‚Westukraine'". *Explosion und Peripherie: Jurij Lotmans Semiotik der kulturellen Dynamik revisited*. Hrsg. von Susi K. Frank, Cornelia Ruhe und Alexander Schmitz. Bielefeld: Transcript, 2012. 269–287.

Wutsdorff, Irina. „Jurij Lotmans Kultursemiotik zwischen Russland und Europa". *Explosion und Peripherie: Jurij Lotmans Semiotik der kulturellen Dynamik revisited*. Hrsg. von Susi K. Frank, Cornelia Ruhe und Alexander Schmitz. Bielefeld: Transcript, 2012. 289–306.

15. Utopie und Heterotopie
Rainer Warning

1. Literarische Utopien

Seit der Antike hat sich philosophisches Denken der Frage nach dem besten Staatswesen gewidmet. Aber Entwürfe wie Platons *Politeia* hatten im Mittelalter zunächst keine Nachfolger, weil mit dem christlichen Jenseits die Frage beantwortet war. Der Antike erinnert hat sich erst wieder die Renaissance. Angeregt vom Humanisten Erasmus von Rotterdam entstand der philosophische Dialog *Utopia*, den Thomas Morus 1515 veröffentlichte. Der Titel sucht ein griechisches *ou-topos*, einen Nicht-Ort, nachzubilden. Ein fiktiver Reisender berichtet von einem ortlosen Inselstaat mit einem idealen Gemeinwesen als Gegenbild einer als defizitär gesehenen Erfahrungswirklichkeit. Auch wenn sich der Begriff erst ab dem 18. Jahrhundert einzubürgern beginnt, gilt Morus als Begründer des utopischen Romans, der seine Nachahmer findet mit der *Civitas Solis* von Tommaso Campanella (1602), der *Christianopolis* von Johann Valentin Andreae (1619), der *Nova Atlantis* von Sir Francis Bacon (1624) und vielen anderen mehr, über die jedes Lexikon nach Bedarf Auskunft gibt (Voßkamp 1996). Das gilt auch für die weitere Geschichte des utopischen Romans, so etwa – mit Voßkamp – für Daniel Defoes *Robinson Crusoe* (1719) und Johann Gottfried Schnabels *Die Insel Felsenburg* (1731–43), desgleichen für den Übergang von der Raumutopie zur sogenannten Zeitutopie wie Louis-Sébastien Merciers *L'an deux mille quatre cent quarante. Rêve s'il en fût jamais* (1771), das den Idealzustand in ein Paris des Jahres 2440 verlegt. Beendet ist damit zugleich die Phase positiver Gegenentwürfe, die in der Folge von sogenannten Anti-Utopien oder – etymologisch missverständlich – Dystopien ersetzt wurden wie Edward Bellamys *Lookig Backward 2000–1887. A Fairy Tale of Social Felicity* (1888) oder H. G. Wells' *Time Machine* (1895) und *Modern Utopia* (1905). Letzterer Titel macht die häufig anzutreffende Missverständlichkeit deutlich, hierin einfach den Gattungsübergang von der Utopie zur Dystopie zu sehen, auf die man mit der Science Fiction eine Gattungsverlängerung bis in die Gegenwart glaubt gewinnen zu können.

Die wissenschaftliche Beschäftigung mit dieser Gattung ist so reich wie unsystematisch, wird doch das Utopische wechselseitig integrierbar in Kontexte anthropologischer, soziologischer oder theologischer Theoriebildung bzw. beziehbar auf deren Prämissen. Die daraus resultierenden, fast unabsehbaren Schwierigkeiten zeigen exemplarisch die interdisziplinären Studien zur neuzeitlichen Utopie, institutionell organisiert und herausgegeben von Wilhelm Voßkamp

(1982). Diese inzwischen über dreißig Jahre alten Studien gelten zu Recht immer noch als Klassiker, nur partiell weniger überholt denn präzisiert und differenziert durch neuere Arbeiten (Voßkamp 2013).

2. Utopie und Heterotopie

Eine Zäsur zu dieser Forschungstradition kann man erst mit dem Poststrukturalismus ansetzen, wie er in Frankreich bereits in den 1960er Jahren einsetzte und sogleich eine Fülle neuer Ansätze und Perspektiven eröffnete, deren Rezeption sich aber bis in die Gegenwart im Wesentlichen auf Frankreich und Amerika beschränkte und in Deutschland erst jetzt und noch immer zögerlich eingesetzt hat. Der inneren Mannigfaltigkeit und Zerklüftung des Poststrukturalismus entsprechend ist auch die diesbezügliche Diskussion schwer überschaubar. Der Versuch einer Systematisierbarkeit setzt am besten gleich in den 1960er Jahren ein und hier, wie so oft, bei Michel Foucault. Für Foucault ist Möglichkeitsdenken grundsätzlich ein transgressives Denken in Bezug auf die von der Tradition abendländischer Vernunft gesetzten Grenzen (1994). Begrifflich manifestiert es sich in der Ersetzung der Opposition von Utopie und Dystopie durch die von Utopie und Heterotopie, als deren Gründungsdokumente man zwei Radiovorträge aus dem Jahre 1966 ansehen kann, der erste gehalten am 7. Dezember und betitelt *Les Hétérotopies*, der zweite gehalten am 12. Dezember und betitelt *Le Corps utopique* (dt. 2005). Letzterer wurde von ihm selbst nicht mehr publiziert. Gleichwohl steht er hier am Beginn, weil er Foucaults Absetzung von der Tradition am besten dokumentiert. Dass er vom utopischen Körper spricht, ist bereits Programm, insofern damit die das gesamte Denken Foucaults beherrschende Trias von Körper, Wissen und Raum aufgerufen ist. Die traditionelle Romanutopie wäre in dieser Trias zu beschreiben als ein Wissen, das den Körper nicht eigentlich als Körper, sondern als autonomes Subjekt fasst, das in einem Nirgendwo alternative Möglichkeiten besserer oder – unter kritischer Perspektive – schlechterer Existenz imaginiert (→ 9. Räume des Wissens). Mit diesem Subjekt beginnt auch Foucault, aber das ist bei ihm nicht mehr ein frei und souverän handelndes, sondern eben ein Körper, der sich von allen sozialen Kleidern, die ihn in Form heteronomer Mächte umgeben, befreien und damit seine „topie impitoyable" (2005, 55), seine ‚gnadenlose Topie' (25) loswerden möchte. Dazu bleibt ihm die Imagination. Aber alles, was diese Imagination an Maske, Schminke, Stigmatisierung, Geißelung, blutigen Paradiesen als Möglichkeiten freisetzt, bleibt immer doch dem Körper verbunden. Denn der Ursprung aller imaginären Aktionen, aller Utopien märchenhafter Körperlosigkeit oder Körpertilgung bis hin zum Religiösen und Heiligen bleibt doch allemal eben dieser Körper selbst. Er agiert als ein „grand acteur utopique" (2005, 61), ein Schauspieler, der sich utopische Räume, ja Welten schaffen mag und gerade damit unhintergehbar bleibt. Und also ist der utopische Körper in Wahrheit nicht befreiende Selbsterschaffung, sondern potenziell zerstörerische Selbstverfehlung, Verkennung seiner Zentralität in aller Welterfahrung, ist er doch zentral gerade in seinem Hier, in seiner Dichte, seiner Schwere, welche die Utopien überwinden sollten (→ 4. Deixis).

Es gilt also, die vermeintlich gnadenlose Topie ihrer Selbstphantasmatik zu entwinden, die „rage utopique", wie Foucault sagt, die ‚utopische Raserei' (2005, 64 bzw. 35) stillzustellen und zu erkennen als erfüllte Alterität. Hierfür nennt Foucault drei Beispiele. Das erste ist der Spiegel, aber nur scheinbar im Sinne eines der bekanntesten Lacan-Theoreme. Denn Foucault meint nicht jenes frühkindliche Stadium, welches die Überführung des Imaginären ins Symbolische beschreibt, sondern einen Körper, der sich vor dem Spiegel als Realität und gleichzeitig im Spiegel als imaginär wahrnimmt, eine Struktur also, die seine Heterotopie-Bestimmung aufnehmen und verdeutlichen wird. Das zweite, zunächst irritierende Beispiel ist die Leiche. Wenn bei Homer allein der Tote ‚Körper' heißt, also *nekrós*, so deswegen, weil das Griechische kein Wort hatte für die Einheit des lebenden Körpers. Die Kämpfer vor Troja hatten nur Körperteile. Erst der Gefallene, erst die Leiche hieß *nekrós*. Spiegelbild und Leiche aber haben für Foucault ihren Fluchtpunkt im Tod. Der Tod ist nicht etwa die wahre Utopie, sondern ein Anderswo, ein ebenfalls unzugänglicher Raum, wo alle Raserei zum Verstummen gekommen ist. Und diesen Beispielen fügt er noch ein drittes hinzu, bei dem der Tod ausdrücklich wird, und das ist die Liebe: „Peut-être faudrait-il dire aussi que faire l'amour, c'est sentir son corps se refermer sur soi, c'est enfin exister hors de toute utopie, avec toute sa densité, entre les mains de l'autre. Sous les doigts de l'autre qui vous parcourent, toutes les parts invisibles de votre corps se mettent à exister, contre les lèvres de l'autre les vôtres deviennent sensibles, devant ses yeux mi-clos votre visage acquiert une certitude, il y a un regard enfin pour voir vos paupières fermées. L'amour, lui aussi, comme le miroir et comme la mort, apaise l'utopie de votre corps, il la fait taire, il la calme, il l'enferme comme dans une boîte, il la clôt et il la scelle. C'est pourquoi il est si proche parent de l'illusion du miroir et de la menace de la mort. Et si malgré ces deux figures périlleuses qui l'entourent, on aime tant faire l'amour, c'est parce que dans l'amour le corps est ici" [Vielleicht sollte man auch sagen, in der Liebe spürt man, wie der Körper sich in sich selbst schließt. Unter den Händen des Anderen existiert er endlich jenseits aller Utopie, in seiner ganzen Dichte. Unter den Fingern des Anderen, die über den Körper gleiten, beginnen alle unsichtbaren Teile des Körpers zu existieren. An den Lippen des Anderen werden die eigenen Lippen spürbar. Vor seinen halbgeschlossenen Augen erlangt das eigene Gesicht Gewissheit. Endlich ist da ein

Blick, der die geschlossenen Lider zu sehen vermag. Wie der Spiegel und der Tod, so besänftigt auch die Liebe die Utopie des Körpers, lässt sie verstummen, beruhigt sie, sperrt sie gleichsam in einen Kasten, den sie verschließt und versiegelt. Deshalb sind Spiegelillusion und Todesdrohung einander so ähnlich. Und wenn wir trotz der bedrohlichen Figuren, die sie umgeben, dennoch so gerne lieben, so weil in der Liebe der Körper hier ist] (65 bzw. 36).

Es ist, als ginge es Foucault mit dieser Stillstellung der utopischen Raserei insgeheim um eine Abschaffung der Utopie. In Wahrheit aber geht es ihm um eine Umfunktionierung, wie es erst der zweite Radiovortrag über die Heterotopien deutlich macht. Es ist dieser Radiovortrag, den Foucault für einen Architektenkongress leicht überarbeitet hat und der unter dem Titel „Des espaces autres" seit 1994 in den *Dits et écrits* einem größeren Publikum zugänglich geworden ist. Der Begriff ist keine Neubildung. Er entstammt der Biologie, wo er Zellanomalien bezeichnet, und dieses Merkmal des Anomalen kehrt wieder in dem für die Architekten bestimmten urbanistischen Diskurs, wo Foucault mit Heterotopien ‚des espaces autres' meint, also Räume, die er in Absetzung von Serien oder Baumdiagrammen als „contre-emplacements", als ‚Gegenplatzierungen' im Gesamt einer gegebenen gesellschaftlichen Formation bezeichnet. Heterotopien sind Orte, die Sehnsüchte und Ängste fixieren, hierin den Utopien ähnlich, aber nun, und das ist das Entscheidende, als „sortes d'utopies réalisées" (1994, 755), als gleichsam realisierte Utopien, zwischen realen und rein imaginären Orten zu lokalisieren. Hier wird auch der Spiegelvergleich erhellender. Sofern mich mein Spiegelbild an einen Ort bringt, da ich nicht bin, in einen unwirklichen, virtuellen Raum hinter dem Glas, ist er eine Utopie. Aber er hebt nicht den Ort auf, von dem ich in den Spiegel hineinblicke (756). Und damit wird das Utopische umfunktioniert zu einem utopischen Impuls, der realen Orten die Faszination eines ‚anderen Ortes' verleiht. Diese Umfunktionierung vollzieht sich in drei Schritten: von der „représentation" über die „contestation" zur „inversion" (755). Heterotopien repräsentieren, bestreiten und invertieren ‚normale' Topien, fungieren als deren beständiges *incitamentum*: psychiatrische Kliniken, Altersheime, Friedhöfe, Gefängnisse, öffentliche Parks, botanische wie zoologische Gärten, Theater, Museen, Bibliotheken, Jahrmärkte, Feriendörfer, Motels, Bordelle.

Diese Ausgangsdefinition entfaltet Foucault zu einer aufrissartigen systematischen Beschreibung, die sich auf sechs Aspekte konzentriert (756–762):
1. Heterotopien sind kulturelle (Foucault sagt nicht anthropologische, sondern kulturelle) Formationen, die historischem Wandel unterworfen sind (→ 25. Formationen literarischer Raumgeschichte). Primitive Gesellschaften kennen Schwellenerfahrungen Rechnung tragende Krisenheterotopien wie Räume der Adoleszenz, der Menopause, der Geburt, des Alterns und Ster-

bens. Ihre modernen Entsprechungen wären Abweichungsheterotopien wie psychiatrische Kliniken, Gefängnisse, Altenheime.
2. Heterotopien können aufgrund kultureller Rahmungen umfunktioniert werden. So erklärt sich die im 19. Jahrhundert einsetzende Auslagerung von Friedhöfen vom Ortszentrum an die Peripherie mit einer neuen Einstellung zum Tode, der als Krankheit stigmatisiert wird.
3. Heterotopien können an ein und demselben Ort Inkompatibles neben- oder nacheinander platzieren, so das Theater oder das Kino, aber auch botanische und zoologische Gärten oder öffentliche Parks, die in der europäischen wie außereuropäischen Geschichte als Mikrokosmos angelegt sein können, der einen Makrokosmos spiegelt.
4. Heterotopien sind gebunden an scharfe Diskontinuitätserfahrungen, an Brüche mit traditionellen Zeitverständnissen, die Foucault als „hétérochronies", ‚Heterochronien', bezeichnet (759). So sind Museen und Bibliotheken Orte potentieller Zeitakkumulation, beherrscht von dem Willen, an einem Ort alle Zeiten, alle Epochen, alle Formen der Geschichte einzuschließen. Das Gegenteil zu solch eternitären sind chronische Heterotopien, d. h. Orte einer geradezu festlich begangenen flüchtigen Zeit wie Jahrmärkte oder auch Feriendörfer, die in wenigen Wochen die ganze Menschheitsgeschichte zu akkumulieren suchen.
5. Heterotopien weisen komplexe Formen der Öffnung und Schließung auf. Diese können magisch besetzt sein im Sinne von Passagen, von Schwellenerfahrungen, dann auch illusionär als Zutritt zu einem scheinbaren Arkanum, das aber das tatsächliche gerade verbirgt, wie bestimmte Gästezimmer in südamerikanischen Farmen. Ein modernes Relikt wäre die Heterotopie des Motels als Ort absolut geschützter wie verborgener Sexualität.
6. Heterotopien können binär bestimmt werden als Orte der Illusion wie der Kompensation. Ein Beispiel für letztere wären die religiösen Kolonien der Neuzeit mit ihrem peinlich regulierten und darin einen chaotischen Alltag dementierenden Tagesablauf. Kolonien evozieren ihrerseits das Schiff, mit dem man sie erreicht (→ 6. Literarischer Raum; 11. Postkoloniale Räume). Vom 16. Jahrhundert bis in unsere Zeit ist das Schiff unser größtes Imaginationsarsenal: „Le navire, c'est l'hétérotopie par excellence. Dans les civilisations sans bateaux les rêves se tarissent, l'espionnage y remplace l'aventure, et la police, les corsaires" [Das Schiff ist die Heterotopie schlechthin. In den Zivilisationen ohne Schiff versiegen die Träume. An die Stelle des Abenteuers tritt die Bespitzelung, an die Stelle der Freibeuter die Polizei] (1994, 762, in der Radiofassung 2005, 51 bzw. 25).

Die Radiorede hatte noch den Vergleich mit den Kindern hinzugefügt, deren Eltern kein großes Ehebett, sprich: keinen Ort für verbotene Spiele haben (2005, 52 bzw. 22), und der Utopievortrag zitiert als Auftakt den Eingang der Proust'schen *Recherche* mit dem Schlaflosen in seinem Bett als Ort der erinnernden Imagination euphorischer wie dysphorischer Erfahrungen (55 bzw. 25). Die Vortragsfassung tilgt die Betten wie den Namen Prousts. Gleichwohl bleibt auch hier das Finale ebenso irritierend wie erhellend für alles Vorangehende. Mit dem Bild des Schiffs und der Kolonien irritiert es einen Diskurs, der sich urbanistisch gibt, aber die Literatur als seinen geheimen Ausgangs- und Zielpunkt erkennen lässt. Nicht zufällig assoziiert man bereits mit den als urbanistisch deklarierten Beispielen sogleich auch literarische Bearbeitungen, und diese Assoziation findet sich mit der finalen Apotheose der Imagination bestätigt. Wichtig bleibt dabei, dass Foucault keinerlei Anstalten macht, diese Inkonsistenz zu beseitigen, vielmehr den Weg von der Diskursanalyse zur Literatur gerade in Form einer *petitio* unübersehbar macht.

3. Heterotopie und Literatur

Hat man aber diese Weiterung erst einbezogen, wird deutlich, dass Foucault hier wie andernorts den Themen und Argumentationen seiner Diskursarchäologie die Literatur als bald implizites, bald auch explizites Bezugs- und Illustrationssubstrat zugrunde legt. Im Vorwort zu *Les mots et les choses* findet sich der Hinweis auf eine Bemerkung bei Borges (→ 44. Tlön), der aus einer nicht näher benannten chinesischen Enzyklopädie eine Ordnung des Tierreichs zitiert, die sich für europäisch-abendländische Vernunft nicht nachvollziehen lässt und deren Logik für uns folglich nur als unsinnig, als heterolog, als Heterotopie rezipierbar sei (1966, 7–11). Wo immer über Foucaults Heterotopiekonzept gearbeitet wird, findet sich zumeist, wenn nicht allein, dieser Auszug zitiert. Aber er ist nicht grundlegender als der Radiovortrag des gleichen Jahres, sondern zeigt nur, dass der Diskursanalytiker Foucault hier vorab der im Buch selbst ausgearbeiteten epistemologischen Sequenz von Ähnlichkeitsdenken, Repräsentationsdenken und Geschichtsdenken ein Kontingenzprinzip in dem Sinne unterlegen will, dass auch diese Sequenz aus der Perspektive anderer Kulturen nur als heterolog rezipierbar wäre. Das Borges-Zitat ist also nur als relativierendes Argument in Bezug auf den Wahrheitsanspruch diskursanalytischer Arbeiten zu werten. Deshalb taucht es auch in dem Radiovortrag nicht wieder auf. Daran zeigt sich exemplarisch, wie unumgänglich es ist, bei Foucaults diskursanalytischen Arbeiten immer mitzuverfolgen, in welcher Perspektive und mit welchem argumentativen Ziel er die Trias von

Raum, Wissen und Macht angeht. Hierin liegt der unschätzbare Wert der noch längst nicht hinreichend erarbeiteten *Dits et écrits* begründet, die nicht nur die ausdrücklich literaturbezogenen Arbeiten Foucaults berücksichtigen, sondern auch deutlich machen, wie sehr das gesamte Denken Foucaults die Literatur als einen ihrer zentralen, wenn nicht den zentralen Bezugspunkt hat.

Das gilt auch, wenn nicht vor allem für den Subjektbegriff, den der Foucault von *Les mots et les choses* mit dem Ende der geschichtsphilosophischen Episteme am Meeresufer im Sand verschwinden sieht (1966, 398), dessen Problematik er aber in der Literatur am eindringlichsten verfolgt, ist doch die Literatur gleichsam der Raum, der im Kontext ‚anderer Räume' deren Grenze thematisch macht und damit immer auch die Grenzgänge, die als die aufschlussreichsten Näherungen der ‚Normalität' an ihr Anderes zu gelten haben. Daraus folgt etwas häufig Übersehenes: Wie die von ihm selbst dem urbanistischen Kontext entnommenen Beispiele kann im Prinzip auch jeder andere reale Raum Objekt heterotoper Inversion werden, sofern bestimmte Dispositionen seitens des Raumes wie des wahrnehmenden Subjekts dieses Subjekt zu imaginärer ‚cristallisation' verlocken. Das vielleicht schönste Beispiel liefert hier der Theoretiker dieser Kristallisation selbst, also Stendhal (1995 [1822], II, 8–11), aus dessen Italienbegeisterung heraus sein Roman *La Chartreuse de Parme* zu einer ganz Italien erfassenden Schönheits- und Glücksheterotopie modelliert ist. Ein anderes Beispiel sind Rousseaus *Rêveries d'un promeneur solitaire*, insbesondere die fünfte. Erhellend ist hier ein kurzer Rückblick auf Schnabels *Insel Felsenburg*. Wenn dieser utopische Roman in Deutschland den großen Erfolg von acht Auflagen zwischen 1731 bis 1769 hatte, so zeigt das, wie unproblematisch man hier die bürgerliche Empfindsamkeit mit einem ebenso unproblematisch-störungsfreien, strukturell monarchieähnlichen Patriarchat feiern zu können glaubte. Die französische Empfindsamkeit hingegen hatte hier ein moralistisches Erbe des 17. Jahrhunderts mitzuverarbeiten (Warning 1998), ein agonales Unterfangen, das zur Spaltung des Subjekts und zu entsprechenden Konsequenzen für Raum, Wissen und Macht führte. Niemand hat unter dieser Konstellation so gelitten wie Rousseau, der sich vor den Toren von Paris in den Wäldern von Saint-Germain unermüdlich in utopische Einsamkeiten der Empfindsamkeit hineinzuträumen suchte und daran unermüdlich scheiterte, weil er die empfindsame Kleinfamilie nicht mit der moralistischen Normativität eines beibehaltenen Patriarchats zusammenbringen konnte. Gleichwohl mochte er den utopischen Impuls nicht aufgeben. Das zeigen die Glücksinseln in den *Confessions*, und das zeigt die fünfte *Rêverie*, wenn die Glücksheterotopie des kurzen Aufenthalts auf der Petersinsel im Bieler See das Motiers-Trauma wegzuschreiben sucht (Warning 2009, 43–62).

Foucault hat Rousseau einen seiner dichtesten Texte zur Literatur gewidmet, aber er wählt nicht die *Rêveries*, sondern sogleich die *Dialogues*, die er unter Bezugnahme auf das Komplott-Phantasma ganz unter die Perspektive einer wahnsinnsaffinen Subjektspaltung bringt (1994). Will man die ‚anderen Räume' auf eine ihnen spezifisch andere Semantik befragen, will man also über die Grenze hinaus ins Innere des Raums der Leere, sieht man sich immer nur auf ein grenzwertiges Diesseits zurückgeworfen, das selbst die Spekulation noch in die Nähe zum Wahn bringt. Wenn daher Foucault Rousseaus Sprache als „délirant" bezeichnet (188), ist das Ausdruck seines eigenen Dilemmas, soweit er sich in die Nähe zum kurzlebigen Collège de France der 1930er Jahre mit Maurice Blanchot, Georges Bataille, Roger Caillois und Michel Leiris bringt. Bei Bataille reizt ihn mit dem Begriff der Heterologie zugleich dessen Transgressionsgedanke, den er allerdings selbst sehr viel differenzierter fortschreibt im Vorwort zu seiner auf diesen gemünzten Hommage (1994). Wichtiger als Spekulationen über das Sakrale erotischer Ekstase ist ihm die Frage nach der delirierenden Sprachlichkeit der Transgression. Hier ist er besonders von Blanchot beeinflusst, der – ausgehend vom sprachlichen Zeichen in seiner Ambivalenz von anwesendem Signifikanten und abwesendem Signifikat – Literatur generell unter die Perspektive einer Todesleere brachte, die er nicht mehr romantisierend verstanden wissen wollte, sondern als Selbstauslöschung des sprachlichen Gebildes wie seines Schöpfers (Nitsch 1994).

4. Heterotopie als Literatur

Insoweit diese Spekulationen immer auch in ihrer sprachlichen Verfasstheit selbst von ihnen geprägt sind, haben sie Kritik bis hin zu polemischer Ablehnung auf sich gezogen. Eine sinnvolle Alternative wäre in der Tat der Verzicht auf metaphysische Anfälligkeiten wie z. B. Blanchots Heidegger-Assoziationen zugunsten der Konzentration auf eine nachvollziehbare Diskutierbarkeit gerade dessen, was Literatur in der Tat von rationaler Diskursivität unterscheidet. Dazu gehört zuvörderst, literarische Texte darauf zu befragen, wo und wie sie sich selbst als Heterotopie und also nichtdiskursiver Raum zeigen (→ 2. Topographien; 5. Schrifträume). Das ist etwas anderes als das häufig schon trivial wirkende Selbstsignalement von Autoreferentialität. Heterotop konzipierte Texte arbeiten mit verschlüsselten Grenzübergängen von einem mimetischen zu einem heterotopen Imaginären, mit metapoetischen Wegweisungen, die die Lektüre auf dieser Ebene zu führen und zu halten suchen. Und der spezifische Reiz solcher Lektüre läge dann nicht in einer ‚anderen Sprache', die man diesseits der Grenze nicht gefunden hat und nicht wird finden können, sondern in einer Verlockung, wie sie Borges als gleichsam differentielle Epiphanie beschreibt, wenn er das Ereignishafte des Ästhetischen sieht in der „inminencia de una revolución, que no se produce", einer ‚sich ankündigenden Offenbarung, die nicht statthat' (1989, 13). Der französische Gegenwartsautor Jacques Réda hat sich ausdrücklich auf diesen Borges bezogen, und seine Pariser Passagen sind hierfür eine prägnante Illustration (Warning 2009, 267–314). Eine so verstandene Erfahrungsdichte wäre sodann auf ihre historische Genese zu befragen. Die Pariser Orte in Rilkes *Malte Laurids Brigge* sind hier eine reichhaltige Station (Warning 2003), aber auch schon Rousseaus fünfte *Rêverie* erschließt sich dem Leser erst in dem Maße, wie ihm die Sequenz von Fremdaffektion (das Botanisieren), ‚reiner' Außenaffektion (die Bootsfahrten, das abendliche Ufergestade), imaginativer Wiederbelebung, Niederschrift des imaginativ Erinnerten und schließlich des ekstatischen Wiederlesens dieser Niederschrift transparent wird (Warning 2009, 43–62).

Bei der Suche nach solchen Räumen wird man im Falle des Romans (→ 7. Raum und Erzählung) nicht immer, wie bei der Utopie, den jeweiligen Gesamttext zu betrachten haben, sondern suchen müssen nach Räumen, in denen sich die basale Fiktion verdichtet zu Heterotopien. Solche „Doppelfiktionen" (Striedter 1983, 325) kennt auch der utopische Roman mit Rahmenhandlung und utopischem Kern. Doch sind Kern und Rahmen im utopischen Roman durchweg sprachlich identisch, was nicht für die romanhaften Gattungen generell gilt, wo sich Heterotopien als Räume heterotoper Verlockung aus ihrem Kontext herausheben. Gaston Bachelards *Poétique de l'espace* (1957) ist hier heuristisch immer noch wertvoll. Maurice Blanchot liest Prousts gesamte *Recherche* als Beispiel für Leere und Tod. Bachelard hingegen lenkt die Aufmerksamkeit auf konkrete Räume, und hierfür wäre Proust ein ungleich dankbarerer Text. Man denke nur an die Zimmer im großelterlichen Haus von Combray, an die Weißdornhecke vor Swanns Garten, an Montjouvain und den Donjon von Roussainville, an den im Eisenbahnabteil der Fahrt nach Balbec impressionistisch erfahrenen Sonnenaufgang, an die märchenhaft verschlüsselten Räumlichkeiten des Grand Hôtel zu Balbec, an das Casino von Incarville, an die eifersuchtsgeborenen Aggressionen bei den Autofahrten mit Albertine durch die Bretagne, vor allem dann aber an das ‚Gefängnis' Albertines in Marcels Pariser Zimmer, an das zu einer einzigen Heterotopie modellierte Venedig mit den Bleikammern als Ort phantasmatischer Präsenz der toten Albertine, und schließlich an die inszenierte Auspeitschung von Charlus in Jupiens Bordell wie an das Dunkel der Metrostationen, in dem die vor den Bombenangriffen Geflüchteten in ihrer unsichtbaren Körperlichkeit einander suchen oder verweigern. So ist die ganze *Recherche* seriell durchzogen von Heterotopien, die die Inversion Marcels wie eine Serie von Doppelfiktionen überlagern und damit seine Selbstsuche inszenieren zur Unabsehbarkeit semantischer Bezüge und Beziehbarkeiten (Warning 2000 und 2012).

Literatur

Bachelard, Gaston. *La Poétique de l'espace*. Paris: PUF, 1960 [1957].
Borges, Jorge Luis. „La muralla y los libros" [1950]. *Obras completas*. 3 Bde. Hrsg. von Carlos V. Frías. Barcelona: Bruguera, 1989. II, 11–13.
Foucault, Michel. „Introduction à ,Rousseau juge de Jean-Jacques'" [1962]. *Dits et écrits*. 4 Bde. Hrsg. von Daniel Defert und François Ewald. Paris: Seuil, 1994. I, 172–188.
Foucault, Michel. „Des espaces autres" [1963]. *Dits et écrits*. 4 Bde. Hrsg. von Daniel Defert und François Ewald. Paris: Seuil, 1994. IV, 752–762.
Foucault, Michel. „Préface à la transgression" [1963]. *Dits et écrits*. 4 Bde. Hrsg. von Daniel Defert und François Ewald. Paris: Seuil, 1994. I, 233–250.
Foucault, Michel. *Les mots et les choses: Une archéologie des sciences humaines*. Paris: Gallimard, 1966.
Foucault, Michel. „La pensée du dehors". *Critique* 229 (1966): 523–546; und *Dits et écrits*. 4 Bde. Hrsg. von Daniel Defert und François Ewald. Paris: Seuil, 1994. I, 518–539.
Foucault, Michel. *Die Heterotopien: Der utopische Körper*. Übers. von Michael Bischoff. Frankfurt a. M.: Suhrkamp, 2005.
Nitsch, Wolfram. „Irrfahrten im Totenreich der Literatur: Zur Poetik Maurice Blanchots". *Merkur* 539 (1994): 166–170.
Stendhal. *De l'amour* [1822]. Paris: Gallimard (Pléiade), 1995.
Striedter, Jurij. „Die Doppelfiktion und ihre Selbstaufhebung: Probleme des utopischen Romans, besonders im nachrevolutionären Russland". *Funktionen des Fiktiven*. Poetik und Hermeneutik X. Hrsg. von Dieter Henrich und Wolfgang Iser. München: Fink, 1983. 277–330.
Voßkamp, Wilhelm (Hrsg.). *Utopieforschung*. Frankfurt a. M.: Suhrkamp, 1985 [1982].
Voßkamp, Wilhelm. „Utopie". *Fischer Lexikon Literatur*. 3 Bde. Hrsg. von Ulfert Ricklefs. Frankfurt a. M.: Fischer, 1996. III, 1931–1951.
Voßkamp, Wilhelm (Hrsg.). *Möglichkeitsdenken: Utopie und Dystopie in der Gegenwart*. München: Fink, 2013.
Warning, Rainer. „Moral und Moralistik in der französischen Aufklärung". *Romanistisches Jahrbuch* 49 (1998): 51–67.
Warning, Rainer. *Proust-Studien*. München: Fink, 2000.
Warning, Rainer. *Pariser Heterotopien: Der Zeitungsverkäufer in Rilkes Malte Laurids Brigge*. Sitzungsberichte der Bayerischen Akademie der Wissenschaften. München: C. H. Beck, 2003.
Warning, Rainer. *Heterotopien als Räume ästhetischer Erfahrung*. München: Fink, 2009.
Warning, Rainer. *Ästhetisches Grenzgängertum: Marcel Proust und Thomas Mann*. Sitzungsberichte der Bayerischen Akademie der Wissenschaften. München: C. H. Beck, 2012.

16. Nicht-Orte
Matei Chihaia

1. Der Begriff des ‚non-lieu' bei Marc Augé

Der Begriff des ‚non-lieu' hat in Frankreich eine gewisse Tradition. Bereits der Essay des Soziologen Jean Duvignaud *Lieux et non lieux* (1977) kommentiert den Gegensatz von geschlossenem Stadtraum und anderen Räumen, die sich einer nomadischen Bewegung oder Verwandlung, einer ‚Topomorphose' (143), öffnen (Gillet 2006). Der Kulturphilosoph Michel de Certeau erkundet in dem Kapitel „Pratiques de l'espace" seines Werks *L'Invention du quotidien* (1980) die symbolische Produktion von Raum. Ein Ort ist für ihn eine bestimmte Anordnung von Elementen; der praktische Umgang mit diesen Elementen gibt ihnen Bedeutung und fügt sie zum Raum; als Beispiel führt Certeau den Weg des Lesers durch den Text an, der dessen Elemente sinnvoll zu einer Schrift verknüpft (1990, 172–173; → 3. Dynamisierungen). Der ‚non-lieu' oder die Erosion der funktionalen Identität eines Ortes ergibt sich, wenn eine andere Geschichte diese aktuelle Identität infrage stellt; dies kann schon durch einen Ortsnamen geschehen, der in eine Erzählung, einen Mythos, kurz: einen imaginären Gebrauch abgleiten lässt (158–159).

In engem Bezug auf Certeau prägt Marc Augé 1992 ein Konzept des Nicht-Orts, das seitdem die interdisziplinär größte Wirkung entfaltet hat. Sein Essay *Non-Lieux: Introduction à une anthropologie de la surmodernité* schlägt in wenigen Kapiteln einen großen argumentativen Bogen: Die Vermehrung von ‚Nicht-Orten' ist für Augé das Symptom einer aktuellen Entwicklung, der ‚Übermoderne', die nach einer eigenen wissenschaftlichen Disziplin, nach einer „Anthropologie des Hier und Jetzt" (1994, 24) verlangt. Die *surmodernité* lässt sich als eine dreifache Überfülle verstehen: Erstens als eine Akkumulation von Ereignissen, die einer Beschleunigung der Geschichte gleichkommt (35–37); es fällt den Menschen schwer, auf das übermäßige Informationsangebot mit einer angemessenen Sinnstiftung zu reagieren (38–39). Zweitens führt die gesteigerte Leistung von Informations- und Verkehrsmedien zu einer dramatischen Vermehrung des verfügbaren Raums, aber auch zu einem Qualitätsverlust. In diesen Zusammenhang situiert Augé die Vermehrung der *non-lieux*. „Zu den Nicht-Orten gehören die für den beschleunigten Verkehr von Personen und Gütern erforderlichen Einrichtungen (Schnellstraßen, Autobahnkreuze, Flughäfen) ebenso wie die Verkehrsmittel selbst oder die großen Einkaufszentren oder die Durchgangslager, in denen man die Flüchtlinge kaserniert." (44) Die dritte und letzte Figur des Übermaßes bilden die Individualisierung der Referenzen und die zunehmende Vereinzelung des Menschen; da die traditionelle Ethnologie sich der Beschreibung von Gemeinschaften widmet, kann sie mit dieser einsamen und beziehungslosen Figur recht wenig anfangen (50).

Ausdrücklich umfasst der *non-lieu* bei Augé „zwei verschiedene, jedoch einander ergänzende Realitäten: Räume, die in Bezug auf bestimmte Zwecke (Verkehr, Transit, Handel, Freizeit) konstituiert sind, und die Beziehung, die das Individuum zu diesen Räumen unterhält" (110). Aus dem kontraktuellen Zugang zu diesen Zonen des übermodernen Lebens kann das Individuum aber keine besondere Identität schöpfen – die Nicht-Orte unterscheiden sich darin von den anthropologischen Orten, die Augé, von geometrischen Relationen ausgehend, als Wege, Kreuzungen und Zentren des sozialen Raums bestimmt (69). Aus Gelegenheiten der Begegnung werden zunehmend Räume der einsamen, singulären Aktivität. Auch das Treffen mit anderen Nutzern führt zu keiner organischen Gesellschaft – die Nicht-Orte sind in dieser Hinsicht das genaue Gegenteil der Utopie (130–131; → 15. Utopie und Heterotopie).

In ausdrücklichem Anschluss an Certeau unterstreicht Augé, dass es sich bei Nicht-Orten um symbolisch aufgeladene, kulturell determinierte Räume handelt. Etwas anders als Certeau versteht er diese aber nicht als Ergebnis einer Konterdetermination, bei welcher der Name und die an ein Territorium geknüpften Erzählungen dessen aktuelle Funktion untergraben (96–97), sondern als Produkt einer funktionalen Determination, die sich emblematisch etwa im Verweis auf Denkmäler am Rand der Autobahn manifestiert: „Das Wort öffnet hier keine Kluft zwischen der alltäglichen Funktion und dem verlorenen Mythos; es erzeugt das Bild, schafft den Mythos und sorgt zugleich für dessen Funktionieren" (112). Die Autobahnschilder ermöglichen eine Kenntnis der Monumente, die keiner Annäherung und keiner Suche bedarf. Die Beschriftungen, Anleitungen und Erklärungen verdrängen an Nicht-Orten also die vielfältigen Formen der sozialen Interaktion, die für anthropologische Orte charakteristisch sind, durch funktional determinierte Zusammenhänge, in denen der Einzelne unmittelbar mit verschiedenen symbolischen Oberflächen interagiert.

Die von Pierre Nora analysierten Erinnerungs-Orte, die ‚*lieux de mémoire*', kann Augé daher sehr gut mit seiner Analyse vereinbaren (→ 17. Mnemotop). Wo die unmittelbare Begegnung mit der Tradition an anthropologischen Orten nicht mehr möglich ist, ist der moderne Durchschnittsmensch auf diese Impulse angewiesen; die von historischen Schautafeln flankierte Autobahn ersetzt den von Monumenten gesäumten Königsweg. Augé interpretiert die ‚*lieux de mémoire*' also als eine Konsequenz der *surmodernité* (34 und 67). Demgegenüber hat die Formulierung ‚*non-lieux de la mémoire*' keinen Bezug zur Anthropologie Augés, sondern wurde deutlich früher von Claude Lanzmann (1986) geprägt, um die Orte der Shoah zu bezeichnen, an denen kein Erinnern stattfindet.

2. Übertragungen auf die Literatur

2.1 Kontexte

Die Übertragung auf literarische Texte liegt nahe und wird von Augé selbst auf unterschiedliche Weisen vorgeführt: Das Vorwort von *Non-lieux* skizziert eine realistische Erzählung über die Erlebnisse eines ‚Pierre Dupont' an einer Reihe von Nicht-Orten (1994, 7–12). Die Kommentare zu Prousts *À la recherche du temps perdu* (92), zu Chateaubriands *Itinéraire de Paris à Jérusalem* und Baudelaires *Tableaux parisiens* (104–109) nehmen den Diskurs der Literatur- und Kulturwissenschaften auf (→ 6. Literarischer Raum). Von diesen wird das Konzept des ‚non-lieu' meist auf Werke der zeitgenössischen französischen Literatur angewandt, die ähnliche Territorien thematisieren wie Augés Buch. Der Leitbegriff des ‚non-lieu' dient hierbei dazu, einzelne Texte, vor allem der Erzählliteratur, zu erhellen (→ 7. Raum und Erzählung); in vergleichender Perspektive bildet er außerdem eine Achse, um die sich die Poetik verschiedenster Werke zu drehen scheint. Über die französische Gegenwartsliteratur hinaus erscheinen die Nicht-Orte häufig in Zusammenhang mit bestimmten Themen: Dazu gehören z. B. die Emigration (Thurner 2003; → 23. Transitorische Räume; 47. Korallen), die Suche des Individuums nach sozialer Identität und Erinnerung (Obergöker 2004; → 17. Mnemotop), die postmoderne Großstadt (Vincent-Arnaud 2006; Peters 2008; → 46. Megastadt; 43. New York). Dabei löst sich der Begriff immer weiter vom ‚Hier und Jetzt' der Ethnologie, um zu einer systematischen Kategorie der Kultursemiotik zu werden. Eine internationale Tagung der *Interdisciplinary Research Group in Culture* in Aalborg 2013 erhebt den Nicht-Ort sogar zum Leitbegriff aktueller Literatur-, Kultur- und Medienwissenschaft.

2.2 Funktionen

2.2.1 Der Nicht-Ort als Form und als Medium

Literarische Texte erscheinen bei Augé in erster Linie als Dokumente, die eine bestehende Erfahrung anschaulich zuspitzen. Der Anthropologe privilegiert insofern konsequent eine Poetik der ‚Ethnofiktion', als die er *La Guerre des rêves* (1997) und *Journal d'un SDF* (2011) veröffentlicht (zur Funktion der Fiktion bei

Augé O'Beirne 2010). Auch für einen Teil der literaturwissenschaftlichen Analysen, die sich auf den *non-lieu* beziehen, erklärt die *surmodernité* bestimmte Eigenheiten der Gegenwartsliteratur, und zwar insbesondere die Interaktion von Figur und fiktiver Umgebung (z. B. O'Beirne 2006, 393; Sirvent 2000). Erscheint die Opposition von Ort und Nicht-Ort einerseits als eine kulturelle Form, die auch in fiktionalen Texten dargestellt werden kann, so betrachten andere Untersuchungen den *non-lieu* zugleich als das Medium literarischen Schreibens, näherhin als Medium, das die literarische Repräsentation erschwert (→ 5. Schrifträume).

So kann die Darstellbarkeit einer Realität infrage gestellt werden, die im Zeichen der *surmodernité* steht: Die Nicht-Orte eignen sich weder als traditionelles romaneskes Dekor – „Kann man sich den *non-lieu* in der Literatur vorstellen?", fragt Del Lungo (2003, 155) – noch für die Reproduktion einer legitimen Kultur, deren Symbole auf das Zentrum und nicht auf die Randbereiche hin angelegt sind – „How can one write about marginality, when the very means of representation, literature, is a culturally valued form of communication and consumption and thus in itself foreign to marginality?", fragt Veivo (2003, 330; → 14. Semiosphäre und Sujet). Auch der von Annie Ernaux thematisierte ‚Ethnotext' registriert einen neuen Stadtraum, der sich den traditionellen Formen literarischer Darstellung versagt; denn diese ist auf interne Strukturen und Diskontinuitäten angewiesen, um beschreiben und erzählen zu können (Veivo 2003a, 225). Explizit beruft sich schließlich Paul Virilio auf Augé, um zu erläutern, dass in der aktuellen Präsenzkultur die ästhetischen, ethischen, politischen Repräsentationen überholt sind (2008, 14–20). Alle diese unterschiedlich motivierten Überlegungen haben eines gemeinsam: Sie betrachten den Nicht-Ort weniger als Gegenstand literarischer Formung, sondern eher als deren Bedingung.

2.2.2 Der Dialog von Ethnologie und Literatur

Während der Begriff des *non-lieu* fast unvermeidlich scheint, um die Repräsentation der Realität in der französischen Gegenwartsliteratur zu analysieren, muss zwischen den fiktionalen Inszenierungen dieser Nicht-Orte und ihrer Bedeutung in Augés Schriften unterschieden werden (→ 2. Topographien). Insbesondere die „Chance, sich den urbanen Raum taktisch-rhetorisch als Raum der Erfahrung anzueignen", wie Nitsch (1999, 311) unter Bezug auf Certeau formuliert, wird z. B. von Jacques Réda, Jean-Philippe Toussaint (Nitsch 1999) und Jean Echenoz (O'Beirne 2006, 401) genützt. Bei anderen hingegen, so im Fall von Marie Darrieussecq und Michel Houellebecq, hat die Entfremdung ein tragisches Niveau erreicht, das sogar die Natur selbst (→ 12. Landschaft) als unerfahrbaren *non-lieu* erscheinen lässt (O'Beirne 2006, 400). Schließlich ist es denkbar, dass, wie in Jean Rolins *La Clôture*, der Zugang zum *non-lieu* nicht auf einer kontraktuellen

Einwilligung des Individuums beruht, ja, die Grenzen überhaupt nicht gesichert sind; der *non-lieu* wird zum offenen Wohnort (Zanghi 2006, 143; Veivo 2003). In allen diesen Fällen baut die fiktionale Inszenierung damit die Markierung der Opposition zwischen Orten und Nicht-Orten ab.

Der Dialog zwischen dem Ethnologen und den Schriftstellern, der sich in diesen unterschiedlichen Poetiken andeutet, die Absorption und Umwandlung von Theorie in der literaturwissenschaftlichen Kritik und literarischen Fiktion, das, was Lis „l'appropriation des sciences humaines à l'usage littéraire" [die Aneignung der Humanwissenschaften für den literarischen Gebrauch] (2012, 100) nennt, konkretisiert sich auf vielerlei Weise. Augé steuert etwa das Vorwort zu einer literaturwissenschaftlichen Untersuchung bei, welche die Literatur in einer technisierten Welt, der Welt der *surmodernité*, analysiert (Durand 2004). Besonders interessant ist das Dokument der Gespräche, bei denen zeitgenössische Autorinnen und Autoren im Rahmen eines von Alain-Philippe Durand geleiteten Seminars ihr Verständnis des *non-lieu* kommentieren (2001; zur Stellungnahme anderer Autoren Lis 2012, 100; Dauge-Roth 2005). Dieser Dialog selbst ist zwar noch nicht untersucht worden, wohl aber die Funktion der Erzählung in Augés ethnologischen Schriften, die sich durch eine Tendenz zur subjektiven Sicht und Typisierung auszeichnen und damit an fiktionale Strategien annähern, die sich auch in seinen Romanen wiederfinden lassen (O'Beirne 2010).

2.2.3 Rhetorischer Topos und strukturale Metasprache

In der kritischen Diskussion erscheint gelegentlich die Vorstellung, dass der Begriff des *non-lieu* zu einem Topos in der Art des *locus amoenus* erstarrt sei; Romanciers können diesen Topos als eine Signatur der ethnofiktionalen Authentizität nützen (Veivo 2003a, 230–231) – Kritiker wiederum greifen auf diesen *lieu commun* (Gillet 2006) zurück, um in der unüberschaubaren Gegenwartsliteratur eine Konstante, eine neue Form der Fiktion zu identifizieren (Durand 2011, 77–83) oder die Aktualität des 19. Jahrhunderts zu bekräftigen, wo ebenfalls schon Nicht-Orte identifizierbar sind (z. B. Bal 2012, 21; Rassons und Tritsmans 2011, 1). Mit diesem rhetorischen Gebrauch können eine Substantialisierung und eine normative Setzung einhergehen, wodurch der *non-lieu* zum „carcan interprétatif" (Voyer 2010, 2) wird.

Gegen einen substantialisierenden Gebrauch des Begriffs richtet sich ein funktionalistisches Verständnis, bei dem entweder Alternativen aus der neueren Kulturtheorie oder historische Differenzierungen angeboten werden. Bei Augé selbst ist ein klarer Bezug zu Certeaus raumtheoretischen Konzepten angelegt, aber auch zu Michel Foucaults Begriff der ‚Heterotopie' (Augé 1994, 131; → 15. Utopie und Heterotopie). Als weitere Komplementär- und Kontrastbegriffe erscheinen in der literaturwissenschaftlichen Anwendung das Rhizom (z. B. Voyer 2010, 4), die Deterritorialisierung (Cottille-Foley 2006) und immer wieder die postmoderne Modifikation des Raums (Fisher 1996) als Elemente einer strukturalen Metasprache der Kulturbeschreibung, in der auch der *non-lieu* zirkuliert (→ 24. Nicht-euklidische Räume).

Weitere Strukturangebote kommen aus der Geographie – über die Geokritik Bertrand Westphals (Nardout-Lafarge 2013, 9; → 19. Literarische Geographie) – und aus der Literaturgeschichte selbst. So bettet Wolfram Nitsch das Konzept des ‚*non-lieu*' in die Geschichte unterschiedlicher Semantisierungen des *terrain vague* ein, die jeweils auch metapoetische Bedeutung erlangen (Nitsch 2012, 643). Und Rocío Peñalta zeigt in einer knappen Überschau über Körperallegorien in der Stadtbeschreibung, wie noch der entmenschlichte Raum der *surmodernité* zur Projektionsfläche für organische Körpermetaphern wird – und wie damit die literarische Modellierung die Nicht-Orte mit unerwarteten Bedeutungen besetzt (2011, 50).

3. Ausblick

Augé selbst lässt in seinem Werk gelegentlich Raum für ein strukturales Verständnis des *non-lieu*: Anthropologische Orte durchdringen sich in der aktuellen Stadtlandschaft mit Nicht-Orten, sie interagieren mit ihnen, und beide können ihre Qualitäten sogar temporär austauschen (1994, 125–127). Aus Sicht der Literaturwissenschaft wird aber auch deutlich, dass Augé diese Plastizität des Raums, diese Verschränkung mit der findigen Praxis seiner Benutzer (O'Beirne 2010, 455) und die „Gleichzeitigkeit des Ungleichzeitigen" (Nitsch 1999, 307) nicht weit genug gedacht hat. Die Singularität literarischer Inszenierungen übertrifft in dieser Hinsicht die typologische Beschreibung des Singulären, die der Anthropologe als wissenschaftlichen Diskurs und als Gattung der ‚Ethnofiktion' zu etablieren versucht.

Literatur

Augé, Marc. *Non-lieux: Introduction à une anthropologie de la surmodernité*. Paris: Seuil, 1992.
Augé, Marc. *Orte und Nicht-Orte*. Übers. von Michael Bischoff. Frankfurt a. M.: Fischer, 1994 [1992].
Bal, Mieke. „Madame B.: L'analyse cinématographique d'un roman". *Flaubert* (2012). http://flaubert.revues.org/1837 (19. Dezember 2014).

Cottille-Foley, Nora. „Postmodernité, non-lieux et mirages de l'anamnèse dans l'œuvre de Marie NDiaye". *French Forum* 31.2 (2006): 81–94.
Certeau, Michel de. *L'Invention du quotidien: 1. Arts de faire*. Paris: Gallimard, 1990 [1980].
Dauge-Roth, Alexandre. „Du non-lieu au lieu-dit: Plaidoyers de François Bon pour une urbanité contemporaine". *Discursive Geographies: Writing Space and Place in French*. Hrsg. von Jeanne Garane. Amsterdam und Atlanta: Rodopi, 2005. 237–266.
Del Lungo, Andrea. „Le génie du non-lieu: Leopardi, Borges, Calvino". *Le Génie du lieu: Expériences du ravissement, du transport, de la dépossession*. Hrsg. von Helmut Meter und Pierre Glaudes. Münster und Hamburg: LIT Verlag, 2003. 155–171.
Durand, Alain-Philippe. *Forum du séminaire „Non-lieux dans la littérature française contemporaine"*. University of Rhode Island (USA), 2001. http://www.network54.com/Forum/98816/(19. Dezember 2014).
Durand, Alain-Philippe. *Un monde techno: Nouveaux espaces électroniques dans le roman français des années 1980–1990* [mit einem Vorwort von Marc Augé]. Berlin: Weidler, 2004.
Durand, Alain-Philippe. „Des romanciers en faveur du non-lieu". *Die Poesie und die Künste als inszenierte Kommunikation: Festschrift für Reinhard Krüger*. Hrsg. von Beatrice Nickel. Tübingen: Stauffenburg, 2011. 73–84.
Duvignaud, Jean. *Lieux et non lieux*. Paris: Galilée, 1977.
Fisher, Dominique D. „Les Non-lieux de Jean-Philippe Toussaint: Bricol(l)age textuel et rhetorique du neutre". *University of Toronto Quarterly* 65.4 (1996): 618–631.
Gillet, Alexandre. „Dérives atopiques: Le non-lieu ou les errances d'un concept". *EspacesTemps.net*. Travaux, 8. Mai 2006. http://www.espacestemps.net/en/articles/derives-atopiques-en/(19. Dezember 2014).
IRGIC Interdisciplinære Kulturstudier. *Ikke-stedet i litteraturen, medierne og kulturen/Non-Places in Literature, Media and Culture*. Aalborg Universitet, 28.–29. Mai 2013. http://www.irgic.cgs.aau.dk/digitalAssets/71/71021_abstracts_seminar_28-29maj2013.pdf (12. September 2013).
Lanzmann, Claude. „Les non-lieux de la mémoire" [1986]. *Au sujet de ‚Shoah' le film de Claude Lanzmann*. Paris: Belin, 1990. 280–292.
Lis, Jerzy. „Nouvelles approches de la ville dans la littérature française contemporaine: Thomas Clerc et Philippe Vasset". *Studia Romanica Posnaniensia* 39.2 (2012): 99–109.
Nardout-Lafarge, Élisabeth. „Instabilité du lieu dans la fiction narrative contemporaine: Avant-propos et notes pour un état présent". *Temps zéro* 6 (2013). http://tempszero.contemporain.info/document974 (19. Dezember 2014).
Nitsch, Wolfram. „Paris ohne Gesicht. Städtische Nicht-Orte in der französischen Prosa der Gegenwart". *Stadt-Bilder. Allegorie – Mimesis – Imagination*. Hrsg. von Andreas Mahler. Heidelberg: Winter, 1999. 305–321.
Nitsch, Wolfram. „*Terrain vague*: Zur Poetik des städtischen Zwischenraums in der französischen Moderne". *Merkur* 66.7 (2012): 638–644.
O'Beirne, Emer. „Marc Augé's Theoretical Fictions". *Romanic Review* 101.3 (2010): 445–467.
O'Beirne, Emer. „Navigating Non-lieux in Contemporary French Fiction: Houellebecq, Darrieussecq, Echenoz, and Augé". *Modern Language Review* 101.2 (2006): 391–405.
Obergöker, Timo. *Écritures du non-lieu. Topographies d'une impossible quête identitaire: Romain Gary, Patrick Modiano et Georges Perec*. Frankfurt a. M.: Peter Lang, 2004.
Peñalta Catalán, Rocío. „La ville en tant que corps: Métaphores corporelles de l'espace urbain". *TRANS-* 11 (2011). http://trans.revues.org/454 (19. Dezember 2014).

Peters, Karin. „,Todo se … mantrifrica', oder: Die absolute Telenovela: Rodrigo Fresán und die Ästhetik totaler Medialisierung in Mantra". *Literatur der Jahrtausendwende: Themen, Schreibverfahren und Buchmarkt um 2000*. Hrsg. von Susanne Krones und Evi Zemanek. Bielefeld: Transcript, 2008. 69–80.

Rasson, Luc, und Bruno Tritsmans. „Écritures du rivage: mythes, idéologies, jeux". *L'Ésprit créateur* 51.2 (2011): 1–3.

Sirvent, Michel. „Représentation de l'espace urbain dans le roman policier aujourd'hui". *Nottingham French Studies* 39.1 (2000): 79–95.

Thurner, Christina. *Der andere Ort des Erzählens: Exil und Utopie in der Literatur deutscher Emigrantinnen und Emigranten 1933–1945*. Köln: Böhlau, 2003.

Veivo, Harri. „City Margins, Art and Identity in Contemporary French Literature: Jean Rolin's ‚La Clôture' and Michel Braudeau's ‚Loin des forêts'". *Koht ja paik/Place and Location* 3 (2003): 329–343.

Veivo, Harri. „Lieux, rencontres, littérature: Espace et identité dans ‚Journal du dehors' et ‚La Vie extérieure' d'Annie Ernaux". *Littérature & espaces. Actes du XXXe colloque de la Société française de la littérature générale et comparée*. Hrsg. von Juliette Vion-Durym, Jean-Marie Grassin und Bertrand Westphal. Limoges: Presses Universitaires de Limoges, 2003. 223–231 [2003a].

Vincent-Arnaud, Nathalie. „Cartographie du vide: Les ‚non-lieux' de l'espace américain dans ‚The Informers' de Bret Easton Ellis". *Anglophonia* 19 (2006): 107–116.

Virilio, Paul. „Une anthropologie du pressentiment". *L'Homme* 185–186.1 (2008): 97–103. www.cairn.info/revue-l-homme-2008-1-page-97.htm (19. Dezember 2014).

Voyer, Marie-Hélène. *Métamorphoses du non-lieu dans le roman français contemporain: Hétérotopies et territoires rhizomatiques dans trois romans d'André Benchetrit*. Mémoire de maîtrise Université Laval, 2010.

Zaiser, Rainer. „Vorwort". *Literaturtheorie und „sciences humaines": Frankreichs Beitrag zur Methodik der Literaturwissenschaft*. Hrsg. von Rainer Zaiser. Berlin: Frank & Timme, 2008. 7–9.

Zanghi, Filippo. „La tactique du contexte: Les modes d'appréhension de l'espace dans ‚La Clôture' de Jean Rolin". *Stratégies du contexte*. Hrsg. von Thomas Hunkeler und Sylvie Jeanneret. Bern: Peter Lang, 2006. 137–146.

17. Mnemotop
Nicolas Pethes

1. Begriff und Konzept

Als Mnemotope bezeichnet man Landschaften oder Stadträume, die entweder als ganze oder hinsichtlich einzelner Bestandteile den identitätsstiftenden Vergangenheitsbezug einer Gruppe oder Kultur sichtbar machen bzw. zu etablieren und aufrechtzuerhalten helfen. Mnemotope verdeutlichen damit, dass auch ein auf Zeitverhältnisse bezogenes Konzept wie die Erinnerung fester Bestandteil einer literaturwissenschaftlichen Raumforschung ist. Dieser Raumbezug des Gedächtnisses gilt dabei gleichermaßen für autobiographische Erinnerungen wie für die seit den 1990er Jahren intensiv vorangetriebene Erforschung eines sozialen oder kulturellen Gedächtnisses. In beiderlei – individueller wie kollektiver – Hinsicht erweisen sich Erinnerungsprozesse als räumlich organisiert. Bezüglich der individuellen Erinnerung betrifft das die Zuordnung von Gedächtnisbildern zu imaginierten Orten, wie sie die Mnemotechnik der antiken Rhetorik (Yates 1966), die Gattungsgeschichte der Autobiographie (Moser 2006), aber auch die Neuropsychologie des 20. Jahrhunderts (Lurija 1991) beschrieben haben. So wie Gedächtniskünstler ihre Leistungen durch verräumlichte Modelle zu erbringen vermögen, sind auch die einzelnen Argumente einer Rede bzw. Kindheitserinnerung in Bilder (*imagines*) zu übersetzen und innerhalb eines vorgestellten Gebäudes an Orten (*loci*) zu platzieren, anhand deren sie jederzeit in der richtigen Reihenfolge wiederauffindbar sind (→ 9. Räume des Wissens; 30. Die *grosse kirch*).

2. Mnemotope und Gedächtnisorte

Insofern die antiken Rhetoriklehrbücher für diese Gedächtnisräume zumeist architektonisch differenzierte Strukturen wie Paläste oder Theater vorschlagen, lässt sich das *imagines-loci*-Modell unschwer auf die Organisation eines kulturellen Gedächtnisses übertragen, für das innerhalb realer architektonischer Räume Orientierungspunkte markiert werden, die entweder als tatsächliche Überreste indexikalisch an vergangene Epochen erinnern oder Zeugnisse in der neuerlichen Raumordnung eines Museums ikonisch präsentieren bzw. in Gestalt von Denkmälern oder Straßennamen symbolisch an bedeutende Persönlichkeiten oder Ereignisse erinnern: „Jede Gruppe, die sich als solche konsolidieren will, ist bestrebt, sich Orte zu schaffen und zu sichern, die nicht nur Schauplätze ihrer Interaktionsformen abgeben, sondern Symbole ihrer Identität und Anhaltspunkte ihrer Erinnerung. Das Gedächtnis braucht Orte, tendiert zur Verräumlichung." (Assmann 1992, 39) Auf diese Weise können ganze geographische Komplexe wie z. B. das antike Griechenland als „Gedächtnislandschaft" verstanden werden, in der Schauplätze der „Zivilisationsgeschichte [...] mit der Topik der Rhetorik verbunden sind" (Goldmann 1991, 149; → 27. Athen). In der Moderne dagegen werden vor allem Stadträume zu imaginativen Bezugspunkten von Gedächtnisdiskursen: „Es sind die Metropolen, die magischen Brennpunkte der Kultur, die nicht nur die Gerüste, sondern auch alle Bauteile der Gedächtnisarchitektur abgeben. [...] Die Stadt erscheint als *locus*, als Summe von *loci*, auf denen die *imagines* der Geschichten, Kulturen und Erfahrungen deponiert sind." (Lachmann 1990, 41; → 34. London; 39. Paris; 43. New York)

Das Konzept eines Mnemotops schließt damit an den Doppelsinn des Begriffs *tópos* an, der einerseits konkrete geographische und architektonische Orte, andererseits argumentative oder metaphorische Gemeinplätze meinen kann. Auf ähnliche Weise hat der französische Historiker Pierre Nora beide – räumlich konkrete Bezugspunkte historischer Ereignisse und topische Bezugspunkte wie Personen, Kunstwerke oder Institutionen – unter dem Schlagwort *Lieux de mémoire* (Nora 1984; 1986; 1992; dt. ‚Erinnerungsorte': François und Schulze 2001) gefasst. Unter einem ‚Mnemotop' aber ist im Anschluss an den Ägyptologen Jan Assmann in einem engeren Sinne das Phänomen zu verstehen, dass sich das kulturelle Gedächtnis einer Gruppe nicht nur an einzelnen Schauplätzen oder historischen Ereignissen orientiert, sondern geographische Komplexe unabhängig von konkreten Überresten oder Institutionen codiert: „Sie werden dann weniger durch Zeichen (‚Denkmäler') akzentuiert, als vielmehr als ganze in den Rang eines Zeichens erhoben, d. h. *semiotisiert*." (1992, 60; Herv. i. O.) Assmanns Prägung des Neologismus ‚Mnemotop' erfolgt dabei im Anschluss an Maurice Halbwachs' Darstellung der *topographie légendaire* Palästinas, in der historische Schauplätze als ‚heilige Orte' verstanden und tradiert werden (1941). Mnemotope verweisen mithin auf transzendente Zusammenhänge, etwa die Offenbarung eines Gottes, so dass man von einer „sakrale[n] Topographie" oder „mythischen Gedächtnislandschaften" sprechen kann (A. Assmann 1999, 304). Zum Teil sind solche Mnemotope durch Mehrfachcodierung ausgezeichnet, so z. B. im Fall von Rom (→ 28. Rom), das Erinnerungsorte an die heidnische und christliche Antike verbindet, oder Jerusalem, das jüdische, christliche und islamische Bezugspunkte vereinigt. Aber auch andere Kulturräume wie z. B. die *totemic landscapes* der australischen Aborigines oder Mesopotamien (Jonker 1995), Mitteleuropa (Le Rider 2010; Magris 1988; Buchinger *et al.* 2008) und die Schlachtfelder des Ersten (Erll 2003; Müller 2005) oder Zweiten Weltkriegs (Breysach 2005) oder auch moderne

Städte wie Berlin, das seine ‚Orte der Erinnerung' bzw. ‚Topographie des Terrors' offengelegt hat, können als derartige Erinnerungslandschaften oder ‚Memoryscapes' (Philipps *et al.* 2001) codiert und anschließend als „topographische ‚Texte' des kulturellen Gedächtnisses" (J. Assmann 1992, 60) wiedergelesen werden.

3. Mnemotope in der Literatur

Versteht man auf diese Weise unter ‚Mnemotop' ein Konzept, das sowohl von individuell-imaginären als auch von vereinzelt-profanen Erinnerungsorten zu unterscheiden ist, so ist festzustellen, dass es trotz der Konjunktur des rhetorischen wie kulturellen Gedächtnisses in der literaturwissenschaftlichen Debatte in den vergangenen Jahrzehnten kaum explizite Forschungsarbeiten zu literarischen Mnemotopen gegeben hat. Durchaus aber existieren eine große Anzahl von literarischen Texten bzw. Diskussionen, die auf die engere Definition des Mnemotop-Konzepts bezogen und daher fruchtbar mittels eines Halbwachs-Assmann'schen Ansatzes analysiert werden können. Dazu zählen die Reiseliteratur durch kulturgeschichtlich signifikante Landschaften der griechischen und römischen Antike, die Aufladung realer Orte mit mythologischen Erinnerungsbezügen in der modernen Großstadtliteratur, Rekonstruktionen von Kindheitsorten oder einer verlorenen Heimat in der Exilliteratur sowie die Verbindung literarhistorischer Strömungen mit bestimmten geographischen Orten oder Zentren (→ 20. Literaturgeographie). Eine Bündelung derartiger Phänomene unter dem Rubrum einer literaturwissenschaftlichen Mnemotop-Forschung erscheint insofern vielversprechend, als Mnemotope nicht nur selbst semiotische Komplexe (und also kulturelle ‚Texte') sind, sondern diesen Status maßgeblich der Zuschreibung durch Texte im engeren Sinne verdanken: Insofern es zumeist schriftlich fixierte Diskurse sind, die Landschaften memorial codieren, generiert auch die Literatur Mnemotope – und zwar sowohl im konkreten topographischen als auch im intertextuellen Sinn, da Landschaften, die durch literarische Texte als Erinnerungsräume codiert wurden (→ 2. Topographien), in der Folge nicht nur an die jeweiligen Gedächtnisorte (Abdelkéfi 2009; Blain 2012), sondern stets auch an die sie als Mnemotope etablierenden Texte erinnern (Lachmann 1990; Vinken 1991). Auf diese Weise kann die Literatur selbst als ein Erinnerungsort im Sinne Noras verstanden und untersucht werden: Insofern das kulturelle Gedächtnis nicht auf reale Landschaften oder Stadträume selbst Bezug nimmt, sondern stets auf deren Semiotisierung, Codierung und imaginäre Aufladung in Texten, hat die Mnemotop-Forschung weniger die Orte selbst als die Diskurse über sie, zu denen auch literarische zählen, in den Blick zu nehmen (Neumann *et al.* 2004; Erll und Nünning 2005; Rduch 2011; Harrow und Watts 2012).

Wählt man diese Perspektive, so kann man bereits den Einsatz der abendländischen Erzählliteratur als konstitutiv für Mnemotope betrachten (→ 7. Raum und Erzählung): Die *Odyssee* etabliert als Reisebericht zahlreiche Orte im Mittelmeerraum als Bezugspunkte für Wendepunkte der Handlung und verbindet diese in Gestalt der Erscheinungen von Odysseus' Schutzgöttin Athene sowie den für die weitere abendländische Literatur topischen Gang in die Unterwelt mit transzendenten und erinnerungsbezogenen Momenten (→ 26. Das Mittelmeer). Insofern auch die weitere europäische Epentradition von Vergil über Dante bis ins französische und deutsche Hochmittelalter dieser Reisetopik folgt – denkt man etwa an den Weg der Nibelungen zu Etzels Hof, Parzivals Wanderungen oder Tristans Schiffsreisen –, entwirft sie ebenfalls einen Erinnerungsraum, der gleichermaßen geographisch konkret wie mythologisch überhöht ist (→ 29. Artushof). Selbst wenn die moderne Reiseliteratur, wie sie im Laufe des 18. Jahrhunderts auf der Grundlage der *grand tour* des Adels entsteht, im Gegensatz dazu ein dokumentarisches Selbstverständnis hat, wird diese Kopplung fortgeführt: So etabliert sich insbesondere für Italien eine feste Reiseroute mit stabilen Wegmarken, durch die die einzelnen Berichte von Goethe, Seume oder Heine eine redundante Struktur gewinnen, die wiederum innerhalb der Texte reflektiert wird, so dass die jeweiligen Wahrnehmungen von Natur und Kultur immer schon mit intertextuellen Erinnerungen verbunden sind. Der transzendente Bezug des literarischen Mnemotops Italien changiert dabei zwischen den heidnisch-antiken und katholisch-christlichen Schauplätzen, die Goethe unter einem kunstreligiösen Blick vereinigt. In der englischen Romantik, am deutlichsten bei Lord Byron, wird die Stabilität der italienischen Reisetopik mit dem melancholischen Blick auf die unwiederbringliche Vergangenheit der Erinnerungsbezüge und den zunehmenden Verfall der verbliebenen Ruinen in Verbindung gebracht, so dass in der nachfolgenden Literaturgeschichte insbesondere Venedig als Mnemotop des Todes fungieren kann (→ 33. Venedig).

Dass auf diese Weise auch einzelne Städte zu Mnemotopen werden können, steht ebenfalls in einer langen literarhistorischen Tradition, die sich in der Moderne insbesondere an die Metropolen London, das im Opiumrausch bei de Quincey zum unermesslichen Erinnerungsraum wird (Pethes 2004), Paris, das Victor Hugo im symbolischen, Baudelaire im allegorischen Gewand entwirft (Vinken 1991; → 39. Paris) oder Berlin, dem Walter Benjamin eine nach den mythischen Kindheitserfahrungen strukturierte Topographie zuschreibt (Lemke 2008), binden lässt. Auf vergleichbare Weise codiert James Joyce den Stadtraum von Dublin als Gedächtnisraum einer modernen Odyssee, während Andrej Belyi in

Petersburg die konkrete Topographie der Stadt mit intertextuellen Bezügen verschmelzen lässt (Lachmann 1990; → 42. St. Petersburg).

Der Großstadt als Mnemotop stehen die provinziellen Erinnerungsräume bei Autoren wie Stifter oder Raabe entgegen, die (in *Granit* oder *Bergkristall*) geographische Orientierung zum pädagogischen Prinzip erheben oder (in *Stopfkuchen* oder *Die Akten des Vogelsangs*) Kindheitsgeschichten als beständigen Subtext modernisierter Stadträume gestalten. Auf diese Weise thematisieren literarische Mnemotope stets auch den Verlust des Erinnerungsraums ‚Heimat', der insbesondere in der Exilliteratur seit Heinrich Heines *Deutschland, ein Wintermärchen* topographisch strukturiert ist. Im 20. Jahrhundert werden auf diese Weise die verlorenen Herkunftsorte europäischer Juden wie die Bukowina bei Moses Rosenkranz (Golec 2009), Galizien bei Joseph Roth (Pytel 2002), aber auch in Jonathan Safran Foers *Everything is Illuminated*, literarisch rekonstruiert – ebenso sehr aber Schlesien (Zimniak 2004) oder Mecklenburg in Uwe Johnsons *Jahrestage* (Mecklenburg 1982) bzw. Vorpommern in Walter Kempowkis *Deutsche Chronik* (Stockhorst 2010) sowie mittlerweile auch die DDR, etwa im Werk Thomas Brussigs (Jung 2006).

Insbesondere diejenigen Landschaften, die als Erinnerungsräume inszeniert werden, weil sie einer tatsächlichen Wiederbegehung aufgrund der politischen Verwerfungen des 20. Jahrhunderts entzogen sind (Denka 2010), werfen dabei die Frage nach der Möglichkeit negativer Mnemotope auf – so vor allem Auschwitz (→ 45. Das Lager), aber auch Hiroshima (Yoneyama 1999) oder Schauplätze des Genozids in Ruanda sowie insgesamt Topographien in Amerika, Afrika und Asien vor der Kolonialzeit (→ 11. Postkoloniale Räume) und zuletzt auch New York als Schauplatz der Angriffe vom 11. September 2001 (Sather-Wagstaff 2011). Der bezüglich eines solchen Entwurfs katastrophischer und aporetischer Mnemotope meistdiskutierte Roman der Gegenwartsliteratur ist W. G. Sebalds *Austerlitz*, in dem nicht nur die Suche eines *displaced child* nach den verlorenen Erinnerungen an seine Heimat, Kindheit und Familie geschildert wird, sondern ein Gesamtbild von Mitteleuropa entworfen wird, in dem sämtliche architektonischen Strukturen von der imperialistischen Architektur in Belgien bis zu den Londoner, Pariser und Prager Bahnhöfen, aber auch frühneuzeitliche Festungsanlagen, napoleonische Schlachtfelder oder das Ghetto Theresienstadt als Wahrzeichen der destruktiven Energien der Zivilisationsgeschichte gelesen werden (Rahofer 2010).

Gerade angesichts solcher geschichtsphilosophischen Übercodierungen konkreter Räume wird die Rolle, die der Literatur bei der Konstitution von Mnemotopen zukommt, deutlich: So, wie kulturelle Erinnerung auf Verräumlichung angewiesen ist, beruht diese Verräumlichung auf Codes und Zuschreibungen, die sich dergestalt – im Sinne von Walter Benjamins Deutung des barocken Schauplatzes der Ruine – als kontingent und reversibel erweisen (→ 3. Dynamisierungen).

Gleichzeitig ist zu beobachten, wie der Wechselbezug zwischen Literatur und Mnemotop institutionalisierte Formen annehmen kann, so etwa in der Ausgestaltung von Weimar als Topographie von Wirkungsstätten maßgeblicher deutschsprachiger Autoren um 1800 (Ulbricht 2009; Weigel 2001). Auch die Raumordnung von literarischen Bibliotheken (Knoche 2007), Archiven (Golz 2001) oder Museen (Hoffmann 2012) kann als eine solche Institutionalisierung von Literatur als Mnemotop begriffen werden. Im Sinne Pierre Noras wären schließlich auch literarische Epochen selbst als Gedächtnisorte zu behandeln, wenn sie zum Gegenstand kollektiver Identifikationsdiskurse werden (Hagen 2003).

4. Ausblick

Die weitere Forschung wird – neben der damit angedeuteten notwendigen definitorischen Abgrenzung von Mnemotopen gegenüber symbolischen bzw. topischen Gedächtnisorten – vor allem mit neuen Herausforderungen an das Konzept angesichts der Frage nach transnationalen (François 2006), wenn nicht gar globalisierten (Phillips *et al.* 2011) Mnemotopen auseinandersetzen (→ 10. Geopolitik und Globalisierung). Vor allem aber muss sich auch eine literaturwissenschaftliche Theorie des Mnemotops denjenigen Ansätzen stellen, die soziale Gedächtnisphänomene im Anschluss an Niklas Luhmanns Systemtheorie rein funktionalistisch und operativ und dementsprechend dezidiert ohne Bezug auf räumliche Metaphern und Strukturen beschreiben (Baecker 2000; Esposito 2002). Gerade literarische Texte, die eine anfängliche Raumorientierung zunehmend zugunsten diskursiver Verkettungen und Vernetzungen aufgeben, wie z. B. Rilkes *Malte* oder Prousts *Recherche*, verweisen auf die Grenzen der Reichweite eines literaturwissenschaftlichen Mnemotop-Konzepts für die Poetik der Erinnerung.

Literatur

Abdelkéfi, Rabâa. *La Mémoire des lieux dans l'œuvre de Georges Perec*. Tunis: Sahar, 2009.
Assmann, Aleida. *Erinnerungsräume: Formen und Wandlungen des kulturellen Gedächtnisses*. München: Beck, 1999.
Assmann, Jan. *Das kulturelle Gedächtnis: Schrift, Erinnerung und politische Identität in frühen Hochkulturen*. München: Beck, 1992.
Baecker, Dirk. *Wozu Kultur?* Berlin: Kadmos, 2000.
Blain, Michel. *À la recherche des lieux proustiens: Un périple l'œuvre en main*. Paris: L'Harmattan, 2012.
Breysach, Barbara. *Schauplatz und Gedächtnisraum Polen*. Göttingen: Wallstein, 2005.

Buchinger, Kirstin, Claire Gantet und Jakob Vogel (Hrsg.). *Europäische Erinnerungsräume*. Frankfurt a. M. und New York: Campus, 2009.
Denka, Andrzej. „Vom ‚Bocksgesang' (1993) zum ‚Krebsgang' (2002): Das Tragische im inszenierten Erinnerungsraum bei Botho Strauß, Peter Handke und Günter Grass". *Das „Prinzip Erinnerung" in der deutschsprachigen Gegenwartsliteratur nach 1989*. Hrsg. von Carsten Gansel und Paweł Zimniak. Göttingen: Vandenhoeck & Ruprecht, 2010. 241–263.
Erll, Astrid. *Gedächtnisromane: Literatur über den Ersten Weltkrieg als Medium englischer und deutscher Erinnerungskulturen in den 1920er Jahren*. Trier: WVT, 2003.
Erll, Astrid, und Ansgar Nünning (Hrsg.). *Gedächtniskonzepte der Literaturwissenschaft: Theoretische Grundlegung und Anwendungsperspektive*. Berlin und New York: De Gruyter, 2005.
Esposito, Elena. *Soziales Vergessen: Formen und Medien des Gedächtnisses der Gesellschaft*. Frankfurt a. M.: Suhrkamp, 2002.
François, Étienne. „Europäische ‚lieux de mémoire'". *Transnationale Geschichte: Themen, Tendenzen und Theorien*. Hrsg. von Gunilla Budde, Sebastian Conrad und Oliver Janz. Göttingen: Vandenhoeck & Ruprecht, 2006. 290–303.
François, Étienne, und Hagen Schulze. *Deutsche Erinnerungsorte*. 3 Bde. München: C. H. Beck, 2001.
Goldmann, Stefan. „Topoi des Gedenkens. Pausanias' Reise durch die griechische Gedächtnislandschaft". *Gedächtniskunst: Raum – Bild – Schrift. Studien zur Mnemotechnik*. Hrsg. von Anselm Haverkamp und Renate Lachmann. Frankfurt a. M.: Suhrkamp, 1991. 145–164.
Golec, Janusz. „Die Bukowina als Erinnerungsort bei Moses Rosenkranz". *Jüdische Identitätssuche: Studien zur Literatur im 19. und 20. Jahrhundert*. Lublin: Wydawn, 2009. 147–155.
Golz, Jochen. „Das Literaturarchiv als Gedächtnisort und Ort der Kanonbildung". *Weimar: Archäologie eines Ortes*. Hrsg. von Georg Bollenbeck *et al.* Köln: Böhlau, 2001. 109–119.
Hagen, Anja. *Gedächtnisort Romantik: Intertextuelle Verfahren in der Prosa der 80er und 90er Jahre*. Bielefeld: Aisthesis, 2003.
Halbwachs, Maurice. *La topographie légendaire des Evangiles en Terre sainte: Étude de mémoire collective*. Paris: PUF, 1941.
Harrow, Susan, und Andrew Watts (Hrsg.). *Mapping Memory in Nineteenth-Century French Literature and Culture*. Amsterdam und New York: Rodopi, 2012.
Hoffmann, Anna Rebecca. „Typen literarischer Museen als kulturelle Gedächtnisorte". *Wechselwirkungen* 1 (2012): 639–653.
Jonker, Gerdien. *The Topography of Remembrance. The Dead, Tradition and Collective Memory in Mesopotamia*. Leiden: Brill, 1995.
Jung, Thomas. „Topographie der Wendeerfahrung: Thomas Brussigs ‚Sonnenallee' als Gedächtnisort einer Zeitenwende. *„Weltfabrik Berlin": Eine Metropole als Sujet der Literatur*. Hrsg. von Matthias Harder und Astrid Hille. Würzburg: Königshausen & Neumann, 2006. 273–286.
Knoche, Michael. „Die Weimarer Bibliothek als Büchersammlung, Museum und Erinnerungsort". *Anna Amalia, Carl August und das Ereignis Weimar*. Hrsg. von Hellmut Seemann. Göttingen: Wallstein, 2007. 231–243.
Lachmann, Renate. *Gedächtnis und Literatur: Intertextualität in der russischen Moderne*. Frankfurt a. M.: Suhrkamp, 1990.

Le Rider, Jacques. „Mitteleuropa as lieu de mémoire". *A Companion to Cultural Memory Studies*. Hrsg. von Astrid Erll und Ansgar Nünning. Berlin und New York: De Gruyter, 2010. 37–46.

Lemke, Anja. *Gedächtnisräume des Selbst: Walter Benjamins „Berliner Kindheit um neunzehnhundert"*. Würzburg: Königshausen & Neumann, 2008 [2005].

Lurija, Alexander R. „Kleines Porträt eines großen Gedächtnisses" [1968]. *Der Mann, dessen Welt in Scherben ging*. Übers. von Barbara Heitkam. Reinbek bei Hamburg: Rowohlt, 1991.

Magris, Claudio. *Donau: Biographie eines Flusses*. München: Hanser, 1988.

Mecklenburg, Norbert. *Erzählte Provinz: Regionalismus und Moderne im Roman*. Königstein/Ts.: Athenäum, 1982.

Moser, Christian. *Buchgestützte Subjektivität: Literarische Formen der Selbstsorge und der Selbsthermeneutik von Platon bis Montaigne*. Tübingen: Niemeyer, 2006.

Müller, Olaf. „Erinnerungsorte und Orte des Vergessens in der deutschen und französischen Literatur zum Ersten Weltkrieg: Das Beispiel des ‚Chemin des Dames'". *Krieg und Literatur* 11 (2005): 7–31.

Neumann, Bernd, Dietmar Albrecht und Andrzej Talarczyk (Hrsg.). *Literatur, Grenzen, Erinnerungsräume: Erkundungen des deutsch-polnisch-baltischen Ostseeraumes als einer Literaturlandschaft*. Würzburg: Königshausen & Neumann, 2004.

Nora, Pierre. *Les lieux de mémoire*. 3 Bde. Paris: Gallimard, 1984 (Bd. 1: *La République*), 1986 (Bd. 2: *La Nation*), 1992 (Bd. 3: *Les France*).

Pethes, Nicolas. „Die Geburt der Mnemotechnik aus dem Zusammenbruch der Architektur: Karriere und Grenzen einer Gedächtnismetapher". *Gehäuse der Mnemosyne: Architektur als Schriftform der Erinnerung*. Hrsg. von Günter Oesterle und Harald Tausch. Göttingen: Vandenhoeck & Ruprecht, 2002.

Phillips, Kendall R., Reyes G. Mitchell und Butalia Urvashi. *Global Memoryscapes: Contesting Remembrance in a Transnational Age*. Tuscaloosa, AL: University of Alabama Press, 2011.

Pytel, Ewa. „Der Mythos einer verlorenen Heimat – Galizien: Deutsch-polnischer Gedächtnisraum in den Romanen ‚Radetzkymarsch' von Joseph Roth und ‚Das Salz der Erde' von Joseph Wittlin". *Studia Germanica Posnaniensia* 27 (2002): 59–70.

Rahofer, Antonia. „Fragmente der Erinnerung: Theresienstadt als intermedialer Gedächtnisort in W. G. Sebalds ‚Austerlitz'". *Brücken* 18 (2010): 337–353.

Rduch, Robert. „Was sind Erinnerungsorte für den Literaturwissenschaftler?" *Germanistik in Polen: Perspektive – Geschichte – interdisziplinärer Dialog*. Hrsg. von Marek Zybura und Wojciech Kunicki. Frankfurt a. M. et al.: Peter Lang, 2011. 101–108.

Sather-Wagstaff, Joy. *Heritage that Hurts: Tourists in the Memoryscapes of September 11*. Walnut Creek, CA: Left Coast Press, 2011.

Stockhorst, Stefanie. „Exemplarische Befindlichkeiten: Walter Kempowskis ‚Deutsche Chronik' als literarisierte Familiengeschichte und bürgerlicher Erinnerungsort." *Walter Kempowski: Bürgerliche Repräsentanz, Erinnerungskultur, Gegenwartsbewältigung*. Hrsg. von Lutz Hagestedt. Berlin und New York: De Gruyter, 2010. 423–442.

Ulbricht, Justus H. „Weimar: ‚deutscher Erinnerungsort' oder nur ‚Disneyland für Deutschlehrer'?" *Der Deutschunterricht* 61.2 (2009). 11–19.

Yates, Frances A. *The Art of Memory*. London: Routledge & Kegan Paul, 1966.

Yoneyama, Lisa. *Hiroshima Traces: Time, Space, and the Dialectics of Memory*. Berkeley, CA: University of California Press, 1999.

Vinken, Barbara. „Zeichenspur, Wortlaut: Paris als Gedächtnisraum. Hugos ‚A l'Arc de Triomphe', Baudelaires ‚Le Cygne'". *Gedächtniskunst: Raum – Bild – Schrift. Studien zur*

Mnemotechnik. Hrsg. von Anselm Haverkamp und Renate Lachmann. Frankfurt a. M.: Suhrkamp, 1991. 231–262.

Weigel, Sigrid. „Der Ort als Schauplatz des Gedächtnisses: Zur Kritik der „Lieux de mémoire", mit einem Ortstermin bei Goethe und Heine". *Weimar: Archäologie eines Ortes*. Hrsg. von Georg Bollenbeck *et al*. Köln: Böhlau, 2001. 9–22.

Zimniak, Paweł. „Niederschlesien als Erinnerungsraum: Der deutsche Literaturbeitrag zur polnischen Identitätsbildung." *Verhandlungen der Identität: Literatur und Kultur in Schlesien nach 1945*. Hrsg. von Jürgen Joachimsthaler und Walter Schmitz. Dresden: Thelem, 2004. 233–247.

WEGE

18. *Ecocriticism* und Geopoetik

Tatjana Hofmann

Beide ‚Begriffsräume' bezeichnen literarische Strömungen, wissenschaftliche Kategorien und Forschungszweige aus dem angloamerikanischen (*Ecocriticism*) respektive dem (ost-)europäischen Kontext (*geopoėtika*) des ausgehenden 20. Jahrhunderts. Sie werden hier komplementär zueinander gesetzt und als Gegenstände literatur- und kulturwissenschaftlicher Fragestellungen, als analytische Instrumente und als Konzepte mit politischer Relevanz betrachtet.

1. *Ecocriticism*

Ecocriticism untersucht in Literatur, Kunst und Literaturwissenschaft die Frage, wie „Transformationen der naturalen Umwelt und literarische Repräsentationsformen zueinander stehen bzw. zu sehen sind" (Stobbe et al. 2010, 5). Im deutschsprachigen Raum akzentuiert *Ökokritik* die Umwelt(kultur)geschichte und die Theorie der Naturästhetik (G. Böhme 1989; H. Böhme 1988; Seel 1991; Treptow 2001), so dass der Naturbegriff in seiner Historizität (H. Böhme 2002) im Zentrum steht. Zudem betrachtet *Ecocriticism* Literaturen ethnischer Minderheiten, Heimat- und Regionalliteratur, Gattungen wie Pastorale, Western, Naturlyrik, Science Fiction (Heise 2004, 130) und führt einen selbstkritischen Fachdiskurs (Buell 2001; Phillips 2003).

Ecocriticism geht als Begriff auf William Rueckert (1996) zurück, der sich für die Anwendung ökologischer Konzepte bei der Untersuchung von Literatur ausgesprochen hat. Als literaturwissenschaftliche und interdisziplinäre Forschungsrichtung hat *Ecocriticism* Anfang der 1990er Jahre Aufwind aus den Amerikastudien erhalten. Diese haben die Natur im Konnex mit dem Nationalbewusstsein in den USA fokussiert. Entsprechend bestimmen angloamerikanische Autor/innen (z. B. Rachel Carson, John Updike und June Jordan) und Wissenschaftler/innen die Perspektive, die sich erst allmählich internationalisiert. Zuvor speiste sich *Ecocriticism* aus der Umweltschutzbewegung, der Civil-Rights-Bewegung, dem Feminismus und – unterbrochen durch den biologiekritischen französischen Poststrukturalismus – den *postcolonial studies* (→ 11. Postkoloniale Räume). Institutionell etabliert sich *Ecocriticism* als Forschungszweig mit Konferenzen (wie seitens der *Association for the Study of Literature and Environment*) und Publikationsorganen (*Interdisciplinary Studies in Literature and the Environment*; *Orion*; *Terra Nova*; *Northern Lights*) als Disziplin. Die Brisanz der Ökokritik nimmt angesichts des Klimawandels, der Wasser- und Energieknappheit sowie der Zivilisationskrankheiten zu.

Die Überbrückung der Lücke zwischen den Geistes- und den Naturwissenschaften bildet ein identifikatorisches Merkmal dieses interdisziplinären Arbeitsfeldes (Love 1999, 561). Einbezogen werden außer den Geisteswissenschaften auch Sozial- und Naturwissenschaften, insbesondere die Biologie, und nicht-akademische Akteure (Cohen 2004, 27). *Ecocriticism* integriert Bereiche wie *environmental justice*, *climate justice*, *toxic discourse*, *transcorporeality* und Globalisierungstheorie (→ 10. Geopolitik und Globalisierung) sowie diverse Disziplinen, darunter Umweltgeschichte, Soziologie, Food Studies, Critical Animal Studies und Tierrechtsphilosophie mit posthumanen Theoriemodellen, angeregt u. a. durch den südafrikanischen Schriftsteller John M. Coetzee (Heise 2013, 227). Allerdings rückt die Problematisierung der Transdisziplinarität (wie theoretisch-methodische Fragen generell, so auch des Verhältnisses von Literatur und Wissen; → 9. Räume des Wissens) noch zu oft in den Hintergrund – zugunsten von autor- und biographiezentrierten Lektüren, des Bricolage von Begriffen und Handlungsempfehlungen.

Ein Hauptanliegen richtet sich gegen die ökonomische, technische, aber auch diskursive Ausbeutung des Naturraums zwischen der Intensivierung von Lokalität und der Globalisierung. Ökowissenschaftler und entsprechend engagierte Literatur kritisieren die Pastoraltradition, die Sentimentalisierung und Feminisierung von Natur und geben Impulse, Umwelt neu zu denken: Es entstehen Konzepte wie *Bioregionalismus* (Gary Snyder) – ein Plädoyer für die Neustrukturierung der Gesellschaft nach lokalen ökologischen Kriterien –, der Entwurf einer Ökokritik jenseits der *ecomimesis* – des Wunsches nach unmittelbarem Zugriff auf die Natur seitens des Menschen (Heise 2013, 226) –, und die Idee vom ökologisch vernetzten Menschenkörper. Mittels der *Interdiskursivität* der Literatur lassen sich Beziehungen zwischen menschlichen und nicht-menschlichen Aktanten und Kontexten aufzeigen (Marshall 2005, 2). Der Einsatz der *Intertextualität* demonstriert die Tiefendimension des literarischen Öko-Diskurses. Den nachträglich aufgestellten Kanon ökokritischer Literatur (aufbauend auf u. a. Meeker 1974) erweitern Neubewertungen bekannter Autor/innen und Neu-Lektüren unbekannter Werke. Das „green reading" (Cohen 2004, 13) schreibt ihm neben den Kategorien der Identitätsbestimmung wie Geschlecht, Alter, Rasse und soziale Schicht jene des *place* ein (Glotfelty und Fromm 1996, xix).

Außer der Lyrik (z. B. von Denise Levertov, Mary Oliver, John Haines und Love 1999, 572), die häufig ins Visier ökokritischer Studien gerät, gibt es Stimmen, die auf die Bedeutung performativer Kunstformen wie *Land-Art*, Ausdruckstanz, Musik und insbesondere das Theater hinweisen, darunter auf den *Sommernachtstraum* von William Shakespeare, den *Kirschgarten* von Anton Čechov und die postapokalyptische Landschaft in Samuel Becketts *Warten auf Godot* (→ 8. Raum und Theatralität). Im Sinne eines ‚*greening the theater*' soll die wissenschaftliche Re-Lektüre des dramatischen Kanons auf das ‚*ecodrama*' hin zur aktiven Teilnahme an einem für die Umwelt engagierten Theater begeistern (May 2005, 85). Dies basiert auf der Forderung, die ökologische Komödie solle ihr Publikum sensibilisieren und wie im griechischen Theater erziehen (Meeker 1974, 36). Sowohl die umweltschützende Literatur als auch die entsprechende Kulturwissenschaft orientieren sich auf eine vorbestimmte Wirkung. So betrachtet Hartmut Böhme Naturschutzgebiete, die von der Industriegesellschaft verschont bleiben, als eine Art Theater und fordert ein kulturelles Eingreifen in diese ‚Natur-Szenen': „Globale Ökologie heißt, daß sie zu einem Projekt der Kultur wird, derart, daß Kultur die von Menschen verantwortete Ökologie der Erde wäre, in welche sich die Kulturen plazieren" (2002, 438–439).

2. Geopoetik

Unter der Prämisse einer Natur-Konstituierung im Kultur-Akt und weniger normativ als der *Ecocriticism* beschäftigt sich die *Geopoetik* mit Repräsentationen geographischer Räume in der Literatur (→ 20. Literaturgeographie). Ihre Perspektive rezipiert den Poststrukturalismus, wenn sie von der Gemachtheit des Raums im Sinne einer freien ‚Machbarkeit' seiner Re-Strukturierung ausgeht, ignoriert ihn aber auch, wenn literarische Wiedergutmachungen und -aneignungen Identitätsbrüche kitten. Während im Denken des *Ecocriticism* der physische Raum den ästhetischen determiniert und letztgenannter zur Bevorzugung eines poetischen Realismus neigt, der den außerliterarischen Raum abzubilden meint (→ 6. Literarischer Raum), bewegen sich geopoetische Texte bzw. deren Analysen stärker im Raum der Fiktion und Kreation (→ 5. Schrifträume). Zum Teil handelt es sich um konstrukthafte Kompensation der Nichterfahrbarkeit bestimmter Räume, so bei Herodot (Urban 2012, 144), zum Teil um semantische Mitgestaltung neu formierter Territorien wie jener nach dem Zerfall der Sowjetunion.

Die Geopoetik hat sich seit einigen Jahren in der slavistischen Literaturwissenschaft als Untersuchungsgegenstand und Kategorie etabliert (Marszałek und Sasse 2010; Sid und Dajs 2013). Zudem findet sie – weitgehend unabhängig von der Osteuropa-Forschung – Eingang in die deutsche (Schellenberger-Diederich 2006; Rohde 2007) und französische Literaturwissenschaft (Brandt 1997; Bouvet 2008). In der letzteren kehrt sie sich kritisch von der frankozentristischen Sicht zugunsten der transkulturellen Literatur ab (Urban 2012, 145).

Die Bedeutung, die das Nachhaltigkeitspostulat im ökokritischen Diskurs einnimmt, berührt auch diese Kategorie, denn Geopoetik wurde durch das Umweltbewusstsein des schottisch-französischen Dichters und Philosophen Kenneth White prominent. Seine Begriffsherleitung lässt sich als eine naturnahe, quasi-religiöse und esoterische Weltanschauung auffassen. *Geopoétique* ist bei White ein herbeigesehntes Instrument eines ökologischen Pantheismus, der anti-urbanistische Zivilisationskritik übt (White 1988; Marszałek und Sasse 2010, 7–8). Darüber hinaus ist in Whites Geopoetik-Konzeption die poetisch-schöpferische Auseinandersetzung mit erlebten Räumen wichtig: Sie sollen nicht nur bewahrt, sondern künstlerisch erneuert werden. In der Rezeption Whites seitens osteuropäischer Schriftsteller wie des ukrainisch-russischen Biologen und Organisators des Krym-Klubs (*Krymskij klub*) Igor' Sidorenko sowie seitens des westukrainischen Schriftstellers Jurij Andruchovyč sollen geopoetische Texte und Aktionen geopolitischen Machtstrukturen nach dem Kalten Krieg entgegenwirken (Marszałek und Sasse 2006). Insofern hat die Geopoetik mit dem *Ecocriticism* die letztlich auch politisch-rhetorische Abstoßung von der Geopolitik und die Teilnahme an ihr mittels Kunst und Wissenschaftsdiskurs gemeinsam. Der akademischen Definition nach, die den Begriff von den künstlerischen Identitätsbestimmungen affirmativ übernimmt, beschreibt die Geopoetik als Gegenstand ein eigenes Textgenre: Geopoetik verwebe miteinander politische, raumästhetische und biographische Entwürfe in Mischgenres wie dem Essay und positioniere sich gegenüber der nationalstaatlichen Re-Organisation des postsowjetischen Raums (Marszałek und Sasse 2010, 45).

Die ästhetische Hybridität räumlich bezogener und biographisch oder politisch gefärbter Narration ist jedoch ein problematisches Alleinstellungsmerkmal. Die Verquickung von Raum- und Ich-Erkundung ist zwar charakteristisch für die Transformationszeit, kennzeichnet jedoch mediale Erzeugnisse in liminalen Geschichts- und Raumzusammenhängen, ohne auf Ost- und Mitteleuropa beschränkt zu sein. Die letzten Aktivitäten von Igor' Sidorenko gehen über Osteuropa hinaus, sie betreffen Afrika. Unabhängig davon bezeichnet der zeitgenössische Dichter André Velter, der sich an White anlehnt, seine Reise-Lyrik als geopoetisch (2013). Wie im Falle von *Ecocriticism* ist es zudem möglich, von der Geopoetik im weiteren Sinne zu sprechen und einen projektiven Kanon an Texten aufzustellen, die über eine raumästhetische Komponente verfügen, ohne dass ihre Autor/innen mit diesem Begriff explizit gearbeitet hätten.

Die Geopoetik lässt sich auch als literaturwissenschaftliche Methode mit Fokus auf textimmanente Verfahren der Raumpräsentation auffassen (→ 2. Topographien). Als solche untersucht sie Mittel der Raumevokation und -prägung, Motive, Topoi, mythopoetische Strategien, narrative Muster, Chronotopoi, Verfahren der semantischen Raumaufladung, der Modellierung von Grenze, der

Dynamik oder Statik des Raums (Frank 2010, 27). In der Rückbesinnung auf die textimmanente Analyse liegt eine starke Produktivität dieser Kategorie innerhalb der literaturwissenschaftlichen Raumforschung, die sich neuerdings vermehrt an kultur- und medienwissenschaftliche Richtungen anschließt (→ 13. Chronotopoi; 14. Semiosphäre und Sujet).

In der Praxis lässt sich die Geopoetik als Gegenstand und als Methodik kaum eindeutig voneinander abgrenzen. Geopoetik ist von einer Selbstbeschreibung zum Namen für eine Rezeptionsrichtung geworden und wirkt wieder zurück: Die Frage nach der Beschäftigung mit Geo-Raum in der Literatur erzeugt entsprechende literarische Reaktionen mit territorialen Bezügen, die wie gerufen zu politischen Ereignissen scheinen oder gar dezidiert in Auftrag gegeben wurden (Klinaŭ 2006; Raabe und Sznajderman 2009). So inszeniert der westukrainische Schriftsteller Jurij Andruchovyč sein Schreiben als ein geopoetisches (2003; 2007), um zu suggerieren, dass die (West-)Ukraine eine kulturell zu Europa und künftig zur EU gehörende Landschaft ist, was er raumhistorisch legitimiert. Im russischen Diskurs geht es um die Wiederentdeckung lokaler Raumrepräsentationen wie des Ural- (Abašev 2000) und des Krym-Textes (Ljusyj 2003), die die nationale Kulturideologie durch regionale Aufwertung stützen. Interdisziplinäre Anbindungen, z. B. an die Nationalismus- und Regionalismusstudien und an die Stadt-Ethnologie liegen hier nahe, sind aber noch wenig verfolgt worden.

3. Probleme und Potentiale

Hinsichtlich des *Ecocriticism* ist insgesamt eine mitunter neoromantische Kritik an der Moderne präsent: Der Mensch manipuliere die Welt (natur-)wissenschaftlich-technologisch und nutze sie für seine kurzfristigen Zwecke aus (Heise 2006, 507). Dabei begegnet der Vorwurf des Anthropozentrismus dem Argument, dass jede Literatur Produkt menschlicher Kultur ist (Cohen 2004, 26; Heise 2004, 131). Eine deutliche Sprachkritik fehlt hingegen. Auch dem Geopoetik-Diskurs fehlt ein selbstkritischer Umgang mit der sprachlichen Konstruktionsleistung von – auch re-territorialisierten und essentialisierten – Räumen. Bemerkenswert ist die verbreitete Distanz zur poststrukturalistischen Philosophie und die Rückkehr zum Glauben an die Verlässlichkeit der Referentialität als einer Korrektur des Postmodernismus im *Ecocriticism* (Murphy 2009, 4) wie auch in jenem Bereich der Geopoetik, dem es um die Rückführung des repräsentierten Raums auf den empirischen geht.

Ecocriticism-Konzepte lassen sich grob auf einer Skala einreihen, die von biologistischen über politische, phänomenologische bis hin zu konstruktivistischen

Konzepten reicht. Übergreifend ist die Frage, wie die Umwelt unsere Wahrnehmung kulturell prägt (geodeterministischer Pol) und wie letztere durch Sprache und Literatur vermittelt wird. Mit dieser Bandbreite des Raumbegriffs sieht sich auch die Geopoetik konfrontiert. Doch während die Geopoetik den Raum oft als sprachlich-literarisches Konstrukt begreift, dominiert im *Ecocriticism* die Natur als eine vorsprachlich ‚gewachsene'. Beide überschneiden sich, da sie das Instrument und Schreibverfahren der *Ethnographie* einsetzen, allerdings meist ohne Einbezug der ethnologisch diskutierten Implikationen. Mit der Demonstration des Erkenntniswerts eines phänomenologischen Zugangs und der qualitativen Raumforschung bringen *Ecocriticism* und Geopoetik frischen Wind in die Humangeographie (Mendelson 1999, 84).

In der Akzentuierung der Raum-Erfahrung als einer produktiven, z. B. beim ‚*narrative mapping*' oder der ‚*deep map*' mental geprägter Landschaften (Mendelson 1999, 82; 89), liegt eine gemeinsame Basis beider Forschungsrichtungen. Sie werfen die Frage auf, ob nicht ein ‚Zeitalter der sinnlichen Erfahrung' die mediale Vermittlung des Raums überwindet, und verneinen sie, denn bei beiden nimmt die Literatur eine zentrale Rolle ein. Wenn dem wissenschaftlichen ökokritischen Schreiben vorgeworfen wird, es sei akkumulativ statt analytisch, empathisch und gar meditativ (Cohen 2004, 21–22), nähert sich das semidokumentarische Schreiben dem Stil geopoetischer Texte, vor allem in subjektiv durchsetzten Formaten wie Reisebericht, Reportage und Essay, die sich zwischen akademischen, journalistischen und poetischen Sprachregistern bewegen.

Die Probleme des Aktualitätszwangs, der Datierung der eigenen Genese und die Erstellung eines international akzeptierten Primärtextkanons teilen *Ecocriticism* und Geopoetik: *Ecocriticism* blickt auf die ökologische Kartierung mittels botanischer Katalogisierung der Welt und der Taxonomien von Flora und Fauna seit der Aufklärung zurück, die Geopoetik auf die Tradition der Reise- und Abenteuerliteratur, die, wie z. B. bei Melville, auch umweltkritische Aspekte aufwirft (→ 40. Meer/Luft/Wüste).

4. Ausblick

Wenn literarische Texte einen kultur- bzw. naturbeschreibenden Anspruch zu einem Teil ihrer Poetik erklären, so eignen sie sich Vorgehensweisen der Ethnologie an und wiederholen mitunter Probleme aus deren Vergangenheit: Sie betreiben *othering* und stiften ‚natürliche' kulturelle Identität bzw. kulturell definierte Natur. ‚Kultur' ist im Zusammenhang mit der Raumdebatte nicht dekonstruiert worden; ebenso ist ‚Natur' im *Ecocriticism* eine unhintergehbare, obwohl dynamisierte, Kategorie geblieben. Infolgedessen laufen sowohl ökokritische als auch geopoetische Schreibweisen Gefahr, Natur bzw. Kultur absolut zu setzen. Die symbolische und panegyrische Macht von umweltkritischen wie geopoetischen Raumdiskursen bedarf einer kritischen Begleitung. So wäre es wünschenswert, wenn raumdiskursive Analysen konzeptionell dem Umstand gerecht werden, dass geopoetische und ökokritische literarische, aber auch wissenschaftliche Texte eine performative Wirkung als Aufwertungsinstrument entwickeln: Das Etikett ‚geopoetisch' verleiht dem literarisch fokussierten Geo-Raum den Status eines *poetischen* im Sinne eines inspirierenden und künstlerisch wertvollen Raums; das Attribut ‚*ökokritisch*' appelliert an dessen Rettung. Die erste Strategie ist subtiler als die der ökokritischen Lektüre, dafür aber auch umso leichter als eine nicht-politische maskierbar. Politisch können sie aufgeladen werden, indem sie einem bestimmten Raum dessen poetische Existenz als Distinktionsmerkmal zusprechen – durch Hervorhebung, Exklusion oder Inklusion in Bezug auf andere Räume, so dass z. B. im Falle Mitteleuropas die Vorstellung vom ‚Osten' immer weiter gen Russland verschoben und die Nähe zu Europa herbeigeschrieben werden kann.

Demnach betrifft *Ecocriticism* nicht nur die amerikanische Literatur, auch wenn sie ein Paradebeispiel ist, da sie sich mit Expansion, Ausbeutung, Reservaten, Bergbau, Wasserenergie und Stadtverschmutzung beschäftigt (May 2005, 88). Dass der Anwendungsbereich auf die (ost-)europäischen Literaturen erweitert werden kann, zeigen gerade angloamerikanische Arbeiten, die die Interaktion von Menschen und Tieren in der russischen Literatur (Costlow 2010; Nelson 2010) und die Bedeutung des Waldes für die russische nationale und geistige Identitätskonstruktion in Literatur, Malerei und Wissenschaft untersuchen (Costlow 2013). Umgekehrt braucht Geopoetik nicht vornehmlich mit osteuropäischen Autor/innen assoziiert zu bleiben. Die Verwendung des Begriffs vornehmlich in Bezug auf den osteuropäischen Raum kann dazu beitragen, Osteuropa wissenschaftlich als ein westeuropäisches Phantasma des Anderen weiterzudenken. Es würde als ein universelles Konzept an Schärfe gewinnen und an nationalistisch gefärbter Heimatverbundenheit verlieren, wenn man geopoetische Schreibweisen über Nationalliteraturen hinweg in analytisch-kritischen Dialog bringt.

Man kann die These aufstellen, dass sich sowohl eine geopoetische als auch eine ökokritische Lektüre einer jeden Nationalliteratur vornehmen ließe. Dafür wären besonders Texte um gesellschaftliche Umbrüche herum interessant. Während sich der geopoetische Fokus auf die ästhetischen Implikationen z. B. der Landschafts- und Stadttexte konzentrieren könnte, wäre die ökokritische Lektüre expliziter gesellschaftskritisch. Beide ließen sich kombinieren. Ein Beispiel: Im Falle der russischen Literatur hat die Oktoberrevolution (1917) mit ihrer Fortschritts- und Technikgläubigkeit Gegentendenzen provoziert, so etwa zur aristokratischen Lebensführung – mit Schauplätzen (wie Anwesen, Sommerfrische, Waldjagd im Werk des Nobelpreisträgers Ivan Bunin), die an der alten Naturordnung poetisch festzuhalten helfen. Der Sozialismus hat den Primat der Naturbeherrschung durch den Menschen in gigantischen Industrie-, Wasser- und Energieversorgungsprojekten rücksichtslos realisiert. Darauf reagiert kritisch die sowjetische Dorfliteratur, z. B. Valentin Rasputin. Wichtig wäre zudem die literarisch-publizistische Reaktion auf das Reaktorunglück von Čornobyl' im Jahre 1986.

Ecocriticism und Geopoetik überschneiden sich ferner in der Stadtliteratur – einem bestehenden Gegenstandsbereich des *Ecocriticism* (Dixon 2002; Tallmadge 2004; Michael und Teague 1999) und einer Fundgrube für geopoetische Schreibweisen, z. B. in der russischen Literatur im *Peterburgskij tekst* (Toporov 2003; → 42. St. Petersburg). Dieses semiotische Modell bezeichnet eine intertextuelle Topik und Semantik, die sich über die Mythisierung der Naturunterwerfung definiert: Die Stadtgründung, allgemein ein zentraler Topos von Stadt-Texten, erfolgte im Fall St. Petersburgs auf dafür ungeeignetem Boden. Die Realisierung des künstlichen Plans sollte die Europafähigkeit Russlands beweisen. Die Petersburg-Literatur hat zu dieser Funktion beigetragen, indem gerade sie in die Weltliteratur eingegangen ist (z. B. durch auf Petersburg bezogene Werke von Puškin, Gogol', Dostojevskij und Belyj), und zwar auch wegen der – wie man zur Anregung künftiger Lektüren sagen könnte – ökokritischen und geopoetischen Poetiken: Sie haben die Dichotomie von rationaler Naturbeherrschung und Unterwerfung gegenüber imaginierten Naturgewalten ästhetisch immer wieder ins Gedächtnis gerufen. Umweltkritisch haben sie das Verhältnis von Individuen zur Großstadt in neuen sozialen Zusammenhängen problematisiert.

Literatur

Abašev, Vladimir. *Perm' kak tekst: Perm' v russkoj kul'ture i literature XX veka*. Perm': Izdatel'stvo Permskogo universiteta, 2000.
Andruchowytsch, Juri. *Das letzte Territorium: Essays*. Übers. von Alois Woldan. Frankfurt a. M.: Suhrkamp, 2003.
Andruchowytsch, Juri. *Engel und Dämonen der Peripherie: Essays*. Übers. von Sabine Stöhr. Frankfurt a. M.: Suhrkamp, 2007.
Bennett, Michael, und David W. Teague (Hrsg.). *The Nature of Cities*. Tucson, AZ: University of Arizona, 1999.
Böhme, Gernot. *Für eine ökologische Naturästhetik*. Frankfurt a. M.: Suhrkamp, 1989.
Böhme, Hartmut. *Natur und Subjekt*. Frankfurt a. M.: Suhrkamp, 1988.
Böhme, Hartmut. „Natürlich/Natur". *Ästhetische Grundbegriffe: Historisches Wörterbuch in sieben Bänden*. 6 Bde. Hrsg. von Karlheinz Barck *et al*. IV. Stuttgart und Weimar: Metzler, 2002. 432–497.

Brandt, Joan. *Geopoetics: The Politics of Mimesis in Poststructuralist French Poetry and Theory*. Stanford, CA: Stanford University Press, 1997.
Buell, Lawrence. *Writing for an Endangered World: Literature, Culture, and Environment in the U. S. and Beyond*. Cambridge, MA: The Belknap Press, 2001.
Bouvet, Rachel, und Kenneth White. *Le nouveau territoire: L'exploration géopoétique de l'espace*. Montréal: Université de Québec, 2008. http://oic.uqam.ca/fr/publications/ le-nouveau-territoire-lexploration-geopoetique-de-lespace (19. Dezember 2014).
Cohen, Michael P. „Blues in the Green: ‚Ecocriticism' under Critique". *Environmental History* 9.1 (2004): 9–36.
Costlow, Jane T., und Amy Nelson. *Other Animals: Beyond the Human in Russian Culture and History*. Pittsburgh, PA: University of Pittsburgh Press, 2010.
Costlow, Jane T. *Heart-Pine Russia: Walking and Writing the Nineteenth-Century Forest*. Ithaca, NY: Cornell University Press, 2013.
Dixon, Terrell. *City Wilds: Essays and Stories about Urban Nature*. Athens, GA: University of Georgia Press, 2002.
Glotfelty, Cheryll, und Harold Fromm (Hrsg.). *The Ecocriticism Reader: Landmarks in Literary Ecology*. Athens, GA: University of Georgia Press, 1996.
Heise, Ursula K. „Ecocriticism". *Literatur und Wissen. Ein interdisziplinäres Handbuch*. Hrsg. von Roland Borgards, Harald Neumeyer, Nicolas Pethes und Yvonne Wübben. Stuttgart und Weimar: Metzler, 2013. 223–228.
Heise, Ursula K. „The Hitchhiker's Guide to ‚Ecocriticism'". *PMLA* 121.2 (2006): 503–516.
Heise, Ursula K. „‚Ecocriticism'/Ökokritik". *Metzler Lexikon Literatur- und Kulturtheorie: Ansätze – Personen – Grundbegriffe*. Hrsg. von Ansgar Nünning. Stuttgart und Weimar: Metzler ³2004. 130–131.
Frank, Susi K. „Geokulturologie und Geopoetik: Definitions- und Abgrenzungsvorschläge". *Geopoetiken: Geographische Entwürfe in den mittel- und osteuropäischen Literaturen*. Hrsg. von Magdalena Marszałek und Sylvia Sasse. Berlin: Kadmos, 2010. 18–42.
Klinaŭ, Artur: *Minsk: Sonnenstadt der Träume*. Übers. von Volker Weichsel. Frankfurt a. M.: Suhrkamp, 2006.
Ljusyj, Aleksandr. *Krymskij tekst v russkoj literature*. Sankt-Peterburg: Aletejja, 2003.
Love, Glen A. „‚Ecocriticism' and Science: Toward Consilience?" *New Literary History* 30.3 (1999): 561–576.
Marszałek, Magdalena, und Sylvia Sasse (Hrsg.). *Geopoetiken: Geographische Entwürfe in den mittel- und osteuropäischen Literaturen*. Berlin: Kadmos, 2010.
Marszałek, Magdalena, und Sylvia Sasse. „Antonyčs Geist". Interview mit Jurij Andruchovyč. *Novinki – zurückgefragt*. 3. November 2006. http://www.novinki.de/marszalek-magdalena-antonycs-geist/(19. Dezember 2014).
Marshall, Ian. „New Connections in *Ecocriticism*". *Interdisciplinary Literary Studies* 7.1 (2005): 1–4.
May, Theresa J. „Greening the Theater: Taking ‚Ecocriticism' from Page to Stage". *Interdisciplinary Literary Studies* 7.1 (2005): 84–103.
Meeker, Joseph W. *The Comedy of Survival: Studies in Literary Ecology*. New York: Scribner, 1974.
Mendelson, Donna. „‚Transparent Overlay Maps': Layers of Place Knowledge in Human Geography and ‚Ecocriticism'". *Interdisciplinary Literary Studies* 1.1 (1999): 81–96.
Murphy, Patrick D. *Ecocritical Explorations in Literary and Cultural Studies: Fences, Boundaries, and Fields*. Lanham, MD: Lexington Books, 2009.

Phillips, Dana. *The Truth of Ecology: Nature, Culture, and Literature in America*. Oxford: Oxford University Press, 2003.
Schellenberger-Diederich, Erika. *Geopoetik: Studien zur Metaphorik des Gesteins in der Lyrik von Hölderlin bis Celan*. Bielefeld: Aisthesis, 2006.
Sid, Igor, und Ekaterina Dajs (Hrsg.). *Vvedenie v geopoètiku. Odinočnye èkspedicii v okeane smyslov*. Moskau: Art Chaus media/Krymskij Klub, 2013.
Stobbe, Urte. „Ökologische Transformationen und literarische Repräsentationen". *Ökologische Transformationen und literarische Repräsentationen*. Hrsg. von Maren Ermisch, Ulrike Kruse und Urte Stobbe. Göttingen: Universitätsverlag Göttingen, 2010. 3–11.
Raabe, Katharina, und Monika Sznajderman (Hrsg.). *Odessa Transfer: Nachrichten vom Schwarzen Meer*. Frankfurt a. M.: Suhrkamp, 2009.
Rohde, Carsten. *‚Träumen und Gehen': Peter Handkes geopoetische Prosa seit ‚Langsame Heimkehr'*. Hannover-Laatzen: Wehrhahn, 2007.
Rueckert, William. „Literature and Ecology: An Experiment in ‚Ecocriticism'" [1978]. *The Ecocriticism Reader: Landmarks in Literary Ecology*. Hrsg. von Cheryll Glotfelty und Harold From. Athens, GA: University of Georgia Press, 1996. 105–123.
Seel, Martin. *Eine Ästhetik der Natur*. Frankfurt a. M.: Suhrkamp, 1991.
Tallmadge, John. *The Cincinnati Arch: Learning from Nature in the City*. Athens, GA: University of Georgia Press, 2004.
Toporov, Vladimir. *Peterburgskij tekst russkoj literatury: izbrannye trudy*. Sankt Peterburg: Iskusstvo, 2003.
Treptow, Elmar. *Die erhabene Natur: Entwurf einer ökologischen Ästhetik*. Würzburg: Königshausen & Neumann, 2001.
Urban, Urs. „Geopoetik". *Lexikon der Raumphilosophie*. Hrsg. von Stephan Günzel. Darmstadt: Wissenschaftliche Buchgesellschaft, 2012. 144–145.
Velter, André. Homepage des Autors. http://andrevelter.com/ (19. Dezember 2014).
White, Kenneth. *Elemente der Geopoetik*. Hamburg: Kellner, 1988.

19. Literarische Geographie und Geokritik
Michel Collot

Das Konzept der literarischen Geographie ist in der Literaturwissenschaft, die zumindest in Frankreich lange Zeit von der Literaturgeschichte dominiert war, nicht allzu weit verbreitet. Doch hat es selbst bereits eine Geschichte, auf die zunächst kurz eingegangen werden soll, bevor sein aktueller Gebrauch und seine wichtigsten Forschungsperspektiven dargestellt werden, wobei ein besonderes Augenmerk auf dem geokritischen Ansatz liegen wird. Hierfür stammen die meisten der Beispiele aus der französischen Literatur, doch ließen sich zweifelsohne ähnliche Entwicklungen und Tendenzen auch andernorts belegen.

1. Geschichte

Obwohl die Vorläufer der literarischen Geographie schon in der Klimatheorie Montesquieus, der von Madame de Staël eingeführten Zweiteilung in eine ‚nördliche' und eine ‚südliche' Literatur oder in den Thesen Hippolyte Taines über den literarischen Einfluss von Rasse, Milieu und jeweiligem Zeitpunkt zu finden sind, scheint in der europäischen Kultur die Idee einer literarischen Geographie recht eigentlich erst zu Beginn des 20. Jahrhunderts aufgekommen zu sein (→ 25. Formationen literarischer Raumgeschichte). Allem Anschein nach taucht der Ausdruck in Frankreich zum ersten Mal in der *Esquisse d'une géographie littéraire de la France* als Anhang zu einem Werk über *Les Littératures provinciales* auf (Beaurepaire-Fromont 1907). Dabei ist die in den ersten Jahrzehnten des 20. Jahrhunderts in Frankreich betriebene literarische Geographie dem damals in Mode befindlichen literarischen Provinzialismus (Thiesse 1991) zum Verwechseln ähnlich.

In der Zeit zwischen den Weltkriegen war es vor allem Albert Thibaudet, der nachdrücklich dafür plädierte, ‚die Literatur wie eine Landschaft aufzufassen', so dass seine Art der Literaturgeschichte – in den Worten Antoine Compagnons – ‚eher einer ‚Geographie und Topographie der französischen literarischen Welt' als einer fortschreitenden Chronologie ähnelt' (2007). Thibaudets wiederkehrender Gebrauch der Begriffe ‚literarische Geogaphie' und ‚Landschaft' ist allerdings eher metaphorischer Art und bezieht sich streng genommen kaum auf die räumliche Dimension der Literatur. Vielmehr geht es hauptsächlich darum, einen Gesamtüberblick über die Literaturgeschichte oder eines Augenblicks davon zu geben, um so die Kraftlinien dessen herauszuarbeiten, was man heutzutage vielleicht das ‚literarische Feld' nennen würde (→ 21. Literarisches Feld).

In Frankreich hat erstmals André Ferré den Versuch unternommen, einer literarischen Geographie klare Konturen zu verleihen und sie methodisch zu unterfüttern: zum einen mit seiner Doktorarbeit zur *Géographie de Marcel Proust* (1939) und zum anderen mit einer kurzen Überblicksdarstellung unter dem Titel *Géographie littéraire* (1946), wo er in beidem daran erinnert, dass Literaturgeschichte seit jeher über eine geographische Komponente verfügt. In seinen Augen ist der Hauptgegenstand einer literarischen Geographie wie von Literaturgeschichte überhaupt, die Untersuchung des Kontextes der literarischen Produktion, wobei er diesen nicht als bloßen Begleitumstand ansieht, sondern als Faktor, der sich direkt auf die literarischen Werke selbst auswirkt. Der Gedanke einer solchen Beziehung ist zwar nicht neu, doch kritisiert Ferré den naiven Determinismus, mit dem einige Schüler Taines die Literatur zu einem unmittelbaren ‚Produkt des Bodens und des Klimas' gemacht haben (1946, 33). Wie den Vertretern der modernen Geographie geht es ihm stärker darum, die menschlichen, sozialen, wirtschaftlichen und kulturellen Faktoren zur Geltung zu bringen.

Im Rahmen einer nach dem Modell der Literaturgeschichte entworfenen Geographie verbleibt dieses Umfeld jedoch außerhalb des Textes und unterhält zum literarischen Werk entsprechend lediglich eine Beziehung der Äußerlichkeit, die sich vor allem aus der Biographie des Autors erschließt. Ferré ist vornehmlich darauf bedacht, die Orte zu erfassen, an denen Schriftsteller gelebt oder die sie bereist haben, und sie mit den Orten zu vergleichen, die in ihrem Werk vorkommen. Die Ergebnisse seiner Untersuchungen fasst er auf ‚biographischen Landkarten' zusammen, die für die literarische Geographie sodann die gleiche Rolle spielen wie die Chronologie für die Literaturgeschichte (→ 20. Literaturgeographie und Literaturkartographie). Auch wenn Ferré den Unterschied zwischen den Lebensorten und den Orten des literarischen Textes betont, ändert dies nichts daran, dass er die literarische Geographie einer referenzierbaren lebensweltlichen Geographie unterordnet – wie auch die traditionelle Literaturgeschichte tendenziell das literarische Werk in Abhängigkeit vom Leben des Autors darstellt.

Eine solche Auffassung von einer Geographie der Literatur zeigt deutlich, wie ein literarisches Werk in einem bestimmten Gebiet verankert ist, aber vergisst darüber, mit aufzuzeigen, wie es dieses Gebiet seinerseits verwandelt, um seinen eigenen Raum, den Raum des Imaginären und des Schreibens zu schaffen, den man eben nur im literarischen Text finden kann und der auf keiner Landkarte der bekannten Welt verzeichnet ist (→ 6. Literarischer Raum). Ferré war sich dieser Problematik vollkommen bewusst, nachdem er in seiner Doktorarbeit versucht hatte, ‚die verschiedenen von Marcel Proust erwähnten Landschaften auf einer Landkarte zu lokalisieren' (1939, 85), aber einsehen musste, dass die meisten Orte der *Recherche* ‚sich einer eindeutigen und allzu genauen Lokalisierung widersetzen' (102), weil ‚die Geographie von Marcel Proust ganz und gar psychologischer, ja sogar völlig subjektiver und impressionistischer Natur ist' (20).

Aufgrund dieser Tatsache, dass sie ganz offensichtlich die Rolle des Imaginären und des Schreibens nicht ernst nahm, ist die literarische Geographie nach dem Krieg längere Zeit in Vergessenheit geraten, vor allem ab den 1950er Jahren mit dem Aufschwung der *Nouvelle Critique* und dann im Laufe der von einer vornehmlich strukturalistisch und formalistisch geprägten Poetik beherrschten 1960er und 1970er Jahre. Dort wurde der literarische Raum als eine ausschließlich imaginäre Welt oder aber als ein hauptsächlich textuelles und/oder intertextuelles Konstrukt aufgefasst.

2. Neuere Entwicklung

Erst Ende der 1980er Jahre, mit der Abkehr von Formalismus und Textualismus, lebt die literarische Geographie wieder auf. Dies entspricht dem von vielen Schriftstellern und Literaturkritikern gehegten Wunsch, die referentielle Funktion der Literatur und insbesondere ihre räumliche Dimension zu rehabilitieren. Dieses Wiederaufleben ist Teil einer allgemeinen, die Gesamtheit der Geistes- und Gesellschaftswissenschaften erfassenden erkenntnistheoretischen Veränderung, welche zunehmend Wert darauf legt, menschliche wie soziale Faktoren auch in Raumfragen miteinzubeziehen. Während es in den 1960er Jahren die Rede von einem ‚*linguistic turn*' gab, der sich durch die Vorherrschaft des Modells der Sprache und insbesondere der strukturalen Linguistik auszeichnete, nahm gegen Ende der 1970er, Anfang der 1980er Jahre der Einfluss dieses Modells allmählich zugunsten eines ‚*spatial turn*', einer ‚Wende zum Raum' oder einer ‚geographischen Wende' ab (Soja 1989; Lévy 1999). Dies betrifft vor allem die Geschichte, die schon zur Verräumlichung neigte, seit die *Annales*-Schule eine Ausdehnung der historischen Forschung auf lange Zeiträume und große geographische Regionen angeregt hatte. So führte Fernand Braudel des Konzept einer ‚*Géohistoire*' ein, um der Untersuchung der Beziehungen einer Gesellschaft zu ihrem geographischen Rahmen über eine lange Dauer hinweg einen Namen zu geben (1997, 114). Die *Nouvelle Histoire* gesteht ihrerseits der Landschaft eine neue Bedeutung bei der Entwicklung der Gefühlskultur und der kollektiven Mentalitäten zu, wie sich dies etwa in Alain Corbins Studie über die Entstehung einer ‚Ufersehnsucht' (1988) zeigt.

Dieses Interesse für den Raum oder vielmehr für die Räumlichkeit des Menschen entwickelte sich auch innerhalb mehrerer Strömungen der zeitgenössischen Philosophie, so in der existenziellen Phänomenologie, die das Bewusstsein als ein ‚Zur-Welt-Sein' (‚*être au monde*') bzw. als ‚Dasein' definiert, in dem von Deleuze und Guattari propagierten Projekt einer ‚Geophilosophie'(1991, 82) oder in dem von Eric Dardel (1952) vorgebrachten Konzept einer ‚Geographizität' des Menschen. Dieses Verständnis vom Menschen hat die Entstehung einer neuen Richtung der zeitgenössischen Geographie gefördert, welche oftmals als ‚human' oder ‚humanistisch' bezeichnet wird. Sie hat sich ab den 1970er Jahren als Reaktion auf die Entwicklung einer Disziplin herausgebildet, welche sich stärker auf die objektive und abstrakte Analyse des Raumes ohne Berücksichtigung seiner menschlichen und gefühlsbezogenen Dimension konzentriert hat.

Eine solche Geographie versteht sich nicht nur als Human-, sondern auch als Kulturgeographie und ist zudem zunehmend an der Literatur interessiert, in der sie den besten Ausdruck des ‚erlebten Raums' (Frémont 1976) sowie des konkreten, affektiven und symbolischen Verhältnisses des Menschen zu seinen Orten sieht. In Frankreich sind mehrere geographische Doktorarbeiten gerade zu literarischen Textkorpora entstanden, darunter etwa diejenige von Marc Brosseau (1996): Thematisch dem Roman der Gegenwart gewidmet, ist die Arbeit um die Achtung der Besonderheit literarischer Räume bemüht und interessiert sich vor allem dafür, was Literatur zur Geographie beitragen kann. Nach Brosseau gibt es ein ‚Raumdenken des Romans' (8), das untrennbar ist von der literarischen Form. Der zeitgenössische Roman ist somit nicht nur ein Untersuchungsobjekt für den Geographen; er betreibt auf seine spezifische Art selbst Geographie (→ 2. Topographien).

Wenn Geographen sich heutzutage so intensiv für Literatur interessieren, dann weil die aktuelle literarische Produktion dem Raum und der geographischen Inspiration einen hohen Stellenwert zumisst. Dies betrifft nicht nur die gegenwärtig äußerst beliebte ‚Reiseliteratur', sondern die Gesamtheit der literarischen Gattungen, deren Grenzen durch die Tendenzen zur Verräumlichung unscharf geworden sind: das Theater, das seit jeher eine besondere Beziehung zum Bühnenraum unterhält (→ 8. Raum und Theatralität); die Lyrik, die die Landschaft hinterfragt und sich zunehmend auf dem Raum der Seite entfaltet (→ 41. Die Seite); und auch den Roman, der immer mehr zur ‚Raumerzählung' tendiert (Certeau 1990; → 7. Raum und Erzählung). Die wachsende Bedeutung der Raumthematik ist untrennbar mit der jüngeren Entwicklung der literarischen Formen und Gattungen verbunden, wie sie Joseph Frank (1972) bereits 1945 beschrieben hat. Im Bereich der Lyrik kann man beispielsweise seit Mallarmé eine Verräumlichung des Textes feststellen, die den Raum der Seite und des Buches im Zuge der Abkehr von dem durch die regelmäßige Versbildung auferlegten Rahmen dank eines unendlich variierbaren typographischen Dispositivs in alle Richtungen und Dimensionen erkundet. Diese Verräumlichung lockert die syntaktischen, logischen und chronologischen Bindungen zwischen den verschiedenen Teilen der Aussage eines Textes und trägt zu einem des Öfteren beobachteten Auseinanderdriften von Lyrik und Narrativik in der Moderne bei (Combe 1989).

Die Infragestellung traditioneller Muster findet man auch in der Prosa wieder, insbesondere in der poetischen Erzählung, die mit der gewohnten Linearität des Erzählens und manchmal auch mit dem Erzählen überhaupt bricht, um der Beschreibung einen bedeutenden, sogar zuweilen vorherrschenden Platz einzuräumen, und wo die Protagonisten ihre Autonomie zunehmend zugunsten einer sich immer stärker in den Vordergrund drängenden Präsenz der Landschaft zu verlieren drohen, die aufhört, einfaches Dekor zu sein und ihrerseits zum Akteur wird (Tadié 1978; → 12. Landschaft). Eines der berühmtesten und emblematischsten Beispiele für diese Tendenz ist Julien Gracq, ein ‚Schriftsteller-Geograph', in dessen Romanen die Beschreibung den Erzählfluss beständig verzögert, versanden lässt oder gar ganz abtötet. Nach vier Romanen veröffentlichte Gracq ab den 1970er Jahren nur noch Novellen, in denen die Erzählung nie nennenswert vorankommt, sowie autobiographische Skizzen und Fragmente, in denen gerade die geographische Inspiration eine beherrschende Rolle spielt (1970; 1976; 1985; 1992). Vor diesem Hintergrund ist es wenig verwunderlich, dass sein Werk seine Kollegen aus der Geographie besonders interessiert hat (Lacoste 1990; Tissier 1981). Eine ähnliche Entwicklung kann man auch bei anderen Gegenwartsautoren beobachten, insbesondere bei Michel Butor, der den Roman fast zur gleichen Zeit wie Gracq zugunsten von Texten aufgab, die im Zeichen eines ‚*genius loci*' stehen und den planetarischen Raum wie auch den Raum der Buchseite und des Buches stets weiter erkunden (1958; 1971; 1978; 1992; 1996; → 5. Schrifträume). Es sieht ganz so aus, als hätte insbesondere der Raum von der Krise des traditionellen Erzählens und der Psychologie profitiert, um einen immer bedeutsamer werdenden Platz in der gegenwärtigen fiktionalen Literatur einzunehmen.

Diese Entwicklung des literarischen Denkens und der literarischen Praxis hat auch ihren Einfluss auf die Literaturforschung nicht verfehlt, die sich vermehrt für Fragen der literarischen Geographie interessiert. Eine Untersuchung über die in Frankreich seit 1990 eingereichten Doktorarbeiten zur französischsprachigen Literatur des 20. Jahrhunderts zeigt, dass sich eine nicht unbedeutende Anzahl von ihnen mit dem geographischen Rahmen der literarischen Produktion oder den in den untersuchten Werken dargestellten Räumen befasst (Collot 2004, 41). In den letzten Jahren haben sich etliche Tagungen dem *genius loci* bzw. den ‚Raumskripten' gewidmet (Bouloumié und Trivisani-Moreau 2005, Dünne und Nitsch 2014). Zudem befassen sich gegenwärtig vermehrt Forschergruppen, Forschungszentren und eigens eingerichtete Programme mit dem Raum in der Literatur sowie mit aktuellen Tendenzen der literarischen Geographie (Collot und Knebusch 2011; Collot 2014).

3. Tendenzen

Die in der Folge vorgestellten Forschungsansätze gehen in verschiedene, oft miteinander konkurriende Richtungen, die auf den ersten Blick als unvereinbar erscheinen mögen, aber allem Anschein nach wohl doch notwendig und komplementär sind, um die Vielfalt und die Komplexität der Verbindungen von Literatur und Raum darzustellen. In diesem Feld, das noch im Entstehen begriffen ist, kann man versuchsweise folgende Ansätze unterscheiden:
- die Geographie der Literatur (→ 20. Literaturgeographie und Literaturkartographie), die sich bemüht, ‚die Literatur im Raum' bzw. umgekehrt ‚den Raum in der Literatur' (Moretti, 2000, 9) zu verorten, indem sie entweder die Orte der literarischen Produktion, Verlagstätigkeit, Rezeption und Übersetzung oder aber die in den Texten erwähnten Orte untersucht. In beiden Fällen erscheint die Karte als das bevorzugte Werkzeug der Forschung, wobei insbesondere die Weiterentwicklung der modernen Kartierungstechniken die Darstellung des Unterschieds zwischen der realen Geographie und ihrer literarischen Repräsentation ermöglichen soll;
- die Ökokritik und Geopoetik (→ 18. *Ecocriticism* und Geopoetik), die das Verhältnis von Mensch und Welt unter Einbeziehung der Natur-und Umweltwissenschaften ins Zentrum des literarischen Schaffens stellt;
- die Geokritik, die einen spezifisch literaturwissenschaftlichen Zugriff auf Texte vorschlägt und sich dabei vor allem darauf konzentriert, wie das Imaginäre und das Schreiben geographische Referenzen transformiert (→ 2. Topographien; 3. Dynamisierungen).

Obwohl die Geographie der Literatur sich in der letzten Zeit erneuert hat, bleibt sie oftmals noch allzu sehr dem Gedanken der Referenz verpflichtet. Will sie dem Abstand zwischen realer und immer mehr oder weniger imaginärer literarischer Geographie Rechnung tragen, muss sie eine kritische Position einnehmen. Insofern ist Literatur in zweifacher Weise als ‚Geo-Kritik' zu verstehen: zum einen beleuchtet sie kritisch Weltsicht wie Instrumente der wissenschaftlichen Disziplin ‚Geographie', zum anderen verlangt sie nach kritischer literaturwissenschaftlicher Tätigkeit. Es geht also weniger darum, die den literarischen Text inspirierenden Referenzen zu untersuchen, als die von ihm produzierten Bilder, Formen und Bedeutungen.

Der Begriff ‚*Geokritik*' wurde in Frankreich von Bertrand Westphal (2000; 2007) geprägt und bezeichnet einen neuen literaturwissenschaftlichen Ansatz, dessen Berechtigung seiner Ansicht nach von der zunehmenden Bedeutung des Themas der Geographie in der Gegenwartsliteratur herrührt – nach einer dominant formalistischen Periode steht dieses Thema in gewisser Weise für eine ‚Rückkehr zur Wirklichkeit in der Literatur' (2007, 152). Darüber hinaus rechtfertigt sich dieser Ansatz durch die wachsende Bedeutung des Raumes in der Philosophie, insbesondere bei Deleuze und Guattari. Westphal lässt sich vor allem von der Dialektik von Territorialisierung und Deterritorialisierung leiten, um ‚das Verhältnis zwischen menschlichen Räumen und Literatur neu zu denken' (2000, 17) . Dabei berücksichtigt er die Interaktion von wirklichem Raum und Raumdarstellungen; ihm zufolge ist der räumliche Referent eines Textes teilweise selbst schon mit literarischen Referenzen aufgeladen. Entsprechend gehe es darum, den ‚imaginären Räumen' und ihren zahlreichen möglichen Beziehungen zu wirklichen Orten eine größere Bedeutung einzuräumen. Allerdings beschränkt er sich selbst in seiner Untersuchung der ‚Raumdarstellungen in der Literatur' weitgehend auf die ‚vermittelte Darstellung eines räumlichen und/oder eines geographischen Referenten' (7).

Westphals Vorgehensweise besteht darin, einen Ort oder einen an Geschichte und Kultur reichen Landstrich zu wählen und die Bilder, die verschiedene Schriftsteller davon entworfen haben, miteinander zu vergleichen – es geht also in gewisser Weise darum, das literarische Gedächtnis zu erforschen (→ 17. Mnemotop). Obwohl Westphal betont, dass die Literatur am Aufbau von – dann letztlich als Texte lesbaren – Orten selbst mitbeteiligt ist, bleibt sein vorwiegend komparatistischer Ansatz also an die geographische Referenz gebunden. Entsprechend räumt er auch ein, dass sein Ansatz eher ‚schlecht für imaginäre Räume' wie für ‚die Auseinandersetzung mit einem einzigen Autor oder einem einzigen Text' geeignet ist (2000, 34). Er setzt die Geokritik, die ‚geozentrisch' sein sollte, einer ‚egozentrischen' Wissenschaft entgegen. Aber, so lässt sich fragen, besteht nicht ein bedeutender Aspekt der literarischen Darstellung des Raumes gerade im Aufbau eines imaginären Universums, das auf dem Standpunkt eines Subjekts und auf der Verfassung eines Textes beruht (→ 44. Tlön)? Selbst wenn die Bedeutung der geographischen Referenz, ihrer Kontexte und Intertexte nicht zu leugnen ist, ist die literarische Darstellung des Raumes oftmals eine ‚Ego-Geographie' (Lévy 1995) bzw., um einen Ausdruck von Ignatius von Loyola aufzunehmen, eine ‚*compositio loci*' (Fabre 1992, 34), eine in Semantik und Inhalt einmalige Konstruktion, die, um verstanden werden zu können, des Standpunkts eines weiteren Subjektes bedarf, also etwa einer kritische Lektüre.

Deswegen scheint es auch weiterhin hilfreich, die literarische Darstellung des Raumes wie eine ‚Landschaft' zu betrachten und dabei Bezug auf die allgemeinste Definition dieses Begriffes zu nehmen, die davon ausgeht, dass die Landschaft nicht das Land selbst ist, sondern ein gewisses Bild des Landes, das auf der Grundlage des Standpunktes eines Subjektes entsteht, egal, ob es sich dabei um einen Künstler oder um einen einfachen Beobachter handelt (Collot 2005). Dieser Begriff (→ 12. Landschaft) hat eine wichtige Rolle nicht nur in der Geschichte der

Geographie, sondern auch bei neueren Entwicklungen in zahlreichen anderen Human- und Sozialwissenschaften gespielt, die ihn seit etwa dreißig Jahren als wichtigen Schlüssel für das Verständnis der Beziehungen zwischen dem Menschen und seiner Umwelt benutzen (Roger 1995). In die Literaturwissenschaft wurde er bereits von Jean-Pierre Richard (1967) eingeführt, der ihm einen speziellen Sinn verliehen hat: In seinen Arbeiten bezeichnet das Wort ‚Landschaft' nicht den Ort oder die Orte, die von einem Schriftsteller bewohnt bzw. bereist oder die von ihm in seinem Werk beschrieben wurden, sondern ein bestimmtes Bild der Welt, das eng mit seinem Stil und seiner Wahrnehmung zusammenhängt. Es geht also nicht um einen bestimmten Referenten, sondern um eine Anordnung von Signifikaten und um eine formale Konstruktion. Richard praktiziert eine Lektüre, die die thematische Analyse eng mit der Stilanalyse verbindet und die bis heute noch inspirierend für eine Geokritik sein kann, welche für die literarische Dimension von Raumdarstellungen empfänglich ist und die Herstellung einer Korrespondenz zwischen Buchseite (*page*) und Landschaft (*paysage*) anstrebt (1984).

Das wachsende Interesse am Raum und seinen diversen Darstellungsformen, das die Literatur selbst, aber auch die Literatur- wie die Human- und Sozialwissenschaften seit mehreren Jahrzehnten an den Tag legen, passt allem Anschein nach zu allgemeineren Erscheinungen, die oft als charakteristisch für die Postmoderne gelten, wie die Krise der Erzählung, der Tod des Subjekts oder das Ende der Geschichte. Doch liegt der Nachteil solcher Formeln darin, dass sie ausschließlich negativ sind, wie auch die Prägung ‚postmodern' selbst. Man sollte vielleicht eher davon sprechen, dass sich eine gewisse Form des Erzählens und eine bestimmte Auffassung vom Subjekt und von Geschichte überlebt haben und von neuen Schreibpraktiken, einer neuen Weltanschauung und einem neuen Menschenbild verdrängt werden.

Aus dem Französischen von Julien Knebusch und Jörg Dünne

Literatur

Beaurepaire-Fromont, Paul de. „Esquisse d'une géographie littéraire de la France". *Les Littératures provinciales*. Hrsg. von Jean Charles-Brun. Paris: Bloud, 1907. 69–80.
Bouloumié, Arlette, und Isabelle Trivisani-Moreau (Hrsg.). *Le Génie du lieu: Des paysages en littérature*. Paris: Imago, 2005.
Braudel, Fernand. „Géohistoire: La société, l'espace, le temps". *Les Ambitions de l'Histoire*. Paris: De Fallois, 1997.
Butor, Michel. *Le Génie du lieu*. Paris: Grasset, 1958.
Butor, Michel. *Le Génie du lieu II: Où*. Paris: Gallimard, 1971.
Butor, Michel. *Le Génie du lieu III: Boomerang*. Paris: Gallimard, 1978.

Butor, Michel. *Le Génie du lieu IV: Transit A/Transit B*. Paris: Gallimard, 1992.
Butor, Michel. *Le Génie du lieu: Cinquième et dernier, autrement dit Gyroscope*. Paris: Gallimard, 1996.
Certeau, Michel de. „Récits d'espace". *L'Invention du quotidien: 1. Arts de faire*. Paris: Gallimard, 1990. 170–191.
Collot, Michel. „Petit discours sur les méthodes: La Traversée des thèses". Hrsg. von Didier Alexandre, Michel Collot, Jeanyves Guérin und Michel Murat. Paris: Presses Sorbonne nouvelle, 2004.
Collot, Michel. *Paysage et Poésie: Du romantisme à nos jours*. Paris: Corti, 2005.
Collot, Michel. *Pour une géographie littéraire*. Paris: Corti, 2014.
Collot, Michel, und Julien Knebusch. „Vers une géographie littéraire. Présentation." Forschungsweblog seit 2011. http://geographielitteraire.hypotheses.org/a-propos (19 Dezember 2014).
Combe, Dominique. *Poésie et récit*. Paris: Corti, 1989.
Compagnon, Antoine. „Préface". Albert Thibaudet. *Réflexions sur la littérature*. Hrsg. von Antoine Compagnon und Christophe Pradeau. Paris: Gallimard, 2007. 7–34.
Corbin, Alain. *Le Désir de rivage*. Paris: Aubier, 1988.
Dardel, Éric. *L'Homme et la Terre: Nature de la réalité géographique*. Paris: PUF, 1952.
Deleuze, Gilles, und Félix Guattari. *Qu'est-ce que la philosophie?* Paris: Minuit, 1991.
Dünne, Jörg, und Wolfram Nitsch (Hrsg.). *Scénarios d'espace: Littérature, cinéma et parcours urbains*. Clermont-Ferrand: Presses universitaires Blaise Pascal, 2014.
Fabre, Pierre-Antoine. *Ignace de Loyola: Le lieu de l'image*. Paris: Vrin/EHESS, 1992.
Ferré, André. *Géographie de Marcel Proust*. Paris: Le Sagittaire, 1939.
Ferré, André. *Géographie littéraire*. Paris: Le Sagittaire, 1946.
Frank, Joseph. „La forme spatiale dans la littérature européenne" [1945]. *Poétique* 10 (1972): 244–266.
Frémont, Armand. *La Région, espace vécu*. Paris: PUF, 1976.
Gracq, Julien. *La Presqu'île*. Paris: Corti, 1970.
Gracq, Julien. *Les Eaux étroites*. Paris: Corti, 1976.
Gracq, Julien. *La Forme d'une ville*. Paris: Corti, 1985.
Gracq, Julien. *Carnets du grand chemin*. Paris: Corti, 1992.
Lacoste, Yves. „Julien Gracq, un écrivain géographe". *Paysages politiques*. Paris: Le Livre de poche, 1990. 151–189.
Lévy, Jacques. *Le tournant géographique: Penser l'espace pour lire le monde*. Paris: Belin, 1999.
Lévy, Jacques. *Egogéographie: Matériaux pour une biographie cognitive*. Paris: L'Harmattan, 1995.
Moretti, Franco. *Atlas du roman européen: 1800–1900*. Übers. von Jérôme Nicolas. Paris: Seuil, 2000.
Richard, Jean-Pierre. *Paysage de Chateaubriand*. Paris: Seuil, 1967.
Richard, Jean-Pierre. *Pages Paysages: Microlectures II*. Paris: Seuil, 1984.
Roger, Alain (Hrsg.). *La Théorie du paysage en France: 1974–1994*. Seyssel: Champ Vallon, 1995.
Soja, Edward W. *Postmodern Geographies: The Reassertion of Space in Critical Social Theory*. London: Verso, 1989.
Tadié, Jean-Yves. *Le Récit poétique*. Paris: PUF, 1978.
Thiesse, Anne-Marie. *Écrire la France: Le mouvement littéraire régionaliste de langue française entre la Belle Époque et la Libération*. Paris: PUF, 1991.

Tissier, Jean-Louis. „De l'esprit géographique dans l'œuvre de Julien Gracq". *L'Espace géographique* 1 (1981): 50–59.
Westphal, Bertrand (Hrsg.). *La Géocritique mode d'emploi*. Limoges: Presses universitaires de Limoges, 2000.
Westphal, Bertrand. *La Géocritique: Réel, fiction, espace*. Paris: Minuit, 2007.

20. Literaturgeographie und Literaturkartographie

Barbara Piatti

1. Situierung und Definition

Literaturgeographie und Literaturkartographie sind als literaturwissenschaftliche Ansätze zu verstehen, die explizit konzeptuelle, terminologische und sogar technologische Anleihen bei Geographie und Kartographie machen. Unter dem übergreifenden Horizont des ‚spatial turn' und dann des enger gefassten ‚topographical turn' haben sich Geographie, Kartographie und Topographie in den letzten zwei Jahrzehnten zu äußerst produktiven literaturwissenschaftlichen Paradigmen entwickelt (Winkler *et al.* 2012). Eine allgemein verbindliche Definition der Ausprägung von ‚Literaturgeographie', *‚literary geography', ‚géographie littéraire'* usw. fehlt aber bis heute; Brian Stablefords Einschätzung, dass es sich um ein „fugitive field" handle, hat nichts von ihrer Aktualität eingebüßt (2003, xxxv). Diese Unschärfe liegt im Umstand begründet, dass verschiedene Philologien je eigene Traditionslinien dieses Ansatzes aufweisen oder gerade dabei sind, solche auszubilden. Wissenschaftsgeschichtlich erschwerend kommt hinzu, dass der Impuls zu einer Verbindung von Geographie und Literatur nicht nur von den Geisteswissenschaften ausgeht, sondern dass auch Spuren zurück in die geo- und humangeographischen Fächer führen, mit Publikationen zu literaturgeographischen Themen in geowissenschaftlichen Fachjournalen und Verlagen (Mallory und Simpson-Housley 1987; Pocock 1988; Brosseau 1994; Sharp 2000 u. a.). Doch während im englischsprachigen Bereich die Diskussion um die Inhalte einer *‚literary geography'* gerade äußerst intensiv verläuft, taucht der Begriff ‚Literaturgeographie' im deutschsprachigen Forschungsumfeld erst vereinzelt auf.

In einer ersten Annäherung können jene Studien als ‚Literaturgeographie' aufgefasst werden, die sich mit einzelnen Schreibenden und ‚ihren' Orten befassen (Sharp 1904; Ferré 1939; Frick 2002), mit Landstrichen, Regionen und Städten (Detering 2001; Ungern-Sternberg 2003; Piatti 2008; Cooper und Gregory 2010; Travis 2009; Briens 2010; Dominguez 2010) oder mit Genres (Erdmann 2011 zu Kriminalromanen). Die wachsende Gruppe der Literaturatlanten kombiniert all diese Themen und setzt sich eine räumlich organisierte Literaturgeschichte zum Ziel (u. a. Bradbury 1996; Moretti 1998; Fiorentino und Sampaolo 2009; Luzzatto und Pedullà 2010–2012). Es fällt auf, dass in einigen dieser Publikationen neu erstellte Karten integriert sind. Dies führt zu einer wichtigen Unterscheidung:

Einen Unterbereich (oder auch eine Hilfsdisziplin) der Literaturgeographie bildet nämlich die Literatur*kartographie*, die sich an der wissenschaftlich motivierten Kartierung von Literatur versucht – und zwar von *Literatur im Raum* (Wohn- und Wirkungsorte von Schreibenden, Rezeptions- und Distributionskanäle etc.) wie auch von *Raum in der Literatur* (fiktionale Geographien) (→ 19. Literarische Geographie und Geokritik). Letzteres, die Kartierung innerfiktionaler Welten, ist eine besonders komplexe Aufgabe: Jede literarische Handlung ist irgendwo lokalisiert, wobei die Skala von realistisch gezeichneten Schauplätzen mit hohem Wiedererkennungswert bis hin zu gänzlich imaginären Handlungsräumen reicht. Literatur weist somit eine spezifische Geographie mit ganz eigenen Gesetzen auf (vgl. auch Abschnitt 2.2.). Wie lässt sich diese kartographisch abbilden? Und welche neuen Erkenntnisse ergeben sich daraus? Methoden der Literaturkartographie sind konzipiert, um die komplexen Überlagerungen von realen und imaginären Geographien sichtbar und der Deutung zugänglich zu machen.

Zusammenfassend: Literaturgeographie – über deren Inhalt und Umfang noch keineswegs Klarheit herrscht – kann ganz ohne (neu erstellte) kartographische Visualisierungen betrieben werden. Der Seitenzweig der Literaturkartographie befasst sich ebenfalls mit der *Geographie* der Literatur, setzt zu deren Analyse aber Instrumente der Kartographie ein. Anders formuliert: Literaturkartographie ist *kartengestützte* Literaturgeographie.

1.1. Verwandtschaften

Konzeptuelle Überschneidungen weist die Literaturgeographie etwa mit der Geokritik und der Geopoetik auf. ‚Geokritik' ist ein Begriff, der durch den französischen Komparatisten Bertrand Westphal eingeführt worden ist (2000; 2007). Westphal definiert seine Geokritik als Methode, die das Verhältnis von Literatur und (existierendem) geographischem Raum untersucht (→ 19. Geokritik). Dies bedeutet, dass ein einzelner Raum – eine Stadt, eine Region usw. – analysiert wird unter Berücksichtigung einer möglichst großen Zahl literarischer Zeugnisse (z. B. Sizilien, das zunächst von Goethe und Vivant Denon zum Schauplatz gemacht wird, danach von Lawrence Durell, Pirandello, di Lampedusa und vielen anderen). In Westphals Worten handelt es sich dabei um eine „étude des stratifications littéraires de l'espace réferentiel" (2007, 275; zur Weiterentwicklung Tally 2011). ‚Geopoetik' (als Ausdruck geprägt vom schottischen Dichter Kenneth White) wurde ursprünglich für die dichterische Produktion verwendet, hat aber jüngst eine Umformulierung erfahren, die den Begriff auch für die literaturwissenschaftliche Forschung tauglich macht (→ 18. Geopoetik): „In diesem Kontext kann diskutiert werden, mit welchen Schreibweisen, Verfahren, Narrativen, Symbolen und Motiven spezifische Raumpoetiken hervorgebracht, semantisch aufgeladen und an bestimmte Orte, Landschaften und Territorien gekoppelt werden." (Marszałek und Sasse 2010, 9)

Der Literaturgeographie (wenn sie sich auf eine Region, eine Stadt bezieht), Geokritik und Geopoetik ist gemeinsam, dass sie die Darstellung der literarischen Vielstimmigkeit und Vielschichtigkeit einzelner georäumlicher Ausschnitte ins Zentrum ihrer Forschungen stellen – sie bringen über das Kriterium des geographischen Raumbezugs in einem komparatistischen Verfahren unterschiedliche Texte aus verschiedenen Literaturen zusammen, die man vorher nicht in dieser Zusammenstellung betrachtet hätte. Ob die Literaturgeographie dabei als Oberbegriff taugt, unter den sich etwa Geokritik und Geopoetik subsumieren ließen, oder ob die drei Ansätze (und andere) gleichberechtigt nebeneinander stehen sollten, wäre erst noch (interphilologisch) zu diskutieren. Dass Anschlussfähigkeit und Ergänzungspotential vorliegen, scheint unzweifelhaft (Collot 2011; Tally 2013 und 2014). Dass aber noch viel zu tun bleibt, zeigt sich schon allein daran, dass die momentanen Akteure im deutsch-, englisch-, französisch-, italienisch- oder spanischsprachigen Forschungskontext nur partiell voneinander Kenntnis nehmen bzw. haben.

1.2. Literaturkarten

Der Begriff ,Literaturkarte' oder ,*literary map*' deckt eine Reihe von Gegenständen ab. Manche Literaturkarten bilden eine erweiterte ,Geographie der Literatur' ab – Wanderungen von Motiven, intertextuelle Netzwerke, Produktionskreisläufe, Rezeptionsradien (z. B. jüngst: Bollen 2011). Ein weiterer wichtiger Strang mit langer Tradition sind biographisch ausgerichtete Karten – wo haben welche Autoren und Autorinnen wann gelebt und gewirkt? (Beaurepaire-Froment 1907; Nagel 1907; Bartholomew 1910; Schlosser 1983; Bradbury 1996) Literaturkarten können schließlich auch solche sein, die von Schreibenden oder im Auftrag von Verlegern hergestellt worden sind als integraler Bestandteil eines Werkes. Berühmte Beispiele sind etwa Jonathan Swifts Insel Lilliput, beschrieben im Roman *Gulliver's Travels* (1726), Robert Louis Stevensons *Treasure Island* (1883) oder J. R. R. Tolkiens Mittel-Erde-Karte zu *Lord of the Rings* (1954/55). Diese Kartentypen sind als Forschungsgegenstand recht genau umrissen (Ljungberg 2003; Cooper und Priestnall 2011; Bushell 2012). Schließlich gibt es zahlreiche populäre und künstlerische Beispiele von Literaturkarten. Die Grenzen hin zu den akademischen Projekten sind durchlässig, wenn etwa ein Literaturwissenschaftler und ein Grafikdesigner ihre Fähigkeiten vereinen, um einen *Atlas der fiktiven Orte* zu erstellen (Nell und Hendel 2012), oder wenn die *New York Times* eine durchaus brauchbare Karte literarischer Schauplätze Manhattans vorlegt („Literary Map of Manhattan"). Solche Produkte populärer Literaturkartographie sind zwar der Verbreitung der Idee förderlich, tragen aber tendenziell eher zur skeptischen Einschätzung dieser Ansätze aus akademischer Sicht bei. In den folgenden Abschnitten soll es nun einzig um die wissenschaftliche Kartierung fiktionaler Geographien gehen.

2. Forschungsgeschichte der Literaturkartographie

2.1. Analoge Karten

Seit über hundert Jahren müht sich die Literaturwissenschaft damit ab, literarische Räume in adäquater Weise in Karten umzusetzen – mit unterschiedlichem Erfolg und unterschiedlichen Zielen. Die bisherige Geschichte dieses international zu nennenden Arbeitsfeldes muss erst noch geschrieben werden (Skizzen sowie eine Reihe von Kartenbeispielen finden sich in Piatti 2008 und in einem sehr erhellenden Überblick bei Döring 2009). An dieser Stelle sollen zumindest die wichtigsten Stationen kurz benannt werden. Überblickt man die Geschichte dieser Methode von ihren Anfängen bis hin zu den aktuellsten Projekten, erkennt man zwei thematische Ansätze: Zum einen sind Karten für einzelne Texte erstellt worden, zum anderen Karten, die eine Gruppe von Merkmalen bündeln und z. B. die literarische Geographie eines Autors (bzw. seines Gesamtwerks: Sharp 1904 kartiert – grob – Walter Scotts schottische Romanwelten, Ferré 1939 entwirft eine Proust-Topographie), eines Genres, eines Motivs, einer Epoche anzeigen. In beiden Fällen wird der Georaum als Referenzrahmen mitabgebildet (auf manchen Karten sind nur die Umrisslinien der Länderkarten verzeichnet, in anderen ein detaillierter topographischer Hintergrund). Das Problem der extratextuellen Referenz begleitet die Diskussion um die Literaturkartographie von jeher (ausführlich Piatti 2012).

Bereits die ersten Literaturkartographen haben Fragen gestellt, die bis heute in der Literaturkartographie aktuell sind. Dazu gehört das Ablesen von Ballungsgebieten in gewissen Epochen sowie die Einsicht, dass Literatur ‚wandert' – was einst, literarisch gesehen, Brachland war, kann zu einem späteren Zeitpunkt zu einem ‚hot spot' der Literatur werden. Nach vielversprechenden Anfängen tritt – aus jeweils länderspezifischen Gründen – in der zweiten Hälfte des 20. Jahrhunderts eine Art Stagnation ein. Im deutschsprachigen Raum blockiert z. B. das ‚Nadler-Trauma' die Entwicklung einer Literaturkartographie über Jahrzehnte. Nadlers berühmt-berüchtigte *Literaturgeschichte der deutschen Stämme und Landschaften* (1912–1927), in der der Autor, vor allem in der vierten Auflage (1938–1941, erschienen unter dem leicht veränderten Titel *Literaturgeschichte des Deutschen Volkes: Dichtung und Schrifttum der deutschen Stämme und Landschaften*), massive Zugeständnisse an die Ideologie des Dritten Reiches machte, diskreditierte sämtliche literaturtheoretischen Raumkonzepte nach dem Ende des Zweiten Weltkrieges: Die räumliche Dimension der Literatur war vorerst tabu (Ranzmaier 2008).

Erst die späten 1990er Jahre bringen entscheidende methodische Impulse, die als Auftakt zu einer neuen Ära der Literaturkartographie bewertet werden können. Zweifellos ist es Morettis *Atlas of the European Novel* (1998), der die Entwicklung ins Rollen bringt. Literaturgeographische Karten müssen, so Moretti, Instrumente der Interpretation sein, sie müssen *mehr* zeigen, als sich ohne sie auch aussagen ließe. Moretti setzt unter dieser Prämisse eine stupende Vielfalt an Themen und Motivkreisen in Kartenbilder um, etwa die Geographie der *Gothic novels* zwischen 1770 bis 1840: Das Genre bzw. dessen Schauplätze siedeln sich zunächst in Italien und Frankreich an, um sich dann nach Deutschland zu verlagern, und schließlich, gegen 1820, in Schottland anzukommen. Mängel gibt es durchaus; oft scheint die Textbasis sehr schmal zu sein, und eine größere Textmenge hätte wohl die Resultate nicht ganz so eindeutig aussehen lassen. Dennoch müssen Morettis Beitrag sowie ergänzende Überlegungen, in denen er seinen Kritikern antwortet (2005), als absolut bahnbrechend eingestuft werden. Sein Atlas wird zum Referenzwerk schlechthin, auf das sich alle darauf folgenden literaturkartographischen Versuche und Ausführungen beziehen.

Basierend auf Moretti – und seine Anregungen weiterentwickelnd – ist 2008 *Die Geographie der Literatur* erschienen (Piatti 2008). In dieser Studie wird eine Modellregion – die literarisch reich befrachtete Schweizer Gegend um Vierwaldstättersee und Gotthard – sowohl mit qualitativen wie auch quantitativen kartographischen Methoden untersucht.

2.2. Digitale und interaktive Karten im Rahmen der Digital Humanities

Eine jüngere Konjunktur ist darauf zurückzuführen, dass die Literaturkartographie sich neu der Mittel digitalen, datenbankgestützten Kartierens, der *Geographical Information Systems* und der interaktiven Anwendungen bedient – mitsamt den wachsenden Möglichkeiten, die Resultate direkt ins Netz zu stellen; zwei Forschungsprojekte mit Pilotcharakter datieren schon auf die 1990er Jahre: das *Projekt Historischer Roman* (Habitzel et al. 1995) und der *Digitale Atlas der regionalen Literaturen Brasiliens* (Lustig 2002). Ohne in die Tiefe technischer Details gehen zu wollen, fallen bei den Versuchen der letzten Jahre („Mapping

St. Petersburg", „Mapping the Lakes", „Viennavigator", „Ein literarischer Atlas Europas") verschiedene Punkte ins Auge. Die Literaturkartographie wird interdisziplinärer – war es zuvor ein Feld, auf dem sich Literaturwissenschaftler/innen auch im Alleingang betätigen konnten, wird nun das Beiziehen von Experten/innen aus Kartographie, Geoinformation und IT-Technologien unabdingbar. Für die Literaturwissenschaft bedeutet das nicht zuletzt, willentlich einen Teil ihrer Autonomie abzugeben und sich mit den Regeln einer ganz anderen Disziplin konstruktiv auseinanderzusetzen.

Digitale Systeme ermöglichen dabei eine Reihe neuer Verfahren:
- die Darstellung dynamischer Prozesse (z. B. die zeitliche Entwicklung einer literarischen Landschaft);
- die Filterung und damit immer neue Kombinationen und Korrelationen von Daten;
- die Vergleichbarkeit verschiedener Studien;
- die Austauschbarkeit bzw. Erweiterungsmöglichkeiten der Daten;
- die Erprobung und Anpassung der Visualisierungen: auf der Grundlage ein und desselben Datensatzes können verschiedene Visualisierungen generiert werden, z. B. Karten zu einzelnen Texten, statistische Oberflächen und Blockbilder sowie Diagramme, Schemata, Kartenanamorphoten (verzerrte Karten), Kartogramme und anderes mehr (siehe zu diesen Punkten Kartenbeispiele auf www.literaturatlas.eu).

Nicht einzelne Literaturkarten (einzelne Darstellungen für einzelne Texte) sind künftig gefragt, sondern literaturkartographische Systeme, die große Mengen an Daten verwalten können, welche Verknüpfungen und Vergleiche ermöglichen: „It is important and should be possible to develop cartographic standards that ensure the comparability of such undertakings." (Ungern-Sternberg 2009, 244) Sollte dies gelingen, eröffnet sich eine ganze Skala von Möglichkeiten: Sowohl detaillierte Profile einzelner literarisierter Georäume können erstellt werden wie auch Vergleiche/Netzwerke zwischen solchen Studien. ‚Funktioniert' Berlin um 1900 als literarisierter Raum ähnlich wie Prag oder Budapest?

Die dazu benötigten Visualisierungsmodi sind teilweise schon sehr avanciert (Bär 2011; Reuschel und Hurni 2011), auf der Seite der Datenbeschaffung werden hingegen die Grenzen dieser Methoden schnell sichtbar: Selbstverständlich können inzwischen digitale Textsammlungen nach allen nur denkbaren Kriterien gefiltert werden – je umfangreicher das Textkorpus, desto ergiebiger und aussagekräftiger die Resultate (Beispielanalysen bei Moretti 2013, Jockers 2013). Die Methode des ‚*distant reading*' oder der ‚*macroanalysis*' basieren etwa auf Wortzählungen und Wortclusteranalysen und der Auswertung bibliographischer Daten (Zu welchen Zeitpunkten häufen sich welche Begriffe in Buchtiteln?

Welche Genres tauchen wann auf, welche verschwinden?) Es darf dabei aber nicht vergessen werden, dass es gerade bei automatisierten literaturkartographischen Analysen zu gewissen Schwierigkeiten kommen kann, denn die Geographie der Literatur folgt eigenen Gesetzen: Unbenannte Orte, umbenannte Orte, zwei bestehende Orte, ineinander geblendet, Kombinationen aus fiktiven und realen Orten, Orte, deren tatsächliche Position verschoben wird, Orte, die präzise lokalisierbar sind, und Orte, deren Lage bloß zonal ungefähr eingegrenzt werden kann – all das sind nur einige der schier unbegrenzten Möglichkeiten, wie in literarischen Texten Schauplätze konstruiert werden. Gerade die vage Verortung und ungenaue Abgrenzung von literarischen Schauplätzen ist ein wichtiges Schlagwort: Reuschel und Hurni (2011) zählen nicht weniger als fünf verschiedene Arten der Impräzision im Umgang mit literarischen Schauplätzen auf. Mit anderen Worten: Noch gibt es kein Programm, kein Set aus Algorithmen, das aus Texten das herausfiltern könnte, was es zur Erstellung von komplexen literaturkartographischen Visualisierungen braucht (vgl. dagegen das *Stanford Literary Lab*, das mit spektakulären Studien unter dem von Moretti geprägten Schlagwort des ‚*distant reading*' Furore macht). Um die einlässliche Lektüre und die klassischen hermeneutischen Verfahren – oder zumindest um eine Kombination von *distant* und *close reading* – kommt man bei jenem Strang der Literaturkartographie, der sich mit fiktiven Welten befasst, nicht herum. Das heißt aber auch, dass ein ‚weiches' hermeneutisches Interpretieren mit ‚harten' – statistischen – Berechnungen kombiniert wird. Dass auf diese Weise nur mit Mühe und enormem Aufwand repräsentative Datensätze erstellt werden können, leuchtet unmittelbar ein. Es dauert Jahre, um für eine einzige Region ein einigermaßen aussagekräftiges Datenset zusammenzutragen.

3. Die drei Funktionsweisen literaturkartographischer Visualisierungen

Die drei Hauptfunktionsweisen lassen sich unterteilen in ‚Illustration', ‚Inspiration' und ‚Instrument'.

Illustration: Eine These, eine Erkenntnis, die zur Hauptsache im Lauftext ausformuliert wird, wird zusätzlich illustriert. Die Karte übersetzt textuelle Information in eine graphisch-mediale Darstellung. Diese hat vor allem mnemotechnisches Potential, weil sie Inhalte bündelt und auf das Wesentliche reduziert. Beispiele sind in Karl-Heinz Schlossers *dtv-Atlas zur deutschen Literatur* (1983) zu finden.

Inspiration: Vor allem die (literaturwissenschaftliche) Vorarbeit zur Karte lenkt das Augenmerk auf die räumliche Konstruktion des Textes – die Absicht, den Text oder eine Textgruppe zu kartieren, wird zum hermeneutischen Anstoß. Ein ‚raumorientiertes Lesen' findet statt im Sinne eines Prozesses, an dessen Ende neue Erkenntnisse stehen, die Karte vielleicht sogar obsolet wird (Habermann und Kuhn 2011 in ihrer Analyse von ökologischen Aspekten in Tolkiens „Middle-earth").

Instrument: Die (fertige) Karte selbst führt zu einem unmittelbarem Erkenntniseffekt – auf der Karte ist etwas zu sehen, was vorher nicht in dieser Evidenz zutage getreten ist. Mehr noch: Die Karte fungiert in der Analyse als außertextlicher Beleg für einen innertextlichen Befund; durch die mediale Übersetzung wird diese Beweisführung erst möglich (Kartenbeispiele bei Moretti 1998: räumliche Analyse des Romankosmos von Jane Austen; Cooper und Gregory 2010: vergleichende Betrachtung der Lake District-Touren von Thomas Gray und Samuel Taylor Coleridge; Piatti 2012a: vergleichende Analyse von Prag und Nordfriesland unter dem Aspekt der Figuren-Bewegungsmuster).

Mit Franco Moretti sollte an entstehende Karten die Frage gerichtet werden: „what exactly do they do? What do they do that cannot be done with words, that is; because, if it can be done with words, then maps are superfluous." (2005, 35; ähnlich Döring 2008, 597) Vor allem im Falle der Karte als Instrument muss aber betont werden, dass die gegenwärtig literaturkartographisch Forschenden die Karte nie als Endergebnis, sondern immer nur als Zwischenresultat ansehen. Literaturkartographische Visualisierungen können Tendenzen anzeigen – um diese zu bestätigen und vor allem zu deuten, ist eine Rückkehr zu den literarischen Texten unabdingbar.

4. Kritik an der Literaturkartographie

Situiert im Schnittfeld zwischen literaturtheoretischen Konzepten und kartographischen Visualisierungen, birgt die Literaturkartographie Chancen wie Grenzen in sich. Zweifellos polarisiert der Ansatz: „Innerhalb der Wissenschaftsgeschichte der Germanistik hat dieser methodische Zugriff eigentlich nie eine richtig gute Presse gehabt – und aus vielerlei Gründen", fasst Döring (2008, 598) die Situation zusammen. Die Hauptkritikpunkte, darunter das schon erwähnte Problem der Referenz, die Reduktion der Komplexität literarischer Texte oder die Probleme im Zusammenhang mit statistischen Erhebungen sind bei Piatti (2012) ausführlich zusammengefasst und mit Erwiderungen versehen. Einen weiteren Angriffspunkt bildet die Tatsache, dass bisher längst nicht für jedes fiktionstheoretische

Problem eine kartographische Lösung gefunden werden konnte. Zu den größten Lücken in bestehenden Visualisierungssystemen gehören Übergänge von realreferentiellen Handlungsräumen hin zu völlig imaginären Gefilden – jene Momente also, in denen die Karte im herkömmlichen Sinn und als Referenzebene verlassen wird. Vor allem in der angelsächsischen Forschungswelt beschäftigen sich Forschende leidenschaftlich mit der sinnstiftenden Ausrichtung einer ‚critical literary cartography' (Johnson 2000; Thacker 2005; Hones 2008; Saunders 2009; Cooper und Priestnall 2011) – eine solche Diskussion befindet sich im deutschsprachigen Raum erst in ihren Anfängen (Stockhammer 2007; Döring 2008; 2009).

5. Wozu Literaturkartographie?

Literaturkartographie ist ein anspruchsvoller Forschungsbereich voller theoretischer und technischer Herausforderungen. Sie eröffnet Möglichkeiten, Literatur und deren Georaumbezug in attraktiver, zeitgemäßer Form zu interpretieren, zu vermitteln und zu tradieren. Über die rein fachwissenschaftliche Motivation hinaus gibt es weitere Gründe, weshalb es wichtig sein könnte, mehr über den nicht unmittelbar sichtbaren literarischen (Bedeutungs-)Reichtum von Landschaften und Städten zu wissen. Es ist gegenwärtig ein wachsendes Interesse an Konzepten wie ‚story maps', ‚fictional cartography', ‚narrative atlas' and ‚geospatial storytelling' zu erkennen (Caquard 2011) – der gemeinsame Horizont all dieser Interessen ist der Wunsch, besser zu verstehen, wie Orte und Räume funktionieren und wie sie mit Erzählungen aller Art Verbindungen eingehen (→ 7. Raum und Erzählung). Nicht von ungefähr hat die UNESCO vor einiger Zeit die ‚Cities of Literature' eingeführt wie auch die Kategorie der ‚assoziativen Kulturlandschaften', deren Wert sich eher in geistigen Bezügen aus Religion, Kunst oder Literatur als in materiellen Bestandteilen darstellt: „The final category is the associative cultural landscape. The inclusion of such landscapes on the World Heritage List is justifiable by virtue of the powerful religious, artistic or cultural associations of the natural element rather than material cultural evidence, which may be insignificant or even absent." (Webseite „Cultural Landscape")

Auch im Falle von verlorenen, verschwundenen oder untergegangenen Orten und Regionen sind literaturkartographische Verfahren potentiell von besonderer Bedeutung. Zahlreiche Orte Mitteleuropas sind unwiederbringlich verschwunden im Laufe von zwei Weltkriegen: „Man erkennt sie daran, daß man sie im Museum oder in der Literatur besichtigen muß", vermerkt der Historiker Karl Schlögel dazu (2003, 301; → 17. Mnemotop). Marszałek und Sasse spitzen diese Beobachtung – im Rahmen ihrer Betrachtungen zur Geopoetik – noch zu: „Wenn geographisch-historische Räume eine besonders intensive literarische Existenz haben, wie Galizien, die Bukowina, Bosnien oder Mitteleuropa, heißt das nicht, dass es sich dabei um bloße Fiktionen handelt; vielmehr lässt das wirkungsvolle imaginative Fortdauern jener Räume in der Literatur ihnen einen labilen Status zwischen Empirie und Fiktion zuteil werden. [...] Je prekärer sich die historisch-politische Existenz von Räumen darstellt, umso intensiver existieren diese Räume als literarischer Text." (2010, 13) Anspruchsvoll betriebene Literaturkartographie leistet nicht zuletzt einen Beitrag zum besseren Verständnis, zur buchstäblichen Lesbarkeit solcher und anderer Räume.

Literatur und Webseiten

„A Literary Map of Manhattan". *The New York Times* (5. Mai 2006). www.nytimes.com/packages/khtml/2005/06/05/books/20050605_BOOKMAP_GRAPHIC.html (19. Dezember 2014).

Bartholomew, John G. *A Literary & Historical Atlas of Europe.* London: Dent & Sons, 1910.

Beaurepaire-Froment, Paul de. „Esquisse d'une géographie littéraire de la France". *Les Littératures provinciales.* Hrsg. von Jean Charles-Brun. Paris: Bloud, 1907. 69–80.

Bär, Hans Rudolf, und Lorenz Hurni. „Improved Density Estimation for the Visualisation of Literary Spaces". *The Cartographic Journal* 48.4 (2011): 309–316.

Bollen, Jonathan, und Julie Holledge. „Hidden Dramas: Cartographic Revelations in the World of Theatre Studies". *The Cartographic Journal* 48.4 (2011): 12–22.

Bradbury, Malcolm. *The Atlas of Literature.* New York: Stewart, Tabori & Chang, 1996.

Briens, Sylvain. *Paris, laboratoire de la littérature scandinave moderne: 1880–1905.* Paris: L'Harmattan, 2010.

Brosseau, Marc. „Geography's Literature". *Progress in Human Geography* 18.3 (1994): 333–353.

Bulson, Eric. *Novels, Maps, Modernity: The Spatial Imagination 1850–2000.* London: Routledge, 2007.

Bushell, Sally. „The Slipperiness of Literary Maps: Critical Cartography and Literary Cartography". *Cartographica* 47.3 (2012): 149–160.

Caquard, Sébastien. „Cartography I – Mapping Narrative Cartography". *Progress in Human Geography* 4 (2011), 135–144.

Collot, Michel. „Pour une géographie littéraire". *LHT* 8 (2011). http://www.fabula.org/lht/8/collot.html (19. Dezember 2014).

Cooper, David, und Ian N. Gregory: „Mapping the the English Lake District: A Literary GIS". *Transactions of the Institute of British Geographers* 36.1 (2010): 89–108.

Cooper, David, und Gary Priestnall: „The Processual Intertextuality of Literary Cartographies: Critical and Digital Practices". *The Cartographic Journal* 48.4 (2011): 36–48.

„Cultural Landscape". http://whc.unesco.org/en/culturallandscape/#2 (19. Dezember 2014).

Detering, Heinrich. *Herkunftsorte: Literarische Verwandlungen im Werk von Theodor Storm, Friedrich Hebbel, Klaus Groth, Thomas und Heinrich Mann.* Heide: Boyens, 2001.

Döring, Jörg. „Distant Reading: Zur Geographie der Toponyme in Berlin-Prosa seit 1989". *Zeitschrift für Germanistik* 3 (2008): 84–106.

Döring, Jörg. „Zur Geschichte der Literaturkarte (1907–2008)". *Mediengeographie: Theorie – Analyse – Diskussion*. Hrsg. von Jörg Döring und Tristan Thielmann. Bielefeld: Transcript, 2009. 247–290.

Domínguez, César. „Historiography and the geo-literary imaginary of the Iberian Peninsula: Between ‚Lebensraum' and ‚espace vécu'". *A Comparative History of Literatures in the Iberian Peninsula*. Hrsg. von Fernando Cabo Aseguinolaza, Anxo Abuín Gonzalez und César Domínguez. Amsterdam: John Benjamins, 2010. I, 53–132.

„Ein literarischer Atlas Europas". www.literaturatlas.eu (19. Dezember 2014).

Erdmann, Eva. „Topographical Fiction: A World Map of International Crime Fiction." *The Cartographic Journal* 48.4 (2011): 274–284.

Ferré, André: *Géographie de Marcel Proust: Avec index des noms de lieux et des termes géographiques*. Paris: Sagittaire, 1939.

Fiorentino, Francesco, und Giovanni Sampaolo (Hrsg.). *Atlante della letteratura tedesca*. Macerata: Quodlibet, 2009.

Frick, Werner (Hrsg.). *Orte der Literatur*. Göttingen: Wallstein, 2002.

Habermann, Ina, und Niklaus Kuhn. „Sustainable Fictions: Geographical, Literary and Cultural Intersections in J. R. R. Tolkien's ‚The Lord of the Rings'". *The Cartographic Journal* 48.4 (2011): 49–59.

Habitzel, Kurt, Günter Mühlberger und Wolfgang Wiesmüller. „Habsburgische Landschaften im historischen Roman vor 1850". *Die habsburgischen Landschaften in der österreichischen Literatur*. Beiträge des 11. Polnisch-Österreichischen Germanistentreffens Warschau 1994. Hrsg. von Stefan H. Kaszinski und Slawomir Piontek. Poznań: Univwersytet im. Adama Mickiewicza w Poznaniu, 1995. 23–56. http://www.uibk.ac.at/germanistik/histrom/docs/habsburg.html (19. Dezember 2014).

„handlungsreisen.de – Entdeckung literarischer Welten": www.handlungsreisen.de. (19. Dezember 2014).

Hones, Sheila. „Text as It Happens. Literary Geography". *Geography Compass* 2.5 (2008): 1301–1317.

Johnson, Jeri. „Literary Geography. Joyce, Woolf and the City". *City* 4.2 (2000): 199–214.

Lamping, Dieter. *Über Grenzen: Eine literarische Topographie*. Göttingen: Vandenhoeck & Ruprecht, 2001.

„Literary Geographies". http://literarygeographies.wordpress.com/(19. Dezember 2014).

Ljungberg, Christina. „Constructing New ‚Realities': The Performative Function of Maps in Contemporary Fiction." *Representing Realities: Essays on American Literature, Art and Culture*. Hrsg. von Beverly Maeder. Tübingen: Narr, 2003. 159–176.

Lustig, Wolfgang. „Digitaler Atlas der Regionalen Literaturen Brasiliens: Diachronische Literaturgeographie und Geoinformatik" (2002). www.romanistik.uni-mainz.de/arlb/Projekt.htm (19. Dezember 2014).

Luzzatto, Sergio, und Gabriele Pedullà. *Atlante della litteratura italiana*. 3 Bde. Turin: Einaudi, 2010–2012.

Mallory, William E., und Paul Simpson-Housley (Hrsg.). *Geography and Literature: A Meeting of the Disciplines*. Syracuse, NY: Syracuse University Press, 1987.

„Mapping St. Petersburg – Experiments in Literary Cartography". http://www.mappingpetersburg.org/(19. Dezember 2014).

„Mapping the Lakes". http://www.lancaster.ac.uk/mappingthelakes/(19. Dezember 2014).

Marszałek, Magdalena, und Sylvia Sasse: „Geopoetiken". *Geopoetiken: Geographische Entwürfe in den mittel- und osteuropäischen Literaturen.* Hrsg. von Magdalena Marszałek und Sylvia Sasse. Berlin: Kadmos, 2010. 7–18.

Moretti, Franco. *Atlas of the European novel: 1800–1900.* London: Verso, 1998.

Moretti, Franco. *Graphs, Maps, Trees.* London: Verso, 2005.

Moretti, Franco. *Distant Reading.* London: Verso, 2013.

Nadler, Josef. *Literaturgeschichte der deutschen Stämme und Landschaften.* 4 Bde. Regensburg: Habbel, 1912–1927.

Nadler, Josef. *Literaturgeschichte des Deutschen Volkes: Dichtung und Schrifttum der deutschen Stämme und Landschaften.* Berlin: Propyläen, 1938–1941.

Nagel, Siegfried R. *Deutscher Literaturatlas: Die geographische und politische Verteilung der deutschen Dichtung in ihrer Entwicklung nebst einem Anhang von Lebenskarten der bedeutendsten Dichter.* Wien und Leipzig: Carl Fromme, 1907.

Nell, Werner, und Steffen Hendel. *Atlas der fiktiven Orte: Utopia, Camelot und Mittelerde.* Mannheim: Meyers, 2012.

Piatti, Barbara. *Die Geographie der Literatur: Schauplätze, Handlungsräume, Raumphantasien.* Göttingen: Wallstein, 2008.

Piatti, Barbara. „Mit Karten lesen: Plädoyer für eine visualisierte Geographie der Literatur". *Textwelt – Lebenswelt.* Hrsg. von Brigitte Boothe und Pierre Bühler. Würzburg: Königshausen & Neumann, 2012. 261–288.

Piatti, Barbara: „Vom Text zur Karte: Literaturkartographie als Ideengenerator". *Kartographisches Denken.* Hrsg. von Christian Reder. Wien: Springer/Edition Transfer, 2012. 269–279 [2012a].

Pocock, Douglas C. „Geography and Literature". *Progress in Human Geography* 12.1 (1988): 87–102.

Ranzmaier, Irene. *Stamm und Landschaft: Josef Nadlers Konzeption der deutschen Literaturgeschichte.* Berlin und New York: De Gruyter, 2008.

Reuschel, Anne-Kathrin, und Lorenz Hurni. „Mapping Literature: Visualisation of Spatial Uncertainty in Fiction". *The Cartographic Journal* 48.4 (2011): 79–94.

Saunders, Angharad. „Literary geography: Reforging the connections". *Progress in Human Geography* 34.4 (2010): 436–452.

Schlögel, Karl. *Im Raume lesen wir die Zeit: Über Zivilisationsgeschichte und Geopolitik.* München: Hanser, 2003.

Sharp, Joanne P. „Towards a Critical Analysis of Fictive Geographies". *Area* 32.3 (2000): 327–334.

Sharp, William. *Literary Geography.* London: Pall Mall, 1904.

„Spatial Humanities: Texts, Geographical Information Systems and Places". http://www.lancaster.ac.uk/spatialhum/(19. Dezember 2014).

Stableford, Brian. „Introduction". *Cyclopedia of Literary Places.* Hrsg. von R. Kent Rasmussen. I. Pasadena, CA: Salem Press, 2003. xxxv–xlii.

„Stanford Literary Lab". http://litlab.stanford.edu/(19. Dezember 2014).

Stockhammer, Robert. *Kartierung der Erde: Macht und Lust in Karten und Literatur.* München: Fink, 2007.

Tally, Robert T. (Hrsg.). *Geocritical Explorations: Space, Place, and Mapping in Literary and Cultural Studies.* New York: Palgrave Macmillan, 2011.

Tally, Robert T. *Spatiality.* New York: Routledge, 2013.

Tally, Robert T. (Hrsg.). *Literary Cartographies. Spatiality, Representation, and Narrative.* London/New York: Palgrave Macmillan, 2014.
Thacker, Andrew. „The idea of a critical literary geography". *New Formations* 57 (2005): 56–73.
Travis, Charles. *Literary Landscapes of Ireland: Geographies of Irish Stories, 1929–1946.* New York: Edwin Mellen Press, 2009.
Ungern-Sternberg, Armin von. *‚Erzählregionen': Überlegungen zu literarischen Räumen mit Blick auf die deutsche Literatur des Baltikums, das Baltikum und die deutsche Literatur.* Bielefeld: Aisthesis, 2003.
Ungern-Sternberg, Arnim von: „Dots, Lines, Areas and Words: Mapping Literature and Narration (with some Remarks on Kate Chopin's ‚The Awakening')". *Cartography and Art.* Hrsg. von William Cartwright, Georg Gartner und Antje Lehn. Heidelberg: Springer, 2009. 229–252.
„Viennavigator". http://mappingliterature.metaspots.net/blog (19. Dezember 2014).
Westphal, Bertrand. *La géocritique, mode d'emploi.* Limoges: Presses Universitaires de Limoges, 2000.
Westphal, Bertrand. *La Géocritique: Réel, Fiction, Espace.* Paris: Éditions de Minuit, 2007.
Winkler, Kathrin, Kim Seifert und Heinrich Detering. „Die Literaturwissenschaften im *Spatial Turn.* Versuch einer Positionsbestimmung." *Journal of Literary Theory* 6.1 (2012): 253–270.

21. Literarisches Feld
Joseph Jurt

Nach Abschluss seines Philosophiestudiums Mitte der 1950er Jahre plante Pierre Bourdieu eine größere von einer phänomenologischen Fragestellung ausgehende Untersuchung zu den Zeitstrukturen der affektiven Erfahrung. Es ist erstaunlich, dass er die Zeitlichkeit ins Zentrum seines Vorhabens stellte, zu einer Zeit, als sich das Paradigma des Strukturalismus abzeichnete, der sich vornehmlich der Kategorie des Raumes, der synchronen Systeme, zuwandte. Wenngleich Bourdieu die ins Auge gefasste Studie nie schrieb, so verfolgte er doch die Frage nach den Zeitstrukturen. Eine seiner frühesten Studien galt 1963 der traditionellen Gesellschaft in Algerien, und zwar der Beziehung des Verhältnisses zur Zeit im Kontext ökonomischer Verhaltensweisen. Die phänomenologische Frage nach der Zeitlichkeit ließ ihn nicht los. In seinem *Entwurf einer Theorie der Praxis* (1972) widmete er einen langen Abschnitt dem Thema „Ökonomische Praxis und Zeitdispositionen". Ein ganzes Kapitel der Studie *Sozialer Sinn* (1980) galt der „Wirkung der Zeit". Bourdieu differenzierte hier zwischen unterschiedlichen Zeitlogiken, die durch die jeweiligen sozioökonomischen Situationen oder durch die jeweiligen Positionen der (involvierten) Akteure oder der externen Beobachter bestimmt sind.

Bourdieu brachte in dieser Frühphase die Akteure wieder ins Spiel, die von den Strukturalisten zu reinen Epiphänomenen erklärt wurden, und zwar durch eine Theorie des Handelns, die über den Begriff des Habitus gedacht wurde. Der Habitus, der bestimmte Handlungs- und Wahrnehmungsschemata generiert, verdankt sich nach Bourdieu der Sozialisation (durch die Familie und die Schule). Der Habitus ist so ein Ergebnis der Geschichte und damit letztlich auch eine zeitliche Kategorie.

Im Handeln werden nach Bourdieu auch Handlungsobjekte geschaffen. Um diese zu bezeichnen, führt Bourdieu den Begriff des ‚Kapitals' ein. Der Begriff des ‚Kapitals' wird über formale (und nicht inhaltliche) Eigenschaften bestimmt: Immer geht es um Akkumulationsstrategien, um die Transmission eines Erbes, um Gewinnschöpfung. Bourdieu unterscheidet so zwischen vier Kapitalarten: neben dem ökonomischen Kapital im engeren Sinn führt er das kulturelle, das soziale und das symbolische Kapital auf. Der Begriff des Kapitals als einer dynamischen Größe ist für Bourdieu ähnlich wie der Habitusbegriff mit Geschichtlichkeit verbunden. Die beiden Begriffe sind als zentrale (zeitliche) Kategorien bei Bourdieu schon in einer ersten Phase seines Schaffens, Anfang der 1960er Jahre, präsent.

Das (räumliche) Konzept des ‚Feldes' führte er später, erst im Laufe der 1970er Jahre, in seine Untersuchungen ein. Das Konzept entwickelte sich aus der Konvergenz von Forschungen zur Kunst, die Bourdieu ab 1970 in einem Seminar an der École Normale Supérieure in Angriff nahm, und dem Kommentar zur Religionssoziologie von Max Weber, den er gleichzeitig formulierte. Die einzelnen Kapitalarten und dauerhaften Dispositionen (des Habitus) entfalten ihre Wirkkraft nicht in einem luftleeren Raum oder in dem, was man undifferenziert ‚Gesellschaft' nennt. Bourdieu verwendet dafür den Begriff des sozialen Raumes. Bei der Analyse von symbolischen Praktiken wie der Kunst, der Wissenschaft, der Religion konnte der Soziologe feststellen, wie sich hier Bereiche ausgebildet hatten, die einen Eigengesetzlichkeitsanspruch behaupteten. Traditionellerweise stand hier der Erklärungsansatz über die Singularität des (genialen) Individuums – des literarischen oder künstlerischen Schöpfers – im Vordergrund. Andererseits versuchte man – in reduktionistischer Weise – diese Praktiken von den gesamtgesellschaftlichen Strukturen her zu deuten. Um diese Antinomie zwischen individualistischer und objektivistischer Interpretation zu überwinden, rekurriert Bourdieu auf den Begriff des Feldes und betrachtet das Handeln der Akteure als Teil eines dynamischen, in sich relativ geschlossenen Bereiches. Zentral sind hier die Relationen: „In Feldbegriffen denken heißt *relational denken.*" (Bourdieu 1996, 126; → 1. Topologie)

1. Die Geschichte der Autonomisierung der Felder

Bei seiner Analyse der Religionssoziologie Max Webers konstatierte Bourdieu den Prozess der Ausbildung von spezifischen Instanzen zur Produktion, Reproduktion oder Verbreitung religiöser Güter, der von der ökonomischen Entwicklung relativ unabhängig ist, innerhalb eines spezifischen Bereiches, den er ein „relativ autonomes religiöses Feld" (2000, 53) nannte. Die Struktur des religiösen Feldes wird durch die Relation der professionellen Verwalter der Heilsgüter bestimmt: durch die Opposition der Priester und Propheten, die sich auf einen systematischen Diskurs beziehen, gegen den Zauberer, der nur durch die Geste wirkt, oder durch die Opposition der Priester, die ihre Autorität von der Institution herleiten, gegen die Propheten und Zauberer, die sich auf ein persönliches Charisma oder eine persönliche Berufung beziehen. Es ist also eine bestimmte Struktur, die dieses Feld prägt, die aber nicht als statisch gesehen wird, sondern als ein Ergebnis einer permanenten Auseinandersetzung (→ 3. Dynamisierungen).

Der soziale Raum wird als der Bereich der Geschichte der sukzessiven Ausbildung unterschiedlicher Felder verstanden. In seinem Buch *Meditationen* von

1997 zeichnet Bourdieu diesen Prozess der Autonomisierung nach. Zunächst bildete sich nach dieser Rekonstruktion im 5. Jahrhundert v. Chr. in Griechenland das philosophische Feld aus, das sich gegenüber dem politischen und dem religiösen Feld verselbstständigte. Die Konfrontation in diesem Feld vollzog sich in einer Suche nach Regeln der Logik, die von einer Suche nach den Regeln der Kommunikation und der intersubjektiven Übereinkunft nicht zu trennen ist. Im Italien der Renaissance wurde dieser Prozess der Differenzierung wieder aufgegriffen, und die wissenschaftlichen, literarischen und künstlerischen Felder emanzipierten sich vom philosophischen Feld. Ein eigenes ökonomisches Feld bildete sich Bourdieu zufolge erst am Ende einer langen Entwicklung, in deren Verlauf die symbolische Dimension der Produktionsbeziehungen vernachlässigt und das Feld als ein geschlossenes Universum betrachtet wurde, das nurmehr durch die Gesetze des Interessenkalküls, der Konkurrenz und der Ausbeutung bestimmt wird.

2. Die Invarianten der Felder

Forschungspraktisch ist für Bourdieu der Feldbegriff darum relevant, weil er es erlaubt, phänomenologisch unterschiedliche Bereiche als in ihrer Struktur und Funktionsweise ähnliche zu begreifen. Im Unterschied zu Max Weber handelt es sich hier nicht um einen interaktionistisch-realistischen, sondern um einen konstruktivistischen Feldbegriff. Es geht nicht um die biologischen Individuen, sondern um ‚Akteure', insofern ihnen im Feld eine Funktion zukommt. Der Feldbegriff ist so ein Modell, das (unsichtbare) Strukturen und Relationen erkennbar macht.

Es gibt so formale Merkmale, die die Felder teilen. Es handelt sich immer um Kraft- und Machtfelder. Die Struktur wird bestimmt durch die beiden Pole des Feldes, den Pol der Herrschenden und den der Beherrschten. Es sind die Herrschenden, die die Legitimität innerhalb des Feldes festlegen; diese Legitimität ist aber umstritten und kann immer wieder infrage gestellt werden. Die Herrschenden verfügen zumeist über ein umfangreiches symbolisches Kapital (Ansehen), was bei den Beherrschten (noch) nicht der Fall ist. Die jeweilige Position legt dann auch die beiden möglichen Handlungsstrategien nahe: die Strategie der Erhaltung der Feldstruktur, die eher von den Dominanten vertreten wird, und die Strategie der Dominierten, die an einer Veränderung oder an einem Umsturz interessiert sind.

Die Vertreter beider Positionen teilen indes das (unausgesprochene) Interesse daran, dass das Feld existiert und dass sich der Einsatz lohnt. Die ‚Revolutionäre' wollen wohl die Legitimität innerhalb des Feldes neu definieren, nicht aber das Feld als solches abschaffen. Bourdieu vergleicht das Funktionieren des Feldes oft mit einem Spiel: „So gibt es *Einsätze* bei diesem Spiel, Interessenobjekte, die im Wesentlichen das Produkt der Konkurrenz der Spieler untereinander sind; eine *Investition in das Spiel*, eine Besetzung (im psychoanalytischen Sinn) des Spiels, die *illusio* (von *ludus*, Spiel): Die Spieler sind im Spiel befangen, sie spielen, wie brutal auch immer, nur deshalb gegeneinander, weil sie alle den Glauben (*doxa*) an das Spiel und den entsprechenden Einsatz, die nicht weiter zu hinterfragende Anerkennung teilen." (1996, 127–128) Wer sich am Kampf beteiligt, trägt zur Reproduktion des Spiels bei, indem er den Glauben an den Wert dessen, was auf dem Spiel steht, mitreproduziert. Den Neulingen wird als Eintrittspreis abverlangt, den Wert des Spiels, das sie mitspielen wollen, anzuerkennen.

Das Feld ist auch ein Kampffeld. Es ist nicht durch ein statisches Gleichgewicht gekennzeichnet, sondern durch die permanente Auseinandersetzung. Mit der Unterstreichung des agonistischen Charakters des Feldes weist der Begriff eine gewisse Nähe zu Foucaults Machtkonzept oder zu Lyotards Widerstreit auf, unterscheidet sich aber klar von der Idee einer herrschaftsfreien Kommunikation à la Habermas. Das Feld entspricht auch nicht dem von Niklas Luhmann entwickelten Konzept des Systems; innerhalb der Systemtheorie stellt das Gleichgewicht den Normalzustand dar, und der Konflikt ist dann eine Störung dieses Zustands, bei Bourdieu hingegen stellt er das Grundprinzip dar.

Wenn es nach Bourdieu zahlreiche (strukturelle) Invarianten zwischen den einzelnen Feldern gibt, so grenzen sich die Felder inhaltlich doch scharf voneinander ab. Das Prinzip der Ausdifferenzierung der einzelnen Felder ist die Gewinnung einer immer größeren Autonomie, als Orte einer spezifischen Logik und Notwendigkeit, die sich nicht auf die für andere Felder geltende Logik zurückführen lassen. Für jedes Feld existieren spezifische Interessen und Interessensobjekte.

Damit stellt sich die Frage nach den Grenzen der Felder (→ 14. Semiosphäre und Sujet). Nach Bourdieu kann man dann von einem Feldeffekt sprechen, wenn die Wirkweise eines Objektes oder eines Akteurs nicht anders als von der Logik dieses oder jenes Feldes her erklärbar ist. Ein Feldeffekt ist es nach ihm auch, „wenn man ein Werk (und den *Wert*, das heißt den Glauben, den man ihm beimißt) nicht mehr verstehen kann, ohne die Geschichte des Produktionsfeldes dieses Werkes zu kennen – was dann die Existenz von Exegeten, Kommentatoren, Interpreten, Historikern, Semiologen und sonstigen Philologen insofern rechtfertigt, als sie als einzige imstande sind, das Werk und den Wert, der ihm zugeschrieben wird, zu erklären." (1993, 111; Herv. i. O.)

Die Autonomie der Felder ist nie total und ein für alle Mal erreicht; es gibt hier unterschiedliche Grade. Der Autonomisierungsprozess verläuft auch nicht linear.

So erwähnt Bourdieu das Beispiel des künstlerischen Feldes, das seit dem Quattrocento versuchte, sich von externen Instanzen (der Kirche, den Höfen) zu emanzipieren, und dann am Ende des 19. Jahrhunderts in Frankreich mit dem Ende des staatlich organisierten jährlichen Salons eine große Autonomie erreichte, die aber später wieder in eine neue Abhängigkeit von – staatlichen oder privaten – Mäzenen führte.

Wenn der Gegensatz und der Konflikt zwischen den Herrschenden und den Beherrschten ein zentrales (vertikales) strukturierendes Element eines Feldes darstellt, so ist die Skala zwischen Autonomie und Heteronomie das andere (horizontale) strukturierende Element des Feldes. Akteure, Gruppen, Institutionen können so über diese zwei Skalen verortet werden. In seinen Arbeiten stellt Bourdieu das oft graphisch als Korrespondenzanalyse dar.

3. Das literarische Feld

Bourdieu sprach in seinen frühen Arbeiten vor allem von einem ‚intellektuellen Feld' und meinte damit generell ein Feld der kulturellen Produktion; der Feldbegriff wurde dann verfeinert durch die Arbeiten zum literarischen und künstlerischen Bereich. Ab den 1980er Jahren widmete Bourdieu sich spezifisch dem literarischen Feld; diese Studien fanden 1992 ihre Vollendung in dem Werk *Die Regeln der Kunst*.

Das eigentlich Soziale für Bourdieu ist nicht das Funktionieren der Literatur als individuelle Tätigkeit, sondern als Aktivität innerhalb eines spezifischen Feldes, innerhalb dessen die Schriftsteller als spezifische Akteure wirken und nicht bloß Sprecher einer sozialen Klasse sind. Die Originalität des Ansatzes von Bourdieu besteht darin, dass er Literatur als ein relativ eigengesetzliches synchrones System oder spezifischer als ‚Feld' denkt, dabei aber die Diachronie der Geschichte nicht ausblendet.

Im Unterschied zu Foucault geht Bourdieu aber nicht von einem alle Äußerungen bestimmenden Diskurssystem, sondern von einer Korrespondenz von mentalen und sozialen Diskursstrukturen und Positionen aus. Er postuliert eine Homologie zwischen dem Feld der Stellungnahmen – den einzelnen literarischen Werken und theoretischen Äußerungen – und den Stellungen im Feld – etwa der Zugehörigkeit zur etablierten Literatur oder zur Avantgarde. „Der Prozess, der die Werke hervorbringt, ist das Resultat des Kampfes zwischen den Akteuren, die entsprechend ihrer Stellung im Feld, ihrem spezifischen Kapital, an der Bewahrung, d. h. an der Routine und der Routinisierung oder am Umsturz, d. h. an der

Rückkehr zu den Quellen, an der häretischen Kritik, an der Reinheit usf. interessiert sind." (1987, 117)

Bourdieu entwirft so auch für das literarische Feld eine antagonistische Rollentypologie, die vom konstitutiven Gegensatz zwischen der Funktion der ‚Priester' (Orthodoxie) und der der ‚Propheten' (Häresie) ausgeht. Der intertextuelle Raum der Werke artikuliert sich immer über die Akteure, deren ästhetische Haltungen sich unter dem Zwang und innerhalb der Grenzen der Position definieren, die sie innerhalb einer historisch situierten Feldstruktur einnehmen. Weder der literarische Akteur noch die Feldstrukturen erscheinen als alleinige Erklärungsinstanzen. Bourdieu postuliert vielmehr ein Zusammenspiel zwischen dem strukturierten und strukturierenden Habitus der Akteure und den (historisch variierenden) Kraftlinien des literarischen Feldes.

Der Ansatz Bourdieus, die Texte vom Kontext, d. h. vom Feld der Literaturproduzenten her zu verstehen, bedeutet forschungspraktisch, dass man die jeweilige zeitgenössische Feldstruktur rekonstruieren muss und sich nicht an die Resultate halten darf, die sich aus dem historischen Kanonisierungsprozess ergeben haben. Konkret: gegen welche im Second Empire existierenden – damals dominanten – Dichtergruppen und Dichtungskonzepte musste ein Baudelaire ankämpfen oder besser gesagt anschreiben, um sich einen eigenen – unverwechselbaren – Platz im Feld zu schaffen (→ 39. Paris)?

Für Bourdieu sind die formalen Aspekte der Werke keineswegs irrelevant; er geht aber nicht von ihnen aus, sondern versucht, sie von der Struktur des Feldes und der Position der Produzenten im Feld aus zu verstehen und zu erklären (→ 6. Literarischer Raum). Wenn es das Ziel der feldinternen literarischen Kämpfe ist, das Monopol zu erreichen, mit Autorität zu sagen, was Literatur ist, so wird von der Definition der literarischen Legitimität eine symbolische Hierarchie der literarischen Gattungen abgeleitet, die mitgeprägt wird durch den spezifischen oder nicht-spezifischen Charakter der Rezipienten dieser oder jener Kategorie von Literaturprodukten. Das Gattungssystem wird von der Feldtheorie durchaus analysiert, jedoch nicht mit dem Gesellschaftssystem unmittelbar in Verbindung gebracht, sondern in seiner spezifischen symbolischen Wertigkeit innerhalb der Logik des Feldes untersucht.

Den verschiedenen Positionen im Feld der Produktion, die sich auch aus der Gattungswahl, aus den Publikationsorten, aber auch aus äußeren Indizien wie sozialer und geographischer Herkunft ablesen lassen (→ 20. Literaturgeographie), entsprechen die Positionen, die im Bereich der Ausdrucksformen, der literarischen oder künstlerischen Formen, der Themen, der subtilen formalen Indizien eingenommen werden, die die traditionelle Literaturbetrachtung seit Langem erforscht hat. Der Stil, die Form sind darum in den Augen Bourdieus ebenso soziale Phänomene wie die Autorenrechte, die Beziehungen der Autoren zu den Verlegern oder anderen Schriftstellern.

Für Bourdieu kann die Schreibweise als soziales Phänomen nur durch das Soziale – die Struktur des Feldes – interpretiert werden. Er spricht so einer extensiven Literaturbetrachtung das Wort: es gilt, die gängigen formalen und biographischen Analysen zu betreiben, aber gleichzeitig auch das Feld der Werke und das Feld der Produzenten zu rekonstruieren sowie die Beziehung zwischen den beiden Strukturen.

Bourdieu geht es in erster Linie darum, das Kunstwerk von der Produktionsseite her zu erklären, aus der Handlungslogik der Schaffenden. Diese Handlungslogik impliziert nach ihm beim Autor durchaus auch Vorannahmen eines potentiellen Zielpublikums der ästhetischen Produkte; diese Hypothesen bleiben aber immer noch Teil des Produktionsaspektes. Die reale Rezeption der Kunstwerke durch die Kritik, durch die Leserschaft, die ja auch ein eminent soziales Phänomen darstellt, wird von Bourdieu weniger ins Auge gefasst. Er geht davon aus, dass es eine Art Homologie zwischen dem Feld der ästhetischen Produktion und dem der Publikums-Rezeption gibt. Diese These müsste allerdings empirisch überprüft werden. Vom Ansatz Bourdieus her lässt sich aber durchaus eine sozialgeschichtliche Rezeptionsforschung ausbauen.

Der Begriff des Feldes wie der der Struktur suggeriert die Vorstellung eines synchronen Systems. Das Feld ist ein Konstrukt, um die Macht- und Positionskämpfe von ko-präsenten Kräften sichtbar zu machen. Der Untertitel der *Regeln der Kunst* lautet indes: *Genese und Struktur des literarischen Feldes*. Es geht also nicht nur um die Struktur, sondern auch um die Entstehung einer bestimmten Struktur. Würde er tatsächlich großen Wert auf Etikettierung legen, so führte Bourdieu in einem Gespräch aus, dann würde er sich wahrscheinlich als *genetischen Strukturalisten* definieren: „Ich gehe davon aus, dass die Analyse der objektiven Strukturen – die der verschiedenen *Felder* – nicht zu trennen ist von der Analyse der Entwicklung mentaler Strukturen, die – auf der Ebene des biologischen Einzelwesens – sich aus der Inkorporierung sozialer Strukturen und der Genese dieser Strukturen selber noch erklären lassen: der soziale Raum ebenso wie die darin auftretenden Gruppen sind das Produkt historischer Auseinandersetzungen". (1992, 31–32; Herv. i. O.)

Die Geschichte ist für Bourdieu in einem doppelten Sinne im literarischen Feld präsent. Das künstlerische Feld ist zunächst der Ort eines kumulativen Prozesses, im Laufe dessen sich immer elaboriertere, verfeinertere, subtilere Werke ausbilden, die sich von denen unterscheiden, die nicht das Ergebnis eines solchen Prozesses sind. Avantgarde-Werke sind so erst dann zugänglich, wenn man die Geschichte der vorgängigen künstlerischen Produktion kennt, d. h. jene endlose Reihe der Steigerung und Überwindung, die zum heutigen Stand der

Kunst geführt hat. Der Sinn der ‚Anti-Poésie' wird dann verständlich, wenn man mit der Geschichte der Poesie vertraut ist.

Die Geschichte ist nicht nur in den Werken eingeschrieben; das literarische Feld beschreibt dann selbst eine historische Linie (→ 25. Formationen literarischer Raumgeschichte). Bourdieu sieht Geschichte nun keineswegs als lineare Evolution im Sinne einer Sozial- oder Geschichtsphilosophie. Ihm schwebt eher eine Strukturgeschichte vor. Es gilt, die Struktur eines Feldes zu einem bestimmten historischen Zeitpunkt zu beschreiben als Produkt vorgängiger Spannungen und die Dynamik dieser Struktur als Motor für spätere Transformationen. Für das literarische Feld wirken sich nach ihm die feldexternen Faktoren (ökonomische Krisen, technische Veränderung, politische Revolutionen) nicht direkt aus, sondern vermittelt über die Veränderung der Struktur des Feldes. Für Bourdieu gibt es kein transhistorisches Gesetz, das die Verhältnisse zwischen den einzelnen Feldern regeln würde. Bourdieu lehnt eine eindimensionale Widerspiegelungsthese ab. Er unterstreicht vielmehr, wie im Laufe des Autonomisierungsprozesses das literarische Feld versuchte, sich von externen (politischen) Vorgaben, seien sie konservativer oder revolutionärer Natur, in einem ‚doppelten Bruch' zu lösen. Der Prozess wird aber keineswegs als irreversibel eingeschätzt.

Die Originalität des Ansatzes von Bourdieu besteht darin, dass er es versteht, die Synchronie mit der Diachronie zu verbinden oder, anders gesagt, die Geschichtlichkeit als dritte Dimension des Raumes aufzufassen (→ 4. Deixis). Er wies in Bezug auf die Gattung der Biographie darauf hin, wie sehr die alltagsrelevanten Vorstellungen durch die linearen Metaphern des Weges, des *curriculums* bestimmt sind, die eine Zeitlichkeit suggerieren, was dazu führt, den ko-präsenten Raum der Bedingungen auszuklammern. Die ‚Lebensgeschichten' folgten so unbewusst einer linearen Rhetorik, die eine chronologische Kohärenz ergeben muss. Diese Vorstellung einer teleologischen Linearität orientiert sich ausschließlich an der Zeitachse und verkennt völlig die Bedeutung des sozialen Raumes für die Akteure: „Der Versuch, ein Leben als eine einmalige und sich selbst genügende Abfolge von Ereignissen zu verstehen, deren einziger Zusammenhang in der Verbindung mit einem ‚Subjekt' besteht, dessen Konstanz nur die eines Eigennamens sein dürfte, ist ungefähr so absurd wie der Versuch, eine Fahrt mit der U-Bahn zu erklären, ohne die Struktur des Netzes zu berücksichtigen, das heißt die Matrix der objektiven Relationen zwischen den verschiedenen Stationen." (2007, 41)

Literatur

Bourdieu, Pierre. „Flaubert: Einführung in die Sozioanalyse". *Sprache im technischen Zeitalter* 102 (1987): 173–189.
Bourdieu, Pierre. *Rede und Antwort*. Übers. von Bernd Schwibs. Frankfurt a. M.: Suhrkamp, 1992.
Bourdieu, Pierre. *Soziologische Fragen*. Übers. von Hella Beister und Bernd Schwibs. Frankfurt a. M.: Suhrkamp, 1993.
Bourdieu, Pierre. *Reflexive Anthropologie*. Übers. von Hella Beister. Frankfurt a. M.: Suhrkamp, 1996.
Bourdieu, Pierre. *Die Regeln der Kunst: Genese und Struktur des literarischen Feldes*. Übers. von Bernd Schwibs und Achim Russer. Frankfurt a. M.: Suhrkamp, 1999.
Bourdieu, Pierre. *Das religiöse Feld: Texte zur Ökonomie des Heilsgeschehens*. Übers. von Andreas Pfeuffer. Konstanz: KUV, 2000.
Bourdieu, Pierre. *Meditationen: Zur Kritik des scholastischen Vernunft*. Übers. von Achim Russer. Frankfurt a. M.: Suhrkamp, 2001.
Bourdieu, Pierre. „Die biographische Illusion". *Absolute Pierre Bourdieu*. Hrsg. von Joseph Jurt. Freiburg i.Br.: Orange press, 2007 [2003]. 36–43.
Joch, Markus, und Norbert Christian Wolf (Hrsg.). *Text und Feld: Bourdieu in der literaturwissenschaftlichen Praxis*. Tübingen: Niemeyer, 2005.
Jurt, Joseph. *Das literarische Feld: Das Konzept Pierre Bourdieus in Theorie und Praxis*. Darmstadt: Wissenschaftliche Buchgesellschaft, 1995.

22. Kartographisches Schreiben und kartographische Imagination
Federico Italiano

1. Die rechte Seite des Globus

An einer paradigmatischen Stelle des *Orlando furioso* (1516–1532) beschreibt Ariost die Seereise des christlichen Ritters Astolfo wie folgt: „girato da l'India all'Inghilterra / tutto avea il lato destro della terra" [nachdem er von Indien bis nach England / die ganze rechte Seite der Erde umkreist hatte] (1976, XXII, 24) (→ 31. Die ‚Neue Welt'). Auf den ersten Blick scheinen diese Verse völlig verständlich zu sein. Bei genauerer Betrachtung stellen sich jedoch Zweifel ein: Inwiefern kann man ‚die ganze rechte Seite der Erde' umsegeln? Aus welcher Perspektive kann man ‚l'India' (Indien bzw. Asien) zur rechten Seite der Erde und England der linken Seite zuordnen? Und wo fängt dieses ‚Links' überhaupt an? Auch wenn man nicht wüsste, dass Ariost die Welt des *Furioso* auf der *Cosmographia Universalis* (1507) von Martin Waldseemüller und z. T. auf der ovalen Weltkarte (1507–1508) von Francesco Rosselli mit höchster und vergnügter Akribie konstruierte (Doroszlaï 1998), wäre anzunehmen, dass eine *mappamundi*, eine zweidimensionale Projektion der gesamten Erde dieser poetischen Aussage zugrunde liegt (Italiano 2012). Astolfo kann sich von rechts nach links bewegen, weil er wie ein Zeigefinger auf einer Karte (auf einer *tabula*) kursiert, die genordet ist. Diese Vorstellung ist allerdings weniger selbstverständlich für das frühe 16. Jahrhundert. Die konventionelle kartographische Ausrichtung der Welt-Karten war nämlich spätestens seit dem 7. Jahrhundert – seit der von Isidor von Sevilla entworfenen TO-Karte – eine ‚wahre' Orientierung, eine Ausrichtung nach Osten. Erst mit der Wiederentdeckung von Klaudius Ptolemaios' *Geographie* zu Beginn des 15. Jahrhunderts und der darauf folgenden Herstellung von Karten nach dem genordeten Schema des alexandrinischen Gelehrten (Roberts 2013) wurde die übliche, solarmythologische Ostrichtung langsam verabschiedet. Die berühmteste und ausführlichste Weltkarte des 15. Jahrhunderts ist allerdings keine nordorientierte, sondern die südorientierte *mappamundi* des Fra Mauro.

Ariosts Verse suggerieren uns letztendlich ein mehrfach ‚kartographisches Schreiben', schließlich zeigt sich in jener ‚rechten Seite der Erde' nicht nur, wie die Literatur die Transformationen des räumlichen Denkens und der Raumpraktiken einer Epoche darstellt, sondern auch wie die Schrift, die dichterische Sprache *per se*, bestimmte fundamentale Strukturen und Funktionen der kartographischen

Reduktion inkorporiert. Dabei stoßen wir auf zwei entscheidende Aspekte des kartographischen Schreibens: das Konzept der Karte als „Imaginationsmatrix" (Dünne 2011, 66–71) und das der „Kartizität des literarischen Textes" (Stockhammer 2007, 68–71). Aber bevor wir diese Forschungswege näher betrachten, gilt es ein wenig auszuholen. Insbesondere soll die grundlegende Frage ‚Was ist eine Karte?' zumindest skizzenhaft beantwortet werden.

2. Index in Papierform

In der Centrale Montemartini in Rom sind zwei Statuen aus dem späten 4. Jahrhundert n. Chr. zu sehen, die den Akt des ‚*mittere mappam*' (mit dem Tuch das Signal geben) darstellen. Es sind zwei Magistraten, die mit diesem Zeichen den Beginn des Wagenrennens anzeigten. Man erzählt (Sueton und Cassiodor), dass Kaiser Nero selbst den zirzensischen Gebrauch des *mittere signum* ins *mittere mappam* konvertierte. Für Quintilian war diese dagegen eine punische Tradition. Obwohl die Verbindung zu Karthago eine spannende Koinzidenz wäre, insbesondere in Bezug auf die von Bernhard Siegert erläuterte „Karthago-Option der Schrift" (2003, 32), fehlen uns die nötigen Quellen, um diese Etymologie zu bestätigen. Auf jeden Fall gehört dieses römische Startsignal (das eine Serviette als Index-Zeichen einsetzt) zur Archäologie des englischen und spanischen Wortes für Karte: ‚map' und ‚mapa'. Durch die metonymische Erwähnung des materiellen Substrats (Stoff, Tuch, Serviette) implizieren die heutigen Begriffe *map* und *mapa* eine Art indexikale Zweidimensionalität, die auch im deutschen Ausdruck ‚Karte' (frz. ‚*carte*'; ital. ‚*carta*'; russ. ‚*karta*') wiederzufinden ist. Dass Karte auch papierne Zweidimensionalität evozieren kann, zeigt vielleicht die italienische Sprache am deutlichsten, in der das Wort ‚*carta*' im ersten, populärsten Sinne einfach für Papier steht.

In dieser knappen etymologischen Einführung zeigen sich bereits zwei fundamentale Charakteristika – quasi Hardware und Software – der Karte/*map*: ihre Zweidimensionalität und ihre Indexikalität. Eine Karte stellt nämlich einen papiernen *Index* – ein Zeichenverbundsystem von virtuellen räumlichen Indices (Stockhammer 2007, 51–52) – dar, der Aktionen wie Lokalisierungen, Korrelationen und Adressierungen ermöglicht. Die Karte als Verbundsystem von *indices* „schickt [...] ihren Leser zwar nicht an aktuell spezifische Orte; doch speichert sie das Wissen, mit dem diese Orte adressiert werden können" (52). In diesem Sinne ist die inzwischen klassisch gewordene, weit gefasste Definition der Karte von J. B. Harley immer noch praktikabel. Im Vorwort der von ihm mitherausgegebenen *History of Cartography* schreibt der Autor von *Deconstructing the map*:

Karten sind „graphic representations that facilitate a spatial understanding of things, concepts, conditions, processes, or events in the human world" (1987, XVI). Ähnlich definiert einer der größten Geographen unserer Zeit, Denis Cosgrove, die Karte als „graphic register of correspondence between two spaces", deren explizites Ergebnis „a space of representation" (1999, 1) darstelle. In diesen Definitionen der Karte kulminiert das immer noch gültige und einflussreiche (de-)konstruktivistische Projekt einer Kritik der Kartographie. Dabei wird die kartographische Produktion nicht mehr im positivistischen Sinne als objektive Reproduktion einer terrestrischen Realität verstanden, sondern als Bestandteil eines Diskurses, dessen Implikationen machtpolitischer, sozialer, rhetorischer und metaphorischer Natur sind. Dennoch steckt in dieser Beschreibung des *mapping* die Gefahr, die Kartographie als bloße Repräsentation und pures Konstrukt zu betrachten und somit die „Territorialität ganz aus der Karte zu eliminieren" (Dünne 2011, 33). Demgegenüber sind Karten vielmehr „devices not just for representing the world but for manipulating it, for empowering a re-imagination of physical space" (Smith 2008, 9).

Als „Instrumente räumlicher Disziplinierung" (Stockhammer 2007, 56) sind Karten Dispositive der Territorialisierung und der Raumstrukturierung (→ 2. Topographien). ‚Karten' sind – wie der polnisch-amerikanische Philosoph Korzybski bereits Anfang der 1940er Jahre schrieb – nicht das ‚Territorium' („maps are not the territory"; 1990, 205), aber sie imaginieren und produzieren Territorien. „Cartographic institutions and practices have coded, decoded and recoded planetary, national and social spaces. [...] They have respaced the geo-body. Maps and mappings precede the territory they ‚represent'. [...] [T]erritories are produced by the overlaying of inscriptions we call mappings" (Pickles 2004, 5). Eine Karte ist also ein papierner Index von räumlichen Indices, der eine doppelte Artikulation aufweist (Schäffner 1997; Dünne 2008; 2011). Zum einen ist eine Karte ein Mediendispositiv der Territorialisierung und Ökonomisierung von Raum. Zum anderen entwickelt die Karte aber eine semiotische Komplexität, „die nicht in der bloßen Instrumentalität des machtbestimmten Territorialbezugs" aufgehen kann (Dünne 2011, 42). Diesem semiotischen Überschuss kann man eine ‚matrizielle Funktion' für die Imagination zuschreiben: „Die Karte", so Dünne, „kann selbst zur Operations- oder Imaginationsmatrix für andere mediale Operationen, allen voran für Schreibprozesse werden" (44).

3. Matrix und Medium

Man kann von einer kartographischen Imagination sprechen, weil Karten als Imaginationsmatrix und operationale (Meta-)Medien neue Narrative und Weltkonstruktionen erzeugen können (→ 5. Schrifträume). Entscheidend ist dabei der mediale und technologische Status der Karte. Während bei der so genannten ‚geographischen Imagination' (Said 2003; Gregory 1994; Gillies 1994) der Bezug auf die Visualisierungsapparatur der Karte nicht zwingend ist, beruht die kartographische Imagination auf der kulturtechnischen, technologischen und medialen Manipulation des Raumes, wie sie nur per Karte möglich ist. Geographische und kartographische Imagination sind allerdings nah verwandt. In Anlehnung an das berühmte Konzept der ‚*imaginative geographies*' von Edward Said (2003, 55) beschreibt Derek Gregory die geographische Imagination als die Art und Weise, wie wir die Verbindungen und Trennungen zwischen einem Hier und einem Dort wahrnehmen und eventuell inszenieren (1994, 203–204; Italiano 2012a, 4–7). Dieser Prozess der Inskription von Hier und Dort zeigt den performativen Charakter der Geographie auf (→ 4. Deixis). „Geography", behauptet Gregory, „produces the effects it names. Its categories, codes and conventions shape the practices of those who draw upon it, actively constituting its object [...] in such a way that this structure is as much a repertoire as it is an archive." (1994, 203–204) Dieser doppelte Existenzmodus der Geographie – Repertoire und Archiv – scheint für ihn insbensondere aus zwei Gründen entscheidend zu sein: „In the first place, as the repertory figure implies, imaginative geographies are not only accumulations of time, sedimentations of successive histories; they are also performances of space". Zweitens: „performances may be scripted (they usually are) but this does not make their outcomes fully determined; rather, performance creates a space in which it is possible for ‚newness' to enter the world" (2004, 183). Die geographische Imagination ist demnach eine performative Aushandlung zwischen epistemologischen Festlegungen des Raumes und den Erfindungen unseres eigenen räumlichen Wahrnehmens (→ 3. Dynamisierungen).

Die kartographische Imagination ist zudem eine Aushandlung zwischen epistemologischen Raumkonstruktionen, kulturellen Raumpraktiken und subjektiven Weltvorstellungen. Ihr spezifisches Wesen hängt dennoch von der Auseinandersetzung mit der medialen und kulturtechnischen Praxis der Kartographie ab. Für D. K. Smith, einen der interessantesten Schüler von Tom Conley, sind insbesondere die kulturtechnischen Aspekte der Kartographie entscheidend. Abweichend von seinem Mentor, der die Spur der modernen Wahrnehmung des Selbsts in der Kartographie der frühen Neuzeit mithilfe psychoanalytischer Theorien suchte (Conley 1996), perspektiviert D. K. Smith die kartographische Imagination auf „the technological changes and imaginative transformations that undergirded those [early modern] new maps" und beobachtet dabei, „how the new techniques of surveying and mapping produced a fundamental shift in the way space was imagined and the effects, in turn, of that new spatial consciousness on the ways people thought and wrote" (2008, 10). Für Jörg Dünne ist die „Minimalbedingung" für die Entstehung einer kartographischen Imagination der Bezug auf die „konkrete formgebende mediale Praxis der Karte" (2011, 46). Damit sind nicht nur das Kartieren als holistisches Visualisierungsmodell und die Karte als Metapher, sondern auch technische und medialspezifische Aspekte der kartographischen Reduktion – wie Skalierung, Projektion, Perspektive, Gradnetze und Koordinatensystem – gemeint. Kraft ihres medialen Status kann die Karte somit ihre matrizielle Funktion ausüben und Imaginationsprozesse initiieren. In diesem Sinne kann sie natürlich auch Texte generieren, die man als Produkt eines ‚kartographischen Schreibens' charakterisieren kann (→ 7. Raum und Erzählung).

4. Karte und Literatur

In seiner wie nach *tabulae* gegliederten Monographie zur *Krisis der kartographischen Vernunft* hat der Geograph Franco Farinelli den Roman *I promessi sposi* (letzte Fassung 1840–1842; dt. *Die Verlobten* oder jüngst *Die Brautleute*) von Alessandro Manzoni zu Recht als ‚romanzo dichiaratamente cartografico' [erklärtermaßen kartographischen Roman] apostrophiert (2009). Diese Bezeichnung scheint berechtigt, wenn man das *Incipit* der Erzählung in Betrachtung zieht, in dem Manzoni mit topographischer Präzision den Comer See und seine Ufer beschreibt. Die kartographische Imagination Manzonis, so argumentiert Farinelli, entspringt einem Auge, das den Raum wie aus einem Flugzeug in zenitaler Perspektive beobachtet (36). Umberto Eco, der sich auch mit dieser Stelle befasst hat, illustriert dagegen diese absteigende, senkende Bewegung der räumlichen Beschreibung als eine Art filmischen Zoom (1994, 87–90). Beide Analogien, Flugzeug und Kamera, sind vielleicht deskriptiv hilfreich, verfehlen jedoch den genauen Grund, warum man diese berühmte Stelle der italienischen Literatur als ‚kartographisches Schreiben' definieren kann. In der Darstellung des Comer Sees aktiviert Manzoni eine progressive topographische Maßstabsvergrößerung (Quaini 2011, 65).

Einen Topographen nachahmend, vergrößert Manzoni fortdauernd die Maßstäbe und schildert dabei immer kleinere Details der Raumordnung, die in einem kleineren Kartenmaßstab nicht sichtbar wären (1946 [1842], 11–13). Wie bei neuen Datenerhebungen kommen dadurch auch neue Elemente zum Vorschein. „Der Arm des Comosees, der sich gegen Süden erstreckt und zwischen zwei ununterbrochenen Bergketten, ihrem Vorspringen oder Zurückweichen folgend, eine Reihe von Buchten und Busen bildet, verengt sich fast plötzlich und nimmt [...] Gestalt eines Flusses an". Nach diesem ersten, noch deutlich chorographischen Satz setzt Manzoni die erste Vergrößerung des Maßstabs ein: „Die Brücke, welche diese beiden Ufer verbindet, scheint dem Auge [...]"; dann die zweite: „Das durch den abgelagerten Schutt von drei Wildbächen gebildete Gestade senkt sich allmählich und lehnt sich an zwei angrenzenden Bergen an"; und die dritte: „Der äußerste, von den Mündungen der Bäche durchschnittene Rand besteht fast ganz aus grobem Kies und aus Gerölle, der übrige Teil aus Feldern und Weingärten, in die Landgüter, Gehöfte und kleine Weiler hingestreut sind". Der erreichte Maßstab ist jetzt so groß, dass er mit dem Kartenmaßstab einer Katasterkarte (ca. 1:1.000) verglichen werden kann: „Von einer dieser Ortschaften zur anderen, von den Höhen hinab zum Ufer [...] liefen und laufen auch heute noch mehr oder minder steile oder ebene Wege und Steige, die sich zuweilen wieder in der Tiefe verlieren und zwischen zwei Mauern begraben sind". Manzonis Vergrößerung entspricht also dem kartographischen Vorgang der progressiven Maßstabsvergrößerung. Manzonis Schreiben kann als ‚kartographisch' bezeichnet werden, weil es eine klare Affinität mit mindestens zwei medialspezifischen Aspekten der kartographischen Praxis aufweist: dem Kartenmaßstab und der Zentralperspektive. Die syntagmatische Ordnung der Elemente, die eine zentralperspektivische Kartierung produziert, kann kein menschliches Auge aus zenitaler, aviatorischer Stellung wahrnehmen. Nur das Gottesauge (oder das ‚Auge des Apollon'; Cosgrove 2001), wenn man so will, wäre dazu in der Lage. Diese theologische Symbolik der Perspektive passt wunderbar ins romantisch-nationalistische Konzept der göttlichen Vorsorge, das Manzonis Œuvre radikal durchzieht.

Was wir aus Manzonis und Ariosts Beispielen lernen können, ist, dass Literatur nicht bereits ‚kartographisch' wird, wenn physische oder sozio-geographische Räume thematisiert werden (dies kann man auch als ‚geopoetisch' beschreiben; Italiano 2009; Italiano/Mastronunzio 2011; → 18. Geopoetik; 20. Literaturgeographie), sondern wenn die mediale Konfiguration eines kartographischen Zeichenverbundsystems im Medium der Alphabetschrift re-konfiguriert (oder evoziert, nachgeahmt, imaginiert, dekonstruiert usw.) bzw. dorthin übersetzt wird. Darüber hinaus wird deutlich, dass kartographische Schreibpraktiken, um als solche gelten zu können, von der expliziten Erwähnung einer Karte unabhängig sind. In seinen Überlegungen zur kartographischen Imagination in der hispanischen Literatur der frühen Neuzeit hat Jörg Dünne diese Korpus-Frage wie folgt beantwortet: „Die Karten, die [...] in ihrer matriziellen Funktion für Texte untersucht werden, müssen nicht materieller Bestandteil eines Textes sein und in Form von Abbildungen in ihm auftauchen; theoretisch müssen Karten nicht einmal explizit genannt werden" (2011, 69). Entscheidend ist es für Dünne, „die kartographische Imagination [...] auf eine textuelle Form von Raumpraxis hin zu perspektivieren, die Karten als Imaginationsflächen für alphabetschriftlich prozessierbare Operationen versteht" (69–70; vgl. auch Guglielmi und Iacoli 2012, 14–16). Damit deutet Dünne auf die konstitutive mediale Aushandlung zwischen dem Medium ‚Karte' und dem Medium ‚Schrift', die kartographische Schreibprozesse erzeugen kann. Nicht von ungefähr beschreibt Dünne die Beziehung zwischen Karte und Literatur als ein intermediales Phänomen.

5. Inter/Trans

In Anlehnung an Joachim Paechs Intermedialitätsbegriff erklärt Dünne: „Eine intermediale Perspektive, die von der Kartographie zum Schreiben führt, muss also nicht auf Analogien aufbauen, sondern kann beim konstitutiven Schriftanteil der Karte selbst ansetzen, der innerhalb eines anderen Dispositivs aufgegriffen und erweitert werden kann" (2011, 66–67). Insbesondere in Anbetracht des Status der (frühneuzeitlichen) Karte als ‚Metamedium' – das Imaginationspraktiken nicht homogenisiert, sondern in ihrer Heterogenität bündelt und präsentiert –, optiert Dünne für eine intermediale Perspektive, um die mediale Beziehung zwischen Karte und Text verstehen und analysieren zu können.

Allerdings beeinträchtigt die Prozesshaftigkeit dieser Überführung (bzw. dieses Transfers) die Anwendung des Präfixes ‚*inter-*', das auf eine Lokalisierung zwischen zwei klar trennbaren Entitäten verweist. Daher ist auch das Präfix ‚*trans-*', das wie ‚*inter-*' als räumlicher Indikator fungiert, mit seiner Bedeutung ‚über', ‚hinüber', ‚jenseits' denkbar. Es signalisiert das Vorhandensein einer Bewegung und bezeichnet die Prozesshaftigkeit einer Dynamik. Wie Meyer, Simanowski und Zeller festgestellt haben, bezieht sich der Begriff ‚Intermedialität' „auf die Kopplung von Medien im zeichentheoretischen Sinne [...]. Während dort der Akzent jedoch auf dem Ergebnis als vollzogener Verbindung beider Partner liegt, betont der Begriff der Transmedialität den Transfer. Gegenstand sind die beteiligten Medien im Prozess des Übergangs" (2006, 9–10).

Mit Transmedialität können also mediale Übergangsprozesse beschrieben und die medialen sowie kulturtechnischen Aushandlungen als die wesentlichen, entscheidenden Elemente perspektiviert werden (Italiano 2012, 21). Transmediale Phänomene sind „Wanderphänomene" (Rajewsky 2002, 12–13), „deren Dynamik eine multidirektionale, rhizomatische, de- und reterritorialisierende ist" (Italiano 2012, 21) – und eine im weitesten Sinne translatorische. Phänomene dieser Art finden in einem offenen Raum statt, den man mit Deleuze und Guattari als ein „tenir-ensemble des éléments hétérogènes" [Zusammenhalten heterogener Elemente] (1980, 398) bezeichnen kann. Aus einer solchen transmedialen Perspektive wäre es darüber hinaus möglich, die kulturtechnische, an Lefebvre (1974) und Certeau (1990) orientierte Auffassung des kartographischen Schreibens von D. K. Smith (2008) und die vorwiegend medienhistorische und semiotisch-diskursive Praxis von Dünne (2011) mediologisch zusammenzudenken.

6. Kartizität

Versucht man die bisher besprochenen, kulturtheoretischen Linien und Spannungen zu vereinen, so könnte man folgende, kurze und allgemeine Definition des ‚kartographischen Schreibens' wagen: eine historisch-diskursiv bedingte, transmediale Schreibpraxis, die das Medium Karte und das Medium Schrift performativ aushandelt und textuell (alphabetschriftlich) re-kodiert. Eine derart weit gefasste Beschreibung des Phänomens könnte auch Robert Stockhammers ‚Kartizität' umfassen. In Analogie zum Begriff der ‚Poetizität' spricht er von der ‚Kartizität' literarischer Texte, um Schreibprozesse zu illustrieren, die Affinitäten zum kartographischen Mediendispositiv und dessen Verfahren aufweisen. Stockhammer führt diesen Neologismus ein, um den Unterschied zur ‚Kartierbarkeit' zu markieren, die er als intrinsische, von Text zu Text variierende Möglichkeit eines literarisch dargestellten Raums, kartiert zu werden oder Karten zu erzeugen, definiert (2007, 62–68; Mastronunzio 2011, 23–24).

Unter „Kartizität der literarischen Beschreibung selbst" versteht Robert Stockhammer „ihre Affinität oder Distanz zu kartographischen Darstellungsverfahren, die nicht nur den Schauplatz, sondern auch [...] die dort zu verortenden Lebewesen betreffen kann" (2007, 68). Zentral ist für ihn „die Frage nach dem Verhältnis von literarischen Texten zur Karte als Medium: als spezifischem Zeichenverbundsystem und spezifischer Form der Wissensverarbeitung" (68) (→ 9. Räume des Wissens). Damit werden Texte oder Textstellen gemeint, die „das Medium Karte thematisieren" und „zugleich implizite oder explizite Aussagen über dessen Verhältnis zum eigenen Medium des literarischen Textes" treffen (69). Die Affinitäten oder Distanzen, die ein literarischer Text bei der Thematisierung der Karte entwickelt, weisen auf einen Aushandlungsprozess hin, d. h. auf eine performative Ausverhandlung zwischen dem literarischen und dem kartographischen (Darstellungs-)Verfahren.

Literatur

Ariosto, Ludovico. *Orlando furioso* [1516–1532]. Hrsg. von Cesare Segre. Milano: Mondadori, 1976.

Conley, Tom. *The Self-Made Map: Cartographic Writing in Early Modern France*. Minneapolis, MN: University of Minnesota Press, 1996.

Cosgrove, Denis. „Introduction: Mappings". *Mappings*. Hrsg. von Denis Cosgrove. London: Reaktion Books, 1999. 1–23.

Cosgrove, Denis. *Apollo's Eye: A Cartographic Genealogy of the Earth in the Western Imagination*. Baltimore, MD: Johns Hopkins University Press, 2001.

Certeau, Michel de. *L'Invention du quotidien. 1. Arts de faire*. Paris: Gallimard, 1990 [1980].

Deleuze, Gilles, und Félix Guattari. *Mille Plateaux: Capitalisme et schizophrénie II*. Paris: Minuit, 1980.

Doroszlaï, Alexandre. *Ptolémée et l'hippogriffe: La géographie de l'Arioste soumise à l'épreuve des cartes*. Alessandria: Edizioni dell'Orso, 1998.

Dünne, Jörg. „Die Karte als Operations- und Imaginationsmatrix: Zur Geschichte eines Raummediums". *Spatial Turn: das Raumparadigma in den Kultur- und Sozialwissenschaften*. Hrsg. von Jörg Döring und Tristan Thielmann. Bielefeld: Transcript, 2008. 49–69.

Dünne, Jörg. *Die kartographische Imagination: Erinnern, Erzählen und Fingieren in der Frühen Neuzeit*. München: Fink, 2011.

Eco, Umberto. *Sei passeggiate nei boschi narrativi: Harvard University, Norton Lectures 1992–1993*. Bologna: Bompiani, 1994.

Farinelli, Franco. *La crisi della ragione cartografica*. Torino: Einaudi, 2009.

Gillies, John. *Shakespeare and the Geography of Difference*. Cambridge: Cambridge University Press, 1994.

Gregory, Derek. *Geographical imaginations*. Cambridge, MA: Blackwell, 1994.

Gregory, Derek. „Palestine and the ,war on terror'". *Comparative Studies of South Asia, Africa and the Middle East* 24.1 (2004): 183–195.

Guglielmi, Marina, und Giulio Iacoli. „Introduzione: Orientarsi fra le mappe". *Piani sul mondo: Le mappe nell'immaginazione letteraria*. Hrsg. von Marina Guglielmi und Giulio Iacoli. Macerata: Quodlibet, 2012. 7–25.

Harley, John B. „Preface". *The History of Cartography*. 3 Bde. Hrsg. von David Woodward und John B. Harley. I. Chicago: Chicago University Press, 1987. xv–xxi.

Italiano, Federico. *Tra miele e pietra: Aspetti di geopoetica in Montale e Celan*. Milano: Mimesis, 2009.

Italiano, Federico, und Marco Mastronunzio (Hrsg.). *Geopoetiche: Studi di geografia e letteratura*. Milano: Unicopli, 2011.

Italiano, Federico. „Die globale Dichtung des ,Orlando Furioso': Von der Kartizität des Poetischen zur Geopoetik der Ent-Ostung". *Arcadia* 47.1 (2012): 16–33.

Italiano, Federico. „Translating geographies: The Navigatio Sancti Brendani and its Venetian translation". *Translation Studies* 5.1 (2012): 1–16 [2012a].

Korzybski, Alfred. *Collected Writings: 1920–1950*. Fort Worth, TX: Institute of General Semantics, 1990.

Lefebvre, Henri. *La production de l'espace*. Paris: Gallimard, 1974.

Manzoni, Alessandro. *I promessi sposi/Die Verlobten* [1842]. Übers. von Johanna Schuchter. München: Karl Alber, 1946.

Mastronunzio, Marco. „Lettere di carta: Dalla testualità della mappa alla carticità del testo". *Geopoetiche: Studi di geografia e letteratura*. Hrsg. von Federico Italiano und Marco Mastronunzio. Mailand: Unicopli, 2012. 23–41.

Meyer, Urs, Roberto Simanowski und Christoph Zeller. „Vorwort". *Transmedialität. Zur Ästhetik paraliterarischer Verfahren*. Hrsg. von Urs Meyer, Roberto Simanowski und Christoph Zeller. Göttingen: Wallenstein, 2006. 7–19.

Pickles, John. *A History of Spaces: Cartographic Reason, Mapping and the Geo-Coded World*. London: Routledge, 2004.

Quaini, Massimo. „L'occhio e la carta". *Il lago di carta: Rappresentazione cartografica del territorio Gardesano (secc. XIV–XIX)*. Trento: Stampalith, 2011.

Rajewsky, Irina O. *Intermedialität*. Tübingen: Francke, 2002.

Roberts, Sean. *Printing a Mediterranean World: Florence, Constantinople, and the Renaissance of Geography*. Cambridge, MA: Harvard University Press, 2013.

Said, Edward W. *Orientalism*. London: Penguin, 2003 [1978].

Schäffner, Wolfgang. „Operationale Topographie: Repräsentationsräume in den Niederlanden um 1600". *Räume des Wissens: Repräsentation, Codierung, Spur*. Hrsg. von Hans-Jörg Rheinberger, Michael Hagner und Bettina Wahrig-Schmidt. Berlin: Akademie-Verlag, 1997. 63–90.

Siegert, Bernhard. *Passage des Digitalen: Zeichenpraktiken der neuzeitlichen Wissenschaften 1500–1900*. Berlin: Brinkmann und Bose, 2003.

Smith, Donald K. *The Cartographic Imagination in Early Modern England: Re-writing the World in Marlowe, Spenser, Raleigh and Marvell*. Aldershot: Ashgate, 2008.

Stockhammer, Robert. *Kartierung der Erde: Macht und Lust in Karten und Literatur*. München: Fink, 2007.

23. Transitorische Räume
Vittoria Borsò

1. Transit-Räume und transitorische Räume

Die Qualifikation ‚transitorisch' hat eine temporale und eine räumliche Semantik. Erstere bezieht sich auf vorübergehende, kurz andauernde, später wegfallende Phänomene oder Eigenschaften. In der räumlichen Semantik impliziert ‚transitorisch' in der Bedeutung von Transit ‚Durchfahrt', ‚Durchquerung' und meint dabei Durchgangsorte. Im essentialistischen Denken stellen die temporalen und räumlichen Übergänge Kontingenzen oder Akzidentien wesenhafter und deshalb in der Zeit unveränderlicher Entitäten dar, die es einzudämmen gilt. Die seit der Antike angenommene ontologische Qualität des Ortes, nämlich die intrinsische Verbindung des Seins mit der Eigenschaft eines ‚*locus*' (lat. Ort), bleibt unverändert. Das Transitorische bezieht sich hier auf Zwischenstationen und Transit-Orte, die von einem Zustand zu einem anderen überführen. Im Hinblick auf Migration ermöglichen z. B. Transit-Orte eine temporäre Verhandlung mit Differenzen, damit die Integration in etwaige, sich territorial, also durch den Ort, definierende Identitäten besser gelingt. Ähnliche Argumente gelten im Zusammenhang mit generationalen Übergangsphänomenen wie der liminalen Zone der Adoleszenz, die sich nach der Anthropologie in den Grenzbereichen des Fremden befindet (Turner 1998), während die Pädagogik darin eine formbare Lebensspanne zur Erlangung einer sozialen Identifikation sieht. In diesem Sinne findet sich der Begriff ‚transitorische Räume' auch im politischen oder soziologischen Vokabular. Es ist aber ratsam, zwischen ‚Transit-Räumen' als Übergangsstationen von zwar in der Zeit wandelbaren, aber substantiell stabilen Strukturen im oben genannten Sinne (absoluter Raumkonzepte) und ‚transitorischen Räumen' zu unterscheiden. In diesen wäre ‚transitorisch' eine ontologische Qualität des an sich ‚fluiden' Raums, dem Beweglichkeit und Veränderlichkeit immanent sind (topologische Raumkonzepte). So gesehen, befindet sich jeder Ort in einem transitorischen Zustand (Kempf 2010), Lokalisierungen unterstehen einer ‚Lokalzeit' und sind temporäre, d. h. kontingente und ephemere Orte. Die Eigenzeit transitorischer Räume stattet diese mit besonderen Qualitäten aus. Auf die Frage, warum Orte dennoch als stabile Entitäten wahrgenommen werden, antworten die kommunikative Systemtheorie (Luhmann 1988, 174) und die Neurologie (Barlow 1961, 2001) auf der Basis von Shannons Kommunikationstheorie mit Verweis auf Redundanzen, die die Kontingenzen einschränken und den Raum als substantiell auf Dauer angelegt bestimmen. Eine solche Substantialisierung der Orte unter

Reduzierung ihrer transitorischen Dimension wird im Kontext der Pluralisierung von Differenzen und der Steigerung der Migrationsflüsse von Menschen und materiellen sowie immateriellen Gütern zunehmend schwieriger. Als Reaktion darauf nehmen soziale oder politische Maßnahmen und staatliche Programme zur Reduktion von Differenzen und damit zur Stabilisierung sozialer Systeme immer mehr zu.

Transitorische Räume haben also mit einer besonderen Art von Mobilität zu tun. Die Entscheidung, ob jeder Ort substantiell und ontologisch transitorisch ist oder ob das Transitorische eine vorübergehende, akzidentelle Veränderung darstellt und nur eine Zwischenstation bzw. ein Transit-Raum ist, erfordert eine strukturelle Analyse der Zeit-Raum-Relationen, hängt aber auch von der Konzeption des Raums ab, ob Mobilität und Prozessualität – und damit das Werden – als ein ‚Apriori', d. h. eine fundierende Bedingung des Raums verstanden wird oder ob ‚loci' – und damit auch Strukturen des Raums – als vorgegeben gelten. Die De-Essentialisierung des Raums, die Kritik absoluter Raumkonzepte und die Öffnung zur Mobilität, die sich nicht zuletzt im Aufkommen des so genannten ‚mobility turn' (Urry 2000, 1) ausdrückt (→ 2. Topographien; 3. Dynamisierungen), ist u. a. ein Ergebnis der medien- und technikhistorischen sowie sozialen Transformationen von Moderne (etwa Quantenmechanik, Ausbau der Transportwege und -mittel) und Spätmoderne (Netzwerktechnologien, immaterielle und immaterielle Globalisierungsflüsse); sie hat auch mit der postkolonialen Dekonstruktion abendländischer Begriffe zu tun (→ 11. Postkoloniale Räume).

Der Begriff des Transitorischen gewinnt an Relevanz im Zusammenhang mit dem *mobility turn*, doch erweisen sich die Operatoren von Mobilität (z. B. Fahrten bzw. Reisen, Exil, Asylsuche, Migration), ihre Medien (Verkehrsmittel wie Automobil, Zug, Flugzeug, aber auch Kino, z. B. *road movies*) und Chronotopoi (Flughäfen, Autobahnen, Metropolen, Touristendörfer, Migranten-Container, Grenzzonen) sowie Ästhetiken der Mobilität (filmischer Diskurs, Installationen, Schrift etc.) als Mediatoren auch anderer, analoger Raumfiguren (→ 13. Chronotopoi). Diese sind der ‚Zwischenraum' (*in-between*, *entre-lieu*, *entre-lugar*, *third space*, *tercer espacio*, *dazwischen*) und die Heterotopie (→ 15. Utopie und Heterotopie). Mit diesen Figuren hat der transitorische Raum die Fähigkeit zu geokulturellen Transformationen infolge des Aufeinandertreffens von Differenzen und der potentiellen Interaktionen in transkulturellen Netzwerken gemeinsam. Anders aber als beim hybriden oder heterotopen Raum verleiht die besondere Qualität des transitorischen Raums, nämlich die dynamische Zeit-Raum-Relation, auch eine körperliche Erfahrung von Instabilität, die affektiv und motivational für Transformationen öffnen kann. Denn im transitorischen Raum besteht eine besondere Beziehung zwischen vorübergehenden Zuständen und gegenwärtiger Dauer, zwischen Vergehen und Sich-materiell-am-Ort-Binden, zwischen spatiotemporaler Fluidität und Persistenz bzw. Konsistenz der konkreten Situation. Er ist ein Übergangsraum auf Dauer und deshalb auch auf Dauer zur Veränderung fähig. Der Begriff der ‚Schwelle' (Benjamin) teilt mit dem spätmodernen transitorischen Raum die Instabilität der Jetzt-Zeit. Während aber der transitorische Raum eine Kontiguität verschiedener Zeiten aufweist und die Konsistenz einer ‚breiten Gegenwart' (Gumbrecht 2010) erhält, wird die Gegenwart in der Benjamin'schen Passage durch die Spur der Vergangenheit überlagert.

2. Mobilität und Lokalisierung: vom ‚*locus*' zum ‚transitorischen Raum'

In den Mobility Studies der 1990er Jahre wird die Mobilität gegen den Ort, den ‚*locus*', ausgespielt. Tatsächlich ist in absoluten Raumtheorien, für die der Raum einen Behälter von Strukturen aus drei Dimensionen (Länge, Breite, Höhe) darstellt, das Sein der Dinge durch die je vorgegebene, feste Position bestimmt. Dieser *locus* – ein begrenzter Teil des Raums, der in sich selbst unendlich ist, – befindet sich dort, wo der unbewegte Körper ist. Auf der Basis dieses Prinzips, das etwa auch schon das scholastische Denken prägt, ist ein Ort natürlich, wenn etwas in ihm steht, so dass die Bewegung, die die Dinge verschiebt, als unnatürlich gilt. Sie verleiht den Dingen die Qualität des Fremdartigen oder den Fremden Angehörenden (Abbagnano 1963, 1117). Deshalb ist hier die Bewegung beunruhigend. Es wäre indes falsch, wollte man die epistemologischen Transformationen des Konzeptes von transitorischen Räumen im Sinne eines kontinuierlichen und teleologischen Übergangs von absoluten zu offenen Konzepten verstehen. Wenngleich dies in den dominanten Diskursen gelten mag, so lässt die genealogische Rekonstruktion der Epistemologie des Raums viele ‚heterogene Beginne' (Foucault 1994, 149) eines offenen, die Beweglichkeit als immanentes Moment des Raums erkennenden Denkens feststellen. Die genealogischen Diskontinuitäten im Denken des Raums zeigen sich im parallelen Bestehen einer zwar nicht dominanten, jedoch in ihrer historischen Latenz nicht zu unterschätzenden Epistemologie, die auf Anfänge eines topologischen Raumdenkens hinweisen (→ 1. Topologie). In der aristotelischen *Physik* ist der Ort die erste Grenze, die einen Körper umfasst. Der *locus* ist also auch ein ‚*spatium*', ein Raum, der sich ausdehnt. Dies schlägt sich auch in der romanischen Etymologie von Grenze (*frontière/frontiera/frontera*) nieder, wo ‚*frons*', also Stirn, vordere Seite, und ‚*era*' (*arius*) die Relation, Handlung meint und nahelegt, Grenzziehungen als ein neues Gegenüber, als die Öffnung eines Übergangs anzusehen. Die Beweglichkeit wird für die Raumepistemologie der Moderne zu einem dem Sein inhärenten Prinzip. So verliert der *locus* allmählich seine Essentialität zugunsten der Relationalität. Er existiert nicht in sich selbst, sondern begleitet das Dasein des Menschen als Sein-in-der-Welt. Wenn schon in Kants *Kritik der reinen Vernunft* der Begriff des ‚Wohnens' einen vitalen Raum impliziert, ist „Wohnen" für Heidegger (1967, 35) die fundamentale Eigenschaft des Seins als Bewegung des Sich-in-Beziehung-Setzens des Seienden. Phänomenologisch ist der Raum nicht homogen und leer, sondern durch Qualitäten von Wahrnehmung, Traum und Erinnerung (Bachelard 1957; Serres 1994; Certeau 1980) sowie von Phantasmen des partikulären und sozialen Imaginären bewohnt und bewegt (Foucault 1994a, 754).

Transitorische Räume eignen sich nicht zur Formulierung von Identitäten, auch nicht mit der Qualität des ‚Hybriden' oder als Identitäten in Werden (Straub und Renn 2002). Während identitätsbezogene Vernunft transitorische Räume als Gefahr der Durchlässigkeit des Außen wertet und nach immunitären Maßnahmen der Schließung verlangt (Esposito 2004), schlagen Autoren wie Vilém Flusser das ‚Wohnen' als (post-heideggerianische) Modalität einer am Modell des Exils konzipierten Existenz-in-Bewegung vor. Das Band, das am Territorium des Ursprungs festhält, sakralisiere die Banalität des Bekannten und anästhetisiere die Subjekte, weil es sie unfähig mache zu ästhetischen Erfahrungen von Welt (1994, 253–254). Das Natürliche sei dagegen das Transitorische, und dies sei umso stärker ästhetisch, weil es kultureller Mediationen bedarf – so Flusser in einer Reformulierung des Begriffs des Wohnens als jeweilige, temporäre Produktion neuer Ortsbindung, was zugleich die ‚Prozessierung von Daten' fördert, denn der Migrant, der sich an einen neuen Ort bindet, ist gezwungen, zwischen einer fremden Sprache bzw. fremden Dingen und den eigenen kulturellen Codes zu verhandeln. Die Beweglichkeit von Subjekten impliziert dabei einen beweglichen Blick, der die topischen Rahmungen der Sichtbarkeit durchbrechen und verändern kann. Darauf hat auch Certeau mit dem Beispiel von der Topographie der Stadt New York hingewiesen, je nachdem, ob man sie aus der Vogelperspektive der damals noch bestehenden Twin Towers des World Trade Center von New York betrachtet, oder ob man, in der Stadt gehend, sie durch die materielle Dichte der Erfahrungen, Erinnerungen und zufälligen Parcours erlebt und topologisch erst hervorbringt (1999, 264–265).

Mit den Menschen-, Waren- und Informationsflüssen der Globalisierung im späten 20. Jahrhundert werden Lokalisierungen und Nachbarschaftsbeziehungen als kontingent und ephemer gewertet (→ 10. Geopolitik und Globalisierung). Das Transitorische ist eher der Normzustand des Raums, wenn auch Systemredundanzen und identitätsbezogene Diskurse weiterhin die Raumordnung zu stabilisieren versuchen. In dieser Sicht ist die Statik des Ortes eine Fiktion, die den dominanten abendländischen Narrativen entspricht, die schon in der Bibel von der Tötung des nomadischen Bruders Abel durch den sesshaften Kain erzählen

(→ 7. Raum und Erzählung). Mit der Konzeption einer ‚traveling theory' machen die Cultural Studies (Said 1983) die Bewegung zum epistemologischen Standort (Clifford 1988; 1992). Insgesamt geht es um eine Absage an den *locus*, d. h. an feste Verortungen und Konzepte von unveränderlicher Residenz und an die darin impliziten sozial- und kulturpolitischen Asymmetrien. Reiserouten ersetzen den Ort als Grundlage des Denkens. So dienen ‚traveling concepts' auch in den deutschsprachigen Kulturwissenschaften der Analyse der Transformationskraft von Bewegung (Neumann und Nünning 2012). Flüsse und Strömungen, mobile Landschaften (engl. *flux, flowing, landscape*) sind Operatoren von transitorischen Räumen, u. a. im Kontext von Netzwerktechnologien. Im Gegensatz zur Homogenität von klassischen Landschaftstableaus werden hier mit ‚Landschaften' unübersichtliche, temporäre, kurzlebige und bewegliche Raumorganisationen der Alltagspraxis verstanden (Jackson 1984, ix–xii; → 12. Landschaft). Dies gilt auch für Arjun Appadurais ‚scape'-Theorie (→ 3. Dynamisierungen). Der Ort wird jeweils zu einer transitorischen Schichtung von *techno-, finance-, media-, ideo-* und *ethnoscapes*. Es sind mobile Landschaften, die das soziale Imaginäre durch Kultur- und Nationengrenzen hindurch bewohnen. Infolge ihrer disjunktiven und differentiellen Kombinatorik wird der Ort deterritorialisiert (1996, 36) und öffnet sich zu diasporischen Übergängen. Die Bewegung als phänomenologische Kategorie begründet schließlich die Metapher der ‚zoomscapes', mit der der Benutzer von Transportmitteln seine eigene Weltsicht modifizieren kann (Schwarzer 2004).

Zwar gibt es auch kritische Stimmen gegen die Mobilitätseuphorie (Virilio 1984; Rancière 1994), und Bruno Latour macht im Zusammenhang mit Räumen wie Flughäfen auf die paradoxale Beziehung von Mobilität und Immobilität aufmerksam (Latour 2009). Gleichwohl rufen die Sozialwissenschaften den *mobility turn* als methodologisch heterogenes und interdisziplinäres Paradigma von der Nomadologie bis hin zu Anthropologie und Cultural Studies aus, um den Herausforderungen der Globalisierung standzuhalten (Urry 2000, 5–18). Nicht Gesellschaften, sondern Praktiken von Menschen sollen mit einer ‚*methodology on the move*', einer Art reisenden Ethnologie, untersucht werden (Sheller und Urry 2006, 217–218). An den Mobility Studies kritisiert wird das abstrakte Denken von Hypermobilität als Synonym von Freiheit ohne Rückbindung an situative Kontexte bzw. ohne Reflexion über neue sozialpolitische Asymmetrien (Franquesa 2001, 1029; Massey 1991). Gegen das entkörperte, abstrakte Denken der Hypermobilität rufen die Geowissenschaften mit Tim Cresswells *On the Move: Mobility in the Modern Western World* (2006) das Paradigma von *new mobility studies* aus. Von der Mobilität aus soll der Ort als konkrete Situation neu gedacht werden. Umgekehrt wird Mobilität ausgehend von der Situierung am Ort verstanden, in dem sich transitorische Zustände oder der Übergang von einem Zustand zu einem anderen ergeben. Hier erhält der transitorische Raum eine explizite epistemologische Aufarbeitung. Statt der Opposition Mobilität – Bewegung kommt die Interaktion zwischen ihnen in den Blick, nämlich zwischen Bewegung und Anbindung an konkrete Situationen, zwischen Positionierung und Bewegungen, zwischen Reisen und Sich-am-Ort-Binden. Essentialistische Kategorien werden von der intrinsischen Dynamik des nun auch in epistemologischer Hinsicht transitorischen Ortes verschoben und transformiert. ‚Spacing', ‚placing' und ‚landscaping' als Begriffe instabiler, jedoch am Ort verankerter Prozessualität sollen diese Dynamik ausdrücken. Der bewohnte Erfahrungs- bzw. der differenzielle Raum von Certeau und Lefebvre, aber auch Impulse aus der postmodernen Architektur etwa von Bernard Tschumi finden sich hier wieder. Die Methoden der Analyse fokussieren hierbei den konkreten situativen Kontext, nämlich Praktiken, Räume und Subjekte, die Materialität der Körper im Verhältnis zu symbolischen Repräsentationen und konkrete Menschen in ihrer materiellen Situation zwischen Bindung und Bewegung (Tänzer und Fußgänger, Autofahrer und Athleten, Asylsuchende und Touristen etc.; Cresswell 2006, 5). Entsprechend postuliert die Geographin Alison Blunt, dass die Perspektive auf die Mobilität „embodied, embedded and grounded" sein soll (2007, 8).

Die Spannung zwischen Mobilität und Verortung, die dem Raum die Eigenschaft des Transitorischen verleiht, lässt auch die Bipolarität zwischen Nomadismus und Territorialität hinter sich. So verstanden, laden transitorische Räume zu einer Relativierung des Nomadismus, damit aber auch zu einem präziseren Verständnis des Projektes von Deleuze und Guattari (1980) ein. Transitorische Räume bedürfen einerseits des vektorialen, von Verbindungen bestimmten glatten Raumes, wofür die Wüste oder das Meer, ihre offenen Rhythmen und sinnlichen Intensitäten Beispiele sind (→ 40. Meer/Luft/Wüste), aber auch andererseits der Verortung, der Beziehung zum Ort, der Einkerbung, um Positionierungen zu verdeutlichen. Flüsse und Strömungen brauchen Grenzen, um die Übergänglichkeit erfahrbar werden zu lassen (Harvey 1996, 7–8; → 14. Semiosphäre und Sujet). Die ontologische Priorität des fluiden Raums wird erst durch das Korrelat des ‚Aufenthaltes', nämlich der Konsistenz der uns umgebenden Situation (der Praktiken, Kontexte, Mediationen) produktiv und gibt dem Transitorischen Sinn. Der transitorische Raum hebt also den Gegensatz zwischen Mobilität und *locus* auf – ein Gegensatz, der in Analogie zum temporalen Anachronismus als räumlicher ‚Anachorismus' bezeichnet werden kann (Cresswell 2006, 55). Der Ort wird dabei zum Ereignis einer Beziehung, Öffnung und Veränderung (Cresswell 2004).

3. Transitorische Räume in der Literaturwissenschaft: ästhetische Mediationen

Literatur ist durch erzählte Bewegungen ein tragender Konstituent der Raumproduktion (Hallet und Neumann 2009); sie ist auch ein Reservoir von Erfahrungen, die die kulturwissenschaftliche Wende zur Mobilität mitinspiriert haben. Dies gilt etwa für die Reise, die seit dem 17. Jahrhundert mit der *grand tour* identitätsstiftend war (→ 31. Die ‚Neue Welt') und in den literarischen Briefen fiktiver Reisender wie etwa bei David Fassmann, Montesquieu, Cadalso, Schiller schon im Laufe des 18. Jahrhunderts als kritisches Dispositiv von Identitätsdenken verwendet wurde. Kulturtheoretiker wie Certeau und Lefebvre berufen sich auf die wiederkehrenden Figuren des Flaneurs von Charles Baudelaire und Walter Benjamin, um das Gehen im Raum als situierte Praktik des politisch-sozialen Widerstands zu konturieren. Ähnliches gilt auch für die bei André Gide von Mirabeau, Maupassant oder Vallès übernommene Figur des Vagabunden (Desportes 2005) oder in der englischen Literatur für die Veränderung gewohnter Landschaften durch Bewegung, die seit Coleridges *The Rime of the Ancient Mariner* zudem die Organisation der Blicke transformiert und den philosophischen Blickwinkel verschiebt.

Dass das Potential von Literatur für ästhetische Mediationen von transitorischen Räumen besonders hoch ist, liegt zum einem an der immanenten Beziehung von Bewegung und Text bzw. an der topologischen Dynamik der Schrift (Borsò 2007; → 5. Schrifträume; 41. Die Seite). Dies gilt in Bezug auf den dargestellten Raum wie auf den Raum von Repräsentation und Wahrnehmung. Zum anderen fördern sinnliche Verkörperungen, Affekte und Erfahrungen sowie das hohe Fiktionspotential von ästhetischen Mediationen die Produktion von transitorischen Räumen. Modi wie Traum und Erinnerung, verbunden mit der Konsistenz der Erfahrung, verkörpern materiell die Zeit-Raum-Dynamik des Transitorischen (→ 17. Mnemotop). Die Urszene des Einschlafens in *À la recherche du temps perdu* von Marcel Proust, aber auch die Szenen von Erinnerung und Wahrnehmung, die Proust als Hervortreten des Bildes aus dem Unbestimmten imaginiert, sind Beispiele für die Produktion von transitorischen Räumen, die mit der Instabilität des (modernen) Subjektes zu tun haben, welches sich vom sinnlichen Austausch mit der situativen Umwelt affizieren lässt und deshalb stets offen gegenüber seiner eigenen Andersheit ist. Der Körper gilt dabei als Medium der Mobilität von Imaginärem und der Fähigkeit zur materiellen Situierung in konkreten Kontexten; das politische Potential dieser Ästhetik ist hoch (Butler 2001). Die in den Queer Studies entwickelten ‚Transgender-Identitäten' hinterfragen und transformieren zudem ästhetisch auch die Konfigurationen kolonialer und nationaler Identitäten.

Diese Konzeption der Schrift hat auch andere Disziplinen inspiriert. Als Historiker reflektiert Michel de Certeau darüber, dass ‚Topo-*Graphien*' die Prozesshaftigkeit der Schrift als Verkörperung der dynamischen Beziehung von Raum, Zeit und Subjekt zu berücksichtigen haben. Wie Derrida den Begriff ‚*errance*' für das Flüssigwerden des Raums der Schrift vorschlägt (1972, 54), so nutzt ihn Édouard Glissant in *Tout-monde* als topographisches Prinzip der temporären Verortung im Raum (1997, 119). Ähnliches gilt für den angloamerikanischen Begriff der ‚*itinerance*', also des ziellosen Reisens als Metapher für Existenz wie für kulturtheoretische Ansätze. Mit der Metapher des Rhizoms, mit der seit der Postmoderne die Dynamik der Schrift als nicht-zentrierter, nicht-hierarchischer, allein durch die Zirkulation von Zuständen definierter Prozess charakterisiert wird (Deleuze und Guattari 1977, 11; 34–35), rückt die Vorstellung der Extension an die Stelle der Tiefe kultureller Beziehungen (Glissant 1995, 19). Vektorialität, d. h. Beziehung, und nomadische Dynamik des Wassers (Deleuze und Guattari 1980) in der Umwelt des karibischen Archipels sind deshalb die Operatoren für die Produktion transitorischer Orte, die es ermöglichen, dass die konkrete Bindung an diese Umwelt zugleich das Potential eines Anschlusses an die gesamte Welt entfaltet (→ 38. Nissopoiesis; 47. Korallen). Das Seiende als Relation ersetzt das identitätslogische ‚*être-racine*' (‚Sein als Wurzel'; Glissant 1997, 114). Der Ort wird performativ produziert, d. h. er geht aus der Verortung von Subjekten in einem in Bewegung befindlichen Seienden hervor.

Transitorisches ist also ein „Existenzmodus" (Latour 2012), der sich durch ein radikales Denken der temporale und räumliche Mobilität verkörpernden, also sich zum umgebenden Raum verhaltenden Subjekte ergibt, was die Intensität des paradoxalen Verhältnisses von temporärer Dauer affektiv ebenso steigert wie den ökologischen Austausch mit der Umwelt (Haraway 1992). Der transitorische Raum ist zwar instabil, aber bewohnt und produktiv. Auf diese Weise lassen sich transitorische Räume von ‚Transit-Orten' unterscheiden. Das Transitorische hat in letzteren keinen Eigensinn; ihr Sinn ist es nur, für den Durchgang funktional zu sein, oder sie sind, im Falle von geschlossenen Grenzorten, Container-Dörfern von Asylsuchenden etc., Orte ohne Sinn oder gar Atopien, d. h. Orte ohne das Recht auf Wohnung. Im Folgenden geht es noch um einige Chronotopoi mit dem Potential des transitorischen Raums, aus denen jedoch auch Transit-Orte oder Atopien entstehen können (→ 13. Chronotopoi).

4. Transitorische Räume und Transit-Orte: einige Beispiele

Das Transitorische in den Räumen entlang des 3.000 km langen Zauns an der Grenze zwischen USA und Mexiko oder auch im Schengener Grenzraum etwa mit seinen meterhohen Zäunen um die spanischen Enklaven Ceúta und Melilla ist Gegenstand von Mobilitätsstudien wie narrativer und filmischer Darstellung. Ähnlich wie an Flughäfen führt auch an der Grenze das Warten ohne Zeitrhythmen und die Ortlosigkeit des illegalen Migranten zur Stilllegung von Zeit und Raum. In Container-Dörfern ist dies eine intendierte politische Strategie, die die Subjektfähigkeit und Agentialität der Asylsuchenden zerstört (Holert und Terkessidis 2006; → 45. Das Lager). Andererseits kann die Grenzzone zum transitorischen Raum werden, wenn die Ressourcen der Alltagskultur mit Alltagspraktiken, Populärkultur und improvisiertem Handeln temporäre Situationen des Aufenthalts zu bilden in der Lage sind. Intensitäten im Imaginären und in der konkreten Situation des temporären Wohnens machen aus diesem Aufenthalt dann transitorische Räume. Eine Reihe von Filmen (etwa María Novaros *El jardín Eden*, 1994, und *Sin dejar huellas*, 2000; Alejandro González Iñárritus *Babel*, 2006) und Erzählwerken (Carlos Fuentes' *La frontera de cristal*, 1995; Cristina Rivera Garzas *La frontera más distante*, 2008; Cristina Pachecos *Relatos del México de hoy*, 2011) analysieren neben der Rolle der *Frontera Norte* als Transit-Raum und als Reservoir von Stereotypen für US-amerikanische Touristen auch die Oszillation zwischen Erfahrung von Atopie und Entstehung von transitorischen Räumen im oben genannten Sinne. Ein besonderes Beispiel findet sich in Roberto Bolaños postumem Roman *2666* (2004). Hier ist die *Frontera Norte* von Ciudad Juárez schon in der narrativen Architektur ein transitorischer Ort, weil sich die imaginären und tatsächlichen Bewegungen dort biopolitisch und ideologisch kreuzen (→ 46. Megastadt). Im Kapitel „Santa Teresa" (d. h. Ciudad Juárez), der Stadt, in der zwischen 1993 und 2003 über vierhundert Frauen vergewaltigt und ermordet wurden, werden für die Dauer von 350 Seiten die Fundorte der toten Frauen und das Szenario ihrer Autopsien beschrieben. In diesen Beschreibungen, bei denen der Körper Objekt anatomischer Blicke ist, aber auch die Täter und selbst die Gerichtsmediziner auf ihre Weise als Objekte einer totalitären Macht erscheinen, wird dieser Ort, der für viele nur ein Transitraum ist, auf schreckliche Weise zur Atopie. Auf der anderen Seite nutzt der Text in der Serialität der Beschreibungen die Differenz, um neben den Wunden und Spuren konkreter körperlicher Gewalt auch die Lebenszeichen derjenigen Frauen aufscheinen zu lassen, die auf der Suche nach dem Paradies des Wohlstandes nach Norden migrieren wollten. Die indexikalischen Zeichen, nämlich Spuren von keimendem Leben im Bauch toter schwangerer Frauenkörper, Kleider, Alltagsgegenstände an Fundorten, lassen ihre Lebensträume während der Lektüre auferstehen. Transitorische Räume entstehen hier nur durch narrative Serialität in der Ästhetik des Romans. Erst diese Räume affizieren den Leser und geben den geschundenen und vergewaltigten Körpern ein Recht auf Trauer (Butler 2010).

Urbane Räume und ihre Chronotopoi sind ein Reservoir für die Dynamik des Transitorischen in der doppelten Modalität von transitorischen Räumen und Transit-Orten. Ihre ästhetische Mediationen gehören zu den zentralen Techniken von Früh- und Spätmoderne seit Baudelaires ephemerer Erfahrung der Stadt und Walter Benjamins *Passagen-Projekt* (→ 39. Paris) sowie seiner an der Phänomenologie der Photographie und des Kinos vermittelten transitorischen Erfahrung der Gegenwart (Benjamin 1988 [1933], 48). Die Gegenwart befindet zwischen dem Verlust der Vergangenheit (Photographie) und der Öffnung zu einer aufscheinenden Zukunft (Kino). Transitorische Räume entstehen im ‚Stadtroman' und in dessen Verfilmungen an den typischen Chronotopoi der modernen Stadt wie Straße, Straßenbahn, Platz, Bahnhof oder Café (→ 16. Nicht-Orte). Dies gilt von den Gründungstexten des Genres (James Joyces *Ulysses*, Alfred Döblins *Berlin Alexanderplatz*, Camilo José Celas *La Colmena*, auch *Adán Buenosayres* von Leopoldo Marechal) bis hin zu den heutigen so genannten transkulturellen Stadtromanen wie *Berlin ist mein Paris* (2002) von Carmen-Francesca Banciu oder *Im Angesicht des Verbrechens* (2010) von Dominik Graf. Transitorische Räume artikulieren auch die Wahrnehmung in Romanen oder Erzählungen von transkulturellen Autor/inn/en wie Yoko Tawada oder Emine Sevgi Özdamar. Berlin als Transit-Ort und transitorischer Raum, oft am Chronotopos der Bahnhöfe dargestellt, verkörpert historische Transitionen nach dem Fall des Eisernen Vorhangs. Dies gilt auch für urbane Zentren innerhalb des Korridors zwischen Berlin und Moskau (Bittner, Hackenbroich und Vöckler 2006).

Gegen planerische Abstraktionen haben überdies situationistische Künstler urbane Räume als Chronotopoi topologischer Dynamik entsprechend dem ‚differentiellen Raum' von Henri Lefebvre (1974) konzipiert; die *banlieue* hatte dabei ein Recht, integraler Teil der Stadt zu sein (Lefebvre 1968). Es ist der gelebte ‚Raum der Repräsentation', in dem Transformations- und Aneignungsprozesse stattfinden. Auch dies gilt in Analogie zum Raum der Schrift, also zu literarischen Narrationen, oder auch Narrationen in der Alltagskultur, die aus urbanen Topographien transitorische Räume machen können (Stanek 2009; 2011).

Literatur

Abbagnano, Nicola. *Diccionario de filosofía*. México: Fondo de Cultura Económica, 1963.
Appadurai, Arjun. *Modernity at Large: Cultural Dimensions of Globalization*. Minneapolis, MN: University of Minnesota Press, 1996.

Bachelard, Gaston. *La Poétique de l'espace*. Paris: PUF, 1957.
Benjamin, Walter. *Berliner Chronik*. Frankfurt a. M.: Suhrkamp, 1988.
Barlow, Horace B. „Possible principles underlying the transformation of sensory messages". *Sensory Communication*. Hrsg. von Walter A. Rosenblith. Cambridge, MA: MIT Press, 1961. 217–234.
Barlow, Horace B. „Redundancy reduction revisited". *Comput: Neural Network System* 12 (2001): 241–253.
Bittner, Regina, Wilfried Hackenbroich und Kai Vöckler (Hrsg.). *Transiträume/Transit Spaces*. Dessau: Edition Bauhaus, 2006.
Blunt, Alison. „Cultural Geographies of Migration: Mobility, Transnationality and Diaspora." *Progress in Human Geography* 31.5 (2007): 684–694.
Certeau, Michel de. *L'Écriture de l'histoire*. Paris: Gallimard, 1975.
Certeau, Michel de. *L'Invention du quotidien: 1. Arts de faire*. Paris: Gallimard, 1980.
Certeau, Michel de. „Kunst des Handels: Gehen in die Stadt". *Widerspenstige Kulturen: Cultural studies als Herausforderung*. Hrsg. von Karl Hörning. Frankfurt a. M.: Suhrkamp, 1999. 264–291.
Borsò, Vittoria. „Topologie als wissenschaftliche Methode: Die Schrift des Raums und der Raum der Schrift". *Topologie: Zur Raumbeschreibung in den Kultur- und Medienwissenschaften*. Hrsg. von Stephan Günzel. Bielefeld: Transcript, 2007. 279–295,
Butler, Judith. *Psyche der Macht: Das Subjekt der Unterwerfung*. Frankfurt a. M.: Suhrkamp, 2001.
Clifford, James. „Traveling Cultures". *Cultural Studies*. Hrsg. von Lawrence Grossberg, Cary Nelson und Paula A. Treichler. London: Routledge, 1992. 96–116.
Clifford, James. „Notes on Travel and Theory". *Inscriptions* 5 (1988): 177–178.
Cresswell, Tim. *Place: A Short Introduction*. Oxford: Blackwell Publishing, 2004.
Cresswell, Tim. *On the Move: Mobility in the Modern Western World*. London: Routledge, 2006.
Deleuze, Gilles, und Félix Guattari. *Rhizom*. Übers. von Dagmar Berger, Clemens-Carl Haerle und Helma Konyen. Berlin: Merve, 1977.
Deleuze, Gilles, und Félix Guattari. *Mille Plateaux: Capitalisme et schizophrénie II*. Paris: Minuit, 1980.
Desportes, Marc. *Paysages en mouvement: Transports et perception de l'espace, XVIIIe–XXe siècle*. Paris: Gallimard, 2005.
Derrida, Jacques. *La Dissémination*. Paris: Seuil, 1972.
Esposito, Roberto. *Immunitas: Schutz und Negation des Lebens*. Übers. von Sabine Schulz. Berlin: Diaphanes, 2004.
Flusser, Vilém. *Von der Freiheit des Migranten: Einsprüche gegen den Nationalismus*. Bensheim: Bollmann, 1994.
Foucault, Michel. „Nietzsche, la généalogie, l'histoire" [1971]. *Dits et écrits*. 4 Bde. Hrsg. von Daniel Defert und François Ewald. Paris: Seuil, 1994. II, 136–156.
Foucault, Michel. „Des espaces autres" [1967]. *Dits et écrits*. 4 Bde. Hrsg. von Daniel Defert und François Ewald. Paris: Seuil, 1994. IV, 752–762 [1994a].
Franquesa, Jaune. „‚We've Lost Our Bearings': Place, Tourism, and the Limits of the ‚Mobility Turn'". *Antipode* 43.4 (2001): 1012–1033.
Glissant, Édouard. *Tout-Monde*. Paris: Gallimard, 1995.
Glissant, Édouard. *Traité du Tout Monde*. Paris: Gallimard, 1997.
Gumbrecht, Hans Ulrich. *Unsere breite Gegenwart*. Frankfurt a. M.: Suhrkamp, 2010.

Hallet, Wolfgang, und Birgit Neumann (Hrsg.). *Raum und Bewegung in der Literatur: Die Literaturwissenschaften und der Spatial Turn.* Bielefeld: Transcript, 2009.

Haraway, Donna. „The Promises of Monster: A Regenerative Politics for Inappropriate/d Others". *Cultural Studies.* Hrsg. von Lawrence Grossberg, Cary Nelson und Paula A. Treichler. New York: Routledge, 1992. 295–337.

Harvey, David. *Justice, Nature and the Geography of Difference.* Oxford: Blackwell, 1996.

Heidegger, Martin. „Bauen Wohnen Denken". *Bauen Wohnen Denken: Vorträge und Aufsätze. Teil II.* Tübingen: Neske, 1967. 3–36.

Holert, Tom, und Mark Terkessidis. *Fliehkraft: Gesellschaft in Bewegung – von Migranten und Touristen.* Köln: Kiepenheuer & Witsch, 2006.

Jackson, John Brinckerhoff. *Discovering the Vernacular Landscape.* New Haven, CT: Yale University Press, 1984.

Kempf, Petra. *(K)ein Ort Nirgends: Der Transitraum im urbanen Netzwerk.* Karlsruhe: KIT Scientific Publishing, 2010.

Latour, Bruno. „Les moteurs immobiles de la mobilité". *De l'histoire des transports à l'histoire de la mobilité? Etats de lieux, enjeux et perspectives de recherche.* Hrsg. von Mathieu Flonneau und Vincent Guigueno. Rennes: Presses Universitaires de Rennes, 2009. 7–10.

Latour, Bruno. *Enquête sur les modes d'existence: Une anthropologie des Modernes.* Paris: La découverte, 2012.

Lefebvre, Henri. *Le Droit à la ville.* Paris: Anthropos, 1968.

Lefebvre, Henri. *La Production de l'espace.* Paris: Gallimard, 1974.

Luhmann, Niklas: „Organisation". *Mikropolitik: Rationalität, Macht und Spiele in Organisationen.* Hrsg. von Willi Küpper und Günther Ortmann. Opladen: Westdeutscher Verlag, 1988. 165–185.

Massey, Doreen. „A Global Sense of Place". *Marxism Today* 35.5 (1991): 315–323.

Neumann, Birgit, und Ansgar Nünning (Hrsg.). *Travelling Concepts for the Study of Culture.* Berlin und New York: De Gruyter, 2012.

Rancière, Jacques. „Discovering New Worlds: Politics of Travel and Metaphors of Space". *Traveller's Tales.* Hrsg. von George Robertson *et al.* London: Routledge, 1994. 27–35.

Said, Edward W. „Traveling Theory". *The World, the Text, and the Critic.* Cambridge: Harvard University Press, 1983. 226–247.

Serres, Michel. *Atlas.* Paris: Julliard, 1994.

Schwarzer, Mitchell. *Zoomscape: Architecture in motion and media.* New York: Princeton Architectural Press, 2004.

Sheller, Mimi, und John Urry. „The new mobilities paradigm". *Environment and Planning* 2 (2006): 207–226.

Stanek, Lukasz. „Die Produktion des städtischen Raums durch massenmediale Erzählpraktiken: Der Fall Nowa Huta." *Sozialistische Städte zwischen Herrschaft und Selbstbehauptung: Kommunalpolitik, Stadtplanung und Alltag in der DDR.* Hrsg. von Christoph Bernhardt und Heinz Reif. Stuttgart: Steiner, 2009. 275–298.

Stanek, Lukasz. *Henri Lefebvre on Space: Architecture, Urban Research, and the Production of Theory.* Minneapolis, MN: University of Minnesota Press, 2011.

Straub, Jürgen, und Joachim Renn (Hrsg.). *Transitorische Identität: Der Prozesscharakter des modernen Selbst.* Frankfurt a. M. und New York: Campus, 2002.

Turner, Victor W. „Liminalität und Communitas". *Ritualtheorien: Ein einführendes Handbuch.* Hrsg. von Andréa Belliger und David J. Krieger. Opladen und Wiesbaden: Westdeutscher Verlag, 1998. 251–264.

Urry, John. *Sociology Beyond Societies: Mobilities for the Twenty-First Century*. London: Routledge, 2000.
Virilio, Paul. *L'horizon negatif: Essai de dromoscopie*. Paris: Gallilée, 1984.

24. Nicht-euklidische Räume
Oliver Simons

Als Euklid um 325 v. Chr. die *Elemente* verfasste, konnte er auf zahlreiche Einsichten zurückgreifen, die andere bereits vor ihm gewonnen hatten. Neu aber war der logische Aufbau seiner Schrift: Jeder Satz folgte aus dem vorherigen – aus dem Punkt wird die Linie, aus der Linie die Gerade usw. –, so dass die Erkenntnis mit größter Gewissheit voranschreiten konnte. Aufgrund dieses logischen Aufbaus wurden die *Elemente* auch jenseits der Fachgrenzen zu einem Wissensmodell. Galileo Galilei machte die Geometrie zum Instrument seiner physikalischen Versuche, René Descartes sah in ihr ein Erkenntnisideal, ebenso wie Benedictus de Spinoza, der seine Ethik *more geometrico* an Euklid ausrichtete. Vor allem im 19. Jahrhundert jedoch mehrten sich die Versuche, zumindest einen der Sätze Euklids infrage zu stellen. Anders als die anderen Axiome schien der so genannte ‚Parallelensatz' nicht zwingend aus den vorherigen Sätzen hervorzugehen: Dass zwei Parallelen keinen gemeinsamen Schnittpunkt haben, scheint zwar unmittelbar evident zu sein, lässt sich im Gegensatz zu den anderen Sätzen Euklids aber nicht aus den vorangehenden Sätzen ableiten.

Nicht-euklidische Geometrien gehen folglich von der Annahme aus, dass Euklids Parallelensatz im axiomatischen Aufbau seiner Geometrie einen besonderen Status hat. Der Parallelensatz lässt sich ändern, ist möglicherweise sogar entbehrlich, ohne dass der axiomatische Aufbau Euklids damit gestört würde. Nicht-euklidische Geometrien sind daher nicht als Negationen von Euklid zu verstehen. Im Gegenteil geht es ihnen vielmehr darum, eine Schwachstelle in der Axiomatik Euklids zu beheben.

Nicht-euklidische ‚Räume' schließlich sind Raumstrukturen, in denen der Parallelensatz (oder auch ein anderer Satz Euklids) ungültig ist, folglich ein oder sogar mehrere Schnittpunkte von Parallelen denkbar sind (→ 1. Topologie). Der Begriff des nicht-euklidischen Raumes bezieht sich demnach auf eine Annahme, die Euklids Parallelensatz implizit vorausgesetzt ist, denn Parallelen haben nur dann keinen gemeinsamen Schnittpunkt, wenn sie in einer ebenen Fläche liegen. Ändert man den Parallelensatz, muss man folglich auch die stillschweigende Voraussetzung eines ebenen und stetigen Raumes aufgeben. Nicht-euklidische Räume sind gekrümmt, gedehnt oder gestaucht, Räume also, die sich nicht mehr auf ein dreidimensionales stetiges Koordinatensystem vereinfachen lassen. Nach einer Formulierung Albert Einsteins darf man sich den nicht-euklidischen Raum nicht mehr als einen Container, eine „Schachtel" (1969, 93) vorstellen oder, wie Ernst Cassirer prägnant schrieb, nicht mehr als eine „Mietskaserne" (1985, 113).

Zweifler an Euklid hat es sicher seit jeher gegeben. Mit den so genannten nicht-euklidischen Geometrien verbinden Mathematikgeschichten aber zumeist Mathematiker des 19. Jahrhunderts. Carl Friedrich Gauß etwa befasste sich ausführlich mit dem Parallelenproblem, obgleich er seine Überlegungen niemals publizieren wollte; Nikolaj Lobačevskij stellte 1826 eine erste Geometrie auf, in der alle Axiome Euklids gültig sind, nur das Parallelenaxiom nicht; János Bolyai verfolgte zur gleichen Zeit einen ähnlichen Ansatz. Die Geschichte der nicht-euklidischen Geometrien ist demnach nicht als eine geradlinige Entwicklung zu verstehen, die nicht-euklidischen Räume nicht als ein Raummodell mit einer ganz bestimmten Struktur. Vielmehr handelt es sich um eine Vervielfältigung von möglichen Raumesarten, deren Gemeinsamkeit lediglich darin besteht, dass sie sich nicht mehr in einem dreidimensionalen Schema mit geraden Koordinatenachsen unterbringen lassen.

Dass nicht-euklidische Geometrien eine so evident und anschaulich erscheinende Raumstruktur hinterfragen und auf die Probe stellen, hat sie schließlich auch jenseits der Fachgrenzen bekannt gemacht. Um 1900 und mit der Entwicklung der Relativitätstheorie, die von Einstein auch populärwissenschaftlich einer breiteren Öffentlichkeit zugänglich gemacht wurde, gibt es ein nachhaltiges Interesse an nicht-euklidischen Geometrien auch in den Geisteswissenschaften und Künsten. Um diese Überschneidung der Mathematikgeschichte mit den Kultur- und Literaturwissenschaften genauer zu bestimmen, gliedern sich die folgenden Überlegungen in drei Schritte. (1) Erstens soll es darum gehen, konkrete Bezugnahmen auf die Entwicklungen der modernen Geometrien zu skizzieren, wie sie sich in der Literatur und Kultur um 1900 zuhauf nachweisen lassen. (2) Zweitens sollen Ansätze vorgestellt werden, die den Bezug zwischen Geometrie und Literatur auf einer abstrakteren Ebene herstellen. Hier geht es nicht mehr um die konkrete Nennung der nicht-euklidischen Räume, sondern vielmehr um die allgemeinere Frage, wie sich literarische Verfahren, Erzählweisen und Poetiken des frühen 20. Jahrhunderts mit den Entwicklungen der Geometriegeschichte zusammendenken lassen, insbesondere in Bezug auf Metaphern und Erzählperspektiven. (3) Drittens schließlich wird die Topologie als eine weitere Spielart nicht-euklidischen Denkens erläutert. Hier geht es um relationale Räume, deren literarische Entsprechung u. a. in Präpositionen und Verhältniswörtern zu finden ist.

1. Nicht-euklidische Geometrien in der Literatur

Um den enormen Popularisierungsschub der nicht-euklidischen Geometrien um 1900 zu verstehen, muss man zunächst auf die lange Geschichte der Geometrie als Wissensmodell und Erkenntnisideal in den Geisteswissenschaften zurückblicken. Die Geometrie galt als zeitloses Wissensideal, weil ihre Sätze durch keine Wiederholung, keine Abschrift oder Interpretation verändert wurden. Ihre Erkenntnisse schienen absolut evident zu sein, sich daher jederzeit auch Laien anschaulich vor Augen führen zu lassen. Ausschlaggebend hierfür war nicht zuletzt, dass sich die Sätze Euklids auch zeichnerisch zu Papier bringen ließen. Genau diese Form der anschaulichen Evidenz verschwindet mit den nicht-euklidischen Geometrien (Simons 2007, 9–23). Die nicht-euklidischen Geometrien lassen sich nicht mehr einfach zeigen, sie bedürfen anderer Formen der Vermittlung. Bemerkenswert ist, dass hierbei auch literarische Erzählungen relevant werden. Als paradigmatisches Beispiel sei der Roman *Flatland* von Edwin Abbott genannt, der 1884 erstmals erschien. Abbotts Erzähler ist ein zweidimensionales Flächenwesen, das die dritte Dimension naturgemäß nicht sehen kann. Ihm ergeht es auf seinen Ausflügen in das dreidimensionale ‚Raumland', wie es dreidimensionalen Wesen in einer vierten Dimension ergehen müsste: Statt die dreidimensionalen Körper in ihrer wahren Gestalt zu erfassen, sieht Abbotts Erzähler lediglich Linien, also geometrische Formen, die um eine Dimension vereinfacht sind. Analog dazu, so Abbotts Annahmen, müsste ein dreidimensionales Wesen Körper aus der vierten Dimension in sein dreidimensionales Weltbild einpassen. Der Roman Abbotts versucht also, ein Erkenntnisproblem, das sich nicht mehr intuitiv und durch direkte Anschauung lösen lässt, über eine Erzählung zu vermitteln (→ 7. Raum und Erzählung). Dabei wird die vierte Dimension zwar nicht sichtbar, aber der Leser erfährt durch ein Gedankenexperiment, wie ihn seine eigenen Wahrnehmungsgewohnheiten daran hindern, die Vorstellung der vierten Dimension in ein konkretes Bild zu übersetzen (→ 9. Räume des Wissens).

Zahlreiche vergleichbare Anekdoten und Erzählungen belegen, dass diese erzählerische Veranschaulichung von nicht-euklidischen Räumen keine Ausnahme ist. Bereits vor dem Erscheinen von Abbotts Roman findet sich in Hermann von Helmholtz' Abhandlung *Über den Ursprung und die Bedeutung der geometrischen Axiome* eine Geschichte von Flachländern. Nicht anders als der zweidimensionale Erzähler Abbotts sollen auch sie den Leser in die Lage versetzen, eine an sich unvorstellbare Raumstruktur zumindest denkbar zu machen. Dieselbe Anekdote wird später bei Einstein, Edgar Wind und anderen zitiert. Sie wurde zu einer Art Mustererzählung von der vierten Dimension, blieb aber freilich nicht die einzige literarische Bezugnahme auf nicht-euklidische Geometrien. Um nur einige der zahlreichen Texte zu nennen: Der *Scientific American* initiiert 1909 einen Wettbewerb um die beste allgemeinverständliche Erklärung der vierten Dimension, Howard Hinton schreibt *The Fourth Dimension* 1904 und 1907 *An Episode of Flatland*, Boris Uspenskij schreibt 1909 über die vierte Dimension, Maurice Maeterlinck 1928. Während die *Elemente* Euklids also gerade darum ein Wissensideal werden konnten, weil keine Abschrift oder Interpretation die Gültigkeit der Sätze zu ändern schien, forciert das Aufkommen der nicht-euklidischen Geometrien den Drang, zu erzählen und mit narrativen Mitteln vorzuführen, was sich zeichnerisch nicht zu Papier bringen lässt. Mit dem Umbruch zu nicht-euklidischen Geometrien verliert die Geometrie jene Anschaulichkeit, deren intuitive Evidenz ausschlaggebend dafür war, dass Euklids *Elemente* ihren Status als Wissensideal so lange bewahren konnten.

2. Nicht-euklidische Poetiken. Raumbezüge in Metapher und Erzählperspektiven

Eine weitere Form, die nicht-euklidische Geometrie als Narrativ zu denken, bezieht sich weniger auf die konkrete Darstellung nicht-euklidischer Räume, sondern vielmehr auf den Umbruch und Einschnitt in der Geschichte der Geometrie. Hier geht es um die Geschichte der Geometrie als ein Narrativ und Erzählmodell. Nach einer Beschreibung Paul Virilios etwa war im euklidischen Raum die Geschichte des Fortschritts stets als eine gerade Linie zu denken. Im 20. Jahrhundert aber verhält es sich anders, insofern vermeintlich gerade Bahnen nunmehr von unheilvollen Krümmungen umgelenkt werden (1991, 139). Die neuen Räume machen es also auch erforderlich, dass der geradlinige Erzählsinn einer Fortschrittsgeschichte neu überdacht wird (→ 3. Dynamisierungen). Der Raum, so die Annahme, bestimmt Denkweisen und Narrative und muss folglich in dieser Wirkungsmächtigkeit in den Blick genommen werden als eine Voraussetzung kultureller Reflexionsmuster. Viel früher als Virilio beschreibt Gaston Bachelard in seinen Schriften, wie jede Epoche mit ihren Denkgewohnheiten und Ausdrucksformen an bestimmte Raumstrukturen gebunden scheint (→ 6. Literarischer Raum), wobei der epochale Umbruch zu den nicht-euklidischen Geometrien einen besonderen epistemischen Einschnitt markiert. Denn nicht-euklidische Räume, so Bachelard, sind nicht einfach als Erweiterung euklidischer Räume zu verstehen; nicht-euklidische Räume markieren einen grundsätzlicheren Einschnitt, weil sie einen Raum erzeugen, der sich ganz unmittelbar auf die Darstellungsformen auswirkt (1988). Die Epochenschwelle ist hier also kein nahtloser Übergang, sondern ein Umbruch, der sich entsprechend auf die Darstellung der eigenen Geschichte auswirkt. Bachelard geht es weniger darum, die Geschichte dieser Geometrien nachzuerzählen; vielmehr dienen ihm die nicht-euklidischen Geometrien als ein Modell für den Epochenwandel, insofern sie verdeutlichen, wie Metaphern und Narrative bestimmten Raummodellen verpflichtet sind und sich folglich unter der Bedingung nicht-euklidischer Räume grundsätzlich zu ändern haben. Diese abstraktere Form des Zusammenhangs zwischen Geometrie und Literatur könnte man auch einfacher als eine poetische und poetologische Dimension des Raumes bezeichnen. Der Raum ist hier als Bedingung von literarischen Verfahren zu verstehen, die sich nicht unbedingt, wie im Fall der Flachländer, konkret und thematisch auf nicht-euklidische Geometrien beziehen.

Verwandt mit diesen Überlegungen sind Texte, deren Verhältnis zu nicht-euklidischen Räumen in ihrer Metaphorizität und Bildlichkeit zu suchen ist. Durchaus vergleichbar mit der Annahme Bachelards, dass sich in der Geschichte des Wissens die Metaphern und Begriffe ändern mussten, um bestimmte Phänomene sichtbar werden zu lassen, geht es in diesen Texten um poetologische Versuche, über die Beschreibung von Räumen die eigene Metaphorizität zu reflektieren. Als Beispiel für ein solches Unternehmen eignet sich die Prosa Robert Musils. In der Erzählung „Vollendung der Liebe" etwa lässt sich eine Auseinandersetzung mit nicht-euklidischen Räumen und ihrer Beschreibbarkeit nachweisen. Dass die Erzählung in etwa zeitgleich mit Albert Einsteins Allgemeiner Relativitätstheorie entsteht, ist Jürgen Meyer zufolge kein Zufall, handelt sie doch von einer „nicht-euklidischen, zweidimensionalen Riemannschen Sphäre" (1997, 338), die in Einsteins Überlegungen ebenfalls eine grundlegende Rolle spielte. Die Geschichte von der Entfremdung eines Ehepaares, aber auch des Gegensatzes von Rationalität und Gefühlssphäre, von der Musils Erzählung handelt, sei systematisch als Polarität von euklidischen und nicht-euklidischen Raumbildern entwickelt. In weiteren Prosatexten Musils, *Die Verwirrungen des Zöglings Törless* und *Der Mann ohne Eigenschaften* etwa, zeigen sich ähnliche Bezüge zu nicht-euklidischen Räumen. In den *Verwirrungen* ziehen sich die Zöglinge eines Internats in eine Dachkammer zurück, deren Raum die Koordinaten des geordneten Schullebens aufzuheben scheint. Hier machen sie sonderbare Wahrnehmungen, die mit der Normalwelt des Schulalltags nicht vereinbar sind. Im *Mann ohne Eigenschaften* sind es so genannte ‚andere Zustände', in denen Ulrich, die Hauptfigur des Romans, andere Raumwahrnehmungen erfährt. Mit einem weiteren, kurzen Prosatext, „Triëdere" von 1926, lässt sich dieses literarische Verfahren Musils verkürzt wiedergeben. Hier beschreibt ein Erzähler seinen Blick durch ein Fernrohr, der die fokussierten Gegenstände übergroß erscheinen lässt und zugleich die Rahmung und Umgebung des gewöhnlichen Blicks außer Acht geraten lässt. Die vermeintlich naturgemäße Zentralperspektive des menschlichen Blicks wird hier aufgehoben: „Er wurde plötzlich inne, daß er bisher diese zu einem Punkt im Hintergrund zusammenlaufenden Waagrechten, diese, je weiter seitlich, umso trapezförmiger, zusammengezogenen Fenster, ja diesen ganzen Absturz vernünftiger, gewohnter Begrenzungen in einen irgendwo seitlich und hinten gelegenen Trichter der Verkürzung nur für einen Alp der Renaissance gehalten hatte: eigentlich eine grauenvolle Malersage vom Verschwinden der Linien, die gerüchteweise übertrieben wurde, wenn auch etwas Richtiges an ihr sein möge." (1978 [1926], 519)

Mit nicht-euklidischen Räumen ist dieses Wahrnehmungsexperiment insofern verwandt, als es in der Skizze um die Aufhebung des dreidimensionalen Sehens zu gehen scheint. Mit dem Trieder verformen sich die Koordinaten der vermeintlich naturgemäßen Raumwahrnehmung, als würde der Erzähler die perspektivische Einstellung, die jeder Wahrnehmung vorausgesetzt ist, selber in den Blick nehmen. Programmatisch ist diese Skizze für Musils Prosa, weil auch die genannten anderen Texte die perspektivische Einstellung ihrer Erzähler reflektieren und Textformen entwerfen, in denen die Verkettung der Ereignisse nicht mehr einem geradlinigen Erzählfaden folgt, der einer dreidimensionalen Raumlogik entsprechen würde.

Musils „Triëdere" reiht sich ein in zahlreiche Versuche um die Jahrhundertwende, die Beschränkungen der eigenen Wahrnehmung aufzuheben. Ist es wirklich ausgeschlossen, das menschliche Auge an eine vierte Dimension zu gewöhnen? Maurice Maeterlinck zumindest hielt es für möglich, wenngleich man dafür ein ganzes Leben lang üben müsse. Schließlich sind auch kubistische oder futuristische Raumkonzepte als Versuche interpretierbar, mit malerischen Mitteln eine andere Dimension zum Ausdruck zu bringen. In der Forschung wurde dies bereits in den 1970er und 1980er Jahren bei Linda Dalrymple Henderson (1971; 1981; 1983) in zahlreichen Schriften behandelt. Wie in Musils Prosa geht es auch hier nicht ausschließlich darum, nicht-euklidische Räume zu thematisieren oder zum Motiv zu machen. Die Pointe der genannten Texte und Kunstwerke ist vielmehr darin zu suchen, dass nicht-euklidische Räume zu einem poetologischen Mittel und Konzept werden, neue Formensprachen zu begründen (→ 5. Schrifträume): entweder auf der Ebene der Metaphorizität und Bildlichkeit eines Textes oder aber in Bezug auf die erzählerische Perspektive.

3. Topologische Raummodelle. Der Raum als relationales Gefüge

Eine dritte Form des Zusammenhangs von nicht-euklidischen Räumen und literarischen Texten lässt sich über den Begriff der Topologie bestimmen (→ 1. Topologie). Zwar hat die Topologie eine Tradition, die mindestens bis zu Leibniz reicht;

in diesem Sinne handelt es sich nicht um eine der nicht-euklidischen Geometrien, die aus dem 19. Jahrhundert hervorgehen. Aber auch in der Topologie geht es um ein Raummodell, das sich nicht an einem metrischen, dreidimensionalen Koordinatenmodell ausrichtet (Günzel 2007, 13–29). Wie fruchtbar dieses Raummodell auch für die Lektüre literarischer Texte sein kann, hat Michel Serres in seiner Schrift *Atlas* auf exemplarische Weise vorgeführt. Der Topologie zufolge ist der Raum kein Gehäuse, kein Maßsystem, in dem wir unsere Wissensobjekte unterbringen könnten. Die Topologie beschreibt einen Raum der Relationen, ohne diese Relationen auf ein übergeordnetes Koordinatensystem zu beziehen. Die Topologie erschließt folglich einen ganz anderen Wissensraum, weil sie Dinge ins Verhältnis setzt, die man im geometrischen Normalraum nicht entdecken würde (→ 9. Räume des Wissens). Michel Serres zufolge ist die Topologie noch radikaler als die nicht-euklidischen Geometrien, die Bachelard als Beschreibungsmodell für die Geschichte der Wissenschaften übernimmt. Wenngleich auch nicht-euklidische Räume, mehrdimensionale oder gekrümmte Räume, unser Vorstellungsvermögen an eine Grenze bringen, so denkt die Topologie den Raum grundsätzlich anders: „Ein durch Faulheit geprägtes Verhältnis zur Mathematik führt zu der Ansicht, in der Geometrie sei der Raum stets mit einer Metrik oder gar einem Maß verbunden. [...] Die Topologie erfasst den Raum anders und besser. Dazu benutzt sie Geschlossenes (in), Offenes (außerhalb), Zwischenräume (zwischen), Richtung und Ausrichtung (zu, vor, hinter), Nachbarschaft und Angrenzendes (bei, auf, an, unter, über), Eintauchen (inmitten), Dimension usw., sämtlich Realitäten ohne Maß, aber mit Relationen. Die Topologie, die Leibniz einst als *Analysis situs* bezeichnete, beschreibt die Lage von Dingen und benutzt dazu bestenfalls Präpositionen." (Serres 1994, 67; → 4. Deixis)

Das topologische Denken führt tatsächlich zu anderen Denkfiguren – der Idee eines ‚Dazwischen' etwa, das sich in verschiedenen Spielarten bei Serres wiederfindet. Der Parasit beispielsweise nistet sich permanent in Zwischenräumen ein und ist daher so schwer zu erkennen; er lässt sich nicht festlegen auf einen Raum, wechselt beständig seinen Ort und ist daher nur schwer zu bekämpfen. Michel Serres will in diesem Sinne parasitäre Texte schreiben, Texte also, die den Widerspruch gezielt einsetzen, um die Grenzen von Denkkonventionen erfahrbar zu machen, dies aber nicht in bloßer Willkür tun, sondern stets im Übereinklang mit der Geschichte der Topologie.

Dieses Verfahren lässt sich aber auch auf die Lektüre literarischer Texte übertragen. Guy de Maupassants Erzählung *Le Horla* (*Der Horla*, 1886) etwa ist für Serres eine parasitäre Erzählung, eine Art topologische Fallgeschichte, weil sie ganz systematisch eine Logik der Präpositionen entfaltet und damit eine abstrakte Sprache der Mathematik in einen literarischen Text übersetzt und lesbar zu machen versucht. Eine ‚topologische' Lektüre würde folglich weniger nach der Bildlichkeit oder nach Narrativen fragen, sondern den Raum in den Präpositionen eines Textes rekonstruieren.

4. Schluss

Zusammenfassend lassen sich folgende analytische Ebenen unterscheiden, auf denen das Verhältnis von nicht-euklidischen Räumen und der Literatur konkret zu fassen ist. Zu unterscheiden sind erstens Erzählungen aus den populärwissenschaftlichen Schriften zur Mathematik, in denen die Fiktion etwas ersetzt, was der Geometrie Euklids je eigen war. Der Verlust der Anschaulichkeit und intuitiven Evidenz Euklids wird hier mit erzählerischen Mitteln aufgewogen. Zweitens spielen nicht-euklidische Räume in epistemologischen Texten eine besondere Rolle, die den geometriegeschichtlichen Umbruch historiographisch als Modell für eine Wissensgeschichte nehmen, die mit ihrer eigenen Sprache den jeweiligen epistemischen Bedingungen gerecht zu werden vermag. Drittens, und näher an explizit literarischen Texten, sind Versuche zu verzeichnen, über die Darstellung von anderen Räumen die eigenen metaphorischen Ausdrucksformen oder auch die perspektivische Einstellung zu reflektieren. Eine vierte Form des Zusammenhangs zwischen Geometrie und Literatur finden sich in ‚kleinen' Wörtern, in den Präpositionen eines Textes etwa, die den Raum als rein relationales Gefüge erscheinen lassen. Gerade hier zeigt sich, wie sich die Literaturwissenschaft vom Diskurs über nicht-euklidische Räume inspirieren lassen kann.

Literatur

Abbott, Edwin. *Flatland: A Romance of Many Dimensions. With Illustrations by the Author* [1884]. Hrsg. von Ian Stewart. Cambridge: Cambridge University Press, 2002.

Bachelard, Gaston. *Der neue wissenschaftliche Geist.* Übers. von Michael Bischoff. Frankfurt a. M.: Fischer, 1988 [1934].

Cassirer, Ernst. „Mythischer, ästhetischer und theoretischer Raum" [1931]. *Symbol, Technik, Sprache. Aufsätze aus den Jahren 1927–1933*. Hrsg. von John Michael Krois und Ernst Wolfgang Orth. Hamburg: Meiner, 1985. 93–111.

Einstein, Albert: *Über spezielle und allgemeine Relativitätstheorie.* Berlin: Akademie-Verlag, 1969 [1916].

Günzel, Stephan (Hrsg.). *Topologie: Zur Raumbeschreibung in den Kultur- und Medienwissenschaften.* Bielefeld: Transcript, 2007.

Maeterlinck, Maurice. *Die vierte Dimension* [1928]. Übers. von Käthe Illch. Stuttgart: Deutsche Verlags-Anstalt, 1929.

Meyer, Jürgen. „Musils mathematische Metaphorik. Geometrische Konzepte in ‚Die Verwirrungen des Zöglings Törleß' und in ‚Die Vollendung der Liebe'". *Hofmannsthal-Jahrbuch zur europäischen Moderne* 5 (1997): 317–345.

Musil, Robert. „Triëdere". *Gesammelte Werke in neun Bänden*. Hrsg. von Adolf Frisé. Reinbek: Rowohlt, 1978. VII, 518–522.

Serres, Michel. *Atlas*. Übers. von Michael Bischoff. Berlin: Merve, 2005 [1994].

Henderson, Linda Dalrymple. „A New Facet of Cubism: The ‚Fourth Dimension' and ‚Non-Euclidean Geometry' Reinterpreted". *Art Quarterly* 34 (1971): 410–433.

Henderson, Linda Dalrymple. „Italian Futurism and ‚The Fourth Dimension'". *Art Journal* 41 (1981): 317–323.

Henderson, Linda Dalrymple. *The Fourth Dimension and Non-Euclidean Geometry in Modern Art*. Princeton: Princeton University Press, 1983.

Macho, Thomas. „Die Rätsel der vierten Dimension". *Science & Fiction: Über Gedankenexperimente in Wissenschaft, Philosophie und Literatur*. Hrsg. von Thomas Macho und Annette Wunschel. Frankfurt a. M.: Fischer, 2004. 62–77.

Simons, Oliver. *Raumgeschichten: Topographien der Moderne in Philosophie, Wissenschaft und Literatur*. München: Fink, 2007.

Virilio, Paul. *Der negative Horizont: Bewegung, Geschwindigkeit, Beschleunigung*. Übers. von Brigitte Weidmann. München und Wien: Hanser, 1991 [1984].

III. **Paradigmen**

III.1 *Plateaus*

25. Formationen literarischer Raumgeschichte

Roger Lüdeke

Literarische Räume sind Resultate vorwiegend sprachlicher Bedeutungskonstitution (→ 2. Topographien). In historischer Perspektive lassen sie sich als Sinnformen systematisieren (Luhmann 1991, 92–147; Husserl 1950, 57–65; 1948, 23–26; zu einer an Morris 1970 orientierten semiologischen Systematik → I. Einleitung; 6. Schrifträume). ‚Sinn' ist hierbei als Gegenbegriff zu unmittelbar zugänglichen Erfahrungsinhalten und Praxisformen zu fassen (Lust, Evidenz, Trance, Stimmung, Affekt, Schock etc.); daher ist Sinn ein Differenz- und Vermittlungsphänomen, es impliziert immer Verweisungen auf andere Möglichkeiten von Erleben und Handeln. Sinn ist, wie Luhmann bündig unter Bezug auf Husserl schreibt, „ständiges Neuformieren der sinnkonstitutiven Differenz von Aktualität und Möglichkeit. Sinn ist laufendes Aktualisieren von Möglichkeiten. Da Sinn aber nur als Differenz von gerade Aktuellem und Möglichkeitshorizont Sinn sein kann, führt jede Aktualisierung immer auch zu einer Virtualisierung der daraufhin anschließbaren Möglichkeiten." (1991, 100) Obwohl Luhmann selbst die Frage nach dem Raum aus seiner Theorie des Sozialen ausspart und sie der Bildung von Bewusstseins- und Kommunikationsinhalten subsumiert, lassen sich historische Sinnformen des Raums fruchtbar hinsichtlich ihrer (1) Zeit-, (2) Sach- und (3) Sozialdimension unterscheiden. (1) Die *zeitliche* Dimension der Sinnform des Raums betrifft Abläufe, Bewegungen, Prozesse; das sinnkonstitutive Verhältnis von Aktualität und Möglichkeit fokussiert hier auf Unterscheidungen zwischen Vorher und Nachher, zwischen Zukunft und Vergangenheit. Daraus resultierende Kommunikationsformen betreffen Konstanz und Variabilität, Abschluss und Aufschub, Vergehen und Dauer, Statik und Dynamik. (2) Auf der Ebene der *Sachdimension* bieten literarische Räume ‚Gegenstände' symbolischer Repräsentation, ‚Inhalte' mentaler Vorstellungen sowie ‚Themen' literarischer (und literaturbezogener) Kommunikation. Im Rahmen des sinnkonstitutiven Wechselspiels von Aktualisierung und Virtualisierung grenzen literarische Räume ‚Innen' von ‚Außen' ab, ‚Hier' von ‚Dort', ‚Anwesendes' von ‚Abwesendem', ‚dieses' von ‚anderem'; sie setzen weitgehend Bestimmtes gegen Unbestimmtes, Figur gegen Grund. (3) Hinsichtlich ihrer *Sozialdimension* sind literarische Räume schließlich Ausgangs- und Bezugspunkt für die Gestaltung der Erfahrung – und damit verbundener Praktiken – von ‚ich/wir' bzw. den ‚anderen' sowie für das, was man jeweils als seinesgleichen, eben als ‚Alter Ego', annimmt. Daraus resultierende

Kommunikationsformen betreffen Konsens/Dissens, Solidarität, Inklusion oder Exklusion.

Die folgenden Überlegungen veranschaulichen diese Systematik exemplarisch an raumtheoretisch einschlägigen Forschungspositionen sowie an hauptsächlich englischsprachigen Gattungsausprägungen dramatischer und lyrischer Texte sowie anhand von Prosa-Texten vom 16. bis 20. Jahrhundert.

1. Zur Zeitdimension literarischer Räume

Im Rahmen einer historischen, also zeitbezogenen Darstellung von literarischen Raumformationen liegt es nahe, mit der Verschränkung von Zeitlichem und Räumlichem zu beginnen, um daraus in einem zweiten Schritt meta-historische Perspektiven auf die Korrelation von Raum und Zeit zu gewinnen. Nicht zuletzt ist der Blick auf Dynamiken und Prozesse der Raummodellierung bereits der romanischen Etymologie des Raumbegriffs (*spatium*: ‚offene Lauf- oder Kampfbahn', ‚Zeitraum') fest eingeschrieben (→ 3. Dynamisierungen).

Einen genuin literaturwissenschaftlichen Ansatz zur Korrelation von Raum und Zeit bietet Michail Bachtins Konzept des *Chronotopos* (2008) (→ 13. Chronotopoi). Schauplätze (öffentlich/privat; nah/fern) sind Bachtin zufolge konstitutiv an die logische Syntagmatik, die Zeitstruktur und damit auch an die fiktionsontologische Motivation der erzählten Ereignisse und Sachverhalte entsprechend gattungsspezifischer Plot-Strukturen geknüpft; ebenso wirken sie auf die Anlage der fiktionalen Charaktere zurück. Dasselbe gilt für verschiedene Bewegungsformen im Raum (linear, kreisförmig, statisch). Eine Literaturgeschichte des Raums kann sich so wesentlich auch als Bewegungsgeschichte konzipieren. Im Vordergrund stehen schon bei Bachtin nicht so sehr kartierbare Räume (*maps*) als vielmehr durch erzählte Raumpraktiken sich etablierende und potentiell veränderbare *parcours* und *tours*; daran anschließbar ist die insbesondere von Michel de Certeau ins Spiel gebrachte Frage danach, wie Erzählungen „Orte in Räume und Räume in Orte verwandel[n]" (2006, 346). In den *postcolonial studies* hat sich hieran die Frage nach Möglichkeiten individueller Emanzipation von historisch gewordenen territorialen Machtdispositiven geknüpft (Bhabha 2000, mit Blick auf Lateinamerika García Canclini 1990 und Mignolo 1995 sowie, im Bereich der angelsächsischen Sozial- und Humangeographie, Soja 1989; Barnes und Duncan 1992; Duncan und Ley 1993; Keith und Pile 1993; Crang und Thrift 2000; → 11. Postkoloniale Räume).

Eine ganz andere Form der Zeitlichkeit literarischer Raumgestaltung profiliert der französische Wissenschaftstheoretiker Gaston Bachelard. Was er als

‚Topophilie' beschreibt, umfasst Prozesse und Dynamiken der Raumkonstitution auf der Ebene von Wahrnehmung und Affekt. Sein besonderes Interesse gilt imaginären oder phantastischen Aspekten der literarischen Raumkonstitution (→ 6. Literarischer Raum). Bachelards hierauf aufbauende *Poetik des Raumes* untersucht literarische Bilder als Stimmungsräumlichkeit, etwa am Beispiel des literarischen Motivs des Kellers oder Dachbodens, welche Affekte und Perzepte der Kindheit bewahren und literarisch nutzbar machen (1960).

Des Weiteren wären die an der Filmästhetik geschulten Beschreibungsformen einer affektiv geprägten Korrelation von Zeit und Raum (Deleuze 2001) auch im Bereich der Literatur nutzbar zu machen, wie etwa der Beginn von Dos Passos' *Manhattan Transfer* zeigt: „Three gulls wheel *above* the broken boxes, orangerinds, spoiled cabbage heads that heave *between* the splintered plank walls, the green waves spume *under* the round bow as the ferry, skidding *on* the tide, crashes, gulps the broken water, slides, settles slowly *into* the slip. Handwinches whirl with jingle of chains. Gates fold *upwards*, feet step *out across* the crack, men and women press *through* the manuresmelling wooden tunnel of the ferryhouse, crushed and jostling like apples fed *down* a chute *into* a press." (2000 [1925], 3; Herv. R. L.; → 43. New York; 4. Deixis) Die verdichteten räumlichen Perspektivwechsel (von oben, mittendrin, von unten, hinauf, hinunter, hinaus, hinein) etablieren einen rasant beschleunigten, sich selbst überholenden Aktionsraum, in dem kulturelle Leitdifferenzen zwischen Technik und Natur, Belebtem und Unbelebtem, Mensch und Tier zunehmend ineinanderfallen. Die solchen kulturhistorischen Bestimmungen strukturell vorausliegenden Affekt-Raum-Zeiten entziehen sich, auch dies macht das Beispiel in seiner Multifokalität deutlich, gleichermaßen der Trennung in Subjekt und Objekt; vielmehr ließen sie sich im Sinne der entwicklungspsychologischen Überlegungen Winnicotts (2006) als *Übergangsräume* beschreiben, aus denen heraus die Trennung von ‚diesem' und ‚jenem' (Sachdimension) bzw. die Unterscheidung von ‚Ich' und ‚A/anderem' (Sozialdimension) und damit die Möglichkeit zur Totalisierung eines homogenen Erfahrungs- und Handlungsraums allererst entstehen. Julia Kristeva wiederum spricht in ihren Untersuchungen zum literarischen Affekt des Horrors von einer ‚*topology of catastrophe*' (1982); zugleich aber markiert sie Möglichkeiten einer gattungsübergreifenden Verallgemeinerung dieser Struktur durch Rückgriffe u. a. auf das von Derrida aufgegriffene platonische Konzept der *chôra*, das im Sinne eines proto-differenziellen Feldes sprachliche Distinktionen sowohl ermöglicht als auch immer wieder unterläuft (Derrida 1995).

Für die Frage nach historischen Formationen literarischer Räume können diese Überlegungen zu den affektiven Prozessen der Raummodellierung zugleich Anlass zu einer stärker meta-historischen Betrachtung des sinnkonstitutiven Zusammenhangs von Raum und Zeit bieten. Denn über den ästhetischen Reiz solcher rhythmisierten Korrelationen von Raum und Zeit hinausgehend, wird daran viel grundsätzlicher deutlich, dass Räumlichkeiten der Zeit nicht einfach untergeordnet sind, sondern vielmehr aus ihrem Wechselspiel heraus spezifische Raum- und Zeitordnungen allererst entstehen; erst in einem zweiten Schritt kristallisieren diese sich zu kulturhistorisch-variablen Semantiken/Sachformen, aber auch zu sozialgeschichtlich variablen Pragmatiken (oder Sozialformen).

Inwieweit ein literaturwissenschaftliches Interesse an solchen Affekt-Raum-Zeiten sich mit konkreten historisch-semantischen wie auch kulturpragmatisch-sozialen Untersuchungsperspektiven auf die Geschichte des literarischen Raums tatsächlich verbinden lassen, zeigt sich in Michel Foucaults am Beispiel des Friedhofs entwickelten Überlegungen zur Korrelation von Heterotopien einerseits und zeitlichen Brüchen oder ‚Heterochronien' andererseits (→ 15. Utopie und Heterotopie): „Die Heterotopie erreicht ihr volles Funktionieren, wenn die Menschen mit ihrer herkömmlichen Zeit brechen. Man sieht daran, daß der Friedhof ein eminent heterotoper Ort ist; denn er beginnt mit der sonderbaren Heterochronie, die für das Individuum der Verlust des Lebens ist und die Quasi-Ewigkeit, in der es nicht aufhört, sich zu zersetzen und zu verwischen." (1991, 43) Weitere Beispiele solcher Korrelation von disjunkten Raum- und diskontinuierlichen Zeitordnungen wären die Bibliothek und das Museum, die seit dem 19. Jahrhundert auf eine räumliche Versammlung aller Zeiten zielen; oder aber Orte des Übergangs, des Flüchtigen wie Jahrmarkt, Theater, Bordell.

Ein anderes Beispiel, das in eine vergleichbare Richtung der historischen Funktionalisierung von Affekt-Zeit-Räumen deutet, bieten die Kafka-Studien von Gilles Deleuze und Félix Guattari (1976). Die rhizomatische Struktur von Kafkas Erzählungen und die überschüssige Dynamik seines literarischen ‚Baus' übersteigen die territorialisierende Struktur der ödipalen Topologie und durchkreuzen so den paternalen Ordnungsraum durch immer neue Fluchtlinien eines nicht endenden Begehrens; so markieren sie die minoritäre Position eines Schreibens aus dem ‚Untergrund' und am Konfliktpunkt tschechischer, deutscher, jüdischer und österreichischer Kultur: „Nein, Freiheit wollte ich nicht. Nur einen Ausweg; rechts, links, wohin immer; ich stellte keine anderen Forderungen; sollte der Ausweg auch nur eine Täuschung sein; die Forderung war klein, die Täuschung würde nicht größer sein. Weiterkommen, weiterkommen! Nur nicht mit aufgehobenen Armen stillestehn, angedrückt an eine Kistenwand." (1996 [1917], 304–305)

2. Zur Sachdimension literarischer Räume

Am Raum ist, wie Cassirer im Rückgriff auf Kant schreibt, die „universelle Aufgabe der Bestimmung und Grenzsetzung" und damit das Formprinzip zu beobachten, nach dessen Regeln das menschliche Erleben darauf zielt, das „Unbestimmte zur Bestimmung zu bringen, das Chaos zum Kosmos werden zu lassen" (1985, 101; Lakoff und Johnson 1980; zum ‚räumlichen Denken' Reichert 1996).

Auf dieser Ebene erklärt sich die Funktion literarischer Raummodelle für die Bildung fiktionaler Welten und narrativer Strukturen, wie sie grundlegend von Jurij M. Lotman beschrieben wurden (→ 14. Semiosphäre und Sujet). Dabei bemerkt Lotman bei seiner systematischen Korrelation von narrativem Sujet und Raum, dass sich der Ereignischarakter der in narrativen Texten dargestellten Handlungen und Geschehnisse nur ermitteln lässt, wenn „die Frage nach ihrer Stelle in den vom Kulturtyp bestimmten sekundären semantischen Strukturen [...] beantwortet ist" (1973, 350; → 7. Raum und Erzählung). Diese vermitteln Texte durch die spezifische Aufgliederung ihrer historischen Semantik. In geschichtlicher Perspektive erlaubt dies den Vergleich literarischer Raummodelle mit kulturgeschichtlich variablen Produktionsformen des Raums und deren Potential für Ereignishaftes (grundsätzlich: Lefebvre 1974; Einzelstudien: Burckhardt 1997; Koschorke 1990; Asendorf 1989; Wertheim 1999).

Die historische Rekonstruktion geschichtlich variabler Korrelationsformen von Raumstruktur und Weltmodell kann auf eine kaum mehr zu überblickende Fülle von Beschreibungsansätzen zurückgreifen, u. a. der Denk-, der Sozial- und Medientechnikgeschichte sowie der historischen Kulturanthropologie und der dem *topological turn* affinen Cultural Studies. Sie bilden in der einen oder anderen Form Bezugspunkte der folgenden Einzelstudien und können hier in systematischer Absicht nur auf sehr exemplarische Weise berücksichtigt werden.

Zu Beginn von Alexander Popes „Windsor Forest", einem der wohl bekanntesten Gedichte des englischen *Augustan age*, heißt es: „There, interspers'd in lawns and opening glades, / Thin trees arise that shun each other's shades. / Here in full light the russet plains extend; / There wrapt in clouds the bluish hills ascend." (1963 [1713], 195–196, V. 21–24) Der raumgreifende Ton des Texts inszeniert das 20 Meilen westlich Londons gelegene Schloss Windsor als Königssitz seit den mythischen Zeiten der gralsritterlichen Tafelrunde und als ‚*lieux de mémoire*' (Nora 1998; Assmann 1999) britischer Realgeschichte seit der normannischen Besatzung (→ 29. Artushof; 17. Mnemotop). Vor allem im zweiten Teil, der aus Anlass des Friedensvertrags von Utrecht im Jahre 1713 vollendet wurde, welcher Großbritannien seine Stellung als Seemacht sicherte, wird Windsor literarisch zum Ausgangspunkt kolonialistischer Machtphantasien ausbuchstabiert: „Thy trees, fair Windsor! now shall leave their woods, / And half thy forests rush into my floods, / Bear Britain's thunder, and her Cross display, / To the bright regions of the rising day." (209, V. 385–388) Neben solchen kolonialgeschichtlichen Realien tragen aber bereits die sprachlichen Strukturen ideologisch vermeintlich unverdächtigerer Passagen dieser literarischen Raumkonstitution einen historischen Index. Allein die binäre Ordnungsstruktur der antithetisch geprägten Lokaldeixis (‚There'/‚Here') (Bühler 1982) legt es etwa nahe, Popes literarische Raumerschließung auf den epistemischen Raum der *représentation* zu beziehen (→ 4. Deixis), wie ihn Michel Foucault im Rahmen seiner frühen denkgeschichtlichen Studien als Charakteristikum des *âge classique* beschrieben hat. Foucault zufolge (1980) wird im Übergang vom 16. zum 17. Jahrhundert der durch die verborgenen göttlichen Signaturen der Dinge geprägte Tiefenraum des Mittelalters und seiner unendlichen *analogiae entis* abgelöst durch einen homogenen Ordnungsraum, der sich den analytischen Urteilsbildungen eines souveränen Erkenntnissubjekts verdankt. In der ebenso möglichen Lesart der Lokaldeixis (‚*here*'/‚*there*') als diskursdeiktische Orientierungshilfe im Leseprozess (Levinson 1983) und somit als Teil der *mise en page* (→ 1. Topologie; 41. Die Seite) affirmiert sich Popes Lyrik (und seine britische Welteroberungsphantasie) als rationaler Ordnungsdiskurs und als schriftliches Ordnungsmedium „Where order in variety we see, / And where, tho' all things differ, all agree." (195, V. 15–16)

Unter den historiographischen Vorzeichen einer ‚Gleichzeitigkeit von Ungleichzeitigem' (Koselleck 2000, 9) ist hingegen immer auch zu berücksichtigen, inwieweit literarische Raummodellierungen tendenziell quer zu den kulturgeschichtlich rekonstruierbaren Vorgaben stehen können. Ein besonders prägnantes Beispiel hierfür bieten etwa die mythopoetischen Räume in den Versepen William Blakes. Diese partizipieren programmatisch an neoplatonischen und mystischen Traditionssträngen der Raumkonzeption, in welcher die Differenz zwischen empirisch-immanenter und transzendenter, vertrauter und unvertrauter Seinssphäre programmatisch als Einheit gedacht wird. Dadurch unterlaufen sie die für klassizistische Poetiken charakteristische selbstreflexive Analyse der Urteils- und Aussagenbildung; anstelle der Reflexion auf Sprach- und Perspektivenabhängigkeit von Erkenntnis und Wahrnehmung steht die unhinterfragbare Annahme der vorgängigen Ununterschiedenheit eines kosmologisch gehaltenen Einheitsraums (Lüdeke 2013). Dementsprechend sind Blakes Raumvisionen geprägt durch eine divinatorische ‚Realitätsverdoppelung', derzufolge jedes im Text beschriebene Phänomen „gleichzeitig als sichtbare natürliche Erscheinung und als unsichtbares göttliches Ereignis angesehen" werden kann: „Die Leitunterscheidung der damit einhergehenden Semantik ist", entsprechend der erinnerungsgeschichtlichen Rekonstruktion Elena Espositos, „die von Oberfläche und Tiefe" (2002, 60; zur ‚Realitätsverdopplung' Luhmann 1997, 238, und – mit Bezug auf Cassirer, Voegelin und Parsons – Assmann 2002, 402–403). In wechselseitigem Verweis von bildlicher und textlicher Darstellung suggeriert Blakes Raumdarstellung verborgene Identitäten und Korrespondenzen, deren Inhalte, insofern sie einer zeitabhängig linearen Sinneswahrnehmung als heilsgeschichtliches Signum des menschlichen Sündenfalls notwendig entgehen, sich weniger im Sinne chronologischer Kausalität als vielmehr im Rahmen einer kosmologisch geprägten Topologie zeitloser Affinitäten realisieren.

Neben der Untersuchung, inwieweit literarische Raummodellierung bestimmte Vorgaben sozial-, kultur-, denk- und mediengeschichtlicher Raumkonzepte reproduzieren, können sich auf die Sachdimension gerichtete Untersuchungen zur literarischen Raumgestaltung demnach auch auf ästhetische Gegenräumlichkeiten konzentrieren, auf textuell vermittelte Enklaven und Exklaven, in denen ein geschichtlich bestimmtes Anderes der kulturell und historisch variablen Ordnungsbildungen zur Erfahrung gelangt. Ergiebig ist in letztgenannter Hinsicht etwa die Utopieforschung. Interdisziplinär wirksam hat sich auch der bereits erwähnte, auf Michel Foucault zurückgehende Begriff der ‚Heterotopie' (1991) erwiesen (→ 15. Utopie und Heterotopie); gleiches gilt für ähnlich gelagerte Konzepte wie den ‚non-lieu' als Gegenbegriff zum Erinnerungsort (Augé 1992; Nora 1984–92; Nitsch 1999; → 16. Nicht-Orte) oder im Bereich der *postcolonial studies* Konzepte eines ‚third' oder ‚in-between space' (Bhabha 2000; → 11. Postkoloniale Räume; 17. Mnemotop).

3. Zur Sozialdimension literarischer Räume

Im ersten Teil von Christopher Marlowes *Tamburlaine* spricht der Titelheld: „I will confute those blind geographers / That make a triple region in the world, / Excluding regions which I mean to trace, / And with this pen reduce them to a map / Calling the provinces, cities and towns, / After my name and thine, Zenocrate." (Marlowe 1986 [1590], IV.4.81–86) Kartographiegeschichtlich ist an dieser Passage abzulesen, wie der Held mit der überkommenen Sakralordnung des Raums bricht, welche in der Darstellungstradition der *mappa mundi* bewahrt ist (→ 22. Kartographisches Schreiben). Spektakulär zeigt dies Tamburlaines blasphemische Diffamierung der mittelalterlichen TO-Karten, die seinem eigenen Expansionsdrang im Weg stehen und denen er sein hybrides Projekt einer vollständigen Umbenennung der Welt entgegensetzt. Auch wenn wir aus der Entstehungsgeschichte wissen, dass Marlowe sich an einem Exemplar von Ortelius' *Theatrum Orbis Terrarum* (1570) orientierte (Seaton 1964, 36–56; Keiper 2007), geht Marlowes Stück keineswegs in den auf Messung, Berechenbarkeit und ‚Ortung' ausgerichteten Prinzipien der *New Geographers* auf (Klein 2007). Dies zeigt sich nicht zuletzt an einem zentralen Anwendungsbereich dieser neuen Kartographie, der Kriegsführung.

Carl Schmitt begründet die von ihm behauptete frühneuzeitliche Kopplung von politischer Ordnung und territorialer Ortung über die Annahme einer „Hegung" des Krieges (1997, 112), da erst diese die Abgrenzung nach außen und die stabilisierende ‚Entlastung' im Inneren der staatlichen Ordnungen leiste. Auch bezogen auf diese Folie des historisch neuen raumpolitischen Ordnungsprinzips aber zeigt sich die Widerständigkeit von Marlowes Protagonisten, ist Tamburlaine doch ein Feind *hors la loi*, der dezidiert außerhalb jeder gehegten Kriegsführung, „außerhalb von Recht, Gesetz und Ehre" steht (Schmitt 1963, 35). Zum Gegenmodell der raumpolitischen Pragmatik von Ordnung und Ortung taugt er nicht zuletzt dadurch, dass er sich der Schmitt'schen Bestimmung des Partisanen annähert. So modelliert das Theater der Shakespeare-Zeit die Ausnahmetopologie frühneuzeitlicher Souveränität (Agamben 2002).

Nun drängt sich hierbei die Frage auf, wie diese innerdramatische raumpolitische Ordnung mit der lebensweltlichen Topologie des theatralen Spielorts verbunden ist (→ 8. Raum und Theatralität). Dies betrifft also eine soziale Sinndimension literarischer Raumgestaltung, ihre Pragmatik. Obwohl diese Untersuchungsperspektive im Prinzip auch an anderen Gattungsausprägungen zu exemplifizieren wäre, erweist sich die theatrale Kommunikationssituation als besonders ergiebiges Anschauungsmaterial, weil sie die räumlichen Gegebenheiten der literarischen Kommunikation an die menschliche Leib- und Wirklichkeitswahrnehmung im Rahmen gesellschaftlicher Interaktionsprozesse zu koppeln erlaubt. Max Herrmanns bekanntes Diktum von der Bühnenkunst als Raumkunst besagt, dass der theatralische Raum weder mit dem realen Bühnenraum noch mit dem innerdramatischen Raum der fiktionalen Wirklichkeit identisch ist (zur „Situationsspaltung" fiktionaler Diskurse und „Simultaneität zweier Situationen, die über ein je eigenes deiktisches System verfügen", siehe Warning 2007, 193). Hiervon ausgehend, kann Herrmann sich zunächst von einem vorrangigen Interesse an geschichtlich variablen Formen des Bühnen- und Zuschauerraums abgrenzen, die den Gegenstand einer positivistisch-quellengeschichtlich geprägten Theatergeschichte bilden. An ihrer Stelle fokussiert er eine überhistorische Dimension des ästhetischen Raumerlebens, die er paradigmatisch in der anthropologischen Bezugsfigur des Schauspielers verankert. In den sich gegeneinander abhebenden Feldern von realem Aktionsraum der Bühne einerseits und dramatischem Fiktionsraum andererseits wird den an der theatralen Kommunikationssituation Beteiligten ein „Nacherleben des schauspielerischen Raumerlebnisses" möglich (2006, 501).

Zahlreiche theaterwissenschaftliche Arbeiten zur Raumästhetik schließen implizit oder explizit an Herrmanns anthropologisch und somit zunächst überhistorisch gedachte Ausgangsunterscheidung zwischen theatralischem Aktionsraum und dramatischem Fiktionsraum an. Gleichwohl steht in jüngeren Untersuchungen die historische Dimension kulturbedingter Raumordnungen bzw. die Abgrenzung des theatralen Raums von sozialen Praxis- und Kommunikationsräumen im Vordergrund (Balme 2003, 135–146; Fischer-Lichte 1983; 2003; Buck 1990; van den Berg 1991; Haß 2005). Gegenüber Herrmanns Verankerung des Raums im körperlichen Wahrnehmungszentrum von Schauspieler und Zuschauer begreifen sie Körper und Raum verstärkt als Differenzeffekte eines medialen Gesamtgefüges.

Seit Steven Mullaneys einschlägiger Studie (1988) wurde auch der Ort des Theaters der Shakespeare-Zeit infolge seiner räumlichen Positionierung am Rande der Stadt kulturpragmatisch gefasst und als „suburban site of license" beschrieben, „where the playhouses thrived alongside brothels and bear-baiting arenas" (Sullivan Jr. 1997, 6; → 34. London). In dieser Lesart würden die Spielorte des elisabethanischen Theaters ihre kulturelle Kraft also einer marginalen Stellung „on the periphery" (6) verdanken (→ 14. Semiosphäre und Sujet). Damit wäre auch der institutionelle Ort des Theaters dem topologischen Konzept der souveränen ‚Aus-nahme' unterstellt; der suburbane Grenzbereich diente somit einer Absicherungsstrategie, die im Dienste offizieller Macht- und Verfügungsansprüche genau das institutionell wieder einschließt und sanktioniert, was in sozialpolitischer Absicht räumlich ausgegrenzt und an den Rand verdrängt wird. In gegenläufiger Lektüre hierzu ließe sich der Ort des Theaters aber auch als ‚Bei-Spiel' (Agamben 2002, 31) lebensweltlicher Herrschaftsmodelle lesen, welches die Zeichenordnungen politischer Repräsentation überschießt. Gerade infolge ihrer bühnenwirksamen Zurschaustellung ließen sich die so exponierten Ritualmuster der Macht als partiell autonome Spielformen lesen, als szenische Exponate der Prekarität politischer Repräsentationsformen und lebensweltlicher Ordnungsmodelle – kurz: als spektakulär herausragendes *exemplum* eines Theaterspiels, welches die Zugehörigkeit zu der von ihm je repräsentierten Klasse historischer Herrschaft nicht kaschiert, sondern spektakulär zur Schau stellt.

Allgemeiner gesprochen, wird hieraus ersichtlich, inwieweit an der kulturpragmatisch-sozialen Dimension der literarischen Raumgeschichte orientierte Untersuchungen ihr Interesse an medientechnischen und materiellen Möglichkeitsbedingungen literarischer Kommunikation (Kittler 1987) fruchtbar mit der semantischen Sachdimension der literarischen Raumgestaltung zu verbinden vermögen. Literarische Räume gelangen dann als Raum-‚Konfigurationen' in den Blick (Tholen 1999): als Teil eines differenzierten Gefüges von Techniken, Inhalten und Konventionen auf der Ebene von Wahrnehmungsgeschichte, Epistemologie und sozialer Interaktion in deren je eigener Geschichtlichkeit. Alternative Untersuchungsperspektiven in ähnlicher Richtung bietet die aktuelle Kulturtechnikforschung, die aber anders als die Kittler-Schule nicht nach Dispositiven oder Konfigurationen des historischen Mediengebrauchs im Sinne einer kartographischen Gesamtschau, sondern vielmehr nach „Kulturtechniken des Singulars" (Meynen 2010, 81), also nach den Mikrologiken von Mediationen und Operationsketten fragt (Schüttpelz 2006), um etwa die konkreten Modi hierdurch entstehender Orte des Labors, der Pilgerschaft, des Heiligen oder des Städtischen zu untersuchen (Latour 1979; 1987; Rheinberger 2001; Gießmann 2006; Claverie 2003; grundlegend bereits Certeau 2006). Dieser Fragehorizont ist für die Geschichte literarischer Raummodellierung noch nicht vertieft erschlossen und bietet gegenwärtig neben der oben skizzierten Frage nach den Affekt-Raum-Zeiten der Literatur das wohl ergiebigste Analysefeld.

Literatur

Agamben, Giorgio. *Homo sacer: Die souveräne Macht und das nackte Leben*. Übers. von Hubert Thüring. Frankfurt a. M.: Suhrkamp, 2002 [1995].

Asendorf, Christoph. *Ströme und Strahlen: Das langsame Verschwinden der Materie um 1900*. Gießen: Anabas, 1989.

Assmann, Aleida. *Erinnerungsräume: Formen und Wandlungen des kulturellen Gedächtnisses*. München: Beck, 1999.

Assmann, Jan. „Nachwort". *Soziales Vergessen: Formen und Medien des Gedächtnisses und der Gesellschaft*. Hrsg. von Elena Esposito. Frankfurt a. M.: Suhrkamp, 2002. 400–414.

Augé, Marc. *Non-lieux: Introduction à une anthropologie de la surmodernité*. Paris: Seuil, 1992.

Bachelard, Gaston. *Poetik des Raumes*. Übers. von Kurt Leonhard. München: Hanser, 1960 [1957].

Bachtin, Michail M. *Chronotopos*. Hrsg. von Michael C. Frank und Kirsten Mahlke. Übers. von Michael Dewey. Frankfurt a. M.: Suhrkamp, 2008 [1975].

Balme, Christopher. *Einführung in die Theaterwissenschaft*. Berlin: Erich Schmidt, 2003 [1999].

Barnes, Trevor J., und James S. Duncan (Hrsg.). *Writing Worlds: Discourse, Text and Metaphor in the Representation of Landscape*. London: Routledge, 1992.

Bhabha, Homi. *Die Verortung der Kultur*. Tübingen: Stauffenburg, 2000 [1994].

Buck, Elmar. „Der Ort des Theaters". *Theaterwissenschaft heute: Eine Einführung*. Hrsg. von Renate Möhrmann. Berlin: Reimer, 1990. 187–215.

Burckhardt, Martin. *Metamorphosen von Raum und Zeit: Eine Geschichte der Wahrnehmung*. Frankfurt a. M.: Campus, 1997.

Bühler, Karl. *Sprachtheorie: Die Darstellungsfunktion der Sprache*. Stuttgart: Fischer, 1982 [1934].

Cassirer, Ernst. „Mythischer, ästhetischer und theoretischer Raum" [1931]. *Symbol, Technik, Sprache: Aufsätze aus den Jahren 1927–1933*. Hrsg. von Ernst Wolfgang Orth und John Michael Krois. Hamburg: Meiner, 1985. 93–119.

Certeau, Michel de. „Praktiken im Raum" [1980]. *Raumtheorie: Grundlagentexte aus Philosophie und Kulturwissenschaften*. Hrsg. von Jörg Dünne und Stephan Günzel. Frankfurt a. M.: Suhrkamp, 2006. 343–353.

Certeau, Michel de. *L'invention du quotidien: 1. Arts de faire*. Paris: Gallimard folio, ²1990 [1980].
Claverie, Élisabeth. *Les guerres de la Vierge: Une anthropologie des apparitions*. Paris: Gallimard, 2003.
Crang, Mike, und Nigel Thrift (Hrsg.). *Thinking Space*. London: Routledge, 2000.
Deleuze, Gilles, und Félix Guattari. *Kafka: Für eine kleine Literatur*. Übers. von Burkhart Kroeber. Frankfurt a. M.: Suhrkamp, 1976.
Deleuze, Gilles. *Das Bewegungs-Bild: Kino 1*. Übers. von Ulrich Christians und Ulrike Bokelmann. Frankfurt a. M.: Suhrkamp, 2001 [1983].
Derrida, Jacques. „Khôra". *On the Name*. Hrsg. von Thomas Dutoit. Stanford, CA: Stanford University Press, 1995. 87–127.
Dos Passos, John. *Manhattan Transfer* [1925]. Boston: New Mariner, 2000.
Duncan, James, und David Ley (Hrsg.). *Place/Culture/Representation*. London: Routledge, 1993.
Esposito, Elena. *Soziales Vergessen: Formen und Medien des Gedächtnisses der Gesellschaft*. Frankfurt a. M.: Suhrkamp, 2002.
Fischer-Lichte, Erika. *Semiotik des Theaters: Eine Einführung: Bd. 1. Das System der theatralischen Zeichen*. Tübingen: Narr, 1983.
Fischer-Lichte, Erika. *Ritual und Grenze*. Tübingen und Basel: Francke, 2003.
Foucault, Michel. „Andere Räume" [1967]. *Aisthesis: Wahrnehmung heute oder Perspektiven einer anderen Ästhetik*. Hrsg. von Karlheinz Barck et al. Leipzig: Reclam, 1991. 34–46.
Foucault, Michel. *Die Ordnung der Dinge: Eine Archäologie der Humanwissenschaften*. Übers. von Ulrich Köppen. Frankfurt a. M.: Suhrkamp, ³1980 [1966].
García Canclini, Néstor. *Culturas híbridas: Estrategias para entrar y salir de la modernidad*. México: Grijalbo, 1990.
Gießmann, Sebastian. *Netze und Netzwerke: Archäologie einer Kulturtechnik 1740–1840*. Bielefeld: Transcript, 2006.
Haß, Ulrike. *Das Drama des Sehens: Auge, Blick und Bühnenform*. München: Fink, 2005.
Herrmann, Max. „Das theatralische Raumerlebnis" [1931]. *Raumtheorie: Grundlagentexte aus Philosophie und Kulturwissenschaften*. Hrsg. von Jörg Dünne und Stephan Günzel. Frankfurt a. M.: Suhrkamp, 2006. 501–513.
Husserl, Edmund. *Erfahrung und Urteil: Untersuchungen zur Genealogie der Logik*, Hamburg: Claassen & Goverst, 1948.
Husserl, Edmund. *Ideen zu einer reinen Phänomenologie und phänomenologischen Philosophie: Bd. 1. Allgemeine Einführung in die reine Phänomenologie*. Hrsg. von Walter Biemel. Den Haag: Nijhoff, 1950 [1913].
Kafka, Franz. „Ein Bericht für eine Akademie" [1917]. *Drucke zu Lebzeiten*. Hrsg. von Wolf Kittler, Hans-Gerd Koch und Gerhard Neumann. Frankfurt a. M.: Fischer, 1996. 219–313.
Keiper, Hugo. *„Give me a Map": Christopher Marlowe und die Kartographie der Frühen Neuzeit*. Graz: Universitätsbibliothek Graz, 2007.
Keith, Michael, und Steve Pile (Hrsg.). *Place and the Politics of Identity*. London: Routledge, 1993.
Kittler, Friedrich. *Aufschreibesysteme 1800–1900*. München: Fink, 1987 [1985].
Klein, Bernhard. „Tamburlaine, Sacred Space, and the Heritage of Medieval Cartography". *Reading the Medieval in Early Modern England*. Hrsg. von Gordon McMullan, David Matthews und David Wallace. Cambridge: Cambridge University Press, 2007. 143–158.
Koschorke, Albrecht. *Die Geschichte des Horizonts: Grenze und Grenzüberschreitung in literarischen Landschaftsbildern*. Frankfurt a. M.: Suhrkamp, 1990.

Koselleck, Reinhart. *Zeitschichten: Studien zur Historik.* Frankfurt a. M.: Suhrkamp, 2000.
Kristeva, Julia. *Powers of Horror: An Essay on Abjection.* Übers. von Leon S. Roudiez. New York: Columbia University Press, 1982.
Latour, Bruno, und Steve Woolgar. *Laboratory Life: The Social Construction of Scientific Facts.* Beverly Hills: Sage Publications, 1979.
Latour, Bruno. *Science in Action: How to Follow Scientists and Engineers through Society.* Milton Keynes: Open University Press, 1987.
Lakoff, George, und Mark Johnson. *Metaphors we live by.* Chicago: Chicago Unversity Press, 1980.
Levinson, Stephen C. *Pragmatics.* Cambridge Textbooks in Linguistics. Cambridge: Cambridge University Press, 1983.
Lefebvre, Henri. *La production de l'espace.* Paris: Anthropos, 1974.
Lewis, Matthew. *The Monk* [1796]. New York: Oxford University Press, 2008.
Lotman, Jurij M. *Die Struktur literarischer Texte.* Übers. von Rolf-Dietrich Keil. München: Fink, 1972 [1970].
Luhmann, Niklas. *Soziale Systeme: Grundriß einer allgemeinen Theorie.* Frankfurt a. M.: Suhrkamp, 1991.
Luhmann, Niklas. *Die Gesellschaft der Gesellschaft: Bd. 1.* Frankfurt a. M.: Suhrkamp, 1997.
Lüdeke, Roger. *Zur Schreibkunst von William Blake: Ästhetische Souveränität und politische Imagination.* München: Fink, 2013.
Marlowe, Christopher. *The Complete Plays.* Hrsg. von John B. Steane. London: Penguin, 1986.
Meynen, Gloria. „Insel als Kulturtechnik (Ein Entwurf)". *Zeitschrift für Medienwissenschaft* 1 (2010): 79–91.
Mignolo, Walter. *The Darker Side of the Renaissance: Literacy, Territoriality, and Colonization.* Ann Arbor, MI: Michigan University Press, 1995.
Morris, Charles W. *Foundations of the Theory of Signs.* Chicago: Chicago University Press, 1970 [1938].
Mullaney, Steven. *The Place of the Stage: License, Play, and Power in Renaissance England.* Chicago: Chicago University Press, 1988.
Nitsch, Wolfram. „Paris ohne Gesicht: Städtische Nicht-Orte in der französischen Prosa der Gegenwart". *Stadt-Bilder: Allegorie – Mimesis – Imagination.* Hrsg. von Andreas Mahler. Heidelberg: Winter, 1999. 305–321.
Nora, Pierre. *Les lieux de mémoire.* 7 Bde. Paris: Gallimard, 1984–92.
Nora, Pierre. *Zwischen Geschichte und Gedächtnis.* Frankfurt a. M.: Fischer, 1998.
Pope, Alexander. *The Poems of Alexander Pope.* Hrsg. von John Butt. New Haven, CO: Yale University Press, 1963.
Reichert, Dagmar „Räumliches Denken als Ordnen der Dinge". *Räumliches Denken.* Hrsg. von Dagmar Reichert. Zürich: vdf, 1996. 15–45.
Rheinberger, Hans-Jörg. *Experimentalsysteme und epistemische Dinge: Eine Geschichte der Proteinsynthese im Reagenzglas.* Göttingen: Wallstein, 2001.
Schmitt, Carl. *Der Nomos der Erde im Völkerrecht des Jus Publicum Europaeum.* Berlin: Duncker & Humblot, ⁴1997 [1950].
Schmitt, Carl. *Theorie des Partisanen. Zwischenbemerkung zum Begriff des Politischen.* Berlin: Duncker & Humblot, 1963.
Schüttpelz, Erhard. „Die medienanthropologische Kehre der Kulturtechniken". *Kulturgeschichte als Mediengeschichte (oder vice versa?).* Hrsg. von Lorenz Engell. Weimar: Universitäts-Verlag, 2006. 87–110.

Seaton, Ethel. „Marlowe's Map" [1924]. *Marlowe: A Collection of Critical Essays. Twentieth-Century Views*. Hrsg. von Clifford Leech. New Jersey: Prentice Hall, 1964. 36–56.

Soja, Edward W. *Postmodern Geographies: The Reassertion of Space in Critical Social Theory*. London: Verso, 1989.

Sullivan Jr., Garret A. „Space, Measurement, and Stalking Tamburlaine". *Renaissance Drama 28: The Space of the Stage*. Hrsg. von Jeffrey Masten und Wendy Wall. Evanston, IL: Northwestern University Press, 1997. 3–27.

Tholen, Georg Christoph. „Einleitung". *Konfigurationen: Zwischen Kunst und Medien*. Hrsg. von Heiko Idensen, Sigrid Schade und Georg Christoph Tholen. München: Fink, 1999. 15–35.

Van den Berg, Klaus. „The Geometry of Culture: Urban Space and Theatre Buildings in Twentieth Century Berlin". *Theatre Research International* 16 (1991): 1–17.

Warning, Rainer. „Der inszenierte Diskurs: Bemerkungen zur pragmatischen Relation der Fiktion". *Funktionen des Fiktiven*. Hrsg. von Dieter Henrich und Wolfgang Iser. München: Fink, 2007 [1983]. 183–206.

Wertheim, Margaret. *The Pearly Gates of Cyberspace: A History of Space from Dante to the Internet*. London und New York: Norton & Company, 1999.

Winnicott, Donald. *Vom Spiel zur Kreativität*. Stuttgart: Klett Cotta, ^{11}2006 [1971].

III.2 *Texträume und Raumtexte*

26. Das Mittelmeer: Reisen, Navigieren, Erzählen

Markus Janka

1. Das Mittelmeer: ‚Welt' der *Odyssee* und Fixpunkte ihrer Erforschung

Das Mittelmeer, für den Dichter der *Odyssee* schlicht ‚das Meer' (griech. *pontos, thalassa* oder *hals, halos*), das er schon im vierten Vers des Prooimions als Raum zahlreicher schmerzlicher Erfahrungen seines Helden exponiert (*Od.* 1,4), besitzt als Erzählraum wie als erzählter Raum eine eminente Bedeutsamkeit für die Struktur der epischen Großkomposition (→ 7. Raum und Erzählung). Als Navigationsraum verortet es die Seefahrten des Helden, es umfließt prototypisch insulare Bewährungs- und Entrückungsräume (Stierstorfer 2014) und es erschließt Küstenzonen, die als Entdeckungs-, Kampf- und Eroberungsräume bespielt werden (→ 32. Atlantik/Pazifik; 38. Nissopoiesis). Die Grenzen ‚des Meeres' markieren die Grenzen der Welt des Odysseus und damit – nach Uvo Hölschers eindringlicher Analyse des ‚mythologischen Raums' – der ‚Welt' überhaupt (→ 14. Semiosphäre und Sujet): „[S]o tun sich in dem Schicksal des Odysseus, das Heroische brechend und spiegelnd, ganz andere Daseins- und Weltbereiche auf, in konzentrischen Ringen um die heimatliche Insel als um ihre Mitte sich schließend: das Soziale und das Zeitgeschichtliche, mutterländische Fürstennachbarschaften und mittelmeerische Handelswelt, die Exotik Ägyptens und die Wunder der Meere. Es ist nicht nur der größere Raum, in dem die Odyssee spielt, sie hat an sich selber, verglichen mit der existentialen Dimension zwischen Held und Gott in der Ilias, den Charakter der Räumlichkeit. Die Welt des Odysseus ist ‚die Welt'" (1988, 135).

Kein Wunder also, dass die Kartographie der Reiseroute des Helden und die Verortung seiner Abenteuer seit frühester Zeit eine, wie es scheint, bis heute ungebrochene Faszination auf die Interpreten des Heimkehrergedichtes aus dem archaischen Griechenland ausübt (→ 20. Literaturgeographie; 22. Kartographisches Schreiben). Für die ‚Texträume und Raumtexte' der europäischen Literatur bietet die *Odyssee* mit ihrer gewaltigen Wirkungsgeschichte mithin den prototypischen Fall. Allerdings wählt die landläufige Forschung zu einer in diesem Sinn verstandenen räumlichen Struktur des Epos zuallermeist eine linearisierende Interpretationsstrategie von Odysseus' Heimkehr (*nostos*), die der bewusst verwickelten Erzähltechnik des Odysseedichters eine Vereinfachung und Vereindeutigung aufbürdet, die er selbst durch die Anlage seiner Großnarration bereits zu überwinden trachtete.

So lassen sich die zahllosen Verortungsversuche knapp in zwei Stränge sondern: (1) Die ‚archäonautische' Tradition arbeitet sich an einem Abgleich des mythologischen Raumes der *Odyssee* mit der realen geographischen Formation (nicht nur) des Mittelmeerraumes ab und gelangt dabei zu vielfach kuriosen und höchst widersprüchlichen Resultaten (→ 19. Literarische Geographie). Aufschlussreich ist *exempli gratia* die Karte bei Wolf, die „100 Theorien aus 27 Jahrhunderten" (2009, 3) dokumentiert. Die dort gekennzeichneten „Küsten und Orte, die Odysseus auf seinen ‚Irrfahrten' besucht haben soll", reichen von Nordnorwegen bis Kap Hoorn sowie von Island bis zum Persischen Golf (Bérard 1971; Pellech 1983; Severin 1987; Steuerwald 1987; Cuisenier 2003 sowie Bradford 1999 und zuletzt noch einmal Warnecke 2008, 147–325). Umberto Eco hat jüngst solche Bemühungen mit folgendem Schlussstrich versehen: „Die *Odyssee* erzählt eine wunderschöne Sage, und alle Versuche, sie auf einer modernen Karte nachzuzeichnen, haben zu neuen Sagen geführt. Das Faszinierende ist, dass man sich durch die Jahrhunderte hindurch von einer Reise bezaubern ließ, die nie stattgefunden hat. Wo immer Kalypso gewohnt hat, viele haben davon geträumt, einige Jahre in ihrem anmutigen Gefängnis zu verbringen." (2013, 75) (2) Dagegen sucht eine eher philologische Interpretationsrichtung durch behutsame sprachliche, motivanalytische und geistesgeschichtliche Betrachtungen das Neben- und Ineinander von ‚rationaler Geographie' und mythischem Raumverständnis in der *Odyssee*, insbesondere in ihrer Irrfahrtengeographie, zu ergründen (Reinhardt 1960; Hölscher 1988, 135–158; → 6. Literarischer Raum).

Um den Sackgassen der bisherigen Forschung zu entkommen, sollte man die *Odyssee* als fiktionalen Text ernst nehmen und die Erschließung von dessen Raumstruktur nicht zunächst oder gar ausschließlich nach den Fahrten und Aufenthalten des Helden sequenzieren, sondern dem Gang der Narration folgen. Dabei hat es sich als heuristisch sinnvoll erwiesen, zwischen realistischer und phantastischer Raumdarstellung zu unterscheiden. Mit dieser Differenzierung ließe sich Hölschers problematische Antinomie von ‚rationalem' (*logos*) und ‚mythischem' Raumverständnis (*mythos*) in der homerischen Epik überwinden. ‚Realistisch' wären demnach Elemente der Erzählung, die den historischen Lebensverhältnissen und dem Menschenmöglichen in der Epoche ihrer Entstehung Rechnung tragen, ‚phantastisch' demgegenüber all jene Erzählelemente, für die übernatürliche Wesen und Kräfte prägend sind und die in der Epoche ihrer Entstehung jenseits des Menschenmöglichen lagen (zu „Schwellenerfahrungen" hin zur „Anderswelt", namentlich am Beispiel von Odysseus' Unterweltsgang, wie zur „Ambivalenz und Unvereinbarkeit differenter Wirklichkeiten" etwa in den „Abenteuererzählungen bei den Phaiaken" siehe Renger 2006, 120–132).

2. ‚Realistische' und ‚phantastische' Raumdarstellung

Das erste Sechstel der *Odyssee*, die „Telemachie", welche die Gesänge 1 bis 4 umfasst, wird durch eine topographische Rahmungsstrategie zusammengehalten (→ 2. Topographien). Jeweils zu Beginn des ersten und fünften Gesanges finden sich die olympischen Göttinnen und Götter zu einer Versammlung ein. Im ersten Gesang ist diese in „Zeus' guter Stube", im *megaron* des höchsten Gottes (1,27), lokalisiert, das sich, wie zu erfahren ist, im „weiten Himmel" (*ouranon euryn*; 1,67) befindet, also gewiss an einem ‚phantastischen' Ort, während im fünften Gesang eine genauere Lokalisierung fehlt und lediglich vermeldet wird, dass sich die Götter „zur Sitzung in den Versammlungsraum" einfinden (5,3). Im ersten Götterrat sind es nun die beiden Reden der Athene, in denen die räumlichen Fixpunkte des ersten bis fünften Gesanges exponiert werden. In paralleler Anordnung ist jeweils in einer Art Hysteron Proteron zunächst von der als phantastischer Raum markierten Insel Kalypsos, der Tochter des Atlas am Ende der Welt, die Rede (1,50–52, wo Athene die Kalypsoinsel als „ringsumwässert" [*amphirhytē*] bezeichnet und am „Nabel des Meeres" [*omphalos ... thalassēs*] lokalisiert, also „mitten im (nordwestlichen) Meere von jedem Festland entfernt gedacht" [Ameis und Hentze 1908, 5], und wieder 1,85, wo dann der Name Ogygia fällt und eine Mission des Hermes dorthin angemahnt wird). An zweiter Stelle steht jeweils Ithaka als realistischer Raum im Ionischen Meer, zunächst als Ort der Sehnsucht des von Kalypso festgehaltenen Odysseus (1,57–59a), sodann als Ziel von Athenes eigener Mission (1,88). Wie diese Reise der Göttin einen Eingriff des Phantastischen in den realistischen Raum darstellt, so weist die innere Raumstruktur der Telemachie selbst bei aller Verankerung im realistischen, ja historischen Raum (Dickie 1995; Luther 2006) doch am Ende mit Menelaos' Irrfahrtenerzählungen im vierten Gesang (4,351–586) einen Drift ins Phantastische auf, der füglich den neuerlichen Schritt zu den Göttern und die Reise des Hermes nach Ogygia im fünften Gesang vorbereitet.

Die örtlichen Hauptreferenzen der Telemachie sind im Groben durch Athenes Absicht, den Sohn des Odysseus zu „erwecken" und nach Sparta und Pylos auf die Peloponnes zu senden, angekündigt (1,93). Dies wird in 2,359 ff. zum Entschluss des Telemachos, der dann wiederum in umgekehrter Reihenfolge zunächst in die westliche Peloponnes nach Pylos zu Nestor (Buch 3) und dann ins Zentrum der Halbinsel nach Sparta zu Menelaos und Helena reist (Buch 4). Diese Erkundungsfahrten zu Kriegsheimkehrern, die Aufschluss über das Geschick des totgeglaubten Odysseus liefern sollen, sind Erinnerungsreisen zu Zeugen des trojanischen Krieges und seines Nachspiels auf der wechselvollen Heimreise. Die Nostos-Erzählungen des Nestor und Menelaos, die eine zunehmende Prägung durch Gefahren, Entzweiungen und Verwicklungen aufweisen, präludieren dem

Hauptnostos des Epos, dessen Erzählung erst mit dem fünften Gesang beginnt – allerdings nicht linear wie viele Rekonstruktionen und auch die Vorgänger in der Telemachie, sondern auf der vorletzten Station vor der Heimkehr: Ogygia. In ihrer Rede auf der zweiten Götterversammlung charakterisiert Athene diesen Ort als „Insel" (5,13), die für Odysseus vom Liebesnest (vgl. später 5,153–155) zur Gefängnisinsel geworden ist, weil ihn die Nymphe Kalypso dort in ihren „guten Stuben" – *en megaroisi* (5,14) koordiniert Kalypsos göttlichen Wohnsitz mit Zeus' Wohnung im weiten Himmel (1,27 und 1,67) – gegen seinen Willen festhält (5,14 ff.). Ogygia ist mithin als zivilisationsferner phantastischer Raum der märchenhaften Entrückung semantisiert (so Hermes in 5,101 ff.; vgl. Odysseus in 7,244 und 7,246b–247), dessen Herrin nicht nur die ‚Verhüllung' (‚*kalyptein*' „verhüllen") im Namen trägt, sondern auch über die magische Gabe verfügt, ihrem Geliebten Unsterblichkeit und ewige Jugend zu verschaffen (5,209; vgl. Odysseus in 7,255b–257 vor den Phaiaken und 23,333–336 vor Penelope), und die ihm zum Abschied die Götterspeisen Nektar und Ambrosia vorsetzen lässt (5,199).

Odysseus' Weg von Ogygia zu seiner letzten Station vor der ersehnten Heimkehr nach Ithaka ist von Zeus persönlich im zweiten Götterrat als eine Art letzte abenteuerliche Bewährungsprobe des Helden vorbestimmt. Wie Zeus vor Hermes entwickelt, soll Odysseus in zwanzigtägiger Reise auf selbstgezimmertem Floß die Überfahrt „nach Scheria mit seiner starken Erdscholle, in das Land der Phaiaken, die in der Nähe der Götter leben" (5,34–35), bewältigen. Die Küste eben dieses Landes gewinnt als Schauplatz von Handlung und Erzählungen der Gesänge 6 bis 12 (mit Ausklang am Beginn des 13. Buches) eine eminente Bedeutsamkeit für das narrative Gesamtgefüge des Epos. In neuerer Forschung wird entsprechend der Schwellencharakter bzw. die ‚Scharnierfunktion' der Phaiaken-Episode (*Phaiakis*) als Raum des Übergangs von der phantastischen in die realistische Welt betont (Luther 2006, 78–80). Solche Transgressionen weisen in beide Richtungen des erzählerischen Zeitstrahls. Mit den phantastischen Erzählungen des Odysseus in seinen berühmten „Apologen" der Bücher 9 bis 12 erfolgt eine Rückblende, die den erzählenden Helden als Erlebenden vom realistischen Troja in die Märchenregionen führt, während mit dem wundersam leichten und schnellen Heimtransport des Odysseus auf den phaiakischen Zauberschiffen (79–80, Anm. 11) mit übernatürlichen Mitteln die Rückkehr in den realistischen Raum des archaischen Inselkönigtums von Ithaka erfolgt. Die Darstellung des paradiesisch wohlhabenden, schwelgerischen und lebenslustigen Phaiakenlandes verbindet zwar Märchenhaftes mit Realistischem, doch genügen Motive wie die ganzjährige Fruchtbarkeit des Landes und die ohne Steuerruder ihr Ziel findenden Schiffe für eine Qualifizierung als phantastischer, ja stellenweise elysischer Raum (81). Gleichwohl ist diese Zone des Übergangs – ähnlich wie der Entrückungsraum der Kalypsoinsel – nicht frei von dunklen Seiten, so dass man die Phaiaken sogar als

„Fährmänner des Todes" (82–83, Anm. 21 und 22) bezeichnet hat. Jedenfalls muss sich Odysseus auch dort bewähren und seinen Heimkehrwillen gegen Wünsche von Alkinoos und Nausikaa, ihn in die Herrscherfamilie einzubinden, durchsetzen. Dass die Preisgabe der Identität des Helden drei Gesänge lang retardiert wird, findet seine Erklärung nicht zuletzt darin, dass Odysseus vor den Phaiaken lange Zeit so auf der Hut ist, wie er das bei übernatürlichen Gegenspielern im phantastischen Raum seiner Irrfahrten erfolgreich praktiziert hat. Doch erst nachdem ihn die Darbietungen des Sängers Demodokos im achten Buch wieder an den Schicksalsort Troja zurückgeleitet und dadurch zu Tränen gerührt haben (8,499–534), lüftet Odysseus sein Inkognito und stellt sich den Phaiaken in aller Form als „Gastfreund" (*xeinos*; 9,18) vor. Sein erzählerisch entwickelter ‚Personalausweis' ist stark durch räumliche Elemente geprägt. Gleich nach der kurzen Nennung von Namen und Vaternamen (9,19–20) bietet Odysseus eine realistische Kartographie seiner Heimat Ithaka und der umliegenden Inseln (9,21–28; vgl. Warnecke 2008, 32–33 sowie Bittlestone, Diggle und Underhill 2005). Dem setzt er – chronologisch ‚verkehrt' – in knappem Antagonismus die magischen Welten der ‚Entrückerinnen' Kalypso und Kirke entgegen, die seine Heimatliebe indes nicht zu brechen vermochten (9,29–36). Die ohne weitere Umschweife begonnene Erzählung seines *nostos* aus Troja dient ihm entsprechend zum Ausweis seiner Identität als Musterbild des leidgeprüften Helden (9,37–38).

Erst an dieser Stelle des Epos, als Odysseus seine Heimat geographisch schon fast wieder eingeholt hat, erfolgt in einer vier Gesänge umfassenden Analepse eine lineare Narration seiner gesamten bisherigen Heimreise. Der Held übernimmt in diesem Segment in zweiter Ordnung die Funktion des Narrators und Fokalisierers und agiert gewissermaßen als ‚Hyper-Demodokos'. Dieser lieferte mit seinem von Odysseus in Auftrag gegebenen Gesang von der Einnahme Trojas durch die von jenem selbst ersonnene Kriegslist des hölzernen Pferdes das Muster einer aödischen Darbietung aus dem sich gewissermaßen vor dem Rezipienten konstituierenden trojanischen Sagenkreis, die sowohl den Besungenen als auch den Sänger ikonisiert (8,487–520). Demodokos' Erzählung wird vom Dichter zwar indirekt und unter mehrfacher Markierung des Gesangsvorgangs (8,500; 514 und 516) übermittelt, geht aber stellenweise in eine direkte Rede über (etwa 8,505–513). Dichter und interner Erzähler scheinen zu verschmelzen. Solche fließenden Übergänge zwischen Erzählinstanzen bereiten den Boden für die Funktionalisierung des Titelhelden Odysseus als Narrator. Die Verortung von dessen eigenen Berichten in einem phantastischen Land und die Vorführung vor einem Märchenvolk als Publikum, mit den Phaiaken als idealen Zuhörern, haben schon antike Rezipienten dazu veranlasst, diesen „Alkinoos-Apologos" als Lügengeschichte und Seemannsgarn zu interpretieren (vgl. Platons *Staat* 10,614b2, wo die Jenseitserlebnisse des scheintoten Pamphyliers Er wörtlich als „kein Alkinoos-*apologos*" bezeichnet werden, und Lukians *Wahre Geschichten* 1,3,8–13, wo Odysseus als „Lehrmeister solcher Possenreißerei" ausgewiesen wird). Jedenfalls ist die Transgression des Realistischen und der Drift ins Phantastische ein wesentliches Merkmal von Odysseus' Apologos (ähnlich wie bei Menelaos' Nostos in Buch 4 oder der Wendung des Odysseedichters von der Telemachie nach Ogygia). Die Stationen dieser fiktionalen Reise sind (allzu) oft aufgelistet, nach Land- und Seeaufenthalten geordnet und sogar kalendarisch nach Fahr- und Aufenthaltszeiten in einer Art Logbuch verzeichnet worden (Wolf 2009, 14 und 180). Hier soll lediglich die narratologisch aufschlussreiche Raumsemantik Beachtung finden: Die erste Station nach der Abreise liegt nordwestlich von Troja in der Kikonenstadt Ismaros (9,39 ff.). Dieser Ort ist realistisch als Kampf-, Eroberungs- und Gefahrenraum gezeichnet, den Odysseus und seine Mannschaft nach dem ambivalenten Modell des Trojafeldzuges nutzen. Sie machen als Raubkrieger Beute (9,41 ff.) um den Preis des Verlustes von sechs Kameraden jeder einzelnen Schiffsbesatzung (9,60 ff.), die einem durch Leichtsinn der siegestrunkenen Gefährten provozierten Angriff verbündeter Kikonen zum Opfer fallen. Die Überlebenden segeln dann mit Nordwind Richtung Süden im ägäischen Raum heimwärts (9,67; vgl. Nestors Nostos *Od.* 3,287 und Ameis und Hentze 1908, 84). Der Wind wächst sich zum (noch realistischen und nicht als Götterrache überhöhten) Seesturm aus (9,68 ff.), der sich erst nach zwei Tagen legt (9,76–79). Als Odysseus' Leute sodann die Südspitze der Peloponnes bei Kap Maleia umfahren, scheint die glückliche Heimkehr ins Ionische Meer zum Greifen nahe. Doch die durch kräftigen Nordwind aufgewühlte See sorgt für eine „Abdrift ins Ungewisse" (Warnecke 2008, 147) an Kythera vorbei (9,79–81). Nach neuntägiger Irrfahrt, deren Länge und Orientierungslosigkeit deutlich genug den Übergang in den phantastischen Raum markiert, gelangen sie an das Küstenland der Lotosesser. Dieses erweist sich rasch als Ort der paradiesischen Verlockung und ähnelt insoweit der Kalypsoinsel. Nur Odysseus' entschlossenes und führungsstarkes Eingreifen bricht die Pflichtvergessenheit derjenigen Kameraden, die von der Zauberpflanze gekostet hatten (9,85–104). Nach den beiden kontrastiv gesetzten Kurzepisoden um die Kikonen und Lotophagen bildet die Kyklopie den erzählerischen Kern des neunten Gesanges. Diese Geschichte erschließt sich als prototypisches Abenteuer des Odysseus. Die Ortsstruktur ist ringkompositorisch. Die dem Kyklopenland vorgelagerte idyllische Ziegeninsel (die 9,116 erreicht wird und zu der die Überlebenden der Mission in 9,543 zurückkehren) rahmt die Schilderung des Kyklopenlandes selbst, das als phantastischer Raum der riesenhaften, zivilisationsfernen Ungastlichkeit, rohen Gewalt und Anthropophagie des einäugigen Ungeheuers die gefährlichste Bewährungszone für die Durchtriebenheit, den Scharfsinn und die Lebensklugheit des Odysseus abgibt (Janka 2013).

Die Buchfuge zwischen 9 und 10 ist überdeutlich markiert. Schließt der neunte Gesang mit der Abreise aus der Kyklopenhöhle, so setzt der zehnte Gesang unmittelbar mit der Ankunft auf Aiolia, der märchenhaft schwimmenden, rings ummauerten und mit steilen Klippen bewehrten Insel des Windgottes Aiolos, ein (10,1–4). Diese fungiert zunächst als phantastischer Raum der ungefährlichen Gastlichkeit. Aiolos, Herr der Insel und Gebieter der Winde (10,21), wird als „Freund der unsterblichen Götter" (10,2) eingeführt (Luther 2006, 80, Anm. 14). Da er als vorbildlicher Gastgeber (10,14 ff. mit Hinweis auf die auch dort erbetenen Erzählungen des Odysseus von Krieg und Heimreise) und wohlwollender Geleiter (10,17 ff.) gezeichnet ist, erscheint er als Pendant zu Odysseus' internem Publikum, den Phaiaken, näherhin zu ihrem König Alkinoos. Nach neuntägiger Seefahrt mit dem Wunderschlauch der gebändigten Winde an Bord (10,19–24) und mit günstigem Westwind im Rücken gerät die realistische Welt in Gestalt der ersehnten Heimat Ithaka in den Blick und wird durch das Detail der sichtbaren Wachtfeuer der Hirten in seinem beschaulichen Realismus semantisiert (10,28–30). An diesem Punkt der Narration erfolgt eine entscheidende Peripetie in Odysseus' Heimkehrergeschick, die Aiolos kurz darauf mit göttlichem Hass erklärt, der gegen den Helden gerichtet ist (10,73–75; vgl. Zeus' Äußerung über Poseidons Groll gegen Odysseus in 1,68–75). Während Odysseus nämlich in tiefen Schlaf verfällt (10,31), öffnen seine Kameraden aus Misstrauen und Beutegier den Windschlauch, so dass ihr Geschwader zu Odysseus' Bestürzung durch heftigsten Sturm von der Heimat weg wieder in den phantastischen Raum zurückgetrieben wird und zum zweiten Mal an Aiolos' Insel landet (10,47–55). Im krassen Gegensatz zur vorher freundlichen Aufnahme werden sie vom Gott der Winde nun als offensichtlich Verdammte brüsk und ohne Geleit der Insel verwiesen (10,71–76). Daraufhin erfolgt nach dem Prinzip der Steigerung der Übergang in eine noch schlimmere Unheilszone des phantastischen Raumes. Nach sechstägiger Tag- und Nachtfahrt erreichen sie den berühmten Hafen Telepylos (,Fernpylos') im Wunderland der Laistrygonen, in dem die Sonne nie untergeht, da die alte Taghelle gleich in die neue übergeht (10,80–90). Die Bewohner dieses Unheilsraumes rufen die Kyklopen in Erinnerung, da sie als gigantenähnliche Riesen (10,112 ff.; 10,120) und brutale Menschenfresser wüten, die zunächst Odysseus' Kundschafter töten und schließlich am Hafen die Schiffe zertrümmern und deren Seeleute wie Fische auf Spieße stecken und verzehren (10,121–124). Einzig Odysseus entkommt mit seiner Besatzung (10,130–132). Als sie dann Aia, die Insel der „zauberkräftigen und stimmgewaltigen Göttin" Kirke, einer Tochter des Helios und Enkelin des Okeanos, erreichen (10,135–139), sind sie im katexochen phantastischen Raum des Märchens gelandet. Aia ist als Ort der sexuellen Verlockung einerseits und Metamorphose in subhumane Existenzformen andererseits ambivalent semantisiert. Nur mithilfe des ihm vom Gott Hermes, der die Gestalt eines

Jünglings annimmt, vermittelten Gegenzaubers durch das Wunderkraut Moly (10,261–306) vermag Odysseus Kirkes Bann zu brechen und eine Metamorphose der Insel in einen Ort des paradiesischen Lebensgenusses zu bewirken. Nach einjähriger Schwelgerei sind es nämlich die Gefährten, die ihren Anführer an seine Heimkehrmission erinnern müssen (10,466–474). So erwirkt Odysseus von Kirke das Heimgeleit (10,483–489). Indes erfolgt eine retardierende Änderung der Route, da Kirke Odysseus mit göttlicher Autorität die Notwendigkeit seiner Reise zu Hades und Persephone in die Unterwelt eröffnet, weil er dort das Seelenphantom des thebanischen Sehers Teiresias konsultieren müsse (10,490–495).

Durch diese Weiterverweisung ist die Totenwelt bereits als Raum des unheimlichsten Abenteuers des Helden markiert, der durch Nekromantie das menschenmögliche Erfahrungswissen nach Vergangenheit und Zukunft hin zu erweitern hat (Strasburger 1998; Platthaus 2004; zur Tradition der epischen Katabasis Janka 2007, 197; zur Nekyia der *Odyssee* Breed 1999). Der Eingang zum „Haus des Hades" wird von Odysseus in seiner Erzählung folgerichtig ganz am Ende der Welt lokalisiert, bei den an den Grenzen des Okeanos angesiedelten Kimmeriern, den „Dunkelmännern", in deren „Volk und Stadt" die Sonne niemals scheint (11,13–19). Wie zur Insel des Aiolos, so gelangt das Schiff des Odysseus auch zu Kirkes Insel zweimal. Doch werden die Männer dort beim zweiten Mal sofort eindeutig gastfreundlich aufgenommen. Die Göttin warnt Odysseus eindringlich vor den tödlichen Gefahrenzonen seiner weiteren Seereise und antizipiert mit ihrer Rede zu Beginn des zwölften Gesanges die im restlichen Buch dann geschilderten Erlebnisse: Sie wappnet Odysseus gegen die Sirenen (12,39–54), die beiden schwesterlichen „Musen des Meeres" (12,52), die durch ihren berückenden Gesang Seeleute in den Tod treiben und auf einer Märcheninsel leben, zu der man von Kirke aus rasch gelangt (12,165–167). Für die Weiterfahrt nach Thrinakia (Ameis und Hentze 1908, 133), zur Insel des Sonnengottes (12,127), stellt Kirke zwei gleich gefährliche Fahrtwege zur Wahl, zwischen denen Odysseus selbst entscheiden soll (12,55–58): den an den sagenhaften „Schlagfelsen", den Plankten, vorbei, an denen die Schiffe ohne göttliche Hilfe aufgrund einer tückischen Strömung zerschellen (12,59–72), oder denjenigen durch Skylla und Charybdis (12,73–110) hindurch. Skylla ist dabei als ein grauenhaftes (und, wie sich 12,256 zeigt, menschenfressendes) Ungeheuer mit zwölf Beinen und sechs riesigen Schlünden vorgestellt (12,85–100), das auf einem Felsen zwischen den Plankten und dem personifizierten Wasserstrudel Charybdis haust.

Die Insel Thrinakia verbindet Kirke mit einem Scheideweg für Odysseus: Sollte er auf der Wunderinsel die göttlich behüteten Rinder unangetastet lassen, würden er und die Gefährten heimkehren. Anderenfalls drohe weiteres schlimmstes Unheil (12,127–141). Nachdem die tödlichen Felsen und Strudel unter Verlusten bewältigt sind, beginnt mit der Annäherung an Thrinakia (12,260–262a) diejenige Episode, die infolge des Ungehorsams und des Frevels von Odysseus' Leuten an den heiligen Rindern mit dem als Strafe von Zeus verhängten gewaltigsten Seesturm endet. Dieser zerschmettert das Schiff, tötet sämtliche Kameraden und führt zur völligen Vereinsamung des Odysseus (12,403–419), der, an den Mast des Bruchschiffs geklammert, mit Müh und Not nach nochmaliger Tuchfühlung mit Charybdis (eine weitere Rückführung zu überwunden Geglaubtem) sein Leben retten kann und in der zehnten Nacht im phantastischen Asyl bei der fürsorglichen Kalypso auf Ogygia strandet (12,447–450). Damit schließt der Dichter/Erzähler ringkompositorisch den Kreis zu demjenigen Fahrtenbericht, den Odysseus noch inkognito auf Bitten der Königin Arete den Phaiaken über seinen Weg von Ogygia auf dem Floß nach Scheria erteilt hatte und an dessen Ende sein zweiter, diesmal von Poseidon bewirkter Schiffbruch steht (7,244–297). Im deutlichen Gegensatz zu diesen schlimmsten Seenöten des Odysseus ist zu Beginn des 13. Gesanges die märchenhaft leichte Überwindung der Kluft zwischen phantastischem und realistischem Raum mithilfe der phaiakischen Wunderschiffe komponiert, die den schlafenden Odysseus in einer einzigen Nacht nach Hause bringen (13,73–95).

3. Verfestigung der navigierenden Narration zum epischen Kleos

Mit dem Erwachen des sanft in seiner Heimat gebetteten und mit Geschenken versehenen Helden (13,187 f.) bleibt die Haupterzählung bis zum Ende des 23. Gesanges ganz im realistischen Raum des archaischen Gesellschaftsgefüges von Ithaka verhaftet, wo die listenreiche und zuletzt gewaltsame Wiedereinsetzung des legitimen Herrschers in seine alten Rollen und angestammten Rechte ausagiert wird. Die Weite des realen und imaginierten Mittelmeerraumes, dessen Strahlkraft die Komposition der ersten Hälfte des Epos geradezu dominiert hatte, blitzt dann nur noch gelegentlich auf, wenn sich der noch unkenntliche Odysseus in seiner langen Trugrede vor dem treuen Schweinehirten Eumaios die Identität eines aus Kreta stammenden Trojakämpfers zulegt (14,191–359). Die zweite Hälfte des Epos demonstriert somit in aller Eindringlichkeit, was Odysseus im ‚Zwischenreich' der Phaiaken als Erzähler aus erster Hand angestrengt hatte: Der Mittelmeerraum als Schwellenzone zwischen *terra cognita* und *terra incognita* wandelt sich vom Szenario letzter und allerletzter Grenzerfahrungen der menschlichen Möglichkeiten (für neuere metaphorische Deutungen siehe Brémont 1998 und Lévy 2004) zum Raum der Erinnerung (→ 17. Mnemotop), wie der Dichter dies anhand der Kurzfassung des Nostos vorführt, die Odysseus nach der Wiedervereinigung im

Ehebett seiner Gattin Penelope zum Besten gibt (*Od.* 23,300–343). Hier streicht der Dichter seine eigenen narrativen Umwege und kappt die Sprünge der Irrfahrtenerzählung, indem er Odysseus ein lineares Kondensat seines Nostos indirekt und unter mehrfacher Markierung des Erzählvorgangs (*Od.* 23,308; 310; 321; 342) referieren lässt. Die mit dem Wesen des welterfahrenen Helden verwobenen Fahrten- und Schwellenerlebnisse, durch Götterimpuls zu Beginn des Epos dem Abschluss nahegebracht, in den Nostoi der Telemachie gespiegelt, vor den Phaiaken modellhaft ausgeführt und schließlich vor Eumaios realistisch verfälscht, sind hier zum katalogartigen Erzählgut geronnen, das seine Wirkung erst durch Referentialität und Reflexion der vorgängigen Erzählräume entfaltet. Aödisches und rhapsodisches Wiederholen einer navigierenden Narration verfestigt deren Struktur mithin zur erzählerischen Tradition, die epochenübergreifende Lebenskraft zu entfalten vermag und ihrem Helden stetig appellables Kleos zu verleihen verspricht.

Literatur

Ameis, Friedrich, und Carl Hentze. *Homers Odyssee*. Leipzig und Berlin: Teubner, 1908.

Bérard, Victor. *Les navigations d'Ulysse, I–IV*. Paris: Armand Colin, 1971.

Bittlestone, Robert, James Diggle und John Underhill. *Odysseus Unbound: The Search for Homer's Ithaca*. Cambridge: Cambridge University Press, 2005.

Bradford, Ernle. *Reisen mit Odysseus: Zu den schönsten Inseln, Küsten und Stätten des Mittelmeers*. Übers. von Ernst Güttinger. Frankfurt a. M. und Leipzig: Insel, 1999.

Breed, Brian. „Odysseus back home and back from the dead". *Nine essays on Homer*. Hrsg. von Miriam Carlisle und Olga Levaniouk. Lanham, MD: Rowman and Littlefield, 1999. 137–161.

Brémond, Mireille. „Les voyages d'Ulysse". *ConnHell* 74 (1998): 42–52.

Cuisenier, Jean. *Le périple d'Ulysse*. Paris: Fayard, 2003.

Dickie, Matthew. „The geography of Homer's world". *Homer's world*. Hrsg. von Øivinid Andersen und Matthew Dickie. Bergen: Åström, 1995. 29–56.

Eco, Umberto. *Die Geschichte der legendären Länder und Städte*. Übers. von Martin Pfeiffer und Barbara Schaden. München: Hanser, 2013.

Hölscher, Uvo. *Die Odyssee: Epos zwischen Märchen und Roman*. München: Beck, 1988.

Janka, Markus. „Ovids Unterwelten im Wandel: Die Katabaseis der *Metamorphosen* zwischen Imitation und Innovation". *Ovid: Werk – Kultur – Wirkung*. Hrsg. von Markus Janka, Ulrich Schmitzer und Helmut Seng. Darmstadt: Wissenschaftliche Buchgesellschaft, 2007. 195–237.

Janka, Markus. „Dreiecksbeziehungen zwischen Texten: Vergils komplexe Odysseerezeption als Scharnier zwischen Homer und Ovid". *Innovation aus Tradition: Literaturwissenschaftliche Perspektiven der Vergilforschung*. Hrsg. von Manuel Baumbach und Wolfgang Polleichtner. Trier: WVT, 2013. 59–95.

Lévy, Edmond. „L'Odyssée ou le grande voyage". *Ktéma* 29 (2004): 267–286.

Luther, Andreas: „Die Phaiaken der *Odyssee* und die Insel Euboia". *Geschichte und Fiktion in der homerischen Odyssee*. Hrsg. von Andreas Luther. München: Beck, 2006. 75–92.

Pellech, Christine. *Die Odyssee: Eine antike Weltumsegelung*. Berlin: Reimer, 1983.
Platthaus, Isabel. *Höllenfahrten: Die epische „katábasis" und die Unterwelten der Moderne*. München: Fink, 2004.
Reinhardt, Karl: „Die Abenteuer der Odyssee". *Tradition und Geist: Gesammelte Essays zur Dichtung*. Hrsg. von Carl Becker. Göttingen: Vandenhoeck & Ruprecht, 1960. 47–124.
Renger, Almut-Barbara. „Fremde Wirklichkeiten und phantastische Erzählungen als ‚Urtendenz der Dichtung selber' (Benjamin): Homers ‚Odyssee' und moderne (bzw. zeitgenössische) Fantasy". *Fremde Wirklichkeiten: Literarische Phantastik und antike Literatur*. Hrsg. von Nicola Hömke und Manuel Baumbach. Heidelberg: Winter, 2006. 109–142.
Severin, Tim. *The Ulysses Voyage: Sea Search for the Odyssey*. London: E. P. Dutton, 1987.
Steuerwald, Hans. *Weit war sein Weg nach Ithaka*. Frankfurt a. M.: Hoffmann und Campe, 1987.
Stierstorfer, Michael. „Antike Mythologie in der postmodernen Alltagskultur (KJL, Belletristik und Film): Projektskizze eines interdisziplinären Dissertationsprojekts: Das griechisch-römische Sagengut als Fundus von Desideraten und prototypischen Motiven für die aktuelle phantastische Literatur und den Fantasy-Film". *Pegasus-Onlinezeitschrift* 14 (2014): 167–196.
Strasburger, Gisela. „Die Fahrt des Odysseus zu den Toten im Vergleich mit älteren Jenseitsfahrten". *Antike und Abendland* 44 (1998): 1–29.
Warnecke, Heinz. *Homers wilder Westen: Die historisch-geographische Wiedergeburt der Odyssee*. Stuttgart: Steiner, 2008.
Wolf, Armin. *Homers Reise: Auf den Spuren des Odysseus*. Köln, Weimar und Wien: Böhlau, 2009.

27. Athen: Autochthoner Raum und politisches Theater
Susanne Gödde

Athen ist Griechenland – so ließe sich die antike wie moderne Idealisierung und Ideologisierung Athens, die Überformung der Stadt zur ‚Master-Polis' und zur Metonymie des Hellenischen auf eine Formel bringen (Mills 1997, 59; Oliver 1968, 27; Ael. Arist. 315: Athen als „*symbolon* Griechenlands"). Der Grund für diese Sicht wurde im 5. und 4. Jahrhundert v. Chr., der Zeit der griechischen Klassik, in Athen selbst gelegt, um dann während der wiederkehrenden Klassizismen neu aufzuleben: zunächst in der Zeit der Zweiten Sophistik im 2. Jahrhundert n. Chr., als die Rhetoren und Philosophen des Kaiserreichs griechische – und das hieß: attische – Bildung und Sprache zum Ideal erhoben (Schmitz 2007; Primavesi 2009); dann während des Europäischen Philhellenismus um 1800, insbesondere in England und Deutschland, als Autoren wie Winckelmann, Lord Byron, Hölderlin, Friedrich Schlegel oder Wilhelm von Humboldt die Schönheit der klassischen Antike beschworen und dabei die künstlerischen und philosophischen Leistungen als Folge der demokratischen Organisation der Athener Polis deuteten. In beiden Klassizismen geht es darum, die politische, aber insbesondere geistige Leitfunktion Athens zu etablieren. Die seit Thukydides dafür bekannte Formel lautet: Athen ist die „Schule Griechenlands" (Thuk. 2,41,1: *Hellados paideusis*), und dies wurde spätestens im Augusteischen Klassizismus zur Vision von ganz Griechenland als der Schule der westlichen Kultur (Most 2005).

Athen ist dabei nicht nur ein Sammelbegriff für Bildung, Schönheit, Freiheit oder militärische Exzellenz (Lau 2001), sondern es besitzt mit der Akropolis auch einen sinnlich erfahrbaren Raum, der gleich einer *mise en abyme* all diese Leistungen und Werte repräsentiert und sichtbar macht (→ 2. Topographien). So unterstreicht Pausanias im 2. Jahrhundert n. Chr., dass der Reisende, der sich Athen nähert, bereits vom Meer aus die Lanzenspitze und den Helmbusch der berühmten Athena Parthenos des Phidias auf der Akropolis sehen könne (1,28,2), wobei Kunst und Krieg eine signifikante Verbindung eingehen (→ 20. Literaturgeographie). Noch emphatischer inszeniert der Redner Aelius Aristides etwa in derselben Zeit in seinem *Panathenaikos* die Schiffsreise nach Athen als rituelle Vorbereitung auf ein ‚Schauspiel' (→ 8. Raum und Theatralität), wobei der Anblick der Schönheit der Stadt die Seele des Reisenden im Voraus reinige und erhebe, so dass er glaube, die Bewegungen eines Tanzes zu vollziehen (§ 12). Kurz darauf (§ 16) wird Athen in der konzentrischen Geographie des Aelius Aristides zum Mittelpunkt der Erde und die Akropolis zum Nabel der Stadt (→ 14. Semiosphäre und Sujet). Auch Hölderlins Hyperion nähert sich bei „heitere[r] See" per Schiff der erträumten „Geistesschönheit der Athener" (1992 [1797/99], 681, 684) – freilich wird hier das Ideal mit dem Verlust vergangener Größe konfrontiert, als der Reisende sich vor „den Trümmern von Athen, wie der Akersmann auf dem Brachfeld" (693) wiederfindet. Nun geht es darum, diese Kultur ‚im Geiste' und in ‚verjüngter' Form wiederauferstehen zu lassen, gemäß den Worten der Diotima: „Wer jenen Geist hat, [...] dem stehet Athen noch, wie ein blühender Fruchtbaum. Der Künstler ergänzt den Torso sich leicht." (689) (→ 17. Mnemotop)

Der Verherrlichung Athens lassen sich auch kritische Stimmen an die Seite stellen: Der Machtanalytiker Thukydides, der immer wieder auf die gewaltsamen Methoden des athenischen Imperiums verwies, legte nicht nur seinem Perikles die Rede von Athen als ‚Schule Griechenlands' in den Mund, sondern er entlarvte die vermeintliche Demokratie auch als Tyrannis (z. B. Thuk. 3,37,2). Auch der moderne Kulturhistoriker Jacob Burckhardt analysiert in seiner postumen *Griechischen Kulturgeschichte* (1898–1902) Stärken und Schwächen der athenischen Kultur und zeichnet ein ambivalentes Bild von einem Organismus, der zwar durch Gemeinsinn und Patriotismus nach außen widerstandsfähig zu sein schien (1956, 75, 77), im Innern jedoch „von den vielen Volks- und Gerichtsversammlungen her (*ekklêsiazein kai dikazein*) offenbar nervös geworden" war (210) – eine Kritik an der Erosion der demokratischen Institutionen, die seit der Antike topisch ist.

Die Arbeit am Topos Athen als Schule Griechenlands und als *lieu de mémoire* (Hölscher 2010) lässt sich an drei Textgattungen entfalten, die eng miteinander verflochten sind: an den Athen-Mythen, am Genre der Grabreden (*epitaphioi logoi*) und drittens an der attischen Tragödie.

1. Athen-Mythen

Athens Selbstverständnis wird im Rahmen einer politischen Mythologie verfertigt, die vom Ursprung der Stadt und ihren Institutionen handelt, aber, soweit wir wissen, nicht in einem kontinuierlichen Narrativ niedergelegt war (Parker 1986, 187, 200; Loraux 1981). Wichtigste Protagonistin dieser Mythologie ist die Stadtgöttin Athena, deren mutterlose Geburt aus dem Kopf des Zeus gewissermaßen die Weichen stellt für die Propagierung einer patriarchalen Ordnung (Loraux 1993, 8–10) sowie der Vorherrschaft von Weisheit und Vernunft. Die fortschreitende Aneignung der Stadt- und Kriegsgöttin Athena durch die Polis Athen lässt sich als Ausdruck der zunehmenden Vormachtstellung Athens verstehen, das seit 478 v. Chr. den attisch-delischen Seebund anführte und damit die östliche Ägäis beherrschte.

Maßgeblich für die politische Rhetorik des klassischen Athen ist jedoch ein Mythos, in dem Athena als Amme für den erdgeborenen urzeitlichen Athener König Erichthonios figuriert und damit für alle von ihm abstammenden Athener (→ 7. Raum und Erzählung). In auffälliger Weise spaltet die Mythologie hier die Sexualität von der fast immer als Jungfrau definierten Athena ab, ohne ihr jedoch die mutterähnliche Schutzfunktion abzusprechen. Erichthonios entsteht aus einem verunglückten Geschlechtsakt zwischen Hephaistos und Athene: Diese weicht den Nachstellungen des Schmiedegottes aus, sein Samen fällt zu Boden, und Gaia, die Erde, gebiert das Kind Erichthonios, das sie Athena zur Aufzucht übergibt. Diese Erzählung führen die Athener an als Nachweis ihrer Autochthonie, ihrer Herkunft aus der Muttererde, sowie der Reinheit ihres Geschlechts, die sie gegen jede Verunreinigung von außen zu schützen suchen (Loraux 1993).

Neben Athena und Erichthonios zählt Theseus zu den wichtigsten Protagonisten der politischen Mythologie Athens. Zusätzlich zu seinen Taten als Überwinder von Räubern und Ungeheuern hat er spätestens seit dem ausgehenden 6. Jahrhundert v. Chr. auch eine politische Karriere: Er gilt als der Begründer eines neu geordneten, ‚vereinten' und dadurch erst mächtigen Athen, das er herstellte, indem er die Städte Attikas im sogenannten *synoikismos* zu einer Einheit zusammenführte (Thuk. 2,15,2; Calame 1990; Walker 1994; Mills 1997, 26–27). Theseus verbindet dabei die Rolle des weisen Monarchen mit der des Wegbereiters der Demokratie, was sich besonders in den Athen-Tragödien des 5. Jahrhunderts niederschlägt. Sowohl die noch der Tyrannis des 6. Jahrhunderts vorstehenden Peisistratiden als auch die Athener Politiker Kleisthenes oder Perikles, die die Demokratie entscheidend beförderten, stellten sich in die Tradition des idealen Königs Theseus. Im Jahre 476/475 verstärkte die Überführung seiner Gebeine nach Athen seine heroische Präsenz im Kult und den Bildprogrammen der Stadt, etwa im Theseion oder der Stoa Poikile (Walker 1994, 59; Mills 1997, 33, Anm. 145, 35, 40). Der folgende Blick auf die politische Rhetorik Athens gilt dem Einsatz solcher und anderer Athen-Mythen für die Konditionierung der Polis-Bürger und die Herstellung ihrer kollektiven Identität.

2. Die Grabreden (*epitaphioi logoi*)

Der Ort, an dem die Athen-Literatur der klassischen Zeit ihre Topik entfaltete, war der Athener Friedhof, der Kerameikos. Dort fand alljährlich eine Totenfeier für die Gefallenen des jeweiligen Kriegsjahres statt, zu der die Stadt einen vom Rat ausgewählten Redner entsandte. Das Corpus dieser Texte setzt sich zusammen aus Reden der Redner Gorgias (Fr. 5a–6; Ende 5. Jahrhundert), Lysias (or. 2, späte

390er Jahre) und Pseudo-Demosthenes (or. 60, 338 v. Chr.), ferner des Rhetoriklehrers Isokrates (*Panegyrikos*: or. 4, 380 v. Chr.; *Panathenaikos*: or. 12, 342 v. Chr.) sowie aus den fiktiven Grabreden des Perikles bei Thukydides (2,34–46) und der Aspasia im Platonischen *Menexenos* (alle Texte bis auf den *Panathenaikos* in Binder *et al.* 2007; siehe Loraux 1986; Usher 1999, Kap. 11; Carey 2010, 240–246).

Ziel dieser Reden ist es zu begründen, dass die Stadt es wert ist, für sie im Kampf zu fallen, und so die Toten zu ehren und die Hinterbliebenen zu trösten. Im Laufe der Jahrzehnte hat sich hierfür eine feste Topik entwickelt. Sie konzentriert sich auf die militärischen Leistungen Athens, die Philanthropie der Athener und auf ihre Autochthonie, die sie zu prädestinierten Gegnern alles Barbarischen und Fremden und damit in Umkehr der ‚barbarischen' Tyrannis zu Fürsprechern der Freiheit macht (→ 2. Topographien). Insbesondere nach der Abwehr der Perser in der ersten Hälfte des 5. Jahrhunderts v. Chr. wurden solche mythischen Kriege aufgerufen, die den Sieg der Griechen beziehungsweise Athener gegen eine im Osten lokalisierte Gefahr dokumentieren konnten. Permanenter Fokus der Identitätsbildung des männlich-‚reinrassigen' Athen war dabei der mythische Krieg gegen die unter Theseus' Führung zurückgeschlagenen Amazonen (Isokr. 4,68,70; 12,193; Plat. Menex. 239b; Lys. 2,4–6; [Dem.] 60,8). Die mythischen Siege antizipieren die historischen, und hier gehören insbesondere die militärischen Erfolge von Marathon, Salamis und Plataiai gegen die Perser zum Kanon der Athen-Panegyrik (z. B. Lys. 2,24–26; Plat. Menex. 240c–241c). Für den Nachweis nicht allein militärischer, sondern auch humanitärer Auszeichnung konnten die Athener auf zwei Mythen zurückgreifen, die die Stadt als Asyl für Verfolgte und Schutzbedürftige zeigten: die Aufnahme der vom argivischen König Eurystheus verfolgten Kinder des Herakles und die Bergung und Bestattung der vor Theben gefallenen argivischen Feldherrn (Isokr. 4,54–56; Lys. 2,7–16; Plat. Menex. 239a-c; [Dem.] 60, 8).

Politisch am radikalsten ist wohl das Argument der Autochthonie, das alle Grabreden (mit Ausnahme der des Perikles bei Thukydides) miteinander teilen (→ 10. Geopolitik). In diesem Diskurs wird die Idee der *Vater*stadt (*patris*) verbunden mit dem Bild der Stadt als *Mutter* und Ernährerin (Lysias 2,17). Und wenn Isokrates die Athener rühmt, dass sie „dieselbe Ernährerin Vaterland und Mutter nennen" (4,25), so verbirgt sich hinter dieser Personalunion niemand anderes als die Stadtgöttin Athena, die als Amme des Erichthonios mütterliche Funktionen übernahm und als mutterlose Tochter des Zeus das Prinzip des Vaters vertrat. Platon spitzt das Argument in der Aspasia-Rede noch zu, indem er die Mutterfunktion Athens gegen die „Stiefmutter" (*mêtruia*) nicht-autochthoner Völker ausspielt und davon spricht, dass die Toten, nun in den Schoß „ihrer Gebärerin und Ernährerin" zurückkehren (Menex. 237c). Neben der Mutterrolle ist die Reinheit der Athener ein wichtiges Moment des in den Grabreden propagierten

Selbstverständnisses. Während alle anderen Griechen dort, wo sie leben, fremd sind und sich mit anderen Völkern vermischen, besiedeln die Athener ihr eigenes Land und leiten daraus ihr hohes Alter, aber auch die Rechtmäßigkeit ihres Dortseins ab. Demosthenes qualifiziert diejenigen, die als Migranten in ihre Städte kamen, als ‚Adoptivkinder' (*eispoiêtoi paides*) und beansprucht für die Athener den Status ‚echter' Bürger. Dies führt in Platon-Aspasias Argumentation zur Auszeichnung der *eugéneia*, der ‚Wohlgeborenheit' (Menex. 237b; vgl. auch Lys. 2,17; Isokr. 4,24; [Dem.] 60,4). Mit dem Prinzip der Autochthonie gründet die klassische Stadt sich auf Selbstidentität und „permanence of the Same", wozu auch der Ausschluss der Frauen gehört (Loraux 1993, 13, Anm. 17, 49–50 mit Anm. 59 und 62; Saxonhouse 1986, 258). Trotz der chauvinistisch-hegemonialen Züge des Arguments – Isokrates etwa leitete aus der Autochthonie den Anspruch auf politische Vorherrschaft (*hêgemonia*) ab (4,25) – erhält der Gedanke in den Grabreden des 5. und 4. Jahrhunderts eine demokratische Umdeutung, denn die durch Autochthonie verbürgte *eugéneia* war nun nicht mehr Ausweis von Aristokratie, sondern kam allen Bürgern gleichermaßen zu (Blok 2009, 255; kritisch: Saxonhouse 1986, 257; siehe Loraux 1986, 172–220; Zeitlin 1996, 331; Mills 2012, 32). Dazu passt, dass die Stadt in den Grabreden als anonymes Kollektiv figuriert und dass die Redner in aller Regel auf die Erwähnung von mythischen Protagonisten wie auf die Heroisierung einzelner Individuen verzichten.

Gegenüber dem bisher Gesagten bildet der *epitaphios* des Perikles bei Thukydides in manchem eine Ausnahme und fügt ein Thema hinzu, das maßgeblich für den späteren Athen-Topos wird: Militärische Erfolge der Vergangenheit erscheinen Perikles weniger erwähnenswert als die gegenwärtige Lebensart und ‚politische Kultur', die er als Erklärung für die Selbstgenügsamkeit (*autarkeia*) Athens anführt. Und es sind die folgenden Errungenschaften, die diese politische Kultur ausmachen: die demokratische Verfassung (37,1), das freie Leben in der politischen Gemeinschaft (37,2), die Erholung bei Wettspielen und religiösen Festen (38), die Offenheit gegenüber Fremden (38,2; 39,1), eine ‚ungebundene' Lebensweise, die – wohl in Abgrenzung zur strengen militärischen Erziehung der spartanischen Jugend – dennoch die Ausbildung von Mut und Tapferkeit begünstige (39,1), sowie schließlich jene beiden zentralen kulturellen Errungenschaften, die für den Nachruhm der Stadt Athen, auch lange nach ihrem politisch-militärischen Niedergang, verantwortlich zeichnen – die Liebe zum Schönen und die Philosophie (40,1). Freiheit von Zwängen wird in der anti-spartanischen Kulturpolitik, die Thukydides Perikles in den Mund legt, zur entscheidenden Grundlage der politischen Verfassung und der militärischen Macht, aber eben auch einer urbanen Kultur, die mit Gewandtheit (*eutrapelia*) und Anmut (*charis*) umschrieben wird und intellektuelle Höchstleistungen hervorbringt (zur Rezeption der antiken Freiheits-Idee: Nippel 2008).

Im Kontext des Thukydideischen Geschichtswerks wird dieser Optimismus konterkariert durch die unmittelbar folgende Pestbeschreibung und den Zusammenbruch aller politischen und moralischen Werte infolge des Kriegs (Most 2005, 382; Mills 1997, 79–86; Papadopoulou 2013, 380). Was aber alle militärischen Niederlagen überlebt, sind die geistigen Errungenschaften der Stadt, und diese macht ca. 50 Jahre später Isokrates (436–338 v. Chr.) zum Inbegriff der kulturellen Identität Athens (→ 9. Räume des Wissens). Sein in den *Panegyrikos* eingelassenes Enkomion auf Athen (23–50) gipfelt in einem emphatischen Preis von Philosophie und Redekunst (47–50). Hier wird erstmals ein allgemeines Ideal des Menschseins mit der Stadt Athen verbunden, nämlich insofern, als in Athen die Redekunst, die den Menschen vom Tier unterscheide, eine überdurchschnittliche Hochschätzung erfahren habe (48). Auch in dieser Argumentation werden die ‚Schüler Athens', und damit sind die athenischen Redner gemeint, zu Lehrern des übrigen Griechenland. Ausweis griechischer Identität ist nun nicht mehr die Abstammung, sondern die alle Griechen verbindende Bildung und Sprache (50). Doch dient, das soll nicht unterschlagen werden, die kulturelle Einheit, die Isokrates hier beschwört, letztlich einem politisch-militärischen Ziel, nämlich dem von Athen angeführten gemeinsamen Kampf aller griechischen Poleis gegen die Perser.

3. Athen in der Tragödie

Bei den Großen Dionysien, die einmal jährlich im Frühling gefeiert wurden und in deren Zentrum die Aufführungen von Komödien und Tragödien standen, inszenierte die Stadt Athen sich gewissermaßen selbst (Goldhill 1990; → 6. Literarischer Raum). Sie tat dies in einer Verbindung politischer Zeremonien, die der Demonstration der Macht nach außen und der Stabilität im Innern dienten, mit einem Spektrum von Theaterstücken, das von der Dramatisierung der mythischen Vergangenheit in den Tragödien bis zur satirischen Kritik zeitgenössischer Politik und utopischen Gegenentwürfen zu dieser in den Komödien reichte (→ 8. Raum und Theatralität; 15. Utopie und Heterotopie). Inwieweit die Tragödien auch eine Infragestellung der Polis Athen betrieben, wie es Simon Goldhill (1990) am Beispiel des *Aias* und des *Philoktet* gezeigt hat, ist umstritten (Buxton 2013). Jedenfalls sind sich die meisten Forscher einig, dass zumindest die expliziten Athen-Tragödien, deren Plot in Athen angesiedelt war (→ 13. Chronotopoi), der Stabilisierung der kollektiven Identität der Polis zuarbeiteten (Mills 2012). Von Froma Zeitlin stammt die These, dass Athen in der Tragödie des 5. Jahrhunderts gerade nicht als „tragic space" entworfen werde, sondern als Ort der Versöhnung und Stabilität. Als ‚Anti-Athen' hingegen, als ‚Schatten' der idealisierten Stadt macht sie Theben (oder auch Argos) aus – „the ‚other same' of the ‚other scene' that is the theatre itself" (1990, 144; kritisch Buxton 2013). Dies verdeutlicht zugleich, dass das tragische Theben – also die Stadt von Ödipus und Pentheus – auch ein Teil des scheinbar untragischen Athen ist (→ 1. Topologie).

Aus dem Corpus der vollständig überlieferten Tragödien der drei attischen Tragiker spielen nur vier Stücke in Athen beziehungsweise in Attika: die *Eumeniden* des Aischylos, in denen Athena den Freispruch des Orest und damit das Ende der Gewalt im Haus der Atriden erwirkt; der *Ödipus auf Kolonos* von Sophokles, in dem Ödipus im Eumeniden-Hain von Kolonos nahe Athen seinen Sterbeplatz findet und zum Schutzheros der Stadt wird; ferner zwei Euripideische Tragödien, die *Hiketiden* (*Die Hilfeflehenden*), die den Mythos der von Athen gegenüber Theben erwirkten Bestattung der argivischen Feldherrn dramatisieren, und die *Herakliden* (*Die Kinder des Herakles*), die von dem Asyl handeln, das Athen, hier vertreten durch den Sohn des Theseus, Demophon, den Kindern des Herakles gewährt. Alle vier Tragödien sind Asyl-Tragödien (Grethlein 2003), die Athens Rolle als Retter von Schwachen und Schutzbedürftigen thematisieren (→ 7. Raum und Erzählung). Hinzuzunehmen wäre noch der *Herakles* des Euripides, der nicht in Athen spielt, in dem aber der Athener König Theseus dem vom Mord an Kindern und Frau erschütterten Herakles die Aufnahme in Athen in Aussicht stellt (Mills 1997, Kap. 4). Ein Loblied auf die demokratische Verfassung der Athener findet sich in den 472 aufgeführten *Persern* des Aischylos, als der Chor der Ältesten die Athener im Gegensatz zu den Persern als „keines Menschen Sklaven [...], keinem Manne untertan" (V. 242) ausweist, was nach der Logik dieser Tragödie ihren Sieg über die Perser begründet (kritisch Carter 2004). Ein Chorlied der *Medea* des Euripides kontrastiert Medeas Racheabsicht mit dem *locus amoenus* Athen, an dem die Athener ‚seit uralter Zeit' – damit wird auf ihre Autochthonie angespielt – ‚als glückselige Kinder der Götter in einem heiligen Land leben' (V. 824–826). Athen wird hier gezeichnet als Ort der Weisheit und der Musen (V. 829, 833); von seinen Bewohnern wird gesagt, dass sie „ewig [wandeln], mit Anmut, durch reinste Himmelsluft" (V. 829–830), und, um die Evokation der sublimen Stadt perfekt zu machen, wird das ätherische Dasein der Athener auf das Wirken der Aphrodite und der Eroten als „Gehilfen der Weisheit" zurückgeführt (V. 835–845; in ironischer Lektüre Most 1999). Die Frage, die das Chorlied implizit stellt, aber nicht beantwortet, lautet: Kann dieses von Reinheit und Frömmigkeit geprägte Athen auch eine ruchlose und befleckte Kindsmörderin wie Medea aufnehmen? Oder anders gefragt: kann ein Athen, das eine Kindsmörderin aufnimmt, wirklich so rein und glückselig sein?

Die beiden vielfach als politische oder patriotische Stücke bezeichneten Tragödien *Hiketiden* und *Herakliden* fügen sich scheinbar direkt in das topische

Athenlob der Grabreden ein. In beiden Tragödien verteidigt ein athenischer König – Theseus (Mills 1997, Kap. 3) bzw. Demophon – das freiheitlich und demokratisch regierte Athen gegenüber den gewaltsamen Ansprüchen von Theben bzw. Argos (→ 3. Dynamisierungen). In beiden Fällen ist Athen siegreich, und insbesondere in den *Herakliden* machen die Schutzflehenden immer wieder deutlich, dass ihre Aufnahme zum ‚Image' Athens gehöre, ja dass Athen mit der Verletzung des Asyls seine eigene Freiheit aufs Spiel setzen würde (V. 191–201). Freiheit als politisches Ideal betrifft nicht nur die eigene Verfassung, sondern auch die Pflicht, andere vor Unfreiheit zu schützen. In den *Hiketiden* ist dieser Ruhm gefährdet, als Theseus zunächst nicht bereit ist, die Schutzflehenden aufzunehmen und die Bergung der Gefallenen zu unterstützen. Dies geschieht erst nach Vermittlung durch seine Mutter Aithra, die für das Leid der Ankömmlinge, ebenfalls Mütter, empfänglich ist. Damit ist ein tragisches Thema aufgerufen, das die panegyrische Rhetorik der Grabreden konterkariert: das Leid und die Trauer der Asylsuchenden, die nur begrenzt durch die männliche Politik und den topischen Philanthropismus kompensiert werden können. Wenn Theseus den trauernden Müttern in den *Hiketiden* verbietet, ihre toten Söhne zu sehen und zu berühren – ein Wunsch, der sich leitmotivisch durch die gesamte Tragödie zieht und dessen Realisierung das Begräbnisritual erst abschließen würde –, so ist dies durchaus auch als kritischer Kommentar zur Trauerpolitik der Athener Grabreden lesbar, in denen Trost und Ruhm angesichts der Opferbereitschaft der Gefallenen die Trauer übertönen sollten (Gödde 2000, 116–131). In den *Herakliden* erfährt das Bild vom edlen Retter Athen eine andere Relativierung: Unmittelbar nachdem das Athen-Lob seinen Höhepunkt erreicht hat, wird offenbar, dass die Rettung der Herakliden nur gelingt, wenn der Göttin Persephone eine Jungfrau geopfert wird. Dass Demophon nicht bereit ist, seine eigene Tochter zu opfern, und stattdessen eine Tochter des Herakles freiwillig in den Tod geht, wird zwar nicht verurteilt, doch zeigt es implizit, dass die Souveränität der Polis Athen stets vom potentiellen Rückfall in barbarische Tyrannis bedroht ist (V. 423).

In besonderer Weise mit der politischen Mythologie Athens befasst ist der in Delphi angesiedelte *Ion* des Euripides. In diesem Drama wird vorgeführt, wie sehr die Herrschaft über Athen an die reine Herkunft, die Autochthonie, gebunden ist, und dieses Ideologem wird zugleich *ad absurdum* geführt (Seidensticker 1982, Kap. 5.8, bes. 238; Saxonhouse 1986; Loraux 1993, Kap. 5; Gödde 2011, Kap. III.5). Ion wurde in einem Akt der Vergewaltigung vom delphischen Orakelgott Apollon gezeugt, seine Mutter ist die Tochter des erdgeborenen Königs Erechtheus, Kreusa. Kreusa aber ist mit einem Fremden, Xuthos, verheiratet, und dieser bittet das Orakel wegen seiner Kinderlosigkeit um Hilfe. In Delphi begegnen Kreusa und Xuthos, zunächst ohne seine Herkunft zu kennen, dem einst von Kreusa im Gebirge ausgesetzten und auf Apollons Befehl entführten Tempeldiener Ion. Die

Handlung zielt auf die (Wieder-)Herstellung dieser Familie und die Einsetzung eines ‚rechtmäßigen' autochthonen Erben in Athen. Apollon ‚schenkt' dem verzweifelt nach Nachwuchs sich sehnenden Xuthos seinen (Apolls) Sohn Ion und suggeriert ihm, dieser sei sein (Xuthos') leiblicher Sohn. Doch solange Ion sich als Sohn eines Nicht-Atheners verstehen muss und seine Mutter nicht kennt – was für ihn eine ‚doppelte Krankheit' bedeutet (V. 591) –, fürchtet er, in Athen als Bastard verachtet zu werden (V. 589–592). Nur wenn seine Mutter Athenerin wäre, besäße er in Athen den so wichtigen politischen Status der Redefreiheit (*parrhêsia*), andernfalls gälte er in der ‚reinen Stadt' als Fremder (V. 672–673). Umgekehrt fürchten Kreusa und ihr Diener eine Überfremdung des autochthonen Athen durch Xuthos und die Herrschaft von dessen noch unidentifiziertem Sohn. Das Drama spielt in ironischer Manier verschiedene Familienkonstellationen durch – wahre Väter (Apollon) und Mütter (Kreusa) gegen falsche (Xuthos, die Pythia) –, bis am Ende durch die Wiedererkennung von Mutter und Sohn zumindest die ‚echtbürtige' matrilineare Abstammung beglaubigt wird. Besitz und Herrschaft muss Ion hingegen von einem ‚falschen' Vater erben – eine Konstellation, die zumindest dem Bürgerrechtsgesetz des Perikles, nach dem Bürger nur der war, der zwei Athener Eltern besaß, widersprach. Aber nur über den falschen Vater, so die Logik des Stücks, kann Apoll Ion „Eingang in ein adliges (*eugenê*) Geschlecht" verschaffen (V. 1540–41, 1562), wobei nur Kreusa und Ion wissen, dass diese Familie auf einer Lüge gegründet ist. Athena verkündet schließlich als *dea ex machina* die sich ausdehnende Herrschaft der von Ion abstammenden Ionier und geleitet Ion auf seinen Thron nach Athen. Diese Feier des Athener Königtums und der Stammesgeschichte ist voller Ironie, denn das Ideologem der Reinheit und der Autochthonie nimmt seinen Ausgang von einem Gewaltakt und findet seine Legitimation durch die Vaterschaftslüge des Apollon, die die Gewalt zugleich kaschiert. Damit führt Euripides dem Athener Publikum ein Vexierbild vor, das weniger als Bestätigung der politischen Propaganda Athens verstanden werden konnte, sondern eher als deren Subversion (→ 10. Geopolitik), denn die Konstruiertheit der vorgeführten Familienkonstellation ist das genaue Gegenteil der immer wieder beschworenen unerschütterlichen Autochthonie.

Zwei Modelle von Athen-Literatur sind hier nebeneinander gestellt worden: die stärker propagandistische und auf kollektive Identität zielende politisch-rhetorische Literatur und die Tragödie des 5. Jahrhunderts, deren wohl massivste Infragestellung der zivilen Polis- und Familienordnung sich in den Stücken findet, die nicht in Athen spielen, wenngleich sie im Herzen Athens, am Fuß der Akropolis, die Ängste und Albträume der Athener auf die Bühne brachten. Betrachtet wurden in erster Linie die Anfänge der Arbeit am Mythos Athen während des 5. und 4. Jahrhunderts v. Chr., also in einer Zeit, in der dieser Mythos noch lebendiger Teil eines politischen Geschehens war, für das er je nach Interesse eingesetzt werden konnte. Unmittelbar nach der hier skizzierten Periode beginnt mit den bildungspolitischen Maßnahmen des Redners Lykurg die Kanonisierung der Athener Autoren und damit eines Ideals klassischer attischer Sprache und Literatur, das insbesondere durch Autoren wie Dionysios von Halikarnassos (1. Jahrhundert v. Chr.) und später Lukian oder Aelius Aristides wiederauflebte. Und wieder wurde Athen unter dem Leitbegriff des Attizismus zum Topos einer – diesmal sprachlichen – Reinheit, deren Anderes von den Stilisten der römischen Kaiserzeit im Terminus des Asianismus dem Orient zugeschrieben wurde (Gelzer 1978; Schmitz 2007; Primavesi 2009).

Literatur

Aelius Aristides. *Panathenaic Oration and In Defence of Oratory*. Hrsg. und übers. von C. A. Behr. The Loeb Classical Library. London und Cambridge, MA: William Heinemann und Harvard University Press, 1973.

Aischylos. *Tragödien und Fragmente*. Hrsg. und übers. von Oskar Werner. München: Heimeran, 31980 [1959].

Binder, Vera, Martin Korenjak und Beate Noack. *Epitaphien: Tod, Totenrede, Rhetorik*. Auswahl, Übersetzung und Kommentar. Subsidia Classica 10. Rahden: Marie Leidrof, 2007.

Blok, Josine. „Gentrifying Genealogy: On the Genesis of the Athenian Autochthony Myth". *Antike Mythen: Medien, Transformationen und Konstruktionen*. Hrsg. von Ueli Dill und Christine Walde. Berlin und New York: De Gruyter, 2009. 252–275.

Burckhardt, Jacob: *Griechische Kulturgeschichte*. I. *Gesammelte Werke*. V. Basel: Schwabe 1956.

Buxton, Richard. „Time, Space, and Ideology: Tragic Myths and the Athenian Polis". *Myths and Tragedies in their Ancient Contexts*. Hrsg. von Richard Buxton. Oxford: Oxford University Press, 2013. 145–160.

Calame, Claude. *Thesée et l'imaginaire Athénien: Légende et culte en Grèce antique*. Lausanne: Payot, ²1996 [1990].

Carter, D. M. „Was Attic Tragedy Democratic?" *Polis* 21 (2004): 1–25.

Carey, Christopher. „Epideictic Oratory". *A Companion to Greek Rhetoric*. Hrsg. von Ian Worthington. Oxford: Wiley-Blackwell 2010. 236–252.

Euripides. *Werke in drei Bänden*. Übers. von Dietrich Ebener. Berlin und Weimar: Aufbau, 1979 [I: *Medea, Die Kinder des Herakles, Die Hilfeflehenden*; II: *Ion*].

Gelzer, Thomas. „Klassizismus, Attizismus und Asianismus". *Le Classicisme à Rome aux 1ers siècles avant et après J.-C.* Hrsg. von Hellmut Flashar. Entretiens sur l'antiquité classique 25. Vandœuvres-Genf: Fondation Hardt, 1978. 1–41.

Gödde, Susanne. *Das Drama der Hikesie: Ritual und Rhetorik in Aischylos' „Hiketiden"*. Münster: Aschendorff, 2000.

Gödde, Susanne. *Euphêmia: Die gute Rede in Kult und Literatur der Griechen*. Heidelberg: Winter, 2011.

Goldhill, Simon. „The Great Dionysia and Civic Ideology". *Nothing to Do with Dionysos? Athenian Drama in its Social Context*. Hrsg. von John J. Winkler und Froma I. Zeitlin. Princeton, NJ: Princeton University Press, 1990. 97–129.

Grethlein, Jonas. *Asyl und Athen: Die Konstruktion kollektiver Identität in der griechischen Tragödie*. Stuttgart und Weimar: Metzler, 2003.

Hölderlin, Friedrich. *Sämtliche Werke und Briefe*. I. Hrsg. von Michael Knaupp. München und Wien: Hanser, 1992.

Hölscher, Tonio. „Athen – die Polis als Raum der Erinnerung". *Die griechische Welt: Erinnerungsorte der Antike*. Hrsg. von Elke Stein-Hölkeskamp und Karl-Joachim Hölkeskamp. München: C. H. Beck, 2010. 128–149.

Lau, Dieter. „Athen I (Sinnbild)". *Reallexikon für Antike und Christentum*. Supplement I. Hrsg. von Theodor Klauser und Ernst Dassmann. Stuttgart: Hiersemann, 2001. 639–668.

Loraux, Nicole. *The Invention of Athens: The Funeral Oration in the Classical City*. Cambridge, MA: Harvard University Press, 1986 [1981].

Loraux, Nicole. *The Children of Athena: Athenian Ideas about Citizenship and the Division between the Sexes*. Princeton, NJ: Princeton University Press, 1993 [1984].

Loraux, Nicole. „Cité grecque". *Dictionnaire des mythologies et des religions des sociétés traditionelles et du monde antique*. Hrsg. von Yves Bonnefoy. Paris: Flammarion, 1981. 203–209.

Mills, Sophie. *Theseus, Tragedy and the Athenian Empire*. Oxford: Clarendon, 1997.

Mills, Sophie. „Genos, Genaios, and Athens in the Later Tragedies of Sophocles". *Crisis on Stage: Tragedy and Comedy in Late Fifth-Century Athens*. Hrsg. von Antonios Markantonatos und Bernhard Zimmermann. Berlin und Boston: De Gruyter, 2012. 19–39.

Most, Glenn. „Two Problems in the Third Stasimon of Euripides' *Medea*". *Classical Philology* 94 (1999): 20–35.

Most, Glenn. „Athens as the School of Greece". *Classical Pasts: The Classical Traditions of Greece and Rome*. Hrsg. von James I. Porter. Princeton, NJ: Princeton University Press, 2005. 377–388.

Nippel, Wilfried. *Antike oder moderne Freiheit? Die Begründung der Demokratie in Athen und in der Neuzeit*. Frankfurt a. M.: Fischer, 2008.

Oliver, James A. „The Civilizing Power: A Study of the Panathenaic Discourse of Aelius Aristides against the Background of Literature and Cultural Conflict, with Text, Translation and Commentary". *Transactions of the American Philosophical Society*, n. s. 58 (1968): 1–223.

Papadopoulou, Thalia. „Altruism, Sovereignity, and the Degeneration of Imperial Hegemony in Greek Tragedy and Thucydides". *Crisis on Stage: Tragedy and Comedy in Late Fifth-Century Athens*. Hrsg. von Antonios Markantonatos und Bernhard Zimmermann. Berlin und Boston: De Gruyter, 2012. 377–404.

Parker, Robert. „Myths of Early Athens". *Interpretations of Greek Mythology*. Hrsg. von Jan Bremmer. Totowa, NJ: Barnes & Noble, 1986. 187–214.

Primavesi, Oliver. „Athen". *Metropolen des Geistes*. Hrsg. von Martin Hose und Christoph Levin. Frankfurt a. M. und Leipzig: Insel, 2009. 102–125 und 212–216.

Saxonhouse, Arlene W. „Myths and the Origins of Cities: Reflections on the Autochthony Theme in Euripides' Ion". *Greek Tragedy and Political Theory*. Hrsg. von J. Peter Euben. Berkeley und Los Angeles: University of California Press, 1986. 252–273.

Schmitz, Thomas A. „Die Erfindung des klassischen Athen in der Zweiten Sophistik". *Bilder der Antike*. Hrsg. von Astrid Steiner-Weber, Thomas A. Schmitz und Marc Laureys. Bonn: V&R unipress, 2007. 71–88.

Seidensticker, Bernd. *Palintonos Harmonia: Studien zu komischen Elementen in der griechischen Tragödie*. Göttingen: Vandenhoeck & Ruprecht, 1982.

Thukydides. *Geschichte des Peloponnesischen Krieges*. Hrsg. und übers. von Georg Peter Landmann. München: dtv, 1991 [1976].
Usher, Stephen. *Greek Oratory: Tradition and Originality*. Oxford: Oxford University Press, 1999.
Walker, Henry John. *Theseus and Athens*. Oxford: Oxford University Press, 1994.
Zeitlin, Froma I. „Thebes: Theater of Self and Society in Athenian Drama". *Nothing to Do with Dionysos? Athenian Drama in its Social Context*. Hrsg. von John J. Winkler und Froma I. Zeitlin. Princeton, NJ: Princeton University Press, 1990. 130–167.
Zeitlin, Froma I. *Playing the Other: Gender and Society in Classical Greek Literature*. Chicago: The University of Chicago Press, 1996.

28. Rom: Imperium Romanum

Bernhard Teuber

1. Politischer Raum des Reiches und poetische Imagination des Imperiums

„En huius, nate, auspiciis illa incluta Roma / imperium terris, animos aequabit Olympo." [Sieh, mein Sohn, unter der Führung dieses Mannes (=Kaiser Augustus) wird das herrliche Rom dereinst sein Reich der Landmasse der Erde, seine Kühnheit aber der Höhe des Olymps gleichmachen] (Vergili Aeneis VI, 781–782; Übers. B. T.) Diese Prophezeiung richtet im VI. Buch von Vergils *Aeneis* der alte Anchises an seinen Sohn Aeneas. Es wird hier auf den Punkt gebracht, was auch später die Imagination vieler Generationen gefesselt hat: Das Römische Reich umspanne ein Territorium, welches zur Vielzahl der einzelnen Länder, die es auf der Erde gibt, koextensiv sei; mithin stelle es eine planetarische Macht dar, nämlich die einzige, die diesen Namen wirklich verdiene.

Wie der Geschichtskundige wohl weiß, erreichte das Römische Reich seine größte Ausdehnung keineswegs unter Kaiser Augustus, sondern erst unter Trajan (gest. 117). Viele ‚Außenposten' des Reichs, die er gewonnen hatte, gingen bald wieder verloren. Der Nachfolger Hadrian verzichtete auf eine aggressive Expansionspolitik und widmete sich der Konsolidierung des Imperiums nach innen sowie der Abwehr äußerer Feinde. Er errichtete in Britannien den Hadrianswall, ebenso wie in der Grenzregion Germanien schon seit dem 1. Jahrhundert n. Chr. der Limes angelegt worden war.

Der Machtbereich Roms reichte früh schon weit über Italien hinaus, dessen freie männliche Bewohner seit 89 v. Chr. das römische Bürgerrecht (*civitas Romana*) erhalten hatten. Neben dem italischen Kernland umfasste er nicht nur die senatorischen und kaiserlichen Provinzen, aus denen sich seit Eingliederung Siziliens als erster Provinz 215 v. Chr. das Territorium allmählich aufgebaut hatte. Vielmehr erstreckte sich der Einfluss auch auf benachbarte Klientel- oder Vasallenstaaten. Seit der Seeschlacht von Actium 31 v. Chr. und der Unterwerfung Ägyptens war das gesamte Mittelmeer von römischen Provinzen oder kleineren Klientelstaaten gesäumt. Zurecht durften daher die Römer das Mittelmeer als *mare nostrum* bezeichnen (→ 26. Mittelmeer).

Dennoch war den Römern auf der politischen und militärischen Ebene bewusst, dass es jenseits der Grenzen des Reiches weniger wohlgesonnene Mächte gab. Unmittelbar nach dem Tod des Kaisers Augustus 14 n. Chr. lässt der neue Herrscher Tiberius eine Denkschrift verlesen, in der Auskunft erteilt wird über die Zahl der Provinzen und Vasallenreiche (*provinciae et regna*): „All dies hatte mit eigener Hand Augustus aufgeschrieben und den Rat hinzugefügt, [die Ausdehnung] des Reiches [auf das Gebiet] innerhalb seiner [derzeitigen] Grenzen zu beschränken, ungewiss ist, ob aus Furcht oder Neid [auf einen erfolgreicheren Nachfolger]." (Taciti annales I, 1, Übers. B. T.) Angesichts der hellsichtigen Erkenntnis der Herrscher, dass die Ausbreitung römischer Herrschaft an natürliche Grenzen stieß, die nicht mit den Grenzen der Erde identisch waren, verwundert die vollmundige Gleichsetzung von Reich und Erde, wie sie uns oben bei Vergil begegnet ist.

Nicht nur Rom, auch andere Reiche des Altertums setzen sich in ein Verhältnis zu den übrigen Völkern der Erde; erwähnt seien zwei gegensätzliche Beispiele: Das Volk Israel definiert sich durch seinen Bund mit dem Einen Gott, der es auserwählt und aus der Mannigfaltigkeit der übrigen Völker herausgelöst hat. Doch das Modell des Königreichs Israel hebt die Existenz und räumliche Extension einer andersgearteten Welt von heidnischen Völkern nicht auf, sondern setzt sie voraus. China wiederum, das sich als das ‚Reich der Mitte' im Zentrum einer imaginären Geographie verortet, betrachtet sich in vielfacher Hinsicht als Hort wahrer Humanität und grenzt sich von der umgebenden Welt unkultivierter Barbaren ab. Diese wilden Völkerschaften vom Rande der Welt bilden jenen Horizont, vor dem die Gesittung des Reiches der Mitte erst zur Erscheinung gelangt.

Während das Modell des Alten Israel auf dem Partikularismus bewusster Absonderung und Selbstbegrenzung gründet, veranschaulicht die Konzeption des Alten China ein zum Habitus gewordenes Überlegenheitsdenken, das dem Anderen die Position des kulturell Minderbemittelten zuerkennt. Von beiden Vorstellungen hebt sich Rom ab. Hier bekundet sich nämlich in literarischen, insbesondere in dichterischen Texten ein auffälliger Universalismus: Er sucht den juristisch-politischen Reichsgedanken und das geographische Konzept des gesamten ‚bewohnten Erdkreises' – griechisch πᾶσα ἡ οἰκουμένη, lateinisch *universus orbis* (siehe Evangelium nach Lukas II, 1) –, der alle erreichbaren Länder der Welt umfassen soll, miteinander kurzzuschließen, und in seinem Unbedingtheitsanspruch dürfte dieser Universalismus für die Alte Welt, auf jeden Fall für die griechische Kultur, an der sich die römische bekanntlich zu messen hat, ungewöhnlich sein.

Die Gleichschaltung von Reich und Erde wirft ein konzeptuelles Problem auf. Wir wissen, wie sehr die römische Kultur von alters her auf Raumpraktiken der Abgrenzung beruht. Bereits der Stadtgründer Romulus ummauert die von ihm erbaute Siedlung auf dem Palatin, und er zögert nicht, den eigenen Bruder zu erschlagen, als dieser unerlaubt die Mauer überspringt, das heißt: die vom Bruder sakralrechtlich gesetzte Grenze missachtet (Livius I, 7). Der Rigorismus einer auf klaren Zugehörigkeiten und Distinktionen basierenden Ordnung des Raums zeigt sich auch an dem Konzept des ‚Pomeriums' (vielleicht von *post murum* – ‚hinter der Stadtmauer gelegen'), einer territorialen Einfriedung, die bereits auf Romulus zurückgeführt wird: Er habe am 21. April 753 v. Chr. mit dem Pflug eine Furche in den Ackerboden gezeichnet, um das eigentliche Stadtgebiet (*urbs*) vom umgebenden Land (*ager*) zu trennen (Livius I, 44). Nach dem Vorbild des Romulus, aber auch in Anlehnung an die Praxis der Etrusker, von denen der Brauch herkommen soll, erfolgt später im Bereich des Lateinischen Bundes die rituelle Gründung neuer Städte und Kolonien, indem man mit dem Pflug die Umrisse des Pomeriums in den Ackerboden einzeichnet. Der Verlauf der Demarkationslinie zwischen *urbs* und *ager* wurde durch weiße Grenzsteine (*cippi*) gebildet, die anfangs einen inneren und einen äußeren Ring um die eigentliche Mauer bildeten. Das dazwischen liegende Gebiet blieb unbebaut.

Generell spielt die Markierung des Geländes und der einzelnen Grundstücke durch Grenzsteine (*termini*) eine wichtige Rolle im römischen Leben. Der Verlauf der Grenze muss bekannt sein, wenn man einem Gegner nach den Regularien des Fetialrechts einen gerechten Krieg (*bellum iustum*) erklären will. Der Fetialpriester (*fetialis*) begibt sich an die Grenze zum Feindesland und schleudert unter Verwünschungen eine Lanze aus Kornellkirschholz in das fremde Territorium. Als Kriege nicht mehr mit unmittelbaren Nachbarn, sondern in weiter Entfernung geführt wurden, konnte der Lanzenwurf andernorts stattfinden und an der *columna bellica*, die vor dem Bellona-Tempel stand, simuliert werden. Augustus hat auf diese Weise den Krieg gegen Kleopatra eröffnet.

Im Lauf der Geschichte hat das lateinische Wort *imperium*, welches zunächst die militärische oder Amtsgewalt über bestimmte Bereiche, aber auch über den römischen Staat als Ganzen (*res publica*) bezeichnet, einen bemerkenswerten Bedeutungszuwachs erfahren: „Neben seinem militärischen und staatsrechtlichen Gehalt findet sich für *imperium* schon in der Republik eine Verwendung in räumlichem Sinn." (Libero 1998, V, 958) Das Wort dient in der Folge zur Bezeichnung des gesamten Staatsgebiets. Was jedoch frappiert, ist der Gegensatz zwischen einer politischen, militärischen und sozialen Raumpraxis, die auf strategische Sicherung des Territoriums sowie lokale Fixierung der gesellschaftlichen und Herrschaftsstrukturen geeicht ist (Certeau 1980, 82–89), und einer überschießenden Raumimagination, die in Literatur und Dichtung der Kaiserzeit ein völlig gegensätzliches Moment hervorzutreiben scheint, nämlich den faszinierenden Gedanken eines weltumspannenden Imperiums (→ 6. Literarischer Raum). Solch eine konzeptuelle Erweiterung des Reichsbegriffs verbindet sich folgerichtig mit einer zunehmenden „Entterritorialisierung" (Deleuze und Guattari 1972) des römischen Raums im eigentlichen Sinn, so dass er zum ideellen und figurativen Träger andersgearteter Sinngehalte werden kann.

2. Das Imperium als Wirt seiner Dichter

Die auffällige Gegenstrebigkeit von politisch-militärischer Raumstrategie und poetischer Raum-Imagination (→ 2. Topographien) kann leicht an exemplarischen Lektüren der herausragenden Dichter aus der augusteischen Epoche verdeutlicht werden. Zu nennen sind hier Vergil (70–19 v. Chr.) mit der *Aeneis*, insbesondere mit deren sechstem Buch; Horaz (65–8 v. Chr.) mit seinen *Oden*; Properz (48–ca. 15 v. Chr.) mit dem vierten Buch seiner *Liebeselegien* und Ovid (43 v. Chr.–17 n. Chr.) mit dem fünfzehnten Buch der *Metamorphosen* und dem Gedicht zum Fest des Grenzgottes Terminus am 23. Februar im zweiten Buch seiner *Fasti*. Ergänzt werden kann eine solche Zusammenschau durch einen Blick auf den Tragiker Seneca (1–65 n. Chr.), dessen Chorlieder im *Thyestes* oder in der *Medea* sowohl die weite Geographie der hellenistischen Ökumene als auch die philosophische Vergeblichkeit imperialer Machtergreifung eindrucksvoll zur Sprache bringen.

Schon um die Mitte des 1. Jahrhunderts n. Chr., d. h. am Ende der hier zu betrachtenden Periode, hat Seneca in der Chorlyrik seiner Tragödien gar nicht mehr explizit vom Römischen Reich gesprochen, sondern allenfalls – stoischer Kosmopolit, der er war – das Leben in der Ökumene dergestalt präsentiert, dass in den umfassenden Verkehrs- und Zirkulationsstrukturen des Erdkreises auch die räumliche Ordnung des Imperiums hinzuassoziiert werden konnte (Senecae Thyestes, chorus II, 369–390; Medea, chorus II, 364–379). Der unbotmäßige Elegiendichter Properz hat erst spät und nur halbherzig den Versuch unternommen, als Sänger der römischen Topographie die bescheidene Vorgeschichte der Stadt und die Pracht der augusteischen Hauptstadt zueinander in Beziehung zu setzen, seine eigentliche Aufgabe aber in der ebenso staats- wie reichsfernen Liebesdichtung gesehen (Propertius IV, 1). In Kontrast dazu stehen Vergil und Ovid: Vergil feiert die weltweite Expansion römischer Herrschaft unter Augustus, möchte diese jedoch in einem ethischen Verhältnis zum Selbst und zum Fremden verankert wissen, so dass die unterworfenen Völker grundsätzlich Anerkennung als Rechtssubjekte finden (Vergili Aeneis VI, 847–853). Ovid hingegen schreibt das weltumspannende Imperium in die Jederzeitlichkeit der überlieferten Mythologie und zugleich in die Ubiquität des von Rom beherrschten Erdkreises ein (Ovidi metamorphoses XV). Vergils Ansatz ist legitimatorisch, insofern er ein ethisches Korrektiv zur imperialen Gewalt der augusteischen Befriedungspolitik zu bieten sucht; Ovids Programm hingegen mythisiert und poetisiert das historische Phänomen des in seiner Epoche triumphierenden Imperiums. Beide Dichter ordnen sich somit dem Reichsgedanken unter, dem sie – jeder auf seine Weise – zu dienen suchen. Ganz anders jedoch Horaz: In seinen vier Odenbüchern feiert er die Beendigung des Bürgerkriegs und die Siege des Augustus über die Gegner, die sich ihm klaglos zu unterwerfen haben.

Nur von der Macht des allerhöchsten Göttervaters selbst wird die Herrschaft des Augustus noch übertroffen, Augustus aber steht im Rang immerhin schon an zweiter Stelle, und die räumliche Ausdehnung seines Reiches erfasst die Grenzvölker der bekannten Welt: einerseits die Parther in Persien, die tatsächlich mit Rom in kriegerischem Konflikt stehen, und andererseits die Serer (die Chinesen) oder die Inder im äußersten Osten, die, historisch betrachtet, ganz sicher jenseits der Grenzen des Römischen Reiches leben (Horati carmen I, 12, 49–60). Allerdings verweisen solch ferne Völkerschaften, über die man nur wenig weiß, metonymisch auf die äußersten Grenzregionen: Diese liegen nicht nur am Rande des Reichs, sondern eben auch am Rande der Ökumene. Rom befindet sich mit den dort lebenden Mächten zwar einstweilen noch im Streit, aber wenn es diesen erst siegreich bestanden hat, wird der römische Herrschaftsbereich endgültig bis ans Ende der Welt vorgedrungen sein. So gesehen, widersetzen sich die Grenzvölker nicht nur dem Imperium, sondern sie bewohnen auch jene derzeit ‚weißen Flecken' der Landkarte, die bald in Provinzen des Reichs umgewandelt werden sollen.

Horaz, der diese Expansion freudig zu bejahen scheint, gewinnt ihr freilich eine überaus eigenwillige Pointe ab. Einerseits empfiehlt der Dichter seinem Freund Maecenas eine Lebenspraxis der Selbstsorge, in welcher der Raum der Politik mir ihren zahllosen Peripetien für den Privatmann an Bedeutung verliert (Carmen III, 29, 17–34). Andererseits ist Horaz' Haltung keine völlige Abkehr vom Reichsgedanken, sondern in *Carmen* II, 20, einer programmatischen Selbstbeschreibung, die sich an das Vorbild Pindars anlehnt, überfliegt der Dichter, der sich in den heiligen Schwan des Gottes Apoll verwandelt hat, offenbar das gesamte Territorium der Ökumene: „Iam Daedaleo ocior Icaro / uisam gementis litora Bosphori / Syrtisque Gaetulas canorus / ales Hyperboreosque campos. // Me Colchus et qui dissimulat metum / Marsae cohortis Dacus et ultimi / noscent Geloni, me peritus / discet Hiber Rhodanique potor." [Schon schau berühmtern Flugs ich als Ikarus / Den Küstensaum des tosenden Bosporus, / Gätuliens Syrten und des Nordens / Fluren als singender Schwan sich breiten. // Der Kolcher lernt mich kennen, der Dacier, / Der heimlich bebt vor marsischem Schwert, und fern / Der Scythe, dem Iberer werd' ich / Kund und dem Trinker des Rhonestromes] (Carmen II, 13–20; Übers. Färber)

Auch hier sind es die Grenzvölker, die – wiederum metonymisch für den noch nicht kolonisierten Außenraum des Reichs, aber auch für einige bereits errichtete Provinzen aufgerufen – in Erscheinung treten: die Gestade des Schwarzen Meers jenseits des Bosporus, die Gaetuler an der libyschen Grenze hinter den gefürchteten Sandbänken der Syrten, die Gefilde der mythischen Hyperboreer, offenbar jenseits der Grenze zu den Germanen im äußersten Norden der Welt siedelnd. Der Dichter wird mit seinem Werk den Kolchern im Osten des Schwarzen Meers und den Dakern in dessen Westen bekannt; umsonst verbergen sie ihre Furcht vor den marsischen Kohorten aus den italischen Kernlanden, haben sie ihnen doch auf Dauer keinen erfolgreichen Widerstand entgegenzusetzen; und den Horaz werden sogar im äußersten Nordosten des Reichs die Gelonen, ein Volksstamm der Skythen, und entlang der Nordküste des Mittelmeers zum atlantischen Westen hin die gelehrten Gallier und Iberer kennenlernen, die bereits romanisiert sind und über römische Aquädukte ihr Wasser aus der Rhône und aus dem Ebro-Fluss beziehen. Es manifestiert sich in diesem Gedicht ein ebenso starkes Selbstbewusstsein, wie es Horaz auch in seinem noch weit berühmteren *Carmen* III, 30 am Ende des dritten Buchs an den Tag legt: „Exegi monumentum aere perennius / regalique situ pyramidum altius, / quod non imber edax, non Aquilo inpotens / possit diruere aut innumerabilis // annorum series et fuga temporum. / Non omnis moriar multaque pars mei / uitabit Libitinam; usque ego postera / crescam laude recens, dum Capitolium // scandet cum tacita uirgine pontifex." [Also schuf ich ein Mal dauernder als Erz, / Majestätischer als der Pyramiden Bau, / Das kein Regen zernagt, rasenden Nordens Wut / Nicht zu stürzen vermag, noch der Jahrhunderte // Unabsehbare Reihn oder der Zeiten Flucht. / Nein, ich sterbe nicht ganz, über das Grab hinaus / Bleibt mein edleres Ich; und in der Nachwelt noch / Wächst mein Name, so lang, als mit der schweigenden // Jungfrau zum Kapitol wandelt der Pontifex] (Carmen III, 30, 1–8; Übers. Färber)

Man kann solche Texte, welche die Topik weltumspannender, aufs Imperium gemünzter Herrschaft entlehnen und auf Zirkulation und globalen Erfolg von Horaz' Dichtung anwenden, als Ausdruck eines Wettkampfs zwischen dem Kaiser und seinem zweifellos größten lyrischen Dichter auffassen. Dafür sprechen etwa die Eingangsverse, in denen das poetische Denkmal des Dichters kaum verhüllt auf die Zwölftafelgesetze und dann vielleicht auch auf den Tatenbericht in erster Person des Augustus, die *Res gestae divi Augusti*, anzuspielen scheint, die an verschiedenen Stellen des Reichs in Erz gegossen und an öffentlichen Gebäuden angebracht waren, so insbesondere auch in Ancyra, heute Ankara, weshalb das Werk meist unter dem Namen *Monumentum Ancyranum* bekannt ist. Dann ginge es hier um einen agonalen Konflikt, in dem der Dichter behaupten würde, den Kaiser übertroffen und noch Bleibenderes und Wesentlicheres geschaffen zu haben.

Wichtiger dürfte jedoch etwas anderes sein: Das Römische Reich und der von ihm zelebrierte Staatskult sind hier im Bild jenes Rituals dargestellt, bei dem möglicherweise Augustus persönlich in seiner Funktion als Pontifex maximus und, von ihm geleitet, eine verschleierte Vestalin zum Kapitolinischen Tempel emporschreiten, um dort dem Jupiter zu opfern. Diese Evokation einer öffentlichen Feier darf synekdochisch auch für die römische Zivilreligion, ja für die Institutionen der römischen Kultur insgesamt verstanden werden; und solange diese Rituale und diese Kultur bestehen werden (*dum scandet* – ‚solange der oberste Priester emporschreitet'), wird das Wort dieses Dichters nicht sterben, und wird er ständig neues Lob ernten dürfen. Hier ist es ganz offenkundig nicht etwa der Dichter, der das Römische Reich preist, der es moralisch aufrüsten oder seiner Historie und seinem Territorium eine mythische Dimension anzudichten sucht, sondern bei Horaz wird das Römische Reich selbst, werden sowohl seine stadtrömische Topographie (verdeutlicht durch den Tempel des Kapitolinischen Jupiter) als auch seine weltumspannende Geographie (verdeutlicht durch die topischen Referenzen auf die unterschiedlichsten Grenzvölker) zum Fluidum bzw. zum Medium seiner eigenen Dichtung. Diese dient nicht mehr dem Reich, sondern sie bedient sich des Reiches – zuallererst des Reichsgedankens, d. h. des Territoriums, darin er zu Hause ist, aber dann auch der Sprache und der Kultur, die ihn hervorgebracht haben. Gestützt auf jüngere Theorien des Literarischen (Miller 1977; Serres 1985) könnte man sagen: Das Römische Reich ist hier konzipiert als ein Wirt – oder freundlicher formuliert: ein Gastgeber –, dessen Parasit oder Gast der Dichter ist, und wie es Parasiten gibt, die den Tod ihres Wirts überleben, gibt es auch Dichter, die den Untergang der Gemeinschaft überleben, für die, gegen die oder in deren Schutz sie geschrieben haben.

3. Römische Geltung: Ordnung statt Ortung

Carl Schmitt hat in seiner einflussreichen Studie über den *Nomos der Erde* auf den unlösbaren Zusammenhang von ‚Ordnung und Ortung' hingewiesen, will sagen: Jede Ordnung ist auf einen Ort, ein Territorium, angewiesen, innerhalb dessen sie allein den Anspruch auf Geltung erheben darf (Schmitt 1950, 13–20; → 25. Formationen literarischer Raumgeschichte). Auch das Römische Reich ist zweifelsohne an solche Ortung der eigenen Ordnung gebunden. Darum werden im Inneren Grenzsteine dem Gott Terminus geweiht und an den äußeren Rändern die Grenzwälle gegen fremde Völkerschaften errichtet. Darum meint die *pax Romana*, die das Imperium dem eigenen Verständnis nach den unterworfenen Völkern zu gewähren vermag, im germanischen Wortsinn selbstverständlich auch eine ‚Einfriedung', die lokal definiert ist und die auch entfernt mit dem lateinischen Verbum *pangere* im Sinn von ‚etwas (einen Nagel, einen Weinstock, einen Anker) einschlagen' verwandt ist. Morphologisch näher als *pangere* steht dem Substantiv *pax* allerdings das Verbum *pacisci* – ‚einen Vertrag schließen, übereinkommen, verabreden'. Mit den Wörtern *pangere* im übertragenen Sinn und erst recht mit *pacisci* definieren wir die neu zu schaffende Friedensordnung, die ja Finalgrund der römischen Reichsbildung sein sollte, nicht mehr lokal oder territorial, wie es Carl Schmitt gedacht hatte, sondern vertragstheoretisch und in gewisser Weise unabhängig von rein räumlichen Grenzziehungen (→ 14. Semiosphäre und Sujet); denn der Friedensvertrag wird ja geschlossen mit den Anderen jenseits der Grenze.

Der Durchgang durch repräsentative Dichtungen der julischen, insbesondere der augusteischen Kaiserzeit hat ergeben, dass dort in Kontrast zu einer stärker territorialen Obsession, welche die römische Politik und die von ihr betriebene Expansion dazu bewegte, ein lokal definiertes Reich zu gründen, zu vergrößern und nach außen hin zu verteidigen, ein anderer, nicht rein räumlicher Typus von Identität zunehmend für das Imperium bestimmend wurde – entweder im Zeichen radikaler Kritik, ja Subversion: bei Seneca die Herrschaft über die Ökumene als illusionäre Veranstaltung und schillernde Versuchung, welcher der wahre Philosoph zu widerstehen lernt, und in den Elegien des Properz das Reich als hinderliches Widerlager dichterischer sowie erotischer Selbstverwirklichung – oder aber im Zeichen konstruktiver Bejahung: bei Vergil das Reich als ethisches und juristisches Projekt einer wechselseitigen Gerechtigkeit, die freilich erst noch zu schaffen sei; bei Ovid das Reich, das die gesamte Welt umfängt, als zum überlieferten Mythos konforme Kosmologie; bei Horaz schließlich das Reich als Wirtskörper eines parasitären Dichters und als Medium kultureller, insbesondere literarischer Zirkulation.

Während Kult, Politik und Militär danach streben, festgefügte und unverbrüchliche Grenzen herzustellen, während sie sogar eine neuerliche Reduktion des eigenen Territoriums in Kauf nehmen, um darauf in größerer Sicherheit leben zu können, tendiert die hyperbolische Topik der oft panegyrisch orientierten Dichtung dazu, das Imperium als wie auch immer geartete Gleichsetzung von Stadt (*urbs*) und Erdkreis (*orbis*) zu feiern: „Gentibus est aliis tellus data limite certo: / Romanae spatium est urbis et orbis idem." [Andere Völker haben ein Land mit fester Begrenzung: / Rom und der Erdkreis jedoch haben dasselbe Gebiet] (Ovidi fasti II, 982–983; Übers. Holzberg) Am deutlichsten zeigt sich dies in der wiederkehrenden Berufung auf ferne und fernste Grenzvölker, die zu Adressaten der poetischen Rede werden können und die zu Rechtssubjekten mit eigenen Ansprüchen an jenes Imperium werden dürfen, das sie regiert.

Regelmäßig bedienen sich hierbei die Dichter der rhetorischen Figur der Metonymie: Die Grenze, die das Reich faktisch umschließt, wird mithilfe jener Völkernamen bezeichnet – beispielsweise Parther, Serer, Skythen, Insulaner von Thule –, die noch außerhalb dieser Grenzen leben und ausgeschlossen bleiben, aber möglicherweise eines Tages dazu gehören werden. So gesehen oszillieren diese Grenzgebiete und ihre Bewohnerschaft zwischen vorgängiger Ausschließung und virtueller Einschließung; die Grenzgebiete des Römischen Reiches sind nicht nur Territorien, die (noch) draußen liegen, sondern auch Räume, die vielleicht später einmal zum Reich hinzukommen werden und die sich vorauseilend jetzt schon mit ihm identifizieren. Darum wirkt das Imperium auf die Grenzlandbewohner im Modus der Interpellation (Althusser 1970, 302–307); darum imaginiert Horaz, dass Leser aus Kolchis ihn dereinst kennen würden, dass Parther, Inder und Serer das Reich, in dessen Kommunikationskanälen sein Werk zirkuliert, mitkonstituieren könnten. Die Teilnahme des Publikums an römischer Kultur und Literatur ist somit nicht nur im Reichsgebiet möglich, sondern sie ist gerade an dessen Rändern denkbar und wünschenswert.

Die poetischen Texte konstituieren ein imaginäres Pomerium, welches nicht allein die Stadt, sondern den gesamten Erdkreis umschließt: „Dictum autem pomerium quasi promurium, id est proximum muro." [Bezeichnet wird aber (das) Pomerium gleichsam als Promurium, das heißt in nächster Nähe vor der Mauer gelegen] (Festus. *De verborum significatione*, s. v. ‚Posimurium') Wo das Territorium des Reiches die gesamte Fläche der Erde umfasst oder wo das, was noch nicht zum Reich gehört, bereits jetzt ‚in nächster Nähe zur Mauer' weder ganz drinnen noch ganz draußen liegt – in einer Zone der Indifferenz –, verlieren die Lokalität und die Räumlichkeit des Reiches, verliert seine Ortung überhaupt an Bedeutung. Das Imperium wächst über den ihm *realiter* zugedachten Platz im Raum weit hinaus, wird doch als Erdkreis imaginiert. Die auswärtigen Fremden fühlen sich da möglicherweise schon zugehörig, noch bevor ihr Land erobert und dem Reichsgebiet eingegliedert worden ist. Gründend ist demnach nicht mehr die Ortung, sondern gründend sind nunmehr die Muster der zu exportierenden und zu imitierenden Ordnung, sei es die Ordnung der Politik, des Rechts, des Militärs oder auch der Kultur, der Sprache, der Literatur (→ 27. Athen). Mit solch einer Ordnung kann sich imaginär identifizieren, solch einer Ordnung kann performativ beitreten, wer nach rein territorialen Kriterien von ihr ausgeschlossen geblieben wäre. Überall auf der Welt – im Weltinnenraum des Imperiums und in der Indifferenzzone des Außenraums, der vielleicht bald kein Außenraum mehr ist, – darf und soll einer (wie analog John F. Kennedy 1963 in Berlin) sagen können: *Civis Romanus sum* (→ 10. Geopolitik und Globalisierung). Mit nicht geringerem Selbstbewusstsein hat Ovid diesen Gedanken knapp 2.000 Jahre früher in die Schlussverse seiner *Metamorphosen* eingefügt: „Quaque patet domitis Romana potentia terris, / ore legar populi, perque omnia saecula fama, / siquid habent veri vatum praesagia, vivam." [Und soweit sich immer Roms Herrschaft über den bezwungenen Erdkreis erstreckt, wird das Volk mich lesen, / ja, durch alle Jahrhunderte hindurch werde ich, wenn etwas Wahres an den Weissagungen der Seher ist, in meinem Nachruhm weiterleben] (Metamorphoses XV, 877–879; Übers. Fink)

Literatur

Althusser, Louis. „Idéologie et appareils idéologiques d'État" [1970]. *Sur la reproduction*. Paris: PUF, 1995. 269–314.
Certeau, Michel de. *L'Invention du quotidien: 1. Arts de faire*. Paris: Union Générale d'Éditions, 1980.
Certeau, Michel de. *Die Kunst des Handelns*. Übers von Ronald Vouillé. Berlin: Merve, 1988 [1980].
Deleuze, Gilles, und Félix Guattari. *Capitalisme et schizophrénie. L'Anti-Œdipe*. Paris: Minuit, 1972.
Deleuze, Gilles, und Félix Guattari. *Anti-Ödipus: Kapitalismus und Schizophrenie*. Übers. von Bernd Schwibs. Frankfurt a. M.: Suhrkamp, 1974 [1972].
Festus [Sextus Pompeius Festus]. *De verborum significatione. Sexti Pompei Festi de verborum significatu quae supersunt cum Pauli epitome*. Edidit Wallace Martin Lindsay. Reprint. Hildesheim: Olms, 1965 [1913].
Horaz [Quintus Horatius Flaccus]. *Carminum libri IV* [= *Odarum libri IV*]. *Sämtliche Werke*. Lateinisch und deutsch. Nach Kayser, Nordenflycht und Burger, bearbeitet und teilweise neu übers. von Hans Färber und Wilhelm Schöne. München: Heimeran/Tusculum, 1957.
Libero, Loretana de. Art. „Imperium". *Der neue Pauly: Enzyklopädie der Antike*. Stuttgart: Metzler, 1998. V, 955–958.
Livius [Titus Livius]. *Ab urbe condita libri I-V*. Recognovit Robertus Maxwell Ogilvie. Oxonii: E typographeo Clarendoniano. Oxford und New York: Oxford University Press 1974.
Miller, J. Hillis. „The Critic as a Host". *Critical Inquiry* 3 (1977): 439-477.
Novum Testamentum. Graece et Latine. Hrsg. von Kurt und Barbara Aland. Stuttgart: Deutsche Bibelgesellschaft, 1984.
Ovid [Publius Ovidius Naso]. *Fastorum libri VI*. Ovid. *Fasti – Festkalender*. Lateinisch-deutsch. Auf der Grundlage der Ausgabe von Wolfgang Gerlach neu übers. und hrsg. von Niklas Holzberg. Berlin: Akademie-Verlag, 2012 [1995].
Ovid [Publius Ovidius Naso]. *Metamorphoseon libri XV*. Ovid. *Metamorphosen – Metamorphoseon libri*. Lateinisch und deutsch. Hrsg. und übers. von Gerhard Fink. Düsseldorf: Patmos/Artemis & Winkler, 2004.
Properz [Sextus Propertius]. *Elegiarum libri IV. Gedichte*. Lateinisch und deutsch. Übers. von Rudolf Helm. Berlin: Akademie-Verlag, 1965.
Schmitt, Carl. *Der Nomos der Erde im Völkerrecht des Jus Publicum Europaeum*. Berlin: Duncker & Humblot, 1950.
Seneca [Lucius Annaeus Seneca]. *Thyestes. Sämtliche Tragödien*. 2 Bde. Lateinisch und deutsch. Übers. und erl. von Theodor Thomann. II. Zürich und Stuttgart: Artemis, 1969.
Seneca [Lucius Annaeus Seneca]. *Medea. Sämtliche Tragödien*. 2 Bde. Lateinisch und deutsch. Übers. und erl. von Theodor Thomann. I. Zürich und Stuttgart: Artemis, 1961.
Serres, Michel. *Le Parasite*. Paris: Grasset, 1985.
Serres, Michel. *Der Parasit*. Übers. von Michael Bischof. Frankfurt a. M.: Suhrkamp, 1987 [1985].
Tacitus [Publius Cornelius Tacitus]. *Ab excessu divi Augusti libri qui supersunt* [= *Annales*]. Quartum recognovit Carolus Halm. Leipzig: Teubner, 1905.
Vergil [Publius Vergilius Maro]. *Aeneidos libri XII. P. Vergili Maronis opera*. Hrsg. von R. A. B. Mynors. Oxonii: E typographeo Clarendoniano. Oxford und New York: Oxford University Press, 1969.

Vergil [Publius Vergilius Maro]. *Aeneis* [deutsch]. *Bucolica – Georgica – Aeneis*. Übers. von Rudolf Alexander Schröder. München: Winkler, 1976.

29. Vom Artushof nach King's Landing: Chrestien de Troyes und die Mediävisierung politischer Topographie

Xuan Jing

Nach Georg Simmel ist „der Raum überhaupt nur eine Tätigkeit der Seele [...], nur die menschliche Art, an sich unverbundene Sinnaffektionen zu einheitlichen Anschauungen zu verbinden" (1992, 688–689). Raum ergibt sich demzufolge aus einem imaginären Vorgang, vermittels dessen sinnliche Eindrücke – Zuwendung und Abneigung, Fremd- und Vertrautheit, Abhängigkeit und Bedrohung etc. – durch topographische Fixierungen objektiviert werden. Für diesen Einbildungscharakter des Raums spricht die Literatur des Mittelalters, denn dort sind Räume kaum referentiell, sondern dienen vielmehr dazu, soziale wie kulturelle Erfahrungen zu konkretisieren. Ein besonders wirkmächtiges Beispiel stellt hier der Artushof dar. Schon im *Roman de Brut* (um 1150) des normannischen Dichters Wace ist der Artushof der Austragungsort jener legendären Tafelrunde, die bis heute die Idealvorstellung eines egalitären Herrschaftsverbandes prägt. Doch erst in der Ritterepik des altfranzösischen Autors Chrestien de Troyes (ca. 1140–1190) nimmt er die Gestalt eines politisch bedeutsamen Raums an, in dem die feudalen Herrschaftsstrukturen und deren Wandel im Hochmittelalter anschaulich werden (→ 6. Literarischer Raum; 2. Topographien). Chrestiens Raumkonzept zeichnet sich durch eine zentrifugale Dynamik aus: Mit seinem alters- und entscheidungsschwachen König bildet der Artushof ein dekadentes Herrschaftszentrum, das die Ritterhelden – die eigentlichen Protagonisten von Chrestiens Artusromanen – zum Zweck ihrer Abenteuerfahrten verlassen. Die darauf folgende Erschließung des Abenteuerraums vollzieht sich in zwei Abenteuerzyklen (→ 13. Chronotopoi), die in der deutschsprachigen Mediävistik als ein ‚doppelter Kursus' beschrieben werden. Der erste Durchlauf dient dabei dem Erwerb einer höfischen Identität, der zweite deren endgültiger Bestätigung (Kuhn 1973; Köhler 1956; Warning 1978). Diese Identität steht bei Chrestien allerdings in einem divergenten Verhältnis zur Figur des Artus, von dessen Hof sich die Ritterhelden sämtlich abkehren. In den vollendeten Ritterromanen Chrestiens (*Cligès*, *Erec et Enide* und *Yvain*) gelingt es den Protagonisten, ihre Abenteuerfahrt erfolgreich mit der Inbesitznahme eines eigenen Terrains zu beschließen; in den unvollendeten Romanen (*Lancelot* und *Perceval*) kommt die Abenteuerfahrt zu keinem Ziel und verbleibt in einer permanenten Suche. Im ersteren, idealtypischen und für den Ritterroman musterhaften Fall zeichnet sich dabei eine Machtverschiebung ab, bei der die einstigen Artusritter jeweils eine vom Artushof unabhängige, autonome Herrschaftsposition erlangen und der Artushof schließlich aus dem Blick gerät. Bei dieser Grundstruktur dominieren zwei räumliche Bewegungen, die auf je unterschiedliche Weise politisch kodiert sind: die Exteriorisierung und die Dezentrierung (→ 3. Dynamisierungen). Während die Exteriorisierung die Verlagerung eines Binnenkonflikts in den Außenraum und damit eine Form der Krisenbewältigung darstellt, kommt in der Dezentrierung ein politischer Strukturwandel zum Vorschein, der durch die Lehre der *translatio imperii* theoretisch begründet ist. Beide Aspekte sind exemplarisch verbunden in Chrestiens *Erec et Enide* (um 1160), der als der erste Ritterroman für die spätere Mittelalter-Rezeption prägend ist (→ 7. Raum und Erzählung). Chrestien entwirft dort eine fiktive Topographie, die nicht nur das politische Imaginäre seiner Epoche sichtbar werden lässt, sondern sich selbst noch für die Herrschaftsfiktionen des globalen Zeitalters – etwa in der HBO-Serie *Game of Thrones* – als paradigmatisch erweist (→ 10. Geopolitik und Globalisierung).

1. Exteriorisierung: Politische Krisenbewältigung in *Erec et Enide*

Erec et Enide beginnt damit, dass König Artus zu Ostern mit der Jagd auf den weißen Hirsch einen alten Brauch wiederbeleben will, wonach derjenige, welcher das Tier erlegt, das Recht hat, die schönste Jungfrau bei Hofe zu küssen. Sogleich warnt Artus' Neffe Gauvain vor den möglichen katastrophalen Folgen dieses Brauches, ist doch jeder der fünfhundert Ritter bestrebt, seine Dame für die Schönste zu halten und dies auch notfalls mit Waffengewalt zu vertreten. Artus setzt sich indes durch, und als er selbst den Hirsch erlegt hat, droht aus Gauvains Befürchtung Wirklichkeit zu werden: Obzwar der König es ist, der den Kuss zu vergeben hat, geht man am Hof davon aus, dass die Sache nicht ohne Blutvergießen beendet werden könne. Die prekäre Pattsituation dauert bis zur Rückkehr Erecs an. Während der Hof sich in der Hirschjagd erging, hat der Titelheld bei seiner ersten Abenteuerfahrt den Kampf um einen Sperber gewonnen. Darüber hinaus bringt er nun als Trophäe Enide mit, deren konsensfähige Schönheit schließlich die Zwietracht am Hofe beendet.

Bildet die Hirschjagd-Episode den Auftakt von Chrestiens Ritterfiktion, so besteht ihre grundlegende Bedeutung darin, dass in ihr der Artushof als eine von Anfang an krisenhafte Gemeinschaft entworfen ist: Nach der Wiedereinführung des alten Brauchs droht dem Artushof der Zusammenbruch, und es bedarf eines Ritterhelden, um die gestörte Ordnung wiederherzustellen. Die Handlung entfaltet sich dabei zwischen einem höfischen Innenraum, in dem der Konflikt ausbricht, und einem dem Ritterhelden (vor-)bestimmten Außenraum (→ 1. Topologie). Beide Räume stellen respektive den Ort der Krise und den Ort der Krisenbewältigung dar, wodurch sich eine topologische Verlagerung der Konfliktlösung von der höfischen Innenwelt in die Welt des Abenteuers ergibt. Eine solche Bewegung der Exteriorisierung verweist auf die Besonderheit der Konfliktursache: Sie liegt innerhalb der höfischen Ordnung und näherhin in einer Konstruktion, die nicht widerspruchsfrei, indes systemkonstitutiv ist (→ 14. Semiosphäre und Sujet). Daher muss der Kampf in einem Außenraum ausgetragen werden, damit die destabilisierte Ordnung nicht gänzlich eingerissen werden muss, sondern restituiert werden kann.

Worin dieser innere Widerspruch des Artushofs besteht, lässt sich an dem Streit nach der Hirschjagd erkennen: Jeder der Artusritter ist bereit, für das Recht zu kämpfen, seine Dame als die schönste zu deklarieren. Mit diesem Rechtsanspruch wird das Gleichheitsprinzip der Tafelrunde *ad absurdum* geführt – ist doch der Superlativ in einer Gemeinschaft von Egalität schlechterdings widersinnig. Die Krise rührt so gesehen von einer Systemaporie her, die dem Artushof als einer auf Parität gegründeten Herrschaftsordnung wesenhaft eignet. Deren historisches Vorbild ist das Feudalkönigtum des Mittelalters, bei dem der König als *primus inter pares* zwar oberster Gerichts- und Lehnsherr ist, die Entscheidungshoheit indes im *consilium* der Großvasallen liegt. *Primus inter pares* und zugleich nicht souverän, verkörpert der Feudalkönig den konstitutiven Widerspruch einer hierarchisch gebildeten und zugleich paritätisch gebundenen Machtkonstellation. Die hierzu spezifische Organisationsform hat Theodor Mayer (1984) als einen ‚Personenverband' bezeichnet, bei dem die Machtbasis des Feudalherrn neben seinem eigenen Grundbesitz in einem Geflecht persönlicher Abhängigkeitsverhältnisse – von großen und kleinen Vasallen – besteht. Diese feudale Machtstruktur gerät jedoch zusehends ins Wanken, sobald sich im Hochmittelalter eine neue Staatsform – der institutionelle Flächenstaat – herausbildet, dessen Prinzip im Gegensatz zum Personenverband darin besteht, die meisten Herrschaftsrechte eines geschlossenen Gebiets in einem Machtmonopol zu konzentrieren. Der politische Strukturwandel hin zum Territorialstaat bedeutet für den Personenverband eine krisenhafte Situation; denn jene konstitutive Aporie des alten Feudalsystems, wonach der König eine Machtspitze ohne Souveränität darstellt, wird problematisch angesichts der einsetzenden Formation eines zentralistischen Gewaltmonopols.

Die feudale Herrschaftskrise zeigt sich in *Erec et Enide* sinnfällig daran, dass sich der Artushof als scheinbar vorbildlicher Personenverband aufgrund des Widerspruches seiner beiden Grundprinzipien – Ritterlichkeit und Egalität – gewaltsam aufzulösen droht. Dass damit eine Systemkrise ausbricht, führt Chrestien noch deutlicher vor, wenn er in der Folge die zentrale Institution des Feudalkönigtums – den Vasallenrat – als ein dysfunktionales Entscheidungsgremium darstellt (Xuan 2012, 12–14): Nach der Hirschjagd beruft der König seine Vasallen zu einer Krisensitzung ein; diese verläuft jedoch trotz erregter Diskussion zunächst ergebnislos. Schließlich wird der Ratschlag der Königin angenommen, und man beschließt, die Kussvergabe bis zu Erecs Rückkehr aufzuschieben. Die Funktion des Vasallenrates ist in diesem Fall paradox: Einerseits leitet er gewissermaßen per Resolution seine eigene Machtenthebung ein; denn mit dem Entschluss, auf Erec zu warten, erklärt sich der Vasallenrat im Grunde für handlungsunfähig und versetzt dadurch den Hofstaat in politische Untätigkeit. Anderseits erweist sich jedoch die auf der Krisensitzung getroffene Entscheidung – also auf Erecs Rückkehr zu warten – im weiteren Verlauf der Handlung als genau richtig. Die damit gegebene, wenig vorteilhafte Darstellung des Vasallenrats hat ihre epische Provenienz in der *Chanson de Roland*. Schon dort werden auf den *conseilles des barons* verhängnisvolle Fehlentscheidungen getroffen – etwa die Sendung des Ganelon zum Maurenkönig, die dessen Verrat und damit die Katastrophe von Roncesvalles herbeiführt. Chrestiens Ratszene muss daher auch ironisch erscheinen, erfüllt darin doch der Vasallenrat seine aktive politische Funktion gerade dadurch, dass er sich als politischer Apparat deaktiviert.

Wie man an der Selbstentmachtung des arturischen Vasallenrates sieht, kann die Systemkrise nicht durch die Feudalordnung selbst – topologisch gesprochen: also nicht im höfischen Innenraum – bewältigt werden. Sie wird vielmehr auf einen Außenraum übertragen, wo sie für die Feudalordnung konfliktlos ausgetragen werden kann. Ein solcher Außenraum ist der Abenteuerraum des Ritterhelden. Dieser erweist sich im Falle Erecs insofern als ein Ort der Konfliktübertragung, als dort ein Sperberkampf stattfindet, der analog zur Hirschjagd – in beiden Fällen geht es um eine Schönheitsproklamation durch Kraftprobe – modelliert ist und mithin die Krise des Artushofes widerspiegelt. Ein weiteres Moment der Übertragung besteht darin, dass der für den Artushof zerstörerische Rivalenkampf *omnes contra omnia* in Form eines spielerischen Zweikampfes ausgetragen und so eindeutig entschieden werden kann. Gleichsam *qua* Analogie wird dann auch das Systemproblem durch die Exteriorisierung gelöst: Wenn Erecs Rückkehr wieder Eintracht in die vom Zusammenbruch bedrohte Rittergemeinschaft bringt, so deshalb, weil ihm im Abenteuerraum eben das gelungen ist, was am egalitären Artushof tabuisiert war: nämlich die elitäre Selektion, die es ihm erlaubt, als bester Ritter die schönste Dame für sich zu beanspruchen.

2. Dezentrierung und *translatio imperii*

Mit Dezentrierung ist bei Chrestien eine räumliche Versetzung gemeint, durch die sich der Ritterheld sukzessiv vom Artushof entfernt, um am Ziel seines Abenteuerweges einen eigenen Herrschaftsraum für sich zu etablieren. Für *Erec et Enide* bedeutet dies konkret, dass Erec nach seiner ersten erfolgreichen Abenteuerfahrt vom Artushof nach seinem Erbland Carnant zurückkehrt, von wo aus er eine zweite Ausfahrt unternimmt, an deren Ende er schließlich in Nantes zum König gekrönt wird. Die so gegebene Dezentrierung hat ihren Bezugspunkt im Artushof, der von Erec während seiner Abenteuerreise wiederholt aufgesucht wird und damit gewissermaßen ein entschwindendes Zentrum bildet, um das die voranschreitende Abkehrbewegung kreist.

Der Abenteuerraum steht jedoch nicht nur im Zeichen einer zunehmenden Abkehr vom Artushof; er ist auch römisch überschrieben (→ 28. Rom) und weist somit einen politischen Sinn auf. Der hierfür signifikante Ort ist Carnant, wo der frisch verheiratete Held im Eheglück seine Ritterpflicht versäumt. Der Bezugstext für das so genannte ‚Verliegen' des Erec ist die Vergil'sche *Aeneis* und dort näherhin die Karthago-Episode im vierten Buch. Während Aeneas in den Armen Didos in Karthago seinen Gründungsauftrag vergisst, bedeutet für Erec das Verliegen eine sträfliche Vernachlässigung seiner Ritterpflichten; und ebenso wie Aeneas, nachdem er sich seines Fehlverhaltens bewusst geworden ist, bricht auch Erec nach dem erotischen Interludium zu neuen Taten auf. Wenn Erec schließlich nach der abermals bestandenen Bewährungsprobe in Nantes den Thron besteigt, so weist sein Abenteuerraum mit den Anfangs-, Mittel- und Endpunkten Artushof, Carnant und Nantes eine topographische Längsachse auf, die ihrerseits wiederum in der Gründungsreise des Aeneas von Troja über Karthago nach Italien episch vorgebildet ist.

Die figurale Analogie zwischen *Erec* und *Aeneis*, die in Chrestiens Topographie der Dezentrierung aufgerufen ist, speist sich nun aus einem spezifischen Herrschaftsdenken: nämlich der Idee der *translatio imperii*, wonach die Weltherrschaft von Ost nach West, von Babylonien nach Rom wandert. Nach dem Untergang Roms – so die mittelalterliche Fortschreibung der *translatio*-Lehre – setzt sich die Reichsübertragung dadurch fort, dass sich das *caput mundi* auf andere Völker, etwa Byzanz, die Franken oder die Deutschen übergeht (Goez 1958). Aus eben diesem Grund leiten sich die Franken seit der frühen Karolingerzeit von Troja her, während sich das erstmals 1157 so genannte *Sacrum imperium* in ununterbrochener Nachfolge des antiken Imperiums verstand. Es gab im 12. Jahrhundert allerdings noch andere Herrscherhäuser, die ihren Territorial- und Machtzuwachs vermittels der *translatio*-Lehre zu legitimieren suchten. Dazu gehörte insbesondere der anglonormannische Hof, in dessen Umfeld die Artus-Legende entstand. Schon in der *Historia Regum Britanniae* (1136) entwarf Geoffrey von Monmouth ein Translationsschema, demzufolge die Briten und mithin auch der Britenkönig Artus von den Trojanern – genauer von Aeneas' Urenkel Brutus – abstammen. Es war jedoch erst Heinrich II. (1133–1189), der Begründer der Anjou-Dynastie in England, der die *translatio* zur Leitidee seiner Kulturpolitik machte (Becker 1948; Broich 1962). Während seiner Regierungszeit sind der *Roman de Thèbes* (1150), der *Roman de Troie* (1165) und der *Roman d'Éneas* (1160) entstanden – eine Trilogie des Antikenromans, die thematisch von Griechenland nach Rom führt und somit jenen mythischen Parcours ausschreibt, der die *translatio imperii* von Troja über Rom nach Britannien bestimmt. Mit dem *Roman de Brut* (1155) und dem *Roman de Rou* (1174) hat Heinrich II. zwei weitere ‚historische' Romane in Auftrag gegeben, deren Titelhelden – jeweils der griechisch-römische Gründer Englands Brutus und Rollo, der Gründer des normannischen Herzogtums – eine neue Herrschaftsübertragung von den Trojanern über die Briten hin zu den Normannen gleichsam metonymisch verkörpern.

Der Kulturpolitik des anglonormannischen Hofs scheint Chrestien nicht fernzustehen. So spielt die Krönung Erecs auf die 1169 gleichfalls zu Weihnachten in Nantes abgehaltene Investitur Geoffreys, des zweiten Sohnes Heinrichs II., mit der Herrschaft der Bretagne an. Letzteres ist insofern mehr als ein regionales Ereignis, als die Bretagne damit in den Familienbesitz der Plantagenêt überging und Teil jenes immensen Konglomerats von Territorien wurde, das Heinrich II. vermittels geschickter Erb-, Ehe- und Eroberungspolitik zusammenzutragen vermochte. Das Angevinische Reich – so nennt man heute das Herrschaftsgebiet des Hauses Anjou – umfasste neben England auch die gesamte westliche Hälfte Frankreichs. Damit herrschte Heinrich II. über ein Territorium, dessen Größe die Domäne seines Lehnsherrn, des französischen Königs, weit überstieg. Bei einem solchen Kräfteverhältnis kann die Diskrepanz zwischen altem Feudalbund und neuer Reichsbildung kaum verborgen bleiben, und so lässt sich denn auch Chrestiens politische Topographie der Dezentrierung historisch begründen: Parallel zum Abenteuerraum des Artusritters erweitert sich das Herrschaftsgebiet des Territorialfürsten bei gleichzeitiger Bewahrung des feudal-politischen Zentrums. Dies bedeutet jedoch keinen politischen Stillstand, sondern eine Machtverschiebung; denn mit der *translatio imperii* liegt der Figur der Dezentrierung bei Chrestien ebenjene Herrschaftslehre zugrunde, die dem angevinischen Fürsten dazu diente, England durch die Rückbindung an ein verlorenes Zentrum – Rom – von seinem französischen Lehnsherrn freizuschreiben.

3. Die Mediävisierung politischer Topographie: *Game of Thrones*

Chrestiens Raumentwurf ist nicht nur für die Gattung des Ritterromans maßgeblich, sondern zeitigt auch in der späteren imaginären Rekonstruktion des Mittelalters eine Langzeitwirkung. Ein aktuelles Beispiel hierfür ist die vom US-Kabelsender HBO produzierte, ungemein erfolgreiche Fernsehserie *Game of Thrones* (ab 2011, vier Staffeln bis Mitte 2014, Produzenten: D. Banioff und D. B. Weise, Buchvorlage: *A Song of Ice and Fire* von George R. R. Martin). Die Serie bietet eine ‚historische' Parabel für die globale Machtverschiebung an und bedient dabei das Genre der sogenannten ‚Epic Fantasy', das sich in der Nachfolge von J. R. R. Tolkiens *Lord of the Rings* auf die Verfertigung eines Phantasie-Mittelalters spezialisiert hat. Anders jedoch als die geographisch zerstreute Suche nach dem Herrscherring bei Tolkien hat *Game of Thrones* ein festes, höfisches Zentrum: King's Landing heißt die Küstenstadt, wo der Eiserne Thron steht und der König von Westeros als Oberherr der sieben Fürstentümer des fiktiven Kontinents residiert. Was nun King's Landing mit Chrestiens Artushof verbindet, ist die feudale Herrschaftskrise. Diese beginnt, als der amtsmüde König Robert Baratheon seinem Freund, dem Herrn des Nordens Eddard Stark, die Regierungsgeschäfte überträgt. Schon bald findet Stark heraus, dass der Kronprinz nicht mit dem König verwandt, sondern der Sohn der inzestuösen Königin und ihres Bruders ist. Die Entdeckung erweist sich als verhängnisvoll; denn es dauert nicht lange, bis die Familienfraktion der Königin zuschlägt – mit dem Resultat, dass der König vergiftet und Stark, der auf dem legitimen Thronfolger besteht, als Verräter hingerichtet wird. Der Sohn der Königin wird nun zwar zum neuen König gekrönt; doch seine fragwürdige Legitimität führt zu einer politischen Entropie, bei der große wie auch kleine Landherren versuchen, ihre alten oder neuen Herrschaftsansprüche gewaltsam geltend zu machen.

Mit dieser Ausgangssituation (Staffel 1) kündigt sich das Spiel der Throne als eine politische Restrukturierung infolge einer Legitimationskrise an. Deren Auslöser ist der Zusammenbruch der alten Herrschaftsstruktur, also die Vernichtung des Feudalbundes durch den Tod des Königs Robert und seines treuen Vasallen Eddard. Kommt zudem das sadistisch-despotische Inzest-Kind der Königin auf den Eisernen Thron, so illustriert die genealogische Degeneration eine Logik der politischen Entartung, wonach der Legitimationsmangel unweigerlich zur Willkürherrschaft führt. Diese Legitimationskrise setzt eine neue Machtverteilung in Gang, deren Kampfzone sich nach den Prinzipien der Exteriorisierung und der Dezentrierung ausweitet. Dabei ist King's Landing zwar der Ort des genealogischen Verfalls; dessen Beseitigung erfolgt jedoch nicht dort (Staffel 2 und 3 enden jeweils mit einem spektakulär gescheiterten Umsturzversuch), sondern wird in zwei Außenräumen – mithin versetzt – ausgetragen. Da ist zum einen die dem südlichen Hof entgegengesetzte Nordpol-Landschaft, die jenseits der Wehrmauer liegt und in deren ewigen Eisbergen der illegitime Sohn Starks – gleichsam die exogamische Spiegelfigur des Inzest-Königs – seine Identitätssuche unternimmt. Zum andern erhebt sich in Essos, dem Nachbarkontinent jenseits des Meeres, die letzte Stammhalterin der vertriebenen Targaryens – des Geschlechts der mythischen Eroberer von Westeros –, um ihr legitimes Erbe – also den Eisernen Thron – zurückzuerobern. Die in King's Landing ausgebrochene Legitimationskrise wird somit übertragen auf die kämpferische Selbstlegitimation zweier Entrechteter, deren Ursprungssuche insofern eine Dezentrierung bedeutet, als beide Helden jeweils in einen dem höfischen Kulturzentrum entfernten Abenteuerraum kultureller Vorzeit eindringen: Während der Norden durch den Angriff der ‚White Walkers' genannten kannibalischen Urmenschen symbolisch von atavistischer Entmenschlichung bedroht wird, befindet sich Essos mit den dort verteilten, voneinander unabhängigen Städten bzw. Nomadenstämmen in einem vor-zentralistischen bzw. vor-politischen Stadium. Der zivilisatorische Rückgang im Außenraum hat seine Parallele im höfischen Innenraum und zwar hinsichtlich der politisch-genealogischen Regression, die sich ergibt, als der kampferprobte Großvater des jungen Königs die Verteidigungsschlacht von King's Landing gewinnt und daraufhin die Macht in die Hand nimmt (Staffel 2). Stehen dem gerontokratisch geführten Hof die beiden entrechteten Helden gegenüber, die im Außenraum als Führungspersönlichkeiten heranwachsen, so kündigt sich damit eine Machtverschiebung an, wie sie sich vorbildlich in *Erec et Enide* zwischen dem Artushof und dem neuen Herrschaftsraum des Ritterhelden vollzieht, die bei der Serien-Produktion von *Game of Thrones* indes staffelweise verschoben wird.

Ähnlich wie bei Chrestien ist die fiktive Geographie auch in *Game of Thrones* der Ausdruck einer epochalen Herrschaftsphantasie. Analog zur *translatio imperii* dort geht es hier um eine Neuordnung der Welt, deren Prozess nach dem Ende des Kalten Krieges begann und bis heute unabgeschlossen ist (→ 10. Geopolitik und Globalisierung). Dabei löst sich die bipolare Dominanz – USA *vs.* UdSSR – in einer zusehends polyzentrischen Machtstruktur auf, worin die USA zwar noch eine zentrale Stelle innehaben, in der jedoch zugleich andere Staaten bzw. Staatenverbünde – wie etwa die EU – und neuerlich die aufstrebenden Entwicklungsländer – die sogenannten BRIC-Staaten – ihre je eigene Position behaupten. Dieser Prozess erscheint in *Game of Thrones* als eine Mediävisierung der politischen Topographie – und das in dem Sinne, dass das dort inszenierte Phantasie-Mittelalter die globale Machtverschiebung mit der feudalen Aufteilung des post-römischen Europa imaginär verbindet. Was der Zusammenbruch des Römischen Reichs für das europäische Mittelalter initiiert hat, wiederholt sich – der Raumsymbolik von *Game of Thrones* zufolge – nach dem Ende der Nachkriegsordnung. So beginnt die Serie mit einer symbolträchtigen Sequenz, in der sich jene Eismauer, die das zivilisierte Westeros – paronomastisch also den ‚Westen' – vor den grausamen Urmenschen schützt, langsam öffnet. Die monumental ins Bild gesetzte Eismauer verweist dabei deutlich genug auf die Berliner Mauer als Sinnbild für den Kalten Krieg. Die Maueröffnung am Anfang von *Game of Thrones* enthält so gesehen eine politische Botschaft: Mit der historischen Maueröffnung 1989 ist der Kalte Krieg keineswegs zu Ende, sondern geht lediglich in eine neue Runde.

Literatur

Becker, Philipp A. „Die Normannenchroniken: Wace und seine Bearbeiter". *Zeitschrift für romanische Philologie* 68 (1943): 481–510.

Broich, Ulrich, „Heinrich II. als Patron der Literatur seiner Zeit". *Studien zum literarischen Patronat im England des 12. Jahrhunderts*. Hrsg. von Ulrich Broich und Walter F. Schirmer. Köln: Westdeutscher Verlag, 1962. 27–203.

Goez, Werner. *Translatio imperii*. Tübingen: Mohr, 1958.

Kuhn, Hugo, „Erec" [1948]. *Hartmann von Aue*. Hrsg. von Hugo Kuhn und Christoph Cormeau. Darmstadt: Wissenschaftliche Buchgesellschaft, 1973. 17–48.

Köhler, Erich. *Ideal und Wirklichkeit in der höfischen Epik: Studien zur Form der frühen Artus- und Graldichtung*. Tübingen: Niemeyer, 1956.

Krämer, Ulrike. *Translatio imperii et studii: Zum Geschichts- und Kulturverständnis in der französischen Literatur des Mittelalters und der frühen Neuzeit*. Bonn: Romanistischer Verlag, 1996.

Mayer, Theodor. „Die Ausbildung der Grundlagen des modernen deutschen Staates im hohen Mittelalter" [1939]. *Herrschaft und Staat im Mittelalter*. Hrsg. von Hellmut Kämpf. Darmstadt: Wissenschaftliche Buchgesellschaft, 1984. 284–331.

Simmel, Georg. *Soziologie: Untersuchungen über die Formen der Vergesellschaftung*. Frankfurt a. M.: Suhrkamp 1992 [1908].

Warning, Rainer, „Formen narrativer Identitätskonstitution im höfischen Roman". *Grundriß der Romanischen Literaturen des Mittelalters. Bd. IV.1: Le roman jusqu'à la fin du XIIIe siècle*. Hrsg. von Hans Robert Jauß und Erich Köhler. Heidelberg: Winter, 1978. 25–59.

Xuan, Jing. *Subjekt der Herrschaft und christliche Zeit: Die Ritterromane Chrestiens de Troyes*. München: Fink, 2012.

30. Der lange Raum: Die *grosse kirch* in der *Vnderweisung der kunst des Messens* der Offizin Hieronymus Rodler

Christina Lechtermann

1. Überschreibungen

Manchen Begriffen ist die Erfahrung und der Topos schierer räumlicher Größe derart eingeschrieben, dass sich ihr Diminutiv nachgerade verbietet: ‚Kathedrale' gehört, wie auch die oft synonymisch gebrauchten Begriffe ‚Dom' oder ‚Münster' zweifelsohne dazu (Beyer 2009, 37–39). Mit Blick auf raumtheoretische Fragestellungen erscheint jede Kathedrale jedoch vor allem als ein sehr eigenes multiples Palimpsest (siehe die Beiträge in Kohlschein und Wünsche 1998). In ihm überlagern sich unterschiedliche Figurationen von Raum: der geometrisch-rationale des Baumeisters (Binding 1995; 1996, 407–439; Hecht 1997), der in der Weihe ‚eroberte' Raum bevorstehender Rituale und anwesender Reliquien (Neuheuser 1998, 646); der sakrale Raum, der in der Liturgie immer neu beschrieben wird und der diese selbst als ‚Liturge' mitkonstituiert (Lukken 1989; Gerhards 1998), der multisensorisch erfahrbare Raum des Gedächtnisses und der Gegenwärtigkeit (Wenzel 1995, 95–127; Schwarz 2005), der erlebte Raum des Gläubigen (Diedrichs 2004); der je spezifische politische, juridische, gemeinschaftliche, öffentliche Raum – nicht zu sprechen von dem der Bilder oder vom Haus Gottes (Neuheuser 2005; Beyer 2009, 12–14). Diese hier dezidiert unvollständig gelisteten Besetzungen der architekturalen Struktur aktualisieren je bestimmte Figurationen des sakralen Großraums und lassen andere zurücktreten. Sie stehen dabei im Verbund mit zahlreichen textuellen Überschreibungen, die ihrerseits sehr eigene Traditionen der Formatierung von Räumen mitführen (→ 2. Topographien): Diese schließen ihn als Ort der lebendigen *ecclesia* etwa an die Exegese und Kommentierung der erzählten Bauwerke des Alten und Neuen Testaments, der Arche Noah, der Stiftshütte, des Tempels oder des himmlischen Jerusalem an (Bandmann 1951; Sedlmayr 1950; Schlink 1997/98) oder lassen ihn – im Verbund mit der jeweiligen Ausstattung – zum durchquerbaren ‚Zeitenraum' werden (Ohly 1972; → 13. Chronotopoi; 17. Mnemotop). Messerklärungen, Anweisungen für die Liturgie, Weihberichte, Hymnen oder Legenden umstellen die unterschiedlichen Praktiken und machen zugleich die Abschnitte, Richtungen, Ausrichtungen und Elemente des sakralen Raums lesbar (Sauer 1964; Schweizer 2006, 51–52; Neuheuser 1998; Ernst 2009). Verschiedene literarische Vorbilder bestimmen seine Beschreibung

(Arwed 2006). Als Wissensfigur neuzeitlicher Episteme schließlich überschattet der sakrale Großraum die ‚Zeit der Kathedralen' (Duby 1992) und soll dabei nicht nur ein Bild bieten für die entsprechenden Formationen der Sozial- und Mentalitätsgeschichte, sondern gar als steingewordene Philosophie die Denkfiguren einer Epoche selbst abbilden (Panofsky 1979; Simson 1968; dagegen Kimpel und Suckale 1985; Binding 1995; → 9. Räume des Wissens) oder als musealer Raum antreten, die Konturen vergangener Zeiten zu bewahren (Bildhauer 2008, 420–423; Schweizer 2006, 55–68). Das multiple Palimpsest, als das sich jede Kathedrale beschreiben lässt, entsteht so über und neben dem gebauten Raum durch die Überlagerung von Raumfigurationen, die rituell und textuell erhandelt werden. In ähnlicher Weise inszeniert auch jeder Text, der von einer oder *der* Kathedrale handelt, je eigene Raumfigurationen. Analysen, die das Verhältnis von Literatur und Raum ausgerechnet für die Kathedrale in den Blick nehmen wollen, haben darum eine ausgesprochen begrenzte Reichweite: Sie treffen immer nur den jeweiligen Text, und wenngleich sich möglicherweise die Adaption seiner einzelner Entwürfe darüber hinaus – etwa im Sinne einer literarischen Schemabildung – auch über seine Grenzen hinaus beobachten lässt, erlauben ihre Befunde es nicht, daraus eine große Erzählung über die große Kirche der Texte abzuleiten.

2. Selektionen

Im Jahr 1531 druckt Hieronymus Rodler in der Offizin des Schlosses Simmern auf dem Hunsrück *Eyn scho[e]n nu[e]tzlich bu[e]chlin und vunderweisung der kunst des Messens / mit dem Zirckel / Richtscheidt oder Linial*. Der Druck besteht aus sieben Lagen (A–G) mit jeweils drei Doppelblättern und endet mit einem Kolophon auf Blatt Hiij^v. Nach eigenem Ausweis ist es Ziel der *Underweisung*, die Lehrschriften Albrecht Dürers zu Messung, Perspektive und Proportion von 1525 und 1528, die zwar meisterlich, für die Anfänger der Kunst jedoch völlig unbrauchbar seien, weil sie „vberku[e]nstlich vnd vnbegreifflich gemacht" (*Underweisung* Aij) sind, durch eine entsprechende Lehrschrift, die „schlechter vnnd begreifflicher" sein soll, zu flankieren. Einer, der die Kunst des Messens „hieuor zum theyl auch gelernt/vn[d] volgends durch tegliche u[e]bung ergru[e]ndet" hat, habe Rodler eben jenes Wissen in Form eines handgeschriebenen Büchleins überlassen, das dieser dann genau so, wie es ihm vorlag, abgedruckt habe (Aij). Hinter dieser Kaschierung der Autorenrolle wird Johann II. Pfalzgraf zu Simmern, Begründer besagter Offizin, vermutet, wie es unter anderem ein Akrostichon nahelegt, das die Abschnittsanfänge der *Vnderweisung* bis in die siebte Lage hinein durchzieht. Es lautet: *Iohans Pfaltzgraf bej Rejn Hertzog jn Beyrn und Graf zu Spanhejm* (Aij^v–

Gij^v; Cramer 1995, 685–686). So gibt sich die *Vnderweisung* zwar einerseits als Lehrbuch für Anfänger zu erkennen und wurde auch als solches etwa durch Paul Pfinzing ausgewiesen (1599, Bl. 3^v), andererseits jedoch erscheint sie als repräsentatives Unternehmen, das besonders über einige der Holzschnitte Anschluss an das *Simmerner Turnierbuch* und, über Umwege, auch an den *Weißkunig* gewinnt (Spohn 1973) – also an Druckwerke, die dezidiert der fürstlichen Memoria und nicht zuerst handwerklicher Wissensvermittlung dienen.

Bevor die mit rund sechzig Holzschnitten reich bebilderte Schrift jedoch damit beginnt, Schritt für Schritt zu erläutern, wie durch Fluchtpunkt und Diagonalen vor allem Innenräume nach ‚rechter perspektivischer Art' zu konstruieren sind, wird im ersten Kapitel zunächst Begriff und Ursprung der *Perspectiua* erklärt. Dafür bedient sich die *Vnderweisung* nicht einer geometrisierten Theorie des Sehens, die sich auf dreidimensionale Körper und ihre Flächen bezieht oder der Metapher des Fensters, wie sie andernorts zum Zweck der Verdeutlichung eingetragen ist (*Vnderweisung* Hij^v und Hiij; Elkins 1994, 46–52; Veltman 2004, 168–169), sondern verweist auf die Evidenz des großen, langen Raums. Eingespielt wird dieser Verweis über zwei im Text unmittelbar aneinander anschließende deskriptive Handlungsanweisungen, die jeweils eine bestimmte Positionierung im Kirchenraum und eine besondere Wahrnehmung des Kirchenraums betreffen (→ 22. Kartographisches Schreiben). Sie sollen im Folgenden Thema sein.

Die Textstelle eröffnet im Modus des Imperativs: „Gehe in[n] eyn grosse kirch / die mit seulen vnd hohen fenstern (wie in[n] Stetten gwonlich) gezieret vnd gemacht ist" (Aij^v). Dort soll sich der Leser der nachfolgenden Kapitel mit dem Rücken mitten an die hinterste Wand stellen, „still stehende" nach oben schauen und selbst beobachten, wie die Säulen und Kragsteine in der Nähe viel höher erscheinen als in der Ferne, wie sich die Abstände zwischen den Säulen immer mehr reduzieren und wie auf dem Boden die Pflastersteine immer schmaler zu werden scheinen und sich „gleich eynem drechter" verlieren (Aij^v).

Der Text, der diese Autopsie empfiehlt, substituiert sie zugleich, indem er ihre Ergebnisse vorwegnimmt. Dabei setzt er gegen den Anschein, den der Wahrnehmungseindruck bieten soll, das Kirchengebäude selbst, das durch seine Ausdehnung jenen Eindruck erst ermöglicht, und stellt der Beschreibung des visuellen Effekts mittels einer auch typographisch realisierten Parenthese die Faktizität des gemauerten Steins gegenüber: „(wiewol alle kragsteyn vn[d] fenster / in eyner ho[e]he gemawert sindt)". Indem der Text den in der Imagination zu erschließenden großen Raum derart in einen wahrgenommenen und einen architektural gegebenen zerlegt, ist die geforderte Autopsie in ihrer deskriptiven Substitution zugleich überboten und unterboten: überboten, insofern in die Beschreibung eingerechnet wird, was man ‚still stehende' gar nicht sehen, aber zweifelsohne wissen kann; unterboten, insofern der erzählte Blick hochgradig selektiv allein der

Längsachse folgt und alle anderen Bereiche des sakralen Raums ebenso ausblendet wie er über markante Orte (Altäre, Chor, Lettner), Ausstattung oder Schmuck im Wortsinne hinweg sieht: „kere dein gesicht (alß still stehende) vbersich". Der Kirchenraum, der die *Vnderweisung* eröffnet, erscheint als geräumter, entleerter Raum, ihm fehlt gerade die Besetzung durch die unterschiedlichen symbolischen Dimensionen, die mit seinem rituellen Gebrauch oder seinen textuellen Inszenierungen verbunden sein können – Besetzungen wie sie etwa die breit überlieferte Predigt Bertholds von Regensburg *Von den Zeichen der Messe* oder die Reimpaarfassung dieser Predigt mit dem Titel *Von der Messe* inszenieren. Dort sind der Weg zur Kirche, das Betreten des Gotteshauses und das Geschehen um und vor dem Altar mit Stationen der Heils- und Passionsgeschichte einerseits, andererseits mit den Stationen des Menschen auf dem Weg zum richtigen Glauben abgeglichen, der alle üblen Gedanken vor der Tür lassen und in der Kirche nicht unnütz herum stehen soll, denn: „dy kirche dy ist engele voll vnd der heiligin gnug doczu" (vgl. die Ausgabe von Pensel 1995, v. 69–80) – die Kirche als geometrischer Raum ist hingegen unbewohnt, bar aller Engel.

Diese deskriptive Konstitution des langen, leeren Raums wird jedoch hier nicht genutzt, um etwa die Konstruktion der neuen ‚symbolischen Form' auf der Basis von geometrisch präzisen Grund- und Aufrißkonstruktionen zu erläutern (Panofsky 1927); von diesen wird ebenso wie von Augenpunkten, Sehpyramiden oder Zentralstrahlen hier wie in der *Vnderweisung* insgesamt nicht die Rede sein (Kühne 2008, 117–118; Seidenfuß 2006, 144). Vielmehr geht es, wie bereits gesagt, um den Begriff ‚*Perspectiua*' und seinen Ursprung. Es soll ein etymologischer Sachverhalt belegt werden, dass nämlich die Kunst „Perspectiua [...] iren vrsprung auß dem gesicht" nimmt – entsprechend dem lateinischen ‚*perspicere*', das mit ‚durchsehen' oder ‚heftig sehen' zu übersetzen sei, denn: „diese kunst Perspectiua / mu[o]ß erstlich mit den dieffsten gedancken (ehe der mensch deren vol vnd begreiflich wirdt) ergr[ue]ndt werden. Welcher nun dieff gedenckt / der sihet auch scharpf / darum[m] diese kunst billich den namen / Perspectiua/ erscho[e]pfft" (Aij^v). Folgerichtig wird gleich darauf eine alternative Bezeichnung der Kunst als ‚*Speculativam*' sowie eine dazugehörige Erklärung über den Ursprung der Kunst aus dem Verhältnis von Objekt und Spiegelbild (Aiij) abgewiesen: „Ich gib aber der ersten meynung des vrsprungs bessern glauben." Was der beschriebene Blick, der die ‚grosse kirch' als langen, kargen Raum konstituiert, damit erweisen soll, ist, dass die hier vorzulegende Kunst „erstlich auß dem hefftigen sehen [...] erfunden sei", damit der Leser nicht auf die Idee käme, es handle sich bei der *Perspectiua* um eine phantastische Kopfgeburt – „als sollt es erdicht sein" (Aij^v). Dazu wäre grundsätzlich jede „grosse kirch [...] mit seulen vnd hohen fenstern" (s. o.) brauchbar, die, selbst Produkt geometrischer (Mess-)Leistung (Binding 1995; 1996, 407–439; Hecht 1997), diejenige Blickposition einzunehmen erlaubt, der sich die Konstitution des langen Raums als Wahrnehmungseffekt verdankt. Für diese Erfahrung tatsächlich ‚benötigt' wird eine solche Kirche allerdings nur scheinbar, denn das, was sie ermöglichen soll, steht ja Rodlers *Vnderweisung* in der neuen „kunst des Augenmeß" (A) in einer deskriptiven Verdichtung voran, die als sprachliche Figuration die nötige Abstraktion bereits vorgenommen hat. Der Text bezeichnet sie selbst folgerichtig und gegen die grammatische Form des Imperativs, in der sie eingeleitet wird, als ‚Bericht': „so will ich dir diesen bericht geben: Gehe in[n] eyn grosse kirch [...]". Im Gegensatz zu dem reich bebilderten Text verbleibt ausgerechnet das so geschilderte ‚Experiment' der Raumwahrnehmung ganz im Sprachlichen. Während die einzelnen Konstruktionsschritte perspektivischer Innenräume je aufwendig abgebildet und z. T. sogar zur besseren Markierung der jeweils diskutierten Hilfslinien zweifarbig gedruckt werden und während selbst die abgewiesene Entstehungsbegründung der Kunst aus dem Spiegelbild einen Holzschnitt beigestellt bekommt, gewinnt das, was in der *Vnderweisung* den Kern der *Perspectiua* bildet, lediglich sprachlich Gestalt – also in einem Medium, in dem Wahrnehmungseffekt und gebauter Raum selbst noch in der knappsten Beschreibung gegeneinander gehalten werden können (→ 5. Schrifträume). Entkleidet wird die große Kirche so nicht nur ihrer symbolischen Dimensionen, die sie, wie eingangs skizziert, als Palimpsest beschreibbar machen, sondern es wird auch jedes Bild von ihr verweigert bzw. es wird ihr sprachliches Bild reduziert auf die Lineaturen von „seulen vnd hohen fenstern" (s. o.).

3. Verschiebungen

Doch nicht nur im Blick auf die Authentifizierung von Begriff und Ursprung der vorzulegenden Kunst wird der Verweis auf das Innere der ‚grosse[n] kirch' in Rodlers Druckschrift operabel. Der Text schließt noch im gleichen Eingangsabsatz nach dem berichteten/verordneten ‚Blick' entlang der Zentralachse eine zweite beschreibende Anweisung an. Auch diese empfiehlt imperativisch, man solle hinten an der Wand einer Kirche Aufstellung nehmen, sich jedoch, insofern zwei Säulenreihen vorhanden sind, näher an die eine Reihe als an die andere stellen, bzw. solle man, wo es überhaupt nur eine Säulenreihe gibt, auf ungefähr fünf bis sechs Schritte neben eine der Seitenwände treten: „so wirdt dich bedüncken / die eyn wandt werd oder sei lenger dan[n] die ander / so doch der meyster / der sie mauret / kheyne lenger dan[n] die ander gemacht hat" (Aij^v). Dieses zweite Blick-Beispiel ist argumentativ anders eingebunden als das erste: Bot jenes einen Beleg für die empirische Belastbarkeit einer Begründung von

Begriff und Sache der *Perspectiua*, so stellt sich dieses als Verdeutlichung eines bestimmten Verfahrens dar und wird im Text entsprechend eingeführt: „Wiltu aber den seiten puncten ergru[e]nde[n] / ob dem zu gleicher weise wie ietzgemeldt / auch also sei: So stell dich [...]" entsprechend entweder an die zweite Säulenreihe oder neben die Wand (Aij^v). Mit der Rede vom Seitenpunkt, der hier einen seitlich verschobenen Fluchtpunkt bezeichnet, ist rückwirkend auch das erste Beispiel neu bestimmt. Es bildet nun nicht mehr nur die Begründung einer Begriffsgeschichte, sondern wird implizit selbst als ‚Verfahren' erkennbar, das von einem anderen, nämlich dem *gegengesichtigen* Punkt ausgeht. Der zweifache Bericht bietet damit zugleich Merkfiguren für die beiden Konstruktionsverfahren, die die *Vnderweisung* entfalten wird.

Das erste, *gegensichtige* Konstruktionsverfahren wird in den „Capittel[n]" 3–10 detailliert erläutert: Nach der Bestimmung des Fluchtpunktes und der Einführung der auf ihn zulaufenden Hilfslinien (Kap. 2–4), gründet das Verfahren vor allem in der Festlegung der „Pauiment oder Pflaster" (Aiiij^v), also der sich perspektivisch verlierenden, regelmäßig gemusterten Fußböden, die zusammen mit den Hilfslinien zum Maßstab und Ausgangspunkt für die Ausführung der Räume insgesamt werden (Kap. 5 und 6). Schließlich wird in der ‚Quadratur' durch die „Richtlinien, Zwerchlinien, Creuzlinien, hangende[n] [und] vbersich gehnden Linien" (Kap. 7 und 8) das ‚Geheuse' mit Säulen, Kapitellen, Fenstern, Nischen und Sockeln erstellt. Das neunte Kapitel „gibt anzeyge / wie man die geheuse vnd ire in[n]geho[e]rde / nach dem gegensichtigen puncten / richten vnd machen soll" (Bvj). Das zehnte Kapitel schließlich widmet sich der Konstruktion von Gewölbedecken und der zugehörigen Zirkelarbeit. Ohne Zählung angehängt ist das Beispiel eines Gebäudes, das die *Pauiment* und Decken, die ja den Ausgangspunkt boten, gerade nicht aufweist, sondern als Gerüst der Tragbalken und Seitenwände erscheint (Diiij). Mit dem Bild eines von zahlreichen Figuren bevölkerten, gegengesichtigen Raumes, das dem Simmerner Turnierbuch von 1530 entnommen ist (Bonnemann 1938, 32; Spohn 1973, 79), endet die Erklärung, „wie man Pauiment oder pflaster machen / vnnd ferrer inn geheuse formiren soll / vnd volgt hernach / wie man zu[o] geheusen / etwo eyn puncten vff die seit rucke[n] soll / vnnd war zu[o] solchs dienlich sei" (Diiij^v). Die darauf folgenden, nicht weiter nummerierten Abschnitte adaptieren die Konstruktionsverfahren, die für den gegengesichtigen Punkt erläutert worden sind, für den seitenverschobenen. Dabei gelangen Text und Bildbeispiele, die nun nicht mehr jeden Linientyp erneut erklären müssen, schnell zu komplexen Entwürfen, wie einem doppelten Gewölbe, der Auslassung der zweiten Wand, dem Einfügen von Nischen für Altäre oder Tische, der Abbildung von geschmückten oder eingerüsteten Häuserfronten, dem Einstellen von Wendeltreppen und schließlich auch hier der Präsentation eines „unaußgemachten geheuse[s]" ohne Böden und Decken. Erläutert allerdings wird dieses Verfahren nicht mehr, denn es ist „ime in[n] allermassen gethan worden / wie hieruor bei der rechten quadratur angezeygt ist / darumb vonn vnno[e]ten / hie weitter meldung druon zuthun" (F^v–Fiij). Eine Konstruktion mit zwei Fluchtpunkten, die einen breiteren Raum erzeugen soll, schließt sich an, bevor diverse Anweisungen zur Gestaltung von Objekten und Gegenständen im Raum gegeben werden und schließlich ein Verfahren regelmäßiger Verkürzung vorgestellt wird, das ohne Fluchtpunkt und Blindlinien entsteht. Die Konstruktion menschlicher Gesichter und Figuren nach dem Paviment, die Stellung der Füße, die Verkürzung der Figuren, Anweisungen zur Konstruktion von Wappentieren und Turnierhelmen, sowie die Verkleinerung und Vergrößerung gegebener Bilder oder Landschaften mittels eines eigens erstellten Gitterrahmens bilden den Abschluss.

Während am Ende der *Vnderweisung* also diverse Anweisungen zur ‚Befüllung' der Bild-Räume durch Gegenstände und Figuren sowie handwerkliche Vereinfachungen versammelt sind, ist ihr Hauptteil dominiert durch die zwei komplementären Konstruktionsweisen, von denen die erste, diejenige mit gegengesichtigem Punkt, einlässig erklärt wird, während die zweite, diejenige mit seitenverschobenem Punkt, aus der Differenz zur ersten eingeführt wird, denn *der zweyt Tractat* ist, so wird betont, lediglich darauf angelegt „zwische[n] der rechten vnnd ablengetten quadratur / vnder scheydt zugeben" (Eiij^v). Der Verweis auf die ‚grosse kirch' wird damit nicht nur zur sprachlichen Verdichtung für Begriff und Sache der *Perspecitua* überhaupt, sondern er spiegelt – in der Abfolge der zwei beschriebenen Wahrnehmungseffekte, die der lange Raum ermöglicht – zugleich die Struktur und Konzeptualisierung des ‚buechlins' selbst: Dieses ist ja, trotz etlicher Inkonsequenzen bei Zählung und Gliederung, in zwei komplementären ‚Tractat[en]' angelegt, die den beiden deskriptiv vorangestellten Effekten verschobener Wahrnehmungspositionen im großen Kirchenraum entsprechen.

Schließlich bietet die im sprachlichen Bericht skizzierte zweifache Wahrnehmung eines Kirchenraums ein Merkschema für die wesentlichen Elemente des vorgestellten Konstruktionsverfahrens: Säule, Kragstein, Paviment und Seitenwand. Damit übernimmt die Referenz auf die ‚grosse kirch', wenngleich sie im Gegensatz zu den überbordenden (Architektur-)Ekphrasen der mittelalterlichen Literatur gerade auf Reduktion setzt, nichtsdestoweniger eine durchaus vergleichbare Funktion – nämlich die eines textuellen ‚Portals' (Wandhoff 2003). Während dort – wie etwa in der Schilderung des Gralstempels im *Jüngeren Titurel* – in der Opulenz der detailreichen Architekturbeschreibung Allegorie, Allegorese, Enzyklopädik der erzählten Welt mit der Setzung von Deutungsakzenten und dem Entwurf von Sinnhorizonten für die Rezeption des Textes selbst zusammenfallen können (259–269), so steht hier die Schilderung des langen Raums, gerade in ihrer kargen, sprachlichen Form für die Plausibilisierung des Verfahrens ein.

Sie wird dabei zugleich zur Abbreviatur der vermittelten Technik, listet ihre operativen Elemente auf und strukturiert über die zweifache Beschreibung einer Raumwahrnehmung zugleich die *Vnderweisung* selbst. Die große Kirche, bzw. die doppelte Blickwahrnehmung in ihr wird so zum imaginären Organigramm des im Text vermittelten Wissens. Sie eröffnet auch hier – wie ein Portal – den Zugang zu seinen Inhalten und Strukturen.

Die besondere Position, die der lange Raum der großen Kirche damit in der *Vnderweisung* der Offizin Rodler einnimmt, ist im Rahmen der konstruktiven Messkünste durchaus ungewöhnlich. Gerade der sakrale Innenraum wird in den fachthematischen Texten zur Perspektive, die im 16. Jahrhundert entstehen, weit weniger thematisiert, als es die Bildpraxis vermuten lässt (Veltman 2004, 111). Er findet sich vor unserem Beleg lediglich bei Viator (Jean Pélerin 1505) und seiner deutschen Adaption durch Jörg Glockendon (1509) als Lehrbeispiel aufgerissen, während er den italienischen Traktaten des 16. Jahrhunderts nach Veltman (2004) völlig zu fehlen scheint. Seine Positionierung am Beginn der Druckschrift zielt dabei allerdings nicht darauf, die Wahrnehmung des Kirchenraums als diejenige eines „völlig rationalen, d. h. unendlichen, stetigen und homogenen […] kurz rein mathematischen Raumes" (Panofsky 1927, 101) zu konstituieren, wie er kennzeichnend wird für Raumkonzepte der Moderne (Engelke 2009, 89–97; Günzel 2012). Die so entworfenen Räume bleiben vielmehr ganz auf das bezogen, was sie enthalten sollen. Sie sind ‚lediglich' Orte für ganz bestimmte Personenkonstellationen und Situationen. Nicht der leere Raum, der als homogene, geometrische Größe durch den Einzelnen in verschiedenen Blickpositionen wahrgenommen werden kann, steht im Fokus der letzten Abschnitte des Buches, sondern der bevölkerte Raum als Ort verschiedener sozialer Praktiken: „darumb so mu[o]ß der maler […] von erst wol incorporirn / oder in[n] sich bilden vnd fassen / was er fu[e]r eyn materi vor hat zumachen" (Eiijv), und das heißt vor allem, dass er entscheiden muss, ob viele oder wenige Personen aufgenommen werden sollen, ob sie zerstreut oder zusammen stehen, ob sie sich zum Essen nieder setzen, ein Turnier stechen, oder ob man auf dem zu konstruierenden Bild „Meß inn eyner kirchen liest".

Literatur

Arwed, Arnulf. „Mittelalterliche Architektur im Blick zeitgenössischer Betrachter: Literarische Funktion und kunsthistorischer Quellenwert mittelalterlicher Architekturbeschreibungen". *Bauen als Kunst und historische Praxis: Architektur und Stadtraum im Gespräch zwischen Kunstgeschichte und Geschichtswissenschaft.* 2 Teil-Bde. Hrsg. von Stefan Schweizer und Jörg Stabenow. Göttingen: Wallstein, 2006. I, 85–122.

Bandmann, Günter. *Mittelalterliche Architektur als Bedeutungsträger*. Berlin: Mann, ⁷1981 [1951].

Beyer, Franz-Heinrich. *Geheiligte Räume: Theologie, Geschichte und Symbolik des Kirchengebäudes*. Darmstadt: Wissenschaftliche Buchgesellschaft, ²2009.

Bildhauer, Bettina. „Das Mittelalter als Innenraum: Kosmos, Kathedrale, Kino". *Innenräume in der Literatur des deutschen Mittelalters*. Hrsg. von Burkhard Hasebrink, Hans-Jochen Schiewer, Almut Suerbaum und Annette Volfing. Tübingen: Niemeyer, 2008. 409–426.

Binding, Günther. „Die neue Kathedrale: Rationalität und Illusion". *Aufbruch – Wandel – Erneuerung: Beiträge zur „Renaissance" des 12. Jahrhunderts*. Hrsg. von Georg Wieland. Bad Cannstatt: Frommann-Holzboog, 1995. 211–235.

Binding, Günther. *Der Früh- und Hochmittelalterliche Bauherr als Sapiens Architectus*. Köln: Abt. Architekturgeschichte des Kunsthistorischen Instituts, 1996.

Bonnemann, Elsbeth. *Die Presse des Hieronymus Rodler in Simmern: Eine fürstliche Hofbuchdruckerei des 16. Jahrhunderts*. Leipzig: Harrassowitz, 1938.

Cramer, Thomas, und Christian Klemm. *Renaissance und Barock: Bibliothek der Kunstliteratur 1*. Frankfurt a. M.: Deutscher Klassiker-Verlag, 1995.

Diedrichs, Christof. „Wahrnehmung des mittelalterlichen Kirchenraums". *Kunst der Bewegung: Kinästhetische Wahrnehmung und Probehandeln in virtuellen Welten*. Hrsg. von Christina Lechtermann und Carsten Morsch. Bern: Peter Lang, 2004. 267–284.

Duby, Georges. *Die Zeit der Kathedralen: Kunst und Gesellschaft 980–1420*. Frankfurt a. M.: Suhrkamp, 1992.

Elkins, James. *The Poetics of Perspective*. Ithaca, NY: Cornell University Press, 1994.

Engelke, Jan. *Kulturpoetiken des Raumes: Die Verschränkung von Raum-, Text- und Kulturtheorie*. Würzburg: Königshausen & Neumann, 2009.

Ernst, Ulrich. „Illumination und Transluzidität: Vom mythischen Palast zur christlichen Kathedrale; zu Lichtinszenierungen in poetischen Architekturekphrasen". [*Interartifizialität: Die Diskussion der Künste in der mittelalterlichen Literatur*. Hrsg. von Susanne Bürkle und Ursula Peters]. *PBB. Beiträge zur Geschichte der deutschen Sprache und Literatur* 134.1 (2012): 221–245.

Gerhards, Albert. „Der Kirchenraum als ‚Liturge': Anregungen zu einem Dialog von Kunst und Kirche". *Heiliger Raum: Architektur, Kunst und Liturgie in mittelalterlichen Kathedralen und Stiftskirchen*. Hrsg. von Franz Kohlschein und Peter Wünsche. Münster: Aschendorff, 1998. 225–242.

Günzel, Stephan. *Raum | Bild. Zur Logik des Medialen*. Berlin: Kadmos 2012.

Hecht, Konrad. *Maß und Zahl in der gotischen Baukunst*. Hildesheim, Zürich und New York: Olms, 1997 [1969–71].

Kimpel, Dieter, und Robert Suckale. *Die gotische Architektur in Frankreich 1130–1270*. München: Hirmer, 1995.

Kohlschein, Franz, und Peter Wünsche (Hrsg.). *Heiliger Raum: Architektur, Kunst und Liturgie in mittelalterlichen Kathedralen und Stiftskirchen*. Münster: Aschendorff, 1998.

Kühne, Andreas. „Geometrie und Perspektive". *Zählen. Messen. Rechnen: 1000 Jahre Mathematik in Handschriften und frühen Drucken*. Ausstellung der Staatsbibliothek Bamberg zum Jahr der Mathematik 2008. Petersberg: Michael Imhof, 2008. 108–133.

Lukken, Gerard. „Die architektonische Dimension des Rituals" [1989]. *Per visibilia ad invisibilia: Anthropological, Theological, and Semiotic Studies on the Liturgy and the Sacraments*. Hrsg. von Louis van Tongeren und Charles Caspers. Kampen: Pharos, 1994. 360–374.

Neuheuser, Hanns Peter. „‚Ne lapidum materia apparentium locus vilesceret': Die Raumvorstellung des Abtes Suger in seiner Krichweihbeschreibung von Saint-Denis". *Raum und Raumvorstellung im Mittelalter*. Hrsg. von Jan A. Aertsen und Andreas Speer. Berlin und New York: De Gruyter, 1998. 641–664.

Neuheuser, Hanns Peter. „‚Mundum consecrare': Die Kirchweihliturgie als Spiegel der mittelalterlichen Raumwahrnehmung und Weltaneignung". *Virtuelle Räume: Raumwahrnehmung und Raumvorstellung im Mittelalter*. Hrsg. von Elisabeth Vavra. Berlin: Akademie-Verlag, 2005. 259–279.

Ohly, Friedrich. „Die Kathedrale als Zeitenraum: Zum Dom von Siena". *Frühmittelalterliche Studien: Jahrbuch des Instituts für Mittelalterforschung der Universität Münster* 6 (1972): 94–158. Wiederabdruck: Friedrich Ohly. *Schriften zur mittelalterlichen Bedeutungsforschung*. Darmstadt: Wissenschaftliche Buchgesellschaft, 1977. 171–273.

Panofsky, Erwin. „Die Perspektive als ‚Symbolische Form'" [1927]. *Aufsätze zu Grundfragen der Kunstwissenschaft*. Hrsg. von Hariolf Oberer und Egon Verheyen. Berlin: Volker Spiess, 1980. 99–167.

Panofsky, Erwin. *Abbot Suger on the Abbey Church of St.-Denis and its Art Treasures*. Princeton: Princeton University Press, 1979 [1946].

Pensel, Franzjosef. „Reimfassung einer Predigt Bertholds von Regensburg über die Messe". *Beiträge zur Geschichte der deutschen Sprache und Literatur* 117 (1995): 65–91.

Rodler, Hieronymus. *Eyn schön nützlich büchlin und underweisung der kunst des Messens, mit dem Zirckel, Richtscheidt oder Linial. Zu nutz allen kunstliebhabern, fürnemlich den Malern, Bildhawern, Goldschmiden, Seidenstickern, Steynmetzen, Schreinern, auch allen denen, so sich der Kunst des Augenmeß (Perspectiva zuo Latin gnant) zugebrauchen lust haben. Darinn man auch solche Kunst leichter, dann auß etzlichen hievorgetruckten büchern begreiffen und lernen mag, mit vil schönen darzuo dienenden Figuren*. Siemeren uff dem Hunessrucke, 1531. http://www.e-rara.ch/doi/10.3931/e-rara-8785 (19. Dezember 2014). Digitalisiert durch die Bayerische Staatsbibliothek München (VD16 S 3672).

Sauer, Joseph. *Symbolik des Kirchengebäudes und seiner Ausstattung in der Auffassung des Mittelalters: Mit Berücksichtigung von Honorius Augustodunensis Sicardus und Durandus*. Münster: Mehren und Hobbeling, 1964.

Schlink, Wilhelm. „The Gothic Cathedral as Heavenly Jerusalem: A Fiction in German Art History". *Jewish Art* 23/24 (1997/98): 275–285.

Schwarz, Michael V. „Kathedralen verstehen: St. Veit in Prag als räumlich organisiertes Medienensemble". *Virtuelle Räume: Raumwahrnehmung und Raumvorstellung im Mittelalter*. Hrsg. von Elisabeth Vavra. Berlin: Akademie-Verlag, 2005. 47–68.

Schweizer, Stefan. „‚Stil', ‚Bedeutung', ‚Wahrnehmung': Genese und Entwicklung interdisziplinärer Architekturdeutung sowie ihrer kulturwissenschaftlichen Perspektiven". *Bauen als Kunst und historische Praxis: Architektur und Stadtraum im Gespräch zwischen Kunstgeschichte und Geschichtswissenschaft*. 2 Teil-Bde. Hrsg. von Stefan Schweizer und Jörg Stabenow. Göttingen: Wallstein, 2006. I, 21–83.

Sedlmayr, Hans. *Die Entstehung der Kathedrale*. Zürich: Atlantis, 1950.

Seidenfuß, Birgit. *‚Daß Wirdt Also Die Geometrische Perspektiv Genandt': Deutschsprachige Perspektivtraktate des 16. Jahrhunderts*. Weimar: VDG, 2006.

Simson, Otto von. *Die gotische Kathedrale: Beiträge zur ihrer Entstehung und Bedeutung*. Darmstadt: Wissenschaftliche Buchgesellschaft, 1968.

Spohn, Georg R. „Der Simmerner Meister HH und der Autor der ‚Kunst Des Messens' (Simmern 1531): Herzog Johann II. von Pfalz-Simmern". *Zeitschrift des deutschen Vereins für Kunstwissenschaft* 27 (1973): 79–94.

Veltman, Kim H. *The Sources and Literature of Linear Perspective: Vol. 1. The Sources of Perspective.* www.sumscorp.com/img/file/2004_Sources_of_Perspective.pdf (19. Dezember 2014).

Wandhoff, Haiko. *Ekphrasis: Kunstbeschreibungen und virtuelle Räume in der Literatur des Mittelalters.* Berlin und New York: De Gruyter, 2003.

Wenzel, Horst. *Hören und Sehen, Schrift und Bild: Kultur und Gedächtnis im Mittelalter.* München: C. H. Beck, 1995.

31. Die ‚Neue Welt': Reisen und Alterität
Hanno Ehrlicher

1. Die frühneuzeitliche Erfahrung der Fremde: Kolumbus und die ‚Neue Welt'

Dem historischen Wortsinn nach setzt jede Erfahrung eine Reisebewegung voraus. In dieser etymologischen Bedeutung findet sich das Wort noch in Sebastian Brants *Narrenschiff* von 1494. Als erster deutschsprachiger Text kommentiert dieser Text den ‚Fund' einer bisher unbekannten fremden Inselwelt, auf die Christoph Kolumbus bei seiner ersten Expedition 1492 auf der Suche nach dem legendären Zipango gestoßen war – eine Neuigkeit, die sich in Europa erst kurz zuvor verbreitet hatte (seit der Veröffentlichung des Briefes von Kolumbus an Luis de Santángel, der nach dem spanischen Erstdruck schon seit Mai 1493 auch in der lateinischen Übertragung Aliander de Coscos gelesen werden konnte; Kolumbus 2000 [1493], 5–11). In Sebastian Brants satirischer Perspektive stellt diese neueste Fahrt zu „Golt / jnslen" und „nacket lüt" (1968 [1494], 167, Z. 55) lediglich die letzte Konsequenz einer schon lange zuvor durch die portugiesische Exploration der afrikanischen Westküste begonnenen maritimen Expansionsbewegung dar, die er als äußerst verhängnisvoll wertet. Sie wird gedeutet als Produkt einer ungezügelten *curiositas*, des vermessenen Anspruchs auf wissenschaftliche Vermessung der Welt, die den Menschen zum Verlust bewährter und tradierter Normen führt und einer materialistischen Weltsucht Raum gibt, die ins Heillose münden muss, weil sie die Konzentration vom eigentlichen Ziel ablenkt: „Dann wem syn synn zů wandeln stot / Der mag nit gentzlich dienen got" [Denn wer seinen Sinn aufs Reisen richtet, der vermag Gott nicht zur Gänze zu dienen] (169, Z. 153–154). Brant beobachtet und kritisiert zugleich als Zeitgenosse jenen vielbesprochenen Weltbildwandel der frühen Neuzeit, dessen Tendenz sich skizzenhaft als Umstellung von einem vertikalen Gottes- zu einem horizontalen Weltbezug charakterisieren lässt und auch eine veränderte Raumkonzeption implizierte (Dünne 2011, 23–30).

Kolumbus' Fahrt in die ‚Neue Welt', die zum Emblem des raum-zeitlichen Weltbildwandels der frühen Neuzeit wurde, sollte tatsächlich eine Modernisierungs- und Globalisierungsdynamik vorantreiben, die er selbst keineswegs intendiert hatte (→ 10. Geopolitik und Globalisierung). Während der aus Genua stammende Seefahrer und Autodidakt ja nur auf neuer Route in einen fernen Osten reisen wollte, der zwar nicht genau bekannt, aber doch schon (durch Mandeville, Marco Polo u. a.) mehrfach beschrieben war, stellte der diesem Ziel im Weg liegende Doppelkontinent ein veritables Problem dar, das die abendländische Kultur insgesamt herausforderte. An ihm hatten sich nicht nur Kolumbus selbst und die ihm nachfolgenden Generationen von europäischen Entdeckern bzw. Konquistadoren konkret beim Versuch der Landnahme und Kolonisierung abzuarbeiten, sondern auch die geographischen und kosmographischen Fachexperten, die das tradierte topische Wissen von der Welt an das laufend sich erweiternde empirische Beobachtungswissen anpassen mussten und kartographisch fixierten. Die Erfahrung der ‚Neuen Welt' bzw. ‚Amerikas', wie die überseeischen Gebiete nach dem Brief von Amerigo Vespucci (Wallisch 2002) in Zentraleuropa dann meist bezeichnet wurden – die iberische Kultur blieb stärker dem Kolumbus treu und beharrte terminologisch auf ‚*las Indias*' –, begründete zwar sicher nicht allein die Genese eines spezifisch neuzeitlichen Weltbildes, wirkte aber doch zweifellos als ein wichtiger Katalysator darauf ein. Die damit verbundene Raumdynamik lässt sich schon sprachlich ablesen am Wandel des *inventio*-Begriffs, der im Reden über die ‚Neue Welt' zentral war. Das heterogene und vielgestaltige Korpus der spanischsprachigen Amerikachroniken zeugt insgesamt von einer zunehmenden Verschiebung des tradierten topisch-rhetorischen Konzepts zum technisch-fiktiven Inventionsbegriff der Moderne (Borchmeyer 2009). Erst im Zuge dieser Verschiebung wurde aus dem ‚Fund' des Kolumbus im Sinne des Auffindens eines zuvor bereits Bekannten, das deshalb auch an entsprechenden Textstellen tradierter Schriften nachgewiesen werden konnte, allmählich die ‚Entdeckung' eines keiner Überlieferung entsprechenden radikal Neuen. Das Bordbuch (*Diario de Bordo*) der ersten Indienfahrt, das uns nur in der zusammenfassenden Abschrift durch Bartolomé de Las Casas überliefert ist, bleibt in diesem Zusammenhang ein besonders aufschlussreicher Text. Zum einen, weil er chronologisch am Anfang der Wahrnehmung und Beschreibung Amerikas als eine für Europa neue – und im Vergleich zu Europa andere – Welt steht und damit zu einem wichtigen Referenztext postkolonialer Theorien zur Alteritätsproblematik geworden ist (Todorov 1982; Greenblatt 1998; zum Vergleich beider Positionen Lubrich 2009, 15–22; → 11. Postkoloniale Räume). Zum anderen, weil in diesem Reisetext, anders als in manch späteren, am Schreibtisch entworfenen Diskursen über das kulturelle Andere, die räumliche Dimension kultureller Erfahrung besonders deutlich präsent ist.

2. Zipango in der Karibik: Raum- und Wissensdynamik im Reisebericht des Kolumbus

Kolumbus' Tagebuch der ersten Reise ist zu Recht als ein kolonialer Gründungstext gelesen worden, der in der Wahrnehmung und Interpretation des Anderen die spätere imperiale Praxis von dessen gewaltsamer Unterwerfung und ökonomischer Ausbeutung bereits vorbereitet. In der Tat dokumentiert die Beschreibung der ‚Neuen Welt' darin eine Fremdwahrnehmung, die auf eine Angleichung des Fremden an das Eigene und letztlich auf dessen Inbesitznahme hinausläuft (Greenblatt 1998, 206 u. ö.) bzw. auf eine ‚finalistische' Interpretation der Zeichen, die auf Vorherwissen und Autorität gründet und deshalb alles andere als modern ist (Todorov 1985, 23–46). Es ist aber nicht nur Zeugnis des Nichtverstehens, sondern auch einer epistemologischen Verunsicherung, die mit der beobachtungsbasierten kulturellen Erfahrung eines anderen Raums einhergeht, der in seiner Alterität zwar negiert werden sollte, aber sich eben auch nicht ohne Schwierigkeiten an das mitgeführte Toposwissen angleichen ließ (zu lektürebasiertem Toposwissen gegenüber empirischem Beobachtungswissen siehe Hassauer 1986, 280–283). An zwei miteinander verbundenen Elementen soll im Folgenden diese epistemologische Krise als eine Verortungskrise näher verdeutlicht werden: Die Identifizierung bzw. Nichtidentifizierung Kubas als Insel und die schwankende Position, die Kolumbus in der Frage einer möglichen Existenz von Kannibalen einnimmt.

Die Verknüpfung beider Problembereiche lässt sich nur begreifen, wenn man das Toposwissen vom fernen Osten, das Kolumbus mit in die Karibik brachte, zu rekonstruieren versucht – ein Versuch, der zwar notwendig hypothetischen Charakter hat, aber über die nachweisbaren Lektüren Kolumbus' doch plausibilisiert werden kann (Reichert 1988). Bei aller Unterschiedlichkeit im Einzelnen stimmten die Quellen über den Fernen Osten, die Kolumbus konsultieren konnte, doch immerhin in wesentlichen Punkten überein. Sie akkreditierten zum einen den immensen Reichtum, der im zivilisatorischen Herrschaftsbereich des Khan ebenso zu finden sei wie auf der großen Insel Zipango (dem heutigen Japan), dessen Herrscher in einem Palast mit Dächern aus purem Gold lebe (Marco Polo 2003 [1289/99], 247). Und sie akkreditierten andererseits die Existenz von hundsköpfigen Menschenfressern (Kynocephalen), die im unsicheren geographischen Bereich der vor Indien gelagerten Inseln verortet wurden (auf der Insel Angaman bei Marco Polo, auf den Nikobaren-Inseln bei Jehan de Mandeville; → 38. Nissopoiesis). Bei der ersten Begegnung mit den Bewohnern der Karibikinsel, auf der Kolumbus am 12. Oktober 1492 landete und die er als ebenso schöne wie wehrlose und arme Ureinwohner schildert, musste für ihn sofort evident sein, dass er noch nicht auf die Hochkultur von Zipango gestoßen sein konnte, die sein eigentliches Ziel darstellte. Dem mit Handzeichen geführten ‚Gespräch' („les hize señas") mit den Inselbewohnern vermeint er aber sofort Indizien auf die Existenz solcher Hochkulturen entnehmen zu können (Colón 1982, 31). Er deutet die Wunden, die er an den Körpern der nackten Eingeborenen wahrnimmt, als Verwundungen, die ihnen, so schlussfolgert er, von anderen Inselbewohnern beim Versuch der

Versklavung zugefügt worden sein müssen. Aus dem evidenten Fehlen positiver Indizien für die unmittelbare Präsenz des Gesuchten werden so Zeichen seiner mittelbaren Nähe. Dass Kolumbus wenig später die indianischen ‚Kariben' als ‚Kannibalen' missversteht, folgt ebenso diesem teleologischen Wunsch nach Erreichen des im angelesenen Wissen eindeutig verorteten Ziels wie die Identifizierung der Insel Kuba mit Zipango aufgrund ihrer Größe und des vermuteten Vorkommens von ‚Gold und Perlen' (Eintrag vom 26. Oktober 1492). Beide Ausgangsinterpretationen hielten jedoch einer Verifizierung nicht stand und müssen deshalb strategisch so falsifiziert werden, dass gleichzeitig die globale Grundprämisse unbeschädigt aufrechterhalten werden konnte. Eine Falsifizierung der sein ganzes Projekt leitenden Vorstellung vom Raum der Erde war für Kolumbus schlichtweg nicht denkbar – und war es auch für seine Zeitgenossen erst in einem langen Erkenntnisprozess, denn immerhin dauerte es noch mehrere Jahrzehnte, bis die Verbindung zwischen Süd- und Nordhälfte des Doppelkontinents feststand und die karibischen Inseln definitiv nicht mehr als ein ‚indisches' Archipel identifiziert werden konnten. So kommt es zu einer Verortungskrise, die eine ständige kognitive Anpassungsleistung erfordert und eine Interpretationsdynamik freisetzt, in der die Deutung der beobachteten Phänomene äußerst flexibel revidiert werden kann, die leitende Grundprämisse dabei aber konstant bleibt. Kuba wird von Kolumbus solange als Insel identifiziert, wie er die Hypothese einer Identität mit Zipango aufrechterhalten kann. Noch im Brief an Santángel spricht Kolumbus ganz eindeutig von der *Insel* Juana (=Kuba). Sobald diese Hypothese aber in Konflikt mit der globalen Grundannahme geriet, ersetzte Kolumbus sie ohne Furcht vor logischer Selbstwidersprüchlichkeit durch eine gegenteilige Annahme. Die Deutung Kubas als Insel wird mit zunehmender Erkundung des Landes aufgegeben, als während der genaueren Exploration nämlich deutlich wird, dass die Kultur der Inselbewohner in allen wesentlichen Punkten von den Schilderungen der Zivilisation auf Zipango abweicht, während die Größe der Insel immer deutlicher mit dem zunächst vermuteten Modell übereinstimmt. Eine Insel, die raumtheoretisch-global eigentlich Zipango sein musste, aber nicht Zipango war, konnte es im Weltbild des Admirals gar nicht geben. Die kognitiven und weltanschaulichen Schwierigkeiten, in die Kolumbus bei seiner Suche nach Indien im Raum der ‚neuen' Welt geriet, lassen sich veranschaulichen, wenn man hypothetisch das kartographisch-kosmologische Wissen über den asiatischen Kontinent, das seine Interpretationen orientierte, mit der realen Geographie des für ihn noch unbekannten Amerika zu überblenden versucht, wie es die Herausgeberin der Schriften von Kolumbus, Consuelo Varela, unternommen hat (Colón 1982, 357). Zur Veranschaulichung des zeitgenössischen kartographischen Wissens über Asien wählt Varela dabei eine Darstellung, wie sie in etwa derjenigen auf dem Globus Martin Behaims entspricht, und überblendet diese Asienkarte mit der nach Kolumbus einsetzenden kartographischen Repräsentation Amerikas (Juan de la Cosas Weltkarte von 1500) sowie einer modernen. Das vereinfacht zwar die komplexen Verhältnisse der Begegnung Kolumbus' mit dem Unbekannten, denn Kolumbus verwendete auf seiner Reise ja keine einzelne Karte, sondern setzte unterschiedliches Kartenmaterial ein, das er durch erinnerte Informationen ergänzte, wobei schriftliche Quellen und mündlich überliefertes Wissen sicher nicht streng getrennt waren; dennoch kann damit zumindest grob veranschaulicht werden, wie enorm die Kluft zwischen Vorstellung und empirischer Anschauung gewesen sein muss, die Kolumbus auf seiner Suche nach Indien ständig zu überbrücken hatte, und welche Dynamik die auf dieser Suche getätigten ‚Funde' in der Folge für die weitere Erfassung der Welt in der frühen Neuzeit auslösten. [Abb. 1]

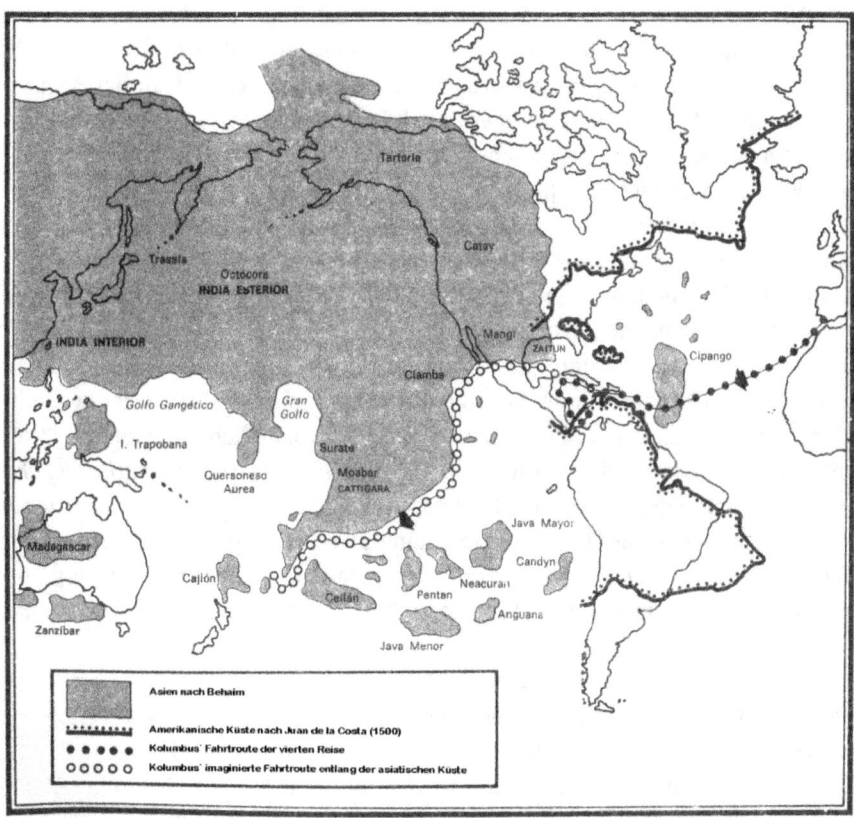

Abb. 1: Amerika als Indien. Kolumbus' Vorstellung der Neuen Welt in Abweichung zu den kartographisch repräsentierten tatsächlichen geographischen Verhältnissen

Dass es bei einer derartigen strukturellen Inkohärenz zwischen der – auf Lektüre und mündlichen Informationen basierenden – vorgestellten Welt und der tatsächlich vorhandenen Geographie zu einer gestörten Raumordnung und zur Desorientierung kommen musste, kann jedenfalls nicht erstaunen. Selbst der Kolumbusbewunderer Las Casas notiert an einer Stelle explizit, dass er den Verortungsversuchen des Admirals nicht mehr folgen kann und nur noch ‚Kauderwelsch' („algarabia") versteht (Colón 1982, 49, Anm. 60). In Bezug auf die eigentliche Zielsetzung, das Erreichen Zipangos, kommt es schließlich dazu, dass Kolumbus bei seiner zweiten Reise Kuba den Inselstatus wieder absprechen und zum Teil des asiatischen Festlandes erklären muss. Am 12. Juni 1494 lässt er unter notarieller Beglaubigung und Androhung drakonischer Strafen die eigene Mannschaft auf die ‚Wahrheit' seiner neuen Hypothese einschwören – eine Szene, die Salvador de Madariaga als Beleg für das quijotesk-verrückte Verhalten von „Don Cristóbal de Cipango" wertet (1982, 353; mit Bezug auf die Quellensammlung von Fernández de Navarrete 1825–1937, II, 145). Sie zeugt einmal mehr und besonders plastisch von der geschilderten situationsbedingten Flexibilität in der Semiose des Unbekannten bei gleichzeitiger Starrheit des zugrunde liegenden Interpretationsmusters. Die gleiche Dynamik lässt sich dann auch in der Frage der Existenz von Kannibalen feststellen. Zunächst deutet der Admiral die Rede von den fremden Kannibalen, die er von den Inselbewohnern vernommen haben will, als eine figural-uneigentliche. So heißt es im Eintrag vom 23. November 1492: „El Almirante dize que bien cree que avía algo d'ello, mas que, pues eran armados, serían gente de razón, y creía que avrían captivado algunos y que, porque no bolvían a sus tierras, dirían que los comían." [Der Admiral bemerkt, er glaube wohl, dass einiges davon wahr sei, aber dass sie, da sie bewaffnet seien, verständige Leute sein müssten, und er glaube, dass sie womöglich ein paar von ihnen gefangengenommen hätten, und weil sie nicht in ihre Heimat zurückgekehrt seien, habe man gesagt, sie seien gefressen worden] (Colón 1982, 62; Columbus 1981 [1492–1493], 65–66) Im Brief an Santángel und in späteren Schriften (besonders im Memorial an A. Torres, das auf der zweiten Reise angefertigt wurde) übernimmt Kolumbus selbst dann aber genau diese hier noch als indianischer Aberglaube behandelte Existenzbehauptung.

Dieser Positionswechsel belegt jedoch keineswegs eine vorurteilsfreie Bereitschaft zur Anpassung des eigenen Wissens an empirisch Wahrgenommenes (Lebek 2001), sondern zeigt im Gegenteil, wie in einer Situation äußerster Desorientierung einzelne Vermutungen, die auf der Basis eines instabilen Beobachtungswissens gewonnen worden waren, immer wieder in die feststehenden Schemata des Vorgewussten integriert wurden. Jeweils passend zur sich verschiebenden Situation, aus der heraus Kolumbus schrieb, mussten die Einzelfakten resemiotisiert werden, ohne das basale Interpretationsschema zu beschädigen.

Nachdem weder Zipango gefunden noch die Untertanen des Khans gesichtet worden waren, konnte Kolumbus die vermeintliche ‚Rede' von kannibalischen Praktiken neu funktionalisieren. Die Existenz ‚authentischer' Kannibalen kam ihm nun zupass, um seinen Finanziers Kannibalen als potentielle Sklaven in Aussicht stellen und damit gewissermaßen ‚Humanressourcen' als Ersatz für die eigentlich erwarteten Schätze in Form von Naturalien (Perlen, Gold, Gewürze) anbieten zu können.

Damit war der Kannibale als eine anthropologische Figur zur Verhandlung der kulturellen Alterität der ‚Neuen Welt' etabliert, die im Zuge der weiteren Entdeckungen rasch über den Bereich der Karibik hinaus auch für den lateinamerikanischen Südkontinent eingesetzt wurde und im Verlaufe der weiteren Geschichte politisch ganz unterschiedlich instrumentalisiert werden konnte (Jáuregui 2008). Im Zuge der postkolonialen Emanzipation Lateinamerikas wurde so nach dem Kubakrieg 1898 zunächst das in der Kolonialzeit erlittene Alteritätsstigma verschoben und der Vorwurf kannibalischer Andersartigkeit auf die neue Hegemonialmacht USA übertragen (‚*Arielismo*' vs. ‚*Calibanismo*'), bevor dann in einem offensiven Stigmamanagement das Fremdstereotyp appropriiert und zum positiven Identitätsmerkmal umgewertet werden konnte (so etwa Ende der 1920er Jahre im brasilianischen *Manifesto antropofago* oder Ende der 1960er fast zeitgleich bei karibischen Autoren wie Roberto Fernández Retamar, Aimé Césaire und Edward Kamau Brathwaite; → 47. Korallen). Trotz wechselnder Wertungen blieb es dabei jedoch grundsätzlich beim binären Schematismus einer Gegenüberstellung von eigener und fremder Kultur, der auch in der ersten Phase postkolonialer Theoriebildung (Said 1978) noch weitgehend wirksam blieb.

3. Nach Kolumbus: Vom Alteritätsdiskurs zur globalen Hybridität

Erst in den letzten Jahrzehnten kam es zu einer allgemeinen Abwertung des Alteritätsdiskurses in der Kulturtheorie und zum Versuch, binäre Schemata durch Figuren und Räume des Dritten und Momente des *in-between* zu überwinden (→ 11. Postkoloniale Räume). Hybridisierung ist seither zum neuen theoretischen Leitbegriff geworden und wird von vielen Seiten (García Canclini 1990; Bhabha 1994 u. a.) mit durchaus unterschiedlicher Akzentuierung zur Analyse der Kulturen im Zeichen eines globalisierungsbedingten Schwindens der Differenz bemüht. Das gilt auch und besonders für den lateinamerikanischen Kontext, wo die Theorie der Hybridität in der ethnisch-kulturellen *mestizaje* und der sprachlich-kulturellen ‚Kreolisierung' vielerorts ihre anschauliche Konkretisierung zu gewinnen scheint. Diese Tendenz zu einer Hybridisierung des Identitätsdiskurses kennzeichnet auch einen nicht unwesentlichen Strang der neueren lateinamerikanischen Literatur. Anders als noch im Paradigma des magischen Realismus setzt man dabei nicht mehr so sehr auf die Postulierung eigener Identität als Abweichung und Differenz zu europäischen Modellen, sondern auf Repräsentationsstrategien, in denen Kulturen als eine unreine Mischung erscheinen, die sich nicht auf eindeutige Ursprünge zurückführen lässt. Der Roman *Vigilia del Almirante* des aus Paraguay stammenden Autors Augusto Roa Bastos ist dafür ein Beispiel, das hier besonders erwähnt werden darf, weil es den Reisetext des Kolumbus pünktlich zur fünften Zentenarfeier 1992 erneut literarisch in Szene setzte und daraus eine „ficción impura, o mixta", eine ‚unreine' bzw. ‚gemischte' Fiktion, werden lässt (1992, 11). Roa Bastos ist zu diesem Zeitpunkt nicht der erste, der in der ‚Neuen Welt' auf die Reiseberichte, die in der ‚Alten Welt' entstanden waren, zurückgriff, um sie und die mit ihnen verbundene Geschichte umzuschreiben. Er ist nur ein Glied in der langen und weiter anhaltenden Kette ‚neuer' historischer Romane Lateinamerikas (Perkowska 2008), aber er zeigt symptomatisch, dass diese alternative Geschichtsschreibung immer weniger darauf angelegt ist, negative eurozentrische Alteritätsstereotype zurückzuweisen und damit zugleich positiv an einer anderen Identität Lateinamerikas zu arbeiten. Als Elemente eines neuen Hybriditätsdiskurses versuchen solche Entwürfe unreiner Fiktionen vielmehr, sich einzuschreiben in die Dynamik und Offenheit einer einen und einzigen Welt, die heute je nach Position für jeden etwas anders aussieht, aber für keinen gänzlich anders ist.

Literatur

Borchmeyer, Florian. *Die Ordnung des Unbekannten: Von der Erfindung der Neuen Welt*. Berlin: Matthes & Seitz, 2009.
Bhabha, Homi. *The Location of Culture*. London: Routledge, 1994.
Brant, Sebastian. *Das Narrenschiff* [1494]. Nach der Erstausgabe (Basel 1494) mit den Zusätzen der Ausgaben von 1495 und 1499. Hrsg. von Manfred Lemmer. Tübingen: Niemeyer, ²1968.
Colón, Cristóbal. *Textos y documentos completos*. Hrsg. von Consuelo Varela. Madrid: Alianza, 1982.
Columbus, Christoph. *Schiffstagebuch* [1492–1493]. Übersetzt von Roland Erb. Frankfurt a. M.: Röderberg, 1981.
García Canclini, Néstor. *Culturas híbridas: Estrategias para entrar y salir de la modernidad*. México, D. F.: Grijalbo, 1990.
Dünne, Jörg. *Die kartographische Imagination: Erinnern, Erzählen und Fingieren in der Frühen Neuzeit*. München: Fink, 2011.
Fernández de Navarrete, Martín. *Colección de los Viajes y Descubrimientos que hicieron por mar los Españoles*. 5 Bde. Madrid: Imprenta Real, 1825–1837.

Greenblatt, Stephen. *Wunderbare Besitztümer: Die Erfindung des Fremden. Reisende und Entdecker*. Übers. von Robin Cackett. Berlin: Wagenbach, 1998 [1991].

Hassauer, Friederike. „Volkssprachliche Reiseliteratur: Faszination des Reisen und räumlicher Ordo". *Grundriß der romanischen Literatur des Mittelalters XI.1. La litterature historiographique des origines a 1500*. Hrsg. von Hans Ulrich Gumbrecht, Ursula Link-Heer und Peter Michael-Spangenberg. Heidelberg: Winter, 1986. 259–283.

Jáuregui, Carlos A. *Canibalia: Canibalismo, calibanismo, antropofagia cultural y consumo en América Latina*. Madrid und Frankfurt a. M.: Iberoamericana/Vervuert, 2008.

Kolumbus, Christoph. *Der erste Brief aus der Neuen Welt* [1493]. Lateinisch/Deutsch. Mit dem spanischen Text des Erstdrucks im Anhang. Hrsg. und übers. von Robert Wallisch. Stuttgart: Reclam, 2000.

Lebek, Wolfgang D. „Kannibalen und Kariben auf der Ersten Reise des Columbus". *Das andere Essen: Kannibalismus als Motiv und Metapher in der Literatur*. Hrsg. von Daniel Fulda und Walter Pape. Freiburg i.Br.: Rombach, 2001. 53–112.

Lubrich, Oliver. *Das Schwinden der Differenz: Postkoloniale Poetiken*. Bielefeld: Aisthesis, 2009.

Madariaga, Salvador de. *Vida del muy magnifico señor Don Cristóbal Colón*. Madrid: Espasa-Calpe, 1982.

Perkowska, Magdalena. *Historias híbridas: La nueva novela histórica latinoamericana (1985–2000) ante las teorías posmodernas de la historia*. Madrid: Iberoamericana, 2008.

Polo, Marco. *Die Wunder der Welt (Il Milione)* [1298/1299]. Übers. von Elise Guignard. Frankfurt a. M.: Insel, 2003.

Reichert, Folker. „Columbus und Marco Polo: Asien in Amerika. Zur Literaturgeschichte der Entdeckungen". *Zeitschrift für Historische Forschung* 18 (1988): 1–63.

Roa Bastos, Augusto. *Vigilia del Almirante*. Madrid: Alfaguara, 1992.

Said, Edward W. *Orientalism*. New York: Pantheon Books, 1978.

Todorov, Tzvetan. *Die Eroberung Amerikas: Das Problem des Anderen*. Übers. von Wilfried Böhringer. Frankfurt a. M.: Suhrkamp, 1985 [1982].

Wallisch, Robert (Hrsg.). *Der „Mundus Novus" des Amerigo Vespucci*. Wien: Verlag der Österreichischen Akademie der Wissenschaften, 2002.

32. Atlantik/Pazifik: Die imaginäre Erschließung der Ozeane im Zeitalter der Segelschifffahrt

Margaret Cohen

1. Eine Verschiebung

Im Jahr 1719 verortete Daniel Defoe die Abenteuer seines schiffbrüchigen Seemanns Robinson Crusoe auf einer dem Orinoko-Delta vorgelagerten Insel an der Atlantikküste des heutigen Venezuela (→ 38. Nissopoiesis). Beim Entwurf seines einflussreichen Romans über einen Schiffbruch konnte er sich von berühmten, auf fernen Inseln und an entlegenen Küsten des gesamten Erdballs angesiedelten Überlebensgeschichten inspirieren lassen, die damals bereits mehr als zwei Jahrhunderte das Schrifttum über die weltweite Entdeckung der Meere bestimmten (→ 40. Meer/Luft/Wüste). Die zu Defoes Lebzeiten bekanntesten Berichte solcher Art erzählten von der Errettung Schiffbrüchiger von den im Pazifischen Ozean vor der Küste Chiles gelegenen Juan-Fernández-Inseln. In *New Voyage Round the World* (1697), einem Bestseller an der Wende zum 18. Jahrhundert, berichtete der erfahrene Schiffspilot, Freibeuter und Autor William Dampier von der Errettung eines Moskito-Indianers, der drei Jahre lang auf Juan Fernández sich selbst überlassen war. Der Schiffbrüchige Alexander Selkirk, der gemeinhin als Defoes Inspirationsquelle für die Figur des Robinson Crusoe gilt, war ein schottischer Seemann, der vom Freibeuter Woodes Rogers auf seiner in *A Cruising Voyage Round the World* (1712) schriftlich festgehaltenen Weltumsegelung (1708–1711) von der Insel gerettet wurde. Edward Cooke, ein Mitglied auf Rogers' Expedition, berichtete ebenfalls von Selkirks Leben auf der Insel und seiner Rettung in *A Voyage to the South Sea, and Around the World* (1712) wie auch der Politiker und Journalist Richard Steele in einer Nummer des *Englishman* aus dem Jahr 1713 (wesentliche Auszüge aus diesen Reiseberichten anthologisiert in Defoe 1994 [1719], 228–238).

Wenn auch die Rettung eines Schiffbrüchigen von einer meilenweit vom Festland entfernt gelegenen Insel äußerst unwahrscheinlich scheint, so ist sie vom Standpunkt der Seefahrt aus durchaus plausibel. Juan Fernández diente zu jener Zeit Europäern als Durchgangsstation für Reisen weiter westwärts in den Pazifik. Nach den aufreibenden Mühen der Umrundung von Kap Hoorn fanden die Seeleute in den fruchtbaren Gefilden dieser Inseln Holz für die Reparatur der Schiffe sowie Proviant, vor allem Wasser und Gemüse, um die vielen Crewmitglieder wieder aufzupäppeln, die angesichts der Länge der Reise womöglich schon an Skorbut litten. Wenn also die Inseln ein bekannter Anlaufpunkt für Seeleute waren, so ergibt sich die Frage, warum Defoe, der ja in der Geschichte des Romans als jemand figuriert, dem es gerade um die Glaubwürdigkeit seiner Fiktionen ging, seinen Schiffbrüchigen vom Pazifik in den Atlantik verschob. Die Antwort hierauf liegt wohl kaum darin, dass er den Lesern etwa seine Quellen zu verschleiern suchte. Er hatte keine großen Skrupel, wenn es darum ging, für seine Zwecke Einzelheiten aus erfolgreichen Berichten von Weltumsegelungen zu entnehmen, bis hin zur Abfassung eines Berichts über eine Reise rund um die Welt, der denselben Titel wie Dampiers Bestseller trug, nämlich *A New Voyage Round the World*, dem er lediglich hinzufügte: *by a Course Never Sailed Before* (1724).

Stattdessen trägt Defoes Veränderung hinsichtlich der Geographie seiner Erzählung den ganz verschiedenen Konnotationen des Atlantischen wie des Pazifischen Ozeans im kulturellen Kontext ihrer Zeit Rechnung – Konnotationen, die die Semantik seiner Erzählung signifikant verstärkten (→ 2. Topographien). In der Folge geht es anhand von Beispielen aus dem nordatlantischen Dreieck der englischen, französischen und frühen nordamerikanischen Literatur um die Spannbreite der einander kontrastiv gegenüberstehenden und ans Imaginäre gebundenen Motive, die mit dem Atlantik bzw. dem Pazifik während des 18. und 19. Jahrhundert jeweils assoziiert wurden.

2. Der ‚arbeitsame' Atlantik

Zu der Zeit, da Defoe schrieb, und in der Tat bis weit ins 19. Jahrhundert hinein, galt der Atlantik als Königsweg des Kapitalismus (→ 10. Geopolitik und Globalisierung). Passagiere, Waren und Nachrichten bewegten sich hin und her und verbanden auf diese Weise beide Seiten des Atlantik zu einem modernen Gegenstück des *mare nostrum*, wie die Römer das die Küsten der Alten Welt verbindende Mittelmeer nannten (→ 26. Mittelmeer). Im Rückblick auf den Amerikanischen Unabhängigkeitskrieg hob James Fenimore Cooper in seinem hochoriginellen Meeresabenteuerroman *The Pilot: A Tale of the Sea* (1824) die – von vielen seiner Zeitgenossen geteilte – Sicht vom Atlantik als einer einzigen durchgehenden Region zwischen Alter und Neuer Welt mit gemeinsamem Handel und Kriegen hervor. Sein Roman beginnt mit den Worten: „A single glance at the map will make the reader acquainted with the position of the eastern coast of the island of Great Britain, as connected with the shores of the opposite continent. Together they form the boundaries of the small sea that has for ages been known to the world as the scene of maritime exploits, and as the great avenue through which commerce and war have conducted the fleets of the northern nations of Europe." (Cooper 1990 [1824], 9)

Obwohl es auf dem Atlantischen Ozean bereits regen Schiffsverkehr gab, hieß dies noch lange nicht, dass sein Durchkreuzen irgendetwas mit Routine zu tun hatte (→ 31. Die ‚Neue Welt'). Die Überquerung war stets schwierig, zumal die Segelschiffe in weitaus größerem Maß von den Unbilden des Wetters abhängig waren als die Dampfschiffe späterer Zeiten. Hinzu kam, dass das Schiff selbst ein Ort der Gewalt war und dass das offene Meer darüber hinaus außerhalb der jeweiligen Rechtsprechung der einzelnen Nationen stand (→ 15. Utopie und Heterotopie). Sowohl das offene Meer als auch die Küste der Neuen Welt waren zudem bis zum amerikanisch-britischen Krieg von 1812 wie auch darüber hinaus Szenario beständiger Kriegshandlungen, wo die europäischen Mächte, und späterhin auch die Vereinigten Staaten, sich zusehends in Scharmützel um die Kontrolle der Gebiete rund um den Bereich verstrickten, den Cooper in seinem Auftaktabsatz von *The Pilot* als „this disputed ocean" bezeichnete. Die europäischen Mächte hatten mitten durch den Atlantik die Neue von der Alten Welt trennende Zugehörigkeitslinien gezogen. Vom 16. bis zum Ende des 18. Jahrhunderts hatten europäische Verträge ‚jenseits der Linie' keine Geltung, und es galt das Recht des Stärkeren beim Kampf um Land und Macht in der Neuen Welt (Schmitt 1974, 53–109). Diese Kombination aus Vertrautheit einerseits und wohlbekannten wie durchlebten vielfältigen Gefahren und Entbehrungen andererseits machte aus dem imaginären Atlantik einen phantasmatischen Raum zur Auseinandersetzung mit der für die erste Phase des modernen globalen Kapitalismus typischen Gewalt und Arbeitslast, für die Marx den Begriff der ‚primitiven Akkumulation' geprägt hat. Defoes *Robinson Crusoe* ist hierfür ein gutes Beispiel. Mit Robinsons Überlebenskampf demonstriert Defoe die sowohl kreative als auch praktische psychologische Notwendigkeit, nicht allein zu überleben, sondern darüber hinaus im Rahmen der hochriskanten und zugleich enorm lukrativen Möglichkeiten des Kolonialhandels an den Rändern europäischer Erfahrung auch Erfolg zu haben. Die Entwicklung solcher Eigenschaften entsprach einer modernen, weltlichen Version der praktischen Vernunft (*metis*) des Odysseus (→ 26. Mittelmeer), in der die Technologie an die Stelle der Götter getreten war; und alles, was Robinson tun konnte, war lediglich, darüber zu spekulieren, ob die Vorhersehung die Fäden zog, aber nicht mehr, mit der verzauberten Welt in Verbindung zu treten.

Defoes Darstellung des Atlantik als Bühne für selbstermächtigtes praktisches menschliches Handeln liefert einen wesentlichen Strang für eine allgemeine Vorstellung dessen, was man den arbeitsamen Atlantik nennen könnte. Dieser arbeitsame Atlantik stand in Kontrast zum imaginären Pazifik als einem Raum für wilde Projektion, der seinerseits ein auf historischen Fakten beruhendes imaginäres Konstrukt darstellte. Weit bis ins 19. Jahrhundert hinein war über den Pazifik vergleichsweise wenig bekannt; er war ein Raum, wo Europäer in den Worten Jonathan Lambs, Vanessa Smiths und Nicholas Thomas' in vielfacher Hinsicht verloren „at sea" waren (2001, xvi). Zugleich waren sich die Europäer seiner immensen Ausdehnung bewusst, und dieses Bewusstsein war insofern nachdrücklich, als es darauf aufmerksam machte, dass die Erde voller noch ungenutzter, aber potentiell wahrnehmbarer Möglichkeiten war. Diese für ein vom kapitalistischen Glauben an den Mehrwert beherrschtes Zeitalter charakteristische Verbindung von Unbekanntheit und Option führte dazu, den Pazifik als den Raum anzusehen, an dem sich das ansammeln konnte, was Walter Benjamin als die vom Imaginären der transatlantischen Moderne geprägten ‚Wunschbilder' bezeichnet hat. Wie Benjamin im *Passagen-Werk* (1991, V/1, 46–47) ausführt, sind Wunschbilder kollektive Phantasien, in denen sich das Unterdrückungspotential kultureller Praktiken und gegenläufige utopische Impulse auf ambivalente Weise mischen.

Der imaginäre Atlantik ist, wie der imaginäre Pazifik auch, keine monolithische Konstruktion, sondern nimmt vielfältige Formen an. Defoes Feier selbstermächtigten praktischen Handelns stellt sicherlich eine der wichtigsten Indienstnahmen des Atlantik im 18. und 19. Jahrhundert dar. Solche Feiern prägen durchweg die Schifffahrtsfiktionen der 1720er bis 1740er Jahre, die eine narrative Untergattung bilden, welche ich andernorts als ‚maritime Pikareske' bezeichnet habe (Cohen 2010; → 7. Raum und Erzählung). In *The Voyages and Adventures of Captain Robert Boyle* (1726) überträgt Rufus Chetwood den Nachweis selbstermächtigten praktischen Handelns explizit vom Meer aufs Land, wenn sein Kapitänsheld von Piraten gefangen genommen und vor der marokkanischen Küste in Salé ins Gefängnis geworfen wird, wo er seine Peiniger durch seine technischen Fähigkeiten beeindruckt. Von Piraterie und Krieg geprägte Konflikte gaben Alain René Lesage Gelegenheit, in *Les Aventures de Monsieur Robert Chevalier, Dit de Beauchêne, Capitaine de flibustiers dans la nouvelle France* (1732) anhand der blutigen Karriere eines von kriegerischen Irokesen in Französisch-Kanada großgezogenen Helden, der sich späterhin anschickt, ‚jenseits der Linie' sein Glück zu suchen, eigenmächtiges praktisches Handeln darzustellen. Und auch des Engländers Tobias Smolletts *Roderick Random* (1748) legt vom ersten Moment an seiner Karriere als Seemann, als ihn eine gewalttätige Presspatrouille an Land ergreift, praktisches Geschick an den Tag. Die geographische Anlage dieses Romans, die Smolletts eigenen Erfahrungen in der britischen Marine während des Spanienkriegs (1739–1742) folgte, verdeutlicht zudem, in welchem Ausmaß im Gegensatz zu *Robinson Crusoe* die Feier selbstermächtigter praktischer Handlungsmacht auf den Wassern des Atlantik historisch-geographischen Gegebenheiten angepasst sein und sich auf die Küsten der Nachbarmeere ausdehnen konnte (→ 20. Literaturgeographie). Wie der Krieg selbst, der sich aus dem britischen Bemühen um die Übernahme des lukrativen spanischen Sklavenhandels speiste, erstreckt sich Smolletts narrative Bühne über den Atlantik bis nach Cartagena, Kolumbien (→ 11. Postkoloniale Räume).

Ein zweiter wesentlicher Strang im Imaginären des Atlantik, der vor allem im späteren 18. Jahrhundert einsetzt, liegt in dem, was als erster der Historiker Paul Gilroy als den ‚Schwarzen Atlantik' bezeichnet hat (1993). Auch der Schwarze Atlantik stellt wiederum ein sich aus historischen Tatsachen speisendes imaginäres Konstrukt dar. Von Beginn der Kolonisierung der Neuen Welt an war der Atlantik die Hauptroute für die Versklavung Afrikas. Die Schrecken der ‚Middle Passage' wurden ab dem späten 18. Jahrhundert in deutlich gegen die Sklaverei gerichteten Erzählungen wie etwa Olaudah Equianos *The Interesting Narrative of the Life of Olaudah Equiano* (1789) dargestellt. Wie Equianos Erzählung verdeutlicht, spielte der Transit über den Atlantik eine wichtige Rolle im Prozess der für den Sklavenhandel wesentlichen Entmenschlichung (aus europäischer Perspektive hierzu Baucom 2005). Dabei standen mehr als die Wasser des Atlantik selbst die lebenserstickenden Begrenzungen der Schiffe im Mittelpunkt der hier verbreiteten Version vom imaginären Atlantik als Schauplätze einer Form nicht mehr darstellbarer Erfahrung, an denen sich das Erbärmliche mit grausamer Achtlosigkeit verband. In Equianos eigenen Worten ertrug er auf dem Sklavenschiff „more hardships than I can now relate, hardships which are inseparable from this accursed trade" (2001 [1789], 18).

Zugleich aber war, wie Olaudah Equianos weiterer Lebenslauf bezeugt, die Arbeit auf See auch für so manchen schwarzen Mann das Tor zur Freiheit. Inmitten des die Epoche beherrschenden Rassismus stellte die äußerst gefährliche Tätigkeit als Seemann durchaus auch eine Fülle von Chancen bereit. Equiano selbst verdiente durch seine Arbeit das Geld, mit dem er seine Freiheit erkaufen konnte, und insofern enthält seine Autobiographie eine ambivalente Version vom Atlantik als Weg in die Sklaverei und ins Überleben zugleich. Dies ist typisch für das Schicksal schwarzer Männer im 18. Jahrhundert. Equianos ambivalente Sicht beginnt bereits auf dem Sklavenschiff, das ihn zunächst in die Karibik bringt, wo er unter ‚more hardships than I can now relate' auch davon erzählt, wie er durch die Erlaubnis eines Seemanns zum ersten Mal den ‚Gebrauch eines Quadranten' beobachten konnte, was sich insofern als entscheidendes Ereignis erweisen sollte, als er über die zunehmende Beherrschung der schwierigen Kunst der Navigation sein Ansehen steigern konnte. Auch Frederick Douglass, der der Sklaverei in der Verkleidung eines Seemanns entkam, betont die Janusgesichtigkeit des Schwarzen Atlantik, wenn er aus der Position als Sklave in Baltimore die Chesapeake Bucht beobachtet, „whose broad bosom was ever white with [...] sails from every quarter of the habitable globe. Those beautiful vessels, robed in purest white, so delightful to the eye of freemen, were to me so many shrouded ghosts, to terrify and torment me with thoughts of my wretched condition." (1963 [1845], 66) Douglass spielt hier in deutlicher Vertrautheit mit der Sprache des Meeres mit den verschiedenen Bedeutungen des Wortes ‚shroud' in der Alltagssprache wie im technischen Gebrauch auf See. Denn ‚shroud' ist zum einen das Leichentuch, das den Toten bedeckt, und in der Tat wurden Seeleute für Meeresbegräbnisse in Schiffstuch gewickelt, aber zum anderen ist es auch ein entscheidendes Stützsegel in der Takelage (Dear und Kemp 2006, 800).

Wäre er ein freier Mann gewesen, so bemerkt Douglass, hätten ihm diese Schiffe erhabene und wunderschöne Anblicke dargeboten. Dabei verweist er aber auf noch einen weiteren Strang des atlantischen Imaginären, der sich aus der Betrachtung des Atlantik vom privilegierten Standpunkt der Küste speist. Der Atlantik und vor allem seine geschützten Buchten waren nämlich ein riesiger Ozean und ein zugängliches Urlaubsziel für europäische Reisende zugleich. In der zweiten Hälfte des 18. Jahrhunderts begann man die Meeresküste in den Anfängen ihrer Transformation in einen Freizeitraum, wie dies Alain Corbin in *Le Territoire du vide* (2010) ausführlich dargestellt hat, zusehends auch als hygienisch motivierten Zielort anzusehen. Von der bequemen Küste aus genossen die Touristen die Launen der Küstengewässer, wie sie von Malern und Schriftstellern in schönen, bis hin zum Sublimen reichenden Bildern wiedergegeben wurden. Als Jane Austen ihren Roman *Persuasion* (1818) entwarf, hatte das Vergnügen an der Küste bereits eine Reihe von Klischees hervorgebracht, die sie ironisch aufnimmt, wenn sie etwa ihre Heldin samt einem Mitreisenden auf einen frühmorgendlichen Spaziergang am Strand des Badeorts von Lyme Regis schickt: „They went to the sands, to watch the flowing of the tide, which a fine south-easterly breeze was bringing in with all the grandeur which so flat a shore admitted. They praised the morning; gloried in the sea; sympathized in the delight of the fresh-feeling breeze – and were silent" (1985 [1818], 123).

Das andere Meer, das Europäern in der Zeit Jane Austens für Freizeitgestaltungen an der Küste offen war, war natürlich das Mittelmeer, das wunderschöne Anblicke wie auch eine grandiose Kulisse für die ehrfurchtgebietende Macht der Natur bot (→ 26. Mittelmeer). Der Matrose William Falconer etwa ließ sein nautisches Katastrophengedicht „The Shipwreck" (1762), das sich zu einem Klassiker der Aufklärung wie auch der Romantik entwickeln sollte, an der Mittelmeerküste spielen. Die Dichter/Matrosen der Romantik, George Gordon, Lord Byron und Percy Bysshe Shelley, nutzten gleichermaßen das ältere *mare nostrum* als Kulisse für ihre Dichtung. Gleichwohl ist das Mittelmeer trotz seines tödlichen Potentials des Öfteren eher Schauplatz eines beherrschbaren und historisch stärker rückwärtsgewandten Sublimen, das darauf zurückblickt, was Joseph Conrad späterhin als die ‚Wiege der Kunst' bezeichnet hat („nursery of the craft"; 1988 [1906],

Kap. 37). Percy Bysshe Shelleys „Ode to the West Wind" (1819) stellt diesen Unterschied in seinem Passus über den Effekt des Windes auf das jeweilige Meer exemplarisch aus. Bei Shelley trifft dieser Wind, den er als Emblem für die kreative Zerstörungsmacht des dichterischen Wortes ansieht, zuerst auf „the blue Mediterranean", wo er im Wellengang lediglich Gebäude erbeben lässt: „old palaces and towers / Quivering within the wave's intenser day". Sodann geht er über zum Atlantik, der die Ausstellung der ganzen majestätischen Macht des Westwinds zulässt, indem seine „level powers / Cleave themselves into chasms, while far below / The sea-blooms and the oozy woods which wear / The sapless foliage of the ocean, know / Thy voice, and suddenly grow grey with fear, / And tremble and despoil themselves" (1907, 574).

3. Der ‚wilde' Pazifik

Das Sublime als ästhetische Kategorie stellt den Zusammenbruch des Subjekts vor einer überwältigenden Macht fest. Doch so mächtig Shelleys Wind auch sein mag, so bleibt seine Kraft doch in den Grenzen der menschlichen Vernunft. Zwar gibt es, sobald der Wind seine schreckliche Stimme erhebt, erbebenden Tang und klaffende Abgründe, doch bleibt die Beschreibungsfunktion der Sprache stets erhalten. In diesem Sinn ist Shelleys imaginärer Atlantik immer noch ein Raum der Arbeit, auch wenn die von ihm gefeierte Arbeit nunmehr die des poetischen Machens ist (→ 5. Schriftträume) und nicht das praktische Handeln, wie es Defoe in den Mittelpunkt gestellt hat. Im Gegensatz hierzu begibt sich Shelleys romantischer Kollege John Keats in die Wildnis des Pazifik, wenn es ihm um die Beschreibung der sublimen Kraft der vom frühmodernen Dichter George Chapman wiedergegebenen Worte Homers geht, die etwas darstellen, was jenseits aller Möglichkeiten von Sprache liegt.

In seinem Sonett „On First Looking into Chapman's Homer" (1816) preist Keats wie Shelley in der „Ode an den Westwind", auch wenn er dabei auf die Vergangenheit zurückblickt, die Macht und Möglichkeit von Dichtung. Im Gegensatz zu Shelley stellt er jedoch die Macht als etwas so Intensives dar, dass die Sprache ebenso wie die gleichermaßen traditionell als Figur für das Verstehen eingesetzte visionäre Begabung davor versagen muss. Der für die Heraufbeschwörung solcher Intensität genutzte Ozean ist nunmehr der Pazifik. Beim ‚ersten Blick in Chapmans Homer' vergleicht sich Keats also mit demjenigen ersten spanischen Eroberer (den er irrtümlich für Cortés hält, nicht für Balboa), der den Pazifik von der Küste Panamas aus zu Gesicht bekam. Trotz seiner ‚Adleraugen' ist alles, was der ‚gedrungene Cortés' tun kann, nichts als starren: „at the Pacific – and all his men / Looked at each other with a wild surmise – / Silent, upon a peak in Darien" (Keats 1977 [1816], 72).

In diesem Sonett weitet Keats durch die Nebeneinanderstellung mit einem Bild, das nicht nur neue Territorien, sondern die völlige Flucht aus dieser Welt in Aussicht stellt, die Figur des Pazifik zu einem sich auf unvorstellbare Erfahrungen öffnenden wilden Tor: „Then felt I like a watcher of the skies / When a new planet swims into his ken." Gleichwie beim arbeitsamen Atlantik lag die Verankerung der Vorstellung vom wilden Pazifik in den europäischen Praktiken beider Gewässer – oder auch in deren Fehlen. Solch fehlendes Wissen war bereits offensichtlich bei der irreführenden Benennung dieses Ozeans, als das erste Mal auf ihn durch Ferdinand Magellan bei seiner Weltumrundung (1519–1520) verwiesen wurde. Magellan nannte ihn den Pazifik, da er im Vergleich zu den Gefahren bei der Umrundung von Kap Hoorn ruhig schien.

Die Verlockungen der unbekannten Gewässer des Pazifik machten ihn zu einem Raum des Imaginären, wo Möglichkeit und Phantasie, Fakten und Fiktionen, zuweilen untrennbar miteinander vermengt wurden. Selbst die Existenz eines Landes Utopia konnte durch das europäische Imaginäre irgendwohin in seine unendliche Weite hineinprojiziert werden (→ 15. Utopie und Hetertotopie), oftmals auf die *Terra Australis Incognita*, über deren phantastische Landmasse Geographen seit jeher spekuliert hatten, sie müsse notgedrungen am unteren Teil der Erdkugel sein, um all die Landmassen in ihrer oberen Hälfte ausbalancieren zu können. Entsprechend formuliert der Meereshistoriker Glyndwr Williams: „As the Americas and the Far East became known, so speculative attention increasingly focused on the Pacific. There, the Quiros fantasy [eines Paradieses auf der Südhalbkugel] shed its glow, and utopian visionaries set extraordinary lands and society in the area they vaguely identified as Terra Australis." (1997, 71) Solche Utopien sind in ihrer Verbindung von fabelhaftem Reichtum und der Vorstellung von einem irdischen Paradies gute Beispiele für das Benjamin'sche Wunschbild, das sich an den Antipoden der mühseligen Existenz derer angesiedelt fand, deren Leben aus dem Durchpflügen der Wasserwege des Erdballs im Zeitalter primitiver Akkumulation bestand. So wenig war damals über den Pazifik – oder, wie man ihn die frühe Neuzeit hindurch bis ins 19. Jahrhundert nannte, über die Südsee – bekannt, dass sich Fakten und Fiktionen beständig vermischten: „imaginary voyages found their way into standard reference works", konstatiert Williams und betont zugleich: „actual events of the period can be glimpsed in a new literary genre centered on voyaging, shipwreck and marooning" (1997, 72). Ein besonders typisches Beispiel für diese Gattung ist Henry Nevilles *The Isle of Pines: Or a Late Discovery of a Fourth Island, in Terra Australis Incognita* (1668).

Williams betont allerdings auch, dass es recht bald neben den Utopien auch Dystopien gab, in denen die Südseephantasien als Gegenstück zu den Misserfolgen Europas oder als Quelle leicht erwerbbaren Goldes satirisiert wurden. Doch so sehr solche Phantasien auch Gegenstand von Satiren waren, so einflussreich waren sie auch. Gerade in einem Zeitalter, das von Defoe als ‚the projecting age' bezeichnet wurde, womit er die riskanten Unternehmungen des spekulativen Kapitalismus im Sinn hatte, bestärkten die von erfahrenen Seefahrern wie Dampier und Rogers erfolgreich durchgeführten Erdumsegelungen die Vorstellung vom großen Potential der Südsee, so unausgeschöpft es noch sein mochte. Die Vorstellung vom Pazifik als einer weit für Spekulationen offenstehenden Arena verdeutlicht sich in den von Edward Cookes *A Voyage to the South Sea, and Around the World* (1712) inspirierten Versen des Admirals John Baker: „Our Trade revives, our Traffick doth prevail / Wealth shall imported and Exported be / To unknown Coasts Britannia's Fleets shall Sail / And always Ride in a Pacific Sea." (zit. n. Williams 1997, 171) Projekte solcher Art kulminierten in der finanziell desaströsen *South Sea Bubble*, und selbst Defoe war gegen solche Südseephantasien des leichten Erfolges nicht immun. Auch wenn er seinen Robinson Crusoe für achtundzwanzig Jahre zur Arbeit auf eine Insel im Atlantik schickte, stellte Defoes fiktive *New Voyage Round the World by a Course Never Sailed Before* als grundlegende „Foundation" fest, dass die Südsee aus „new Worlds, new Nations, and new inexhaustible Funds of Wealth and Commerce, such as never were yet known to the Merchants of Europe" (zit. n. Williams 1997, 207) bestand.

Die im Zeitalter der primitiven Akkumulation auf den Pazifik projizierten Wunschbilder begannen sich 1766 mit der ersten europäischen Landung auf Otaheite, der Insel, die später als Tahiti bekannt wurde, zu konkretisieren. Sie erfolgte durch die Expedition Louis Antoine de Bougainvilles, die dieser in seiner *Voyage autour du monde par la frégate du Roi La Boudeuse et la flûte L'Étoile* niederschrieb. Bougainville nannte Otaheite ‚das neue Kythera', die Heimat der Aphrodite, und phantasierte, dass die Tahitianer zu seinen Lebzeiten in einem Goldenen Zeitalter lebten, einer Art säkularen Naturzustands, der die besten Eigenschaften des Menschen hervorbrachte und vom puritanisch geprägten Joch des Christentums befreit war. Im Gefolge Bougainvilles wurden Tahiti und andere Inseln des Südpazifik im transatlantischen Imaginären zu Orten der Rückkehr zu einem körperlich und sinnlich erfüllten Leben stilisiert. Sexuelle Freiheit, einhergehend mit der Vorstellung von Arbeit als einem Leben von den Gaben der Natur, bildete das Zentrum solcher Phantasien. Die Vorstellung von Pazifikinseln als Naturparadiesen (→ 38. Nissopoiesis) sollte bis ins 19. Jahrhundert hinein weiterbestehen, lang nachdem deren freie Lebensformen durch Christentum und Kolonialismus zerstört worden waren. Greifbar wird sie gleichwohl noch in Werken, die den Pazifik weiterhin Südsee nannten und die Bezeichnung mit hochgradigen Phantasien aufluden wie Melvilles großartige Erzählung *Typee: A Peep at Polynesian Life* (1846).

Die vor allem auf den Körper ausgerichteten Vergnügungen pazifischer Utopien gingen weit über bloße passive Naturbeobachtung durch Meerestouristen an der Atlantikküste hinaus und verweisen auf kulturelle Praktiken, in denen sich Meer und Land verbinden. Eine überdauernde Form solcher Verbindung ist der Sport des Wellenreitens, dessen erste Beschreibung durch einen Europäer von einem Leutnant auf Kapitän Cooks dritter Seereise überliefert ist. Mit seinem nach Cooks Tod an einem hawaiianischen Strand abgefassten Bericht läutete Leutnant King eine Tradition transatlantischen Staunens über ein wagemutiges Vergnügen ein, dem sich Männer wie Frauen im Spiel mit den Wellen hingaben. Ein gutes Beispiel hierfür liefert die Beschreibung des Wellenreitens durch Charles Samuel Stewart in seinem *Journal of a Residence in the Sandwich Islands during the years 1823, 1824, and 1825*. Stewart staunte nicht schlecht über die Routine von Hunderten von Hawaiianern: „[They] take the breaker, mount upon its crest as it towers above the reef [...] and are thus hurried, with the velocity of a racer, on the rolling summit. [...] They then make their way out again and return in the same manner [...] occupied in this way for hours together." (1839, 196–197) Das Bild des Wellenreitens als einer intensiven und zugleich zwecklosen Vergnügung im bis auf ein gelacktes Holzbrett völlig techniklosen Umgang mit dem Ozean stellt ein gutes Beispiel dar für ein Wunschbild, das in starkem Gegensatz zu dem für die Zeit für einen westlichen Umgang mit dem Meer typischen antagonistischen, zweck- und technikgebundenen Verhältnis steht.

Die Bedingungen der ersten europäischen Reise zu den Südseeinseln waren in ganz besonderem Maße beschwerlich, zumal die Expeditionen oft viele Wochen lang auf dem weiten Pazifik unterwegs waren, ohne dass sich eine Chance bot, an Land zu gehen. Während dieser langen Seereisen gab es keine frischen Früchte und kein Gemüse, und viele erkrankten an Skorbut. Skorbut war überhaupt die häufigste Todesursache auf See, bis man an der Wende zum 19. Jahrhundert entdeckte, wodurch die Krankheit ausgelöst wurde. Der kranke und verrückte Ozean ist noch eine weitere Version des wilden Pazifik, die sich aus den Bedingungen seiner Erkundung und aus den Berichten darüber ergibt. Wie Jonathan Lamb gezeigt hat, ist Skorbut sowohl eine Erkrankung des Geistes wie des Körpers. Sie manifestierte sich etwa in einer „melancholy that reached such extremes on [George] Shelvocke's ship [das 1722 die Welt umsegelte], that it caused [...] his Lieutenant of marines, ‚to act the mad-man' in a fit of real or feigned lunacy" (2000, 159). Ein weithin paradigmatischer literarischer Ausdruck des verrückten Pazifik findet sich in Coleridges Gedicht „The Rime of the Ancient Mariner" (1798), das von seiner Südseelektüre geprägt war. Lamb verweist darauf, dass die Darstellung der *terra incognita* als Utopie oder auch als Paradies nicht nur einer „long literary tradition which had located immortal commonwealths in the South Sea" geschuldet war, sondern auch der pathologischen Wirkung des Skorbuts auf überreizte „nerves, keyed up to overreact to any stimulus especially after long voyages" (2000, 168).

4. Schluss

Obwohl die Ozeane auch heutzutage, wie im Zeitalter der weltumspannenden Seereisen, jenseits des Erfahrungshorizonts der großen Masse der Bevölkerung verbleiben, so zeigen die wenigen angeführten Beispiele bereits, in welchem Ausmaß sie nicht lediglich eine riesige, reibungslose Weite ausmachen, sondern im Gegenteil eine strukturierte und differenzierte Bühne für menschliche Praktiken darstellen, die ihrerseits wiederum Sprache und Motive der Vorstellung prägen. Entsprechend muss eine kulturwissenschaftliche Bestandsaufnahme der imaginären Topographien der Großepoche der Moderne über das Land hinausgehen, um den gesamten, von Land und Wasser geprägten Erdball erfassen zu können.

Aus dem Englischen von Andreas Mahler

Literatur

Austen, Jane. *Persuasion* [1818]. Hrsg. von Denys C. W. Harding. Harmondsworth: Penguin, 1985.
Baucom, Ian. *Specters of the Atlantic*. Durham, NC: Duke University Press, 2005.
Benjamin, Walter. *Das Passagen-Werk. Gesammelte Schriften*. Hrsg. von Rolf Tiedemann und Hermann Schweppenhäuser. V/1–2. Frankfurt a. M.: Suhrkamp, 1991 [1982].
Bolster, Jeffrey W. *Black Jacks*. Cambridge, MA: Harvard University Press, 1997.
Cohen, Margaret. *The Novel and the Sea*. Princeton, NJ: Princeton University Press, 2010.
Conrad, Joseph. *The Mirror of the Sea* [1906]. Evanston, IL: Northwestern University Press, 1988.
Cooper, James Fenimore. *The Pilot: A Tale of the Sea* [1824]. *Sea Tales: The Pilot, The Red Rover*. Hrsg. von Key Seymour House und Thomas Philbrick. New York: Library of America, 1990. 1–422.
Corbin, Alain. *Le territoire du vide: L'Occident et le désir du rivage (1750–1840)*. Paris: Flammarion, 2010 [1988].
Dear, Ian C., und Peter Kemp (Hrsg.). *The Oxford Companion to Ships and the Sea*. Oxford: Oxford University Press, 2006 [1988].
Defoe, Daniel. *Robinson Crusoe* [1719]. Hrsg. von Michael Shinagel. New York: W. W. Norton, 1994.
Douglass, Frederick. *The Narrative of the Life of Frederick Douglass, an American Slave* [1845]. New York: Doubleday and Co., 1963.

Equiano, Olaudah. *The Interesting Narrative of the Life of Olaudah Equiano, or Gustavus Vassa, the African, Written by Himself* [1789]. Hrsg. von Werner Sollors. New York: W. W. Norton, 2001.

Gilroy, Paul. *The Black Atlantic*. Cambridge, MA: Harvard University Press, 1993.

Keats, John. „On First Looking into Chapman's Homer" [1816]. *The Complete Poems*. Hrsg. von John Barnard. New York: Penguin Classics, 1977.

Lamb, Jonathan. „‚The Rime of the Ancient Mariner': A Ballad of the Scurvy". *Pathologies of Travel*. Hrsg. von Richard Wrigley und George Revill. Amsterdam und Atlanta: Rodopi, 2000. 157–177.

Lamb, Jonathan, Vanessa Smith und Nicholas Thomas (Hrsg.). *Exploration and Exchange*. Chicago: University of Chicago Press, 2001.

Schmitt, Carl. *Der Nomos der Erde im Völkerrecht des Jus Publicum Europaeum*. Berlin: Duncker & Humblot, 1974 [1950].

Shelley, Percy Bysshe. *The Complete Poetical Works of Percy Bysshe Shelley*. Hrsg. von Thomas Hutchinson. London, New York und Toronto: Oxford University Press, 1907.

Stewart, Charles, Samuel. *A Residence in the Sandwich Islands*. Boston: Weeks, Jordan & Company, 1839 [1828].

Williams, Glyndwr. *The Great South Sea: English Voyages and Encounters, 1570–1750*. New Haven, CT: Yale University Press, 1997.

33. Venedig: Ambiguität der Republik
Isabel Karremann

1. Die Signatur des Venezianischen

Venedig, erbaut auf Land und Wasser, strahlend schöne Serenissima und Ort degenerierter Dekadenz, ist der paradigmatische Raum des Paradoxalen. Sein Kennzeichen ist die Ambiguität, das Neben- und Ineinander gegensätzlicher Bedeutungszuschreibungen, ohne dass zu entscheiden wäre, welche die richtige ist. Diese „signature of the Venetian" (Mahler 1999, 32) kennzeichnet die literarischen Repräsentationen Venedigs von der frühen Neuzeit bis zur Postmoderne (einen Überblick aus englischer Sicht bieten Pfister und Schaff 1999). Eingeschrieben in die sprachlichen und semantischen Strukturen der Texte ist Venedig nicht nur deren Darstellungsgegenstand, die Signatur des Venezianischen ist auch das Prinzip ihrer Bedeutungsherstellung: „The ‚Venetian' [...] is less readable in the concrete signifiers taken from, and referring to, the city of Venice", befindet Mahler, „than in the simultaneous allocation of a double meaning which ineluctably combines two signifieds [...] without deciding which of the two is the right one." (1999, 30)

Dieses Prinzip der Ambiguität manifestiert sich besonders eindrucksvoll in der Maskerade. Venedig galt traditionell als *società spettacolo*, als Gesellschaft, für die das Zusammenspiel von Schein und Sein charakteristisch ist, in der Illusion und Maskerade zentrale Momente des Selbstverständnisses bilden. Ursprünglich ein Element des Karnevals, fungiert die Maskerade in kulturanthropologischer Sicht als Emblem venezianischer Mentalität schlechthin. Wo aber alle ihre Identität maskieren, wird die Maske selbst zum wahren Gesicht – und ein „complicitous exchange of avowed illusions" (Mahler 1999, 42) zur dominanten Praxis sozialer Interaktion. Die Bedeutung der Maskerade liegt darin, dass sie gestattet, man selbst und zugleich ein anderer zu sein. Die ‚Semiotik der Maskerade' (30) setzt so ein Oszillieren von Schein und Sein, von Repräsentation und Realität, von Illusion und Wahrheit ins Werk, das sich nicht arretieren lässt, weil sich beide Seiten der Gegensatzpaare als kulturelle und textuelle Konstrukte erweisen.

2. Venedig in der Literatur der frühen Neuzeit

„Venetia, Venetia, chi non ti vede non ti pretia, ma chi ti vede ben gli costa", lautet ein italienisches Sprichwort, das der aus Italien stammende Übersetzer und Sprachlehrer John Florio in seinem Ratgeber für englische Reisende anführt (1591, 106–107). Die paradoxe Struktur der Sentenz – wer Venedig nie sah, der schätzt es nicht wert; doch wer es sieht, den kommt es teuer zu stehen – entspricht dem paradoxen Venedig-Bild der frühen Neuzeit. Venedig wurde bewundert als rechtmäßige Erbin römischer Tugenden, als Hort von Kultiviertheit und Lebensart, als reiche Handelsstadt, als wehrhafte Bastion gegen die Türken; gleichzeitig wurde es verteufelt als ein Ort des Lasters, der Sünde, der Geltungs- und Verschwendungssucht (Parker 1991, 106–108). Eine Mischung aus Faszination und Furcht (Mahler 1993, 52) ist Kennzeichen frühneuzeitlicher Darstellungen Venedigs europaweit, vor allem aber aus englischer Sicht (McPherson 1990, 48–50; zur besonderen Beziehung zwischen England und Italien siehe Pfister und Hertel 2008). Gestützt auf ein reiches Faktenwissen aus Geschichtsdarstellungen, Landkarten, Übersetzungen und mündlichen wie schriftlichen Reiseberichten (McPherson 1990; Parker 1991; Bate 1996) entsteht dennoch kein wirklichkeitsgetreues Porträt der Stadt, sondern eine ästhetisch überhöhte und allegorisch aufgeladene Projektion eigener Wünsche und Ängste auf das Fremde (Mahler 1993, 51). Das Venedig in Shakespeares *Othello* oder *The Merchant of Venice* ist zwar unverkennbar die Lagunenstadt, doch erkennen wir sie in der Regel nicht als realen Ort wieder, sondern als literarisches Zitat. Die textuelle Stadtansicht erwächst dabei aus Referenzen zur Topographie und Architektur Venedigs in Kombination mit der ambigen Signatur des Venezianischen (→ 2. Topographien).

Ben Jonsons *Volpone, or The Fox* (1606) verdeutlicht diesen Zusammenhang in besonderer Weise. Die Komödie bietet ein in seiner Dichte einzigartiges Detailwissen über Venedig, das ein lebendiges Porträt der Stadt auf der Bühne entstehen lässt. Aus „als bekannt vorausgesetzten und voraussetzbaren Teilelementen" (Mahler 1999a, 15) wie der Kathedrale San Marco und der Piazza, dem Rialto, dem Lazaretto, dem Arsenale oder Canale Grande wird eine konkrete Topographie evoziert. Zu diesen „prototypischen Versatzstücken" (15) Venedigs, von denen nicht weniger als siebzehn im Stück explizit genannt werden, gehören auch regionale Dialektworte, lokale Gebräuche und urbane Mythen (Parker 1991, 102–106). Wenn das Stück mit Volpones Lobpreis auf das Gold öffnet (I.1.1–27) und er wegen seines Reichtums von habgierigen Erbschleichern umschwärmt wird; wenn Sir Politic Would-be trotz seiner Kenntnis der Regierungsinstanzen und ihrer wohlgeordneten Verwaltungsabläufe der paranoiden Logik des venezianischen Spitzelsystems zum Opfer fällt (II.1); wenn Bonarios Ruf nach gerechter Strafe für Volpones Missetaten trotz dessen durchtriebener Irreführungen des Gerichts (IV.5–6) letztendlich erhört wird (V.10–12); wenn Lady Pol Venedigs berühmte Toleranz in religiösen Dingen als „liberty of conscience" beschwört und sich diese auf die sexuelle Freizügigkeit der „carnival concupiscence" (IV.3.60–61) reimt; wenn einerseits die notorische Eifersucht der Ehemänner dazu führt, dass Corvinos Haus für die tugendhafte Celia zum Gefängnis werden soll (II.5.47–72), andererseits aber freizügig gekleidete Kurtisanen die Straßen und Plätze Venedigs bevölkern – dann wird durch diese Einzelelemente der „Mythos Venedig" (McPherson 1990) als Hort unermesslichen Reichtums, politischer Weisheit, unbestechlicher Gerechtigkeit sowie sinnlicher Freuden aufgerufen und satirisch überzeichnet. Dabei stellt Venedig nicht nur den passenden Hintergrund für Themen wie Habgier, Intrigen und sexuelle Freizügigkeit, sondern bildet als sinnkonstituierender Raum einen „unkürzbare[n] Bestandteil des Texts" (Mahler 1999a, 12). Denn während Jonsons Stück zwar konkret auf Venedig als außertextuellen Ort verweist, ist das durch *Volpone* textuell konstituierte Venedig vor allem ein performatives Produkt des Textes, das durch dessen „sprachliche[] Strukturen und Strategien [...] hervorgebracht, hergestellt und produziert" wird (12) (→ 5. Schrifträume). Umgekehrt lassen sich Figuren und Handlung, Raumorganisation, Genre sowie metatheatrale Momente des Stückes in Begriffen der Signatur des Venezianischen fassen als ein fortwährendes Spiel mit der Denkfigur paradoxaler Ambiguität.

3. *Volpones* Venedig als Raum der Ambiguität

3.1. Figuren und Handlung

Unter der Signatur des Venezianischen wird die ambige Semiotik der Maskerade zum maßgeblichen Prinzip pragmatischen Handelns (Mahler 1999, 39). In *Volpone* äußert sich dies, indem sowohl Figurenzeichnung wie auch Handlungsverlauf des Stücks durch Verstellung, Verkleidung und Rollenspiel bestimmt werden. Alle Figuren verbergen ihr wahres Gesicht, mit Ausnahme des unschuldig-naiven Liebespaares Celia und Bonario (die aber wiederum typisierten Figuren der *commedia dell'arte* entsprechen). Besonders Volpones Charaden setzten die Semiotik der Maskerade als Serie von Rollen ohne Identitätskern ins Werk. Bereits bei seinem ersten Auftritt definiert sich Volpone über das, was er nicht ist: „I use no trade, no venture [...] / I blow no subtle glass, expose no ships / To threat'nings of the furrow-facèd sea / I turn no monies in the public bank / Nor usure private" (I.1.33–39). Indem hier typisch venezianische Berufe wie der des Glasbläsers, des Kaufmanns oder des Geldverleihers als soziale Identität zurückgewiesen werden, entzieht sich Volpone dem städtischen Beziehungs- und Bedeutungsgefüge. Die

Grundoperation ist aber nicht einfach die einer Negation, sondern der Suspendierung von Identität im Sinne festgeschriebener gesellschaftlicher Positionen und Beziehungen zugunsten von Freiheit: „What should I do / But cocker up my genius and live free / To all delights my fortune calls me to?" (I.1.70–72) Dadurch, dass Volpone sich dem sorgenfreien Genuss von Luxus und Sinnesfreuden verschreibt, entspricht er allerdings wiederum einem Klischee venezianischer Lebensart.

Es ist vor allem seine Verstellungskunst, die ihn zu einem typischen Venezianer macht. Seine Paraderolle ist die eines gebrechlichen Greises kurz vor seinem Ableben; da er keine Familie hat, umschwärmen Erbschleicher den vermeintlich Sterbenskranken, um sich durch großzügige Geschenke als Begünstigte zu empfehlen. Volpone wiederum nutzt ihre Habgier, um seine Machtgier zu befriedigen: „I have no wife, no parent, child, ally,/To give my substance to; but whom I make / Must be my heir; and this makes men observe me." (I.1.73–75) Sein Bett, scheinbar Rückzugsort des Todkranken, wird zur Bühne, auf der das Kammerspiel um Eigennutz und Verstellung aufgeführt wird (→ 8. Raum und Theatralität). Diese Charaden folgen dem venezianischen Prinzip eben des erwähnten ‚complicitous exchange of avowed illusions'. So ist Volpone klar, dass die Erbschleicher ihre Sorge um ihn nur heucheln, und ihre Tränen werden von seinem Diener Mosca als Maske entlarvt, hinter der sich ein Lachen verbirgt (I.5.22–23). Die Handlung des Stücks besteht aus einem solchen Austausch von Illusionen, den allein die Zuschauer vollständig durchschauen: so sehen wir z. B., wie Volpone sich in der zweiten Szene mit Morgenmantel, Pelzen, Salben und körperlichen Symptomen als Todkranker zurechtmacht, um seine Besucher zu empfangen: „Now my feigned cough, my phtisic, and my gout, / [...] / Help, with your forcèd functions, this my posture" (I.2.124, 126).

Volpones suspendierte Identität resultiert in paradoxen Performanzen, bei denen sich nicht zwischen Illusion und Identität unterscheiden lässt: nicht nur der dahinsiechende Alte ist eine Rolle (I.3–5), sondern auch der eloquente Quacksalber Scoto von Mantua (II.2), der potente Verführer Celias (III.7) und der zynische, intrigante *magnifico* sind Aspekte einer proteischen Proliferation von Masken, hinter denen sich kein wahres Gesicht verbirgt. Indem Volpone auf Moscas Rat, die schöne Celia zunächst in Verkleidung zu umwerben, entgegnet: „I must / Maintain my own shape still" (I.5.128–129), nur um in der nächsten Szene als Scoto aufzutreten; indem er, endlich allein mit Celia, sich ihr dadurch als Liebhaber zu empfehlen sucht, dass er die Erinnerung an sein leidenschaftliches Theaterspiel beschwört, mit dem er einst in der Rolle des Antinous die Damen im Publikum betörte (III.7.157–164); und indem er sich schließlich ihr Liebesspiel als endloses Rollenspiel vorstellt, zu dem Ovids *Metamorphosen* das Skript liefern (III.7.220–234), begreift Volpone seine ‚eigene Gestalt' gerade nicht im Gegensatz zur Maskerade sondern als eine Serie von „several shapes" und „varying figures" (III.7.148, 152). Selbst der Versuch des Gerichts, Volpone eine stabile Identität aufzuzwingen, die an seinen durch Einkerkerung und Folter gemarterten Körper gebunden ist (V.12.121–124), schlägt fehl, wenn Volpone noch einmal entwischt und als Epilog das Publikum dazu verführt, seinen unmoralischen Performanzen zu applaudieren.

3.2. Raumorganisation

Das Prinzip der Ambiguität manifestiert sich auch in den vielfältigen Schwellenräumen und Grenzüberschreitungen des Stücks (→ 14. Semiosphäre und Sujet). Die Handlung findet sowohl in privaten Häusern wie auf öffentlichen Plätzen statt (→ 6. Literarischer Raum), doch wird sie maßgeblich durch die Schwellenräume der Tür und des Fensters sowie das Übertreten dieser Schwellen strukturiert. Volpone präferiert zunächst den geschlossenen Raum seines Bettes (auf der frühneuzeitlichen Bühne meist in einem durch einen Vorhang abgetrennten *discovery space* positioniert), wobei der Rückzug in den privaten Raum die rücksichtslose Verfolgung privater Interessen signalisiert (Paster 1985, 161; Parker 1991, 108). Das insistente Klopfen der Erbschleicher an Volpones Haustür, markiert durch die wiederholte Regieanweisung „*Knock within*", gibt den Rhythmus von Volpones Rollenwechseln vor. Zunehmend aber übertreten seine Performanzen auch die Grenze zum öffentlichen Raum, etwa wenn er als Scoto seine Bank an einem Durchgang zur Piazza San Marco und unter dem Fenster Celias aufstellt (II.3). Diese erotisch aufgeladene Fensterszene verdeutlicht zum einen die Geschlechterspezifik der frühneuzeitlichen Raumaufteilung, bei welcher der „architektonische Innenraum mit der (Tugend der) Frau" gleichgesetzt wird (Zwierlein 2011, 71); zum anderen zeigt sie die Faszination und Gefahr der Grenzüberschreitung, denn Volpones und Celias Flirt mit der Außenwelt kippt in harsche Bestrafung, als ihr eifersüchtiger Ehemann Corvino auftaucht, ‚Scoto' verprügelt und Celia unter wüsten Beschimpfungen für immer einzusperren droht. Corvinos Versuch, den Schwellenraum des Fensters und damit auch seine Frau zu kontrollieren – „I will have this bawdy light dammed up; / And, till 't be done, some two or three yards off / I'll chalk a line, o'er which if thou but chance / To set thy desp'rate foot [...] / [...] remorseless rage shall seize on thee" (II.5.50–54) –, scheitert an der Persistenz von Volpones Lust (sowie Corvinos eigener Habgier, die ihn zu Celias Zuhälter werden lässt). Volpones Begehren richtet sich dabei zunehmend auf den Akt der Grenzüberschreitung selbst: während jede öffentliche Szene die Gefahr der Entdeckung birgt – „I ne'er was in dislike with my disguise / Till this fled moment. Here 'twas good, in private; / But in your public – *cavè* whilst I breathe"

(V.1.2-4) – sucht er doch immer wieder den Kitzel des Auftritts vor Publikum. Seine Selbst-Entdeckung vor Gericht („The Fox shall here uncase"; V.12.84) ist gleichzeitig ein Moment des Triumphs seiner Schauspielkunst und der Niederlage, da er nun zur Rechenschaft gezogen wird.

Mosca kommt die Aufgabe zu, den Zugang zu seinem Herrn zu überwachen: er öffnet die Tür, lässt ein oder weist ab, übermittelt Botschaften. Weitaus erfolgreicher als Corvino kontrolliert er den Schwellenraum der Haustür und ist ein Meister darin, die habgierigen Rivalen räumlich zu trennen, um sie gegeneinander auszuspielen (Sanders 1998, 41). Letztendlich gelingt es ihm sogar, den in Verkleidung ausgegangenen Volpone aus seinem eigenen Haus auszusperren und damit seine Einsetzung als dessen Erbe zu erpressen, eine „Fox Trap" (V.5.18), in der er sich schließlich jedoch selbst verfängt. Dass Mosca mehrfach als „parasite" bezeichnet wird (I.2.68; III.2.7; V.7.1; V.12.103, 107), markiert ihn auch sprachlich als Figur der Grenze. Die Bedeutung des Präfixes ‚para' (‚neben', ‚entlang', aber auch ‚über etwas hinaus') indiziert das liminale bzw. transgressive Potential des Parasiten (→ 4. Deixis). Seine Position oszilliert zwischen der eines Dieners und eines Vertrauten: „something inside a domestic economy and at the same time outside it, something simultaneously this side of a boundary line, threshold, or margin, and also beyond it, equivalent in status and also secondary or subsidiary, submissive, as of guest to host, slave to master" (Miller 1979, 219). Dem Parasiten kommt damit eine Ambiguität zu, die ihn als Manifestation der Signatur des Venezianischen lesbar macht. Mosca überwacht die Grenze des Haushaltes nicht nur, als Parasit verkörpert er sie geradezu: „A thing in ‚para' [...] is not only simultaneously on both sides of the boundary line between inside and out. It is also the boundary itself, the screen which is a permeable membrane connecting inside and out." (219) Indem Mosca seinen Herrn abschirmt und gleichzeitig seine Verbindung zur Außenwelt darstellt, fungiert der Parasit als ambige Übergangszone, als personifizierter Schwellenraum (→ 23. Transitorische Räume).

3.3. Gattung und Metatheatralität

Bezüglich seiner Gattung erweist sich *Volpone* ebenfalls als uneindeutig: das Stück steht in der Tradition der römischen Komödie (McPherson 1990, Kap. 5), der mittelalterlichen Tierfabel (Dutton 2008, Kap. 4) sowie der frühneuzeitlichen *commedia dell'arte* (Parker 1991). Auch hier lässt sich die Signatur des Venezianischen ausmachen: wenn der Renaissance-*magnifico* Volpone sich selbstreflexiv als römischer Poet und Lebemann Eumolpus stilisiert (McPherson 1990, 100-105); wenn der ‚Fuchs' sein Doppelspiel mit Geier (Voltore), Rabe (Corbaccio) und Krähe (Corvino) treibt; wenn der eifersüchtige Corvino ihn als Flamineo, die Liebhaberfigur aus der *commedia dell'arte*, bezeichnet (II.3.2), dann wird klar, dass das Stück nicht einfach einer oder mehreren Gattungen angehört, sondern sich ihrer Konventionen in einer spielerisch-metatheatralen Weise bedient, die der Semiotik der Maskerade zuarbeitet.

Vor allem Corvinos Verweise auf die stereotype Verführungshandlung und Volpones Verkleidung als Scoto von Mantua sind hierfür aufschlussreich. Zum einen kann die *commedia dell'arte* als typisch venezianische Theaterform gelten: Venedig war eine ihrer Hochburgen im 17. Jahrhundert, ihre Genese und Konventionen wie die der Maskierung sind eng mit dem Karneval verknüpft. Mit ihren Darbietungen unter freiem Himmel machen beide, *commedia* wie Karneval, den Stadtraum selbst zum Theaterraum, wie die englische Übersetzung von Limojon de Saint-Didiers Stadtgeschichte hervorhebt: „The Place of Saint Mark is the great Theater, upon which is to be seen the chief Appearance of Carnival." (1699, 3:56; Mullini 1993) Zweitens ruft Corvino eine Grundkonstellation der *commedia* auf, in der er sich mit der Figur des Pantalone, dem gehörnten Ehemann, identifiziert. Doch ist Celia nur scheinbar eine Franceschina (die unzüchtige Dienstmagd), und Volpone wäre zwar gern ihr Liebhaber, entspricht aber tatsächlich selbst viel mehr dem Pantalone. Diese typisch venezianische Maske stellt einen geizigen alten Kaufmann dar, dessen Geldgier nur noch durch seine Lüsternheit übertroffen wird. Mit seinen brillanten Intrigen und seiner sexuellen Energie bildet er – wie Jonsons Volpone – das Kraftzentrum der *commedia*. Auch äußerlich ähnelt das rot-schwarze Kostüm des Pantalone mit seinem Spitzbart, buschigen Schnauzer und seiner aggressiven Körpersprache einem Fuchs (Parker 1991, 100–101). Drittens wohnt Volpones Verkleidung als Scoto von Mantua ein metadramatisches Element inne. Abgesehen davon, dass seine Darbietung als wortgewandter Quacksalber an eine weitere *commedia*-Figur angelehnt ist, den pedantisch-gelehrten Dottore, war der historische Scoto bekannt als Anführer einer *commedia dell'arte*-Truppe aus Mantua, die 1576 sogar vor Elisabeth I. aufgetreten war. Um 1600 war sein Name zu einem Synonym für Täuschung und Taschenspielerei geworden (Sanders 1998, 45). Während also Volpones Verkleidung höchst authentisch wirkt – zumindest die englischen Touristen Sir Pol und Peregrine sind überzeugt, den echten Scoto vor sich zu haben –, signalisiert paradoxerweise gerade diese Rolle offensiv ihren Status als Maskerade.

Ein Stück, das die Semiotik der Maskerade zum Strukturprinzip erhebt, reflektiert selbst ständig seinen eigenen Status als Theater (→ 8. Raum und Theatralität). Auch diese metatheatrale Dimension weist die ambige Signatur des Venezianischen auf. Als zum Beispiel Lady Pol ihren Gatten mit dem eben angekommenen Landsmann Peregrine antrifft, meint sie – von Mosca angestiftet – ihn *in flagranti* mit einer jener berüchtigten, als Knaben verkleideten Kurtisanen Venedigs zu erwischen. Erregt unterbricht sie Sir Pols Versuch, ihr den neuen Bekannten vorzustellen: „He seems a youth but he is —" „None!" (IV.2.18) Hier treffen zwei konträre Bedeutungshorizonte aufeinander: der eine verweist auf Erfahrung und Reife, der andere auf sexuelle Identität. Der Witz liegt darin, dass beide sich auf den gleichen Referenten beziehen – und dass beide recht haben: Peregrine ist ein junger Mann, und er ist es nicht. In Venedig, so ließe sich der Subtext dieses Witzes ausdeuten, gibt es keine unerfahrenen, unschuldigen Jünglinge: sie werden entweder umgehend korrumpiert oder sie dienen den Kurtisanen als transvestitische Maskerade. Lady Pols unbeirrbare Eifersuchtstirade treibt die semiotische Struktur des Paradoxalen auf die Spitze, wenn sie Peregrine beschimpft als „your light land-siren here, / Your Sporus, your hermaphrodite [...] / [...] a female devil in a male outside" (IV.2.47–48, 56). Potenziert wird diese Überblendung von Gegensätzen noch durch die Theaterpraxis der *boy actors*: in der frühen Neuzeit wurden Frauenrollen auf der englischen Bühne von Knaben dargestellt. Wenn also Lady Pol (gespielt von einem Knaben) Peregrine verdächtigt, eine Frau zu sein, die einen Knaben spielt, dann beginnen die vermeintlich festgefügten Grenzen zwischen Mann und Frau, zwischen Theater und Realität, zwischen England und Venedig zu verschwimmen. Kein Wunder, dass Sir Pol völlig überfordert das Weite sucht: „I must bid adieu / To your delights. The case appears too liquid." (57–58) Im paradoxen Zusammenspiel von prototypischer Referenz (die spezifisch venezianische Praxis der als Knaben verkleideten Kurtisanen) und metatheatraler Referenz (die spezifisch englische Praxis der Knabenschauspieler) kommt es für einen Moment zu einem Neben- und Ineinander von Stadtraum und Theaterraum.

Literatur

Bate, Jonathan. „The Elizabethans in Italy". *Travel Drama in Shakespeare's Time*. Hrsg. von Jean-Pierre Maquerlot und Michèle Willems. Cambridge: Cambridge University Press, 1996. 55–74.

Dutton, Richard. „,Volpone': Venice in London, London in Venice". *Mighty Europe 1400–1700: Writing an Early Modern Continent*. Hrsg. von Andrew Hiscock. Oxford: Peter Lang, 2007. 133–151.

Dutton, Richard. *Ben Jonson, Volpone and the Gunpowder Plot*. Cambridge: Cambridge University Press, 2008.

Florio, John. *Florios second frutes* [...]. London: Printed [by T. Orwin] for Thomas Woodcock, 1591.

Jonson, Ben. *Volpone, or The Fox* [1606]. Hrsg. von Brian Parker. Manchester: Manchester University Press, 1999.

Limojon de Saint-Didier, Alexandre-Toussaint. *The City and Republick of Venice, in three parts*: Originally written in French by Monsieur de S. Didier [1680]. London: Brome, 1699.

Mahler, Andreas. „Italian Vices: Cross-Cultural Constructions of Temptation and Desire in English Renaissance Drama". *Shakespeare's Italy: Functions of Italian Locations in Renaissance Drama*. Hrsg. von Michele Marrapodi *et al*. Manchester: Manchester University Press, 1993. 49–65.

Mahler, Andreas. „Writing Venice: Paradoxical Signification as Connotational Feature". *Venetian Views, Venetian Blinds: English Fantasies of Venice*. Hrsg. von Manfred Pfister und Barbara Schaff. Amsterdam und Atlanta: Rodopi, 1999. 29–44.

Mahler, Andreas. „Stadttexte – Textstädte: Formen und Funktionen diskursiver Stadtkonstitution". *Stadt-Bilder: Allegorie – Mimesis – Imagination*. Hrsg. von Andreas Mahler. Heidelberg: Winter, 1999. 11–36 [1999a].

McPherson, David. *Shakespeare, Jonson, and the Myth of Venice*. Newark, DE: University of Delaware Press, 1990.

Miller, J. Hillis. „The Critic as Host". *Deconstruction and Criticism*. Hrsg. von Harold Bloom. London: Routledge & Kegan Paul, 1979. 217–253.

Mullini, Roberta. „Streets, Squares and Courts: Venice as Stage in Shakespeare and Ben Jonson". *Shakespeare's Italy: Functions of Italian Locations in Renaissance Drama*. Hrsg. von Michele Marrapodi *et al*. Manchester: Manchester University Press, 1993. 158–170.

Parker, Brian. „Jonson's Venice". *Theatre of the English and Italian Renaissance*. Hrsg. von J. R. Mulryne und Margaret Shewring. Houndmills, Basingstoke: Macmillan, 1991. 95–112.

Paster, Gail K. *The Idea of the City in the Age of Shakespeare*. Athens, GA: University of Georgia Press, 1985.

Pfister, Manfred, und Barbara Schaff (Hrsg.). *Venetian Views, Venetian Blinds: English Fantasies of Venice*. Amsterdam und Atlanta: Rodopi, 1999.

Pfister, Manfred, und Ralf Hertel (Hrsg.). *Performing National Identity: Anglo-Italian Cultural Transactions*. Amsterdam und New York: Rodopi, 2008.

Sanders, Julie. *Ben Jonson's Theatrical Republics*. Houndmills und Basingstoke: Macmillan, 1998.

Zwierlein, Anne-Julia. „,,No house but mine to make your *scene*?': Urbane Schwellenräume, Diagnosen des Stadtkörpers und symbolische Geschlechterordnungen in frühneuzeitlichen ‚city plays'". *Shakespeare Jahrbuch* 147 (2011): 69–93.

34. London: Frühneuzeitliche Großstadt
Sabine Schülting

Der Schauplatz ist London am 29. Oktober 1613. Thomas Myddleton, der neue Lord Mayor von London, tritt aus der Guildhall und wird von einer weiblichen Allegorie Londons begrüßt, die als ehrwürdige Mutter mit weißem Haar auftritt. Sie erinnert ihn an die schwere Aufgabe, die vor ihm liegt: „the just government / Of this famed city, me, whom nations call / Their brightest eye" (Middleton 1613, Z. 181–183). Dies ist der Beginn eines spektakulären Prunkumzugs (*pageant*) durch die Stadt, mit dem alljährlich der Amtsantritt des Lord Mayor inszeniert wird. Die Show im Jahre 1613 ist von einem Namensvetter des Bürgermeisters verfasst, dem Dramatiker Thomas Middleton; sie zeigt den manichäischen Kampf von ‚Wahrheit' und ‚Irrtum' um London, dessen Ausgang der Titel – *The Triumphs of Truth* – bereits vorwegnimmt.

London zu Beginn des 17. Jahrhunderts war eine rasant wachsende Stadt, eine der größten Metropolen Europas, deren Bevölkerung sich durch Landflucht und Immigration in wenigen Jahrzehnten vervielfacht hatte und die um 1600 einschließlich der Vorstädte rund 200.000 Einwohner zählte. Ihre Ausdehnung entsprach in etwa der heutigen City von London; sie war von einer Stadtmauer umgeben und im Süden durch die Themse begrenzt. London war gleichermaßen politisches, kulturelles wie ökonomisches Zentrum, Knotenpunkt nationaler und internationaler Wirtschaftsnetze und nachhaltig von der Reformation geprägt. Verwaltet wurde die Stadt von den zwölf Livery Companies, den traditionellen Gilden und Zünften, die das Gewerbe in der Metropole kontrollierten und aus deren Reihen die kommunalen Amtsträger gewählt wurden. Doch zeichnete sich zu Beginn des 17. Jahrhunderts bereits eine allmähliche Auflösung der alten Strukturen ab. Soziale Hierarchien wurden durchlässiger, und die Ansiedlung von Handwerkern und Händlern in den Vororten sowie den *liberties* – rechtliche ‚Freizonen' innerhalb der Stadt, die nur nominell der Jurisdiktion des Lord Mayor unterstanden, nicht aber der Kontrolle der Sheriffs von London (Mullaney 1988, 21) – schwächte die Bedeutung der *liveries*.

Die *Lord Mayor's pageants* waren auf vielschichtige Art und Weise auf den Raum der frühneuzeitlichen Großstadt bezogen (→ 2. Topographien). Middletons *The Triumphs of Truth* zeigt die Stadt als eine allegorische weibliche Figur und als ideale Geographie, als „Triumphant Mount" (1613, Z. 507), der vom Nebel und von der Finsternis des Irrtums befreit wird. Die Stationen des Umzugs (→ 35. Die Straße) sind zudem Schauplätze des Rituals der Amtseinführung: Er beginnt an der Guildhall als Sitz der Stadtregierung und kehrt zu ihr zurück; in Westminster legt der Lord Mayor seinen Amtseid vor der Krone ab; in der St Paul's Cathedral findet der traditionelle Gottesdienst statt. Der *pageant* ist eine Inszenierung der Würde des Amts und damit des Selbstbewusstseins der bürgerlichen Stadt und gleichzeitig die performative (Re-)Konstruktion des urbanen Raums. Die vorgezeichnete Route verknüpft die bedeutenden politischen, religiösen und ökonomischen Orte miteinander: Westminster, St Paul's, die Guildhall und Cheapside, das traditionelle Handelsviertel der Stadt. Und damit wird auf der Bühne der realen Stadt die Utopie einer idealen Stadt entworfen, die am Ende mit einem Feuerwerk gefeiert wird (→ 15. Utopie und Heterotopie; 3. Dynamisierungen).

1613 schreibt Middleton neben dem *pageant* noch ein anderes Theaterstück, dessen Schauplatz auch London ist. Viel mehr scheinen *A Chaste Maid in Cheapside* und *The Triumphs of Truth* allerdings nicht miteinander zu tun zu haben. *A Chaste Maid* ist eine *city comedy*, eine zwischen den späten 1590er Jahren und den ersten Jahrzehnten des 17. Jahrhunderts florierende Gattung (Gibbons 1968; Wells 1981; Mehl *et al.* 2004), die auf die wachsende Bedeutung der Metropole und das Selbstbewusstsein ihrer Bürger reagierte (Grantley 2008). Im Gegensatz zu der Panegyrik der *pageants* nimmt die *city comedy* das zeitgenössische London oft satirisch in den Blick und thematisiert die mit der Urbanisierung entstandene Sorge um Kontrollverlust, soziale Ausdifferenzierung und das Aufbrechen der traditionellen Organisation der städtischen Gemeinschaft, die Allgegenwart ökonomischen Denkens sowie lockere Moralvorstellungen (Paster 1985, 125). So ist es nicht von ungefähr, dass das Stadtviertel Cheapside (von *ceapen*, dem altenglischen Wort für ‚handeln' oder ‚kaufen') – der Marktplatz, auf dem Geld, Dinge und Frauen zirkulieren – zu einem der wichtigsten Schauplätze der Gattung avanciert (Grantley 2008, 8).

1. Repräsentationen des frühneuzeitlichen London

Die *dramatis personae* von *A Chaste Maid in Cheapside* repräsentieren wichtige Akteure und Akteurinnen der frühneuzeitlichen Stadt (→ 8. Raum und Theatralität): die Bürger, die Adligen, die Intellektuellen und die unteren Schichten, zudem Vertreter der Kirche und der städtischen Behörden. Mit seiner mehrsträngigen Handlung um die Verheiratung der beiden Kinder des Goldschmieds Yellowhammer, die *ménage à trois* mit Sir Walter Whorehound im Hause der Allwits, die Kinderlosigkeit von Sir Oliver Kix und seiner Frau und die materiellen Sorgen der Touchwoods bringt das Stück die soziale Vernetzung der städtischen Gesellschaft auf die Bühne (Paster 1985, 170). Die Schauplätze der Handlung sind geographisch wenig spezifiziert (ein Laden, eine Straße, das Ufer der Themse), doch wird in der Rede der Figuren auf eine Vielzahl von realen Orten, Straßen,

Gebäuden und Plätzen des frühneuzeitlichen London verwiesen: natürlich auf die Cheapside, aber auch auf den Strand, die Themse, ihre Brücken und Anleger, St Paul's Cathedral, die Börse, das Blackfriars Theatre und das Newgate Gefängnis; schließlich Orte jenseits der Stadtmauern wie Greenwich, Westminster und Whitehall. Solche Referenzen kartographieren die Stadt, sie rufen die Orte in der *mental map* des Publikums auf und setzen sie in der Bühnenhandlung zueinander in Beziehung. Verweise auf Gegenden und Städte außerhalb Londons (Cambridge, Wales, Amsterdam) lokalisieren die Stadt zudem in nationalen und internationalen Netzwerken (→ 2. Topographien; 20. Literaturgeographie).

Dem Londoner Publikum waren die genannten Orte wohlbekannt: Goldsmith Row – so John Stow in seinem *Survey of London* (1598/1603) – galt als vornehmste Straße Londons; am Puddle Wharf wurden die Pferde getränkt; Dung Wharf war der Umschlagplatz an der Themse für Stallmist; der Park von Barn Elms flussaufwärts galt als beliebter Treffpunkt für Liebespaare; und der Strand war ein elegantes Wohnviertel, aber gleichzeitig auch bekannt für seine Prostituierten. Die geographischen Referenzen sind mehr als nur eine realistische Beglaubigung oder lokale Veranschaulichung des Bühnengeschehens. Sie knüpfen an die „*räumliche Praxis*" des Publikums in der frühneuzeitlichen Großstadt an, ihre „Alltagswirklichkeit" und „die städtische Wirklichkeit" (Lefebvre 2012, 335), und rufen gleichzeitig die mit diesen Orten verknüpften Bilder, Narrative und Diskurse auf. Die Referenzen haben dramatische Funktionen, sie dienen u. a. der Charakterisierung der Figuren (Grantley 2008, 2–3) und liefern durch die bekannten Konnotationen der Orte semantische Kontexte für die Bühnenhandlung (→ 14. Semiosphäre und Sujet). So erscheint bereits der Titel des Stücks als Oxymoron im frühneuzeitlichen London, denn Moll Yellowhammer – das ‚keusche Mädchen' – will so gar nicht in die amoralische Marktlogik von Cheapside passen. Doch es ist eben diese Dislozierung, die die Liebeswirren um Moll und Touchwood Junior in Gang bringt, wenn Moll sich dem Wunsch ihrer Eltern verweigert, die sie mit dem adligen Sir Walter Whorehound verheiraten wollen.

Das London, das das Stück entwirft, ist eine Stadt des unablässigen Tausches, der Begegnung und der Bewegung (Newman 2008, 113), „replete with points of embarkation, gathering and transit" (Munro 2011, 48; → 3. Dynamisierungen). Das gilt für das Ladengeschäft Yellowhammers, Schauplatz ständigen Kommens und Gehens, ebenso wie für die Straßen um die Cheapside, wo sich alle sozialen Schichten treffen und die korrupten Vertreter der städtischen Autorität die Kontrolle verlieren. Schließlich stellen die Landungsstege der Themse und der Fluss selbst solche Orte und Räume des Transits dar (→ 23. Transitorische Raume). Als Moll mit Touchwood Junior durchbrennt, postiert sich ihre Familie am Fluss, und Bruder Tim sagt: „My sister's gone. Let's look at Trig Stairs for her. / My mother's gone to lay the common stairs / At Puddle Wharf; and at the dock below / Stands my poor silly father." (IV.2.5–8) Touchwood Junior, gerade selbst mit einem Boot der Verfolgung durch die Behörden entkommen, schickt Moll per Boot nach Barn Elms, während er zum Paul's Wharf eilt, um sich von dort einzuschiffen. Doch wird Moll von ihrer Mutter abgefangen und unter dem Protest der Fährleute an den nassen Haaren nach Hause geschleift. Dies ist bereits der zweite Fluchtversuch der beiden, und wie der erste (in III.1) scheitert er daran, dass Molls Eltern schneller sind. Die Handlung um Moll und Touchstone Junior ist aktionsgeladen und temporeich, die Figuren drängen ständig auf Eile (TOUCHWOOD SENIOR: „Quick, make haste, sirs! / MOLL: You must dispatch with all the speed you can"; III.1.10–11; TOUCHWOOD JUNIOR: „Away, quick! There's a boat waits for you", IV.3.26). In den Flucht- und Verfolgungsszenen des vierten Akts wird diese Intensität durch schnelle Szenen- und Schauplatzwechsel unterstrichen, die zwischen den Verfolgern und den Liebenden alternieren. Auf der Grundlage des alltäglichen Wissens des Publikums um diese Orte und die Wegstrecken zwischen ihnen trägt die Lokalisierung der Verfolgungsjagd an bekannten Plätzen an der Themse zur Unmittelbarkeit des dramatischen Effekts bei (Grantley 2011, 34). Gerade die Bootsfahrt über die Themse wird einem Großteil des Publikums besonders präsent gewesen sein, war sie doch die etwas teurere, aber bequemere Form der Anreise zu den Theatervorstellungen in den so genannten ‚öffentlichen' (Freiluft-)Theatern am Südufer der Themse. Hier, im Swan Theatre, war die Komödie 1613 zu sehen.

Damit vereint die *city comedy* die Trias von „*räumliche[r] Praxis*", „*Raumrepräsentationen*" und „*Repräsentationsräumen*", die für Henri Lefebvre (2012, 333; Herv. i. O.) maßgeblich für die soziale „Produktion des Raums" ist. Mit anderen Worten: Middletons *city comedy* bietet – ebenso wie die *Lord Mayor's pageants* – eine Repräsentation Londons an, sie macht sich zudem aber die alltäglichen Raumerfahrungen ihres Publikums zunutze und rekurriert auf die unmittelbare geographische Lage des Theaters. Gleichzeitig, so soll im Folgenden gezeigt werden, modelliert sie die Art und Weise, wie die Zuschauer und Zuschauerinnen die Stadt London in ihrer Imagination besetzen, bewohnen und erfahren (Grantley 2008, 11–12).

2. Stadtraum und Geschlechterkonstrukte

Solche Verhandlungen frühneuzeitlicher ‚Repräsentationsräume' betreffen nicht zuletzt die Intersektion von Raum- und Geschlechterdiskursen. Raumkonstrukte waren immer auch geschlechtlich markiert, und Geschlechternormierungen enthielten Vorschriften für Raumpraktiken. Die Bewegung in der Stadt war männlich konnotiert; Frauen im öffentlichen Raum waren potentiell der Prostitution verdächtig. Die tugendhafte Frau hatte im Haus zu bleiben, dessen räumliche Geschiedenheit vom Außen der Straße metonymisch und metaphorisch für den abgeschlossenen weiblichen Körper, ihr Schweigen und ihre Keuschheit, stand (Stallybrass 1986; Gowing 2000, 134). In der frühkapitalistischen Logik war die Frau der Besitz des Vaters oder des Ehemanns, den er zu schützen hatte. Dieses Verständnis formuliert Yellowhammer, wenn er ankündigt, er werde Moll sorgfältig wie sein Gold wegschließen (III.1.41–42).

In der frühneuzeitlichen Großstadt stand ein solches Verhältnis von Geschlecht und Raum aber zur Disposition – in der räumlichen Praxis wie im kulturellen Imaginären (Gowing 2000). Sie eröffnete Frauen neue Möglichkeiten der Bewegung und des Handelns im öffentlichen Raum, wenngleich solchen emanzipatorischen Tendenzen die Vervielfältigung normativer Geschlechterdiskurse entgegenstand. Die frühneuzeitlichen „Stadttexte" (Mahler 1999) – *pageants* und *city comedies* – trugen zur kulturellen Imagination der Stadt bei, in deren binär strukturierten Geschlechterentwürfen London mal als Mutterfigur wie in *The Triumphs of Truth* und mal als Hure Babylon erscheint. In *The Seven Deadly Sins of London* (1606) beschreibt Thomas Dekker London als „the goodliest of thy neighbors, but the prowdest; the welthiest, but the most wanton [...]. [...] [T]hou art attir'de like a Bride, drawing all that looke vpon thee, to be in loue with thee, but there is much harlot in thine eyes." (A2v) In *A Chaste Maid in Cheapside* dominiert die Sexualisierung des Stadtraums und ihrer Bevölkerung. Eine patriarchale Kontrolle des Körpers der Frau ist hier nicht dauerhaft möglich. Selbst die fensterlose Kammer, in die Moll von ihrem Vater gesperrt wird, hat eine Luke, die es Moll erlaubt, über die Dächer der Stadt zu entkommen. An der Kontrolle der anderen weiblichen Figuren scheint in dem Stück sowieso niemand interessiert.

Im frühneuzeitlichen London gab es – anders als in der Architektur und der kulturellen Imagination seit dem 18. Jahrhundert – keine klare Trennung zwischen privaten und öffentlichen Räumen (Gowing 2000, 133–137). Die Bebauung war extrem dicht; das Haus ein Ensemble von öffentlichem und privatem Raum. Diese grundsätzliche Unabgeschlossenheit und Durchlässigkeit reflektiert auch die *city comedy*. Der Laden Yellowhammers dient gleichzeitig als Geschäft und Wohnhaus; das Schlafgemach der Wöchnerin Mistress Allwit ist Treffpunkt der weiblichen Figuren des Stücks. Die Repräsentation der verschiedenen Schauplätze des Stücks auf der Bühne kann die poröse Grenze zwischen Innen und Außen noch verstärken, wenn die Bühne mal den Laden, mal die Straße oder das Themseufer und mal das Schlafzimmer von Mistress Allwit darstellt. Mit seiner Architektur von Vorder- und Hinterbühne besaß das frühneuzeitliche Theater die idealen Voraussetzungen, solche Schwellen- und Transiträume darzustellen.

Im Unterschied zu den Raumordnungen im 19. Jahrhundert galt die Sorge um die negativen Effekte der frühneuzeitlichen Großstadt aber gerade *nicht* der Verletzung der Privatsphäre in der Metropole. Im Gegenteil, die Urbanisierung wurde argwöhnisch betrachtet, da die anonyme Großstadt neue Rückzugsorte eröffnete, die nicht mehr wie in der relativ statischen und übersichtlichen Dorfgemeinschaft kontrolliert werden konnten. So beklagt John Stow das Verschwinden von Freizeitvergnügungen aus dem öffentlichen Raum und mutmaßt, was hinter den verschlossenen Türen wohl vor sich gehen mag: „[the] open pastimes in my youth being now suppressed: worse practises within doors are to be feared" (1987 [1603], 87). Middletons Komödie bestätigt gewissermaßen Stows Ängste und überzeichnet sie, denn hinter *allen* Türen wird Ehebruch begangen. Die gehörnten Ehemänner wie Master Allwit und Sir Oliver Kix arrangieren sich mit der Situation und genießen den materiellen Wohlstand, den der Ehebruch ihrer Frauen mit sich bringt: Mistress Allwit wird von Sir Walter ausgehalten, dem Vater ihrer Kinder; der potente Touchwood Senior verschafft dem kinderlosen Sir Oliver Kix einen männlichen Erben und den Reichtum von Sir Walter, wofür Sir Kix finanzielle Unterstützung der Touchwoods verspricht. Doch der satirische Blick auf die Amoralität der Bürger ist weder von der Nostalgie Stows für das vormoderne London geprägt noch von einer eindeutigen patriarchalischen Moral getragen. Frauen und Männer sind gleichermaßen promisk, Ehebruch wird belohnt, Bastarde erben ein Vermögen, die Eröffnung eines Bordells erscheint den Allwits, nachdem sie den nun mittellosen Sir Walter aus dem Haus geworfen haben, als gutes Geschäftsmodell, und Tim gibt sich damit zufrieden, eine Prostituierte geheiratet zu haben, die walisische Mätresse des Sir Walter, die er für eine reiche Erbin gehalten hatte. Die Liebesgeschichte um Moll und Touchwood Junior endet zwar mit ihrer (scheinbar normativen) Eheschließung, doch Moll bringt eine reiche Mitgift mit, und jedwede Romantik geht spätestens in dem abschließenden frivolen Geplänkel um die Freuden der körperlichen Liebe verloren (V.4.45–52). Am Ende werden die so unterschiedlichen Ehen der zwei Kinder Yellowhammers mit einem gemeinsamen Fest gefeiert, zu der Yellowhammer alle Figuren – stellvertretend für die ganze Stadt – einlädt.

3. Das Theater und die Stadt

In der Lektüre von Susan Wells entwirft das Ende von *A Chaste Maid in Cheapside* die Vision einer Stadt, in der die kommunalen Festlichkeiten mit dem Gewinnstreben des Frühkapitalismus in Einklang gebracht werden (1981, 58). Mit dieser Versöhnung, die über Trickster-Figuren, über Betrug und Verstellung herbeigeführt wird, bringt sich aber das Theater selbst ins Spiel und inszeniert sich, vor allem im metadramatischen Spiel-im-Spiel der Begräbnisszene, als Motor des städtischen Gemeinwesens – trotz (oder vielleicht gerade wegen) seiner Lage in Southwark. Die öffentlichen Theater an der Bankside sind räumlich am Rande der Stadt angesiedelt, durch die Themse geographisch von ihr getrennt und aufgrund ihrer Lage in den *liberties* nicht der städtischen Gesetzgebung unterstellt. Doch 1613 sind sie längst ein wichtiges kulturelles Zentrum der frühneuzeitlichen Metropole. Dramatiker arbeiten sowohl für die Theater in Southwark wie auch für die kleineren ‚privaten' (Saal-)Theater auf der anderen Seite der Themse; Middleton schreibt zudem auch für die Stadtregierung; 1620 wird er sogar zum Chronologen Londons bestellt. *Pageants* wie *city comedies* re-inszenieren und verhandeln – auf jeweils spezifische Art und Weise – das Entstehen der frühneuzeitlichen Großstadt, ihre Dynamik und ihre soziale Ausdifferenzierung. Die Gattungen sind komplementär zueinander; der Idealisierung der Stadt in den *pageants* steht die Konzentration auf ihre Vergnügungssucht und ihren Materialismus in den Komödien gegenüber. Damit konstruiert sich das frühneuzeitliche kommerzielle Theater, dem insbesondere von den Puritanern die Verbreitung eben dieser ‚Laster' vorgeworfen wurde, gleichermaßen als Heterotopie zur Stadt wie auch als ihr Teilraum, der die frühmoderne Großstadt auf die Bühne bringt, satirisch reflektiert und gleichzeitig metonymisch repräsentiert (→ 15. Utopie und Heterotopie).

Literatur

Dekker, Thomas. *The seuen deadly sinnes of London*. London: Edward Allde and S. Stafford for Nathaniel Butter, 1606.

Gibbons, Brian. *Jacobean City Comedy: A Study of Satiric Plays by Jonson, Marston and Middleton*. London: Rupert Hart-Davis, 1968.

Gowing, Laura. „,The Freedom of the Streets': Women and Social Space, 1560–1640". *Londinopolis: Essays in the Cultural History of Early Modern London*. Hrsg. von Paul Griffiths und Mark S. R. Jenner. Manchester: Manchester University Press, 2000. 130–151.

Grantley, Darryll. „Middleton's Comedy and the Geography of London". *Thomas Middleton in Context*. Hrsg. von Suzanne Gossett. Cambridge: Cambridge University Press, 2011. 28–36.

Grantley, Darryll. *London in Early Modern English Drama: Representing the Built Environment*. Basingstoke: Palgrave Macmillan, 2008.

Lefebvre, Henri. „Die Produktion des Raums" [1974]. *Raumtheorie: Grundlagentexte aus Philosophie und Kulturwissenschaften*. Hrsg. von Jörg Dünne und Stephan Günzel. Frankfurt a. M.: Suhrkamp, [7]2012 [2006]. 330–342.

Mahler, Andreas. „Stadttexte – Textstädte: Formen und Funktionen diskursiver Stadtkonstitution". *Stadt-Bilder: Allegorie – Mimesis – Imagination*. Hrsg. von Andreas Mahler. Heidelberg: Winter, 1999. 11–36.

Mehl, Dieter, Angela Stock und Anne-Julia Zwierlein (Hrsg.), *Plotting Early Modern London: New Essays on Jacobean City Comedy*. Aldershot: Ashgate, 2004.

Middleton, Thomas. *A Chaste Maid in Cheapside* [1630]. *The Collected Works*. Hrsg. von Gary Talyor und John Lavagnino. Oxford: Clarendon Press, 2010. 907–958.

Middleton, Thomas. *The Triumphs of Truth* [1613]. *The Collected Works*. Hrsg. von Gary Talyor und John Lavagnino. Oxford: Clarendon Press, 2010. 963–976.

Mullaney, Steven. *The Place of the Stage: License, Play, and Power in Renaissance England*. Chicago: University of Chicago Press, 1988.

Munro, Ian. „The Populations of London". *Thomas Middleton in Context*. Hrsg. von Suzanne Gossett. Cambridge: Cambridge University Press, 2011. 45–51.

Newman, Karen. „‚Goldsmith's ware': Equivalence in ‚A Chaste Maid in Cheapside'". *Huntington Library Quarterly* 71.1 (2008): 97–113.

Paster, Gail Kern. *The Idea of the City in the Age of Shakespeare*. Athens, GA: University of Georgia Press, 1985.

Stallybrass, Peter. „Patriarchal Territories: The Body Enclosed". *Rewriting the Renaissance: The Discourse of Sexual Difference in Early Modern Europe*. Hrsg. von Margaret W. Ferguson, Maureen Quilligan und Nancy J. Vickers. Chicago: University of Chicago Press, 1986. 123–142.

Stow, John. *The Survey of London* [1603]. Hrsg. von Henry B. Wheatley. London: Dent, 1987.

Wells, Susan. „Jacobean City Comedy and the Ideology of the City". *English Literary History* 48.1 (1981): 37–60.

35. Die Straße: Mobilität und Festkultur im Siglo de Oro

Miriam Lay Brander

Das Lexem ‚Straße' ist von lateinisch *strata via* (wörtl. ‚gepflasterte Straße') abgeleitet und bezeichnet im engeren Sinn „einen planmäßig angelegten, befestigten Verkehrsweg" (Sauer 1999, 518). Im weiteren Sinne wird es häufig synonym mit ‚Weg' verwendet und kann sich dann auf die unterschiedlichsten Verkehrswege beziehen. Bezeichnet im Deutschen ‚Straße' im engeren Sinn sowohl innerstädtische Wege als auch Landstraßen, meint das entsprechende spanische Lexem ‚*calle*' lediglich Straßen in Städten und Dörfern, während sich die Bezeichnung außerstädtischer Straßen in verschiedene Lexeme aufspaltet. Diese Unterscheidung von inner- und außerstädtischen Verkehrswegen im Spanischen ist vor allem im Hinblick auf frühneuzeitliche Texte bedeutend, auf die sich das Augenmerk im Folgenden richtet. So spielen Wege außerhalb der Stadt in der frühen Neuzeit lediglich als Verbindung zwischen verschiedenen Punkten eine Rolle, während sich die innerstädtische Straße zunehmend als kultureller Aktionsraum artikuliert (→ 2. Topographien). Im städtischen Straßennetz der Frühen Neuzeit verdichten sich kulturelle Praktiken wie Handelsaktivitäten, öffentliche Hinrichtungen sowie festliche Anlässe politischer und religiöser Art, darunter die später noch zu thematisierenden Prozessionen. Zugleich erleben die spanischen Städte im 16. und 17. Jahrhundert demographische und städtebauliche Transformationen. Die Einwohnerzahlen steigen enorm und der vor allem durch den Handel mit der Neuen Welt erworbene Reichtum mündet in ein regelrechtes Baufieber, aus dem Privatpaläste und Klöster, neue Fassaden, Plätze und Parks hervorgehen. Zentrale Straßen werden ausgeweitet, um eine höhere Sonneneinstrahlung zu erzielen. Diese zunehmende historische Komplexität der städtischen Straße und ihrer Nutzung geht Hand in Hand mit einer neuen diskursiven Konzeption des Straßenraumes, der sich fortan zwischen allegorischer Funktionalisierung und entallegorisierender Pluralisierung situiert. Zum einen dient die Darstellung der Straße der „Abhandlung eines eigentlich gemeinten Moralischen" (Mahler 1999, 27), zum anderen wird diese semantische Aufladung des Raums zunehmend durch weitere Bedeutungsebenen überlagert, die die Straße entweder in ihrer materialen Beschaffenheit hervortreten lassen oder ‚Lesarten' des Raumes produzieren, die einer allegorischen Regulierung zuwider laufen. Dies soll an zwei Beispielen exemplarisch aufgezeigt werden: dem Schelmenroman und dem Bericht einer Reliquientranslation in den Straßen Sevillas.

1. Der Schelmenroman: Die Straße als Raum des Übergangs

Sowohl die getroffene Unterscheidung zwischen inner- und außerstädtischer Straße als auch die Pluralität von Bedeutungen des Aktionsraums ‚Straße' lassen sich besonders gut anhand des Schelmenromans beobachten, als dessen Vorläufer der 1554 anonym veröffentlichte *Lazarillo de Tormes* gilt und der im fünfzig Jahre später erschienenen *Guzmán de Alfarache* (1599/1604) von Mateo Alemán seinen Prototyp findet. Was die beiden Romane untereinander und mit dem Schelmenroman generell verbindet, ist eine Mobilität in Raum und Zeit, die „zugleich Thema und strukturelles Prinzip" (Cordie 2001, 20) ist (→ 13. Chronotopoi): Zum einen legt der Schelm auf der Suche nach einer akzeptablen sozialen Position einen Weg zurück, der sich auf einer Landkarte einzeichnen lässt und so objektivierbar und individuell nachvollziehbar wird (→ 19. Literarische Geographie); zum anderen bewegt sich der autodiegetische Erzähler, der die eigene Reise einerseits als Figur erlebt und sie sich andererseits erzählerisch aneignet, mittels einer Aneinanderreihung verschiedener Episoden durch einen narrativen Raum (→ 7. Raum und Erzählung). Was den materiellen Raum betrifft, so erfüllt die Landstraße im Gegensatz zur Straße innerhalb der Stadt lediglich die Funktion eines Bindegliedes zwischen den Stationen des Schelms. Nur an Knotenpunkten wie dem Wirtshaus (*Guzmán*) oder an Orten des Übergangs wie Brücken (*Lazarillo*) wird sie zum Aktionsraum (→ 23. Transitorische Räume; 3. Dynamisierungen). Diese Topographie entspricht dem Raumbild der mittelalterlichen Pilgerberichte, in denen der Weg als Raum nur in seiner Relation zum Pilgerort interessiert, was sich in Entfernungsangaben oder in der Beschreibung einzelner heilsgeschichtlich relevanter Punkte manifestiert (Wolfzettel 2012). Demgegenüber fungiert die innerstädtische Straße im Schelmenroman als Ort der Begegnung und Auseinandersetzung mit der Gesellschaft, in der der *pícaro* seinen Platz sucht. Die Rhythmik der Straße bildet die Voraussetzung für das Gelegenheitshandeln des Schelms: So wechselt Guzmán de Alfarache immer wieder planmäßig den Ort, um es sich nicht durch zu häufiges Betteln mit seinen Gebern zu verscherzen, und sucht zu bestimmten Zeiten diejenigen Orte auf, welche die größten Menschenströme versprechen (Cordie 2001, 129–130). Außerdem – und hier überschneiden sich materieller Raum und Erzählstruktur – wird die Straße zum Ort, an dem sich unterschiedliche narrative Episoden berühren, wenn Lázaro dort etwa seinen neuen Herrn, einen *escudero*, einen Ritter von niederem Adel, trifft, wie dieser „die Straße entlang gegangen kam", während Lázaro auf der Suche nach einer Anstellung „von Tür zu Tür lief" (Anon. 2006 [1554], 81). Bildet die Straße an dieser Stelle den Ort eines erzählerischen Übergangs, so markiert sie in der Escudero-Episode zugleich einen Schwellenort zwischen privatem und öffentlichem Raum. So beobachtet Lázaro von der Haustür aus, wie sein Herr „die Straße hinab" (95) stolziert, oder flüchtet sich vor einem Leichenzug ins Haus, weil er denkt, bei dem „finstere[n] Unglückshaus", in das der Tote gebracht werden soll, handle es sich um das seines Herrn: „Ich kehrte auf der Stelle um, zwängte mich durch die Menge und rannte so schnell ich konnte die Straße wieder hinunter zu dem Haus zurück; ich stürzte hinein, schloss eilends die Tür hinter mir, rief flehentlich nach meinem Herrn und hängte mich an ihn, er solle mir helfen, den Eingang zu verrammeln" (113).

Die innerstädtische Straße stellt im Schelmenroman also vor allem einen Raum des Übergangs dar: zwischen narrativen Episoden, zwischen der Existenz und der Befriedigung menschlicher Bedürfnisse, zwischen unterschiedlichen Dienstverhältnissen, zwischen privatem und öffentlichem Raum (→ 15. Utopie und Heterotopie). Dieser Facettenreichtum der Straße steht, fern von allegorischen Zuschreibungen, im Zeichen des Gelegenheitshandelns eines Individuums, das sich durch die Adern der Stadt bewegt und sich den städtischen Raum subjektiv erschließt. Die dadurch entstehende Mobilität erhält in einem weiteren frühneuzeitlichen Kontext eine kollektive Komponente, nämlich in demjenigen von Festkultur und Festbeschreibung, um den es im Folgenden geht.

2. Frühneuzeitliche Festkultur in Sevilla: Die Straße als Bühne

In einer Zeit, in der in Spanien die ersten geschlossenen Theater entstehen, erlebt die Straße als Bühne ihren Höhepunkt (→ 8. Raum und Theatralität). Religiöse Feierlichkeiten und Familienfeste des Königshauses (Geburten und Taufen, Hochzeiten, Tode und Beerdigungen) und in einigen Fällen auch solche bedeutender adliger Familien finden im ausgehenden 16. und beginnenden 17. Jahrhundert nicht etwa hinter den Mauern eines Palastes oder eines Klosters statt, sondern in der Öffentlichkeit, auf Straßen und Plätzen, wodurch das Volk als Publikum miteinbezogen wird. (Díez Borque 1986, 12). Die betroffenen Anwohner reinigen die häufig mit Sonnensegeln überspannten Straßen für die Feierlichkeiten und schmücken ihre Häuser mit farbenprächtigen Stoffbahnen und Blumen. Torbögen aus Pappmaché und andere Konstruktionen ephemerer Architektur sowie bei religiösen Festen an Straßenecken aufgestellte Altäre bilden besondere Blickfänge. Vor dieser Kulisse werden auf der Straße je nach Anlass Theaterstücke, Maskeraden, Tänze oder Predigten zum Besten gegeben.

Die verstreuten dekorativen und performativen Elemente, die die Straße in einen Bühnenraum verwandeln, erhalten ihre Einheit dadurch, dass die Straße durch feierliche Umzüge durchschritten wird (Díez Borque 1986, 36–38). Was die religiösen Feste betrifft, so sind die Straßen Sevillas „ganzjährig von Prozessionen durchflossen" (Sprenger 2013, 59). Wichtigstes Element des durch Musik begleiteten Prozessionszuges bildet eine auf Stelen durch die Straßen getragene Madonna, deren Präsenz das Publikum zu Tränen rührt und zum Niederknien bewegt. Ulrike Sprenger stellt fest, dass die affektive Wirkung der Prozessionen von der „ihnen eigentümlichen Kombination von Stehen und Gehen, von Andacht und Bewegung, von Mühe und Schwerelosigkeit" (82) herrührt (→ 3. Dynamisierungen). Von besonderer Bedeutung sind hierbei die Stationen der Andacht, bei denen der Prozessionszug in regelmäßigen Abständen innehält. Sie dienen zum einen dazu, die erschöpften Madonnenträger auszutauschen, zum anderen verstärken sie den Effekt der Skulptur, wenn diese ihren langsamen Weg mit einem Ruck bei einsetzender Musik schwankend fortsetzt. Obwohl staatliche und lokale Autoritäten das Geschehen bei Prozessionen unter Kontrolle zu halten suchen – ab 1604 etwa wird das Betteln am Rande einer Prozession offiziell verboten, genauso wie nächtliches Defilieren, da es zu sehr zu Ausschweifungen verleite (114) –, kommt es bisweilen zu unvorhergesehenen Zwischenfällen und zu unangemessenem Verhalten von Teilnehmern und Publikum. Beispielsweise können sich die Anführer unterschiedlicher Prozessionen an Kreuzungen in Schlägereien verwickeln, wenn jede für sich den Vortritt beansprucht (122). Darüber hinaus drohen betrunkene Träger, übertriebene Zurschaustellungen von Reichtum, übermäßige Selbstgeißelung sowie verbotene Kontakte zwischen den verhüllten Büßern und dem Publikum, die geordnete Prozessionsbewegung ins Chaos entgleisen zu lassen (89). Der vordergründig durch eine reglementierte Bewegung kontrollierte Straßenraum wird dann zum Ort kollektiver und individueller Abweichung. Unter dem Deckmantel einer allegorischen Regulierung wird die Straße hier, wie auch im Schelmenroman, zum Ort der Befriedigung individueller Bedürfnisse.

3. Die Straße als Schrift- und Leseraum: Konstitution städtischer Identität im Translationsbericht

Die frühneuzeitlichen Sevillaner Prozessionen können als „Lesebewegung" (Sprenger 2013, 105) betrachtet werden, die das städtische Straßennetz zu einem interpretierbaren Text werden lässt (→ 5. Schrifträume). Besonders eindrücklich illustriert dies der päpstliche Notar Francisco de Sigüenza in seiner Darstellung der Überführung des ältesten Marienbildes der Stadt, das zusammen mit den bedeutenden Reliquien des Königs Fernando III. und des Schutzheiligen San Leandro im Rahmen einer festlichen Prozession von seiner ursprünglichen Grabstätte in die Iglesia Mayor getragen wird. Bezeichnend an Sigüenzas Darstellung sind die unterschiedlichen Lesarten, mit denen sich das Auge des Betrachters durch die Straßen Sevillas bewegt. Der Notar schildert das Geschehen rund um die Prozession mittels eines Dialogs zwischen dem in Sevilla ansässigen Laureano und dem aus der Konkurrenzstadt Toledo stammenden Eugenio. Die beiden Männer befinden sich auf dem Weg durch das Stadtzentrum zur Bibliothek eines Freundes, um von dort aus die vorbeiziehende Prozession zu betrachten, wobei der ortskundige Laureano seinem Gast bereitwillig Auskunft zur Geschichte der abgeschrittenen Monumente erteilt: „wie wir so miteinander sprechend durch diese Straßen gehen bis zu dem Ort, an dem wir die Prozession sehen werden, gibt es doch keine schöneren Dinge, über die wir uns unterhalten könnten, als diejenigen, zu denen uns unser Blick die Gelegenheit gibt" (1995 [1579], 71; Übers. M. L. B.).

Der Autor des Translationsberichts beschränkt sich also nicht, wie der Titel erwarten lässt, auf die Schilderung der Prozession, sondern verbindet diese mit einem Lob auf seine Stadt. Ausgangspunkt dieses Lobes bildet zwar die Frömmigkeit der Stadtbewohner, doch handelt der Autor diese nur kurz ab, um dann den Blick des Betrachters auf architektonische Besonderheiten Sevillas zu lenken. So bildet gleich die zweite Station der Spaziergänger die *Alameda de Hércules*, eine breite, mit unzähligen Pappeln bepflanzte Allee, die durch die gleichnamige Straße fortgesetzt wird: „und so nannte sich die Straße, die wir hier sehen, und nach der Ihr mich gefragt habt, ursprünglich *calle del Puerco* [‚Schweinstraße'], wobei sie heute Alameda-Straße heißt, weil sie durch die ganze Stadt zur Alameda führt, und so bezeugen es jene Buchstaben, die an der Ecke dieses neuen Hauses stehen, wodurch ein so guter Durchgang, der größte aller Damen und Herren der Stadt, einen angemessenen Namen erhalten hat" (71; Übers. M. L. B.). Indem sich Laureano und Eugenio durch die Hauptkanäle der Stadt bewegen, entsteht eine hierarchische Karte, auf der die einzelnen Teile relational zum passierten Straßenraum angeordnet sind (→ 20. Literaturgeographie und Literaturkartographie). Sigüenza erstellt eine „Straßenrangfolge" (Geschke 2009, 11) und vermittelt so ein bestimmtes städtisches Bild, das Aufschluss darüber gibt, mit welchen Merkmalen sich das Sevilla des päpstlichen Notars identifiziert. Die *calle del Alameda*, deren ursprünglicher Name, *calle del Puerco*, aufgrund des zunehmenden Handels- und Verkehrsaufkommens geändert und dabei aufgewertet wurde, bildet die ökonomische und kommerzielle Hauptachse Sevillas. Sie führt zu Regierungsgebäuden und zur Kathedrale und damit zum administrativen und religiösen Zentrum der Stadt. Über ihre pragmatische Funktion als Verkehrsweg hinaus wird die Straße hier also zum Metonym für eine Stadt, die sich zum religiösen, politischen und kommerziellen Zentrum stilisiert.

4. Die Straße als Ort frühneuzeitlicher Pluralität

Die von Sigüenza getroffene Auswahl von Straßen und die dadurch entstandene imaginäre Karte stellt die erste einer Reihe von Ebenen dar, auf denen die Straße gelesen und ‚be-schrieben' wird. Diese Bedeutungsebenen lassen sich zunächst in eine allegorische und in eine konkret-historische aufgliedern. Im hier exemplarisch untersuchten Translationsbericht, aber auch generell in spätmittelalterlichen und frühneuzeitlichen Texten (Wolfzettel 2012), lässt sich eine zunehmende Bedeutung der Straße als historischer Gegenstand feststellen. Auch wenn allegorische und konkret-historische Bedeutungsebenen nebeneinander existieren, so treten die „unsichtbaren Jenseitsräume" (64) doch allmählich zugunsten eines archäologisch erschlossenen Raumes zurück. Ein weiteres Charakteristikum für die frühneuzeitliche Raumdarstellung ist die Pluralisierung allegorischer Zuschreibungen. Damit erhält ein religiös-katholisch aufgeladener Raum zunehmend Konkurrenz durch politische und mythologische Inhalte (→ 2. Topographien).

Alle diese Ebenen der Lektüre tauchen im von Sigüenza geschilderten Straßennetz auf. So erinnern die am Eingang der Alameda aufgestellten Säulen des Herkules, wie Laureano erklärt, an die von vielen für wahr gehaltene Legende der Gründung Sevillas. Sie seien zwei der sechs Säulen eines öffentlichen Gebäudes, das Herkules eigenhändig gebaut habe (→ 25. Formationen literarischer Raumgeschichte). Mit archäologischer Genauigkeit führt Laureano Argumente für diese Variante der Gründungsgeschichte an, der die Auffassung einer Stadtgründung durch Caesar gegenübersteht. Obwohl er diese Meinung nennt, bevorzugt er die Version, nach der Caesar lediglich die bereits bestehende Stadt mit einer Mauer versehen habe. Auch diese Information wird in den durchschrittenen Straßenraum eingeschrieben bzw. aus ihm herausgelesen, indem Laureano den betretenen Ort als jenen identifiziert, an dem sich das in Überresten an einen außerhalb liegenden Ort transportierte römische Sevilla befand. Zu den Worten „Dies ist das alte Sevilla" (Sigüenza 1996 [1579], 70) kann sich der Leser mühelos die zeigende Geste Laureanos vorstellen (→ 4. Deixis), durch die er die mythologischen Inhalte mit dem durchgangenen Straßenraum verbindet.

Aber auch eine politische Botschaft transportiert der Rundgang der beiden Gesprächspartner. Nachdem sie zunächst ein Herrschaftshaus passieren, dessen Erbauer wegen seiner militärischen Verdienste ein würdiges Beispiel für die tugendhafte Sevillaner Bevölkerung darstellt, schreiten sie die verschiedenen Regierungsgebäude einschließlich dem königlichen Gefängnis an der *Plaza de San Francisco* ab, wo sich die gegenwärtige politische Macht bündelt. Die Strecke, die die beiden Betrachter auf dem Weg zu ihren ‚Publikumsplätzen' in der Bibliothek zurücklegen, kann damit als Prozession im Kleinen betrachtet werden (Lay

Brander 2011, 162). Wo der Translationszug mit der Überführung der Reliquien eine religiöse *translatio* vollzieht, realisieren Eugenio und Laureano auf ihrem Rundgang eine *translatio imperii* im weltlichen Sinne (→ 29. Artushof), in diesem Fall eine Übertragung der einst römischen Weltmacht (→ 28. Rom) auf die Stadt Sevilla als dem „Zentrum eines befestigten und sich stetig vergrößernden katholischen Königreiches" (Sprenger 2013, 100).

Und schließlich kommt auch die religiös-katholische Lesart des städtischen Raumes nicht zu kurz: So gibt Eugenios Kritik an der mangelnden Frömmigkeit der Stadtbewohner, die er aufgrund eines nicht fertiggestellten Kirchengebäudes zu erkennen glaubt, Laureano Anlass, so aussagekräftige Beispiele für die religiöse Hingabe der Sevillaner Bevölkerung zu nennen, dass sein Gegenüber seine Kritik zurücknimmt und in Lob verwandelt. Die religiöse Lektüre findet jedoch überwiegend nicht aufgrund von Gebäuden, sondern durch die Beobachtung der einzelnen Prozessionsgruppen statt, die am Fensterplatz der beiden Dialogpartner vorbeiziehen. Hier hat sich das Verhältnis von Statik und Dynamik geändert: Laureano und Eugenio bewegen sich nicht mehr, statische Objekte entziffernd, durch die Straßen, sondern haben sich mit Blick auf die Straße zur Ruhe gesetzt, um die mobilen Elemente des vorbeiziehenden Prozessionszuges einer genauen Lektüre zu unterziehen. Dabei bilden die durch die Straßen getragenen Fahnen der teilnehmenden Bruderschaften mit ihren jeweiligen Farben und Abzeichen materielle Zeichenträger, von denen Laureano Funktionen und Geschichte der Bruderschaften abliest.

Den genannten Lesarten der Elemente, die die Straße säumen bzw. sich durch sie hindurchbewegen, ist gemeinsam, dass sie durch die unmittelbare Anschauung historisch gestützt werden. Ein solches Vorgehen steht für ein frühneuzeitliches archäologisches Interesse, das Inschriften, bauliche Überreste, Münzen und Urkunden auswertet (Benz 2003, 675). So wie der Geschichtsschreiber der frühen Neuzeit seine Erkenntnisse aus der sinnlichen Anschauung gewinnt, so erschließt sich dem Leser die Geschichte Sevillas in der *Traslación* über die Augen eines fiktiven Betrachters. In beiden Fällen spricht der Raum nicht aus sich selbst heraus, sondern bedarf der Entzifferung durch ein wahrnehmendes Subjekt, das den geographischen Raum mit seinem ganzen Körper ‚durchwandert' (Lay Brander 2011, 88). Durch diese Arbeit am archäologischen Substrat entsteht ein „Bewusstsein für die unhintergehbare Vieldeutigkeit der Quellen und Überlieferungen" (Sprenger 2013, 187), das die Grundlage von Sigüenzas Translationsbericht bildet.

Die sich in diesem Text manifestierende Pluralität von Lesarten spiegelt sich ansatzweise in der dialogischen Struktur von Rede- und Gegenrede wider – ansatzweise deshalb, weil Eugenio durch seine scheinbar kritischen Einwände seinem Stadtführer nur die Gelegenheit gibt, diese zu revidieren und Sevilla als umso strahlendere Stadt hervorgehen zu lassen. Dass die Straße dabei als Schauplatz der gelehrten Auseinandersetzung fungiert, ist typisch für den philosophischen Dialog der Renaissance. Das Gespräch beginnt häufig im öffentlichen Raum der Straße, um dann in einem privaten bzw. geschlossenen Raum, etwa einem Wohnhaus, fortgesetzt zu werden (zur Unterscheidung zwischen öffentlichen und privaten Schauplätzen des philosophischen Dialogs siehe Hösle 2006, 210–234). Dadurch werden Schauplätze einer antiken Gelehrtenkultur wiederbelebt, wobei sie in einigen Dialogen eine lokalhistorische Ausprägung erhalten. Darüber hinaus kann der durchschrittene Raum mit seinen baulichen und historischen Eigenschaften, wie in der *Traslación*, selbst zum Thema des Gesprächs werden: Die Straße wird dann zum Ort der Rede über die Stadt.

Die *Traslación* stellt in der genauen archäologischen Auseinandersetzung mit dem Raum, in dem die Feierlichkeiten stattfinden, unter den zeitgenössischen Festbeschreibungen zwar keinen Einzelfall dar, entspricht damit aber auch nicht der Regel. Vielmehr interessiert die Straße in den meisten Festbeschreibungen nicht als architektonisches Konstrukt, sondern lediglich als Teil einer festlichen Infrastruktur. Die Straße wird hier auf ihre Funktion als Bühnenraum reduziert, in dem der am Straßenrand stehende oder in einer Prozession mitziehende Betrachter durch vor allem visuelle und akustische Reize in Staunen versetzt wird (Lay Brander 2011, 114–131). So heißt es etwa im Bericht einer Beatifizierungsfeier, dass das zu Ehren des Heiligen veranstaltete Feuerwerk so lange gedauert habe, wie man brauche, um die gesamte Straße einmal auf und ab zu gehen (Luque Fajardo 1610, 11 r°). Ein häufiger Topos von Festberichten ist zudem der außerordentliche Zustrom von Besuchern, der das städtische Verkehrsnetz überlastet (Bonet Correa 1990, 10). Im Bericht des Einzugs Philipps IV. in Sevilla im Rahmen seines Andalusien-Feldzuges 1624 (León y Arce 1624) etwa schildert der Autor in einer pittoresken Anekdote, wie zwei Kutschen auf einem sonst kaum befahrenen Weg nicht aneinander vorbeikommen.

Auch wenn sich dieses pragmatische Verhältnis zur Straße erst „im Zuge der Entdeckung ambientaler Valeurs im späten 18. Jahrhundert" (Wolfzettel 2012, 60) verändert, so lässt sich dennoch feststellen, dass sich die Straße in der frühen Neuzeit zunehmend als Organismus artikuliert (→ 34. London). Bildet sie im Schelmenroman einen Ort des Konsums, der „auf die räumlich verankerte Befriedigung menschlicher Grundbedürfnisse" (Geschke 2009, 17) verweist, verleiht ihr die komplexe Rhythmik, die sowohl im Schelmenroman als auch in manchen Festbeschreibungen zum Tragen kommt, als organisches Merkmal selbst eine gewisse Körperlichkeit. Wie Sigüenzas Translationsbericht zeigt, entsteht in der frühen Neuzeit zudem ein Bewusstsein für die Prozesshaftigkeit der Straße, die sich durch interne und externe Einflüsse verändert und spezifische Funktionen für das Gesamtgefüge einer Stadt zu erfüllen hat (Geschke 2009, 17). Ein solcher

Umgang mit dem Straßenraum in frühneuzeitlichen Texten zeugt von einem neuen Zeitverständnis: Die Straße ist nicht mehr Sinnbild für den Ablauf einer heilsgeschichtlichen Zeit, vielmehr treten ihre materiellen, organischen und prozesshaften Eigenschaften in Widerspruch zur zyklischen Reproduktion einer ewigen Ordnung (Lay Brander 2011, 103). Indem die Straße zunehmend als historischer Raum begriffen wird, der ein allegorisches Verständnis überlagert, erhält ihre Darstellung bereits im 16. und 17. Jahrhundert Elemente einer modernen Raumkonzeption.

Literatur

Anon. *Lazarillo de Tormes/Klein Lazarus von Tormes* [1554]. Übers. von Hartmut Köhler. Stuttgart: Reclam, 2006.
Benz, Stefan. *Zwischen Tradition und Kritik: Katholische Geschichtsschreibung im barocken Heiligen Römischen Reich*. Husum: Matthiesen, 2003.
Bonet Correa, Antonio. „La fiesta barroca como práctica del poder". *Fiesta, poder y arquitctura*. Hrsg. von Antonio Bonet Correa. Madrid: Arkal, 1990. 5–31.
Cordie, Ansgar M. *Raum und Zeit des Vaganten: Formen der Weltaneignung im deutschen Schelmenroman des 17. Jahrhunderts*. Berlin und New York: De Gruyter, 2001.
Díez Borque, José M. „Relaciones de teatro y fiesta en el barroco español". *Teatro y fiestas en el barroco*. Hrsg. von José M. Díez Borque. Madrid: Serbal, 1986. 11–40.
Geschke, Sandra Maria. „Einleitung". *Straße als kultureller Aktionsraum: Interdisziplinäre Betrachtungen des Straßenraumes an der Schnittstelle zwischen Theorie und Praxis*. Hrsg. von Sandra Maria Geschke. Wiesbaden: VS Verlag für Sozialwissenschaften, 2009. 11–27.
Hösle, Vittorio. *Der philosophische Dialog: Eine Poetik und Hermeneutik*. München: C. H. Beck, 2006.
Lay Brander, Miriam. *Raum-Zeiten im Umbruch: Erzählen und Zeigen im Sevilla der Frühen Neuzeit*. Bielefeld: Transcript, 2011.
León y Arce, Francisco de. *La perla en el nueuo mapa mundi hispanico, al medio dia de Seuilla y costas: Iornada Real de su Magestad. Primera parte: con la pintura de los Orizontes, jamas visto*. Madrid: Iuan Gonçalez, 1624.
Luque Fajardo, Francisco de. *Relacion de la fiesta que se hizo en Sevilla a la beatificacion del Glorioso San Ignacio Fundador de la Compañia de Iesus. A Don Sancho Dauila y Toledo, Obispo de Jaen del Consejo de su Magestad. Etc*. Sevilla: Casa de Luis Estupiñan, 1610.
Mahler, Andreas. „Stadttexte – Textstädte: Formen und Funktionen diskursiver Stadtkonstitution". *Stadt-Bilder: Allegorie – Mimesis – Imagination*. Hrsg. von Andreas Mahler. Heidelberg: Winter, 1999. 11–36.
Sánchez Gordillo, Abad Alonso. *Religiosas estaciones que frecuenta la religiosidad sevillana* [1633]. Sevilla: Consejo general de Hermandades y Cofradías de la Ciudad de Sevilla, 1982.
Sauer, Vera. „Straße (Straßenbau)". *Mensch und Landschaft in der Antike: Lexikon der historischen Geographie*. Hrsg. von Holger Sonnabend. Stuttgart und Weimar: Metzler, 1999. 518–524.
Sigüenza, Francisco de. *Traslación de la imagen de Nuestra Señora de los Reyes y cuerpo de San Leandro y de los cuerpos reales a la Real Capilla de la Santa Iglesia de Sevilla*

escrita en diálogo por Francisco de Sigüenza [1579]. Hg. von Federico García de la Concha Delgado. Sevilla: Fundación el Monte, 1996.

Sprenger, Ulrike. *Stehen und Gehen: Prozessionskultur und narrative Performanz im Sevilla des Siglo de Oro*. Konstanz: Konstanz University Press, 2013.

Wolfzettel, Friedrich. „Pilgerberichte, Pilgerwege und Straßen im Mittelalter: Mentalitätsgeschichtliche Überlegungen zu einem wahrnehmungsgeschichtlichen Problem". *Die Vielschichtigkeit der Straße: Kontinuität und Wandel in Mittelalter und früher Neuzeit (Internationales Round-Table-Gespräch, Krems an der Donau, 29. November bis 1. Dezember 2007)*. Hrsg. von Kornelia Holzner-Tobisch, Thomas Kühltreiber und Gertrud Blaschitz. Wien: Verlag der Österreichischen Akademie der Wissenschaften, 2012. 49–65.

36. Versailles: Höfische Spielräume
Ulrike Sprenger

1. *Le furet*: Ordnung und Spiel

„Il court, il court, le furet, / Le furet du bois, Mesdames, / Il court, il court, le furet, / Le furet du bois joli. / Il est passé par ici, / Il repassera par-là. / Il court, il court le furet, / Le furet du bois, Mesdames, / Il court, il court le furet, / Le furet du bois joli." [Das Frettchen eilt und eilt, / Des Waldes Frettchen, meine Damen, / Das Frettchen eilt und eilt, / Das hübsche Frettchen aus dem Wald (auch: Das Frettchen aus dem schönen Wald). / Eben war es hier, / Gleich kommt es wieder dort vorbei.]

Das Lied vom durch den Wald wieselnden Frettchen wurde zu dem am französischen Hof seit dem 16. Jahrhundert äußerst beliebten *jeu du furet* gesungen, einer Form des Pfänderspiels, zu dem man in Deutschland „Taler, Taler, du musst wandern" singt: Die im Kreis angeordneten Mitspieler müssen einen auf einer Schnur aufgefädelten Ring möglichst unsichtbar weitergeben, während ein in der Mitte stehender ‚chasseur' versucht, diesen zu entdecken. Wer mit dem Ring erwischt wird, gibt entweder ein Pfand ab oder wird selbst zum Jäger (Bayle-Mouillard 1867; David und Delrieu 1988).

Die Jagd als Inbegriff des ritterlichen Vergnügens (→ 29. Artushof) ist hier zu einem höfischen Spiel domestiziert, das zugleich einen neckischen Umgang mit Standes- und Geschlechterrollen in der kleinen Runde eines höfischen *appartement* ermöglicht. Die kreisförmige Anordnung der Mitspieler um den *chasseur*, der Ring auf der Schnur und das anspielungsreiche Lied vom kleinen, flinken Frettchen aktivieren den traditionellen erotischen Subtext der Jagd: Frettchen wurden seit dem Mittelalter zur Jagd abgerichtet, da die kleinen Tiere insbesondere in Kaninchenbaue leicht eindringen konnten. Von dieser Fähigkeit leitet sich auch das Verb ‚fureter' für ‚herumschnüffeln', ‚aufstöbern' ab. (Henkel und Schöne 2013, 465) Über diese konkret verstehbaren Anspielungen hinaus gehört das flinke Frettchen zudem zu jener größeren Gruppe kleiner Tiere (wie Vögelchen etc.) oder kleiner, bewegter Gegenstände (wie die Spindel etc.), welche im traditionellen Lied oftmals sexuelle Konnotationen entfalten. Die Spielregeln erlauben, ja verlangen Berührungen zwischen den Mitspielern, welche die Etikette eigentlich untersagt. In der Performanz des Spieles werden außerdem Machtverhältnisse vorübergehend umkehrbar oder ambig: Die Spieler und Spielerinnen sind vom *chasseur* Gejagte, die ihrerseits den Ring jagen; und der *chasseur* selbst ist austauschbar, was besonders pikant erscheint, wenn man weiß, dass Louis XIV. dieses Spiel ausnehmend gerne spielte (→ 8. Raum und Theatralität).

Die Vorliebe des Königs ist ein Indiz dafür, dass das *jeu du furet* sich nicht darauf beschränkt, einen spielerischen Freiraum innerhalb der höfischen Ordnung zu öffnen (→ 15. Utopie und Heterotopie), sondern diese zugleich figuriert und dynamisiert – das Spiel setzt Raum, Bewegung und Beobachtung in ein für die höfische Ordnung von Versailles charakteristisches Verhältnis (→ 3. Dynamisierungen). Die Aufstellung der Spieler bildet zunächst einen geschlossenen höfischen Zirkel ab (im Lied mit ‚Mesdames' adressiert), dessen Ordnung jedoch im Spiel performativ in Unruhe versetzt wird. Dass die höfische Ordnung sich gleichsam durch das Frettchen aufgestöbert findet, zeigt sich deutlich in der Erwähnung des ‚bois' als topischer Gegenraum der ‚cour' – mit dem wildbewegten Frettchen gelangen Unordnung und Intransparenz des Waldes in den höfischen Kreis: ‚la cour court'. Horst Bredekamp hat ausgeführt (2012), wie der Wald mit seinen ‚feuillages' sich aus der Perspektive des Barock als ein Raum fortwährender Differenzbildung darstellt, als eine Mannigfaltigkeit, die es insbesondere an den Rändern zu Garten und Palast zu ordnen und zu beherrschen gilt. Welcher Art die durch den ‚bois' evozierten Gefahren genauer sind, offenbaren die unruhigen Bewegungen des Tieres, das bald hier und bald da („il est passé par ici, il repassera par là"), jedoch kaum zu fassen ist: Das Bild eines so rastlosen wie verborgenen Hin und Her findet sich in zeitgenössischen moralistischen Texten den Leidenschaften (*passions*) zugeordnet, allen voran dem *amour-propre*, jenem heimlichen Antrieb menschlichen Handelns, der auf der Suche nach dem eigenen Vorteil nie zur Ruhe kommt und noch der scheinbar altruistischsten Tat zugrunde liegt. Insbesondere La Rochefoucauld zeichnet die verborgenen, rastlosen Bewegungen und mannigfaltigen Erscheinungsformen jener Leidenschaft, die in allen Dingen nur den eigenen Nutzen sucht: „Là il [l'amour propre] est à couvert des yeux les plus pénétrants; il y fait mille insensibles *tours er retours*. [...] [I]l ne se repose jamais hors de soi [...] c'est après lui-même qu'il *court*, et qu'il suit son gré" [Dort verbirgt sich die Eigenliebe vor den durchdringendsten Blicken, dort kehrt und wendet sie sich tausendfach und unbemerkt. Außerhalb ihrer selbst ruht sie niemals, sie läuft sich selbst nach und dem eigenen Wohl, wenn sie Dinge sucht, die ihr gefallen] (1976 [1664], 129; Übers. und Herv. U. S.).

Im Rahmen dieser pessimistischen Anthropologie der französischen Moralisten verräumlichen Wald und Meer die Bereiche einer unkontrollierten Leidenschaftlichkeit, eines ungezähmten *amour-propre*, der nicht den Regeln des höfischen Umgangs gehorcht und den Einzelnen ebenso wie die Gemeinschaft gefährdet (→ 40. Meer/Luft/Wüste). So findet man auf der berühmten, von Madeleine de Scudérys *Clélie* inspirierten *Carte de Tendre* an den Grenzen des Landes *Tendre* sowohl eine „mer dangereuse" [ein gefährliches Meer] als auch einen

„océan d'inimitié" [Ozean der Feindschaft], die in ihrer ziellosen Turbulenz den Itineraren auf dem Weg zu konstanter Liebe oder Freundschaft entgegengesetzt sind (Scudéry 2006 [1654]). Auch La Rochefoucauld sieht die end- und ziellosen Bewegungen des *amour-propre* durch das Meer bestens versinnbildlicht: „la mer en est une image sensible, et l'amour-propre trouve dans le *flux et reflux* de ses vagues continuelles une fidèle expression de la *succession turbulente* de ses pensées, et de ses *éternels mouvements*" [Das Meer ist ein Sinnbild dafür, im andauernden Hin- und Herfluten seiner Wellen findet die Eigenliebe den getreuen Ausdruck ihrer unruhigen Gedankenflucht und ihrer unaufhörlichen Bewegungen] (1976 [1664], 132; Übers. und Herv. U. S.).

Das *jeu du furet* setzt damit sowohl die Gefahren einer verborgen kursierenden Leidenschaft und ihrer aleatorischen Turbulenzen wie auch die daraus erwachsende Notwendigkeit höfischer Affektkontrolle und Dissimulation in Szene (Elias 2002 [1969]; Ansmann 1972; Behrens und Moog-Grünewald 2010). Über die sexuellen Allusionen hinaus bildet der Spielkreis erkennbar den Risikoraum der höfischen Gesellschaft ab: Das Frettchen bzw. der Ring erscheinen als Unterpfänder oder Agenten der Leidenschaft, als Zeichen eines *intérêt*, dessen Sichtbarkeit dem Besitzer zur Gefahr wird, da sie ihn den *intérêts* der Anderen und letztlich der Macht des *chasseur* (i. e. des Königs) ausliefert. Schon die zeitgenössische Emblematik insistiert auf dem Machtgefälle zwischen Frettchen und eigentlichem Jäger, der das Wild zur Strecke bringt. Das Spiel figuriert mithin sowohl die Ordnung als auch deren mögliche Störungen durch unberechenbare individuelle Leidenschaften und Beziehungen, wie es überdies zugleich auch die absolutistische Wiederherstellung der Ordnung inszeniert. Das Widerspiel von Affektbewegung und Affektkontrolle, von Dissimulation und Aufdeckung wird als konstitutives Prinzip der höfischen Ordnung sichtbar, ja die höfische Ordnung erscheint zuletzt selbst als ein Spiel, dessen Regeln aleatorische und strategische Bewegungen kombinieren und dem durch den König Einhalt geboten werden kann. Als allgemeines Sinnbild des Höflingslebens ist das Spiel bereits zeitgenössisch etwa in den *Caractères* von La Bruyère präsent oder auch im Nebeneinander von höfischer Etikette sowie Spiel- und Wahrscheinlichkeitstheorie im Werk des Chevalier de Méré.

2. *La Grande Galerie*: Spiel im Raum

In Topik und Performanz konstituiert das *jeu du furet* eine ähnliche räumliche Ordnung wie das jeweilige Zeremoniell in Versailles. Ob *lever*, morgendliche Visite des Königs im Spiegelsaal oder höfischer Tanz (Cohen 1974): Stets wird eine Ordnung performiert, die sich in der Performanz zugleich als potentielle Unordnung reflektiert. Der große wie der kleine Raum präsentieren sich dabei als zunächst geschlossene, z. B. durch Sitzordnungen und Auftrittsreglements hierarchisch-normativ geordnete Räume (Vogel und Wild 2014). Der protokollarisch ebenfalls streng geregelte Ablauf des Zeremoniells setzt diesen geordneten Raum performativ in Bewegung – die Ankunft des Königs zum Beispiel, seine Gunstbezeugungen oder sein Gunstentzug, stoßen eine Zeichenzirkulation an, die in eine Neuordnung der höfischen Hierarchie münden kann. So stellt sich der Raum des höfischen Zeremoniells nicht nur als Raum normativer Ordnung und protokollarisch geregelter Bewegung dar, sondern immer zugleich als Beobachtungsraum der rastlosen, unberechenbaren, sich verbergen wollenden Bewegungen der Leidenschaften, als Beobachtungsraum der mannigfaltigen Selbstaufwertungsstrategien des *amour-propre*, die es in das regelhafte Spiel zu integrieren gilt. Das Zeremoniell selbst permutiert die Ordnung der Hofgesellschaft, deren aleatorische, endlose Bewegungen dennoch lückenloser Beobachtung unterliegen sollen.

Diese charakteristisch barocke Ambivalenz von Geschlossenheit und unendlicher Variation (→ 1. Topologie), von Ordnung und Bewegung findet ihre vollendete Verräumlichung im Spiegelsaal von Versailles. Auf der Grenze zwischen Schloss und Garten gelegen (→ 23. Transitorische Räume; 14. Semiosphäre und Sujet), zeigt er sich als Beobachtungsraum, der geregeltes Zeremoniell und unberechenbares Spiel der Leidenschaften in Transparenz vereint: Zum einen spiegelt sich hier die höfische Gesellschaft in ihren täglich wechselnden Konstellationen, zum anderen machen die den Spiegeln gegenüberliegenden Fenster den Raum durchlässig auf den Garten und damit auf weitere Ordnungen der Mannigfaltigkeit. Im Spiegelsaal entsteht auf diese Weise ein Raum, der den *flux et reflux* des höfischen Intrigenspiels zulässt, ja verdoppelt und reflektiert, zugleich jedoch vollständige Ordnung und Transparenz suggeriert: Der Einblick des Monarchen setzt sich nach innen durch die Spiegel und nach außen durch die Fenster in beliebige Tiefen fort – die Ordnung der mannigfaltigen Leidenschaften hat ihr Pendant in der Ordnung der mannigfaltigen Formen der Natur. [Abb. 1] Durch den Spiegelsaal findet sich so die Ordnungskraft des absolutistischen Hofes ins Unendliche projiziert, jederzeit können weitere Räume bewegter Mannigfaltigkeit vereinnahmt, geordnet und beherrscht werden. Mehr noch als ihre repräsentative und symbolische Ausstattung, welche die kulturellen und militärischen Erfolge von Louis XIV. ungewöhnlich persönlich und direkt feiert (Sabatier 1999; → 2. Topographien), verbreitet so die *Grande Galerie* als Raum innerhalb der Anlage von Versailles die Botschaft expandierender absolutistischer Ordnung.

36. Versailles: Höfische Spielräume — 407

Abb. 1: Perspektivische Ansicht der Grande Galerie, bestimmt für die Betrachtung in einem der ab Mitte des 18. Jahrhunderts in Mode kommenden ‚Guckkasten' (*zograscope*) zur Illusion perspektivischer Tiefe

Abb. 2: Frontispiz zu Mlle de Scudérys *Conversations Nouvelles*, 1684

Im Zeremoniell öffnet sich der geschlossene Raum einer Performanz, er lässt eine unsichtbare, bewegliche, potentiell bedrohliche Mannigfaltigkeit ein, deren vollständige Durchdringung und Kontrolle er gleichwohl postuliert. Der repräsentative, öffentliche Raum in Versailles ist damit Raum der Beherrschung und zugleich Zeichen der Beherrschbarkeit aller weiteren Räume. Selbst schon Zwischen- oder Grenzraum, garantiert er die reziproke Abbildbarkeit geordneter Räume aufeinander. [Abb. 2]

3. *La ruelle*: Zwischenräume

Dieses räumliche Postulat vollständiger Transparentwerdung des Verborgenen und vollständiger Ordnung des Mannigfaltigen schließt den privaten Raum letztlich aus – es kann keinen Raum hinter den Spiegeln geben. Allenfalls zwischen Bett, Bettvorhang und Wand entstehen intimere Zwischenräume. Doch selbst der zwischen Bett und Wand gelegene intime Gang der *ruelle* bleibt immer Ort der Selbst- und Fremdbeobachtung: Zwar findet hier die preziöse Verständigung auf eine Sprache der Intimität statt – die *Carte de Tendre* wird hier entworfen, und hier übt man sich im dialogischen Liebesgesang der *airs de cour* – dennoch verschreibt sich auch die *ruelle* gerade deswegen auf kleinerem Raum dem beobachtenden Beherrschen der Leidenschaften. Auch die in ihr entwickelten Kommunikationsformen lehren die Kunst, die Balance zu halten zwischen individueller Bindung und höfischer Unverbindlichkeit, zwischen exklusiver *passion* und inkludierender *politesse*, zwischen Sein und Schein. Der *honnête homme* ist ständig beschäftigt mit diesem situativen Abwägen zwischen eigenem *amour-propre* und *amour-propre* der Anderen und bezieht sich dabei auf eine stets implizierte Beobachtungssituation. Ein Raum ohne Beobachtung ist dabei ebenso wenig denkbar wie die Vorstellung einer nicht auf Beobachtung zielenden und daher selbstgenügsamen, makellosen Tugend (Starobinski 1966).

Die Unmöglichkeit eines unbeobachteten Raumes intimer Kommunikation drückt sich nicht zuletzt aus in der Symmetrie der Beobachtungsräume und -situationen: Auch im intimen Raum muss der Beobachter stets damit rechnen, selbst zum Beobachteten zu werden, im Akt der Beobachtung den eigenen *intérêt* zu verraten und auf diese Weise vom Jäger zum Gejagten zu mutieren. Als Beispiel mag hier ein Modell intimer Räumlichkeit aus Madame de La Fayettes *Princesse de Clèves* dienen, jenem Roman, der sich weniger als eine „mise en action" denn als eine ‚mise en espace' des moralistischen Diskurses lesen lässt (Diderot 1996 [1762], 155; → 7. Raum und Erzählung). Madame de La Fayette konstruiert ebenfalls Grenz- und Zwischenräume, um die Frage nach Beobachtung und Kontrolle der Leidenschaften zu verbildlichen. In der folgenden Szene haben sich die Reine dauphine und die Princesse auf deren Bett zurückgezogen und führen ein intimes Gespräch. Der von der Princesse heimlich geliebte Nemours, der eigentlich gekommen ist, um sie in unverfänglicher Umgebung zu sehen, wähnt sich selbst unbeobachtet, als er die Gelegenheit wahrnimmt, eine frisch angefertigte Portraitminiatur der Princesse zu entwenden: „Mme la dauphine était assise sur le lit, et parlait bas à Mme de Clèves, qui était debout devant elle. Mme de Clèves aperçut, par un des rideaux qui n'était qu'à demi fermé, M. de Nemours, le dos contre la table, qui était au pied du lit, et elle vit que, sans tourner la tête, il prenait adroitement quelque chose sur cette table. Elle n'eut pas de peine à deviner que c'était son portrait, et elle en fut si troublée, que Mme la dauphine remarqua qu'elle ne l'écoutait pas, et lui demanda tout haut ce qu'elle regardait. M. de Nemours se tourna à ces paroles ; il rencontra les yeux de Mme de Clèves, qui étaient encore attachés sur lui, et il pensa qu'il n'était pas impossible qu'elle eût vu ce qu'il venait de faire." [Die Dauphine saß auf dem Bett und sprach leise mit Madame de Clèves. Durch einen der Vorhänge, der nur halb zugezogen war, bemerkte die Prinzessin, daß Monsieur de Nemours, der mit dem Rücken gegen den Tisch am Bettende stand, ohne den Kopf zu wenden, geschickt etwas von dort fortnahm. Sie erriet leicht, daß es ihr Porträt war, und wurde so verwirrt, daß der Dauphine ihre Zerstreutheit auffiel und sie sie laut fragte, wohin sie sehe. Bei diesen Worten wandte Monsieur de Nemours sich um; dabei begegnete er dem Blick von Madame de Clèves, der noch auf ihn gerichtet war, und er dachte, sie könnte vielleicht bemerkt haben, was er eben getan hatte] (La Fayette 1972 [1678], 202; 1983, 84–85)

Die Position der Princesse auf dem halb geöffneten Bett und die Verteilung der übrigen Personen im Raum schaffen eine komplexe Beobachtungssituation, einen mehrfachen Blickaustausch, durch den die Princesse und Nemours sowohl einander als auch der anwesenden Dauphine Zeichen ihrer verborgenen Leidenschaft verraten. Die *ruelle* stellt sich damit als intimer Raum privater Konversation ebenso dar wie als Rückzugsort für eine unschickliche ‚passion violente'. Andererseits bleibt solche auch hier nicht unentdeckt, sondern gerade die vermeintlich unbeobachtete, intime Situation verführt zu verräterischer Zeichenproduktion. Den letztlich unerreichbaren Fluchtpunkt dieser Szene sich einander ausliefernder Blicke bildet die vom Besitz des Portraits verheißene, für den Betrachter risikofreie, weil vollkommen asymmetrische Beobachtungssituation – um den Preis der körperlichen Abwesenheit des Partners.

Symmetrische Spiegelungen und Reziprozität der Beobachtung beherrschen damit auch die Kommunikation im intimeren, semi-öffentlichen Raum der *ruelle* und schließen einen Rückzug in die private Ein- oder Zweisamkeit aus. Die Symmetrie der Blicke garantiert letztlich die Stabilität des höfischen Systems – wer beobachtet, setzt sich stets selbst der Beobachtung aus und betritt den gesellschaftlichen Risikoraum der Anerkennungsdialektik. Gegen Ende des Romans, nach dem fatalen Geständnis der Princesse an ihren Ehemann, gelingt Nemours das Unmögliche allerdings doch noch, und er genießt unbeobachtet den Anblick der einsam ihrer Leidenschaft ergebenen Princesse. Abermals spielt sich die Szene in einem Grenzraum zwischen Intimität und Öffentlichkeit ab, in einem kleinen Pavillon, der sich auf den Garten öffnet.

Die erotisch suggestive Szene, in der Mme de Clèves einen Stab mit Schleifen in den Farben Nemours' schmückt, wurde häufig kommentiert. Nach Matzat etwa träumt die Princesse sich in ihrem zweiten *aveu* in eine ritterliche *aventure* hinein (→ 29. Artushof), die sich zur Verwirklichung ihrer *passion* ebenso wenig eignet wie die höfischen Modelle, zumal Nemours als ritterlicher Eroberer versagt (1985, 253). Mir kommt es hier vor allem auf die Position von Nemours an, der in der Bobachtungssituation einen Augenblick der Liebeserfüllung erlebt: „On ne peut exprimer ce que sentit M. de Nemours dans ce moment. Voir au milieu de la nuit, dans le plus beau lieu du monde, une personne qu'il adorait; la voir sans qu'elle sût qu'il la voyait, et la voir tout occupée de choses qui avaient du rapport à lui et à la passion qu'elle lui cachait, c'est ce qui n'a jamais été goûté ni imaginé par nul autre amant." [Man kann nicht wiedergeben, was Monsieur de Nemours in diesem Augenblick empfand. Inmitten der Nacht, an einem so herrlichen Orte, eine Frau sehen, die er anbetet; sie betrachten, ohne daß sie es weiß, und sie einzig mit Dingen beschäftigt finden, die sich auf ihn und die Leidenschaft beziehen, die sie ihm verbirgt: dies Glück hat noch kein anderer Liebender genossen noch erträumt] (La Fayette 1972 [1678], 282; 1983, 170)

Nemours hatte bei seiner Ankunft im Garten zunächst auf die Möglichkeit eines geheimen Stelldicheins im Pavillon gehofft. Die asymmetrische Beobachtungssituation – man beachte die dreimalige Wiederholung des Verbs ‚voir' in einem Satz –, die er nun stattdessen erlebt, erscheint unter moralistischen Prämissen noch als Steigerung der erhofften Zweisamkeit: In diesem von Nemours geradezu körperlich goutierten Augenblick einseitiger Beobachtung gehört die Princesse ihm ganz, ohne dass er das Geringste von sich preisgibt. Für die Princesse dagegen verwandelt sich – wie schon ihr Bett – nun auch der Gartenpavillon von einem intimen Ort des Rückzugs und der selbstvergessenen Träumerei in eine Bühne, in einen Schauraum der Leidenschaft, der sie ungeschützt den im Dunkel des Gartens verborgenen Blicken ausstellt. Der Augenblick der Erfüllung schließt echte Zweisamkeit aus und ist nur um den in moralistischem Kontext hohen Preis einer vollständigen Aufgabe des eigenen *amour-propre* zu haben, eines einseitigen Geständnisses, welches das Machtgefälle zwischen den Liebenden besiegelt.

Anders als beim Spiegelsaal von Versailles werden hier nicht Durchlässigkeit und Symmetrie der aneinander grenzenden Räume betont, sondern Asymmetrie und Opposition: Das hell erleuchtete, höfisch codierte Liebeskabinett der Princesse öffnet sich auf den dunklen, undurchschaubaren ‚bois' der Leidenschaften – in der Topik des evozierten Schäferinnen-Idylls wartet dort der Wolf: der private Raum der Leidenschaften droht verschlungen zu werden. In der Asymmetrie von Innen und Außen betont das räumliche Arrangement der Szene die Gefahren eines intimen Raumes der Leidenschaft. Der potenziellen Entgrenzung des Innenraums auf ein unberechenbares, ungezähmtes Außen muss letztlich durch das freiwillige Exil der Princesse Einhalt geboten werden.

4. Fazit

Die Beispiele des *jeu du furet*, der *Grande Galerie* und der *ruelle* der Princesse de Clèves zeigen, wie der französische Hof Zwischen- und Grenzräume als Spielräume der Leidenschaft modelliert. Deren Einfügung in eine übergreifende, symmetrische und auf reziproke Beobachtung gerichtete Raumordnung garantiert jedoch letztlich die Einhegung und Integration der Leidenschaften in den absolutistischen Machtraum. Erst die folgenden Jahrhunderte werden aus der räumlichen Schwellensituation einen Blick gewinnen, der sich aus der Ordnung des Innenraumes heraus sehnsüchtig auf die unbegrenzte Mannigfaltigkeit des Außen richtet.

Literatur

Ansmann, Liane. *Die „Maximen" von La Rochefoucauld*. München: Fink, 1972.
Bayle-Mouillard, Élisabeth-Félicie. *Manuel complet des jeux de société*. Paris: Roret, 1867.
Behrens, Rudolf, und Maria Moog-Grünewald (Hrsg.). *Moralistik: Explorationen und Perspektiven*. München: Fink, 2010.
Bredekamp, Horst. *Leibniz und die Revolution der Gartenkunst: Herrenhausen, Versailles und die Philosophie der Blätter*. Berlin: Wagenbach, 2012.
Cohen, Selma. *Dance as a theatre art: Source readings in dance history from 1581 to the present*. New York: Dodd, Mead & Co, 1974.
David, Martine, und Anne-Marie Delrieu. *Refrains d'enfance: Histoire de 60 chansons populaires*. Paris: Herscher, 1988.
Diderot, Denis. „Éloge de Richardson" [1762]. *Œuvres*. 5 Bde. IV. Paris: Robert Laffont, 1996. 155–168.
Elias, Norbert. *Die höfische Gesellschaft*. Frankfurt a. M.: Suhrkamp, 2002.

Henkel, Arthur, und Albrecht Schöne (Hrsg.). *Emblemata: Handbuch zur Sinnbildkunst des XVI. und XVII. Jahrhunderts*. Stuttgart: Metzler, 2013.
La Fayette, Madame de. *La Princesse de Clèves* [1678]. Paris: Gallimard, 1972.
La Fayette, Madame de. *Die Prinzessin von Clèves* [1678]. Übers. von Eva und Gerhard Hess. Stuttgart: Philipp Reclam jun., 1983.
La Rochefoucauld, François de. *Maximes et Réfléxions diverses* [1664]. Paris: Gallimard, 1976.
Matzat, Wolfgang. „Affektrepräsentation im klassischen Diskurs: ‚La Princesse de Clèves'". *Französische Klassik. Theorie – Literatur – Malerei*. Hrsg. von Fritz Nies und Karlheinz Stierle. München: Fink, 1985. 231–266.
Sabatier, Gérard. *Versailles ou la figure du roi*. Paris: Albin Michel, 1999.
Scudéry, Madeleine de. *Clélie, histoire romaine* [1654]. Paris: Gallimard, 2006.
Starobinski, Jean. „La Rochefoucauld et les morales substitutives". *Nouvelle revue française* 28 (1966): 16–34 und 211–229.
Vogel, Juliane, und Christopher Wild (Hrsg.). *Auftreten. Wege auf die Bühne*. Berlin: Theater der Zeit, 2014.

37. Das Kaffeehaus: Bürgerliche Öffentlichkeit

Sebastian Domsch

1. Entstehung

Das europäische Kaffeehaus ist nicht nur eine der großen ökonomischen Erfolgsgeschichten im späten 17. und frühen 18. Jahrhundert, es wurde darüber hinaus durch die Behandlung in den Texten vor allem von Sir Richard Steele und Joseph Addison sowie durch die Theorien von Jürgen Habermas zu einem symbolischen Ort für die Entstehung diskursiver Literaturformen und einer ‚bürgerlichen Öffentlichkeit'. In der Selbstwahrnehmung der Aufklärer und ihrer Nachfolger ist dieser Raum im mehrfachen Sinne zentral – als realer physischer Ort des Zusammentreffens und als konzeptueller Raum für die Entfaltung von Diskursen, sei es über Literatur, das Theater, Wissenschaft oder auch Politik.

Die ersten Kaffeehäuser wurden in Zentraleuropa um das Jahr 1650 herum eröffnet, und trotz anfänglicher Bedenken gegen die dort angebotenen fremdländischen Getränke Kaffee, Schokolade und Tee verbreiteten sie sich in den folgenden Jahrzehnten mit beachtlicher Geschwindigkeit. Bereits 1675 soll es mehr als 3.000 Kaffeehäuser allein in England gegeben haben. Um das Jahr 1700 waren sie zum festen Bestandteil im öffentlichen Leben der europäischen Metropolen geworden. Sie haben seitdem ihren festen Platz dort behaupten können, doch wohl zu keiner Zeit war ihre Bedeutung so groß wie im späten 17. und frühen 18. Jahrhundert.

2. Das Kaffeehaus als Institution

Die wesentlichen Aspekte, die das Kaffeehaus in dieser Zeit über seine bloße Popularität hinaus kultur- und literaturgeschichtlich bedeutsam machen, lassen sich alle auf mit ihnen assoziierte reale oder metaphorische Raumaspekte zurückführen (→ 2. Topographien). Das Kaffeehaus ist ein in mehrfacher Hinsicht paradoxer Raum. So wird zum einen die vertikale Schichtung sozialer Hierarchien ersetzt durch eine egalitäre horizontale Tischordnung (→ 1. Topologie). Es gibt im Kaffeehaus in der Regel keine vorgeschriebene Sitzordnung, grundsätzlich erhält jeder zahlende Gast das Recht, sich auf einen der freien Plätze zu setzen. Hierin liegt unter anderem der Anspruch als Ermöglichungsraum eines demokratischen

Miteinander begründet (→ 3. Dynamisierungen). Um wirklich diskursfördernd wirksam zu sein, reicht die Eigenschaft der räumlichen Zusammenziehung allerdings nicht aus. Doch die Konzentration auf einen fixierten Treffpunkt wird zum anderen komplementiert durch den mehrfachen Bezug zu potentiell weit entfernten Orten. Dies ist bereits von Anfang an durch die Konsumartikel gegeben, auf denen das Kaffeehaus basiert: Kaffee und häufig auch Tee oder Schokolade. Die frühesten Oppositionen richteten sich daher auch gegen den Import des Fremden, den das Produkt aus Arabien darstellte (Klein 1996, 32). Zudem werden überall in Europa die ersten Kaffeehäuser von Immigranten eröffnet, darunter Griechen, Armenier, Türken, Libanesen, Ägypter und Syrer, die ihrer Tätigkeit oft in Nationaltracht nachgingen (Heise 2005, 167 und 170; → 14. Semiosphäre und Sujet). Das Kaffeehaus mit den darin konsumierten Produkten ist nicht zuletzt ein Produkt des sich globalisierenden Handels, was schon Alexander Pope und Jonathan Swift in ihren Gedichten kommentierten (→ 10. Geopolitik und Globalisierung).

Die Eröffnung der Kaffeehäuser fällt auch mit einer weiteren Innovation zusammen, die das europäische Verständnis von Raum veränderte: der Einführung eines privaten Postwesens, mit dem sich Informationen in bis dahin ungeahnter Geschwindigkeit über ganz Europa verteilen konnten – mit den Kaffeehäusern als den wichtigsten Knotenpunkten. Dies ist die maßgebliche logistische Voraussetzung für die regelmäßige Verbreitung von öffentlichen Nachrichten und damit die Existenz von Zeitungen. Wenn sich Addison und Pope im *Spectator* no. 452 über die Nachrichtenversessenheit Londons lustig machen, weisen sie darauf hin, wie sehr die Befriedigung dieses Hungers von den räumlichen Bedingungen der Fortbewegung abhängen: „A Westerly Wind keeps the whole Town in Suspence, and puts a stop to Conversation" (→ 34. London). Damit es Stoff für Unterhaltungen gab, mussten große Räume überwunden werden, aber eben nur noch stellvertretend.

3. Bürgerliche *vs.* repräsentative Öffentlichkeit

Die Idee des Kaffeehauses als diskursiv-literarischer Raum des frühen 18. Jahrhunderts wurde maßgeblich durch Jürgen Habermas und seine Habilitationsschrift *Strukturwandel der Öffentlichkeit* (1962) etabliert. Darin zeichnet Habermas die Entstehung einer auf Gleichberechtigung und rationaler Diskussion basierenden Öffentlichkeit aus den literarischen und kritischen Debatten der britischen Salons, Clubs und Kaffeehäuser nach. Wesentliche Einflussfaktoren sind nach Habermas die Gewährung von Bürgerrechten vor allem durch die Glorious

Revolution von 1688 sowie die relative Pressefreiheit nach 1695, aber eben auch der reale Raum des Kaffeehauses als Forum für Debatten, sowie dessen Mythisierung durch die unglaublich einflussreichen Essays von Steele und Addison.

Anhand der Kaffeehäuser zeigt Habermas die Erosion der ‚repräsentativen Öffentlichkeit' (dessen idealer Raum der monarchische Hof ist), die durch eine diskursorientierte bürgerliche Öffentlichkeit ersetzt wird, eine Entgegensetzung, die auch unterschiedliche Raumkonzepte impliziert. Repräsentation setzt neben der Hierarchisierung auch eine Zweiteilung des Raumes voraus, eine räumliche Unterscheidung von Darsteller und Beobachter. Das Theater mit seiner räumlichen Trennung von Bühne und Zuschauerraum versinnbildlicht dies ebenso wie der Gottesdienst oder das höfische Zeremoniell (→ 8. Raum und Theatralität). Das Kaffeehaus stellt dagegen idealtypischerweise einen Ort dar, an dem es eine solche Differenzierung nicht mehr gibt, an dem die Funktionen von Präsentation und Rezeption – jetzt in der Form von Reden und Zuhören – nicht mehr an eine bestimmte Verortung im Raum gebunden, sondern ohne feste Ordnung sind (→ 35. Die Straße). So wie sich jeder dort hinsetzen kann, wo er will, kann er auch von jedem Ort aus das Wort ergreifen und somit zum Akteur werden.

In der vielfach rezipierten Übersetzung von Habermas' Buch ins Englische wurde der Begriff der Öffentlichkeit interessanterweise ebenfalls verräumlicht, indem von der ‚public sphere' gesprochen wird. Hier wird Habermas' Konzept als eine Art Meta-Metapher für das erkennbar, was Addison bereits selbst in der Metapher des Kaffeehauses zu beschreiben versucht. Habermas' Theorie hat sich als äußerst einflussreich erwiesen, wurde dabei aber auch von verschiedenen Seiten infrage gestellt oder zumindest modifiziert und relativiert: Eingehendere Forschungen zur englischen Kultur im späten 17. und frühen 18. Jahrhundert haben gezeigt, dass einige der von Habermas beschriebenen Neuerungen bereits früher als von ihm behauptet auftauchen oder dass auch die Frühphase der Kaffeehauskultur nicht exklusiv auf London beschränkt war (Pincus 1995). Die noch weiter gehende Kritik – zum Beispiel von Brian Cowan – zweifelt gar Habermas' zentrale These zur demokratischen Gesinnung der Autoren des *Spectator* an und sieht ihr Projekt vielmehr darin, die kulturelle Dominanz der Whig-Oligarchie zu sichern (2005, 256). Andere Autoren haben die Frage aufgeworfen, inwieweit das Habermas'sche Konzept der Öffentlichkeit zu einseitig von maskulin dominierten Voraussetzungen ausgeht (Fleming 1997; Meehan 1995).

4. Schriftliche Ergänzung: *Tatler*, *Spectator*, *Guardian*

Die notwendigen Differenzierungen und Korrekturen, die durch nachfolgende Forscher vor allem an der zeitlichen Struktur des Habermas'schen Narrativs vorgenommen wurden (Pincus 1995, 811–817) ändern jedoch nur wenig an der paradigmatischen Bedeutung, die den *moral weeklies* oder moralischen Wochenschriften von Addison und Steele in der Selbst- und Fremdkonstitution des Kaffeehauses als realer, sozialer, metaphorischer und literarischer Ort zukommt. Der von Steele begründete *Tatler* (1709–1711) und der von Steele und Addison gemeinsam auf den Weg gebrachte *Spectator* (1711–1712) sind noch immer die Texte, in denen die ideale Form des aufgeklärten Gesprächs gleichzeitig idealtypisch ausgeübt und gefeiert wird (→ 5. Schrifträume), was eben maßgeblich durch den Rückbezug auf das Kaffeehaus funktioniert. Auch wenn, wie Cowan und andere gezeigt haben, partikulare Parteiinteressen als reale Beweggründe für die Autoren hinter der Rhetorik erkennbar geworden sind, die der Idee einer bürgerlichen Öffentlichkeit den Weg bereitet, so lässt sich dadurch doch nicht die Wirkmächtigkeit dieser Rhetorik verneinen. Schon Habermas selbst hat ja auf den ideologischen Gehalt der Idee der Öffentlichkeit hingewiesen, beziehungsweise auf die Kluft zwischen Idee und Ideologie (Habermas 1990, 161–224), und bereits in Steeles ironischer Mythologisierung des Kaffeehauses im *Spectator* no. 49 hat sich eine sehr klar hierarchisierte Diskussionskultur mit Hof haltenden Meinungsführern herausgebildet.

Die im *Tatler* und *Spectator* veröffentlichten Essays gehören im 18. Jahrhundert zu den neben der Bibel am häufigsten gelesenen Texten, und ihre Wirkung ist entsprechend. Ihr moralisch-didaktisches Projekt, den englischen Bürgern zu mehr Kultiviertheit, Geschmack und selbstständigem Denken zu verhelfen, wurde von den Lesern begeistert aufgenommen. Beiden Zeitschriften gemein ist eine sehr einfache Grundstruktur, die pro Ausgabe nur einen einzigen Essay von etwa 2.500 Wörtern vorsieht, zusammen mit einer Reihe von Anzeigen. Die Themen der Essays können prinzipiell jeden Aspekt des bürgerlichen Lebens umfassen und grenzen sich eigentlich nur in die eine Richtung durch ihre kritische Reflektiertheit von bloßen Nachrichten ab, und in die andere Richtung von systematischeren Abhandlungen durch ihre relative Kürze. Meist wird ein Thema innerhalb eines einzigen Essays abgeschlossen, nur selten werden mehrere zu einer größeren Einheit zusammengefasst, wie etwa im Fall von Addisons ästhetischer Abhandlung über die „Pleasures of the Imagination" (nos. 409–421).

Eine der wesentlichen und einflussreichen Neuerungen beider Zeitschriften bestand in der Fiktionalisierung der jeweiligen Sprecher (→ 7. Raum und Erzählung). So nahm Steele, der hauptsächliche Autor der *Tatler*-Essays, den *nom de plume* Isaac Bickerstaff an und schuf damit die erste konsistente journalistische *persona*. Die erste Ausgabe des *Spectator* führte dann die Figur des Mr. Spectator ein, der als Erzähler fungierte und der später weitere Figuren vorstellte. Diese narrative Struktur der Zeitschriften ist aber nicht nur Teil ihres Publikumserfolges und ihrer Innovationskraft, sondern ermöglicht es auch, das Geschriebene in einem konkreten, wenn auch gedachten, Raum zu verorten. Dieser Raum nimmt die Gestalt des Kaffeehauses an. Bereits in der programmatischen ersten Ausgabe des *Tatler* nutzt Steele die Namen etablierter Londoner Kaffeehäuser, um ganz im Sinne der Lesefreundlichkeit sein zukünftiges Material inhaltlich zu sortieren. So sollen galante und unterhaltsame Themen unter der Rubrik „White's Chocolatehouse" veröffentlicht werden, Poesie unter „Will's Coffee-house", und Nachrichten unter „St. James's Coffee-house". Gleichzeitig begründet ‚Bickerstaff' den Umstand, dass seine Zeitschrift nach den ersten Gratisnummern jeweils einen Penny kosten wird, mit seinen eigenen Unkosten, die ihm durch den regelmäßigen Besuch der Kaffeehäuser entstehen, und macht damit deutlich, dass diese Besuche eine notwendige Voraussetzung sind, um an das Material für die Essays zu gelangen.

Die Autoren verdeutlichen immer wieder, dass es sich bei der Verortung ihrer Essayzeitschriften im Kaffeehaus um eine ideale und auf Gegenseitigkeit beruhende Wahl handelt. Das reale und allen Lesern aus eigener Erfahrung vertraute Kaffeehaus bietet einerseits den passenden Ort, um die Sprecher in ihrer fiktionalen Individualität verortbar zu machen. Mr. Spectator wandelt daher ständig von einem Kaffeehaus ins nächste, lauscht Gesprächen und präsentiert diese wiederum seinen Lesern als repräsentativ für den aktuellen bürgerlichen Diskurs. Andererseits bietet der *Spectator* das Kaffeehaus auch immer wieder als symbolischen Ort an, der die oben erwähnten Charakteristika verkörpert, oder besser: ihnen einen Raum gibt. Dafür verwendet er wiederum eine Reihe von ebenfalls räumlichen Metaphern, wie „schools of democracy" oder „penny university", die im Verlauf des 18. Jahrhunderts von zahllosen anderen Autoren wiederholt werden (Dean 2007, 21).

Die Narrativierung des Kaffeehauses durch den *Tatler*, *Spectator* und andere Texte macht neben der Räumlichkeit auch deren zeitliche Komponente deutlich, wobei beide Aspekte in einem engen Verhältnis stehen (→ 13. Chronotopoi). In der Tatsache, dass im Kaffeehaus der Akt der Konversation stärker an einen konkreten und kontinuierlichen Ort als an konkrete und kontinuierliche Sprecher gebunden wird (im Gegensatz etwa zum Prinzip des Peripatos), liegt für die zeitgenössischen Kommentatoren sowohl das Potential als auch die Gefahr dieses neuen Modus: Der Ort als dominantes Organisationsprinzip betont die Möglichkeit der (zumindest passiven) Teilhabe; da der Ort und damit der Diskurs immer da ist, kann grundsätzlich jeder hingehen und wenigstens zuhören (so wie Mr. Spectator, der gleich in der ersten Ausgabe seine passive Beobachterrolle betont).

Diese Permanenz und das sich daraus ergebende Versprechen der Teilhabe sind schließlich für Kommentatoren von Addison bis Habermas notwendige Voraussetzung für die Entstehung einer übergreifenden Öffentlichkeit. Bevor jedoch diese Konzeptualisierung durch Addison populär und wirkmächtig wurde, sahen Kritiker in den gleichen Attributen die Gefahr der Diskontinuität, der unstrukturierten Beliebigkeit. Wenn nur Zufälligkeit die Zusammensetzung der Diskutanten und die Themen sowie Anfang und Ende der Teilhabe am Gespräch leiten, dann kann das Ergebnis auch kein geordneter Diskurs sein, sondern lediglich ein „hodge-podge", wie ein anonymer Satiriker 1673 schrieb. Frühe Kritiker präsentierten Kaffeehauskommunikation daher regelmäßig als chaotisch, turbulent, und voller Nichtigkeiten (Schmid 2008, 66). Es gehört zu diesem negativen Klima, dass König Charles 1675 vergeblich versucht, die Kaffeehäuser als Orte des Aufruhrs zu brandmarken und schließen zu lassen. Zur Zeit des *Tatler* und *Spectator* Anfang des 18. Jahrhunderts werden dann bereits vor allem die mittlerweile etablierten Strukturen sowie die von rationalem Denken geleitete Höflichkeit im Umgang hervorgehoben. So beschreibt Steele im *Spectator* no. 49, wie sich die jeweiligen Wortführer nach einem festen Zeitschema ablösen. Längst ist die dominante zeitliche Assoziation nicht mehr Spontaneität und ungeplant ausgedehnter Müßiggang, sondern die exakte Taktung des Chronometers, der zur Standardausstattung der Kaffeehäuser gehört und ihre Nähe zu Wirtschaftsformen wie dem Terminhandel und den Börsengeschäften betont.

5. Fazit

Die Kaffeehäuser sind also ein mehrfacher Verknüpfungspunkt: sie sind der reale Ort, an dem Menschen aus allen Teilen der Stadt zusammenkommen, um sich vermittels Konversation oder Lektüre zu informieren (→ 2. Topographien); über die Bereitstellung von Informationen aber verknüpfen sie diesen Ort auch mit allen Orten, von denen die Nachrichten stammen, Orte, die sich in großer horizontaler (ferne Länder) oder vertikaler (,höhere' soziale Schichten) Distanz befinden können (→ 3. Dynamisierungen). Sie übernehmen diese Funktion von anderen Räumen wie dem Marktplatz, dem Gottesdienst, der Poststation und dem Gasthaus, übertreffen all diese aber, nicht zuletzt indem sie durch die ausliegenden Zeitungen die ideale Kombination aus mündlicher und schriftlicher Kommunikation verkörpern (→ 9. Räume des Wissens). Während die mündliche Kommunikation für die simultane räumliche Präsenz der Teilnehmer steht, ermöglicht die schriftliche Kommunikation (zunächst: die Lektüre von Zeitungen) die Anwesenheit des räumlich Entfernten. Die Funktionalisierung des Kaffeehauses als fiktionaler Raum der Wochenzeitschriften perfektioniert schließlich das Verhältnis von ‚schriftlich' und ‚mündlich' und macht es rekursiv: Die Gespräche an den Tischen, die ihr Material aus den Zeitschriften beziehen, werden von Mr. Spectator belauscht und dann in Form einer neuen Ausgabe verschriftlicht, die wiederum gelesen und diskutiert werden kann.

Diese Rekursivität ist wahrscheinlich am besten versinnbildlicht durch den Leserbriefkasten in Form eines Löwenkopfes, der ab Juli 1713 an Button's Coffee House angebracht war. Button's selbst wurde auf Anregung von Addison 1712 oder 1713 durch Daniel Button eröffnet, der zuvor ein Bediensteter von Addisons Ehefrau gewesen war. Im März 1712 begann Steele mit der Veröffentlichung der Zeitschrift *The Guardian*, an der sich unter anderem Addison, Thomas Tickell, Alexander Pope und Ambrose Philips beteiligten, und in der Button's Coffee House regelmäßige Erwähnung findet. In der Ausgabe no. 114 des *Guardian* kündigte Steele die Errichtung des Leserbriefkastens an, durch den jeder Leser (gleichzeitig identifiziert als Gast des Kaffeehauses) aufgefordert war, die Interaktion auch auf den schriftlichen Bereich auszudehnen.

Die Schriftform des gesprächigen Essays simuliert einerseits die Präsenz der Sprechenden, macht den mittelbaren Beobachter (der als Leser ja die direkten Beobachtungen des Autors rezipiert) aber dabei unabhängig vom Diktat der Zeit, sowohl von der richtigen Uhrzeit als auch, in den folgenden Jahrzehnten, des historischen Moments. Diese Unmittelbarkeit in Permanenz ist es nicht zuletzt, die den *Tatler* und *Spectator*, in der Form als gebundene Sammlung, zu einem der dauerhaftesten Erfolgsbücher des gesamten 18. Jahrhunderts macht (Bond 1957, 19). Während die Essays in ihren Einzelausgaben als Teil des sich selbst perpetuierenden Wechselspiels von Mündlichkeit und Schriftlichkeit als eine Art Diskursbeschleuniger am neuralgischen Ort des Kaffeehauses selbst fungierten, tragen sie in der Buchform die Präsenz dieses Ortes und der in ihm versammelten Sprecher in die sich konsolidierende Privatsphäre der bürgerlichen Mittelschicht.

Literatur

Anon. *The Character of a Coffee-House, with the Symptomes of a Town-Wit*. London: Printed for Jonathan Edwin, 1673.

Bond, Richmond P. *Studies in the Early English Periodical*. Chapel Hill, NC: University of North Carolina Press, 1957.

Cowan, Brian. *The Social Life of Coffee: The Emergence of the British Coffeehouse*. New Haven, CO: Yale University Press, 2005.

Dean, Ann C. *The Talk of the Town: Figurative Publics in Eighteenth-Century Britain*. Lewisburg, PA: Bucknell University Press 2007.

Ellis, Aytoun. *The Penny Universities: A History of the Coffee-Houses*. London: Secker and Warburg, 1956.
Ellis, Markman. *The Coffee House: A Cultural History*. London: Weidenfeld & Nicholson, 2004.
Fleming, Marie. *Emancipation and Illusion: Rationality and Gender in Habermas' Theory of Modernity*. University Park: Pennsylvania State University Press, 1997.
Habermas, Jürgen. *Strukturwandel der Öffentlichkeit*. Frankfurt a. M.: Suhrkamp, 1990 [1962].
Heise, Ulla. *Kaffee und Kaffeehaus: Eine Bohne macht Kulturgeschichte*. Köln: Komet, 2005.
Klein, Lawrence E. „Coffeehouse Civility, 1660–1714: An Aspect of Post-Courtly Culture in England". *Huntington Library Quarterly* 59.1 (1996): 30–51.
Lillywhite, Bryant. *London Coffee Houses: A Reference Book of Coffee Houses of the Seventeenth, Eighteenth and Nineteenth Centuries*. London: Allen and Unwin, 1963.
Meehan, Johanna (Hrsg.). *Feminists Read Habermas: Gendering the Subject of Discourse*. New York: Routledge, 1995.
Norbrook, David. „Women, the Republic of Letters, and the Public Sphere in the Mid-Seventeenth Century". *Criticism* 46.2 (2004): 223–240.
Pincus, Steve. „‚Coffee Politicians Does Create': Coffeehouses and Restoration Political Culture". *The Journal of Modern History* 67.4 (1995): 807–834.
Ross, Angus (Hrsg.). *Selections from The Tatler and The Spectator*. London: Penguin, 1988.
Schmid, Susanne. „‚Hodge-Podge' of Unreason or the ‚Citizen's Academy'? The London Coffee-House, 1652–1800". *Das achtzehnte Jahrhundert* 32.1 (2008): 62–73.
Thiele-Dohrmann, Klaus. *Europäische Kaffeehauskultur*. Düsseldorf und Zürich: Artemis & Winkler, 1997.

38. Nissopoiesis: Wie Robinsone ihre Inseln erzählen

Daniel Graziadei

1. Die bekannte Insel

Das kleine Stück Land, das laut UN-Seerecht von allen Seiten vom Meer umgeben zu sein und auch bei höchster Flut über der Wasseroberfläche zu verbleiben hat, wird in Daniel Defoes *Robinson Crusoe* – trotz seiner mehrfach zentralen Rolle – nicht sofort positioniert und beschrieben (→ 40. Meer/Luft/Wüste). Zwar scheint die Insel als Ort des Überlebens einsamer Schiffbrüchiger intertextuell mehrfach präfiguriert (z. B. Ullrich 1924, 46–80; → 31. Die ‚Neue Welt'), aber die Erkundung, Benennung und Nutzung der Bodenbeschaffenheiten, der Flora und Fauna, der klimatischen und mikroklimatischen Eigenheiten, der Strömungen sowie der Distanz zu Nachbarinseln und Kontinenten bilden eine wichtige spannungserzeugende und Fortschritt evozierende narrative Strategie innerhalb der längsten Episode des Lebensitinerars (→ 7. Raum und Erzählung). Dabei werden verschiedene Dimensionen des insularen Raums sukzessive erschrieben und den Veränderungen der Beziehung Mensch – Insel entsprechend relativiert.

Da die verschiedenen Erzählperspektiven in Defoes Roman – die utilitaristisch und religiös interpretierende Autofiktion, direkt und indirekt wiedergegebene Reden (von Crusoe, Friday, Engländern und Spaniern) sowie die Einträge im Tagebuch – zumeist auf menschliche Aktion fokussieren und die Beschaffenheit der Insel immer in Bezug auf ihre Nutzung aus anthropozentrischer Sicht darstellen, ist es naheliegend, der Frage nach der literarischen Inselerschaffung anhand ihrer Vereinnahmung – der kultivierenden und kolonisierenden Veränderung des insularen Zeichen- und Ökosystems – durch den Protagonisten und durch andere Figuren nachzugehen (→ 6. Literarischer Raum). Die Sogkraft dieses spannungserzeugenden narrativen Kunstgriffs, dem Resultat aus der Kreuzung von Abenteuergeschichte und spiritueller Biographie vor dem Hintergrund der Tradition des exotistischen Reiseberichts (Blaim 1987, 43–56), gilt es mit Blick auf die Raumkonstitution der literarischen Insel zu problematisieren. Anhand einer Wiedergabe der expliziten Inselbezeichnungen und einer Analyse der Überlebens- und Kultivierungstechniken ist die Insel als Kreuzungspunkt von Bewegungen (Ette 2005, 148) zwischen „civilization and savagery" (Hulme 1992, 187) nämlich keineswegs beschrieben: „The island, as a narrative scene, should not be analyzed as a passive container of the action of a story, but as an element that actively shapes what happens and how we think." (Vandermeersche und Soetaert 2012, 5; → 13. Chronotopoi)

In der Folge wird daher zuerst das aktive Element Inselkonstruktion *qua* Erzählung näher untersucht (→ 14. Semiosphäre und Sujet). Die Aufmerksamkeit für die Produktion (*poiesis*) von Inseln (*nissos*) führt weit über Inselerkundungen im physischen Raum der Figurenebene hinaus: die ‚Nissopoiesis' der zwei Crusoes – der Erzählinstanzen von *Robinson Crusoe* (23. April 1719) und der *Farther Adventures* (20. August 1719) – beschränkt sich schließlich nicht auf die Semantik der fiktiven Welt, sondern greift auf alle Register und Ebenen literarischer Vermittlung zurück (→ 5. Schrifträume). Zugleich ist die Erschaffung einer literarischen Insel der extremen Intertextualität ihrer Topoi unterworfen, die sie – nicht nur in der Robinsonade – einem seriellen Prinzip unterwirft. Daher erscheint es umso wichtiger, auch Dekonstruktionen der imperialen Inselerschreibung in die Überlegung miteinzubeziehen, welche die ‚literarischen und visuellen Repräsentationen der tropischen Insel als Paradies und konsumierbare Ikone' (Sheller 2003, 37) sowie die Fortsetzung der kolonialen Blickpolitik in neoimperial-touristischer Form destruieren und alternative Modelle konstruieren. Dies wird am Ende des Beitrags mithilfe der Destruktion überkommener und der Entfaltung alternativer Qualitäten der Raumkonstitution einer ‚Insel des Crusoe' in zwei zeitgenössischen postmodern-postkolonialen Robinsonaden – *Foe* von J. M. Coetzee (1986) und *L'empreinte à Crusoé* von Patrick Chamoiseau (2012) – dargestellt.

2. Schiff/Bruch: von der Unterbrechung einer Bewegung

„[O]ne of our Men early in the Morning, cry'd out, *Land*; and we had no sooner run out of the Cabbin to look out in hopes of seeing where abouts in the World we were; but the Ship struck upon a Sand, and in a moment her Motion being so stopp'd, the Sea broke over her" (Defoe 2008 [1719], 88). Die erste Sichtung von festem Boden im Zuge der ursprünglich ostwärts gerichteten transatlantischen Bewegung eines Sklavenschiffs in Seenot löst anstelle einer erhofften Neuorientierung die unmittelbare Vernichtung des Fortbewegungsmittels aus (→ 32. Atlantik/Pazifik). In der Annäherung verliert eine unbekannte Küste in harter Brandung ihr Heilsversprechen, wird undeutlich und negativ sichtbar: „What the Shore was, whether Rock or Sand, whether Steep or Shoal, we knew not; [...] but as we made nearer and nearer the Shore, the Land look'd more frightful than the Sea" (89). „*Den wild Zee*" (88; Herv. i. O.) und das furchterregende Land sowie die verschärfte und erweiterte Übergangszone der beiden konstitutiven Elemente einer

Insel aus Bootsperspektive stellen den spannenden Auftakt der Nissopoiesis des *Island of Despair* dar. Am vorläufigen Ende der maritimen Bewegung angelangt, nachdem sich der gute Schwimmer Crusoe nur mit Glück, Observation und List retten kann, entsteht die erste minimale Präzisierung, welche das Augenmerk auf die terrestrische Nutzung des Inselraums im Rahmen einer Überlebensstrategie legt: „I clamber'd up the Clifts of the Shore, and sat me down upon the Grass, free from Danger, and quite out of the Reach of the Water" (90). Hiermit ist die Phase des Schiff/Bruchs jedoch nicht beendet. Zum einen bewegt sich Crusoe anfangs nur im Küstenbereich. Zum anderen erzeugt seine erste Orientierung und visuelle Vereinnahmung aus Feldherrenperspektive vom höchsten Hügel der Umgebung die Gewissheit, dass es sich beim zentralen Handlungsort des ersten Teils um eine kleine tropische Insel handelt – und damit um eine marin geprägte Differenz, welche zwar Empathie und Kontrolle zulässt (Beer 1989, 23), aber keine unmittelbare Fortsetzung der Reisebewegung: „I travell'd for Discovery up to the Top of that Hill, where [...] I saw my Fate to my great Affliction, (*viz.*) that I was in an Island environ'd every Way with the Sea, no Land to be seen, except some Rocks which lay a great Way off, and two, small Islands less than this" (Defoe 2008 [1719], 96). Darüber hinaus wird die vermeintlich einsame Insel des Crusoe als Hauptinsel in einem Archipel mit zwei kleineren Nebeninseln und vorgelagerten Klippen beschrieben. An Tagen mit besonders klarer Sicht kann zudem „to the W. and N. W. [...] the great Island *Trinidad*" (216; Herv. i. O.) ausgemacht werden. Trotz dieser augenscheinlichen Möglichkeit des *island hopping* (Depraetere und Dahl 2007, 84–94) wohnt dem Meer ein gewisser Isolationsfaktor inne. Dabei wird die Entfernung zur nächsten größeren strukturellen und sozialräumlichen Differenz durch starke Gezeiten und Strömungen verstärkt, die in changierenden Entfernungen und Richtungen zu beiden Seiten der Insel auftreten. Ihr Ursprung macht deutlich, dass die Insel nicht allein ein tropisch-maritim geprägter Teil des karibischen Archipels ist, sondern auch unter kontinental-fluvialem Einfluss steht: „I afterwards understood, it was accasion'd by the great Draft and Reflux of the mighty River *Oroonooko*; in the Mouth, or the Gulph of which River [...] our Island lay" (216; Herv. i. O.). Das kleine Archipel ist damit Teil der erweiterten Karibik (Hulme 2009, 38–45) und kein enthobener Nicht-Ort (→ 16. Nicht-Orte).

Entgeht Crusoe mit seinem Transportfloß zweimal knapp weiteren Schiffbrüchen (Defoe 2008 [1719], 95) und kentert am 20. Oktober glimpflich (109), so verweisen diese Wiederholungen in Kombination mit seinem allerersten Schiffbruch in den Yarmouth Roads von Großbritannien (63–66) auf die paradigmatische Serialität des Schiffbruchs und der Inseln im abenteuerlichen Reisebericht. In der Überführung der nautischen Kontingenz in supplementäre Providenz (Dünne 2011, 197–201) wird der Insel und dem Überleben höhere Bedeutung zugeschrieben (→ 2. Topographien); ihre Vereinnahmung wird zur Bekehrung.

3. Vereinnahmung, Einzäunung, Kultivierung: Bekehrung

Die vorsichtige Hinwendung zur Insel beginnt mit der Suche nach einem Siedlungsplatz, der vier Voraussetzungen zu erfüllen hat: „1st. Health, and fresh Water [...], 2dly. Shelter from the Heat of the Sun, 3dly. Security from ravenous Creatures, whether Men or Beasts, 4thly. a View to the Sea, that if God sent any Ship in Sight, I might not lose any Advantage for my Deliverance" (Defoe 2008 [1719], 100). Hierzu inspiziert Crusoe keineswegs die gesamte Insel. Vielmehr beendet er seine Suche nach der Auffindung eines adäquaten Ortes in Form eines geschützten Plateaus auf der Schattenseite eines Hügels und beginnt sofort mit Vermessungen, die in einer dauerhaften Einzäunung von zweiundzwanzig Metern Länge und dreieinhalb Monaten Arbeit kulminieren (100–113; → 20. Literaturgeographie und Literaturkartographie).

Nach der Ausgrabung, Überdachung und Umzäunung eines Rückzugsortes sowie der Sicherung der Schiffsladung wird die raumschaffende Tätigkeit durch Erkundungen, Bearbeitungen, Benennungen und Verschriftlichungen ausgeweitet. Die diskursive Grundlage für die Vereinnahmung eines unbekannten, von Menschen unbewohnten und unverteidigten insularen Raumes scheint in diesem Fall mit einer Bevorzugung der territorialen Sesshaftigkeit, des privaten Eigentums sowie der landwirtschaftlichen Bodenmelioration und einer aggressiven Ablehnung von Wildnis, öffentlichem Raum und Nomadismus im Sinne eines ‚*green imperialism*' (Grove 1995) zusammenzuhängen. Aus agrarwirtschaftlicher und kolonialistisch-zivilisatorischer Perspektive konvertiert Crusoe dabei noch vor der Erhöhung der menschlichen Population einen Teil der (vermeintlichen) Inselwildnis und entwickelt neben dem Hauptsitz noch ein Landhaus, ein Höhlenversteck, mehrere Ziegengehege, Getreidefelder und Obstanlagen. „[C]onversion involves the reorganisation of space by subdividing it according to proportions and rational divisions, which implies an improvement of rather than a return to nature. Crusoe achieves this by means of appropriation and containment or enclosure of the island space" (Smit-Marais 2011, 107). Hierbei treten räumliche Praktiken der Eingrenzung in Erscheinung, die Teil einer totalitären Kolonisierungs-, Kultivierungs-, Zivilisierungs- und Bekehrungsstrategie sind und einen „monologic, homophonic type of structural organization" (Blaim 1987, 52) zur Folge haben. Eine Ideologie, die laut Susan Smit-Marais die Transformation des Selbst und der ungezähmten Wildnis in ein kultiviertes, fixiertes und eingegrenztes Paradies propagiert: „Crusoe's conversion of an unknown, marginal and ambiguous geographical locale into a prototypical British colony establishes a monologic world order on the island that defines identity as fixed and the island space as contained" (2011, 103). Trotzdem bleibt die imperiale Phantasie, Praxis und Politik einer Ein-Mann-Inselherrschaft während der vierundzwanzig

Jahre einsamen Aufenthalts fragil, egozentrisch und imaginär und bricht mit der Landung der Kanuten vorübergehend in sich zusammen; eine stabilere Transformation des Anderen Raumes in ein eigenes Territorium kann allein *qua* Erschreibung im Rahmen eines providentiellen Welterklärungsmodells erzeugt werden.

Die Bekehrung der einsamen Insel in eine Kolonialinsel und des Schiffbrüchigen in einen gottesfürchtigen Herrscher wird also in einer engen Beziehung zwischen Raum, Ort, Subjekt und Schrift entwickelt und lässt nach seiner Rückkehr auf die imperiale Heimatinsel wieder nach. Crusoe kann „seinen so verderblichen Wandertrieb" (Ullrich 1924, 16) nur kurzfristig unterdrücken: Die atlantischen Schifffahrten des ersten Teils weichen im zweiten Teil einer beinahe erdumrundenden Reise. Erneut startet Crusoe von der zentralen imperialen Insel Großbritannien, welche auch der Ort der Verschriftlichung aller drei Teile ist (→ 5. Schrifträume). Dabei ist die vermeintlich isolierte „Insel-Welt" stets in einer archipelagisch vernetzten „Inselwelt" (Ette 2005, 137) situiert – Insularität wird in Archipelagik überführt (Graziadei 2011, 177); sie kann als fortlaufende Metonymie der Globalisierungsprozesse (→ 10. Geopolitik und Globalisierung) und exemplarische Synekdoche der Zivilisierungs- und Missionierungspropaganda zugleich verstanden werden. Ihre nissopoietische Erschreibung setzt auf die mehrfach codierte Überlappung verschiedener Raumkonstitutionen und -praktiken.

4. Alter/native: die Nationen, die wir ‚*Caribbees*' nennen

Aufgrund des Vorkommens verschiedener Kulturpflanzen im weniger bewaldeten Tiefland könnte eine agrarische Nutzung der vermeintlich einsamen Insel des Crusoe durch die Karib-Nationen diskutiert werden und die Frage anhand der Ziegen auch auf Piraten und koloniale Seefahrer ausgeweitet werden (Defoe 2008a [1719], 77); aber in beiden Fällen würde es sich um eine extensive Verwendung im Rahmen einer ‚tidalektischen' Bewegung (Brathwaite 1999, 34) außerhalb des kolonialen Zeichensystems handeln. Dementsprechend erkennen Protagonist und Autobiograph allein die Nutzung der Küste für das verbriefte Skandalon des Kannibalismus und selbst dieses erst nach der Schärfung der Sinne durch den Fußabdruck eines Anderen auf der vermeintlich eigenen Insel (→ 31. Die ‚Neue Welt'). Von allen Namen aus Fridays landeskundlicher Auskunft kann Crusoe bloß jenen behalten, der in seiner kartographischen Imagination (Dünne 2011, 66–71; → 22. Kartographisches Schreiben) bereits existiert: „he told me all he knew [...]; but [I] could get no other Name than *Caribs*; from whence I easily understood, that these were the *Caribbees*, which our Maps place on the Part of *America*, which reaches from the [...] *Oroonooko* to *Guiana*, and onwards to

St. Martha" (Defoe 2008 [1719], 216; Herv. i. O.). Die politische Situation ist jedoch weit komplexer: Unterschiedliche Stämme nutzen bestimmte Strandabschnitte für den rituellen Verzehr ihrer Gegner: „*Friday*, Yes, yes, they come hither; come other else Place. [/] *Master*, Have you been here with them? [/] *Friday*, Yes, I been here; [*points to the* N. W. *Side of the Island, which, it seems, was their Side*]" (215). Zwar stellt die Rettung und Unterrichtung des Friday durch Crusoe eine Fortsetzung der Konversion dar und erlaubt es zugleich, die eigene Bekehrung per Missionierung zu veredeln (2008a [1719], 113), aber Friday kennt Pflanzen, Tiere, Meeresströmungen, Geographie, Lokalpolitik und lokale Kosmogonie; relevante Teile der Nissopoiesis werden durch seine regional-archipelagische Perspektive hinzugefügt oder umcodiert.

Dieses Sichtbarwerden alter/nativer (Brathwaite 1983, 35–36) Raumkonstitutionen und -nutzungen hat gravierende Auswirkungen auf den gekerbten Raum des Sesshaften (Deleuze und Guattari 2006, 434). Die Fragilität der Inselbekehrung besteht nach der Übergabe an drei englische Meuterer, siebzehn schiffbrüchige Spanier und Portugiesen sowie Freitags Vater (Defoe 2008 [1719], 232–264) fort. Wie im zweiten Teil nacherzählt wird (2008a [1719], 27–119), drohen innere Kriege, Invasionen und Unwetter die junge Kolonie in einen glatten Raum zurückzuführen. Zwar kann Crusoe bei seiner kurzen Rückkehr Werkzeuge, Waffen und weitere Siedler importieren (80–84; 125), missionieren, das Land befrieden, weiter parzellieren und aufteilen (112), aber die versuchte Exklusion der Insel aus der Machtpolitik des Archipels provoziert Angriffe. Selbst die Verfolgung und Einpferchung von etwa siebenunddreißig männlichen Karib-Kriegern in einem heterotopen Halbinsel-Reservat (→ 15. Utopie und Heterotopie) vermag die Öffnung des vermeintlich monologischen und abgeschotteten Raumes nicht mehr zu schließen: aufgrund ihrer Flechtkünste und ihrer Zwangsarbeit wird das Einsetzen von Kreolisierungsprozessen bald architektonisch deutlich (74). Dennoch: für die weltreisende autobiographische Erzählinstanz des zweiten Teils bleibt die Insel eine kontrollier- und abschließbare Episode: „I have now done with the Island" (119).

5. Die sich wiederholende Textinsel im Papiermeer: Robinsonaden

Adventures und *Farther Adventures* des Robinson Crusoe erzeugen zusammen mit seinen ein Jahr später erschienenen *Serious Reflections* ein dreiteiliges Textarchipel, dessen sich wiederholende und intertextuell präfigurierte Hauptinsel im ersten Teil liegt (→ 5. Schrifträume). Indem der zweite Teil auf die Insel des ersten Teils rekurriert und diese narrativ, semantisch und kolonialistisch weiterentwickelt, stehen diese beiden Bände am Anfang einer Mode, welche Extremformen der Intertextualität und Serialität erzeugt: ein unabschließbares Archipel von Insel-Texten, die Robinsonaden (→ 41. Die Seite). Diese begeisterten Variationen übersetzen und vervielfältigen die Nissopoiesis des Crusoe über Jahrhunderte; kritisch gegengelesen wird sie erst in den postkolonialen Robinsonaden des 20. und 21. Jahrhunderts (→ 11. Postkoloniale Räume). Zwei Extrembeispiele, die in dieser Tradition stehen, direkte Eingriffe in die fiktionale Welt der Vorlage versuchen und damit die Relation zwischen Original, Insel, Serie und Archipel weiter verkomplizieren, sollen die Qualitäten und Modifizierungsmöglichkeiten der Raumkonstitution ‚Insel des Cruso/e' abschließend verdeutlichen.

Das erste Beispiel nutzt das kreative Potential des Topos ‚*Desert Isle*' im wörtlichen und narrativen Sinn: In *Foe* (1986) des südafrikanischen Schriftstellers J. M. Coetzee wird eine konsequente und zugleich paradoxe semantische und narrative Verwüstung der Insel deutlich (→ 14. Semiosphäre und Sujet). Zum einen benennt die Protagonistin Susan Barton gleich zu Beginn eine Inselbiogeographie, die sie als Alternative zum ‚Einsame-Insel'-Topos der exotischen Reiseliteratur darstellt: „But the island on which I was cast away was quite another place: a great rocky hill with a flat top, rising sharply from the sea on all sides except one, dotted with drab bushes that never flowered and never shed their leaves" (2010 [1986], 7). Auch wird die koloniale Propaganda von der Urbarmachung der Wildnis durch die megalomanen Terrassenbauten zweier Land-Artisten karikiert – für eine agrarische Nutzung der arbeitsaufwendigen Terrassen fehlt Cruso und Friday das nötige Saatgut. Diese Bauten verändern zwar die Biosphäre der Insel, aber einer utilitaristischen Infragestellung ihrer Pionierleistung kann Cruso nur die vage Hoffnung zukünftiger Pflanzer entgegenstellen. Zum anderen ist der karge Handlungsraum der ariden Insel auch in seiner narrativen Ausdehnung eingeschränkt und weicht bald englischen Interieurs im Stadt- und Landleben der imperialen Mutterinsel. Denn die Inselbewohner werden ohne ihr Einverständnis von der Insel errettet, und der von Heimweh geplagte Cruso stirbt auf hoher See. Dementsprechend weicht jenes für die Inselepisode des Originals zentrale Begehren Crusoes nach dem bestmöglichen physischen, psychischen und spirituellen Überleben jenem Susan Bartons nach einem wahrhaftigen und dennoch eloquenten Bericht über Crusos Insel. Aufgrund der widersprüchlichen Erzählungen des schrulligen alten Cruso einerseits und der profitorientierten Ausstaffierung der kargen Insel zum Tropenroman durch den bankrotten Schriftsteller Foe andererseits wird dieses ohnehin problematische Unterfangen eines weiblichen Fürsprechens unter dem Einfluss entdeckerischer, zivilisatorischer und kolonialpaternalistischer Perspektiven vollkommen verunmöglicht. Zudem wird die Möglichkeit einer subalternen Nissopoiesis anhand des zungenlosen

Friday überdeutlich abgeschnitten. So erzeugt *Foe* eine alternative wüste Insel der fortwährenden Kargheit und kritisiert mittels einer metafiktionalen Entstehungsgeschichte die diskursiven und ästhetischen Grundlagen des kanonisierten Textes.

Das zweite Beispiel, die insulare Räumlichkeit in Patrick Chamoiseaus *L'empreinte à Crusoé* (2012), bezieht sich deutlich auf die Vorlage, aber führt Veränderungen des Inseldiskurses anhand eines prozessualen, nichtlinearen und mehrstufigen Perspektivwandels in der Relation ‚Selbst' – ‚Insel' explizit und performativ auf. Neben der leicht ersichtlichen Innovation der punktlosen Sätze zur Markierung einer mündlichen kreolischen Erzähltradition offenbart sich eine sich ständig relativierende und neu positionierende sowie kreisende Erzählperspektive, die ein und denselben Inselraum – aber auch ein und dieselbe Fußspur – vielfach als sich wiederholende Insel (Benítez Rojo 1989) und als Spielarten des Unheimlichen in der eigenen Psyche erfasst (→ 47. Korallen). Im Zuge seines Inselaufenthalts wird dabei aus einem kolonialistischen Idioten („L'idiot"; Chamoiseau 2012, 17–73) eine kleine Person („La petite personne"; 77–183) im Übertritt aus einem einsamen Anthropozentrismus in einen animistisch erweiterten Biozentrismus und schließlich ein *Land-Art*-Künstler („L'artiste"; 187–221), der sich aus der rohen Immersion in eine nackte, struktur-, erklärungs- und zeichenfreie Perzeption des Lebenskreislaufs nach dem Erdbeben entwickelt und – vollkommen aus Utilitarismus und Egozentrik befreit – zwischen minimalem Detail und kosmischer Weite schweift, kein Schiff mehr ersehnt und sein Eintreffen unbewegt beobachtet. Der mündliche Bericht dieser Wandlungen legt die prozessuale Nissopoiesis eines perspektivisch wandelbaren, psychologisch verändernden und sich physisch ändernden insularen Raums deutlich offen (→ 23. Transitorische Räume). Er vermittelt sein gesamtes Überlebens-, Zusammenlebens-, und Perspektivierungswissen für menschenleere Inseln (→ 9. Räume des Wissens). Er informiert ausgiebig über perspektivische und imaginative Nissopoiesis und ihre Auswirkungen auf das Innen- und Zusammenleben auf Figurenebene und liefert damit im *showing* und im *telling*, in *histoire* und *récit* wertvolle Hinweise für den alternativen Umgang mit einem tropischen Gemeinplatz.

Nach dem Ende des oralen Berichts, im letzten Eintrag zu See des *Journal du capitaine* – welcher anachronistisch und viergeteilt um die in drei Kapitel aufgeteilte Rede situiert ist –, offenbart sich der vermeintliche Robinson Crusoé der *Empreinte* als ein versklavter westafrikanischer Gelehrter, der bei Aussetzung auf der Insel unter Amnesie litt und dessen wahrer Name trotz der Hinzufügung eines weiteren ‚m' direkt auf Marcel Griaules *Dieu d'eau: Entretiens avec Ogotemmêli* von 1948 verweist: Ogomtemmêli. Er brillierte einst im Dienste des Sklavenhändlers Robinson Crusoé und wird durch seinen Bericht zu einer vorbereitenden Figur für seinen ehemaligen Herren, dem expliziten Zuhörer und zukünftigen

Schiffbrüchigen. Indem das *Journal du capitaine* mit Thémiseuls de Saint-Hyacinthes und Justus van Effens Übersetzung des ersten Absatzes des Journal aus *La vie et les aventures surprenantes de Robinson Crusoé* endet (1765 [1720], 109), wird der intertextuelle Anschluss ins Buchstäbliche gesetzt. Zugleich wird die Intertextualität verräumlicht, die Insel des Ogomtemmêli zur expliziten Vorinsel des Crusoe: *L'empreinte* reklamiert eine Position in derselben fiktionalen Welt. Während andere Robinsonaden inhaltlich und formal das Prinzip der Strandung auf einer einsamen Insel verändernd vervielfältigen, inszeniert das Logbuch sich selbst und den oralen Bericht des Ogomtemmêli als Prätexte zum Intertext, als Vorversion eines sich wiederholenden Robinson Island und erzeugt dabei die phantasieanregende Möglichkeit eines nissopoietisch informierten Robinson, Zuhörer des Ogomtemmêli, „comme lui, seul, et perdu dans une île similaire" [wie er, allein und verloren auf einer ähnlichen Insel] (232).

Literatur

Beer, Gillian. „Discourses of the Island". *Literature and Science as Modes of Expression*. Hrsg. von Frederick Amrine. Dordrecht: Kluwer, 1989. 1–27.
Benítez Rojo, Antonio. *La isla que se repite: El Caribe y la perspectiva posmoderna*. Hanover, NH: Ediciones del Norte, 1989.
Blaim, Artur. *Failed Dynamics: The English Robinsonade of the Eighteenth Century*. Lublin: Uniwersytet Marii Curie, 1987.
Brathwaite, Edward Kamau. „Caribbean Culture: Two Paradigms". *Missile and Capsule*. Hrsg. von Jürgen Martini. Bremen: Universität Bremen, 1983. 9–54.
Brathwaite, Edward Kamau, und Nathaniel Mackey. *ConVersations with Nathaniel Mackey: An evening with Nate Mackey & Kamau Brathwaite 18 nov. 1993*. Staten Island, NY: We Press, 1999.
Chamoiseau, Patrick. *L'empreinte à Crusoé. Récit*. Paris: Gallimard, 2012.
Coetzee, John M. *Foe* [1986]. London: Secker & Warburg, 2010.
Defoe, Daniel. *The Life and Strange Surprizing Adventures of Robinson Crusoe* [1719]. *The Novels of Daniel Defoe. Volume 1*. Hrsg. von William R. Owens. London: Pickering & Chatto, 2008.
Defoe, Daniel. *The Farther Adventures of Robinson Crusoe* [1719]. *The Novels of Daniel Defoe. Volume 2*. Hrsg. von William R. Owens. London: Pickering & Chatto, 2008 [2008a].
Defoe, Daniel. *Serious Reflections During the Life and Surprising Adventures of Robinson Crusoe* [1720]. *The Novels of Daniel Defoe. Volume 3*. Hrsg. von George A. Starr. London: Pickering & Chatto, 2008 [2008b].
Defoe, Daniel. *La vie et les aventures surprenantes de Robinson Crusoé*. Übers. von Thémiseul de Saint-Hyacinthe und Justus van Effen [1720]. Amsterdam: L'Honoré et Chatelain, 1765.
Deleuze, Gilles, und Félix Guattari. „1440 – Das Glatte und das Gekerbte" [1980]. *Raumtheorie: Grundlagentexte aus Philosophie und Kulturwissenschaften*. Hrsg. von Jörg Dünne und Stephan Günzel. Frankfurt a. M.: Suhrkamp, 2006. 434–443.

Depraetere, Christian, und Arthur L. Dahl. „Island Locations and Classifications". *A World of Islands: An Island Studies Reader*. Hrsg. von Godfrey Baldacchino. Charlottetown, VA: Island Studies, 2007. 57–105.

Dünne, Jörg. *Die kartographische Imagination: Erinnern, Erzählen und Fingieren in der Frühen Neuzeit*. München: Fink, 2011.

Ette, Ottmar. „Von Inseln, Grenzen und Vektoren: Versuch über die fraktale Inselwelt der Karibik". *Grenzen der Macht – Macht der Grenzen: Lateinamerika im globalen Kontext*. Hrsg. von Marianne Braig, Ottmar Ette, Dieter Ingenschay und Günther Maihold. Frankfurt a. M.: Vervuert, 2005. 135–180.

Graziadei, Daniel. „Geopoetics of the Island". *Geopoetiche: Studi di geografia e letteratura*. Hrsg. von Federico Italiano und Marco Mastronunzio. Milano: Unicopli, 2011. 163–182.

Graziadei, Daniel. „Islands in Translation". *Civiltà del Mediterraneo* 23–24 (2013). 191–209.

Grove, Richard H. *Green imperialism: Colonial expansion, tropical island Edens and the origins of environmentalism, 1600–1860*. Cambridge: Cambridge University Press, 1995.

Hulme, Peter. *Colonial encounters: Europe and the native Caribbean, 1492–1797*. London: Routledge, 1992.

Hulme, Peter. „Expanding the Caribbean". *Perspectives on the ‚other America': Comparative Approaches to Caribbean and Latin American Culture*. Hrsg. von Michael Niblett und Kerstin Oloff. Amsterdam und New York: Rodopi, 2009. 29–49.

Sheller, Mimi B. *Consuming the Caribbean: From Arawaks to Zombies*. London: Routledge, 2003.

Smit-Marais, Susan. „Converted spaces, contained places: Robinson Crusoe's monologic world". *Journal of literary studies* 27.1 (2011). 102–114.

Ullrich, Hermann. *Defoes Robinson Crusoe: Die Geschichte eines Weltbuches*. Leipzig: O. R. Reisland, 1924.

United Nations. „Part VIII Regime of Islands – Article 121". *United Nations Convention on the Law of the Sea of 10 December 1982*. http://www.un.org/Depts/los/convention_agreements/texts/unclos/part8.htm (19. Dezember 2014).

Vandermeersche, Geert, und Ronald Soetaert. „Landscape, Culture, and Education in Defoe's ‚Robinson Crusoe'". *CLCWeb: Comparative Literature and Culture* 14.3 (2012). http://docs.lib.purdue.edu/clcweb/vol14/iss3/9/(19. Dezember 2014).

39. Paris: Urbanität, Entgrenzung, Flüchtigkeit

Karin Westerwelle

1. Paris – die Hauptstadt des 19. Jahrhunderts

Für den Romancier Honoré de Balzac (1799–1850) und den Dichter und Kunstkritiker Charles Baudelaire (1821–1867) war Paris Mittelpunkt ihrer schriftstellerischen Existenz. Sie lebten über Jahrzehnte in der Hauptstadt. Urbane Lebensformen, zu denen Konversation, Museums-, Ausstellungs- und Atelierbesuche sowie der Umgang mit dem neuen Medium Presse als Publikations- und Rezeptionsort von Literatur und Literaturkritik gehören, prägten ihren Habitus als Autoren. Édouard Manets Gemälde *La Musique aux Tuileries* von 1863 zeigt Baudelaire in städtischer Kleidung, im Gespräch mit Kunstliebhabern am öffentlich-politischen Ort des Tuilerien-Gartens (Steinhauser 1994; Fischer-Loock 2010). Gegen den neoklassizistischen oder konservativen Kunstgeschmack entwickeln beide Autoren ästhetische Reflexionen mittels der aktuellen kulturellen, politischen und sozialen Lebenswelt. Sie analysieren ökonomische Verhältnisse der bürgerlichen Welt und beobachten gesellschaftliche Rand- und Ausnahmeerscheinungen. Balzac hat seine Romane und Erzählungen seit 1842 im Romanzyklus der *Comédie humaine* vereinigt. Die Beschreibung von Vierteln, Straßen, Gebäuden und des Menschen, der sich darin bewegt, bildet eine Pariser Topographie aus (→ 2. Topographien). Einblicke in Häuser und Zimmer vergegenwärtigen räumliche Tiefe, sie evozieren Unbekanntes und Unsichtbares. In Herkunft, Beruf, Kleidung und charakteristischen Merkmalen kristallisieren sich Figuren und Typen heraus, die spezifischen Orten und Räumen, Paris und der Provinz, zugehörig sind. In nuancierten, schwer fassbaren Erscheinungsformen des aktuellen Lebens – der „indéfinissable façon" und den „menus détails", so Balzac im Künstlerroman *Illusions perdues* (1961 [1843], 196 und 408) – bildet Paris den literarischen Stoff fast aller Romane der *Comédie humaine* (→ 3. Dynamisierungen). Die Darstellung zielt folglich nicht allein auf primäre, reale oder abbildliche Sichtbarkeit, sondern auf die Vergegenwärtigung flüchtiger Phänomene in einem fiktiven Raum, den allein die Literatur erschafft (→ 5. Schrifträume).

Bei Baudelaire erscheint Paris in lyrischer Verdichtung in den *Fleurs du Mal* von 1857, vor allem in der 1861 eingefügten zweiten Abteilung, den achtzehn Gedichten der *Tableaux parisiens*, sowie den Prosagedichten des *Spleen de Paris* (1868). ‚Tableau' (Bild oder Gemälde) meint malerisch-künstlerische und zugleich räumliche Vergegenwärtigung. Baudelaire projiziert Innenansichten des Bewusstseins in den äußeren Raum, der nicht durch konkrete Konturen von Gegenständen mimetisch, sondern aufgrund moralistischer und allegorischer Überlegungen oder phantastischer und verfremdender Wahrnehmungselemente ausgebildet wird. Die kunstkritische Schrift *Le Peintre de la vie moderne* (1863), die Baudelaire dem Zeichner des städtisch eleganten, aber auch anrüchig lasterhaften Lebens, dem Presse-Illustrator und Kriegsberichterstatter Constantin Guys widmet, hält mit Blick auf Paris in einer berühmten Formel fest: „La modernité, c'est le transitoire, le fugitif, le contingent, la moitié de l'art, dont l'autre moitié est l'éternel et l'immuable" [Die Modernität, das ist das Vorübergehende, das Flüchtige, das Kontingente, die Hälfte der Kunst, deren andere Hälfte das Ewige und Unbewegte ist] (1976 [1863], 695). Balzac und Baudelaire erfassen in poetologischen Überlegungen Figuren und Masken des Dichters: den Beobachter in der städtischen Menge, den Flaneur und dessen Neugier (*curiositas*) sowie den Dandy (Westerwelle 2009). Die dichterische Existenz ist an den öffentlichen Raum gebunden, der Dichter bewegt sich in ihm, analysiert ihn aus der Distanz und bildet ihn mittels seines Werks neu aus.

In Paris konzentriert sich zunehmend seit dem 16. Jahrhundert politische Herrschaft, handwerklicher und industrieller Reichtum sowie geistig-kulturelle Dominanz. Drei städtische Bezirke und ihre repräsentativen Herrschaftsgebäude symbolisieren deren Macht. Victor Hugo nennt sie in *Notre-Dame de Paris* (1831) „la Cité, l'Université, la Ville", stärker verräumlicht gesagt: *cité, rive gauche* und *rive droite*. In Baudelaires *Tableaux parisiens* ist der Begriff ‚cité', der auf die politisch organisierte Gemeinschaft verweist, häufig gebraucht. Im Zweiten Kaiserreich (1851–1870) forcierte der Baron und Seine-Präfekt Haussmann unter Napoleon III. den Umbau von Paris zur Metropole. Mittelalterliche, teilweise heruntergekommene Viertel und Häuser mussten weichen. Breite Boulevards als Achsen in der Stadt, neu angelegte Squares, frei zugängliche Kirchen und Paläste auf beiden Seiten der Seine, der Ausbau von Louvre und Tuilerien als Museum und Herrschaftspalast kennzeichnen den Macht- und Repräsentationsanspruch der Hauptstadt (Willms 1988, 343–403). Gemälde, Stiche, Illustrationen und Photographien halten die Transformation des städtischen Raums fest (*Bilder einer Metropole* 2010; Reff 1987; Fietkau 1978). Die seit 1855 von Napoleon III. initiierten *Expositions universelles* auf dem Champ de Mars, dem Beispiel Londons von 1851 folgend, feiern die französische Nation in ihren industriellen und kulturellen Errungenschaften. Maler, Schriftsteller und Besucher entdeckten die Kunst fremder Länder (→ 10. Geopolitik und Globalisierung). Baudelaire spricht vom „cosmopolitisme" als einer seltenen Gabe, sich in fremde Milieus als Entstehungsorte von Kunst hineinzuversetzen und diese als schön gelten zu lassen (1976 [1863], 576). Eine ländliche Bevölkerung reiste zur Weltausstellung zum ersten Mal nach Paris (Ageorges 2007). In den technisch-industriellen Veränderungen, der Agglomeration eines städtischen Proletariats, den repräsentativen Herrschaftsgebäuden, der Konzentration von Kultur, Reichtum und Luxus, den Revolutionen und Revolten erscheint Paris bei Walter Benjamin (1974) in der Rolle der Hauptstadt des 19. Jahrhunderts.

2. Die Vermessung von Paris in der *littérature panoramique*

Auf breite Rezeption ist die Veranschaulichung des zeitgenössischen Paris in der sogenannten *littérature panoramique* angelegt, an deren „belletristischer Kollektivarbeit" (Benjamin 1974a, 33) Balzac, nicht aber Baudelaire beteiligt war. In der Nachfolge von Sébastien Merciers (1740–1816) zwölfbändigem *Tableau de Paris* (1781–1788) zählen zu der Text und Bild vereinenden Gattung zahlreiche Werke, deren Illustrationen und Karikaturen (*Le Diable à Paris: Paris et les parisiens à la plume et au crayon* von 1869) ein großes Publikum anziehen (Stierle 1993). Die populären *tableaux de Paris* bieten typisierende, physiologische und soziale Einordnungen einzelner Berufe und Tätigkeiten, so in dem Kollektivwerk *Les Français peints par eux-mêmes: Encyclopédie du dix-neuvième siècle* (1840–1842). Sie gewähren, wie im *Tableau de Paris* (1852) des Journalisten Edmond Texier, Einblick in Innen- und Außenansichten der Stadt. Balzac hat u. a. die Erzählungen „La Femme de Province" und „La Femme comme il faut" zu der Sammlung *Les Français peints par eux-mêmes* beigesteuert und weitere, z. T. satirische Beiträge über die Physiognomie des *épicier* oder des *rentier* für die Paris-Literatur geliefert. In den *Illusions perdues* versucht sich Lucien de Rubempré als Dichter und Journalist an dem Probestück „*Les passants de Paris*" (1961 [1843], 408). Im Vorwort der *Comédie humaine*, deren Genese sich im Kontext der Paris-Panorama-Literatur vollzieht (Le Men 2002), erhebt Balzac den Anspruch, ein „tableau de la Société moulé [...] sur le vif" [Gemälde der Gesellschaft, das nach dem Leben modelliert ist] (1976–1981, I, 12) zu zeichnen. Aber die Leistung Balzacs unterscheidet sich nach Baudelaire von den „sujets publics et officiels" (1976, 495). Der Romancier habe das Moderne in Paris, das räumlich entgrenzte Wunderbare, erkannt: „La vie parisienne est féconde en sujets poétiques et merveilleux. Le merveilleux nous enveloppe et nous abreuve comme l'atmosphère; mais nous ne le voyons pas." [Das Pariser Leben ist reich an poetischen und wunderbaren Gegenständen. Das Wunderbare umhüllt und tränkt uns wie die Atmosphäre, aber wir sehen es nicht] (1976, 496). Die *Tableaux parisiens* in den *Fleurs du mal* spielen bereits im Titel sowohl auf die Paris-Literatur als auch auf malerische Darstellungsweisen an. Vertrautheit mit den Formen und Medien der Paris-Darstellung gewinnt Baudelaire an Honoré Daumier (Full 2005), in dessen Karikaturen „dans sa réalité fantastique et vivante, tout ce qu'une grande ville contient de vivantes monstruosités" [in ihrer phantastischen und lebendigen Realität alles das, was eine große Stadt an lebendigen Monstrositäten enthält] (1975, 554) zu finden sei, sowie durch seine Beschäftigung mit den Zeichnern Charles Meryon und Constantin Guys.

Bei Balzac ist die Stadt Ort des „drame de l'école moderne" (1976–1981, V, 796), das im Widerstreit von ökonomischer Macht, repräsentativen Interessen und Liebesansprüchen hervortritt (Warning 1980; → 14. Semiosphäre und Sujet; 13. Chronotopoi). Baudelaire nimmt Bezug auf Diderots Tableau-Begriff als „Einheit des pathetischen Höhepunkts einer Szene, in der das drame gleichsam innehält" (Stierle 1974, 286–287). Allegorische Formen und phantastische Elemente verwandeln den städtischen Raum, der auf den Innenraum der Psyche verweist, und steigern die Begegnung im Raum zu Flüchtigkeit, Entgrenzung und Schock.

3. Balzac: *Illusions perdues* (1843)

Titel und Konzept der *Comédie humaine* rufen die metaphysische Raumordnung der *Divina Commedia* Dantes (1265–1321) auf. Die Jenseits-Struktur von Hölle, Purgatorium und Paradies in der mnemotechnischen Zuordnung von Sünde, Buße und Verdienst projiziert der moderne Roman auf die diesseitige Welt. Die Erzählung „La Fille aux yeux d'or" (1976–1981 [1835], V, 1039–1055) beginnt mit einem faszinierenden Tableau der Korruption des Pariser Lebens: Paris erscheint als eine Hölle, deren Bewohner, an Körper und Seele deformiert, nur die Gier nach dem Geld und die Jagd nach dem Vergnügen kennen (→ 7. Raum und Erzählung). Die Figur Vautrin inkarniert als körperhaftes Gelenkstück („colonne vertébrale"; VI, 851) des Romanzyklus „toute la corruption et toute la criminalité [die gesamte Korruption und die gesamte Kriminalität] (VI, 426–427). Die Taxinomie der neu sich konstituierenden Disziplin der Biologie und ihres Milieubegriffes dient Balzac im Vorwort zur *Comédie humaine* als Erklärungsmodell von Welt: Wenn das natürliche Milieu unterschiedliche Tierarten ausformt, so ist es nach Balzac ebenso möglich, das Verhältnis der ‚espèces sociales' in ihrem ‚milieu' in den menschlichen Gesellschaften zu beobachten. Dieses Verhältnis von Typus und Raum kann hiernach in Beschreibungen, Klassifikationen und Differenzierungen, dem Tierreich ähnlich, aufgeschlüsselt werden, jedoch mit dem Unterschied, dass die einzelnen Milieus kulturell ausdifferenziert sind und der Mensch von einer Klasse in eine andere wechseln kann. Figur oder Typus stehen mithin in einer engen Beziehung zum umgebenden Raum, dem neuen Begriff des ‚milieu' (Cohen 2004). So entzaubert Paris die Erscheinung der provinziellen Mme de

Bargeton aus Angoulême. Der Erzählstil Balzacs verfährt metonymisch, Raum und Figur stehen in einem Verhältnis der kausalen Kontiguität (Genette 1973; → 6. Literarischer Raum).

Der Roman *Illusions perdues* (entstanden zwischen Juni 1836 und August 1843) gilt als ein Mikrokosmos der *Comédie humaine*, in dem alle gesellschaftlichen Milieus und unterschiedlichen Typen zu finden sind. Der zweite und umfänglichste Teil „Un grand homme de Province à Paris" schildert die Konfrontation des jungen Lucien Chardon bzw. de Rubempré, der einer Mesalliance entstammt, mit den Gesetzen der Pariser Gesellschaft und des Geldes. Die Gegenüberstellung von Provinz und Paris strukturiert die *Illusions Perdues* und folgt damit einem Modell, das für Stendhals *Le Rouge et le Noir* (1830) und Gustave Flauberts *Madame Bovary. Mœurs de Province* (1857) sowie die *Éducation sentimentale* (von 1845 und 1869) mit der initiatorischen Reise des Protagonisten, in der Überschreitung von Grenzen strukturbildend ist (→ 14. Semiosphäre und Sujet). Balzacs pointierter Kapiteltitel besagt, dass der in der Provinz schon gesichterte Ruhm des ‚grand homme' in Paris nichts gilt.

Der Konflikt zwischen Provinz und Paris ist für alle Romane Balzacs konstitutiv (Guichardet 1986). *La Femme de Province* eröffnet mit der Konkurrenz der zwei großen Zonen, Paris und der Provinz. In den *Illusions perdues* äußert sich der Konflikt als Krise der Wahrnehmung und Umwertung aller Werte. Im neuen Raum, in den Mme de Bargeton und Lucien de Rubempré in nächtlicher Kutschenfahrt von Angoulême aus aufbrechen, erscheint die zuvor angebetete Provinzdame plötzlich *démodée*. Verächtlich sieht sie der junge schöne Mann als „cet os de seiche" [diesen Tintenfischschulp] (181). Der bewunderte Poet kann im Pariser Milieu im schnellen Gefecht der Konversation nicht mithalten und büßt seine Faszination ein. In der Wortkreation der „nécessité de se désangoulêmer" [Notwendigkeit, sich zu entangoulemisieren] (168) kristallisiert sich die räumliche Verflechtung typischer Verhaltensweisen, sozialer Gepflogenheiten und öffentlicher Repräsentation heraus. Der Raum ist semantisiert, Sprache verräumlicht (→ 1. Topologie; 2. Topographien). Lucien de Rubempré charakterisieren die Beiwörter ‚pauvre poète', ‚poète de province' und ‚grand homme de province', worin sich die unterschiedlichen Systeme der Ökonomie, nationaler Geographie und symbolisch repräsentativer Kultur räumlich verbildlicht überschneiden. Ein eindrückliches Beispiel für die Pariser Topographie des Geldes geben die im Roman genannten Restaurants vom extrem teuren Rocher-de-Cancale in der Nähe des Palais Royal bis zum billigen Flicoteaux im Quartier Latin. Gesellschaftliche Schicht, Exklusivität des Essens und ökonomische Potenz der Gäste überkreuzen sich, der Raum bildet den Rahmen. Lucien erkennt, dass das Geld droht, die Kunst wie auch die Frau zu prostituieren: „L'argent! était le mot de tout énigme" [Geld! war das Schlüsselwort jeden Rätsels] (301). Mit der unerwarteten ‚Entzauberung' (173) der

Liebenden entfaltet sich Paris von Beginn an als Ort der Desillusion: Die Stadt bedroht in Vielfalt und Anonymität das Subjekt, sie bewirkt eine „immense diminution de lui-même" [enorme Verkleinerung seiner Person] (170). Paris erscheint als Wüste („désert", *passim*). Luciens Wille, zu reüssieren, liefert ihn dem Pariser Intrigenspiel und der Korruption der Werte aus. Der Dandy erringt den Vorrang vor dem Dichtersein.

Handlung und Wahrnehmung des Protagonisten verbinden sich mit öffentlichen Orten, der Raum wird Schauplatz des ‚*drame*' (→ 8. Raum und Theatralität). Lucien liest auf offener Straße den Abschiedsbrief der Mme de Bargeton, der zugleich die Einladung zum Dîner im aristokratischen Kreis durch eine Lüge zurücknimmt. Ohne sich darüber klar zu sein („sans croire avoir marché"), bewegt sich Lucien bei der Lektüre des Briefes in der Stadt. Plötzlich findet er sich in den Tuileries wieder, er geht weiter und sieht die Monumente wie die ‚place Louis XV'. Kutschen fahren unablässig an ihm in Richtung der Champs-Élysées vorbei. Von der Menge der Spaziergänger geleitet, folgt er überrascht den „trois ou quatre mille voitures" des sonntäglichen Verkehrs auf dem Weg zum Pferderennen nach Longchamp. „Étourdi par le luxe des chevaux, des toilettes et des livrées, il allait toujours, et arriva devant l'Arc de Triomphe commencé." [Vom Luxus der Pferde, der Kleider und der Livrees verwirrt, ging er immer weiter und stand schließlich vor dem begonnenen Arc de Triomphe.] (195–196) Luciens emotionaler Aufruhr wird mit dem glanzvollen Treiben im städtischen Raum konfrontiert, innere und äußere Zeit korrespondieren nicht und führen zu einer Entgrenzung des Protagonisten. Im architektonisch-historischen Parcours – unter Napoleon I. begonnen, wird der Arc de Triomphe erst unter Louis-Philippe fertiggestellt – verwandelt sich der städtische Raum in eine Kulisse für den Liebesverrat und vertieft den dramatischen Moment.

Die Champs-Élysées als Flanierzone der Aristokraten, Reichen und Arrivierten, in der sich Luxus und Schönheit der Kutschen, die Livrees der Bediensteten, die Mode der Damen und die Dandys zur Schau stellen, präsentieren ein bewegliches, impressionistisches Spektakel im Außenraum, dem Prachtaufwand von Ball, Oper oder Theater vergleichbar. Baudelaire nimmt im *Peintre de la vie moderne* im Kapitel „Les voitures" die mondänen Szenen der Galanterie und des Luxus zu Pferd und in der Kutsche auf und erläutert an ihnen das Verdienst Constantin Guys', die Flüchtigkeit der Wahrnehmung des gegenwärtigen Lebens, die „beauté passagère, fugace, de la vie présente", festzuhalten (1976, 723–724; Doetsch 2004). Marcel Proust wiederum zeigt die Ausfahrten in der Kutsche der modischen Halbmondänen Odette de Crécy mit Rückbezug auf seine literarischen Vorgänger.

4. Paris in der Dichtung Baudelaires

Dem zivilisatorischen Kulturraum der Stadt mit den artifiziellen, kunstvoll geschaffenen Objekten und dem reflexiven Bewusstsein des Menschen gilt Baudelaires Interesse. Der (romantische) Naturraum (→ 12. Landschaft) hat für ihn weder als göttliche Schöpfung Bewandtnis noch als hierarchische Ordnung Vorbildcharakter. Das berühmte Vorwort des *Spleen de Paris* an den Journalisten Arsène Houssaye leitet die Prosaform, die weder Reim noch Rhythmus hat, sich aber ‚den lyrischen Bewegungen der Seele, den Wellenströmungen der Träumerei, den Sprüngen des Bewusstseins' (1975, 276) anpasst, aus einer besonderen Großstadterfahrung ab: „C'est surtout de la fréquentation des villes énormes, c'est du croisement de leurs innombrables rapports que naît cet idéal obsédant" [Vor allem aus dem Umgang mit enorm großen Städten, aus der Kreuzung ihrer unzähligen Beziehungen entsteht dieses obsessive Ideal] (276). Stilistische Form und entgrenzende Raumerfahrung begegnen sich. Unüberschaubare Größe (‚énormes') und Vielzahl sich kreuzender Bezüge der Städte verlangen eine besondere Darstellung. Eine Bewegung des Ich-Verlusts und der Ekstase, die in Jean-Jacques Rousseaus *Rêveries du promeneur solitaire* im Naturraum angesiedelt ist (→ 15. Utopie und Heterotopie), verlagert Baudelaire in den städtischen Raum (siehe die vorläufigen Titel der Prosagedichte „Le Promeneur solitaire" oder „Le Rôdeur parisien"; 1976, 207).

Die *Tableaux parisiens* lenken ebenso wie der *Spleen de Paris* den Blick auf Dinge jenseits des normativen Wahrnehmungshorizonts der Stadt. Nicht schöne Gärten, Monumente oder Prachtstraßen sind Objekt der Darstellung. Die Hinfälligkeit des Körpers, die Bedrohlichkeit des Lasters, die Bösartigkeit des Blicks und die Desorientiertheit in der Welt treten intensiv hervor und tauchen Orte und Plätze in ein kaltes oder dreckig gelbes oder rotes Licht. Kontraste, Grenzen und Überschreitungen zwischen den Lebenswelten (arm – reich, Tag – Nacht, Arbeit – Vergnügen etc.), Heterotopien (Hospitäler, Freuden- und Spielhäuser) und nicht fixierbare, unsichtbare Räume treten hervor (Warning 2009). Baudelaire erweitert das städtische Panorama der Lyrik durch eine neue Typologie der Außenseiter. Lumpensammler, alte Weiber, junge Bettlerinnen, Prostituierte, Spielernaturen, Weintrinker halten Einzug in die Dichtung. Vor allem die Frauen sind in ihrer Körperlichkeit der Sexualität, Prostitution, Armut und Gebrechlichkeit des Alters stark ausgesetzt und treten prägnant in den Gedichten „Les petites vieilles" [Die kleinen Alten] (1975, 89–91) und „Crépuscule du matin" [Morgendämmerung] (103–104) hervor. Raumvorstellungen sind an Verzeitlichung gebunden (→ 13. Chronotopoi). Baudelaire begreift Paris als einen Erinnerungsort (→ 17. Mnemotop): Große, alte Städte beinhalten ‚die wichtigsten Archive des universellen Lebens' (1976, 670). Der Lumpensammler ist eine Chiffre des Dichters in der modernen städtischen Welt. Mit einer Bewegung des Hinabsteigens verbindet sich seine Sammlertätigkeit: ‚Er wälzt die Archive der Ausschweifung, das Sammelsurium des Unrats' (1975, 381–382) (→ 23. Transitorische Räume).

Paris ist nicht pittoresk-malerisch beschrieben, detaillierte Ausschmückung von Bauformen und Stilen wie in der Lyrik Victor Hugos oder Théophile Gautiers findet sich nicht. Viele Gedichte der *Tableaux parisiens* setzen die räumliche Gegenwart der Stadt voraus und evozieren sie in einer akustischen, körperlich erschütternden Lärmdimension der Straße, des Autobusses, der Karren, der Theater. Die sinnliche Dimension geht jedoch in eine sie verstärkende, allegorische Darstellung über. Nur wenige topographische Angaben geben in den *Tableaux parisiens* eine räumliche Orientierung in und über Paris. Der Sprecher blickt vom erhöhten Punkt aus auf Paris herab oder er bewegt sich im Faubourg oder in der Straße (→ 35. Die Straße). Wo diese Orte konkret liegen, erfährt der Leser nicht. Paris erscheint vor allem in politischer Anspielung als *cité* oder auch als Hauptstadt, wobei aber z. B. in dem Vers „Dans les plis sinueux des vieilles capitales" (1975, 89) Paris in räumlich paradoxer Form (,bogige Falten') in die zeitliche Tiefe der Überlieferung ‚alter Hauptstädte' eingeordnet wird. Louvre und Place du Carrousel gehören neben der Seine zu den wenigen genannten Orten. Schilderungen der Menge vermitteln die *Tableaux parisiens* nicht. Das lyrische Ich erscheint weder als Flaneur noch als Dandy. Es ist eine durch den Blick auf die Welt charakterisierte, abstrakte Beobachterinstanz. Das Bewusstsein des Sprechers ist in bedrängenden Erfahrungen gefährdet. In Situationen des Unbestimmten, wenn Wahrnehmung und Empfindung von klaren Linien und scharf umrissenen Personen aufgehoben sind und Szenen vom bloßen Dekor ins Phantastische abgleiten, öffnet und nichtet sich der Raum gleichermaßen, dabei droht das Ich-Bewusstsein zu scheitern. Solche Gefährdung ist durch das Versinken von Welt und Ich in Nebel, Dunst und im Dämmerlicht von Abend oder Morgen angezeigt. Der Nebel ist bei Baudelaire städtische Ausdünstung und kein atmosphärisch-ländlicher Schleier, der sich beruhigend auf die Dinge legt. In dem Auftaktstück „Paysage" [Landschaft] färben nicht, wie in Vergils Eklogen, idyllische Rauchschwaden, sondern industrielle Kohleflüsse den Himmel schwarz ein. In „Le Cygne" [Der Schwan] versperren dicke unendliche Nebelwände (87) die Sicht zwischen Europa und Afrika. In „Les septs Vieillards" [Die sieben Greise] (87) trübt ein ‚dreckiger und gelber Nebel' den Raum hin zum Unbestimmten ein. Raum und Raumgrenzen sind Effekt des abstrahierenden und erinnernden Denkens.

Die Anlage der *Tableaux parisiens* ruft eine Genealogie literarischer Figuren auf (→ 5. Schrifträume). Das gilt für das berühmte Sonett „À une Passante" [An eine Vorübergehende], das sich in der ekstatischen Blick- und Liebesthematik auf die Frauenfiguren bei Francesco Petrarca und Pierre de Ronsard bezieht. Herkunft aus dem Kanon trifft ebenso für das an dritter Stelle der Sektion stehende Gedicht „À une mendiante rouge" [An eine rothaarige Bettlerin] zu. Die schöne, aber jeden äußeren Schmuck entbehrende Frau wird aus dem Vergangenheitsraum der Renaissance-Dichtung aufgerufen, um im gegenwärtigen Paris zu erscheinen. Zeitliche Tiefe manifestiert sich auf der Oberfläche räumlicher Erscheinung.

Das Gedicht „Le Cygne", von vielen Lesern als das schönste der Sammlung angesehen, ist ästhetisch, kulturell, ethisch und politisch mit dem Schauplatz Paris verbunden. Die Widmung an den unter Napoleon III. aus Frankreich verbannten Dichter Victor Hugo eröffnet einen politisch aktuellen Horizont des Exils. Mit Louvre und Place du Carrousel ruft das lyrische Ich historische Orte politischer Herrschaft und städtebaulicher Neugestaltung auf. In einer parallelen Bewegung von körperlichem Gehen im referentiell ‚realen' Raum und von geistiger Reflexion über Raum und Zeit durchquert das lyrische Ich den Platz, dessen neue Architektur für imperiale Herrschaftsansprüche steht. Mit der im Auftaktvers aufgerufenen Andromache erscheint eine weibliche Exilfigur des antiken Epos und der klassischen Tragödie, die nunmehr im knappen Raum der Gattung Gedicht inszeniert wird. In Vergils *Aeneis* hat Andromache im griechischen Exil die trojanische Heimat in einer künstlich aufgebauten Landschafts- und Flussszene für ihre trauernde Erinnerung nachbilden lassen. Diese antike Szene überblendet sich mit dem Pariser Schauplatz und dem dichterischen Topos des Schwans als Figur des Dichters. Der Halbvers „Le vieux Paris n'est plus" (1975, 85) spielt auf urbane Veränderung, aber auch auf Stadtuntergänge an, die der Renaissance-Dichter Joachim Du Bellay („Rome n'est plus") als *translatio imperii* reflektiert (→ 28. Rom; 29. Artushof). Den nationalen Gründungsmythos vertieft das (verzerrt) aufgerufene Bild der „bonne louve" [guten Wölfin] (87), die die Romgründer Romulus und Remus genährt hat. Der (männliche) Heroismus des antiken Raumes ist für die Moderne durch Pathosverlust entwertet, das Verhältnis von Antike und Moderne karikatural gestaltet: „Andromaque, des bras d'un grand époux tombée, / Vil bétail, sous la main du superbe Pyrrhus" [Andromache, aus den Armen eines großen Gatten gefallen, / niedriges Vieh, unter der Hand des stolzen Pyrrhus] (86). In groteskem Wortspiel ist Andromache aus den Armen ihres großen Gatten gefallen und wird damit zu einer gefallenen, d. h. sexuell verfügbaren Frau (einer *‚femme tombée'*). Der Schwan erscheint im städtischen Raum von Louvre und Carrousel lediglich visionär am Boden, aber weder schwingt er sich in die Lüfte auf, noch gleitet er auf dem Wasser eines Sees. Über die Metaphorik des Wassers, die auf die Musenquelle des Parnass verweist, stellt sich wie in Balzacs *Illusions perdues* die Frage nach der Möglichkeit dichterischer Produktivität im städtischen Raum und, damit verbunden, die Frage nach der Relevanz der Dichtung für die französische Nation (→ 21. Literarisches Feld).

Literatur

Ageorges, Sylvain. *Sur les traces des Expositions universelles 1855: Paris 1937*. Paris: Parigramme, 2007.
Balzac, Honoré de. *La Comédie humaine*. 12 Bde. Hrsg. von Pierre-Georges Castex. Paris: Gallimard (Pléiade), 1976–1981.
Balzac, Honoré de. *Illusions perdues* [1843]. Hrsg. von Antoine Adam. Paris: Classiques Garnier, 1961.
Baudelaire, Charles. *Œuvres complètes*. 2 Bde. Hrsg. von Claude Pichois. Paris: Gallimard (Pléiade), 1975–1976.
Benjamin, Walter. „Paris, die Hauptstadt des XIX. Jahrhunderts" [1935]. *Gesammelte Schriften*. 7 Bde. Hrsg. von Rolf Tiedemann und Hermann Schweppenhäuser. I/2. Frankfurt a. M.: Suhrkamp, 1974. 509–690.
Benjamin, Walter. *Charles Baudelaire: Ein Lyriker im Zeitalter des Hochkapitalismus*. Hrsg. von Rolf Tiedemann. Frankfurt a. M.: Suhrkamp, 1974 [1974a].
Bilder einer Metropole: Die Impressionisten in Paris: Museum Folkwang (Ausstellungskatalog). Göttingen: Steidl, 2010.
Cohen, Claudine. „Balzac et l'invention du concept de ‚milieu'". *Balzac géographe: Territoires*. Hrsg. von Philippe Dufour und Nicole Mozet. Saint-Cyr-sur-Loire: Christian Pirot, 2004. 25–32.
Doetsch, Hermann. *Flüchtigkeit: Archäologie einer modernen Ästhetik bei Baudelaire und Proust*. Tübingen: Narr, 2004.
Genette, Gérard. „Métonymie chez Proust". *Figures III*. Paris: Seuil 1973. 41–63.
Fietkau, Wolfgang. *Schwanengesang auf 1848: Ein Rendezvous am Louvre: Baudelaire, Marx, Proudhon und Victor Hugo*. Reinbek bei Hamburg: Rowohlt, 1978.
Fischer-Loock, Xenia. „Édouard Manet: Ästhetik des modernen Lebens". *Gestalten des 19. Jahrhunderts*. Hrsg. von Hannes Böhringer und Arne Zerbst. München: Fink, 2010. 135–163.
Full, Bettina. *Karikatur und Poiesis: Die Ästhetik Charles Baudelaires*, Heidelberg: Winter, 2005.
Guichardet, Jeannine. *Balzac: Archéologue de Paris*. Paris: Sedes, 1986.
Gumbrecht, Hans Ulrich, Karlheinz Stierle und Rainer Warning (Hrsg.). *Honoré de Balzac*. München: Fink 1980.
Le Men, Ségolène. „La ‚Littérature panoramique' dans la genèse de la ‚Comédie humaine': Balzac et ‚Les Français peints par eux-mêmes'". *L'Année balzacienne* 3 (2002): 73–100.
Minder, Robert. „Paris in der französischen Literatur 1760–1960". *Dichter in der Gesellschaft*. Frankfurt a. M.: Suhrkamp, 1972. 319–375.
Reff, Theodore. „Manet and the Paris of Haussmann and Baudelaire". *Visions of the Modern City: Essays in History, Art and Literature*. Hrsg. von William Sharpe und Leonard Wallock. Baltimore: Johns Hopkins University Press, 1987. 135–167.
Steinhauser, Monika. „Der inszenierte Blick des Flaneurs: Manet und Baudelaire". *Im Blickfeld: Jahrbuch der Hamburger Kunsthalle* 1 (1994): 9–40.
Stierle, Karlheinz. „Baudelaires ‚Tableaux parisiens' und die Tradition des ‚Tableau de Paris'". *Poetica* 6 (1974): 285–322.
Stierle, Karlheinz. *Der Mythos von Paris: Zeichen und Bewußtsein der Stadt*. München: Hanser, 1993.
Warning, Rainer. *Heterotopien als Räume ästhetischer Erfahrung*. München: Fink, 2009.
Willms, Johannes. *Paris: Hauptstadt Europas 1789–1914*. München: Beck, 1988.

Westerwelle, Karin. „Paris-Ansichten in Baudelaires ‚Le Crépuscule du matin'". *Visionen des Urbanen: (Anti-)Utopische Stadtentwürfe in der französischen Wort- und Bildkunst*. Hrsg. von Kurt Hahn und Matthias Hausmann. Heidelberg: Winter 2012, 79–100.

Westerwelle, Karin. „Der Dandy als Held". *Heldengedanken: Über das heroische Phantasma*. Merkur 724/725 (2009): 887–896.

Westerwelle, Karin. „Die Transgression von Gegenwart im allegorischen Verfahren: Baudelaires ‚À une Passante'". *Romanische Forschungen* 107 (1995): 53–87.

Wolfzettel, Friedrich. „Funktionswandel eines epischen Motivs: Der Blick auf Paris". *Romanistische Zeitschrift für Literaturgeschichte* 1 (1977): 353–377.

40. Meer/Luft/Wüste: Eroberung des Naturraums

Wolfgang Struck

1. Ozeanische Träume: Die Glätte der Natur

„Now small fowls flew screaming over the yet yawning gulf; a sullen white surf beat against its steep sides; then all collapsed, and the great shroud of the sea rolled on as it rolled five thousand years ago." (Melville 2002 [1851], 427).

Am Ende der wohl ausuferndsten Seereise des westlichen Literaturkanon hat das Meer sich über den Gegnern eines jahrhundertealten Krieges, einer jahrelangen Verfolgungsjagd und schließlich einer dreitägigen Schlacht wieder geschlossen, über *Moby Dick*, dem weißen Wal, und Kapitän Ahab, seinem fanatischen Jäger, über dem Schiff *Pequod* und über dessen Besatzung. Der Wal, „floundering down upon us from the head-waters of the Eternities" (351), hat, so scheint es, die aggressiven Eindringlinge in die Tiefe hinabgerissen, das Meer selbst hat dem Angriff widerstanden, hat alle Spuren getilgt und ist ‚ungekerbt' (Deleuze und Guattari 1992, 663–669) wie fünftausend Jahre zuvor, als die Sintflut die menschliche Welt ausgelöscht hatte.

Doch das komplexe Gefüge aus Abenteuergeschichte und epistemologischer Reflexion, das Herman Melvilles *Moby Dick* zuvor entfaltet hat, ist damit nicht aufgelöst. „The drama's done", so beginnt der noch folgende, kurze Epilog (2002 [1851], 427): Das Leichentuch ist zugleich ein Vorhang, das Meer eine Bühne, und das verweist sowohl auf ein *backstage* als auch auf ein Publikum (→ 8. Raum und Theatralität). Der erste Zuschauer ist der eine Überlebende, der, „floating on the margin of the ensuing scene" (427), die Katastrophe aus halbwegs sicherer Distanz beobachten kann, und der dann, glücklich gerettet, an den Ausgangspunkt der Reise zurückkehren und die Geschichte aufschreiben wird, die wir gerade gelesen haben (→ 7. Raum und Erzählung). Wenn er dabei nach einem paradigmatischen Außenseiter und Ausgestoßenen ‚Ismael' genannt werden will, dann verweist er nicht nur darauf, dass er nun als einziger Überlebender aus der von Ahab immer wieder beschworenen Einheit von Kapitän, Schiff und Mannschaft herausgefallen ist. Kein Seemann, sondern ein melancholiegeplagter Stadtflüchtling, ist er schon während der Reise ein Außenseiter, der die Welt, in der er lebt, zugleich wie von außen betrachtet und reflektiert. Sein Versuch, das Geschehene zu begreifen, greift dann weit über die Abenteuer der einen Reise hinaus (→ 31. Die ‚Neue Welt'), er sprengt auch die fiktive Geschichte des fiktiven

Erzählers und führt, auf einer nicht weniger abenteuerlichen Bibliotheksreise, in das Wissen über das Meer in der Mitte des 19. Jahrhunderts (→ 9. Räume des Wissens). In der durchgängigen Theatermetaphorik heißt das: Der Erzähler ist auf paradoxe Weise zugleich auf, vor und hinter der Bühne zu finden.

Am Beginn der Handlung pilgert er mit „thousands upon thousands" anderer Spaziergänger an die äußerste Spitze von Manhattan, um dort, wo die Großstadt ins Meer hinaus- oder das Meer an die Großstadt heranragt, „fixed in ocean reveries" (18), den Blick in die unbegrenzte, leere Weite zu richten. Vor ihm liegt die Natur (→ 12. Landschaft), hinter ihm aber die Metropole der Ökonomie, Wissenschaft und Religion, die den konstitutiven, epistemischen Hintergrund der erzählten Geschichte bereitstellt. Der Blick vom Rand des Meeres ist topisch. Die *carta marina* (1539) des schwedischen Bischofs Olaus Magnus, eine Bestandsaufnahme frühneuzeitlichen Wissens über das Meer (→ 22. Kartographisches Schreiben), zeigt – neben ihren aus unzähligen Legenden und Berichten zusammengetragenen Ungeheuern, Meerwundern und Mahlströmen – auf einem Vorgebirge der norwegischen Küste einen Mann, „der die Tiefe des Meeres bei dem allerhöchsten Gebirge mit viel Stricken und Blei ergründen will und es doch nicht vermag" (2006 [1539], 65). Was hier das Senkblei, Instrument menschlicher Wissenschaft, nicht zu ergründen vermag, ist gleichermaßen der unermesslich tiefe physikalische wie göttlichem All-Wissen vorbehaltene transzendente Raum. In einen ähnlich heterogenen, überdeterminierten Raum führt Ismaels ozeanische Reverie (→ 32. Atlantik/Pazifik). Ausdrücklich zielt der aus „Neugier" geborene Impuls, der ihn an Bord der *Pequod* bringt, auf eine an den Imperativ moderner Wissenschaft gemahnende Übertretung: „I love to sail forbidden seas" (2002 [1851], 22). Was für ein Verbot hier übertreten werden soll, ist allerdings keineswegs klar. Die Rede ist zunächst nur von wilden, entfernten und kaum befahrenen Meeren, in die vorzudringen den Walfängern vorbehalten ist. Was diese allen anderen Seefahrern gegenüber auszeichnet, geht jedoch über die bloße Länge ihrer Fahrten hinaus. Während Handelsschiffe nur verlängerte Brücken und Kriegsschiffe nur schwimmende Festungen, selbst Piraten eher Wegelagerer als freie Seefahrer seien, lebe allein der Walfänger nicht nur auf, sondern aus dem Meer, auf das sein Begehren so vollständig orientiert sei, dass er schließlich in ihm aufgehe (65–66). So ist es auch konsequent, dass Ahabs Reise sich von jeder ökonomischen Motivation befreit hat, und ebenso, dass er sich am Ende noch einmal, wie Odysseus (→ 26. Mittelmeer), an Frau und Kind erinnert, aber nur, um sich von dieser Reverie, die man im Gegensatz zur ‚ozeanischen' vielleicht als ‚terrarische' bezeichnen könnte, ebenfalls zu befreien (404–407). Auch der Wunsch, sich an dem Wal zu rächen, der ihm ein Bein abgerissen hat, scheint vorgeschoben. Wenn Ahab längst vor dem Unfall „furiously, foamingly" seine Beute gehetzt hat, „more a demon than a man" (405), tausendmal, nicht auf der Jagd nach dem einen, sondern nach allen Walen, dann gilt das dem Meer selbst, dem Feind, der ihn in die „desolation of solitude" (405) des Kapitänslebens gebannt hat.

Religion und Naturwissenschaft konvergieren in *Moby Dick* auf eigentümliche Weise, um das Meer als ‚glatten' Raum zu erzeugen, einen Raum des Anderen, der Utopie und Fluch zugleich ist (→ 15. Utopie und Heterotopie). Ob es das fünftausend Jahre alte Meer der Sintflut ist oder das Millionen Jahre alte Meer des geologischen Tertiär: In beiden hat der Mensch keinen Platz, ist der Wal „king of creation" (350). Er hat Noahs Arche verschmäht (354) und sich damit trotzig dem Reich Gottes wie des Menschen entzogen, anders als selbst die wildesten Tiere des Landes, die ihr Überleben der Tatsache verdanken, dass sie sich in Noahs Obhut begeben haben – und in die Obhut jener zoologischen Gärten, in denen man in den Großstädten des 19. Jahrhunderts Tiger, Löwen und Elephanten betrachten konnte. John Berger zufolge (1980) feiert in diesen Ausstellungen die Menschheit ihren Triumph über eine Natur, mit der sie sich nun nicht mehr die gleiche Welt teilen muss, sondern der sie einen kontrollierten, künstlichen Lebensraum als Schauraum anweisen kann. Auf dem Meer, das die *Pequod* befährt, steht dieser Triumph noch aus; das erklärt die Unversöhnlichkeit des Krieges gegen den Wal, der dem Menschen immerhin vier Fünftel der Erdoberfläche streitig macht. Ein Ende des Kampfes ist ebenso wenig abzusehen wie ein Ende des Meeres, und so kommt der Erzähler nach einer ausführlichen Erörterung, ob der Wal vom Aussterben bedroht sei, zu dem Schluss, er werde allen Verfolgungen trotzen – „and [...] spout his frothed defiance to the skies" (354).

2. Meerrecht: Die Kerbung der Natur

Ein Jahrzehnt später, in Jules Michelets großer Geschichte des Meeres, *La mer* (1861), ist das bereits anders geworden. Nur vom Ufer aus gesehen vermittelt das Meer noch den Eindruck der Unendlichkeit und unbezähmbaren Macht (1861, 3–11). Tatsächlich aber ist die Menschheit in dem „unerbittlichen Kriege" (265), in dem sie dem Meer seine Geheimnisse und seine Reichtümer entreißt, längst im Vorteil. Nicht nur bei Michelet dokumentiert sich das paradigmatisch im Walfang. Während der Wal, der 1820 die *Essex* auf spektakuläre Weise gerammt und versenkt – und damit ein Vorbild für *Moby Dick* geliefert – hatte (Chase 1821), noch in etwa die gleiche Länge aufweisen konnte wie das achtundzwanzig Meter lange Schiff seiner Jäger, die ihre Harpunen per Hand von noch fragileren Beibooten aus werfen mussten, erscheinen vierzig Jahre später angesichts dampfgetriebener Eisenschiffe, die mit Deckskanonen Sprengharpunen verschießen, solche Geschichten nur noch als Seemannsgarn. Ob der Wal aussterben wird, ist bei

Michelet keine Frage mehr, die die Natur zu beantworten hätte. Nur ein von Menschen geschaffenes „Meerrecht" könnte ihn retten, und dies sei gleichermaßen aus Respekt vor der göttlichen Schöpfung geboten wie aus Sorge um das eigene Überleben, da das Verschwinden einzelner Arten unabsehbare Konsequenzen für das Gleichgewicht der Natur und damit die Lebensgrundlagen der Menschen haben könnte (254–262). Michelets ‚Meerrecht' ist ein bemerkenswertes Konzept. Es basiert zwar auf einem zwischen den seefahrenden Nationen geschlossenen Vertrag, aber anders als das von Diplomaten und Staatsrechtlern entworfene ‚Seerecht' regelt es nicht das Verhältnis zwischen diesen Nationen oder allgemeiner: den Menschen auf dem Meer, sondern das Verhältnis zwischen der Menschheit und dem Meer, dem es den Status eines Rechtssubjekts verleiht – eine Idee, die erst Michel Serres' ‚Naturvertrag' (1994) wieder aufnimmt.

Ozeanische Träumereien jedoch finden in einem derart verrechtlichten Raum kein Ziel mehr. Was Natur ist, bestimmen nunmehr juristische Normen und wissenschaftliche Gesetze. Michelets Hauptzeuge dafür ist Matthew Fontaine Maury, der Begründer der Ozeanographie, dessen Werk sowohl physikalisch-hydrographische Forschungen als auch praktische Navigationslehren umfasst (→ 9. Räume des Wissens). Dass er seine *Explanations and Sailing Directions* für die Handelsschifffahrt auch um einen praktischen Ratgeber für den Walfang erweitern wollte (Maury 1854), verschafft dem Leutnant der amerikanischen Marine einen Fußnoteneintrag in *Moby Dick* (Melville 2002 [1851], 167). Wenn Kapitän Ahab fast jede Nacht, alte Logbücher seiner ‚Vorfahren' auswertend, mit dem Bleistift mögliche Wege der Walwanderungen in seine Seekarten einzeichnet, dann wird er damit seinerseits zum Vorfahren des Ozeanographen, der in der Systematik der Walwanderungen neben den Strömungen einen weiteren Typus von Linien entdeckt zu haben glaubte, die die Natur selbst den Karten einzuzeichnen scheint und die den amorphen Raum strukturieren und berechenbar machen (→ 2. Topographien). Diesen Weg einer ‚Kerbung' des Meeres verfolgt auch Ahab, „threading a maze of currents and eddies" (167). Doch seine Linien haben keinen Bestand. Nicht nur werden sie fast jede Nacht auch wieder ausradiert, um neuen Platz zu machen. Was Ahab zum Ziel führt – wenn denn nicht überhaupt eher der Wal den Jäger findet als umgekehrt –, ist sehr viel mehr seemännische Erfahrung als wissenschaftliche Navigation: „wonderful skill, prescience of experience, and invincible confidence acquired by some great natural geniuses" (413–414).

Geniale Navigatoren sind jedoch im Zeitalter der *Sailing Directions*, der Industrialisierung von Fischfang und Seefahrt, kaum weniger ein „Fossil" (348) als der Weiße Wal. Ahab kann zwar die Bleistiftstriche wieder aus seinen Karten löschen, nicht aber die Karten selbst wieder aus der Welt schaffen, die seine *wonderful skill* durch Rechenexempel ersetzen (→ 20. Literaturgeographie und Literaturkartographie). Nur indem der Erzähler Maurys *Sailing Directions* in eine Fußnote verbannt, kann er vom Meer als Naturraum erzählen, aber dass er ihnen zumindest diese Randexistenz zugestehen muss, zeigt auch, dass er sie nicht zu löschen vermag. Ahab scheint das zu ahnen, wenn er am Morgen vor dem letzten Kampf seine Hassliebe überraschenderweise auf einen anderen, noch unvermessenen Naturraum verlagert: den Wind (419–420).

3. Über Menschen: Angriffe auf die Luft und aus der Luft

Auch dieser letzte Fluchtraum von Ahabs nomadischer und Ismaels ozeanischer Reverie wird in der zweiten Hälfte des 19. Jahrhunderts zunehmend zum Ziel von Eroberungsplänen. Ab 1853 entdeckt die britische *Royal Society* den Ballon als wissenschaftliches Instrument, und 1863 führt die erste von Jules Vernes *Außergewöhnlichen Reisen*, *Cinq semaines en ballon*, einen englischen Forscher in den Himmel über Afrika. Im Gegensatz zu Melvilles nostalgischem Rückblick auf eine vergangene Zeit der Seefahrt führt Vernes Reise jedoch in die Zukunft. Sein Held, Dr. Samuel Fergusson, hat nämlich das zentrale Problem der Unlenkbarkeit gelöst, das sich in der Realität des 19. Jahrhunderts der Eroberung der Luft – und der Eroberung unerforschter Kontinente aus der Luft – entgegenstellt. Zwar driftet auch sein Ballon mit dem Wind, aber dank einer vertikalen Steuerung können geeignete Strömungen gezielt genutzt werden. Je höher man komme, so erläutert Fergusson, umso stabiler und berechenbarer werde das Strömungssystem: „Die Gefahr lauert unten, nicht oben" (Verne 1976 [1863], 85).

Während das undurchdringliche Dunkel der Meerestiefen in *Moby Dick*, Maurys Strömungskarten zum Trotz, ein Raum ungekannter Ungeheuer und Bedrohungen bleibt, ist der transparente Himmel Vernes ein Raum klarer, einfacher physikalischer Gesetze. Sieht man einmal davon ab, dass die Höhensteuerung auf der ein wenig selbstmörderisch anmutenden Idee beruht, das Wasserstoffgas in der Ballonhülle mittels eines Wasserstoff-Sauerstoff-Brenners zu erhitzen, dann liegt hier, in der Hypothese einer idealen, berechenbaren Atmosphäre, die eigentliche Utopie von Vernes Roman (→ 15. Utopie und Heterotopie). Und so ist mit einigen Turbulenzen und der Attacke aggressiver Raubvögel das abenteuerliche Potential der Atmosphäre auch schon erschöpft. Daher verbindet die Handlung die Luftfahrt mit der Erschließung einer weiteren *terra incognita*, dem ‚Inneren Afrika', auf das sich in den 1860er Jahren gleich eine ganze Reihe spektakulärer Entdeckungsreisen konzentrierte (→ 7. Raum und Erzählung; 14. Semiosphäre und Sujet). Fergussons Ballonfahrt soll also nicht nur die Beherrschbarkeit des Luftraums beweisen, sondern auch einen der letzten ‚weißen Flecken' auf dem Erdboden ‚enthüllen' und dabei all jene erdgebundenen Abenteurer und „Märtyrer der Wissenschaft" überbieten, an die der Roman in einer „Martyriologie Afrikas" noch einmal erinnert (22–34).

Angeleitet wird Fergusson von einer „vorzüglichen Karte" seines Freundes Petermann (111; → 22. Kartographisches Schreiben). Im Unterschied zu Ahab wird er auf ihr nichts ausradieren und ihr auch kaum etwas hinzufügen. Verne schließt sich der zeitgenössischen Geographie, die durch die Karten des Gothaer Geographen August Petermann repräsentiert wird (Petermann und Hassenstein 1863), sehr viel vertrauensvoller an als Melville (→ 19. Literarische Geographie). Und so führt seine Reise in erster Linie in einen Kartenraum. Sobald der Ballon das „Gewimmel" von Feinden und Freunden, einer abergläubischen Bevölkerung, die den Ballon zerstören will, sowie den englischen Marinesoldaten, die ihn davor zu schützen haben, unter sich zurückgelassen hat, blicken die Ballonfahrer auf die Welt wie auf einen *planisphère* – also eine Karte und nicht, wie in der deutschen Übersetzung, einen *Globus* (Verne 1976, 99; 1863, 56). Sie *sehen* demnach, was man eigentlich erst berechnen müsste: die mathematisch-geometrische Projektion, die die gekrümmte und perspektivisch verzerrte Kugeloberfläche perspektivfrei auf ein ebenes Blatt Papier überträgt (→ 5. Schrifträume). Daher haben Vernes Ballonfahrer, ganz im Gegensatz zu den wirklichen, auch keine Probleme, sich aus der Höhe zu orientieren, indem sie die Landschaft mit ihrer „vorzüglichen Karte" abgleichen.

Epistemologisch gesehen, hat Verne hier eine entscheidende Wende vollzogen, wenn er den Raum, von dem aus beobachtet wird, von dem beobachteten Raum trennt. Seine Forscher bewegen sich, anders als die verschollenen ‚Märtyrer', in einem Kartenraum, der konsequent von dem kartographierten Naturraum unterschieden ist. Zum Risiko wird die Reise erst dann, wenn diese Trennung zusammenzubrechen droht. Wenn der Ballon nachts mit einem Anker an Bäumen oder Felsen vertäut wird, dann steigen aus dem Dunkel ungeahnte Gefahren auf wie aus der Tiefe der See, drohen menschengleiche Affen und affengleiche Menschen, die Gondel zu entern. Und tagsüber bestätigen fanatische Moslems und blutgierige Kannibalen Fergussons Prognose, dass die Gefahr ‚unten' droht. Aber auch diese Gefährdungen kommen keineswegs unerwartet, weder für die reiseberichtgeschulten Ballonfahrer noch für die Leserinnen und Leser populärer Abenteuergeschichten. Dort nämlich ist das, was auf keiner Karte verzeichnet ist, nur allzu vertraut, und so fehlt in Vernes Erzählung kaum eines der rassistischen Stereotype, die das ‚Innere Afrika' als Raum des ‚Anderen' und ebenso als potentielles Kolonialgebiet definieren (→ 11. Postkoloniale Räume). Auf diese Weise bewährt sich auch der kaum erfundene Ballon bereits als Instrument der Intervention ‚zivilisierter' Mächte in indigene Konflikte. Als die Ballonfahrer beobachten, wie sich ein Krieger daranmacht, einen überwundenen Gegner zu verspeisen (→ 38. Nissopoiesis), wird er aus der Sicherheit der Gondel heraus kurzerhand erschossen (214) – ‚*Intervention divine*' heißt das im Inhaltsverzeichnis. Auch die Vorstellung, in die fremde Welt ohne eigene Gefahr ‚regelnd' eingreifen zu können, ist letztlich eine Kartenphantasie, und wichtiger als die geopolitische (→ 10. Geopolitik und Globalisierung) ist auch bei Verne die epistemische Funktion dieser Phantasie, die den Beobachter eindeutig außerhalb und oberhalb der beobachteten Welt positioniert und diese so zugleich in ein Labor und einen Schauraum verwandelt (zur epistemischen Funktion des Standpunkts ‚*outside and above*' siehe Ingold 2000, 209–212).

4. Das Epos eines Zuschauers: Nomaden im Wüstentheater

Zwischen geopolitischen Planspielen und individueller, unmittelbarer Erfahrung einer fremden Landschaft bewegt sich auch Thomas Edward Lawrence, der als *Lawrence of Arabia* die europäische Imagination der Wüste nachhaltig geprägt hat. In *The Seven Pillars of Wisdom* (1922 und 1926) schildert er, wie er als britischer Verbindungsoffizier während des Ersten Weltkriegs in den arabischen Unabhängigkeitskampf gegen das Osmanische Reich involviert war. Die treibende Kraft dieser Revolte konnte, Lawrence zufolge, nur von den nomadischen Stämmen der Wüste ausgehen, deren Überlebensfähigkeit und Beweglichkeit in einer unwegsamen, menschenfeindlichen Landschaft die zahlenmäßige und technische Überlegenheit der türkischen Armee kompensieren konnte. Signifikanterweise richtet sich der Partisanenkrieg der Nomaden gegen Eisenbahnlinien und Brücken, jene Infrastrukturen, die den ‚glatten' Raum der Wüste den strategischen Planungen einer regulären Armee zugänglich machen.

Wie Ismael tritt auch Lawrence in eine Doppelrolle als Teilnehmer und Beobachter ein, tauscht nicht nur seine englische Uniform gegen arabische Kleidung, sondern nimmt auch die Gewohnheiten der Männer an, mit denen er auf Kamelen durch die Wüste oder barfuß durch das Gebirge zieht. Auch wenn *The Seven Pillars of Wisdom* recht ausführliche Erläuterungen der politisch-militärischen Situation enthält, so weist Lawrence doch immer wieder darauf hin, dass der arabische Krieg nur aus einer solchen Nah-Perspektive zu verstehen sei, aus dem Erleben einer patriarchalen Männergesellschaft und deren Lebensraum. Die Wüste wird zum eigentlichen Akteur, der nicht allein Bewegungsverhalten und Lebensrhythmus vorgibt, sondern gleichsam als metaphysische Kraft erscheint. Dabei scheint sie sich auch aus konkreten geographischen und zeitlichen Zusammenhängen herauszulösen, nicht mehr *eine*, sondern *die* Wüste: „Landscapes, in childhood's dream, were so vast and silent" (1997 [1922/26], 342) (→ 12. Landschaft).

Kaum ein Tag, so Lawrence, sei vergangen, an dem er nicht von irgendeinem körperlichen Gebrechen geplagt worden sei, aber solche Introspektionen verblassen gegenüber einem Außen, das als schrecklich und zugleich schön, vor allem aber immer in einer überwältigenden Präsenz erfahren wird, als „ubiquitously hostile country", „splendid and barbaric", „fierce, stimulant, barbaric" (112 und 560). In solchen wiederkehrenden Attributen wird die Wüste beschrieben als ein Raum, der größer ist als die Menschen in ihm. In seiner Offenheit und Weite wird er zum Gegenentwurf zu den Schützengräben des Kriegs in Europa: „After days of travel on the plateau in prison valleys, to meet this brink of freedom was a rewarding vision, like a window in the wall" (349). Der Raum hinter dem Fenster bleibt jedoch fremd, es ist ein *anderer* Raum, außerhalb der Zeit und außerhalb der Realität des Krieges, in der die arabischen Partisanen nur ein Baustein in den geopolitischen Plänen der Alliierten sind, die Türken von Eisenbahnen aus operieren, denen die arabischen Sabotageanschläge nur kurzfristig Schaden zufügen können, sowie von Flugzeugen aus, mit denen sie den Luftkrieg in die Wüste tragen. Auch die arabische Seite rüstet technisch auf, Kamele werden durch Panzerwagen ersetzt, und gegen Ende werden Lawrence und seine Partisanen zu staunenden und hilflosen Zuschauern eines Luftkampfs. Vor allem aber bindet das Ziel, auf das der Krieg der Nomaden hinausläuft – ein arabischer Nationalstaat oder, alternativ, die Expansion europäischer Kolonialimperien – die Wüste in das Dispositiv geschlossener Territorien ein (→ 10. Geopolitik). Darin aber, so ist Lawrence klar, haben die Nomaden-Krieger, hat auch er selbst, keinen Platz mehr. Der neue arabische Herrscher, König Faisal, wird mit genau jener Eisenbahn triumphal im eroberten Damaskus einfahren, deren Zerstörung das Hauptziel von Lawrences Aktionen war. Und Lawrence wird zurückkehren an seinen Schreibtisch in Oxford, an dem er, der auch eine verbreitete Homer-Übersetzung verfasst hat (→ 26. Mittelmeer), das Epos der Wüste schreiben wird: „Today in my old garments, I could play the bystander, obedient to the sensibilities of our theatre" (781). Mit *Lawrence of Arabia* ist schließlich auch die Wüste zu einem Schauraum europäischer Imagination geworden.

Literatur

Berger, John. „Why Look at Animals?". *About Looking*. New York: Vintage Books, 1980. 1–28.
Chase, Owen. *Narrative of the Most Extraordinary and Distressing Shipwreck of the Whale-Ship Essex, of Nantucket; Which Was Attacked and Finally Destroyed by a Large Spermaceti-Whale in the Pacific Ocean*. New York: Giley, 1821.
Deleuze, Gilles, und Félix Guattari. *Tausend Plateaus*. Übers. von Gabriele Ricke und Ronald Voullié. Berlin: Merve, 1992.
Ingold, Tim. *The Perception of the Environment*. London: Routledge, 2000.

Lawrence, Thomas E. *Seven Pillars of Wisdom* [1922/1926]. Hrsg. von Angus Calder. Ware: Wordsworth, 1997.
Maury, Matthew F. *Explanations and Sailing Directions*. Philadelphia: Biddle, 1854 [1851].
Melville, Herman. *Moby Dick* [1851]. Hrsg. von Hershel Parker und Harrison Hayford. New York: Norton, 2002.
Michelet, Jules. *Das Meer*. Übers. von Friedrich Spielhagen. Leipzig: Weber, 1861.
Olaus Magnus. *Die Wunder des Nordens* [1539/1555]. Hrsg. von Elena Balzamo und Reinhard Kaiser. Frankfurt a. M.: Eichborn, 2006.
Petermann, August, und Bruno Hassenstein. „Inner-Afrika nach dem Stande der geographischen Kenntniss in den Jahren 1861–1863". *Petermanns Geographische Mitteilungen*. Ergänzungsband 2 (=Ergänzungshefte 7, 8, 10, 11; 1861–1863). Gotha: Perthes, 1863.
Serres, Michel. *Der Naturvertrag*. Übers. von Hans-Horst Henschen. Frankfurt a. M.: Suhrkamp 1994.
Verne, Jules. *Fünf Wochen im Ballon* [1863]. Übers. von Felix Gasbarra. Zürich: Diogenes, 1976.
Verne, Jules. *Cinq semaines en ballon*. Paris: Hetzel, 1863.

41. ‚Intervenierendes Papier': Die Seite als Schrift- und Denkraum

Kurt Hahn

„RIEN [...] N'AURA EU LIEU [...] QUE LE LIEU" (Mallarmé 1998 [1897], 384–385). Wie anders könnte ein Beitrag beginnen, der über das Verhältnis von Raum und Literatur in Stéphane Mallarmés Lyrik sprechen will? Das prominente Syntagma, zu dem sich auf der vorletzten Doppelseite des *Coup de Dés* die Würfel, die Gestirne oder, nüchterner gesagt, die in Majuskeln gesetzten Wörter konfigurieren, deutet unverzüglich das Arkanum an, das den Text seit beinahe 120 Jahren umgibt. Dabei ließe sich die Behauptung einer exklusiven Ereignishaftigkeit des ‚lieu' auch als doppelzüngige Warnung davor verstehen, allerlei verschlüsselte Botschaften in das Gedicht hineinzugeheimnissen. Wenn sich außer dem ‚Ort' nichts ereignet haben soll, dann ist dem vielleicht wirklich so; zumindest gemessen an einer Poetik, die von Literatur substantielle Wahrheiten und ontologische Letztbegründungen erwartet, wie Mallarmé sie zuweilen selbst – etwa unter dem Lemma einer „explication orphique de la Terre" (788) – verspricht.

Un Coup de Dés jamais n'abolira le Hasard, wie der volle Titel lautet, verweigert derart universale Antworten. Die Versagung höherer Weihen bedeutet gleichwohl nicht, dass der ‚lieu' oder besser: die ‚lieux' kein Geschehen wären. Im Gegenteil: Dynamisiert und korreliert, fügen sich die Orte zu einem veritablen Ortsnetz (→ 3. Dynamisierungen), zu einem semiotisch, medial und zugleich geistig praktizierten Raum (→ 2. Topographien), der, so die schlichte Annahme dieser Bemerkungen, in Mallarmés Epochenwerk als einziges Faktum nicht im Potentialis des Hypothetischen verbleibt. Ausschließlich der Raum entzieht sich der apodiktischen Devise, die der Prolog zur ersten Version der verstörenden Druckschöpfung ausgibt (→ 5. Schrifträume): „Tout se passe, par raccourci, en hypothèse; on évite le récit." (391) Vermeidung der Anekdote, Vermeidung am besten jeder fixierbaren Narration, Deskription oder Argumentation – das nimmt sich der französische Lyriker zum Vorsatz, dessen Auswirkungen ähnlich weit reichen: Löschung aller Reste romantischer „métaphysiques des fonds" (Foucault 1966, 256), die auch Mallarmé noch umtreiben und die er im *Coup de Dés* in eine plastisch-buchstäbliche „profondeur spatiale" zu überführen trachtet, wie Maurice Blanchot (1959, 321; auch La Charité 1987, 145–175) treffsicher resümiert.

1. Insinuationen zwischen Form und Inhalt

Keine Abstraktion relativer oder absoluter Räumlichkeit, sondern das ‚intervenierende Papier', „[l]e papier [qui] intervient chaque fois qu'une image, d'elle-même, cesse ou rentre" (391), rückt damit in den Vordergrund. Um die Signifikanz des Materials zu ermessen, kommt man nicht umhin, einige Umstände und Parameter der Mallarmé'schen Gestaltung in Erinnerung zu rufen. *Un Coup de Dés* erscheint zunächst am 4. Mai 1897 in der internationalen Kunstzeitschrift *Cosmopolis*, allerdings in einer reichlich zurechtgestutzten Fassung, die statt der vorgesehenen Doppelseite als Leseeinheit die übliche Einzelseite zugrunde legt und zudem auf vier in Auftrag gegebene Lithographien von Odilon Redon verzichtet (1315–1327). Erst die postume Edition, die Mallarmés Schwiegersohn Edmond Bonniot bei *NRF* 1914 besorgt, wird die technischen Unzulänglichkeiten teilweise beheben. Von Belang sind derlei editorische Details nur insofern, als sie die ungemeine Innovationskraft des *Coup de Dés* bezeugen, der die Produktions- und Rezeptionsstandards der Zeit nicht gewachsen waren (Thierry 2010, 51–63). Sogar Kenner irritierten die zwölf Doppelseiten – inklusive Titelblatt – mit den weit verstreuten Lettern, da sie in jeder Hinsicht über bisherige Komplexitäten, Kondensationen und „Minusverfahren" (Lotman 1972, 83 und 145) in Mallarmés Lyrik hinausgingen. Das Textgebilde besteht aus einem einzigen Satz, der sich in vielfachen Appositionen, Parenthesen sowie Partizipien auffächert und den stetige Inversionen, Ellipsen oder Hyperbata durchfurchen. Noch vor der kaskadenartig entfalteten Syntax prallt die Erwartungshaltung jedoch auf die ungewohnte Typographie. Deren formale *variatio* kappt die Uniformität überkommener Druckschriftlichkeit, so dass – zusätzlich befördert durch den Ausfall der Interpunktion – semantische Korrespondenzen, syntaktische Korrelationen und phonische Äquivalenzen über Seiten hinwegreichen oder mit grammatisch ebenfalls möglichen Verknüpfungen konkurrieren. Wider die Linearität, die die Gutenberg-Galaxis institutionalisierte, kann demnach auch die Leserichtung schwanken, wenngleich sie zumeist von links oben nach rechts unten verläuft.

Konsequenz oder, je nachdem, Voraussetzung der Diversifizierung ist, dass sich das Sprachkunstwerk des *Coup de Dés* den Vermittlungsmodi anderer Künste annähert. Mallarmé selbst betont die Musikalität seines Gedichts; näherhin definiert er es als ‚Partitur', die den polyphonen Satz einer Symphonie verzeichnet (1998 [1897], 391–392; Murat 2005, 157–167). Der konzertante Charakter, dem gemäß graphisch signalisierte Leit- und Nebenstimmen zu scheiden wären, manifestiert sich zwar in einer punktuell markanten Rhythmik und Prosodie, in Lautfiguren wie Alliterationen, Homophonien oder Binnenreimen oder in der kontrapunktischen Struktur der Basisklausel, deren negativer Aussage: „UN COUP DE DÉS / JAMAIS / N'ABOLIRA / LE HASARD" (367/369/375/383) noch vor dem Ende ein affirmierendes „SI" (381) entgegentritt. Doch weder die rhizomatische Syntax, die zahllose Analysen hervorrief (bündig Marchal 1985, 289–293), noch die „Musique entendue au concert" (392) verbürgen in der Hauptsache die ungebrochene Modernität des *Coup de Dés*. Es ist vielmehr die – im weiten Verständnis – ikonische Anlage, der das Gedicht seine herausragende Stellung in der Literaturgeschichte verdankt und die es, präziser gefasst, als „Schriftbildlichkeit" (Krämer 2003) ausagiert. Wenn man unbedingt darauf aus ist, kann man mithin manche Disposition der Lexeme ideographisch auflösen. Danach zeichnete sich beispielsweise auf der vierten Doppelseite die Silhouette eines kenternden Schiffs ab, zum Auftakt hingegen wären die Konturen eines Würfels erkennbar, während über die siebte Doppelseite die kurz darauf benannte „plume solitaire éperdue" (378) schwebt, ehe sie wieder im „*gouffre*" (383; Herv. i. O.) versinkt und zuletzt im epiphanisch aufblinkenden ‚Siebengestirn' (387) wiederkehrt. Andernorts wollte man ferner einen einflügeligen Vogel, ein Seeungeheuer, eine Welle, ein Pentagramm, ein Herz und verschiedenes mehr skizziert sehen (Seaman 1981, 138–142).

Derart vereindeutigende Bild-Gebung erfordert aber nicht nur ein beachtliches Vorstellungsvermögen, sie führt überdies auf eine falsche Fährte, weil das Experiment des *Coup de Dés* wider Erwarten wenig mit den *Calligrammes* (1918) eines Apollinaire oder anderen Spielarten der Figurendichtung gemein hat. Typographische Mimesis sprachlich verfasster Inhalte ist Mallarmés Sache nicht, erfüllte sich auf diese Weise doch genau das, was seine späteren Vers- und Metatexte unablässig leugnen: die definitive *Real*isierung einer Begebenheit, eines Objekts oder Themas, das entsprechend der symbolistischen Poetik der Evokation allenfalls aufscheinen darf, um sogleich wieder zu entschwinden. In den Wortlaut des *Coup de Dés* übertragen, setzt also die „*insinuation simple*" (376–377; Herv. i. O.) die Bedingung, unter der alles statthat, unter die vom Würfelwurf und dem zaudernden „maître" über den Schiffbruch ‚ohne Schiff' (373) bis hin zum abschließenden Schicksalsstern sämtliche Motive gebracht werden. ‚Insinuation', Ahnung, Anzeichen und immer nur Spur einer ‚Offenbarung', die einem Diktum von Jorge Luis Borges (1980, 133) zufolge ‚bevorsteht, ohne je einzutreten' – solch eine Ästhetik der Quasi-Offenbarung performiert Mallarmés Gedicht (Shaw 1993, 171–184), dessen ereignishafte Funken, kaum versprüht, in Zweifel und Meditation übergehen, wie das Finale eindrucksvoll illustriert (387):

veillant
   doutant
      roulant
         brillant et méditant

            avant de s'arrêter
            à quelque point dernier qui le sacre

            Toute Pensée émet un Coup de Dés

2. Vom Denk- zum Schriftraum

Das Gedicht schließt, wie es begann, am Ende wie am Anfang steht der ‚Würfelwurf' (367/387), der streng genommen eher der Ent-Wurf eines Wurfes bleibt. Der Kyklos ist Programm, wie die tautologische Etymologie des Titels *Un Coup de Dés jamais n'abolira le Hasard* im Voraus anzeigt. Denn als Sinnbild des Zufalls verdoppelt der „Coup de Dés" lediglich die sprachgeschichtliche Wurzel des „Hasard", die bis zum arabischen *az-zahr* zurückreicht, was ohnehin ‚dé', ‚Würfel', heißt (Kristeva 1974, 277–278). Sich *autopoietisch* fortzeugend, fungiert der unbezwingbare Zufall als Letzthorizont, an dem der ‚Meister', ein mysteriöses Hamlet-Double mit ergrautem Bart und schwarzem Barett, offenkundig verzweifelt. Um Mitternacht und doch „DANS DES CIRCONSTANCES ÉTERNELLES" (369) lehnt er an einem sturmumtosten Riff, hält die Würfel in der Faust und – so weiter die spekulative Inhaltsparaphrase – ringt mit sich, ob er den ‚von alters her' (374) aufgegebenen Wurf tun soll oder nicht. Inwiefern dieser Errettung vor dem drohenden Abgrund verhieße, bleibt ebenso nebulös wie die Symbolik der genannten Feder, die Versatzstücke eines nautischen Katastrophenszenarios oder die Rolle einer sirenengleich auftauchenden „*stature mignonne ténébreuse*" (380; Herv. i. O.). Trotz der beabsichtigten Vagheit („dans ces parages / du vague / en quoi toute réalité se dissout"; 385) steht fest, dass die erwürfelte Zahl so oder so keine absolute wäre und nur abermals „LE HASARD" (383) bestätigte. Die „CONSTELLATION" des Großen Bären, in die der *Coup de Dés* „PEUT-ÊTRE" (386) einmündet, indiziert daher nicht die Aufhebung der Kontingenz in einer höheren Ordnung, sondern inthronisiert die Kontingenz als einzig *denk- und darstellbare* Ordnung.

Ebendarauf – und weniger auf das Was einer Geschichte, Beschreibung oder Erörterung – kommt es Mallarmé an, auf eine Form der Vertextung, die kognitive und physische Kompetenzen gleichermaßen adressiert. Die intellektuelle Tätigkeit zu verbalisieren, zu verschriften und damit zu konkretisieren, ist sein vordringliches Anliegen (Blanchot 1959, 327). Als „figure d'une pensée" (Valéry 1957, 624) vollzieht der *Coup de Dés* den lautlosen Parcours der Gedanken nach und überträgt ihn in einen „espacement de la lecture" (391), der zwangsläufig logo- und phonozentrische Grundoperationen revidiert. Dort, wo Literatur gemeinhin im Namen der Aussage, der Schönheit oder des Gefühls den Ballast ihrer Materialität zum Verschwinden bringt, rückt diese nun in den Aufmerksamkeitsfokus; und zwar in Gestalt sichtbarer Schrift genauso wie in deren Negation als Nicht-Schrift, als Präsenz der Absenz von Schrift, als *Schriftraum* mithin, auf dessen Leinwand sich die Zeichen erst mit Bedeutungsvalenzen aufladen können (→ 5. Schrifträume). Die weiße Seite, ehedem metaphorisch viel bemühter Topos, den Mallarmé unter anderem als „blanc souci de notre toile" („Salut"; 4) besingt, avanciert in *Un Coup de Dés* zum maßgeblichen Reservoir und Stimulans der Kreativität (Schneider 2008, 158–171; Schneider 2015). Es nimmt deshalb nicht Wunder, dass gut zwei Drittel des Druckwerks leer bleiben, dass Jacques Derrida (1972, 297) einen regelrechten „repli du blanc sur le blanc" konstatieren kann und dass das Gedicht den ‚weiß wütenden' Ab- und Untergrund, aus dem es ersteht, eigens beschwört (370): „SOIT / que / l'Abîme // blanchi / étale / furieux". Während die jahrhundertelang eingeübte Tiefenschau im *Coup de Dés* wenig Gewissheit, kaum emotional oder rational Zählbares, kaum Erzählbares erbringt, geschieht an der Oberfläche des Sinnlichen umso mehr und tritt in den dominanten *blancs* die Ermöglichungsbedingung lyrischer Textualität zutage.

3. Mallarmés lyrische Raumpraxis – Axiome und Verfahren

Versuchsweise gebündelt, sind es vier Überlegungen und daraus erwachsende Verfahren, auf deren Basis *Un Coup de Dés* das Areal der Buchseite neu als Träger- und Sinnmedium entdeckt: (1) Auflösung der Werkeinheit; (2) Mobilisierung der Leseraktivität; (3) Anschluss an aktuelle Print- und Bildmedien; (4) Primäre Metafiktionalität.

(1) *Auflösung der Werkeinheit.* Erstgenanntes Axiom erscheint umso evidenter, wenn man es auf der Folie der Skizzen und Berechnungen betrachtet, die Mallarmé seinem Projekt eines definitiven *Livre* (Mallarmé 1998, 549–631; Scherer 1957; Richard 1961, 565–574; Benoit 1998) widmet. „[T]out, au monde, existe pour aboutir à un livre" (2003, 224), heißt es zu diesem Super-Buch, dessen Konzeption durchweg zwischen Essentialismus und Prozesshaftigkeit, zwischen einem arithmetisch limitierten Œuvre und einer unabschließbaren „expansion totale de la lettre" (225) schwankt. Ohne die fixe Idee eines Buchs der Bücher ansatzweise umzusetzen, schlägt der *Coup de Dés* ästhetisches Kapital aus dem Widerspiel von Verdichtung und Entgrenzung, von Konzentration und ‚Dissemination' (Derrida 1972, 319–407). Auf schmalen zwölf Seiten vollzieht sich darin die Genese einer

ganzen schwarz-weißen Buchstabenwelt, die jedoch, wie Octavio Paz anmerkt (1967, 273–276), ohne konsistente Kosmovision auskommt, sondern stets im Reich des ‚Vielleicht' verharrt, in dem die Signifikanten auf der Suche nach ihren Signifikaten umherirren.

(2) *Mobilisierung der Leseraktivität.* Als Prototyp des „poema crítico" (271), dessen volles Potential erst Lyrik und andere Künste des 20. Jahrhunderts (Givry und Fabrègues 1998) ausschöpfen werden, befragt und annulliert sich Mallarmés Gedicht andauernd selbst, um jeweils andere Auslegungen zu provozieren. Allem voran ruft es dabei den Leser auf den Plan, der gleichsam den Raum des *Coup de Dés* betritt und dessen „surface vacante" (1998 [1897], 387) ausmessen muss. Am Rezipienten ist es, der zerklüfteten Textur habhaft zu werden, ihre frappante Oberflächigkeit und ihre Leerstellen zumindest vorläufig zu funktionalisieren sowie die Satzfragmente versuchsweise zusammenzusetzen. Die veränderlichen Intervalle zwischen den Zeichen wird er hierfür als semantische Segmentierungen, strukturgebende Interpunktion, prosodische Einschnitte oder Intonationszeichen zu instrumentalisieren versuchen (Bowie 1978, 120–123). Oder er verlegt sich gleich auf eine kursorische, allein noch paradigmatisch gruppierende Lektüre, die notgedrungen Wortblöcke isoliert, syntaktische Beziehungen kappt und die Barriere der semiotischen Dispersion wegfabuliert. Indem der *Coup de Dés* die Konventionen abendländischer Skripturalität aufkündigt und die kontinuierliche Links-Rechts-Sukzession durchbricht, zwingt er, die Kulturtechnik des Lesens neu einzuüben. Das ist kein Sekundäreffekt, verfolgt Mallarmé doch generell das Vorhaben einer interaktiven, wenn man so will: demokratischeren Produktion und Kommunikation von Literatur (Arnar 2011, 177–239; Catani 2003, 155–256), welche er – entgegen dem notorischen Vorwurf der Hermetik – eigentlich aus dem Spezialistentum herausführen möchte. Zeugnis davon geben die ihrerseits häufig kryptischen Prosaartikel aus *Divagations* (1897), die beständig eine intensivere Teilhabe der Konsumenten am Schaffensvorgang einfordern. Was Mallarmé unter Leserkreativität versteht, zeigt gleichwohl erst der *Coup de Dés*, der kaum etwas zur essayistisch reklamierten „fondation du Poème populaire moderne" (2003, 222) beiträgt und doch die Rezipienten-Partizipation massiv aufwertet. Nur ist diese weiterhin Liebhabern und Professionellen, Kritikern und gleichgesinnten Künstlern vorbehalten. Allein sie vermögen von Berufs wegen oder aus Erfahrung der Dynamisierung der Sprachfiguren, der radikalen Visualisierung und Verräumlichung der literarischen Artikulation zu folgen.

(3) *Anschluss an aktuelle Print- und Bildmedien.* Nichtsdestoweniger beruht die schriftbildliche Notation des *Coup de Dés*, deren Phänomenalität (Krämer 2003) plausible Referenzen immerzu überschießt, auf einer geschärften Sensibilität für mediale Entwicklungen. Früh schon mit der „Schreibszene" (Campe 1991) experimentierend, wie die Gelegenheitslyrik auf Fächern oder Ostereiern

beweist, vertieft Mallarmé mit der Herausgabe des illustrierten Stil-Magazins *La Dernière Mode* (1874) seine Kenntnisse über Print-Technik und optische Aufmachung. In *Un Coup de Dés* macht er davon Gebrauch und knüpft an die – mitnichten elitären – Innovationen der zeitgenössischen Publizistik an. Bei aller Dunkelheit des Inhalts erkennt man in den typographischen Formationen des Gedichts somit Kompositionsprinzipien wieder, die gleichfalls Tageszeitungen oder Revuen gebrauchen. Hierher rührt die Kombinatorik verschiedener Schriftarten und Schriftgrößen (Antiqua-, Kursiv-, Groß- und Kleinschreibung), die ein je spezifisches Seitenrelief erzeugt, und hier haben die Wahl der strengen Didot-Drucktype, die akribischen Fahnenkorrekturen sowie die peniblen Setzerangaben bis hin zur Falzbreite ihren Ursprung (Arnar 2008; D'Origny Lübecker 2003, 21–32; Christin 2009, 141–158). Das Folio-Großformat, das Mallarmé für die zu Lebzeiten gescheiterte Luxus-Buchedition vorsah, und die Entzerrung des Textkörpers orientieren sich daneben an den piktoralen Arrangements der florierenden Plakatkunst. Deren ikono-graphische Montagepraxis schlägt sich in der dezentrierten Perspektivik, in der Herausstellung und Gradierung der Sprachelemente oder in der ausgreifenden *mise en page* nieder, die *Un Coup de Dés* eine geradezu impressionistische Optik (La Charité 1987, 87) verleiht. Obschon derartige Anleihen auf die veränderten Wahrnehmungsgewohnheiten Ende des 19. Jahrhunderts reagieren, gewinnt Mallarmé daraus freilich andere Effekte, als sie die Unterhaltungsindustrie mit der kommerziellen Normierung von Sehen und Hören, Lesen und Verstehen intendiert. Der plurimediale Wirbel der Lettern, der fiktionsintern als „tempête" (1998 [1897], 373), *„tourbillon"* (377) oder *„vertige"* (381; Herv. i. O.) namhaft wird, ist nicht Abdruck tagtäglich potenzierter Sinnes- und Lektüreeindrücke, ist nicht bloßes Echo einer heraufziehenden Epoche rasender Mobilität. *Un Coup de Dés* inszeniert vielmehr beides in einem, sowohl Be- als auch Entschleunigung, Geschwindigkeit wie Stillstand, die permanente Steigerung der Reizintensität und nicht minder das unabweisbare Gebot der Kontemplation.

(4) *Primäre Metafiktionalität*. Darin gründet das Paradoxon, das Mallarmé erkundet, indem er die räumliche Dimensionierung erstmals als lyrischen Bedeutungsfaktor in den Blick bringt. Die Pionierleistung seines kühnen Gedichts besteht dennoch nicht in der ausschließlichen Konzentration auf die Gegenständlichkeit des Geschriebenen oder Ungeschriebenen. In der „vision simultanée de la Page" (391), die *Un Coup de Dés* entwirft, verbinden sich Grapheme zu Sprachstrukturen, Druckerschwärze ruft darin Begriffe wach und die Faltungen des Papiers verheißen eine „subdivision[] prismatique[] de l'Idée" (391). Kurzum: Genau in ihrer aufdringlichen Plastizität erweist sich diese *Topo-Graphie* als hochgradig intellektualistisch, zumal sie sich unentwegt selbst beäugt. Die insistente Selbst- und Raumreflexivität tut sich in einer dichten Isotopie kund, deren polyvalente Terme (,fond', ,abîme', ,envergure', ,profondeur', ,contrées', ,blancheur',

‚infini', ‚lieu', ‚vide', ‚surface', etc.) ein Abenteuer vom ahnengeplagten ‚Meister' vortäuschen, im Grunde aber ihr eigenes Würfelspiel der Spatialität spielen (Robb 1996, 205–206). Wie überhaupt in Mallarmés späterer Lyrik hat man es mit einer Art Fiktion zweiten Grades zu tun, mit einer Metafiktion, in der sich das Erdachte, das als wirklich ausgegeben wird, explizit als Simulakrum, als „mensonge" (385) oder „subtil mensonge" (30), wie es im berühmten Fächergedicht heißt, entlarvt. Als spektakuläre Lüge, als virtueller Kommentar der Virtualität führt der *Coup de Dés* ein Zeichentheater auf, in dem weder Realität noch deren Nachahmung zählen, in dem das Weiß allen Sinn zu verschlingen droht und in dem trotzdem eine „Pensée" (387), sprich: der Anschein einer verborgenen Systematik waltet. Am Ende bleibt eben nicht schlechterdings ‚nichts', „rien" (384), sondern der ‚*lieu*', der ‚Ort' der Seite, wo mentale *Vor-* und materielle *Herstellung* in der *Darstellung* eines „acte vide" (385) konvergieren, in dem nichts passiert außer der Passage des Textes.

4. Zum kurzen Abschluss: Der Schriftraum als Konterdiskurs?

Indes: Taugt Mallarmés „silencieuse, précautionneuse déposition du mot sur la blancheur d'un papier" [stummes, sorgsames Ablegen des Wortes auf die Weiße eines Papiers], wie seinerzeit Michel Foucault (1966, 313) behauptet, deshalb als Muster eines literarischen ‚contre-discours'? Entschlägt sich der *Coup de Dés* in der Tat jeder Wissensvermittlung und Repräsentationslogik, jeder Subjektivität und Intersubjektivität, um nur die eigene Exteriorität und Intransitivität zu feiern? Und, wenn dem so wäre, wie verträgt sich das einerseits mit Mallarmés Anspruch einer ‚orphischen Welterklärung' (788) und andererseits mit der Indienstnahme aktueller Mediendispositive und -diskurse? Nein, der demonstrativen Kontingenz und Autoreferentialität zum Trotz kann *Un Coup de Dés jamais n'abolira le Hasard* nicht als Abrechnung mit abendländischer Epistemologie herhalten, da noch die Suggestion metaphysischer oder cartesianischer Versprechen diese in gewisser Weise perpetuiert. Der lyrische Würfelwurf fällt nicht aus der Zeit, er isoliert und immunisiert sich nicht als ahistorischer Schauplatz, der allein das ‚rohe Sein' (Foucault 1966, 58) der Sprache entbirgt. Er ist hingegen das Produkt der und die Antwort auf eine sich ankündigende Ära massenhafter *technischer Reproduzierbarkeit* (Walter Benjamin), in der Buchdruck und *Cogito* in ihrer überkommenen Form zwar eine „mémorable crise" (384) durchleben, doch noch nicht am Ende sind (→ 9. Räume des Wissens; 24. Nicht-euklidische Räume). Die Reform, deren sie in der Spätmoderne bedürfen, versucht Mallarmé, sofern er den literarischen

Text, vormals exklusives Reservat des Verstandes, nunmehr zugleich in einen Bild- und Bewegungsraum verwandelt.

Literatur

Arnar, Anna S. „Stéphane Mallarmé über das demokratische Potential der Zeitung im Fin de Siècle". *UN COUP DE DÉS. Bild gewordene Schrift: Ein ABC der nachdenklichen Sprache* Hrsg. von Sabine Folie. Köln: König *et al.*, 2008. 14–25.
Arnar, Anna S. *The Book as Instrument: Stéphane Mallarmé, the Artist's Book, and the Transformation of Print Culture*. Chicago: Chicago University Press, 2011.
Benoit, Eric. *Mallarmé et le Mystère du „Livre"*. Paris: Honoré Champion, 1998.
Blanchot, Maurice. *Le livre à venir*. Paris: Gallimard, 1959.
Borges, Jorge Luis. „La muralla y los libros" [1950]. *Prosa completa*. 3 Bde. Hrsg. von Carlos V. Frías. Barcelona: Braguera, 1980. II, 131–133.
Bowie, Malcolm. *Mallarmé and the Art of Being Difficult*. Cambridge: Cambridge University Press, 1978.
Campe, Rüdiger. „Die Schreibszene: Schreiben". *Paradoxien, Dissonanzen, Zusammenbrüche: Situationen offener Epistemologie*. Hrsg. von Hans Ulrich Gumbrecht und K. Ludwig Pfeiffer. Frankfurt a. M.: Suhrkamp, 1991. 759–772.
Catani, Damian. *The Poet in Society: Art, Consumerism, and Politics in Mallarmé*. New York: Peter Lang, 2003.
Christin, Anne-Marie. *Poétique du blanc: Vide et intervalle dans la civilisation de l'alphabet*. Paris: Vrin, 2009 [2000].
D'Origny Lübecker, Nikolaj. *Le sacrifice de la sirène: „Un Coup de dés" et la poétique de Mallarmé*. Kopenhagen: Museum Tusculanum Press, 2003.
Davies, Gardner. *Vers une explication rationnelle du „Coup de dés"*. Paris: José Corti, 1992 [1953].
Derrida, Jacques. *La dissémination*. Paris: Seuil, 1972.
Foucault, Michel. *Les mots et les choses: Une archéologie des sciences humaines*. Paris: Gallimard, 1966.
Givry, Christine, und Fabrègues, Raoul (Hrsg.). *Les Échos de Mallarmé: Du „Coup de Dés" à l'informatique*. Sens: Musées de Sens, 1998.
Krämer, Sybille. „,Schriftbildlichkeit' oder: Über eine (fast) vergessene Dimension der Schrift". *Bild – Schrift – Zahl*. Hrsg. von Sybille Krämer und Horst Bredekamp. München: Fink, 2003. 157–176.
Kristeva, Julia. *La révolution du langage poétique*. Paris: Seuil, 1974.
La Charité, Virginia A. *The Dynamics of Space: Mallarmé's „Un Coup de dés jamais n'abolira le hasard"*. Lexington, NY: French Forum, 1987.
Lotman, Jurij M. *Die Struktur literarischer Texte*. Übers. von Rolf-Dietrich Keil. München: Fink, 1972.
Mallarmé, Stéphane. *Gedichte: französisch und deutsch*. Übers. und hrsg. von Gerhard Goebel *et al.* Gerlingen: Lambert Schneider, 1993.
Mallarmé, Stéphane. *Œuvres complètes*. 2 Bde. Hrsg. von Bertrand Marchal. Paris: Gallimard (Pléiade), 1998 und 2003.

Mallarmé, Stéphane. *Un Coup de Dés jamais n'abolira le Hasard*. Hrsg. von Mitsou Ronat und Tibor Papp. Paris: D'Atelier, 1980.

Marchal, Bertrand. *Lecture de Mallarmé*. Paris: José Corti, 1985.

Murat, Michel. *Le „Coup de dés" de Mallarmé: Un recommencement de la poésie*. Paris: Belin, 2005.

Paz, Octavio. „Los signos en rotación" [1965]. *El arco y la lira*. México: FCE, ²1967. 253–285.

Richard, Jean-Pierre. *L'univers imaginaire de Mallarmé*. Paris: Seuil, 1961.

Robb, Graham. *Unlocking Mallarmé*. New Haven, CO: Yale University Press, 1996.

Scherer, Jacques. *Le „Livre" de Mallarmé: Premières recherches sur des documents inédits*. Paris: Gallimard, 1957.

Schneider, Lars. „Am Anfang war die weiße Seite: Verlorene Ursprünge, haltlose Anfänge und weißes Papier: Von Melville zu Mallarmé". *Am Anfang war …: Ursprungsfigurationen und Anfangskonstruktionen der Moderne*. Hrsg. von Inka Mülder-Bach und Eckhard Schumacher. München: Fink, 2008. 145–171.

Schneider, Lars. *Die „page blanche" in der Literatur und bildenden Kunst der Moderne*. Paderborn: Fink, 2015 [im Druck].

Seaman, David W. *Concrete Poetry in France*. Ann Arbor, MI: Umi Research Press, 1981.

Shaw, Mary L. *Performance in the Texts of Mallarmé: The Passage from Art to Ritual*. Park. PE: Pennsylvania State University Press, 1993.

Thierry, Roger. *L'archive du „Coup de dés": Étude critique de la réception d'„Un Coup de dés jamais n'abolira le hasard" de Stéphane Mallarmé (1897–2007)*. Paris: Classiques Garnier, 2010.

Valéry, Paul. „Le ‚Coup de dés'. Lettre au directeur des ‚Marges'" [1920]. *Œuvres complètes*. 2 Bde. Hrsg. von Jean Hytier. I. Paris: Gallimard (Pléiade), 1957. 622–630.

42. St. Petersburg: Exzentrische Moderne
Susi K. Frank

1. St. Petersburg und die Moderne

Petersburg ist eine „Stadt des Imaginären" *par excellence* (Mahler 1999, 32). Seit der Romantik haben – so die These der Kultursemiotiker Vladimir Toporov (1984) und Jurij Lotman (2010), die zugleich Vordenker des Begriffs ‚Stadttext' waren – literarische Texte über Petersburg an einem Petersburgtext geschrieben, der sich als Hypertext (russ. ‚сверхтекст') durch semantische Konstanten auszeichnet (→ 2. Topographien).

Das dieser Stadt zugeschriebene Phantasmagorische wurde historisch unter anderem durch den Umgang mit ihrem Namen befördert, der die Stadt, wie Boris Groys (1995, 167) schreibt, eigentlich zu einer Stadt ohne Namen gemacht hat. In ihrer kurzen Geschichte wurde ihr Name dreimal verändert. Das beginnt schon bei ihrer Gründung, denn die Stadt wurde zugleich als neue russische Hauptstadt und als *per definitionem* gerade nicht-russische Stadt, nämlich als Stadt des Hl. Petrus, als Stadt mit einem deutschen Namen, gegründet (→ 10. Geopolitik und Globalisierung). Dabei sollte sie das Zentrum eines neuen Russland sein, welches dem alten Russland in nichts glich, weder im Namen noch im Aussehen, weder in den Sitten oder der gesellschaftlichen Ordnung noch in ihrer geistigen Verfassung. Boris Groys bezeichnet die Stadt als ‚russisches Phantasma' des westlichen Rationalismus, als Chimäre: Petersburg war von Anfang an dazu bestimmt, etwas ganz anderes zu sein als Russland bzw. eben „alles, nur nicht Russland" (177). Dadurch wurde es zum einen der Ort, an dem die von Peter dem Großen vollzogene Selbstkolonialisierung sich am klarsten manifestierte. Zum anderen rührt daher der von Toporov und Lotman aufgezeigte Zitatcharakter als Textstadt: Petersburg ist ein ‚einziges kulturelles Zitat', nämlich Westeuropas, welches Bezugnahme und Nachahmung bzw. das Simulakrum an die Stelle jener Originalität setzte, die Moskau, auch noch als drittes Rom, beansprucht hatte (→ 5. Schrifträume).

So scheint es nur konsequent, dass sich um den Gegenstand ‚Petersburg' ein Diskurs herausgebildet hat, in welchem anhand des Motivs dieser Stadt fortgesetzt und parallel bzw. in eingehender Verbindung miteinander Fragen der nationalen Identität bzw. der geokulturellen Zugehörigkeit Russlands und Fragen der Moderne verhandelt werden konnten (→ 19. Literarische Geographie und Geokritik). Nachdem sich dieser Diskurs bereits ein Jahrhundert lang etwa in Texten von Puškin, Gogol' und Dostoevskij entfaltet hatte, publizierte Andrej Belyj seinen Petersburg-Roman, nach einer Vorveröffentlichung (1913 und 1914 in drei Sammelbänden des Sirin-Verlags) 1916 erstmals als Buch – 1922 kam die gekürzte Neufassung heraus, die erste deutsche Übersetzung von Nadja Strasser erschien bereits 1919 (*Petersburg*) –, in dem der Name der Stadt titelgebend ist und Petersburg noch mehr als bei seinen Vorgängern nicht nur als *setting*, sondern als Held fungiert, der selbst die Protagonisten und das Geschehen hervorbringt (→ 7. Raum und Erzählung). *Petersburg* ist ein epochaler Stadt- und Raumtext, ein revolutionärer Text und die Manifestation einer Weltkrise, eine Apotheose der Moderne und zugleich ein Manifest der Sonderposition Russlands im globalen Kontext.

2. Stadttext: ‚Petersburger Text'

Bereits in den ersten Zeilen des Romans beginnt Belyjs besondere Lektüre des ‚Petersburger Textes', als dessen Autoren Puškin, Gogol' und Dostoevskij die Stadt schon früher vorgestellt haben: als Phantasmagorie, als ‚Hirnspiel' (мозговая игра), wie Belyj schreibt, als Ort, an dem nichts dem entspricht, was es zu sein scheint, in dem vieles etwas zu sein scheint, aber sich dann als Chimäre, als Trugbild, als ‚nichts' herausstellt. Bei Belyj beginnt dieses Chimärenhafte mit dem Toponym selbst und dem einführenden Charakterisierungsversuch. Während Moskau eindeutig als ‚erste Kaiserstadt' und Kiev eindeutig als ‚Mutter der russischen Städte' bestimmt und in der russischen Geschichte eingeordnet werden können, bereitet eine solche eindeutige Nennung, Bestimmung und Zuordnung bei Petersburg anscheinend Schwierigkeiten (→ 20. Literaturgeographie). Belyj zeigt dies am Namen selbst: „Petersburg oder Sankt Petersburg oder Piter (was dasselbe ist)" ‚*ist*', mehr nicht. Doch auch hier kommen Zweifel auf: „Wenn Petersburg nicht die Hauptstadt ist, dann gibt es kein Petersburg. Dann scheint es nur so, als existierte es." Schließlich wird die Existenz der Stadt doch nachgewiesen, und zwar über das Medium der Karte: ein kleiner schwarzer Punkt, der von einem schwarzen Kreis umgeben ist, sei der eindeutige und unhintergehbare Beweis für die Existenz der Stadt, so der Roman: Nicht die Wahrnehmung – die der Text mit ‚es scheint' abtut –, sondern das Zeichen auf der Karte wird als Garant der Realität genommen, was am Romananfang natürlich auch als Motivierung des Romans selbst gelesen werden kann (→ 22. Kartographisches Schreiben und kartographische Imagination):

„Was ist unser Russisches Reich?

Unser Russisches Reich ist eine geographische Einheit, was bedeutet: Teil eines gewissen Planeten. Und das Russische Reich umfasst: erstens Groß-, Klein-, Weiß- und Rotrussland; zweitens – die Zartümer Georgien, Polen, Kasan und Astrachan; drittens umfasst es ... Doch – et cetera, et cetera, et cetera.

Unser Russisches Reich besteht aus einer Vielzahl von Städten: Haupt-, Gouvernments-, Kreis- und Nichtkreisstädten; und weiter: aus der Ersten Residenzstadt und der Mutter der russischen Städte.

Die erste Residenzstadt ist Moskau; und die Mutter der russischen Städte ist Kiew.

Petersburg, oder Sankt-Petersburg, oder Piter (was dasselbe ist), gehört ursprünglich zum Russischen Reich. Zargrad dagegen, Konstantinograd (oder, wie man sagt, Konstantinopel), gehört dazu gemäß dem Erbrecht. Und darüber werden wir uns nicht verbreiten.

Wir verbreiten uns mehr über Petersburg: Petersburg, oder Sankt-Petersburg, oder Piter (was dasselbe ist) – existiert." (Belyj 2005 [1916], 7)

In seinem Roman, der als zweiter Teil einer Trilogie zum Thema ‚Osten oder Westen' geplant war – den ersten Teil sollte Belyjs erster Roman, *Silberne Taube* (1909; dt. 1961), bilden, als dritter Teil war ein Roman mit dem Titel *Moskau* geplant, der jedoch nie vollendet wurde –, fokussiert Belyj im Gegensatz zu den meisten früheren Autoren des Petersburger Textes die Relation zwischen der Stadt und dem ganzen Land, welches sie, als Hauptstadt, einerseits *in toto* repräsentieren sollte, zu welchem sie jedoch bereits in der mit ihrer Gründung verbundenen Idee als Kontrast gedacht war. Petersburg sollte zugleich (ein neues) Russland verkörpern und einen europäischen Kontrapunkt zu(m alten) Russland darstellen. Genau damit, mit dem Erbe dieser durch Peter I. gesetzten geokulturellen Spannung setzt Belyj sich in seinem Roman auseinander, ganz am Anfang des Romans, und indem er eine Figurenkonstellation entwirft, die diese Spannung verkörpert.

Belyjs *Petersburg* darf also nicht nur als Stadttext, sondern muss auch als Raumtext gelesen werden.

3. *Petersburg* als Raumtext

Liest man ‚Petersburg' als Raumtext, dann lassen sich folgende wichtige Dimensionen analytisch unterscheiden:

Zunächst die geokulturelle Dimension, bei der es um Fragen der westlichen oder östlichen kulturellen Zugehörigkeit Russlands geht. Auf dieser Ebene wird Petersburg, die Stadt, in ihrer Konstruktion als europäische Stadt – als ein europäischer Fremdkörper innerhalb der russischen Kultur – verhandelt, aber gleichermaßen auch der Petersburger Text, dessen Kern das Willkürliche ihrer Schöpfung und, daraus resultierend, das Chimärenhafte der Stadt bildet. Zugleich geht es auf dieser Ebene um die Frage der Nähe zu ‚West' und ‚Ost', zu ‚Europa' oder

‚Asien'. Diese Problematik wird bereits anhand der Familien- bzw. Vater-Sohn-Konstellation des Romans inszeniert. Die Familie des Apollon Apollonovič Ableuchov wird aus dem alten tadschikischen Adel hergeleitet, von ihrem Vorfahren Ablaj Uchov, der in den Dienst des Zaren getreten und von diesem – im Zusammenhang der sogenannten ‚Elitenkooptierung' als wichtigster Strategie expansiver imperialer Integration – solchermaßen ‚imperial vereinnahmt' worden war (→ 11. Postkoloniale Räume). In dem sujetbestimmenden Generationenkonflikt zwischen Apollon Apollonovič als angesehenem, aber vollkommen vom ‚Volk' abgeschnittenem Senator und Nikolaj Apollonovič als seinem von der Revolution fasziniertem Sohn, der sich von terroristischen Freunden dazu überreden lässt, seinen Vater im eigenen Haus mithilfe einer Bombe zu ermorden (was nicht gelingt), spielt auf den ersten Blick nicht die geokulturelle Identifikation die entscheidende Rolle, sondern die politische Orientierung (→ 14. Semiosphäre und Sujet). Auf den zweiten Blick wird jedoch leicht erkennbar, dass sich die politische Ausrichtung gerade auch in der Haltung gegenüber dem Raum, gegenüber der räumlichen Dimension, manifestiert: der konservative und dabei pro-westlich ausgerichtete Vater wird von einer ausgeprägten Raum- oder Agoraphobie geplagt. Große Räume, die ‚Unermesslichkeit' (неизмеримость) des Reiches jagen ihm Schrecken ein; sogar seine Wohnung und sein Büro erträgt er, der sich einigeln und die anarchischen Weiten Russlands mithilfe einer ins Kosmische gesteigerten Bürokratie und Planimetrie bändigen möchte, kaum. Nikolaj Apollonovič dagegen scheint davor keine Angst zu haben, er vertritt das ‚mongolische' Prinzip der nomadischen Raumbeherrschung perfekt. Letztlich werden beide Ableuchovs der östlichen Raumordnung zugerechnet und stehen als Vertreter einer (asiatischen) Familie anderen, christlich markierten Figuren, die mehr die Petersburger Innenräume bevölkern wie Lichutin, Stepka, der mysteriöse ‚weiße Domino' und der nicht weniger rätselhafte ‚unbekannte Alte', gegenüber (→ 6. Literarischer Raum; 13. Chronotopoi).

Daraus ergibt sich die geopolitische Dimension des Romans, bei der die Frage nach der politischen Identität Russlands zur Debatte steht (→ 10. Geopolitik): als anachronistisches imperiales Gebilde, das dem europäischen Typ des Nationalstaats nachzueifern hat (Ableuchov der Ältere), oder als revolutionäres politisches Gebilde, das Züge des alten Imperiums wie Expansionismus und territoriale Größe integrieren kann (Ableuchov der Jüngere).

Das Chimärenhafte der Stadt Petersburg wird weiterhin vor allem auf zwei Ebenen verhandelt: auf der intertextuellen Ebene, auf der Belyj sich in den, wie erwähnt, von Toporov und Lotman herausgearbeiteten ‚Petersburger Text' einschreibt und seinen Roman als eine Summa dieses Petersburger Textes gestaltet; und auf der für den Roman ebenfalls ganz zentralen metafiktionalen Ebene. Die Relevanz der Intertextualität, welche Renate Lachmann als die dominante

Strategie der Sinnkonstitution in Belyjs Roman bezeichnet hat (1990, 88–126), manifestiert sich vom ersten Wort an. Bereits im Motto des ersten Kapitels zitiert Belyj den ‚Urtext' des Petersburger Textes, Puškins „Ehernen Reiter" (1833), in dem das Phantasmagorische eine Folge der Revolte des in der Gesellschaft Untergeordneten ist. Evgenij, Prototyp des ‚kleinen Mannes' in der russischen Literatur, hat über den Verlust seiner auf der Vasil'ev-Insel lebenden Angebeteten bei der großen Überschwemmung Petersburgs seinen Verstand verloren, und als er dergestalt durch die Stadt irrt, bezichtigt er Peter den Großen der Schuld an seinem Elend. Daraufhin scheint ihm, als würde das Standbild Peters, der eherne Reiter, wutentbrannt seine ‚Scholle', also seinen Sockel-Felsen, verlassen und ihn verfolgen. Belyjs Szenario schreibt sich topographisch in dasjenige Puškins ein (→ 2. Topographien; 3. Dynamisierungen), denn der Senatsplatz, wo das Denkmal für Peter I. steht, das Puškin in seinem Poem den ‚Ehernen Reiter' genannt hat, ist genau der Ort, an dem sich im Senatsgebäude das Büro des einen der beiden Protagonisten, Ableuchov des Älteren, befindet (Matic 2010). Insbesondere mit Puškins „Ehernem Reiter", aber auch mit den Petersburger Erzählungen Nikolaj Gogol's, dem „Nevskij prospekt", der „Nase" und dem „Mantel", und mit Dostoevskijs Petersburg (aus *Arme Leute, Weiße Nächte, Dämonen, Idiot* etc.) ist Belyjs Roman aufs Engste intertextuell verflochten; nicht nur, was die Ausarbeitung der Figuren betrifft, sondern auch bezüglich der Modellierung der für den Petersburger Text grundlegenden semantischen Oppositionen wie Kultur *vs.* Natur, Osten *vs.* Westen/Europa, Tradition *vs.* Moderne, Sein *vs.* Schein, Ordnung *vs.* Chaos, die die Ingredienzien des Gründungsmythos bilden und im Stadttext ständig in ambivalenter Spannung gehalten werden. Was die metafiktionale Ebene betrifft, so problematisiert Belyj in seinem Roman, der zugleich auch als Schlüsselwerk der russischen Avantgarde (bzw. der Moderne im engeren Sinn) zu lesen ist, nicht nur die Realität der Stadt, sondern vor allem auch die Poetik des Realismus und die realistischen Techniken fiktionalen Erzählens: seine Wahrscheinlichkeitspoetik und den von ihm angestrebten Illusionismus durch differenzierte Perspektivierung. „Petersburg", so hat schon Renate Lachmann formuliert, stellt einen „Gegentext zu den kanonischen Romantexten des 19. Jahrhunderts" dar (1990, 124). Auf der deutlich markierten metafiktionalen Ebene, auf der das Chimärenhafte der Stadt selbst und die illusionäre Sicht der Protagonisten eine Gleichung bilden, dekonstruiert also Belyj die Gattung des realistischen Romans (→ 39. Paris), dessen dominante Darstellungsstrategien dabei allerdings nicht einfach *ad acta* gelegt, sondern durch permanentes Explizieren des Kippens vom realen in den rein imaginären Raum parodistisch unterlaufen werden und auf diese Weise implodieren. So treten die Reflexionen über die Stadt, deren Existenz aus dem Punkt auf der Landkarte abgeleitet wird, und die ständigen reflexiven Abschweifungen, die den Erzählfluss unterbrechen und ein Eintreten der Leserin in die fiktive Welt des Romans verunmöglichen, in eine Analogierelation des Aufeinander-Verweisens (→ 7. Raum und Erzählung). So wie Petersburg aus dem Nichts entstand, was der Punkt auf der Landkarte beweist, so verweist auch die Erzählstrategie des Romans ständig darauf, dass der Roman selbst eine *creatio ex nihilo* ist (→ 41. Die Seite). In seinem Essayband *Arabeski* bezeichnete Belyj seinen Roman aber auch – in Analogie zu jenem zentralen Ereignis, das im Roman dann doch nicht eigentlich stattfindet bzw. zwar stattfindet, aber sein erklärtes Ziel verfehlt – als ‚Bombe': „Mein Romanschaffen ist eine Bombe, die ich werfe" (1969 [1911], 216). Man könnte meinen, darin liege ein Widerspruch: zwischen der Kreativität der Schöpfung aus dem Nichts und dem Zerstörerischen einer Bombe. Aber dieser Widerspruch löst sich auf, wenn man Belyjs künstlerisches bzw. theurgisches Selbstverständnis berücksichtigt.

Zum einen war Belyj ein mythopoetischer Mystiker (Hartmann 1973; Spivak 2006), der Gegensätze explosionsartig zusammenbringen wollte (was er exzessiv in seinem Roman tut). Zum anderen verstand sich der Symbolist Belyj, dessen geistiges Umfeld – noch vor der anthroposophischen Wende – Mythopoeten wie Vjačeslav Ivanov oder Pavel Florenskij, aber auch Lektüren wie Belyjs eigene Nietzsche-Rezeption bildeten, als Dionysiker, d. h. als theurgischer Künstler, dessen schöpferische Kraft aus der Zerstörung resultiert. In Petersburg und anhand von Petersburg, so lässt sich entsprechend schlussfolgern, wiederholt Belyj einen solchen Akt, der gewissermaßen als ‚Re-enactment' und zugleich als Analogon der historischen Schöpfung der Stadt Petersburg gelesen werden muss. Die räumliche oder genauer: die raumzeitliche Dimension dieses Aktes, sein ‚Chronotop' (→ 13. Chronotopoi), ist zugleich Explosion und Extase (die des dionysischen Schöpfers), in der sich im Heraustreten aus der Zeit Moment und Ewigkeit verbinden und der Raum gleichsam als dieses zu Stein geronnene Ereignis erscheint.

Die Verbindung und Gleichsetzung von Zerstörerischem und Schöpfung aus dem Nichts ist es zudem auch, was *Petersburg* zu einem Meisterwerk der Moderne macht: eine radikale Zerstörung der Tradition, eine *tabula rasa*, einerseits und eine totale Neuschöpfung aus dem Nichts andererseits. Darauf verweist die Bezeichnung des Romans (wie der Stadt) als ‚Hirnspiel' ebenso wie die ebenfalls illusionsbrechend wirkende Durchsetzung des Erzähltextes mit abstrakten geometrischen Körpern wie Kuben und Kugeln oder auch die Strategien einer seltsamen Verflachung und Depersonalisierung der Figuren (Lachmann 1990, 107; → 24. Nicht-euklidische Räume). Aber im Gegensatz zu Werken der Avantgarde – wie etwa den Gedichten und Poemen Vladimir Majakovskijs – bleibt *Petersburg* doch auch in gewisser Weise an der Schwelle, die zugleich den reflektiertesten Punkt der literarhistorischen Entwicklung markiert, stehen. Der Roman *Petersburg* führt den Moment der Explosion oder Implosion (wie immer man es sehen möchte) vor Augen und nicht bloß die Neuschöpfung *ex nihilo*. Als Ausdruck dieser Ausrichtung ist auch die räumliche Fokussierung des Romans auf die Stadt ‚Petersburg' entscheidend. Nicht die Historizität der Ereignisse, die sehr deutlich durch den Plot markiert ist, sondern der Raum in seiner auch zeitlichen Spezifik ist für die Komposition entscheidend. Der Plot – wenn man ihn sich einmal ganz knapp vor Augen führen will – suggeriert dramatische revolutionäre Ereignishaftigkeit, d. h. Veränderung: der Sohn, Nikolaj Ableuchov, hat sich revolutionär-terroristischen Kreisen – um den Provokateur Lippančenko, den von ihm abhängigen, in seinen Gefühlen zwiespältigen Alkoholiker Dudkin, der Lippančenko schließlich tötet, die Terroristin Varvara und den Doppelagenten Morkovin-Voronkov – angeschlossen. Von ihnen erhält Nikolaj den Auftrag, seinen Vater als Vertreter der alten Ordnung zu ermorden, indem er eine Zeitbombe im eigenen Haus platziert. Der Anschlag misslingt. Nikolaj taucht im Ausland unter; der Vater zieht sich aufs Land zurück. Im Grunde also passiert etwas und zugleich nichts; und genau dadurch erweist sich Petersburg als Ort, an dem sich die Zeit verdichtet, wo also die historischen Ereignisse wie in einem ‚Gedächtnistheater' kopräsent sind (Lachmann 1990, 118; → 17. Mnemotop) und nicht *ein* Ereignis – eine Handlung, ein Geschehen – zu verstehen als eine lineare, zeitliche Veränderung – verursacht. Auch dies hat wieder eine metapoetische Dimension, insofern es als Polemik gegen das historisch interessierte, zeitlich orientierte Erzählen des klassischen Realismus zu verstehen ist und damit als Repräsentation einer als epochale Krise aufgefassten kulturellen Situation. Auch in diesem Sinn ist *Petersburg* ein Raumtext.

Die letzte, aber nicht weniger wichtige räumliche Dimension von *Petersburg* bildet schließlich diejenige des Textes selbst: eines Textes, der vor allem auch die Grenzen zwischen Erzählkunst und Wortkunst sprengt und den Roman als höchste Errungenschaft der ersteren in Richtung der letzteren aufbricht und entsprechend ‚austreibt'. Sowohl in rhythmischer und lautlicher als auch in graphischer Hinsicht ist *Petersburg* vor allen Dingen auch ein Wortkunstwerk, das nicht zuletzt mithilfe der Buchstaben, aus denen es gebaut ist, seinen Raum konstituiert (→ 5. Schrifträume).

Literatur

Belyj, Andrej. *Petersburg* [1916]. Übers. von Gabriele Leupold. Frankfurt a. M.: Suhrkamp, 2005.
Belyj, Andrej. *Arabeski* [1911]. *Slavische Propyläen*. Bd. 63. München: Fink, 1969. 60–90.
Dolgopolov, Leonid. *Andrej Belyj i ego roman Peterburg*. Leningrad: Sovetskij pisatel', 1988.
Groys, Boris. „St. Petersburg – Petrograd – Leningrad". *Die Erfindung Russlands*. Übers. von Annelore Nitschke, Gabriele Leupold und Johanna Roos. München: Hanser, 1995.

Hartmann, Helene. *André Belyj and the Hermetic Tradition: A Study of the Novel ‚Petersburg'*. New York: Columbia University Press, 1972.
Lachmann, Renate. „Intertextualität als Sinnkonstitution: Andrej Belyj und die fremden Texte". *Gedächtnis und Literatur: Intertextualität in der russischen Moderne*. Frankfurt a. M.: Suhrkamp, 1990. 88–126.
Lotman, Jurij M. „Die Symbolik Petersburgs". *Die Innenwelt des Denkens: Eine semiotische Theorie der Literatur*. Hrsg. von Susi K. Frank, Cornelia Ruhe und Alexander Schmitz. Übers. von Gabriele Leupold und Olga Radetzkaja. Berlin: Suhrkamp, 2010. 269–288.
Mahler, Andreas. „Stadttexte – Textstädte: Formen und Funktionen diskursiver Stadtkonstitution". *Stadt-Bilder: Allegorie – Mimesis – Imagination*. Hrsg. von Andreas Mahler. Heidelberg: Winter, 1999. 11–36.
Matic, Olga. *Petersburg/Petersburg: Novel and City, 1900–1921*. Madison, WI: University of Wisconsin Press, 2010.
Spivak, Monika. *Andrej Belyj: Mistik i sovetskij pisatel'*. Moskau: Nauka, 2006.
Toporov, Vladimir. „Peterburg i peterburgskij tekst russkoj literatury". *Mif. Ritual. Simvol. Obraz: Issledovanija v oblasti mifopoėtičeskogo*, Moskau: Nauka, 1995.
Toporov, Vladimir. *Peterburgskij tekst*. Moskau: Nauka, 2009.

43. New York: „The center of things" – Die Raumzeit der Metropole

Johanna Schumm

1. Manhattan: „Simultaneous chronicle" – Zeitraum

Eine der treffendsten Charakterisierungen seines 1925 erschienenen Romans *Manhattan Transfer* hat John Dos Passos selbst gegeben: „The Italian futurists, the Frenchmen of the school of Rimbaud, the poets who went along with cubism in painting were trying to produce something that stood up off the page. Simultaneity, some of them called it. That excited me. Why not write a simultaneous chronicle?" (1960, 239) Damit verortet Dos Passos seinen Roman im Kontext der europäischen Avantgarde und liefert zugleich einen Ausgangspunkt für eine Betrachtung des Raums in *Manhattan Transfer*: Simultaneität schaffe etwas, das sich von der Seite abhebe, also die lineare Zweidimensionalität der Literatur als Sprach- und Zeitkunst in den dreidimensionalen Raum überschreite. Einen Weg, eine solche poetische Räumlichkeit herzustellen (→ 6. Literarischer Raum), findet Dos Passos in der filmischen Technik der Montage, die er besonders bei Sergej Michajlovič Ėjzenštejn bewundert hat: „Montage was the word used in those days to describe the juxtaposition of contrasting scenes in motion pictures. I took to montage to try to make the narrative stand up off the page." (240)

Manhattan Transfer verwendet Montage, insofern der Roman verschiedene Handlungen um eine große Anzahl Figuren zusammenschneidet (→ 7. Raum und Erzählung). In circa 133 Abschnitten erzählt er aus Lebensläufen, die zum Teil in keinem anderen als einem räumlichen und zeitlichen Verhältnis stehen (→ 3. Dynamisierungen). Das heißt, es gibt keine den gesamten Roman umgreifende, geschlossene Handlung und auch keine einheitliche Perspektivierung oder einen Erzähler, der die verschiedenen Stränge in eine narrative Ordnung bringen würde. Mit der Bezeichnung als ‚*chronicle*' ruft Dos Passos den historischen Zusammenhang dieser Handlungen auf, alle spielen zwischen den ersten Jahren des 20. Jahrhunderts und der Zeit kurz nach dem Ersten Weltkrieg. Das vorangestellte ‚*simultaneous*' durchkreuzt jedoch die basale chronologische Struktur, da es auf ein zeitliches Nebeneinander zielt. Dabei ist dieses Nebeneinander auch ein räumliches. Der Ort, Manhattan, ist das zweite einende Moment der Handlungsstränge. Durch die Montage schafft Dos Passos einen Eindruck von Simultaneität, und Simultaneität soll wiederum Räumlichkeit herstellen.

Simultaneität ist auf grundsätzlichere Weise als Dos Passos das andeutet eine zeitliche und eine räumliche Kategorie. Sie spielt daher in der raumtheoretischen Revolution des 20. Jahrhunderts eine entscheidende Rolle. Albert Einstein geht in seinem einflussreichen Vortrag „Zur Elektrodynamik bewegter Körper" von der Gleichzeitigkeit aus: „Wenn ich z. B. sage: ‚Jener Zug kommt hier um 7 Uhr an,' so heißt dies etwa: ‚Das Zeigen des kleinen Zeigers meiner Uhr auf 7 und das Ankommen des Zuges sind gleichzeitige Ereignisse.'" (1905, 893) Auf der Grundlage dieser relativen Verschränkung von örtlichen und zeitlichen Bestimmungen und einer Beobachterposition verbindet die spezifische und allgemeine Relativitätstheorie Raum und Zeit. So formuliert Hermann Minkowski ausgehend von Einstein seine vierdimensionale Raumtheorie, in der die drei euklidischen Raumkoordinaten um eine vierte, die Zeit, ergänzt werden, und postuliert: „Von Stund' an sollen Raum für sich und Zeit für sich völlig zu Schatten herabsinken und nur noch eine Art Union der beiden soll Selbständigkeit bewahren." (1909, 75) Die Verschränkung von Raum und Zeit begründet er über die Wahrnehmung: „Gegenstand unserer Wahrnehmung sind immer nur Orte und Zeiten verbunden. Es hat niemand einen Ort anders bemerkt als zu einer Zeit, eine Zeit anders als an einem Orte." (1909, 76) Michail Bachtin hat diese Idee einer „Raumzeit" auf die Literaturwissenschaft übertragen und dafür den Begriff des „Chronotopos" geprägt (2008, 7; → 13. Chronotopoi).

Manhattan Transfer zeigt Großstadterfahrung als Erfahrung von Simultaneität und ruft damit Topoi der modernen Großstadtliteratur auf (→ 34. London; 39. Paris). Schon die Größe der Stadt bedingt das Nebeneinander verschiedener Lebensentwürfe (→ 2. Topographien). So erzählt der Roman von Schauspielern, Gewerkschaftern, Architekten, Großindustriellen und Kleinganoven. Die rasante technische Entwicklung bedingt die Gleichzeitigkeit von Ungleichzeitigem: Von Pferden gezogene Milchwagen, Güterzüge und Autos teilen sich die Straßen. Neben der Gleichzeitigkeit historischer Verkehrsmittel ermöglicht die neue Verkehrstechnik nahezu eine Gleichzeitigkeit des Reisenden, der sehr schnell hier und dort sein kann. Auch neue Medientechniken (vor allem das Telegramm und Telefon) schaffen Erfahrungen von Gleichzeitigkeit. Simultaneität wiederum verweist laut Einstein auf die Relativität von Raum und Zeit. Deswegen wird die Relativität von Raum und Zeit in der modernen Großstadterfahrung besonders sinnfällig, denn sie ist eine Erfahrung von Simultaneität. Dos Passos hat das Manhattan des frühen 20. Jahrhunderts als Paradigma einer solchen Großstadterfahrung entworfen. Den Eindruck einer Relativität von Raum und Zeit und einer Simultaneität der Erfahrungen erzeugt Dos Passos dabei auch durch die Technik der Montage, die er selbst als Technik der Simultaneität bestimmt.

Anders als die auf vielfältige Weise vergleichbaren Großstadtromane von James Joyce, Alfred Döblin oder Andrej Belyj (→ 42. St. Petersburg) vereint Dos

Passos die Großstadterfahrung nicht in einem Protagonisten oder einem Handlungszusammenhang, sondern lässt verschiedene Erzählstränge simultan verlaufen (→ 7. Raum und Erzählung). Deshalb wird häufig die Stadt als eigentliche Protagonistin des Romans bezeichnet (→ 14. Semiosphäre und Sujet). Zu diesem Eindruck tragen auch die jedem Kapitel vorangehenden eingerückten Passagen bei, die Szenen der Stadt evozieren, welche unabhängig von den Lebensläufen und Perspektiven der Figuren stehen. Die Rede von der Stadt als Protagonistin ist jedoch ungenau und kann ausgehend von der Relativität von Raum, Zeit und Betrachter präzisiert werden: Die Stadt zeigt sich in der Erfahrung der Protagonisten, und die Protagonisten sind durch die Stadt geprägt. Raum und Zeit sind relational zu ihren Beobachtern, und diese sind relational zu Raum und Zeit. Nicht die Stadt ist die Protagonistin des Romans, auch nicht die Personen, die wiederum die Stadt wahrnehmen, sondern ihre Verbindung in der Zeit.

Ich zeige dies im Folgenden an drei Raum(zeit)dimensionen der Stadt: der Stadt als Lebensraum, als Bewegungsraum und als Textraum. Gemäß der Verbindung von Raum, Zeit und Beobachter ordne ich diesen Dimensionen lose drei Figuren zu – Bud, Ellen und Jimmy –, ohne zu implizieren, dass sie sich nur für diese entfalten.

2. Bud: „The windows of Manhattan have caught fire" – Lebensraum

Die ersten Zeilen des Romans stellen die Stadt als gigantische Fruchtpresse vor: „Gates fold upwards, feet step out across the crack, men and women press through the manuresmelling wooden tunnel of the ferryhouse, crushed and jostling like apples fed down a chute into a press." (Dos Passos 2000 [1925], 15; → 25. Formationen literarischer Raumgeschichte) Die Tore sind hier so lebendig wie Füße, die Menschen so passiv wie kullernde Äpfel, vor allem die Stadt agiert: als Saftpresse. Der Roman beginnt mit einer Reihe von Ankunftsszenen: Einer aus der in der Eingangspassage aufgerufenen Menschenmenge, die wie Äpfel in die Presse der Stadt kullert, ist Bud: „The plank walls of the slip closed in, cracked as the ferry lurched against them; there was rattling of chains, and Bud was pushed forward among the crowd through the ferryhouse." (16) Bud hat seinen „ole man" umgebracht (117), der ihn auf seiner Farm zeitlebens misshandelte. In New York sucht er vergeblich Arbeit, und die sucht er im vermeintlichen Zentrum: „I want to get to the center of things." (16) Mit diesen Worten richtet er sich immer wieder an Passanten und fragt sie nach dem Weg zu Arbeit, zu etwas zu essen und zu einem besseren Leben in der Stadt. Bud findet kein Zentrum und auch keine Ruhe von seiner Tat, und so endet die erste Sektion mit seinem Selbstmord durch den Sprung von der Brooklyn Bridge in den East River: „Bud is sitting on the rail of the bridge. The sun has risen behind Brooklyn. The windows of Manhattan have caught fire. He jerks himself forward, slips, dangles by a hand with the sun in his eyes. The yell strangles in his throat as he drops." (119) Entscheidend an der Selbstmordszene Buds ist die Verschränkung von Figur, Zeit und Raum. Der erste Satz situiert Bud im Raum, der zweite den Raum in der Zeit, der dritte Satz leistet eine Synthese. Das Brennen Manhattans verbindet die Stadt in ihrer Zeit mit der Perspektive der sich tötenden Figur.

Solche Bilder erwecken den Eindruck einer Belebung der Stadt und bieten damit einen weiteren Anlass, Manhattan als Protagonistin des Romans zu verstehen. Diese Belebung entsteht aus einer Verschmelzung von Raum und Zeit. Das zeigt Buds Selbstmordszene, das zeigen jedoch auch viele andere Beschreibungen der Stadt in der Zeit bzw. der Zeit in der Stadt, etwa wenn es heißt: „Outside, the hot June Saturday was dragging its frazzled ends down 110th Street." (31) Die von Bachtin beschriebene gegenseitige Befruchtung von Zeit und Raum wird hier anschaulich. Bachtin schreibt über den Chronotopos: „Die Merkmale der Zeit offenbaren sich im Raum, und der Raum wird von der Zeit mit Sinn erfüllt und dimensioniert." (2008, 7; → 13. Chronotopoi) Der Samstag schleppt seine letzten Stunden durch die 110. Straße, diese lebt in der Hitze seines Lichts.

Mit der Erzählung von Buds Selbstmord und anderen Todesszenen in Manhattan ließe sich eine apokalyptische Deutung von Dos Passos' Stadtentwurf stärken. Manhattan brennt, verbrennt seine Bewohner. „Burning burning burning burning", heißt es in T. S. Eliots drei Jahre vor *Manhattan Transfer* veröffentlichtem *The Waste Land* (2002 [1922], V. 308), in dessen „Fire Sermon" Augustinus' Wertung von Karthago als großstädtischem Sündenpfuhl aufgerufen und in dem London vielfach in eine apokalyptische Stadtgenealogie gestellt wird. Dos Passos ruft eine solche Stadtdeutung wiederholt auf, etwa wenn im letzten Kapitel ein sich als Prophet gebärdender ‚tramp' New York in die verworfenen Städte des Alten Testaments einreiht: „There's more wickedness in one block in New York City than there was in a square mile in Nineveh, and how long do you think the Lord God of Sabboath will take to destroy New York City an Brooklyn an the Bronx? Seven seconds. Seven seconds." (340) Die apokalyptische Deutung der Stadt ist bei Dos Passos jedoch nur eine Möglichkeit. Das Untergehen in ihr und durch sie ist nur ein möglicher Ausgang eines Lebens in der Stadt.

Deshalb reichen solche städtischen Todesszenen nicht hin, um eine allegorische Deutung der Stadt als Sündenpfuhl zu stützen. Auch lässt sich mit ihnen nicht eine wertende Gegenüberstellung von Stadt und Land im Roman erfassen. Dafür ist Buds Bericht von seiner Kindheit auf dem Land zu grausam. Sein Scheitern ist kein absolutes, auch deswegen endet die erste Sektion nicht mit der zitierten Stelle, sondern es folgen noch die Schiffer, welche den toten Bud aus dem Hudson ziehen. „God damn it to hell", kommentiert Captain McAvoy seinen Fund: „A pretty thing to happen on a man's wedding day." (120) Des einen Todestag ist des anderen Hochzeitstag, auch das ist Simultaneität in *Manhattan Transfer*. Der Unfall des Milchwagenführers Gus etwa begründet die Karriere des Juristen George Baldwin, die Näherin Anna verbrennt in der Boutique, in der Ellen ihre Abendgarderobe kauft. Die Unfälle und Feuer sind Knoten in der Infrastruktur der ‚Textstadt' und des ‚Stadttextes' (Mahler 1999), die ihre Bewohner zusammenbringen, ihre Lebensläufe spiegeln und sie auf sich selbst reflektieren lassen (→ 14. Semiosphäre und Sujet). Die brennende Stadt tötet zwar ihre Bewohner, ist aber auch ein Faszinosum: Sogar über die frisch gebackene Ehefrau von Stan, der sich im Alkoholrausch selbst anzündet, heißt es, als sie auf dem Heimweg das Feuer riecht: „[S]he loved seeing fires. She hurried." (231)

3. Ellen: „Revolving doors" – Bewegungsraum

Verkehrsmittel situieren in *Manhattan Transfer* die Figuren in Raum und Zeit. Der Unfall von Gus' Milchwagen mit dem Güterzug ist auf die rasante technische Entwicklung des 20. Jahrhunderts hin lesbar, die dazu führt, dass im Manhattan der 1920er Jahre Fahrzeuge verschiedener Zeiten gemeinsam auf den Straßen unterwegs sind (→ 35. Die Straße). Auch für diese Kollision steht der Unfall. Manhattan als sich ausdehnender städtischer Raum wiederum wird vor allem in Bewegung erfahren, sei es in Spaziergängen, sei es durch Fahrten, sei es durch das Vorbeirauschen von Verkehrsmitteln (→ 3. Dynamisierungen). Das leitmotivisch wiederkehrende Löschfahrzeug etwa trägt das schreckliche Faszinosum des Brandes durch den Raum, die Fähren markieren seine äußere Begrenzung, Ankunft und Abfahrt. Ich erschließe diesen Bewegungsraum zunächst von seinen äußeren Grenzen her, dann als horizontalen und vertikalen und schließlich als Raum der Drehbewegungen (→ 1. Topologie).

An der äußeren Grenze Manhattans liegt Europa. Jimmy kommt zu Beginn des Romans aus Europa nach Manhattan (→ 10. Geopolitik). Diese Ankunft in New York ist auch eine Ankunft in der Zeit, das hebt die parallele Ankunftsszene von Ellen, nämlich ihre Geburt ins Leben, hervor. Das wird aber auch dadurch betont, dass Jimmy just am 4. Juli Manhattan erreicht, nur seine Mutter verbietet ihm, dass er mit einer kleinen Flagge winkt. Die Ankunft in New York aus Europa erfolgt unter dem Arm der Freiheitsstatue, die verheißungsvoll den amerikanischen Traum des 20. Jahrhunderts weist. Manhattan ist Transfer-Raum nach und von Europa (→ 23. Transitorische Räume): Von dort kommen Jimmy und seine

Mutter, dorthin brechen Jimmy und Ellen auf, und von dort kehren sie im dritten Teil wieder zurück. Manhattan ist dabei Einfallstor für die politischen Nachrichten von dem hier eigentlich so fern wirkenden Weltkrieg. Und auf der poetologischen Ebene auch Transferraum, durch den Dos Passos die ästhetischen Prinzipien der europäischen Avantgarde auf die amerikanische Literatur überträgt (→ 5. Schrifträume). Doch nicht nur Europa steht an der äußeren Grenze Manhattans, sondern Manhattan ist auch Transferraum zum Lande hin. Davon zeugt die Ankunft Buds, der vom Land mit der Fähre in die Stadt kommt und dann ausgerechnet von der Brooklyn Bridge springt, also der Brücke, die das (einst) ländliche Umland mit der Metropole verbindet.

Der Bewegungsraum Manhattans ist – anders als jener der vorangehenden europäischen Textstädte des 19. Jahrhunderts und zumindest in der Akzentuierung auch anders als jener der folgenden globalisierten Textstädte (→ 46. Megastadt) – einer, der in die Vertikale greift. Das liegt vor allem an der Architektur, den Wolkenkratzern. Die Bewegung durch Manhattan ist immer auch eine Bewegung nach oben beziehungsweise nach unten. Und wie in der Horizontalen auch die Übersetzungen zwischen verschiedenen Zeiten und Kulturräumen aufgerufen werden, werden in der Vertikalen Bewegungen zwischen gesellschaftlichen Schichten modelliert. Die Figuren des Romans bewegen sich nach oben oder nach unten, so resümiert Jimmy im Gespräch mit seinem Freund Congo: „The difference between you and me is that you're going up in the social scale, Armand, and I'm going down" (342). Soziale und räumliche Ordnungen werden hier überlagert: Als Kind noch schaute Jimmy aus dem Hotelfenster nach unten auf die Arbeiter der Stadt: „He stood a moment staring down the airshaft, breathing through his mouth to keep from smelling the coalgas that rose from the furnaces. Below him a maid in a white cap leaned out of a window and talked to one of the furnacemen who stood looking up at her with his bare grimy arms crossed over his chest." (81) Diese durch die Architektur bedingte Figurenpyramide ist auch eine symbolische, jedoch muss die Situierung im Oben und Unten der Stadt nicht immer eine wertende sein, am Ende eines Arbeitstages etwa werden die Aufzüge der Wolkenkratzer beschrieben, die leer nach oben und voll nach unten fahren.

Ellen ist vielleicht die Figur, die Manhattan als Transferraum am besten zu nutzen weiß. Davon zeugen ihre Namensänderungen und ihre zahlreichen Bewegungen durch New York. So wird der Titel des Romans bei ihrer Fahrt zu ihrer ersten Hochzeit genannt: „The wheels rumbled in her head, saying Man-hattan Tran-sfer. Man-hattan Tran-sfer." (111) Die ratternden Räder, deren Geräusch sich im Text in den Bindestrichen niederschlägt, sind Umschlagfiguren, wie die zwei Seiten der Münze, die Jimmy im Kopf klingt: „In the empty chamber of his brain a doublefaced word clinked like a coin: Success Failure, Success Failure." (274) Den leichten Umschlag von Erfolg und Scheitern greift der Roman nicht nur in dem Bild der Münze auf, sondern auch architektonisch, in den ‚revolving doors', den Drehtüren der Stadt. Jimmy etwa geht nach einem Gespräch mit seinem Onkel, das einen Umschlagspunkt in seinem Leben markiert, durch Drehtüren (115), und Ellen passiert solche Drehtüren, als sie sich gegen Ende des Romans davon abwendet, sich mit der jungen Näherin Anna zu identifizieren (357).

Ellen ist die Figur, welche die von Bud gesuchte Bewegung zum Zentrum erfolgreich vollzieht. Während Bud vermutet, das räumliche Zentrum der Stadt müsse auch das Zentrum ihres Geschehens sein, hat sich Ellen den symbolischen Anforderungen der Metropole angepasst und sucht allein das Zentrum der Aufmerksamkeit. Nach der Szene des Romans, die vermuten lässt, sie habe das Kind Stans abgetrieben und sich damit gegen eine emotionale, aber für eine gesellschaftliche Chance entschieden, eben nach diesem Umschlagpunkt steht sie auf der Fähre mit Larry und sagt: „After all day it's exciting isnt it Larry, getting back into the center of things." (242)

Man kann die Drehtür auch als Metapher für Dos Passos' Schreibweise anführen: etwa für die Art, wie Ellens und Annas, Buds und McAvoys Geschichten sich spiegeln und des einen Aufstieg des anderen Fall ist. Die einzelnen Passagen sind wie die Abteilungen einer Drehtür, die ihre Figuren in eine Beziehung setzen und sie doch in einer gläsernen Distanz halten. Der Eindruck des ‚Weiterdrehens' entsteht auch dadurch, dass Dos Passos oftmals eine Szene nicht mit ihrem Handlungshöhepunkt beendet (etwa wenn Bud in den Hudson springt), sondern sie noch ein Stück weiter führt, in die Geschichte einer anderen Person übergehen lässt und den Erzählfaden weiterreicht.

4. Jimmy: „The city of scrambled alphabets" – Textraum

Auf vielfältige Weise sind Großstädte eine zu lesende Zeichenwelt, sei es in ihrer Architektur und Infrastruktur oder durch die Texte, die sie produzieren. Eine solche ‚Lesbarkeit der Stadt' (Stierle 1993) ist in *Manhattan Transfer* mehrfach formuliert: Es geht etwa um ein hermeneutisches Verhältnis zur (nicht nur sprachlichen) Semiotik der Stadt, wenn sich Bud Richtung Zentrum verliert und Ellen genau weiß, dass es nur ein symbolisches Zentrum gibt (→ 14. Semiosphäre und Sujet). Es geht aber auch spezieller um das Lesen, wenn Dos Passos zahlreiche Texte einfügt, die durch die Stadt produziert werden und diese wiederum textuell vermitteln (etwa Anschriften, Werbetexte, Zeitungsauszüge) (→ 5. Schrifträume).

Die von Dos Passos entworfene Textstadt Manhattan ist eine Stadt der Texte. In diesen wiederum spiegelt sich Dos Passos' Stadttext *Manhattan Transfer*.

Jimmy Herf kann als Schriftsteller und Leser Manhattans dabei als Mittlerfigur zwischen der Stadt, ihren Texten und dem Roman verstanden werden. Für ihn ist die Stadt vor allem ein potenzieller Textraum: So besucht er Congos Schmugglerstelle, um über sie zu schreiben, imaginiert sein eigenes Erleben als Zeitungsnachricht (317) und liest (wie der Leser des Romans) über die anderen Figuren des Romans (330). Für Jimmy ist Manhattan eine Buchstabenstadt: „He turned north and began to walk uptown. As he got away from it the Woolworth pulled out like a telescope. He walked north through the city of shiny windows, through the city of scrambled alphabets, through the city of gilt letter signs." (315) Jimmy (und mit ihm der Leser) läuft hier durch das im Text entworfene New York und durch den Stadttext. Mit seinem Verlassen der Stadt auf einer Fähre geht der Roman kurz nach der zitierten Szene zu Ende.

Diese Abfahrtsszene Jimmys kann auf die Poetik des Romans hin gelesen werden. Zunächst ruft Jimmys Abfahrt vielfach die Ankunft Buds in der Stadt auf. Das unterläuft nicht nur eine topologische Struktur von ‚verhängnisvoller Stadt' vs. ‚verheißungsvollem Land', sondern rahmt auch den Stadttext: Eine Ankunft eröffnet den Roman, eine Abfahrt schließt ihn. Dass der Stadttext mit dem Verlassen der Textstadt endet, zeigt die enge Verwobenheit beider in Dos Passos' Poetik. Dies ist auch in Bachtins Begriff des Chronotopos angelegt, der nicht nur das Genre, hier den Großstadtroman, bestimme, sondern überhaupt eine „Form-Inhalt-Kategorie der Literatur" sei. (2008, 7) Die Form von *Manhattan Transfer* ist mit der Form der Stadt (als Inhalt) insofern verknüpft, als dass beide aus einer Vielzahl zum Teil nur durch ihr bloßes räumliches und zeitliches Nebeneinander verbundener Figuren bestehen und beide kein räumliches, semantisches oder perspektivisches Zentrum haben.

Allerdings gibt es viele verschiedene Zentren der Textstadt und des Stadttextes. Auf dem Höhepunkt ihrer Schauspielkarriere steht Ellen im Zentrum der medialen Aufmerksamkeit der New Yorker Boulevardpresse. Später als Journalistin manipuliert sie dieses Zentrum selbst, auch durch die Art ihres Schreibens. Ihr Chef rät ihr: „Of course what you want to do is make every reader feel Johnny on the spot in the center of things." (330) Auch wenn es hier um grundsätzlich verschiedene Medien und Schreibtechniken geht, kann man diese Formulierung selbstreferentiell verstehen. Schließlich erweckt auch *Manhattan Transfer* eben diesen Leseeindruck. Die Perspektivierung des Textes zieht den Leser jeweils ins personale Zentrum der Szene, in ein immer wieder neues ‚*center of things*'. Der Text verweigert eine zentrierte Überschau und realisiert partielle, subjektgebundene, bewegte Blicke auf die Stadt (Mahler 1999, 21–22).

Auch das macht das Ende des Romans deutlich. Als Jimmy zurückblickt, heißt es: „He can see nothing but fog spaced with a file of blurred arclights." (359–360) Dos Passos lässt dies jedoch nicht als letztes Bild Manhattans stehen.

Er streicht nicht einfach die Möglichkeit einer panoramatischen, distanzierten, unbewegten Perspektive, sondern er dreht die Tür weiter, indem er das wahrnehmende Subjekt wieder in Bewegung setzt und damit in eine neue Raumzeit überführt. So läuft Jimmy am Ende die Landstraße entlang und antwortet auf die Frage des Lastwagenfahrers, wie weit er ihn mitnehmen solle, mit den letzten Worten des Romans: „I dunno ... Pretty far." (360)

Literatur

Bachtin, Michail. *Chronotopos*. Hrsg. von Michael C. Frank und Kirsten Mahlke. Übers. von Michel Dewey. Frankfurt a. M.: Suhrkamp, 2008 [1937/38].
Dos Passos, John. „Contemporary Chronicles" [1960]. *The Major Nonfictional Prose*. Hrsg. von Donald Pizer. Detroit: Wayne State University Press, 1988. 238–240.
Dos Passos, John. „What Makes a Novelist" [1967]. *The Major Nonfictional Prose*. Hrsg. von Donald Pizer. Detroit: Wayne State University Press, 1988. 268–275.
Dos Passos, John. *Manhattan Transfer* [1925]. London: Penguin Classics, 2000.
Einstein, Albert. „Zur Elektrodynamik bewegter Körper". *Annalen der Physik* IV.17.5 (1905): 891–921.
Eliot, Thomas Stearns. *The Waste Land* [1922]. *Collected Poems* 1909–1962. London: Faber & Faber, 2002. 51–76.
Klotz, Volker. *Die erzählte Stadt: Ein Sujet als Herausforderung des Romans von Lesage bis Döblin*. München: Hanser, 1969.
Mahler, Andreas. „Stadttexte – Textstädte: Formen und Funktionen diskursiver Stadtkonstitution". *Stadt-Bilder: Allegorie – Mimesis – Imagination*. Hrsg. von Andreas Mahler. Heidelberg: Winter, 1999. 11–36.
Minkowski, Hermann. „Raum und Zeit". *Jahresbericht der Deutschen Mathematiker-Vereinigung* 18 (1909): 75–88.
Stierle, Karlheinz: „Die Lesbarkeit der Stadt. Annäherungen an eine Sehweise". *Der Mythos von Paris: Zeichen und Bewußtsein der Stadt*. München: Hanser, 1993. 12–50.

44. Tlön: Imaginationsräume und Ander-Welten

Victor A. Ferretti

1. Imaginationswelten

„[B]ut we wonder, proceeded the spirits, that you desire to be Empress of a terrestrial world, whenas you can create your self a celestial world if you please." (Cavendish 2004 [1966], 185) Dass unsere Welt nicht die einzig mögliche ist, hat schon vor vielen Jahrhunderten ein Silen gewusst, als er, folgt man Aelian (var. hist. III, 18), einem König in Kleinasien eröffnete, dass es über dem Horizont des Bekannten hinaus ein (Fest-)Land gäbe, auf dem ganz andere Gesetzmäßigkeiten gälten als in der damals vertrauten Welt. Viele Seiten der Fiktionsgeschichte weiter hat in Argentinien ein gewisser Bioy Casares einen kleinasiatischen Häresiarchen ins Spiel gebracht, über den ein Planet entdeckt wurde, auf dem ganz andere Gesetzmäßigkeiten gälten als in der seinerzeit vertrauten Welt. Und es würde nicht frappieren, wenn irgendwann einmal eine kundige Instanz von einer sonderlichen Welt berichtete, die mit der dann vertrauten Welt kollidierte. Denn in ‚Welt', so ließe sich präsumieren, drückt sich stets auch das mit aus, was sie nicht ist – was sie vielleicht auch gar nicht sein möchte. Um sich leichter in der (s)einen Welt zurechtzufinden, scheint es zumindest ‚zuträglich', dass wenig anders ist, als man es kennt, gern hätte und so fort. Was jedoch tun, wenn eine Welt schlüssig wäre, in der das Andere gerade ein Eigent(üm)liches, also nicht nur etwas Eigenartiges, sondern auch etwas ganz Arteigenes darstellte?

2. Tlön

Womit man bei und auf Tlön wäre, jenem imaginären, von Jorge Luis Borges im Jahre 1940 erstmals bekundeten Planeten, wo ‚realistische' Prinzipien oder konkreter: logische „Vorstellungsgebilde" (Vaihinger 1922, 21–24) wie Kausalität und Identität weniger überzeugen als verwundern. Dabei handelt es sich um einen literarischen Imaginationsraum *sui generis*, der sowohl Vorstellung erzählerisch verräumlicht als auch ‚Spintisiertes' verstattet (→ 2. Topographien). Kraft des Imaginären (Iser 1993, 292–316; 377–411) wird so ein Raum des Erdenklichen vorstellbar, in dem Gesetze gelten, die außerhalb dieser Räumlichkeit an Solidität einbüßten (→ 24. Nicht-euklidische Räume). Und hierzu gehörte dann auch die

‚Tatsache', dass im Imaginationsraum Tlön der Raum selbst kategorial nicht statthat (Borges 2003, 21; 1974, 435).

Weil nun Plausibilitätskategorien wie Gewissheit und Stimmigkeit prinzipiell von den Grenzen der jeweiligen Welt profitieren (das Phantastische als rezeptionsästhetisches Phänomen besetzte gerade diese Schwellen) (→ 14. Semiosphäre und Sujet; 23. Transitorische Räume), sind auch auf Tlön bestimmte/bestimmende Diskurse vonnöten, um Fundament sowie Umkreis des jeweils ‚Zweckmäßigen' (Vaihinger 1922, 192–193) zu gewährleisten. Kurzum: So wie Welt eine Vorstellung voraussetzt (Heidegger 1970, 68–69), bedarf Vorstellbarkeit auch einer Diskursivität (→ 5. Schrifträume). Die Rede vom Imaginationsraum Tlön meint sonach nicht nur einen imaginären (Vorstellungs-)Planeten, sondern auch einen imaginierten ‚Weltaußenraum', der solchermaßen die Kehrseite eines weltimmanenten *lógos* darstellte. Und dadurch kommt dem Imaginären nicht nur die Funktion zu, Zeichen zu Bildern zu erwecken, sondern auch eine Vorstellung von (Auch-anders-)Möglichem zu befördern, worin sich vermeintlich Einsichtiges dann reflektieren kann.

Nicht zufällig führt ein Spiegelzitat zu Beginn der Erzählung zur enzyklopädischen Suche nach Verifikation, die dann den imaginären Planeten Tlön evoziert, der sich letztlich als eine menschliche Fabrikation von Fakten *qua* Fiktion herausstellt (Ferretti 2014, 244–248). Auffällig ist auf jeden Fall die metafiktionale Verve dieses weitschichtigen Textes, die über das Einblenden eines realwirklichen (Adolfo) Bioy Casares in die Erzählung und das Spiel mit Einschlägigem (Raubdruck der *Encyclopaedia Britannica*) den fiktionalen Modus des Als-ob (Vaihinger 1922, 578–591; Iser 1993, 34–45; Mahler 2010, 35–36) von Anbeginn explizit macht: Nicht der, sondern *ein* Bioy Casares, nicht die *Britannica*, sondern *ein* bestimmter Nachdruck werden konstitutiv für die Vorstellung wie Vorstellbarkeit eines imaginären Referenzreiches des fiktiven kleinasiatischen Landes namens Uqbar (→ 19. Literarische Geographie). Dabei ist wichtig zu vermerken, dass es sich bei besagtem Lemma-Land bereits um eine Hinzufügung handelt, wie der Vergleich mit einem anderen Nachdruck-Band bestätigt: „Die alphabetische Angabe (Tor–Ups) auf Vorsatzblatt und Buchrücken war die gleiche wie bei unserem Exemplar, aber statt aus 917 Seiten bestand es aus 921 Seiten. Diese vier zusätzlichen Seiten enthielten den Artikel über Uqbar." (Borges 2003, 16; 1974, 432) ‚Platonisch' taxiert, stellt das Uqbar-Exemplar ein artifizielles – spezifisch enzyklopädisches – Trugbild dar (Ferretti 2007, 37–39), das ein Abbild von Welt-Wissen (Enzyklopädie) nachahmt (→ 9. Räume des Wissens), um sich simulierend eine Form von Welt-Entsprechung zu erwirken. Immerhin soll es laut enzyklopädisch versammeltem Welt-Wissen ein Land geben, von dem nur in einem apokryphen Band die Rede ist (Almeida 2003, 194–195), worin dann über ein Uqbar'sches Referenzreich Tlön informiert wird, das wiederum so beträchtlich ist, dass eine mehrbändige Tlön-Enzyklopädie erscheint. (Der Imaginationsraum Tlön ist sozusagen diskursiv voluminöser als *der* Raum, der in diesem Handbuch nur einen Band ausfüllt, was zwar mehr ist als ein Lexikoneintrag, indes deutlich weniger als die vierzigbändige *First Encylopaedia of Tlön*.)

3. Ander-Welten

In epistemischer Hinsicht lässt sich die enzyklopädische Dimension Tlöns durchaus nachvollziehen, gilt es doch, zugewachsene Diskurspfade wieder freizulegen: Wie sähe etwa eine Welt aus, in der auf ein A nicht ein B, sondern irgendetwas anderes – etwa ein Schmetterling – folgte? (Wobei ‚folgte' ja schon eine kausale Interferenz darstellte …) Ein materialistisches Exempel aus dem Text macht den ‚realistischen' Spalt Tlöns deutlich: So habe „im 11. Jahrhundert ein Häresiarch das Sophisma von den neun Kupfermünzen [ersonnen], das ob seiner Anstößigkeit auf Tlön so berüchtigt ist wie bei uns die Aporien der Eleaten" (Borges 2003, 24; 1974, 437). Bei besagten Geldstücken geht es darum, dass diese eines Tages verloren und dann nach und nach wieder gefunden worden seien, wobei „[d]er Häresiarch […] aus dieser Geschichte die Realität – *id est* die Kontinuität – der neun wiedererlangten Münzen ableiten [wollte]. […] Die Sprache von Tlön widersetzte sich der Formulierung dieses Paradoxons; die meisten verstanden es überhaupt nicht" (25; 437). Und hat das auch seinen Grund, ist doch für den Tlön'schen *common sense* „‚Gleichheit' etwas anderes […] als ‚Identität'" (25; 438). Wenn nun Wolfgang Iser in einem phänomenologischen Kontext unterstreicht, dass „[v]or allem Kontinuität und Identität des Wahrnehmungsobjekts […] nur über imaginäre Anteile sicherzustellen" seien (1993, 312), lässt sich für Tlön feststellen, dass auf diesem imaginären Planeten das Imaginäre besagter Partizipation gerade entbehrt, da dort nicht Inaktualität, sondern Singularität die Wahrnehmung prägt. (Mit anderen Worten hat man es mit einem Imaginationsraum zu tun, in dem weder der Raum noch das Imaginäre ‚eidetisch' wirkten.)

Nicht von ungefähr hat dieses ‚tlönianisch' zu nennende Beharren auf einer Unbeständigkeit der Dinge bei einem Philosophen wie Gilles Deleuze (1969: 13–19) seinen ‚stoizistischen' Widerhall gefunden. Steht diese doch für eine differentielle Vorstellung von Welt, bei der Selbigkeit eine *„petitio principii"* (Borges 2003, 25; 1974, 437) darstellt. Darum auch die Tlön'sche Aporie, logische Schlüsse zu ziehen: „Eine Tatsache erklären (oder beurteilen) heißt, sie mit anderen verbinden; diese Verknüpfung gilt auf Tlön als ein späterer Zustand des Subjekts, der den vorhergehenden Zustand weder beeinflussen noch erklären kann." (23;

436) Die Rede von mutmaßlicher Intentionalität, Zweckgerichtetheit und so fort erführe auf Tlön also eine fiktionale Markierung.

Dieser doppelte Reflexionsradius Tlöns, die Fiktionalität von Diskursen und die Diskursivität von Fiktionen ineinander gespiegelt zu haben, erklärt dann auch die kritische Strahlkraft ebendieses „Reich[s] des Fiktionalen" (Ette 2001, 258) (→ 6. Literarischer Raum), eingedenk illustrer parataxonomischer Imaginationsräume wie der antiken Panchaia-Insel (Diod. V, 42–46), Aldous Huxleys *Brave New World* (1932), auf die der Text hinweist (Borges 2003, 20; 1974, 434; Knauth 2011, 37–40), Thomas Morus' *Utopia* (1516), Francis Bacons *Nova Atlantis* (1624), Cyrano de Bergeracs *États et empires du soleil* (1662), Margaret Cavendishs *Blazing World* (1666), Jules Vernes France-Ville, Stahlstadt aus den *Cinq cents millions de la Bégum* (1879), aber auch Jonathan Swifts Laputa-Insel aus *Gulliver's Travels* (1726) mitsamt der achtenswerten Akademie von Lagado in Balnibarbi (→ 15. Utopie und Heterotopie). Im Unterschied zu eher dys- respektive utopischen Modellierungen, Bergeracs ‚kartesischer' Philosophen-Sonne (1886, 231–249) wie auch zu Swifts Gulliver, der an sich Einleuchtendes als „chimeras" (1800, 236 [III, 6]) ironisch-satirisch bricht, verhilft bei Borges die Beschreibung eines *alter mundus* zuvorderst, den diskursiven Bauplan von Evidenz aus der Latenz zu holen (→ 7. Raum und Erzählung), was dann ein lektorales Spiegel-Schmunzeln – zum mindesten – anträgt (Martín 2003, 114). In jedem Fall verlieren anthropogene Gesetzmäßigkeiten an apodiktischer ‚Wahrheit', wenn man vorstellbar macht, wie eine Welt aussähe, in der gerade anders gelagerte Ordnungsmodelle ihre Gültigkeit besäßen (→ 1. Topologie; 24. Nicht-euklidische Räume). (Lewis Carrolls Alice- sowie Sylvie-und-Bruno-Welten ließen sich in dieser Hinsicht als Sinn-Ereignis-Landschaften begreifen, wie Deleuze [1969, bes. 19–21; 41–49] einschlägig eruiert hat.)

Um diese metadiskursive Volte zu erreichen, greift der Tlön-Text auf eine philosophische Basisopposition zwischen Rationalismus und Empirismus zurück (Russell 1965, 617), wobei letzterer zu einer idealistischen Diskursmacht intensiviert wird, um ‚realistisches' Denken in den Status des Heterodoxen verschieben zu können, was durch ein modifiziertes Selbstzitat Borges' (1931, 13; 1974, 217) eingeläutet wird: „Hume hat ein für allemal festgestellt, daß die Argumente von Berkeley nicht die geringste Replik zulassen und nicht die geringste Überzeugung hervorrufen. Dieses Urteil ist völlig richtig, wenn man es auf die Erde anwendet; völlig falsch bei Tlön." (21; 435) Durch diesen explizit philosophiegeschichtlichen Verweis rückt der Imaginationsraum Tlön in seiner heterodiskursiven Ausrichtung ins Blickfeld. Hierbei stellt er nicht einfach eine verkehrte, sondern eine idealistisch begründete Welt dar: „Die Völker dieses Planeten sind – von Geburt an – Idealisten. Ihre Sprache und deren Ausflüsse – die Religion, die Literatur, die Metaphysik – setzen den Idealismus voraus." (21; 435) Im Gegensatz zu Cavendishs imaginärer Welt, für die philosophisch fundierte Imaginationsräume probiert, jedoch letzten Endes verworfen werden (2004 [1666], 186–188), gelingt es dem idealistischen Tlön – glaubt man der Nachschrift – als anfängliche Heterotopie, das heißt als anderer Ort des Diskurses (Dünne 2006, 190–192; → 15. Utopie und Heterotopie), allgemach die ‚real(istisch)e' Welt zu ‚erobern', wodurch auch die Vorstellung des ‚Realen' umgeschrieben wird: „Der Kontakt und der Umgang mit Tlön haben diese Welt aufgelöst. [...] Eine verstreute Dynastie von Einsiedlern hat das Antlitz der [Welt] verwandelt" (Borges 2003, 33–34; 1974, 443). Wenn Alazraki (1976, 194) Nachdruck darauf legt, dass nicht die Welt, sondern nur ihre „faz" (Borges 1974, 443) durch Tlön verändert worden sei, lässt sich anschließen, dass diese *facies* nichts anderes ist als jener ‚Weltaußenraum', der nun zu einem weltimmanenten *lógos* geworden ist.

4. ‚Als-Ob'

Für die Darstellung einer diskursiv anders konstituierten Welt (samt Evokation eines Kippens von Welt in besagte Andersheit) erweist sich die literarische Fiktion insofern als besonders ausgiebig, als sie nicht nur Welt im Sinne von Alices „Let's pretend" (Carroll 1993, 116) einzuspiegeln, sondern auch Vorstellung in ihrer Fiktionalität, in ihrem *„Als Ob"* (Borges 2003, 23; 1974, 436) zurückzustrahlen vermag (→ 5. Schrifträume). Mit Husserl (2002, 54–55) gewendet, stellt Tlön keine entkoppelte Projektion einer imaginären Welt, sondern einen doppelt modifizierten *mundus* dar, wenn zum einen Welt darin fiktional ‚eingeklammert' und zum anderen ‚Realistisches' diskursiv ‚ausgeschaltet' wird. Dieses doppelte ‚Außer-Aktion'-Setzen von ‚real(istisch)er' Welthaftigkeit macht dann Anders-Geordnetes janusköpfig vorstellbar als Sonst-Verborgenes – und in gleichem Maße: Fremdartiges als Eigent(üm)lich-Evidentes.

Dementsprechend ließe sich mit Renate Lachmann auch eine gewisse ‚Logophantasmatik' ausfindig machen (2002, 22), für die im Falle Tlöns kennzeichnend wäre, dass nicht eine Realität, sondern deren ‚realistische' Diskurse problematisch würden. Das erklärte auch die im Vergleich zu Borges' „Bibliothek von Babel" (1941) eher dürftige (da lediglich hemisphärische) *descriptio* des Imaginationsraums Tlön, die eher die Form einer ‚Logothesie' annimmt, wird doch zuvorderst eine diskursive Räumlichkeit abgeschritten.

Aus (meta-)fiktionaler Sicht ist es dabei gar nicht so sehr von Belang, ob es sich bei Tlön nun um einen virtuellen oder um einen faktualen Referenten handelt, da für den Welt-Gehalt dieses Planeten Diskurse vonnöten sind, was auch für eine real(enzyklopädisch)e Welt gälte (Schmitz-Emans 2011, 15–20). So dient eine augenscheinliche Hinzufügung ('Uqbar'), um auf die Konsolidierung von Welt-Sinn aufmerksam zu machen, was die Aufstellung von Andere-Welt-Sinn ('Tlön') nicht minder disponiert erscheinen lässt. Oder, um es editionskritisch zu fassen: Erst die durchgestrichene Athetese Uqbars, also der Verzicht, im 'Weltenbuch' die enzyklopädische Gültigkeit eines Uqbar-Eintrags zu annullieren, ermöglicht den Verweis auf eine Tlön'sche Leerstelle von Welt, die schließlich eine epistemische *lacuna* anzeigt (→ 9. Räume des Wissens): eine „Gedankenassoziation" [„asociación de ideas"] (Borges 2003, 23; 1974, 436), die je nach Erkenntnisinteresse auch anders knüpfbar wäre.

Fernab, eine Definition anzustreben, ließe sich mit Tlön jedenfalls festhalten, dass ein Imaginationsraum mehr meinen kann als einen vorgestellten Raum beziehungsweise einen Raum der Vorstellung(en), handelt es sich bei diesem imaginären Planeten doch um eine Räumlichkeit, in der nicht nur Vorstellbarkeit, sondern auch Vorstellbarmachung vorgestellt wie vorstellbar wird. Wodurch Tlön gleichfalls eröffnete, dass es nicht unbedingt einer 'dramatisierenden' Fiktion bedarf, um auf den heterotopen Anteil einer jeweils geltenden Welt zu verweisen. Oder, wie Borges selbst die Existenz realer, gleichwohl 'dystopischer' Andersörtlichkeit im Jahre 1936 apostrophierte: „Alfred[] Dreyfus". (85; Almeida und Parodi 2006, 8)

Literatur

Aelian. *Historical Miscellany* [= Varia historia]. Hrsg. und übers. von Nigel G. Wilson. Cambridge, MA: Harvard University Press, 1997.
Alazraki, Jaime. „Tlön y Asterión: metáforas epistemológicas". *Jorge Luis Borges*. Hrsg. von Jaime Alazraki. Madrid: Taurus, 1976. 183–200.
Almeida, Ivan. „Celebración de lo apócrifo en 'Tlön, Uqbar, Orbis Tertius'". *Variaciones Borges* 15 (2003): 181–206.
Almeida, Ivan, und Cristina Parodi. „Prólogo: El fragmento infinito". *El fragmento infinito: Estudios sobre Tlön, Uqbar, Orbis Tertius de J. L. Borges*. Hrsg. von Ivan Almeida und Cristina Parodi. Zaragoza: Prensas Universitarias de Zaragoza, 2006. 7–9.
Bergerac, Cyrano de. *Histoire comique des états et empires de la lune et du soleil*. Paris: Librairie Ch. Delagrave, 1886.
Borges, Jorge Luis. „La postulación de la realidad". *Azul* 2.10 (1931): 13–18.
Borges, Jorge Luis. „Adolfo Bioy Casares: La estatua casera". *Sur* 6.18 (1936): 85–86.
Borges, Jorge Luis. *Obras completas*. Hrsg. von Carlos V. Frías. Buenos Aires: Emecé Editores, 1974.
Borges, Jorge Luis. *Fiktionen*. Übers. von Karl August Horst, Wolfgang Luchting und Gisbert Haefs. Frankfurt a. M.: Fischer, 2003.
Carroll, Lewis. *Through the Looking-Glass* [1872]. London: Penguin Books, 1993.
Cavendish, Margaret. *The Blazing World* [1666] *and Other Writings*. Hrsg. von Kate Lilley. London: Penguin Books, 2004.

Deleuze, Gilles. *Logique du sens*. Paris: Minuit, 1969.
Diodorus Siculus. *Library of History* [= Bibliotheca historica], *III (Books 4.59–8)*. Übers. von Charles H. Oldfather. Cambridge, MA: Harvard University Press, 1939.
Dünne, Jörg. „Borges und die Heterotopien des Enzyklopädischen: Mediale Räume in der phantastischen Literatur". *Nach Todorov: Beiträge zu einer Definition des Phantastischen in der Literatur*. Hrsg. von Clemens Ruthner, Ursula Reber und Markus May. Tübingen: Francke, 2006. 189–208.
Ette, Ottmar. *Literatur in Bewegung: Raum und Dynamik grenzüberschreitenden Schreibens in Europa und Amerika*. Weilerswist: Velbrück Wissenschaft, 2001.
Ferretti, Victor Andrés. *Boreale Geltung: Zu Nördlichkeit, Raum und Imaginärem im Werk von Jorge Luis Borges*. Frankfurt a. M.: Peter Lang, 2007.
Ferretti, Victor Andrés. „Zum Tlön'schen Fundament". *Gründungsorte der Moderne: Von St. Petersburg bis Occupy Wall Street*. Hrsg. von Maha El Hissy und Sascha Pöhlmann. München: Fink, 2014. 235–249.
Heidegger, Martin. *Martin Heidegger im Gespräch*. Hrsg. von Richard Wisser. Freiburg i. Br.: Karl Alber, 1970.
Husserl, Edmund. *Ideen zu einer reinen Phänomenologie und phänomenologischen Philosophie: I. Allgemeine Einführung in die reine Phänomenologie*. Tübingen: Max Niemeyer, [6]2002 [1913].
Iser, Wolfgang. *Das Fiktive und das Imaginäre: Perspektiven literarischer Anthropologie*. Frankfurt a. M.: Suhrkamp, 1993 [1991].
Knauth, Alfons K. „Heterotopie und Heteroglossie in ‚Tlön'". *Enzyklopädien des Imaginären: Jorge Luis Borges im literarischen und künstlerischen Kontext*. Hrsg. von Monika Schmitz-Emans, Kai Lars Fischer und Christoph Benjamin Schulz. Hildesheim: Olms, 2011. 25–44.
Lachmann, Renate. *Erzählte Phantastik: Zu Phantasiegeschichte und Semantik phantastischer Texte*. Frankfurt a. M.: Suhrkamp, 2002.
Mahler, Andreas. „Glauben, Nicht-Glauben, Anders-Sagen: Wege des Fingierens in Englands früher Neuzeit". *Fiktionen des Faktischen in der Renaissance*. Hrsg. von Ulrike Schneider und Anita Traninger. Stuttgart: Steiner, 2010. 23–44.
Martín, Marina. „Tras el rumbo de Hume en la invención de Tlön. Versiones paródicas de El otro, el mismo". *Variaciones Borges* 15 (2003): 111–124.
Russell, Bertrand. *History of Western Philosophy and its Connection with Political and Social Circumstances from the Earliest Times to the Present Day*. London: George Allen & Unwin, [9]1965 [1945].
Schmitz-Emans, Monika. „Enzyklopädien des Imaginären: Zur Einleitung". *Enzyklopädien des Imaginären: Jorge Luis Borges im literarischen und künstlerischen Kontext*. Hrsg. von Monika Schmitz-Emans, Kai Lars Fischer und Christoph Benjamin Schulz. Hildesheim: Olms, 2011. 9–24.
Swift, Jonathan. *Gulliver's Travels*. Philadelphia: John Wannamaker, 1800.
Vaihinger, Hans. *Die Philosophie des Als ob: System der theoretischen, praktischen und religiösen Fiktionen der Menschheit auf Grund eines idealistischen Positivismus*. Leipzig: Felix Meiner, 1922 [1911].

45. Das Lager: Raum der Ausnahme
Judith Kasper

1. Der ausgedehnte Raum

„[D]u fini qui est pourtant fermé, on peut toujours espérer sortir, alors que l'infinie vastitude est la prison, étant sans issue; de même que tout lieu absolument sans issue devient infini" [Man kann stets hoffen, aus dem Endlichen, das geschlossen ist, herauszukommen, demgegenüber ist die unendliche Weite ein Gefängnis ohne Ausgang. Ebenso wird jeder Ort, der absolut ohne Ausgang ist, zu einem unendlichen] (Blanchot 1959, 131).

Was der französische Philosoph Maurice Blanchot allgemein als Aporie des Gefangenseins formuliert, findet in zahlreichen Berichten von Überlebenden der nationalsozialistischen Verfolgung eine konkrete Entsprechung. Das Lager erscheint in ihnen im Wesentlichen als ein Raum, der nicht aufhört zu sein, als ein Raum, dessen Grenzen sich unendlich ausdehnen: Als Ort der eigenen Existenz, überall und bis zum gegenwärtigen Tag, ist nur das Lager vorstellbar. Der italienische Schriftsteller Primo Levi, dessen Texte über seine Zeit in Auschwitz für die Holocaust-Literatur paradigmatische Bedeutung haben, spitzt Blanchots Behauptung insofern zu, als er den Zusammenfall von unendlicher Weite und absoluter Abgeschlossenheit als ein Spezifikum des Lagers ausweist, das dieses von der Institution des Gefängnisses klar unterscheidet. Levi stellt dabei zunächst fest, dass die KZ-Häftlinge, selbst wenn es ihnen gelungen wäre, den elektrischen Stacheldraht des Lagers zu überwinden und den Wächtern und Hunden zu entkommen, nicht gewusst hätten, wohin sie sich hätten wenden können. Denn sie waren „fuori mondo, uomini e donne d'aria" [Luftmenschen – außerhalb der Welt] (1986, 124–125), die sich rechtlich weder auf ein Vaterland noch auf ein persönliches Zuhause berufen konnten. Darüber hinaus deutet sich aber auch die beunruhigende Vorstellung an, dass selbst nach der demokratischen Neuordnung Europas die Befreiung aus dem Lager nicht wirklich stattgefunden hat. Levis Schreiben über Auschwitz steht zwar durchaus im Zeichen der sprachlichen Bewältigung des Erlebten, es artikuliert aber an vielen Stellen gerade das Gegenteil: nämlich die Tatsache, dass das Lager etwas gänzlich Unbewältigtes und schlechterdings nicht zu Bewältigendes ist. Als solches löst es sich zunehmend von seinen geographischen Koordinaten ab, um sich in ein Phantasma zu verwandeln, das sich immer und überall manifestieren kann: Das Lager wird zu einem „traumatisierten Raum" (Kasper 2008, 59–68; 2011, 101–118).

Bemerkenswert für die traumatische Dimension dieses Raumes ist neben seiner unheimlichen räumlichen und zeitlichen Ausdehnung auch die für ihn charakteristische Invertierung des Eingeschlossenseins in ein gleichzeitiges irreduzibles Außen-Sein (→ 1. Topologie; 24. Nicht-euklidische Räume). In Levis Werk äußert sich dies auf narrativer Ebene (→ 7. Raum und Erzählung) z. B. durch das gehäufte Auftreten des Ortsadverbs ‚fuori' (außen, hinaus), das weniger auf ein Außerhalb des Lagers verweist als vielmehr auf die Tatsache, dass das Lager selbst für ein radikales Außen einsteht (→ 4. Deixis).

So zunächst in der „Storia di dieci giorni" [Geschichte von zehn Tagen], die am Ende von *Se questo è un uomo* [Ist das ein Mensch? – die Übersetzung formuliert unglücklicherweise die Bedingung in eine Frage um] eine Art *mise en abyme* des Lagerberichts bildet. Dessen innere Einfaltung bedingt ein Nach-Außen-Wenden, das jedoch keine Freisetzung impliziert, sondern aus der weltlichen Zeit und dem weltlichen Raum gänzlich hinausführt (→ 23. Transitorische Räume). Es sind, so wird als Paradox formuliert, „dieci giorni fuori mondo e fuori tempo" [zehn Tage außerhalb der Welt und außerhalb der Zeit] (Levi 1989 [1947], 138). Die geschilderte Situation ist folgende: Die Nazis haben Auschwitz fluchtartig verlassen; Levi, an Scharlach erkrankt, bleibt in der Krankenbaracke zurück und entgeht auf diese Weise den Todesmärschen. Es ist das Ende des Lagers, das jedoch nicht mit der Befreiung koinzidiert. Zehn Tage, die unendlich erscheinen („sembrava non dovesse mai finire", 144), führen den zurückgelassenen Überlebenden in eine Zone, die nurmehr als außerhalb dieser Welt bezeichnet werden kann (→ 15. Utopie und Heterotopie; 16. Nicht-Orte). Während Levi das von den Nazis verwaltete Lager als eine grausame Welt beschreibt, die doch ‚immerhin eine Welt war' (152), ist das, was nun folgt, nicht mehr mit Kategorien dieser Welt zu beschreiben: ‚Was ich sah, glich nichts, was ich jemals gesehen oder gehört habe' (140). Es wird sich als ein unendlich schwieriges, ja vielleicht sogar unmögliches Unternehmen erweisen, aus dieser Zone des sich selbst überlassenen Lagers je wieder in die Welt zurückzufinden: ‚Wir lagen in einer Welt der Toten und der Larven. Um uns und in uns war die letzte Spur von Zivilisation geschwunden. Das Werk der Vertierung, von den triumphierenden Deutschen begonnen, war von den geschlagenen Deutschen vollendet worden' (152).

In diesen zehn Tagen findet inmitten der Leichen eine Art zweite Menschwerdung der wenigen Überlebenden statt. Doch kann sich die Wiederholung des göttlichen Schöpfungsgeschehens nur noch als Groteske ereignen. Gleichsam wie am ersten Tag erblicken hier die Menschen in einer Welt ohne die geringste Spur von Zivilisation das Licht, doch zugleich ist diese Welt ‚ein mit Tod angefülltes Nichts' (206); sie ist ein von einem riesigen Leichenhaufen „angereichertes" Nichts (Celan 1994, 38), das ‚vor unserm Fenster jetzt über die Grabenränder hinaus wuchs' (Levi 1989 [1947], 150).

Im Zuge dieses unendlich schwierigen Prozesses, inmitten einer Landschaft aus Leichenbergen wieder zum Subjekt zu werden, ruft Levis französischer Freund Charles staunend und zugleich verstört aus: „Primo, on est dehors!" (149). Levi kommentiert nüchtern: ‚So war es: zum ersten Mal seit dem Tag meiner Gefangennahme war ich frei, es gab keine bewaffneten Wächter, keine Absperrung zwischen mir und meinem Zuhause' (149). Aber auch ohne Stacheldraht bleibt wahr: ‚Alles ringsum war Zerstörung und Tod' (150).

‚Primo, on est dehors!', nicht: ‚Nous sommes libres'. ‚On est dehors' gemahnt, selbst wenn hier zum ersten Mal eine Idee von Freiheit anklingt, immer noch an Levis *fuori*, mit dem dieser die eigentümliche Zeit- und Weltlosigkeit des Lagers bezeichnet. Auf die persönliche Anrede des Freundes Primo folgt unmittelbar das unpersönliche Pronomen ‚*on*'. Der scheinbar so eindeutige Ausruf erweist sich bei genauer Lektüre als überaus äquivok. Nicht nur neigt der Eigenname dazu, sich in die Ordnungszahl ‚primo' [erster] zu wenden, als abermaliger Verweis auf eine anfängliche Situation, von der unentschieden bleibt, ob sie etwas Neues, nun Beginnendes impliziert oder vielmehr das Enden des Lagers meint, das noch ganz am Anfang steht. Darüber hinaus trägt die Insistenz des graphischen Zeichens ‚o' in den emphatischen Verweis auf ein Außen wiederum die Vorstellung des Eingeschlossenseins ein.

Levis politische Reflexionen und autobiographischen Berichte umkreisen gleichermaßen die paradoxe Struktur des Raums des Lagers, die der italienische Philosoph Giorgio Agamben aus juristischer Perspektive mit der Figur der ‚Ausnahme' umrissen hat. „Man muss den paradoxen Status des Lagers von seiner Eigenschaft als Ausnahmeraum her denken: Es ist ein Stück Land, das außerhalb der normalen Rechtsordnung gesetzt wird, deswegen jedoch nicht einfach Außenraum ist. Was in ihm ausgeschlossen wird, ist [...] eingeschlossen mittels seiner eigenen Ausschließung. [...] Wer das Lager betrat, bewegte sich in einer Zone der Ununterscheidbarkeit zwischen Außen und Innen, Ausnahme und Regel, Zulässigem und Unzulässigem" (2002, 179) (→ 15. Utopie und Heterotopie). Vor dem Hintergrund dieser Argumentation ist es bezeichnend, dass auch Levi die Position des Überlebenden als ‚Ausnahme' bezeichnet: ‚Sie [die Untergegangenen] sind die Regel, wir sind die Ausnahme' (1986, 3 und 61).

Die Ausnahme meint in diesem Fall nicht nur das Privileg des Überlebens gegenüber der Normalität der Ermordung in den Gaskammern der Nazis. Die Logik der Ausnahme impliziert vielmehr, dass sie selbst in die Ordnung (d. h. in die Normalität) hineingenommen wird, wodurch Norm und Ausnahme ununterscheidbar werden (Agamben 2002, 179). Von hier aus lässt sich verstehen, inwiefern das Lager als Ausnahmeraum insbesondere dazu aufgerufen ist, zur psychischen Figur der Ausnahme – dem Trauma – zu werden (Freud und Breuer 1986, 89). Die Psyche des Überlebenden bleibt buchstäblich vom Lager belagert.

Überleben offenbart sich als ein Leben im Belagerungszustand durch das Fortbestehen des Lagers. Ersichtlich wird, inwiefern der rechtliche Ausnahmezustand, um den es Agamben geht, mit einem existentiellen und psychischen Ausnahmezustand korrespondiert (den Agamben aus seiner Argumentation weitgehend ausklammert), einem irreduziblen Aus-der-Welt-Genommen-Sein, das über die historischen Bedingungen des Lagers hinausreicht.

Vor diesem Hintergrund ist Levis autobiographischer Bericht *La tregua* [*Die Atempause*], den er fünfzehn Jahre nach *Se questo è un uomo* verfasst hat, der aber intradiegetisch direkt an dessen Ende anschließt, zu betrachten. *La tregua* handelt von Levis neun Monate dauernder Odyssee durch Europa – von Auschwitz zurück in seine Heimatstadt Turin. Auch dieser Text zeichnet sich durch Elemente und Strukturen aus, die den gesteckten Rahmen der beschriebenen Irrfahrt in zeitlicher und räumlicher Hinsicht sprengen. So ist *La tregua* von einem Traum eingerahmt, der zunächst in Form des Gedichts „Alzarsi" [Aufwachen], das Levi kurz nach seiner Rückkehr nach Turin im Januar 1946 verfasst hat, dem Bericht voransteht und schließlich, an dessen Ende, in Prosa weitergeschrieben wird.

Die erste Strophe des Gedichts handelt von jenen Träumen im Lager, in denen das Zuhause als begehrtes und zugleich unerreichbares erscheint, bis das polnische Kommando ‚Wstawać' [Aufwachen] den Schlafenden aus seinem Traum herausreißt. In der nachfolgenden Antistrophe wird die Rückkehr nach Hause nicht so sehr als anhaltende Erfüllung, sondern vielmehr als eine Situation geschildert, in der das Begehren, zu erzählen, zu essen und heimzukehren, längst versiegt ist. Genau in dieser Situation kehrt abermals das Kommando in Auschwitz wieder, welches, das Gedicht abschließend, die Zeit der Zukunft einnimmt: „È tempo. Presto udremo ancora / Il comando straniero: / ‚Wstawać'" [Es ist Zeit. Gleich hören wir wieder / Das fremde Kommando: / „Wstawać"] (Levi 1989 [1963], 155).

Die Prosaerzählung des Traums vom Lager als ein Traum im Traum am Ende von *La tregua* (strukturell der „Storia di dieci giorni" am Ende von *Se questo è un uomo* vergleichbar), der Levis Nächte nach seiner Rückkehr nach Turin heimsucht, kann gleichsam als Ausgeburt des Zusammenfalls der beiden Gedichtstrophen gelesen werden: Der Bereich des Hauses, der Familie und der Freunde erweist sich hier als ununterscheidbar vom Lager, und das Erwachen aus diesem Alp fällt mit der traumhaften Wiederkehr des Morgenkommandos ‚Wstawać' zusammen, welches wiederum das letzte Wort bildet – sowohl des geschilderten Traums als nun auch des gesamten Berichts *La tregua*: ‚Ich bin wieder im Lager, nichts ist wirklich außer dem Lager; alles andere waren kurze Ferien, oder Sinnestäuschung, Traum: die Familie, die blühende Natur, das Zuhause. Der innere Traum, der Traum vom Frieden, ist nun zu Ende, der äußere dagegen geht eisig weiter: ich höre eine Stimme, wohlbekannt, ein einziges Wort, nicht befehlend, sondern kurz und gedämpft. Es ist das Morgenkommando von Auschwitz, ein fremdes Wort, gefürchtet und erwartet: Aufstehn, ‚Wstawać" (1989 [1963], 325).

Aus dem Lagertraum, der die Nächte des Ichs belagert, gibt es kein Entkommen. Das Aufwachen ist in der Form des Befehls unabdingbar an ein Herausreißen und damit wiederum an eine irreduzible Situation des Außen und des Hinausgewiesenwerdens gebunden. Es scheint, als stelle gerade das Aufwachen das Ich vor die unleugbare Tatsache, dass das Lager seine einzige Wirklichkeit darstellt. *La tregua* – der Weg zwischen Auschwitz und Turin, der nicht zuletzt durch zahlreiche Auffang-, Sammel- und Übergangslager führt und im übrigen von der viel häufigeren Wendung ‚*senza tregua*' [ohne Unterlass] gezeichnet ist – erscheint allemal als Suspension zwischen den Träumen im Lager, in denen das Zuhause als ein gleichermaßen begehrtes und unerreichbares aufscheint, und dem Traum zuhause, in dem sich die heimatliche Welt ins Lager verwandelt. Wir wohnen als Leser einer unerhörten Auflösung unserer räumlichen und zeitlichen Vorstellung des Lagers bei: Der Aufenthalt des Lagers erscheint nun nicht mehr nur als ein schrecklicher Lebensabschnitt, sondern als ‚Symbol der *conditio humana*' überhaupt, wie Levi in seinem Nachwort zur Schulausgabe von *La tregua* von 1965 erklärend hinzugefügt hat. Darin gibt es ‚*tregue*' [Atempausen oder Waffenstillstände], kurze Intervalle, Momente des Aufschubs, die selbst bald durch das Morgenkommando als gleichsam erstem und letztem Wort unterbrochen werden können.

2. Der Archipel

Agambens Beobachtung, derzufolge „das Lager als absoluter Ausnahmeraum topologisch verschieden von einem einfachen Haftraum" ist (2002, 30) (→ 1. Topologie), ermöglicht es, aus einer raumtheoretischen Perspektive die Lager des nationalsozialistischen Vernichtungssystems und die sowjetischen Lager des Gulag zusammenzuführen. Beide sind historiographisch, aber auch literatur- und kulturwissenschaftlich bislang vorwiegend getrennt voneinander behandelt worden.

Für die nun folgenden, weiteren Überlegungen über die spezifische Räumlichkeit des Lagers sowie über deren Auswirkungen auf den Raum, in dem wir heute leben, soll Solženicyns Metapher des Archipels als Bezeichnung für das weitverzweigte Lagersystem der Sowjetunion den Ausgangspunkt bilden (→ 2. Topographien). Die Metapher weist zunächst die Insel als prädestinierten Ort für das Lager aus und erkennt die Welt der Lager als ein Reich aus lauter Inseln (→ 38. Nissopoiesis). Doch bemerkenswerterweise verschweigt das Wort Archipel (von griech. αρχιπέλαγος, wörtlich ‚das herrschende Meer') die Insel, die es metaphorisch meint. Zwischen der wörtlichen und der übertragenen Bedeutung findet mithin eine aussparende Inversion statt. Während die wörtliche Bedeutung das Meer in seiner Mächtigkeit und enormen Größe hervorhebt, unterstreicht die übertragene Bedeutung die Vielzahl der im Meer gelegenen Inseln. Ausgerechnet die Insel bildet im Wort vom großen Meer die Leerstelle, sie ist darin gleichsam ausgenommen. Gerade darum aber eignet sich das Wort ‚Archipel' als raumtheoretische Figur. Aus anderer Perspektive als zuvor Levi und Agamben zeigt sie, dass ein Lager nie mit seiner Topographie übereinstimmt (→ 15. Utopie und Heterotopie). Der Archipel als raumtheoretische Figur verweist vielmehr auf ein Phänomen der Proliferation, das mit dem Verschwinden der einzelnen Elemente, die Gegenstand dieser Vermehrung sind, einhergeht (→ 23. Transitorische Räume). Es ist mithin ungenügend, den Archipel im naturalistischen Sinne als ein Inselensemble aufzufassen, sondern es scheint vielmehr notwendig – insofern man das Lagersystem archipelisch auffasst, wie dies seit Solženicyns *Archipel Gulag* [russ. Архипелаг ГУЛАГ, transkrib. Archipelag GULAG] insbesondere für das sowjetische Lagersystem, aber neuerdings auch für die US-Gefangenenlager in der Bucht von Guantánamo der Fall ist (Ramoneda 2007, 13–17) – den Archipel als Raumkonzept zu lesen, mit dem sich ein nicht-abbildbares Außen als latente Einschreibung in den manifesten und darstellbaren Raum denken lässt.

Solženicyn hat fünfzehn Jahre an seiner Darstellung des konzentrationären Systems der UdSSR gearbeitet. *Der Archipel Gulag* ist 1973 erschienen. Der Originaltitel setzt sich aus zwei Begriffen zusammen, die sich im Russischen auf die gleiche Endsilbe ‚*lag*' reimen. Gulag ist das Akronym für das Verwaltungszentrum des sowjetischen Lagersystems (*Glavnoje upravlenie lagerej*), das um 1930 eingerichtet und offiziell 1960 aufgelöst worden ist. Der Titel mag durch Čechovs Erzählung *Die Insel Sachalin* (1893) inspiriert worden sein, in der eine Reise beschrieben wird, die der Autor 1890 auf jene Insel der Verbannung unternommen hat. Möglicherweise hat Solženicyn auch an die Solowezki-Inseln im Weißen Meer gedacht, auf denen 1926 ein bedeutendes orthodoxes Kloster in das erste sowjetische Lager – eine Art Archi-Lager – umgewandelt worden war, das in der Folge Modell für die Einrichtung des Gulag-Systems stand. Beiden Hypothesen liegt ein metaphorisches Verständnis des Archipels zugrunde. In der Tat setzt Solženicyn den Archipel zunächst in solcher Weise ein, um die besondere Räumlichkeit des sowjetischen Unterdrückungssystem zu illustrieren. Er schreibt: „Kolyma aber war die größte und berühmteste Insel, ein Grausamkeitspol in diesem sonderbaren Land GULAG, das die Geographie in Inseln zerrissen, die Psychologie aber zu einem festen Kontinent zusammengehämmert hat, jenem fast unsichtbaren, fast unspürbaren Land [...]. Das Inselland ist eingesprenkelt in ein anderes, das Mutterland; kreuz und quer durchsetzt es seine Landschaft, bohrt sich in seine

Städte, überschattet seine Straßen – und trotzdem haben manche nichts geahnt, viele nur vage etwas gehört, bloß die Dortgewesenen alles gewusst" (1974, 9).

Allerdings findet dieses Wissen keinen sprachlichen Ausdruck: „Doch als ob sie [die Dortgewesenen] auf den Inseln des Archipels die Sprache verloren hätten, hüllten sie sich in Schweigen" (9). Es ist ein Schweigen, das als eine unheimliche Koinzidenz zwischen dem zerrissenen und zugleich zusammengeschweißten Wort geschildert wird und dessen fernes Echo in der Silbe ‚gul' nachhallt, die im Russischen auch das ‚Dröhnen', das ‚Getöse', also einen unartikulierten Lärm bedeutet.

Noch ehe Solženicyn diesen metaphorischen, an Implikationen reichen Vergleich einführt, der nicht nur den Archipel den Lagern annähert, sondern auch die Lager der zivilen Welt, evoziert er in einer archäologischen Szene ein Leseverfahren, das für die Versprachlichung dieser Lagerwelt von nicht zu unterschätzender Bedeutung ist (→ 5. Schrifträume). Im Prolog schildert er, wie er und einige Freunde 1949 beim Lesen einer von der Akademie der Wissenschaften veröffentlichten Notiz über einen Ausgrabungsfund in Kolyma aufmerken. „[I]n kleinen Lettern [stand] geschrieben" (9), man habe dort einen gefrorenen Urstrom freigelegt und darin eingefrorene Exemplare einer urzeitlichen Fauna aufgefunden. Diese seien so frisch gewesen, dass die an der Ausgrabung Beteiligten diese mit Genuss verzehrt hätten. Solženicyn bemerkt, dass er und seine Freunde den geheimen Sinn dieses Artikels sofort erfasst hätten. „Wir sahen das Bild klar und in allen Details vor uns: Wie die Anwesenden mit verbissener Eile auf das Eis einhackten; wie sie […] das tausend Jahre alte Fleisch in Stücke schlugen, diese zum Feuer schleppten, auftauen ließen und sich daran sättigten. Wir begriffen es, weil wir selbst zu […] den Strafgefangenen [gehörten], die allein es zustande brachten, einen Triton mit Genuss zu verspeisen" (9).

Solženicyn legt eine erste Sinnschicht der in dieser Notiz geschilderten Szene frei, nämlich die Tatsache, dass die vermeintliche Frische der urzeitlichen Fauna kaum den wahnwitzigen Hunger der an dieser Ausgrabung beteiligten Strafgefangenen zu verbergen vermag. Eine weitere Sinnschicht verbirgt sich indessen in Solženicyns narrativer Vergegenwärtigung dieser Leseszene selbst. Insofern er davon spricht, dass die Lagerhäftlinge einen ‚Triton' (und nicht urzeitliche Fische) verspeist haben, wird die Szene ihrer vermeintlichen Realistik enthoben und ins Fabelhaft-Mythologische verschoben. Der Triton als ein mythologischer Herr der Meere erweist sich mithin als eine weitere Paraphrase des Archipels als dem ‚herrschenden Meer' (→ 40. Meer/Luft/Wüste). Diesen mit Genuss zu verschlingen, wo er doch jeden, der ihm zu nahe kommt, der sich zu weit in sein Element wagt, verschlingt, ist die aporetische Pointe der unendlich schwierigen erzählerischen Aneignung des Lagersystems.

Wenn wir selbst beginnen, die ‚kleinen Lettern' von Solženicyns Text zu entziffern, der geschrieben wurde in einer Gesellschaft, in der so viele Dinge nicht gesagt werden durften, erhält die Tatsache, dass die Metapher des Archipels die gemeinten Inseln gerade nicht sagt, dafür aber in unterschiedlichen Ausprägungen die Macht des Meeres, noch eine weitere Dimension. Es ist, als entspreche das im Geschriebenen abwesende Signifikat exakt dem, was in der Sowjetunion weder gesagt noch geschrieben werden durfte. Allein im Zwischenraum zwischen dem Geschriebenen und dem Gemeinten scheint es vorübergehend auf (→ 5. Schriftträume). Doch zugleich ist die noch verschwiegenere Realität – dass diese nur latent präsenten Inseln Lager sind – in den Originaltitel über phonetische Assimilation längst eingeschrieben: Die im russischen Wort ‚Archipelag' suspendierte Insel ist buchstäblich ein ‚lag', jenes ‚lag', auf das sich Gulag reimt.

Die Nähe der im Prolog geschilderten archäologischen Szene, die im Wesentlichen eine Lektüreszene von kryptischen Einschreibungen ist, zur Entfaltung des Archipels als Raummetapher für das sowjetische Lagersystem weist darauf hin, dass die Vorstellung, derzufolge das gesamte Land von unzähligen Lager-Inseln durchsetzt ist, nicht nur in einem realistisch geopolitischen Sinne zu verstehen ist (→ 10. Geopolitik), sondern vielmehr im Sinne der buchstäblichen Einschreibung des Lagers in die Wörter selbst, mit denen über die Lager gesprochen oder auch geschwiegen wird. Das Lager erweist sich mithin als eine gleichsam unbewusste Struktur der Sprache selbst.

Das erste Kapitel des monumentalen Werkes wird mit folgender Frage und Bemerkung eröffnet: „Wie gelangt man auf diesen geheimnisvollen Archipel?" – „Stunde für Stunde machen sich Flugzeuge, Schiffe, Züge auf den Weg dorthin – doch es weist keine einzige Inschrift den Bestimmungsort aus" (15). Vor dem Hintergrund des Prologs erhält der Ausdruck ‚Inschrift' (russ. надпись, transkrib. ‚nadpis') eine besondere Note. Er verweist abermals auf das Fehlen einer Einschreibung, wie sie für das Wort ‚Archipel' gerade herausgearbeitet wurde. Die fehlende Inschrift impliziert, dass Solženicyn seinen Bericht von Anfang an nicht nur als ‚Reise' in diese verdammten Orte konzipiert hat, sondern die Frage der Abbildung des Lagersystems problematisiert und mit der Frage nach Latenz und Einschreibung verbindet. Das russische Wort ‚Archipelag' erweist sich somit aufgrund seiner ihm impliziten Nicht-Koinzidenz zwischen Gesagtem und Bedeutetem und der zugleich in ihm buchstäblich präsenten Einschreibung des immer schon Mitgesagten als durchaus adäquates Konzept, um über eine Wirklichkeit in einer Wirklichkeit zu sprechen, die nicht gesagt wird bzw. nicht gesagt werden kann (→ 9. Räume des Wissens). Der Zusammenfall von Inversion, Suspension und buchstäblicher Einschreibung, der sich hier in einem einzigen Signifikanten ereignet, legt offen, inwiefern die allgemein beobachtete Tatsache, dass hinter den Worten weder Dinge noch realistische Räume stehen, sondern in allererster

Linie andere Worte (Starobinski 1971; → 42. St. Petersburg; 44. Tlön), für die Frage nach der unmöglichen und zugleich notwendigen Repräsentation des Lagers von entscheidender Bedeutung ist. Erst ein Leseverfahren, das der latenten Einschreibung des Lagers in die Worte selbst eingedenk ist, mag in der Lage sein, der immer schon tendenziell phantasmatischen Dimension dieses ausgeschlossenen und zugleich eingeschlossenen Raums beizukommen.

Literatur

Agamben, Giorgio. *Homo sacer: Die souveräne Macht und das nackte Leben*. Übers. von Hubert Thüring. Frankfurt a. M.: Suhrkamp, 2002 [1995].

Blanchot, Maurice. *Le livre à venir*. Paris: Gallimard, 1959.

Celan, Paul. „Ansprache anlässlich der Entgegennahme des Literaturpreises der Freien Hansestadt Bremen" [1958]. *Der Meridian und andere Prosa*. Frankfurt a. M.: Suhrkamp, 1994. 37–39.

Freud, Sigmund, und Joseph Breuer. *Studien über Hysterie* [1895]. *Gesammelte Werke in 18 Bänden*. Hrsg. von Anna Freud. I. Frankfurt a. M.: Fischer, 1986 [1952]. 75–312.

Kasper, Judith. „L'espace traumatisé". *Trauma et texte*. Hrsg. von Peter Kuon. Frankfurt a. M., Berlin und Bern: Peter Lang, 2008. 59–68.

Kasper, Judith. „Die Bibliothèque Nationale de France und das Phantasma eines Lagers". *Die Transformation der Orte: Annäherung an die nationalsozialistischen Konzentrations- und Vernichtungslager*. Hrsg. von Alexandra Klei, Katrin Stoll und Annika Wienert. Bielefeld: Transcript, 2011. 101–118.

Levi, Primo. *I sommersi e i salvati*. Torino: Einaudi, 1986.

Levi, Primo. *Se questo è un uomo* [1947, Neuausgabe 1958]/*La tregua* [1963]. Torino: Einaudi, 1989.

Ramoneda, Josep. „Archipel de l'exception". *Circulation et archipels de l'exception: Cultures & Conflits 68*. Hrsg. von Daniel Hermant. Paris: L'Harmattan, 2007. 13–17.

Solschenizyn, Alexander. *Der Archipel Gulag* [1973]. Übers. von Anna Peturnig. Bern: Scherz, 1974.

Starobinski, Jean. *Les mots sous les mots: Les Anagrammes de Ferdinand de Saussure*. Paris: Gallimard, 1971.

46. Megastadt: Kinematographisches Mumbai und das Rhizom des Abjekten

André Otto

1. Neue Metropole und Megastadt: die Herausforderung urbaner Agglomeration

‚Megastadt' ist das sprachliche Symptom eines Überbordens. Es steht für einen urbanen Raum, der weder als *ein* Raum noch als einheitlicher Raum begriffen werden kann (→ 23. Transitorische Räume) und somit paradigmatisch überhaupt die Frage nach ‚Raum' bestimmenden Diskursen und Aspekten (geographisch, epistemologisch, semiologisch, politisch) aufwirft, die zu seiner Formation beitragen (→ 25. Formationen literarischer Raumgeschichte). Einerseits versucht das Konzept ‚Megastadt' eine Räumlichkeit zu fassen, die einen identitätslogisch zentrierbaren Erfahrungsraum ins Maßlose kollabieren lässt; insofern es aber dabei keinen der Repräsentation schlicht vorgängigen Raum mehr bezeichnen kann, verweist es andererseits auf die Grenze und Problematik des Begrifflichen selbst.

In der urbanistischen Debatte betrifft die Herausforderung der Megastadt daher zunächst ein Problem räumlicher Begrenzung, das historisch aus der Entgrenzung und Auflösung der zentrierten Strukturen der industrialisierten (Groß-)Stadt resultiert (→ 39. Paris; 43. New York). War bereits das „exorbitante Großstadtwachstum des 19. und (weit mehr noch) des 20. Jh.s" durch „Verlagerungen der Bevölkerung und Funktionen aus der (eigentlichen) Stadt, der ‚Kernstadt' in das ‚Umland'" gekennzeichnet, die „eine sehr unterschiedlich ausgeprägte Umstrukturierung des gesamtstädtischen *Siedlungsgefüges* zur Folge" hatten (Bronger 2004, 20–21; Herv. i. O.), verschärft sich diese Tendenz in den dezentrierten/polyzentrischen Gefügen, die als urbane Agglomerationen beschrieben werden. In diesem „Raum ohne Namen und Anschauung" (Sieverts 1997, 13) verschwimmen die topologisch hierarchisierten Grenzen zwischen Stadt und Umland, Zentrum und Peripherie, zwischen (urbanistisch geplanter) Strukturiertheit und Wildwuchs (→ 1. Topologie; 14. Semiosphäre und Sujet). Resultat ist eine „auf den ersten Blick diffuse, ungeordnete Struktur ganz unterschiedlicher Stadtfelder mit einzelnen Inseln geometrisch-gestalthafter Muster, eine Struktur ohne eindeutige Mitte, dafür aber mit vielen mehr oder weniger stark funktional spezialisierten Bereichen, Netzen und Knoten" (15) (→ 24. Nicht-euklidische Räume). Diese Gefüge entziehen sich dem panoptischen Blick, mehr noch: Ihre besondere Herausforderung besteht darin, dass sie sich der Epistemologie des

Blickes und seiner zentrierenden Strukturalität (→ 2. Topographien) widersetzen. Sieverts führt daher den Begriff der ‚Zwischenstadt' ein, der jener Verfugung von „einzelne[m], besondere[m] Ort als geographisch-historischem Ereignis" und dem Nicht-Ort im Sinne Augés mit seiner „abstrakten, nur in Zeitverbrauch gemessenen Raumüberwindung" (14) (→ 16. Nicht-Orte) und mithin der Differenz und Überlagerung topographischer, anthropologischer, funktionaler und epistemologischer Kategorien Rechnung tragen soll.

Geht es Sieverts primär um urbane Ballungsräume der westlichen Welt, versucht Bronger die Konzepte ‚Metropole', ‚Megastadt' und ‚Global City' von solchen Ballungsräumen durch das zentrale Kriterium einer ursprünglich monozentrischen Struktur abzusetzen (2004, 31). ‚Metropolen' sind für Bronger Räume, die sich durch Ballung, Ausbreitung und Suburbanisierung aus einer alten Kernstadt entwickeln. Die zwei Hauptkriterien für nicht konsistent von Megastädten geschiedene Metropolen sind statistisch: 1–5 Mio. Einwohner bei einer Dichte von 2.000 Einwohnern/km^2. Daraus resultiert eine (über-)regionale demographische Vormachtstellung der Metropole – und wie Farías und Stemmler (2006, 5 und 7) in ihrer Dekonstruktion des Metropolenbegriffs zeigen, schreibt ihre relationale Bestimmung sie als Zentrum einer Peripherie immer schon in koloniale Machtstrukturen ein und macht auf diese Weise ‚Metropole' zu einem inhärent politischen Konzept (→ 11. Postkoloniale Räume; 10. Geopolitik und Globalisierung). Gegen den demographischen Vorrang argumentiert Bronger jedoch für eine „*funktionale Primacy*" (2004, 35; Herv. i. O.) als Hauptdistinktionsmerkmal der Metropole, in der sich wirtschaftliche, politische, soziale und kulturelle Funktionen einer Region bündeln. Diese Bestimmung der Metropole macht sie nicht nur zu einem Knotenpunkt, der sich über hochabstrakte Strukturen der Semiosphäre (Lotman 2001) bestimmt; sie hebt mit der semiotischen Strukturalität zugleich ein Versprechen hervor, das im Wort ‚Metropole' angelegt ist und ideologisch auf die Herausforderung der urbanen Agglomerationen reagiert: Gegen die Unüberblickbarkeit der schieren Größe und Heterogenität des Urbanen setzt die Metropole das *Versprechen* der Zentrierung, das zugleich ein Versprechen der semiotischen Bewältigung der Biosphäre bedeutet (→ 43. New York; 14. Semiosphäre und Sujet). Wie Farías und Stemmler (2006, 4–5) zeigen, erfolgt dies aber über die Metaphorik des Biologischen: Die Metropole ist etymologisch die Mutterstadt, die ihre Zentralität genealogisch naturalisiert und als ursprünglich setzt. Dabei wird die relationale Zentralität zum Umland übersetzt in eine Überstrukturiertheit, die aus der Bündelung der verschiedenen Funktionen und ihrer semiotischen Felder entsteht und die das Zentrum als Einheit aus sich heraus bestimmt (Reif 2006, 4).

Mag daraus bereits für westliche Metropolen ein problematisches Versprechen der Re-Zentrierung dezentrierter urbaner Räume resultieren, lassen die ‚neuen' Metropolen dieses Versprechen gleichsam explodieren. Wie Bronger zugesteht, liegt „der entscheidende Unterschied zu den Metropolen des Westens […] *erstens* in der Dynamik, d. h. der absoluten Höhe des jährlichen Migrantenstroms begründet. […] *Zweitens* war (und ist) die metropolitane Infrastruktur nicht im Mindesten auf einen derartigen Ansturm vorbereitet." (2004, 80; Herv. i. O.) (→ 3. Dynamisierungen) Das heißt aber, dass die semiosphärische Bändigung ihr Versprechen gerade nicht einlösen kann. Im Gegenteil sorgt die Zentralität für einen Migrantenstrom, der in die funktionalen Zentren drängt, damit zugleich aber jede urbanistische Planung unmöglich macht und für den immer wieder angeführten Wildwuchs jener Städte sowohl am Rand als auch von innen heraus sorgt. Paradigmatisch hat dies Appadurai (2000) für das Wohnungsproblem in Mumbai beschrieben, wobei sich an seinem Konzept des ‚*spectral housing*' die Frage der urbanen Raumorganisation in den ‚neuen' Metropolen zuspitzen lässt. Denn wenn Wohnen insofern ‚spektral' wird, als nurmehr der Körper Behausung bietet, zersetzt sich das Phantasma semiosphärischer Zentralität just durch die nackte Körperlichkeit. Statt einer Zentralisierung der Metropole über funktionale Kodierung weisen Städte wie Mumbai einen „biosphärischen Hyperbolismus" (Skrandies 2012, 49) auf, der sich in einer irreduziblen „inner diasporic heterogeneity" (Ashcroft 2011, 498) manifestiert. In diesem ‚Rückschlagen' der demographischen Aspekte, die zur Subversion der funktionalen Raumorganisiertheit führt, ist die Megastadt begrifflich situiert. Denn der biosphärische Hyperbolismus zersetzt das Versprechen der Rezentrierung, das im Terminus ‚Metropole' und seiner ideologischen Besetzung angelegt ist. Das ‚Mega' der Megastadt hat dieses Versprechen nicht mehr, es ist reine Steigerung. Das soll nicht heißen, dass den ‚neuen' Metropolen das Metropolenhafte abgesprochen werden muss. Im Gegenteil: Sie sind Megastädte, *weil* sie viel stärker noch als die westlichen Metropolen funktionalen Vorrang gegenüber einem strukturschwachen Umland haben (Bronger 2004, 35). Doch die Verdichtungen und Ausbreitungen, die sich aus den funktionalen Vernetzungen ergeben, unterlaufen mit ihren Dynamiken jede vorgegebene urbanistisch-funktionale Struktur. Metropole und Megastadt werden dabei zu zwei Aspekten des ‚selben' Raums.

Im Anschluss an Sieverts (1997, 17) hat Sandten vorgeschlagen, die ‚neuen' Metropolen wegen ihrer dynamischen Raumnutzung als Zwischenstädte zu beschreiben, die sich durch ihre historische funktionale Schichtung und Überschreibung als horizontale und vertikale Palimpsesträume verstehen lassen (2011, 18). Diese Palimpseste bilden diasporische und „nicht-sichtbar[e]" Zwischenräume (21) aus, die für Sandten durch das Abjekte gekennzeichnet sind. Während sie aber Kristevas Konzept hauptsächlich als „Bedrohung und das Monströse" versteht, wodurch der Zwischenraum „vermeintlich gesicherte Grenzen in Frage stellt" (21), wird hier das Abjekte stärker als grundlegende prozessuale Größe innerhalb der semiotischen Sub- und Objektivierung für die Konzeptualisierung der Megastadt profiliert. Denn das Abjekte ist bei Kristeva prinzipiell Spur jener Gewaltsamkeit, die die Begegnung mit dem Realen und ihre Überführung in semiotische und symbolische Strukturen kennzeichnet (→ 2. Topographien) und schon deshalb eine Bedrohung der symbolisch gebundenen Subjektivität ausmacht. Weil das Abjekte diese mit dem Vor-Symbolischen konfrontiert, setzt es nicht nur jede Stabilität von Subjekt-Objekt-Verhältnissen aus, sondern die Einheit des Subjekts (wie des Objekts) selbst. Mehr noch dringt es grundlegend in das Subjekt ein, da Subjektivierung erst durch einen ‚abjektivierend' abgrenzenden Selbstbezug entsteht – „je m'abjecte dans le même mouvement par lequel ‚je' prétends me poser" [ich abjektiviere mich in derselben Bewegung, durch die ‚ich' mich setzen will] (Kristeva 1980, 11; Herv. i. O.) –, den wiederum die Herausforderung des Abjekten als Ab- und Ausgrenzung des radikal Anderen hervorruft: „Je n'éprouve de l'abjection que si un Autre s'est planté en lieu et place de ce qui sera ‚moi'. Non pas un autre auquel je m'identifie ni que j'incorpore, mais un Autre qui me précède et me possède, et par cette possession me fait être" [Ich erfahre die Abjektivierung nur, wenn ein Anderer/s sich an die Stelle setzt, die ‚ich' sein werde. Doch kein Anderer/s, mit dem ich mich identifiziere oder den/das ich inkorporiere, sondern ein Anderer/s, der/das mir vorausgeht und mich vereinnahmt und mir durch diese Vereinnahmung Sein gibt] (18). Das Abjekte dramatisiert derart den Übergang zwischen einem kognitiv subjekt- wie objektbezogen nicht zu Bewältigendem in semiotische Strukturalität. Genau in diesem Sinne steht es für die Akzentverschiebung zwischen den Begriffen der Metropole und der Megastadt. Denn während die Metropole mit ihrem Rezentrierungsversprechen von der Ebene der semiosphärisch-funktionalen Organisation ausgeht, bedeutet die Megastadt Subversion und Überborden dieser semiotischen Strukturiertheit und das Eindringen des Nicht-zu-Rezentrierenden. Da sich dabei verschiedene semiotische und nicht-semiotische Ebenen bzw. Ausdrucksformen der Stadt transversal fügen, scheint es angezeigt, anstelle der noch hierarchisch gedachten Schichtung des Palimpsests eher das Konzept des ‚Rhizoms' von Deleuze und Guattari für diese Form mannigfaltiger Nicht-Strukturalität zu nutzen. Dieses beschreibt dynamische Gefüge, in denen es momenthaft zu Konstellationen zwischen aufeinander irreduziblen semiotischen und nicht-semiotischen Ebenen kommt, denen ihre Auflösung aufgrund der Bewegungen ihres Zustandekommens immer schon mit eingeschrieben ist (→ 3. Dynamisierungen). Es stellt somit eine besondere Art der ‚Organisation' von Mannigfaltigkeit dar, die sich aus Prozessen der Segmentierung und Stratifizierung ergibt. Diese sind jedoch Effekt konstanter Deterritorialisierungsbewegungen und kreuzen transversal durch die Segmente und Schichten, Territorien und Ausdrucksebenen (Deleuze und Guattari 2005, 35–36). Für das rhizomatische Gefüge der Megastadt ist es entsprechend genau das Abjekte, was die Deterritorialisierungsbewegungen im Verhältnis der verschiedenen Ebenen ausmacht und einen nicht-zentrierten, beweglichen Raum ergibt, in dem der biosphärische Hyperbolismus deterritorialisierend die metropolitane Überorganisation semiologischer Strukturen durchbricht und disloziert.

Beispielhaft zeigt sich dies an der filmischen Auseinandersetzung mit Mumbai, die Danny Boyles Film *Slumdog Millionaire* leistet, da dieser Film gerade nicht eine mehr oder weniger realistische Repräsentation einer Megastadt liefert, der man dann eine koloniale Perspektive oder sensationalistischen Slum-Voyeurismus vorwerfen kann. Vielmehr stellt der Film seine globalisierte Medialität *und* die Rolle des Medialen für die postkoloniale Megastadt aus, in der ein panoramisches Einheitsversprechen nurmehr über das Medium des Films gegeben werden kann.

2. Filmische Selbstreflexion und metropolitane Rezentrierung

Mumbai steht paradigmatisch für das hier aufgestellte Verständnis der Megastadt, da es wie kaum eine zweite Stadt die zwei Pole einer global vernetzten, symbolisch generierten Hyperrealität (Baudrillard 1981) und eines vor-symbolischen Realen verbindet, wie es Kristeva im Abjekten konzeptualisiert. Es ist *die* Stadt des Films und eine seit den 1960er Jahren rasant wachsende Metropole im Sinne Brongers. Zugleich sind die Lage Mumbais, vor allem aber die Miet- und Bebauungspolitik für eine Wohnungs- und Raumknappheit verantwortlich, die nicht nur für Appadurai das grundlegende Problem des Elends und der Gewaltausbrüche darstellen (2000; Mehta 2005, 126–140). Die vorerst letzte dieser die Stadt und ganz Indien traumatisch prägenden Wellen ethnischer Gewalt zwischen Hindus und Muslimen von 1992/1993 bildet auch den Ausgangspunkt für das märchenhafte Aufsteigersujet von *Slumdog Millionaire* (→ 1. Topologie; 7. Raum und Erzählung). Während der Unruhen verliert der Protagonist Jamal nicht nur seine Mutter und wird zum Waisenkind, das aus der sozialen Struktur des Slums fällt, er sieht auch erstmals Latika. Die Liebe zu ihr ist die basale Motivation einer Queste (→ 29. Artushof), die sich aufgrund der Überblendung von Mutterverlust und großer Liebe als eine melodramatische Rückkehr zum mütterlichen Ursprung vor der Gewalt darstellt (Krstic 2011, 90–91). Zugleich koppelt das Aufsteigersujet das persönliche Schicksal des Protagonisten an den wirtschaftlichen Aufstieg des zweiten Protagonisten, der Stadt selbst, und ist gemäß der melodramatischen Struktur von starken Gegensätzen geprägt, die im Wesentlichen der Großstadtdarstellung der Moderne entsprechen. Kondensiert finden sich die überlagerten Binarismen bereits im mehrfach zu lesenden Titel, der seine programmatische

Differenz zur literarischen Vorlage *Q & A* von Vikas Swarup ausstellt. Zum einen verkörpert er, statisch räumlich gelesen, das radikal heterogene Nebeneinander in der Kopräsenz des megastädtischen Raumes, wie es topisch für die Darstellung Mumbais ist (Krstic 2011, 88): Slumdog und Millionär repräsentieren die gegensätzlichen Pole einer sozialen Schichtung im topologischen Binarismus von Oben und Unten, der von Anfang an die Darstellung des Raumes bestimmt. Slum und metropolitane Logistik werden dabei immer wieder in starken Vertikalen ineinander projiziert. So prägt vor allem der vertikale Gegensatz zwischen Flugzeugen und der Erdung des Slums den Auftakt des Films: Bereits in der ersten erzählerischen Rückblende wird Jamal von einem Flugzeug überflogen, als er mit anderen Slum-Kindern auf einer Landebahn Cricket spielt (Boyle 2008, 00:05:54–00:06:02). Am drastischsten erscheint diese raumsemantische Auseinandersetzung mit der Vertikalen aber in zwei weiteren Anfangsszenen, die im Film jeweils von einer späteren Szene gespiegelt werden. Zum einen variieren in der ersten Toilettenszene, die auch explizit das filmische Paradigma einführt, Blick und Position der Kamera von der Horizontalen auf Höhe des kindlichen Protagonisten bis zur radikalen Vertikalen des Blicks von unten auf den Helikopter der Filmlegende Amitabh Bachchan Khan und senkrecht von oben in die Toilette (00:10:25–00:12:51). Bereits die turmähnlichen, nach oben und unten offenen Toilettenhäuschen bilden einen starken Kontrast zur Fläche der umliegenden Müllhalde, der in der Bewegung Jamals aufgenommen wird. Denn um zu seinem Filmidol zu gelangen, muss Jamal in die Fäkalien hinabspringen und von Kot bedeckt seinen triumphalen Lauf hinlegen, an dessen Ende er das Autogramm des Stars erhält. Slumdog und Millionär treten hier erstmals direkt in Kontakt, wobei die Handlungssequenz als *mise en abyme* zugleich das Aufstiegssujet vorwegnimmt, das in der zweiten Toilettenszene im wahrsten Sinne gespiegelt wird. Denn vor dem Spiegel der modernen Studiotoiletten erzählt der Showmoderator Prem Kumar dem während der ganzen Szene auf dem Kopf gefilmten Jamal seine bisher einzigartige Aufstiegsgeschichte, die kurz davor steht, sich in Jamal zu wiederholen (01:24:57–01:26:00).

Die zweite Szene betrifft die filmische Repräsentation der Stadt in ihrer Heterogenität selbst (→ 2. Topographien). Inmitten der spektakulären ersten Verfolgungsjagd durch den Slum, in der die rasante horizontale Bewegung durch vertikale und schiefe Kamerawinkel beschleunigt ist, bietet der Film in einem gestaffelten Zoom-Out einen ersten panoramischen Blick über den Slum (00:07:44–00:07:50). Die Fläche der repräsentierten Hüttendächer kontrastiert hier mit der vertikalen Bewegung des Zoom-Out, die die Aufmerksamkeit auf die technischen Möglichkeiten des Films lenkt, da die Perspektive nicht mehr in der dargestellten Welt verankert ist und der Zoom-Out in schnappschussartigen Sprüngen erfolgt, die die Höhe und Positionierung der Kamera bewusstwerden lassen. Wieder aufgegriffen wird dieser panoramische Blick (→ 39. Paris) in einer Szene, die den Aufstieg Mumbais ebenso thematisiert wie die Frage des Zentrums. Im zeitlichen Sprung zwischen Kindheit und Adoleszenz findet Jamals Wiederbegegnung mit dem ehemaligen Slumdog Salim auf dem Rohbau eines Hochhauses statt, das auf dem Gebiet des alten Slums als Zeichen des neuen metropolitanen Mumbai errichtet wird und den Blick in die Tiefe des ehemaligen Slums ermöglicht. Salim bezieht diese urbane Entwicklung nicht nur explizit auf die eigene Lebensgeschichte; entscheidend ist die von ihm behauptete metropolitane Zentrierung, in der Mumbai zum weltweiten Zentrum wird und er selbst wiederum zum Zentrum dieses Zentrums (01:11:57–01:12:20). Damit lenkt diese Szene die Aufmerksamkeit auf das Paradigma der (historischen) Zeit und die zeitlich-dynamische Lesart des Titels, in der Slumdog und Millionär die zwei Pole des Aufsteigersujets bilden. Dem direkten Nebeneinander entsprechend, ist für den Film und seine Stadtrepräsentation zunächst eine starke Bewegungsisotopie prägend. Diese artikuliert sich etwa über Verfolgungsjagden, vor allem aber über die stete Präsenz verschiedenster Verkehrsmittel, die das metropolitane Versprechen einer logistischen Strukturiertheit ausmachen. Daher endet dieser Film der ständigen Neuaufbrüche und räumlichen Verschiebungen auch konsequent an einem Ort, der Aufbruch und Ankunft in einem symbolisiert und ein vielfach überstrukturiertes Zentrum darstellt: dem Kopfbahnhof.

Ungleich wichtiger ist das Zeitparadigma aber, weil über die Zeitstruktur der Film hochgradig selbstreflexiv wird und dabei die Filmstadt Mumbai zu einer globalisierten Metropole macht. Mehr noch ist es die Medialität der visuellen Medien Film und Fernsehen mit ihren *emplotments*, die die Metropole nicht mehr nur abbilden, sondern sie erst konstituieren (→ 5. Schrifträume; 41. Die Seite). In diesem Sinne ist das Metropolitane nicht ohne die semiologische Vernetzung der visuellen Medien zu denken. Die Selbstreflexivierung des Films anhand der Zeitlichkeit erfolgt auf der Plotebene in mindestens zwei zentralen Weisen: der Zeitstruktur und der Linearisierung. Der Plot des Films besteht aus einer zweifach gestaffelten Rückblende, die die unterschiedlichen Zeitebenen aus dem Leben Jamals bis in die Gegenwart der dargestellten Welt führen (→ 13. Chronotopoi). Wie in der Pikareske ist der Grundantrieb ein Rechtfertigungsdiskurs: Jamal befindet sich in einer Verhörsituation, in der er die Rechtmäßigkeit seines Fortschritts in der Fernsehshow *Who Wants to Be a Millionaire* erklären muss. Die Verhörsituation mit den Rückblenden auf die Fernsehshow bildet die erste zeitliche Staffelung. Die Struktur der Show als Frage- und Antwortspiel doppelt sodann nicht nur die Verhörsituation, sie liefert auch das Muster für eine Lebensgeschichte, die gemäß der Fragen in einer zweiten Rückblendeebene episodisch generiert wird. Notwendiges Ziel dieser gestaffelten Rückblenden ist binnenfiktional die Plausibilisierung des Geschehens auf der Zeitebene der Spielshow. Es ist aber just die

Frage der Plausibilisierung, die die verschiedenen Ebenen des Films als Problem durchzieht und anhand dieser Problematik verbindet. Denn der Film stellt nicht nur die Kontingenz aus, durch die Jamal im Laufe seines Lebens zu den Antworten auf die Fragen kommt (diese Kontingenz ist zugleich Ausweis eines avisierten Realismus bezüglich des pikaresken Lebens des Protagonisten sowie der Heterogenität der Megastadt *und* Ausstellen der Kontingenz der kolonialistischen Frage-Antwort-Struktur des aus der ‚ersten Welt' importierten Fernsehformats; → 11. Postkoloniale Räume). Entgegen eines solchen vermeintlichen Realismus (mit dem Boyle nicht zuletzt durch das Filmen an Originalschauplätzen und die Besetzung der Kinderrollen mit Laiendarstellern spielt; Sharma 2012, 198–200) betont der Film aber vor allem die Kontingenz seiner eigenen Strukturierung – und dies betrifft nun die zweite Form der Selbstreflexivierung des Mediums. Gegen alle binnenfiktional zu motivierende Wahrscheinlichkeit betreibt er eine Linearisierung, die sich besonders vor dem Hintergrund der Romanvorlage Swarups profiliert und auf eine globalisierte Bricolage verschiedenster filmischer Diskurse verweist. Dabei scheint er auf die Brechung des Wahrscheinlichkeitsparadigmas zu zielen, um so filmische Strukturierungsleistungen metafiktional hervorzuheben. Dies betrifft zum einen die generative Grundstruktur der globalisierten Fernsehshow, die einen episodischen Plot ermöglicht, der im Unterschied zu Swarups Roman wesentlich linearisiert ist. Denn die Fragen bedingen hier Erinnerungen, die Jamals Leben chronologisch rekonstruieren (→ 17. Mnemotop) und damit das Grundproblem der Unwahrscheinlichkeit von Jamals Wissen (→ 9. Räume des Wissens) auf die Ebene des Filmplots übertragen, wo sich die Reihenfolge der Fragen mit der Lebenschronologie überlagert. Darüber hinaus nimmt der Film neben der ethnisch-religiösen Vereindeutigung des Protagonisten zum Muslimen gegenüber dem Roman eine weitere Linearisierung vor, wenn er am Ende seine drei Zeit- und Handlungsebenen in der Queste Jamals nach Latika zusammenführt (Stephens Duncan 2011). Das Aufsteigersujet dient letztlich der Liebesvereinigung, für die sich der Held in einem dreifachen epischen Kursus durch die drei Zeitebenen des Films beweisen muss (→ 29. Artushof).

Der Bruch mit einer binnenfiktional motivierten Plausibilisierung des Syntagmas verschiebt die Aufmerksamkeit von der Ebene des Dargestellten auf die Ebene der Darstellung und hier insbesondere auf eine Vielzahl filmischer Konventionen, die nicht nur einen multiplen Referenzraum eröffnen, der globalisierend zwischen westlichen Genreerwartungen und Bollywood-Diskursen oszilliert (Krstic 2011; Stephens Duncan 2011). Es ist auch diese Überlagerung, die von der *Rep*räsentation einer gleichsam vorgängigen Stadt zur Konstitution eines metropolitanen Raums übergeht, der sich erst über eine semiologische Überdeterminiertheit aktualisiert. Am sinnfälligsten wird dies am Ende des Films, wenn die Fernsehshow Mumbai erstmals räumlich, ethnisch und sozial vereinigt. Der metropolitane Raum ersteht hier als Simulakrum auf der Vielzahl der Bildschirme, die die Stadt räumlich verbindet und sie so als Effekt des Medialen erzeugt: Die Einheit der Stadt ist ein visuelles Simulakrum eines semiologisch organisierten Kommunikationsraumes. Dabei setzt das Baudrillard'sche Simulakrum just die Entscheidbarkeit von Vorgängigkeit innerhalb einer zeitlichen Logik der *R*epräsentation aus, da zwischen einem vorgängig strukturierten Raum und seiner visuell erst geleisteten Organisation nicht mehr unterschieden werden kann. Der metropolitane Raum wird ‚selbst' Effekt der semiologischen Organisation seiner verschiedenen materiellen und symbolischen Ebenen (→ 5. Schrifträume; 44. Tlön).

3. Der megastädtische Raum und der Einbruch des Abjekten

Der visuellen Apotheose der melodramatisch vereinigten Metropole steht jedoch eine konstitutive Gewalt gegenüber, die sich als Spur etwa im Gesicht Latikas noch in deren symbolische Oberfläche schreibt. Nicht nur fundiert sie das Sujet in den traumatischen Rassenunruhen, sie durchzieht alle Ebenen des Films, indem sie deren Bedingtheit immer wieder grundlegend über die Sichtbarkeit befragt und dabei das Syntagma des Films mitsamt seiner metropolitanen Linearisierung/Zentrierung auf eine Paradigmatik der Gewalt durchbricht und zurückführt. Auf Plotebene korrespondiert dem epistemologischen Grundmotiv des Transparent-Machens und Findens die existenzielle Bedrohung des Erblindens, wie sie sich in der Blendungsszene kondensiert (→ 9. Räume des Wissens). Diese ist über die Bettlermafia in einem Raum verortet, der sich einerseits exzentrisch zur Metropole verhält, weil er im Film auch der einzige Raum außerhalb Mumbais ist (→ 45. Das Lager). Andererseits sind es topisch vor allem die Bettler, die in die Metropole drängen und dort die paradigmatischen Instanzen einer Disartikulation logistischer Strukturiertheit bedeuten. Diese äußert sich vor allem über eine bestimmte Körperlichkeit, die der Film für eine filmische Disartikulation in einer Ästhetik der Immersion nutzt. Funktioniert die Immersion zunächst im Sinne eines *effet de réel* als Eintauchen in die multisensorische Welt der Megastadt, etwa in der anfänglichen Verfolgungsjagd durch den Slum, instituiert die Gewaltsamkeit der entstellten und fragmentierten Körperlichkeit der Bettler einen Bruch mit der Repräsentationslogik hin zum Abjekten als Manifestation einer problematischen Semiose. Die Drohung des Nicht-Sehens ist dafür zentral, weil im Abjekten jene sanitäre Distanz der Sub- und Objektivierung noch nicht erreicht ist. Und es ist genau jenes Kollabieren der Distanz des Blickes, das der Film über das Nicht-Sehen immer wieder inszeniert. Dabei greift die Blindheit aber von der

Ebene des Dargestellten über auf die Darstellung selbst. Dies gilt zunächst für die gewaltsame Schockästhetik, deren Progression zwischen den zwei beispielhaft ‚abjekten' Szenen im weitläufigen Sinne signifikant ist. Erscheint das Abjekte im Sprung in die Fäkalien noch komisch enthoben in der beschriebenen *mise en abyme*, zielt die Blendungsszene auf eine visuelle Grausamkeit, die der/den Blick kaum noch aushält und die den Betrachter in ein abjizierendes Verhältnis zu seinem tendenziell voyeuristischen Blick drängt.

Dass diese abjekte Disartikulation des Sehens selbst ganz wesentlich auf eine Problematisierung eines gleichsam kolonialen, globalisierten Sehens gerichtet ist, in der es eben nicht nur um einen touristischen Ausflug in die exotische Welt der indischen Slums geht (→ 10. Geopolitik und Globalisierung), zeigt sich am deutlichsten jedoch in der rhizomatischen Deterritorialisierung, der der Blick auf der Ebene des Filmischen selbst ausgesetzt wird. Denn wenn der Film für den Realitätseffekt eines unstrukturierten megastädtischen Raumes des Hyperbolismus eine globalisierte Videoclip-Ästhetik mit ungemein vielen und schnellen Schnitten nutzt (2.700 Einstellungen in knapp zwei Stunden; Krstic 2011, 89), so geht dies weit über eine Repräsentationslogik hinaus und disartikuliert stattdessen die semiotischen Ebenen des Films im Verhältnis zueinander anhand eines abjekten Sehens. So wird anhand der Schnitte und der wechselnden Kamerapositionen und -winkel das filmische Verfahren ähnlich ausgestellt wie in dem erwähnten Zoom-Out (→ 41. Die Seite). Darüber hinaus jedoch bedingen die Schnitte in all ihrer Geschwindigkeit Brüche des Sehens, die in das visuelle Medium die Blindheit des Nicht-Sehens gegen das metropolitane Simulakrum eines rezentrierten Panoptismus als Spur des Abjekten eintreten lassen. Dabei kippt die Oberfläche filmischer Selbstreferenz in das Abjekte einer Semiose des Blicks, deren Körperlichkeit eben nicht repräsentiert und symbolisch aufgehoben werden kann. Der nicht-sehende Blick, der sensorisch überforderte Blick verkörpert die Paradoxie, dass das Abjekte sich gerade durch das ‚sanitäre' Sehen und die Visualität, die ‚eigentlich' die metropolitan rezentrierende Medialität ausmachen, einschreibt. Der symbolisch strukturierte Raum der Metropole disartikuliert sich in die megastädtische Deterritorialisierung seiner Artikulationsebenen, weil das Abjekte das Verhältnis dieser Ebenen dynamisiert und als Rhizom unterschiedlicher Artikulationsebenen erscheinen lässt, die weder aufeinander reduzibel noch rezentrierbar sind (→ 3. Dynamisierung). Die Megastadt ist entsprechend nicht nur der repräsentierbare Raum einer Gleichzeitigkeit von Slumdog und Millionär oder einer Vektorialität von Slumdog zu Millionär. Sie ist vor allem der Raum der politisch inkorrekten, abjekten Verunglimpfung des Titels, in dessen Neologismus der Slumdog eben nie einfach nur zum Underdog mit seinem potenziellen Aufstieg aufgehoben werden kann. Stattdessen trägt er stets die Spur des Animalischen und des animalisierenden Blicks auf das urbane

Phänomen in sich, wobei mit dem Blick noch die Phänomenalität der Megastadt selbst durch Blindheit bedroht wird. Diese ist nicht zuletzt auch die Blindheit der terminologischen Verunglimpfung *als* Megastadt.

Literatur

Appadurai, Arjun. „Spectral Housing and Urban Cleansing: Notes on Millennial Mumbai". *Public Culture* 12 (2000): 627–651.

Ashcroft, Bill. „Urbanism, Mobility and Bombay: Reading the Postcolonial City". *Journal of Postcolonial Writing* 47 (2011): 497–509.

Augé, Marc. *Orte und Nicht-Orte: Vorüberlegungen zu einer Ethnologie der Einsamkeit.* Übers. von Michael Bischoff. Frankfurt a. M.: Fischer, 1994 [1992].

Baudrillard, Jean. *Simulacres et simulation.* Paris: Galilée, 1981.

Bronger, Dirk. *Metropolen, Megastädte, Global Cities: Die Metropolisierung der Erde.* Darmstadt: Wissenschaftliche Buchgesellschaft, 2004.

Deleuze, Gilles, und Félix Guattari. *Mille plateaux: Capitalisme et schizophrénie II.* Paris: Seuil, 2005 [1980].

Farías, Ignacio, und Susanne Stemmler. „Deconstructing ‚Metropolis': Critical Reflections on a European Concept". *CMS Working Paper Series* 004. Center for Metropolian Studies TU Berlin, 2006. http://www.geschundkunstgesch.tu-berlin.de/uploads/media/004-2006_03.pdf (19. Dezember 2014).

Kristeva, Julia. *Pouvoirs de l'horreur: Essai sur l'abjection.* Paris: Seuil, 1980.

Krstic, Igor. „Immersion in the ‚Maximum City'?: Interactivity, Kinaesthetics and Notions of Embodiment in ‚Slumdog Millionaire' (2008)". *New Cinemas: Journal of Contemporary Film* 9 (2011): 83–99.

Lotman, Yuri M. *Universe of the Mind: A Semiotic Theory of Culture.* London und New York: Tauris, 2001 [1990].

Mehta, Suketu. *Maximum City: Bombay Lost and Found.* London: Review, 2005.

Reif, Heinz. „Metropolen: Geschichte, Begriffe, Methoden". *CMS Working Paper Series* 001. Center for Metropolian Studies TU Berlin, 2006. http://www.geschundkunstgesch.tu-berlin.de/uploads/media/001-2006_03.pdf (19. Dezember 2014).

Sandten, Cecile. *Metroglorification and Diffuse Urbanism: Literarische und Mediale Repräsentation des Postkolonialen im Palimpsestraum der neuen Metropolen.* Chemnitz: Philosophische Fakultät der TU Chemnitz, 2011.

Sharma, Alpana. „Slumdog Millionaire: The Film, the Reception, the Book, the Global". *Literature/Film Quarterly* 40 (2012): 197–215.

Sieverts, Thomas. *Zwischenstadt: Zwischen Ort und Welt, Raum und Zeit, Stadt und Land.* Braunschweig und Wiesbaden: Vieweg, 1997.

Skrandies, Timo. „Die ‚Welt als Bild': Globalisierung, Medien und neue Metropolen". *Nicht nur Paris: Metropolitane und urbane Räume in der französischen Literatur der Gegenwart.* Hrsg. von Ursula Hennigfeld. Bielefeld: Transcript, 2012. 35–60.

Slumdog Millionaire. Regie: Danny Boyle. Celador Films, 2008.

Stephens Duncan, Rebecca. „Reading ‚Slumdog Millionaire' Across Cultures". *The Journal of Commonwealth Literature* 46 (2011): 311–326.

47. Korallen: Migration und Transozeanität

Johanna Abel und Gesine Müller

1. Kreolisierung und *Coolitude*

Kulturtheoretische Versuche, ein ‚Zusammenleben in Frieden und Differenz' in den unterschiedlichsten Räumen weltweit programmatisch zu fassen, spielen vor allem im begonnenen 21. Jahrhundert eine Rolle (Ette 2010, 169–170, 183). Sie werden entwickelt als Antwort auf eine missglückte Etikettierung von Multikulturalismus oder als Absage an einen essentialistischen Identitätsbegriff. Dass aktuelle Debatten zu diesem Thema auch intensiv von Intellektuellen der Karibik und ihrer Diaspora geführt werden, liegt aus verschiedenen Gründen nahe (Müller 2012, 255–264; → 11. Postkoloniale Räume). Die literarisch sehr reiche und für „Literaturen ohne festen Wohnsitz" (Ette 2005, 123–156) prädestinierte Region hat sich in den letzten Jahrzehnten kontinuierlich zu einem der privilegierten Orte für Theorieproduktion emporgeschwungen: *Négritude*, *Créolité*, *Relationnalité* – in dieser chronologischen Abfolge wird versucht, das Zusammenleben in der Karibik und ihrer Diaspora konkret in den Blick zu nehmen beziehungsweise von dort aus universale Kategorien zu entwickeln, wie es vor allem Édouard Glissant mit *Poétique de la relation* (1999) und Benítez Rojo in *La isla que se repite* (1998) unternommen haben (→ 23. Transitorische Räume; 38. Nissopoiesis). Dabei stellt sich bis heute immer wieder die Frage, wie ethnische Differenz zu fassen ist, ohne in Essentialismen zurückzufallen. Ähnlich wie die Kritik am Multikulturalismus durch führende Intellektuelle in der angelsächsischen Tradition wie Arjun Appadurai (2009) oder Paul Gilroy (2004) bemerkt Walter Mignolo rückblickend recht kritisch über die *Créolité*-Diskurse: „Creoles, Caribbeanness, and Creoleness are still categories that overlap but which belong to different levels. Being or defining oneself as Creole means identifying a group of people, differentiating them from others. Thus, to say that ‚neither Europeans, nor Africans, nor Asians, we proclaim ourselves Creoles' is an identification in relation to a territory, and to the historical process that created that territory." (2000, 241 f.; Zitat im Zitat: Bernabé et al. 2002, 75) (→ 19. Literarische Geographie und Geokritik)

Was aber wird dieser Kritik entgegengehalten? Glissant nennt sein alternatives Modell Kreolisierung: „Sie ist eine Mischung, insbesondere eine Mischung der Kulturen, die Unvorhersehbares herstellt. Die Kreolisierung, die in der Karibik stattfindet und die auf die anderen Anteile Amerikas übergreift, wirkt auch überall auf der ganzen Welt. Ich behaupte also, dass die Welt sich kreolisiert. Schlagartig und dabei in vollem Bewusstsein werden die Kulturen der Welt miteinander in Kontakt gebracht, verändern sich in ihrem Austausch, was häufig zu unabwendbaren Zusammenstößen, erbarmungslosen Kriegen führt, aber es sind auch Vorposten des Bewusstseins und der Hoffnung erkennbar" (2005, 81).

In den letzten Jahren meldeten sich – über Édouard Glissant hinaus – weltweit vermehrt Stimmen, die sich mit den aus der Karibik stammenden programmatischen Konzepten auseinandersetzten (Müller und Ueckmann 2013, 7). Eine herausragende Rolle spielt dabei der 1956 in Port Louis auf Mauritius geborene, heute vorwiegend in Frankreich lebende Khal Torabully. Sein neues Konzept der *Coolitude* baut auf den Gedanken Glissants auf, kritisiert aber gleichzeitig daran das Fehlen einer indischen Perspektive. Ob nun die Inseln im Indischen Ozean oder jene der Karibik: der Import indischer Kontraktarbeiter, als Alternative zur Sklaverei, schuf ab 1830 eine weltweite indische Diaspora, die ganz eigene Akkulturations- und Transkulturationsmechanismen an den Tag legte, denn diese „Bevölkerung mit alteingesessener Kultur" meint Menschen, die gleichzeitig „Kreolen *und* Inder" sind (Glissant 2005, 41, Herv. i. O.).

2. Khal Torabully

Der Dichter, Filmemacher und Kulturtheoretiker Khal Torabully (Bragard 2008) entwickelte seit den 1980er Jahren sein Projekt der *Coolitude*. Es bildet einen sowohl poetisch als auch poetologisch reflektierten Versuch, auf der Grundlage der Inklusion der von der Geschichte Ausgeschlossenen eine Vision und Revision historischer wie aktueller Globalisierungsprozesse zu entwickeln, die all jene als lebendige Subjekte zur Sprache, zum Sprechen bringen will, welche sich zumeist unter elenden Umständen als Lohn- und Kontraktarbeiter weltweit verdingen mussten (Ette 2012, 291) (→ 18. Geopoetik; 10. Geopolitik und Globalisierung).

Mit der Programmschrift *Coolitude* wurde den vorwiegend aus Indien, aber auch aus China und anderen Ländern stammenden *Coolies* nicht nur ein literarisches Denkmal, gleichsam ein Gedächtnisort (→ 17. Mnemotop), gesetzt, sondern auch eine Poetik globaler Migration entwickelt, wie sie bereits in Khal Torabullys 1992 erschienenem Band *Cale d'étoiles, Coolitude* [Sternendock, Coolitude] zum Ausdruck kommt: „Coolitude, um den ersten Stein meines Gedächtnisses allen Gedächtnisses zu legen, meine Sprache aller Sprachen, meinen Teil des Unbekannten, den zahlreiche Körper und zahlreiche Geschichten immer wieder in meinen Genen und in meinen Inseln hinterlegt haben. Dies ist der Gesang meiner Liebe zum Meer und zur Reise, die Odyssee, welche meine zur See fahrenden Völker noch nicht geschrieben haben ... und meine Mannschaft wird im Namen derer auftreten, welche die Grenzen auslöschen, um das *Land des Menschen* zu vergrößern" (89; Herv. i. O.).

Entscheidend ist für Torabully, dass es nicht nur um die Erinnerung bestimmter Formen brutalster Ausbeutung geht, sondern um eine historisch gewordene Relationalität, die auf sich kreuzenden Migrationsbewegungen raumkonstituierend ist (→ 1. Topologie): „Vous de Goa, de Pondichéry, de Chandernagor, de / Cocane, de Delhi, de Surat, de Londres, de Shangai, / de Lorient, de Saint-Malo, peuples de tous les bateaux / qui m'emmenèrent vers un autre moi, ma cale d'étoiles / est mon plan de voyage, mon aire, ma vision de / l'océan que nous traversons tous, bien que nous ne / vissions pas les étoiles du même angle. // En disant coolie, je dis aussi tout navigateur sans / registre de bord; je dis tout homme parti vers l'horizon / de son rêve, quel que soit le bateau qu'il accosta ou / dût accoster. Car quand on franchit l'océan pour naître / ailleurs, le marin d'un voyage sans retour aime replonger / dans ses histoires, ses légendes, et ses rêves. Le temps d'une absence de mémoire." [Ihr aus Goa, aus Pondichéry, aus Chandernagor, aus / Kokan, aus Delhi, aus Surat, aus London, aus Shanghai, / aus Lorient, aus Saint-Malo, Ihr Völker aller Schiffe, / die Ihr mich mitnahmt zu einem anderen Ich, mein Sternendock / ist mein Reiseplan, mein Spielraum, meine Vision des / Ozeans, den wir alle durchqueren, auch wenn wir die / Sterne nicht unter demselben Winkel sehen. // Sage ich Coolie, sage ich auch jeden Steuermann ohne eine / Registrierung an Bord; ich sage jeden Menschen, der zum Horizont / seines Traumes aufbrach, welches Schiff auch immer er nahm oder / nehmen musste. Denn wenn man den Ozean überquert, um auf die Welt / anderswo zu kommen, dann liebt es der Seemann einer Reise ohne Rückkehr, / sich in seine Geschichten, in seine Legenden und in seine Träume zu versenken. Die / Zeit einer Abwesenheit von Gedächtnis] (1992, 89; zit. n. Ette 2012, 292)

Bezeichnenderweise schreibt sich der mauritianische Kulturtheoretiker auf die Fahnen, den Begriff des *Coolie* nie exkludierend zu denken. Er wird vielmehr auch in einem übertragenen Sinne gebraucht und beleuchtet spezifische Phänomene einer Globalisierung ‚von unten', einer Globalisierung der Migranten, die auf der Suche nach Arbeit Meere überqueren. In lyrischer Verdichtung entsteht so ein weltweites Netzwerk all jener ‚Reisenden', die als Objekte einer extremen Ausbeutung die Inseln und Städte Indiens, Chinas und Ozeaniens mit den europäischen Kolonialhäfen verbinden (Ette 2012, 293) (→ 3. Dynamisierungen; 31. Die ‚Neue Welt').

3. Coolitude

Torabullys Inklusion der ethnischen Komplexität post-abolitionistischer Gesellschaften in der Karibik und im Indischen Ozean ermöglicht es, den Prozess der Kreolisierung weniger essentialistisch zu fassen. Mit seinem Konzept der *Coolitude* entwickelt er archipelische Kreolitätsmodelle frankokaribischer Prägung weiter (→ 38. Nissopoiesis), wie die *Négritude*, die *Créolité*, die *Antillanité* oder die *Créolisation*, aber auch die *Indianité* und den *Indienocéanisme* (Carter und Torabully 2002, 5–7, 16). Das Konzept der *Coolitude* geht nicht von geographischer Zugehörigkeit oder ethnischer Herkunft aus, sondern von der ökonomischen und juristischen Situation der *Coolies*, Kontraktarbeitern, die aus Indien, China, aber auch Europa und Afrika in verschiedene Archipelregionen wie der Karibik, dem Indischen Ozean oder dem Pazifik gelangten (→ 32. Atlantik/Pazifik; 40. Meer/Luft/Wüste). Mit seinem Mosaik-Modell zusammengesetzter Identitäten führt Torabully den sozialen Status als theoretisch entscheidenden Kreolisierungsfaktor ein (Abel 2013, 65–81).

In seinen poetischen Gründungstexten *Cale d'étoile, Coolitude* (1992) und *Chairs Corails, Fragments coolies* (1999) setzte Torabully erstmals die theoretischen Prämissen der *Coolitude* um. Zu internationaler Rezeption und Reichweite gelangte die *Coolitude* jedoch erst durch sein zusammen mit der Historikerin Marina Carter verfasstes Hauptwerk *Coolitude: An Anthology of the Indian Labour Diaspora* (2002). Das Werk ist eine Sammlung in mehrfacher Hinsicht. Es vereint die eigene Dichtung Khal Torabullys zur indischen Arbeitsmigration weltweit mit einer literaturgeschichtlichen Anthologie zu Lyrik und Prosa indischer Diaspora-Autor/innen seit Mitte des 19. Jahrhunderts vor allem im Indischen Ozean: Mauritius (ab 1843), Fidschi, Java, Goa (1860–1870), aber auch in den Amerikas: Trinidad, Guyana, Surinam, Guadeloupe und Martinique ab 1846. Darüber hinaus stellt es eine Monographie zur *Coolitude*-Theorie und ihrer Poetologie dar. Formell handelt es sich um eine Mischung aus einer historischen Anthologie im engeren Sinne, einem Arbeitsbuch mit Kurzdefinitionen und einer im Interviewformat verhandelten theoretischen Verortung von *Coolitude* durch das Autorenteam.

Allein durch die hybride Textform bietet *Coolitude* akademische Interpretation und künstlerischen Zugang zur Welt der indischen Diaspora, indem es auch in vormals unveröffentlichten Texten wie Gedichten und Theaterszenen von der ‚Essenz, oder den Essenzen' (2002, 148) der indischen Kolonialdiaspora erzählt und traditionelle Vorstellungen aus dem British Empire dekonstruiert (→ 7. Raum und Erzählung).

Während in der Einleitung die theoretische Genese des Konzepts in eine Reihe von Kreolisierungs- und Relationalitätstheoretiker wie Glissant, Deleuze und Guattari, Confiant, Chamoiseau und Bernabé, Benoist u. v. a. eingeordnet wird, folgt im zweiten Kapitel die Entwicklung eines der Schlüsselthemen der *Coolitude*, die *Coolie-Odyssee* (→ 26. Mittelmeer), der tabuisierten Ozeanüberquerung vom indischen Subkontinent aus. Kapitel 3 und 4 widmen sich kulturtheoretischen Aspekten der Fremdwahrnehmung, wie der dreifachen Stigmatisierung des *Coolies* und der Überlebenserfahrung in der Vertragsarbeit. Drei Alterisierungsdispositive fixierten laut Torabully und Carter den *Coolie* in seiner Opferrolle, erstens als Mysterium des Orients (187), zweitens als barbarischer Eindringling und drittens als „ambassador of exoticism and sensuality" (188). Kapitel 5 ist dem *Coolie*-Vermächtnis gewidmet und betrachtet die Erinnerungspolitiken der indischen Diaspora im 19. und 20. Jahrhundert (→ 11. Postkoloniale Räume).

Bevor die Anthologie mit der Schlussfolgerung ‚Revoicing the Coolie' und einer Zusammenstellung von Prosa- und Lyriktexten Torabullys selbst endet, bindet sie einen langen Theorieteil ein, der wichtige ‚Theoretical Premises of Coolitude' in Gesprächsform erläutert. Im ersten Teil wird die Beziehung zwischen „Césaire, *Négritude* und Coolitude" ausgeleuchtet (143–159). Im zweiten Teil werden „Elements of the Coolie's Memory" abgesteckt (160–165). Im dritten Teil des Interviews kommen Ästhetik und Literatur zur Sprache (165–189), während im vierten Abschnitt „Tradition, Society and Indianness" behandelt werden (190–194). Im fünften konkret poetologischen Teil wird versucht, „Some Literary Characteristics of Coolitude" einzugrenzen (195–213).

Die belgische Theoretikerin Véronique Bragard, die mit *Transoceanic Dialogues: Coolitude in Caribbean and Indian Ocean Literatures* (2008) die theoretische *Coolitude*-Rezeption weiterführte, betonte als wichtiges poetologisches Charakteristikum, dass *Coolitude* nicht den *Coolie* an sich, sondern die albtraumhafte transozeanische Seereise sowohl als historische Migrationsbewegung als auch als Metonymie kultureller Begegnungen ins Zentrum stelle (Carter und Torabully 2002, 15). Der literarische Fokus liegt also immer wieder auf der Schiffsreise als Identität zerstörendem und ständig neu konstruierendem Element (→ 15. Utopie und Heterotopie; 23. Transitorische Räume). Die Reise wird dabei zur *coupure* [Einschnitt], welche den Verlust der Heimat nicht mehr in den Mittelpunkt diasporischer Identitäten stellt. Auf einer abstrakteren Ebene knüpft die Reise damit an eine verdrängte Meta-Erinnerung diasporischer Inselidentitäten generell an, die menschliche Brücken schlage bzw. so genannte ‚hommes-ponts' hervorbringe, die wiederum die Interpreten der Weltkulturen in den jeweiligen Inselmikrokosmen sein würden (Turcotte und Brabant 1983, auch in Carter und Torabully 2002, 216).

Der spezielle Beitrag Torabullys zur Figur der transozeanischen Reise bezieht sich nun auf eine Poetik des „Indian Element" (148). Das Trauma der Ozeanüberquerung nimmt in der indischen Rahmung eine besondere Stellung ein, da es auf der Schlüsselrolle des *Kala Pani*-Mythos beruht. Das Tabu des *Kala Pani*, der schwarzen, faulen Wasser, beziehe sich auf die Einebnung der Kastenunterschiede im Schwellenzustand des Schiffes. Diese psychosozialen Dimensionen des Ozeantraumas werden sprachlich in der *Coolitude* aufgefangen und prägen ihre partikulare Ästhetik.

4. Die Koralle

Ein weiterer ästhetischer Umstand, welcher der Fokussierung auf den Ozeantransfer geschuldet ist, ist die Suche nach maritimen Symboliken. Das zentrale Bild der *Coolitude* ist daher die Korallenmetapher der *chairs corail* [Korallenfleisch], die für hybride Relationalitäten in Inselkulturen steht: „Non plus l'homme hindou de Calcutta // Mais chairs corail des Antilles" [Nicht mehr der Hindu aus Kalkutta, // sondern Korallenfleisch der Antillen] (Torabully 1999, 108; Übers. J. A.).

Die Korallenmetapher ist den Mangroven- und Rhizom-Bildern der *Créolité* nicht unähnlich (→ 46. Megastadt), aber transozeanisch gefasst. Als Symbol für die Fluidität von Beziehungen und Einflüssen nutzt sie die Eigenheiten der Koralle als Zwischenwesen aus Stein und Tier, das nur im Meer und vor allem im Tropengürtel vorkommt. Die Koralle steht damit für ein archipelisches Denken im Sinne Glissants als *pensée de l'ambigu* und für die Durchlässigkeit unterschiedlicher Strömungen (→ 38. Nissopoiesis). Die charakteristischen Spiralformen, die *circumvolutions* der Koralle, schließen an Visualisierungen fraktaler Logiken in Kreolisierungsprozessen an (→ 24. Nicht-euklidische Räume). Nicht nur theoretisch, sondern auch ästhetisch erweist sich *Coolitude* darin Glissant und den *Créolité*-Autoren verwandt, die ebenfalls Diaspora-Identitäten nicht als statisch oder fixiert betrachten, sondern als dem kontinuierlichen Spiel von Geschichte, Kultur und Macht unterworfen (Carter und Torabully 2002, 11).

Die Koralle ist indes in ihrem lebendigen Habitat beobachtbar, ganz im Gegensatz zum Rhizom, das sich unter der Erde befindet. Darüber hinaus erlaubt sie ein agglutinierendes Verbundensein, das sich ähnlich wie ein Palimpsest aus Schichtung, aus Verdichtung, aus Sedimentierung aufbaut, und nicht nur ein erratisches Verbundensein, wobei sie den egalitären Aspekt der Verbindung beibehält, steht sie doch allen Strömungen gegenüber offen. Die Koralle ist ihrem Wesen selbst nach hybrid, denn sie ist aus der Symbiose eines Phytoplanktons und eines Zooplanktons geboren. In Sachen Metaphorik der Diversität könnte es schlicht nicht besser sein. Sie ist Wurzel, Polyp und Abplattung, ist von sich verändernder Form, schmiegsam und hart, tot und lebendig, und dazu noch verschiedenfarbig. Obgleich sie verwurzelt ist, setzt sie doch die größte Migration auf der Erde frei, die des Planktons, die man vom Mond aus ebenso sehen kann wie das Great Barrier Reef, das von der UNESCO als Welterbe der Menschheit eingestuft wurde. Dieser korallene Archipel ist ganz einfach die auf der Erde sich am weitesten ausbreitende lebendige Skulptur (Torabully 2012, 70; zit. n. Ette 2012, 295).

Neben dem „maritime spirit" (Carter und Torabully 2002, 158) der *Coolitude* besitzt sie jedoch auch statischere Momente der Visualisierung, die nicht auf dreidimensionale dynamische Modelle zurückgreifen, sondern auf Strukturen der eindimensionalen Zusammengesetztheit, wie zum Beispiel im Falle des Mosaiks, in dem indisch-kreolische Steinchen das Gesamtbild der Kreolisierung ergänzen, aber nicht der Verschmelzungsgedanke im Zentrum steht. Die Komposita des Mosaiks werden von Torabully mitunter auch als einzelne Wurzeln des Rhizoms in die Dreidimensionalität überführt (152). Der Gedanke des Steins, des Verfestigten, verschwindet jedoch auch in der Korallenmetapher nicht und verweist immer wieder auf das Césaire'sche Gründungsmoment der *Coolitude* zurück. So ist die Berufung Torabullys auf die *Négritude* und auf die als ihr direktes Erbe verstandene *Antillanité* für das Verständnis der theoretischen Verortung der *Coolitude* unverzichtbar. Die tiefe Empathie für Aimé Césaire und ein Gespräch 1997 mit dem Begründer der frankokaribischen *Négritude*-Bewegung in Fort-de-France (Martinique) zum Erbe der *Négritude* und deren Weiterführung in *Coolitude*, gehören zum Gründungsmythos dieses Kreolisierungskonzepts.

Die Verbindung beider Theorien läuft über zwei Gedanken – den der Aussöhnung der „descendants of the oppressed" (Carter und Torabully 2002, 172), der zur Aufarbeitung der historischen Spannungen zwischen dem Erbe der atlantischen Sklaverei und dem *Coolie*-Erbe in kreolischen Gesellschaften beitragen möchte, und den Gedanken der konzeptuellen Überwindung bzw. Redefinition.

Die theoretischen Grenzen der *Négritude*, die durch ihre Einforderung und Anerkennung einer ‚schwarzen' Identität der ethnischen Komplexität kreolisierter Gesellschaften nach der Sklaverei nicht gerecht werden könne, würden mit dem Modell der *Coolitude* überwunden. Carter und Torabully argumentieren an mehreren Stellen, dass *Coolitude* keine indische Version der *Négritude* sei. Erstens handele es sich nicht um eine ethnische bzw. essentialistische Kategorie (150 und 153), und zweitens werde durch ihren Fokus auf die Überfahrt nicht die mythische Herkunft bzw. das Exil thematisiert, sondern Identität in Permeabilität aufgelöst. *Négritude* und *Coolitude* teilen den Moment der diskursiven Umwidmung von stigmatisierten kolonialen Alteritäten und lösen sich voneinander, wenn es um die Anerkennung des kulturellen Einflusses geht, den die Kontraktmigration aus Indien auf einige moderne Gesellschaften weltweit ausgeübt hat, die sie, wie in Mauritius, Trinidad, Guyana und Fidschi, entscheidend geformt oder, wie in Guadeloupe, Martinique und in Ost- und Südafrika, zumindest geprägt habe.

Coolitude steht für ein Raumverständnis, das nicht nur eine interne archipelische Relationalität vielfältiger Kommunikationen zwischen Inseln und Archipelen betont, sondern auch auf die Dynamiken einer externen Relationalität aufmerksam macht (Ette 2012, 40). *Coolitude* avanciert damit zum Modellfall einer Raumgeschichte, die immer Bewegungsgeschichte ist (→ 3. Dynamisierungen; 25. Formation literarischer Raumgeschichte): Die Zwangsdeportationen von Versklavten, wie indischen Kontraktarbeitern, zeigen, dass es gerade einer Verbindung von interner und externer Relationalität bedarf, um Räume ganzheitlich zu fassen.

Literatur

Abel, Johanna. „Orientalische Dopplungen in der Karibik: Coolitude als inklusives Kreolitätsmodell und seine dissoziativen Dimensionen". *Kreolisierung revisited: Debatten um ein weltweites Kulturkonzept.* Hrsg. von Gesine Müller und Natascha Ueckmann. Bielefeld: Transcript, 2013. 65–81.
Appadurai, Arjun. *Die Geographie des Zorns.* Frankfurt a. M.: Suhrkamp, 2009.
Benítez Rojo, Antonio. *La isla que se repite.* Barcelona: Casiopea, 1998 [1989].
Bernabé, Jean, Patrick Chamoiseau und Raphaël Confiant. *Éloge de la Créolité.* Paris: Gallimard, 2002 [1989].
Bragard, Véronique. *Transoceanic Dialogues: Coolitude in Caribbean and Indian Ocean Literatures.* Frankfurt a. M., Berlin und New York: Peter Lang, 2008.
Carter, Marina, und Khal Torabully. *Coolitude: An Anthology of the Indian Labour Diaspora.* London: Anthem Press, 2002.
Ette, Ottmar. *ZwischenWeltenSchreiben: Literaturen ohne festen Wohnsitz.* Berlin: Kadmos, 2005.
Ette, Ottmar. *ZusammenLebensWissen: List, Last und Lust literarischer Konvivenz im globalen Maßstab.* Berlin: Kadmos, 2010.
Ette, Ottmar. *TransArea: Eine literarische Globalisierungsgeschichte.* Berlin und Boston: De Gruyter, 2012.
Gilroy, Paul. *After Empire: Melancholia or convivial culture?* London: Routledge, 2004.
Glissant, Édouard. *Poétique de la relation.* Paris: Gallimard, 1999.
Glissant, Édouard. *Kultur und Identität: Ansätze zu einer Poetik der Vielheit.* Übers. von Beate Thill. Heidelberg: Wunderhorn, 2005.
Mignolo, Walter. *Local Histories/Global Designs. Coloniality, Subaltern Knowledges, and Border Thinking.* Princeton, NJ: Princeton University Press, 2000.
Müller, Gesine. *Die koloniale Karibik: Transferprozesse in hispanophonen und frankophonen Literaturen.* Berlin und Boston: De Gruyter, 2012.
Müller, Gesine, und Natascha Ueckmann (Hrsg.). *Kreolisierung revisited: Debatten um ein weltweites Kulturkonzept.* Bielefeld: Transcript, 2013.
Torabully, Khal. *Cale d'étoiles, Coolitude.* Sainte-Marie: Azalées, 1992.
Torabully, Khal. *Chair corail, fragments coolies.* Petit-Bourg (Guadeloupe): Ibis Rouge, 1999.

Torabully, Khal. „Quand les Indes rencontrent les imaginaires du monde". *Worldwide: Archipels de la mondialisation/Archipiélagos de la globalización*. Hrsg. von Ottmar Ette und Gesine Müller. Madrid: Iberoamericana/Vervuert, 2012. 63–72.

Turcotte, Paul, und Claude Brabant. „Ile Maurice: Nuvo Sime". *Peuples Noirs, Peuples Africains* 31 (1983): 100–106.

IV. Glossar

Achse – Unter Achsen lassen sich in der → Topologie (→ 1. Topologie) einer Kultur spezielle privilegierte → Linien verstehen, welche bei der Konstitution des kulturellen Selbstverständnisses eine herausgehobene Rolle spielen, wie etwa die Achsen ‚nah' – ‚fern', ‚vorne' – ‚hinten' oder ‚oben' – ‚unten'. Durch diese Achsen konstituieren sich grundlegende, für kulturelle Raumordnungen konstitutive Unterscheidungen zur besseren Orientierung in einem an sich ungeordneten, zunächst aus nichts als bloßen Nachbarschaften bestehenden → spatium; sie sind auch für die meist auf den Menschen bezogene Konstruktion eines schachtelartigen Containerraums verantwortlich (→ 4. Deixis).

Außen → Innen/Aussen

carte – Michel de Certeau beschreibt im Modus der ‚carte' eine Form der Lokalisierung, die von einem statischen Überblick über einen gegebenen Raum ausgeht und hierin von den konkreten → parcours-artigen Bewegungsformen und den dabei angestellten Verknüpfungen einzelner Stationen von einem Ausgangs- zu einem Zielpunkt weitgehend abstrahiert. Die *carte* setzt kulturtechnisch bzw. medial ein vereinheitlichendes Prinzip voraus, demzufolge einzelne → Punkte in einem metrischen bzw. → gekerbten Raum nach einer übergeordneten Adresslogik (z. B. Länge und Breite) beschreibbar werden. Die Kartographie ist historisch das Medium, in dem sich eine solche Kerbung des Raums exemplarisch realisiert. In Erzähltexten kann eine Zusammenschau der Raumstruktur eines Textes in Form einer *carte* im geographischen Sinn bzw. metaphorisch erweitert als ‚mapping' verschiedenster Bedeutungszusammenhänge nur durch Abstraktion von spezifischen Parcours einzelner Aktanten hergestellt werden (→ 20. Literaturgeographie). Konkrete Karten können ihrerseits auch zur Erzählmatrix werden, wobei Figuren, ausgehend von gegebenen Orten, in Bewegung gesetzt werden und sich ein → konnektiver Parcours auf der Matrix einer materiell existierenden oder imaginierten Karte ergibt (→ 22. Kartographisches Schreiben).

Chronotopos → Raumzeit

Deterritorialisierung – Der auf Gilles Deleuze und Félix Guattari zurückgehende Begriff der ‚Deterritorialisierung' meint die Überschüssigkeit jeglicher Räumlichkeit im Hinblick auf sie zu fixieren suchende Eingrenzungen und ist insofern zunächst einmal gekoppelt an die Vorstellung vom reinen → spatium. Als ein von Grund auf dynamisches Konzept ist die Deterritorialisierung lediglich fassbar als ein Phänomen der Entgrenzung und der Flucht vor einvernehmlichen, wenn auch damit veranschaulichenden und vereindeutigenden Festlegungen und steht im Zeichen der Figur des → Rhizoms sowie des damit einhergehenden Nomadismus. Gleichwohl ist sie immer auch verbunden mit der gegenläufigen Bewegung einer Reterritorialisierung, welche die Fliehkräfte im Prinzip offener Nachbarschaften immer wieder akzidentell und ökologisch zu temporären Konfigurationen bindet, so dass De- und Reterritorialisierung dergestalt aneinander gekoppelt sind, dass sie Prozessualität als ein beständiges Werden fassbar machen können.

Diagramm – Im Unterschied zur → Karte, die zumindest in ihrer wirkungsmächtigsten Form seit der frühen Neuzeit eine konstitutive Beziehung zu einem → Territorium unterhält und somit räumliche Relationen auf eine bestimmte → Topographie (→ 2. Topographien) bezieht, wird mit dem Ausdruck ‚Diagramm' eine zunächst rein → topologische Form der räumlichen Relationierung unterschiedlichster Sachverhalte beschrieben. Schrifträume (→ 5. Schrifträume) werden hierbei nicht nur zum zweidimensionalen Ort der Visualisierung von Wissen, sondern zu Operationsräumen, an denen Wissen allererst entsteht (→ 9. Räume des Wissens). Auch literarische Texte experimentieren mit dem Raum der Seite und der durch ihn geleisteten schrift-bildlichen Verräumlichung (→ 41. Die Seite).

Dimensionalität – Räumlichkeit, die sich nach Gilles Deleuze und Félix Guattari metrisch beschreiben lässt, d. h. in geometrischen Dimensionen oder in bestimmten Größenverhältnissen, wobei jedem sich im metrischen Raum befindlichen Gegenstand ein bestimmter → topographischer → Ort zukommt. Dimensionalität ist ein Kennzeichen von so genannten → gekerbten Räumen.

Direktionalität – Nach Gilles Deleuze und Félix Guattari meint dies eine Bewegungsform (→ Parcours; → 3. Dynamisierungen; 23. Transitorische Räume), die in spezifischer Weise gerichtet ist, aber sich, im Unterschied zur → Dimensionalität, nicht in einen bereits metrisch durch feste Punkte vorstrukturierten ‚Gesamtraum' (→ gekerbter Raum; *carte*) einfügen lässt, sondern allein auf einer → topologischen Relationalität beruht. Die dieser Bewegungsform korrespondierende Räumlichkeit wird als → glatter Raum bezeichnet.

Erde – Als Denkfigur des Globalen bezieht sich der Ausdruck ‚Erde' nach Robert Stockhammer – im Unterschied zu → Welt – auf die physische Gestalt der Weltkugel in ihrer → Topographie (→ 2. Topographien) und somit auf einen geometrisch endlichen, per Kartenprojektion als → Fläche darstellbaren → Raum. Die Konstitution von Erde als vermessbarer Raum mit genau adressierbaren → Orten ist somit Ansatzpunkt geopolitischer Operationen ebenso wie geographischer

Imaginationen (→10. Geopolitik und Globalisierung; 22. Kartographisches Schreiben).

Faltung – Im Gegensatz zur → SCHICHTUNG handelt es sich bei der Faltung um ein topologisches Modell kultureller Ordnung, bei dem sonst oppositive Räume miteinander in Kontakt gebracht werden können – so kann z. B. in das → INNEN einer kulturellen Ordnung ein → AUSSEN ‚eingefaltet' werden, so dass es eine Heterotopie (→ 15. Utopie und Heterotopie) inmitten dieser Ordnung bildet.

Feld – So wie das Denken von physikalischer Räumlichkeit im Zuge der Einstein'schen Relativitätstheorie ‚Feldcharakter' annimmt (→ 24. Nicht-euklidische Räume), so verstehen auch neuere kulturelle Raumtheorien Raum nicht als vorgegebenen Container, sondern (wegweisend in der Feldtheorie Kurt Lewins) als Gefüge von dynamischen Relationen zwischen Körpern, das zur Beschreibung von Trajektorien bzw. → *TRAJECTOIRES* dieser Körper genutzt werden kann. Durch Feldrelationen lassen sich → DIREKTIONAL (statt → DIMENSIONAL) bestimmte Räume im Hinblick auf → VEKTOREN der Bewegung und deren Intensitäten beschreiben, die durch ein Gefälle zwischen Minima und Maxima geregelt werden. Stabilisieren sich solche zunächst rein durch → TOPOLOGISCHE Relationen bestimmten Felder, z. B. in → TOPOGRAPHISCHEN Räumen, so können sich aus ihnen feste Raumordnungen mit ihren → GRENZEN und → NETZWERKEN bilden. Die wohl einflussreichste kulturwissenschaftliche Entfaltung der Feldtheorie stammt von Pierre Bourdieu, der Feldrelationen zur Beschreibung andauernder, nach Distinktion strebender sozialer Differenzierungen heranzieht und so u. a. auch das Konzept des literarischen Feldes (→ 21. Literarisches Feld) geprägt hat.

Gekerbter Raum – Im Gegensatz zum → GLATTEN RAUM, in dem eine Bewegung keine Spuren hinterlässt, zeichnet sich der ‚gekerbte Raum' durch ausgebildete metrische Strukturen aus (→ DIMENSIONALITÄT), mittels derer den Akteuren und Gegenständen in einem solchen Raum feste Orte zugewiesen werden. Gilles Deleuze und Félix Guattari verwenden das Konzept aber nicht nur für stabile, kartierbare → TOPOGRAPHISCHE Räume, also etwa mit festen Grenzen versehene politische → TERRITORIEN, sondern zur topologischen Beschreibung jeglicher Form von Räumlichkeit, in der sich Spuren von ehemaligen Raumpraktiken zu konkreten Raumordnungen verfestigt haben. Jedoch sind auch solche Ordnungen wieder veränderbar, wenn sie einer sogenannten ‚retroaktiven Glättung' bzw. → DETERRITORIALISIERUNG unterzogen werden.

Glatter Raum – Als → TOPOGRAPHISCHES Modell für die Beschreibung des ‚glatten' Raumes (der ursprünglich aus der Musiktheorie bei Pierre Boulez stammt) führen

Gilles Deleuze und Félix Guattari das Meer an, weil ein dort vollführter → PARCOURS, anders als im → GEKERBTEN RAUM, keine sichtbaren → SPUREN hinterlässt und aufgrund des Fehlens dauerhafter Wegmarken die Wiederholung erschwert. Über diese geographische Bedeutung hinaus dient jedoch der ‚glatte Raum' als allgemeiner Begriff dazu, jede Form → VEKTORIALER Bewegung im → DIREKTIONALEN, nicht-metrischen Raum zu beschreiben, in dem sich → FELD-Relationen und Lagebeziehungen zwischen Körpern ausbilden, ohne dass dabei von einem festen → ORT ausgegangen werden müsste, der diesen Beziehungen vorausgeht.

Grenze – Der Begriff der ‚Grenze' zielt auf diejenige → LINIE, die zwei → FELDER voneinander teilt, wobei sich die Felder allererst durch den Prozess der Teilung als deren Resultat ergeben. In der Sujettheorie Jurij M. Lotmans (→ 14. Semiosphäre und Sujet) dient diese → TOPOLOGISCHE Vorstellung als Ausgangspunkt für die Vorstellbarkeit kultureller Semantisierungen, wonach Kulturen an ‚Verbotsgrenzen' → ÜBERTRETUNGEN/ÜBERSCHREITUNGEN imaginieren, um so ihre innere Ordnung auszutesten und zu fixieren. Im Anschluss hieran erforschen neuere kulturtheoretische Ansätze zunehmend die selektive Durchlässigkeit von Grenzen (so etwa auch Jurij Lotmans Verständnis der Grenze als ‚Membran' in seinen späten Schriften) bzw. die Ausweitung von trennenden Grenzlinien zu Grenzzonen, die → KONTAKTZONEN bzw. Übergangszonen zwischen zwei Teilräumen kultureller Ordnung sichtbar machen (→ 23. Transitorische Räume).

Innen/Außen – Neben der vor allem der Schwerkraft auf der → ERDE verpflichteten Relation ‚Oben/Unten' ist die Relation ‚Innen/Außen' in allen menschlichen Kulturen aktualisiert zur Abgrenzung des ‚Fremden' vom ‚Eigenen' und damit zur Orientierung, Bestimmung und Verortung der eigenen Kultur im eigenen Raum. In Jurij M. Lotmans Theorie von der Semiosphäre (→ SPHÄRE; → 14. Semiosphäre und Sujet) teilt sich der Innenraum selbst noch einmal auf in ein dominantes, stabiles, aber auch weitgehend statisches ‚Zentrum' und eine die Ränder bestimmende, hochaktive, dynamische ‚Peripherie', welche oszillativ das Zentrum beständig infrage zu stellen sucht. Bei Michel Foucault führt die epistemologische Unterscheidung von ‚Innen' und ‚Außen' einer gegebenen Wissensordnung, die er in Auseinandersetzung mit Maurice Blanchot entwickelt (→ 6. Literarischer Raum), u. a. zu dem Konzept eines ‚wilden Außen', der Vorstellung von einem utopischen Außenraum, der den Innenraum konstituiert und beschützt, seinerseits aber *per definitionem* nicht zugänglich ist. Entsprechend lässt er sich ergänzen durch den Gedanken eines enklavenhaft begriffenen ‚wilden Innen', das die äußeren utopischen Merkmale – wie etwa im Karneval, im Fest oder im Urlaub – für eine Zeit nach innen spiegelt, um sie dort heterotopisch (→ 15. Utopie und Heterotopie) greif- und erlebbar zu machen.

Intervall – Der Begriff des ‚Intervalls' meint im Gegensatz zu dem einer weitgehend kontinuierlich verstandenen → ‚GRENZE' oder auch → ‚SCHWELLE' die Figur einer Zäsur oder auch Kluft, welche – ähnlich dem Modell von den zwei Seiten einer Medaille oder demjenigen von der Vorder- (*recto*) und der Rückseite (*verso*) eines Blattes Papier – zwei Felder genau dadurch vereint, dass sie sie trennt: Das Zusammengehörige wird somit nicht-kontinuierlich über ein Dazwischen etabliert, welches zwar da ist, ohne dass es sich erkennbar als vorhanden manifestiert. Insofern bezeichnet das Intervall einen Zwischenraum oder auch eine Absenz, eine Lücke oder ein Nichts, welches gleichwohl funktional als differentielles Prinzip am Werk ist, wie dies etwa die Sprache mit ihrer intervallhaften Zuordnung von Signifikanten zu Signifikaten über ein als Dazwischen fassbares, ‚form'schaffendes Drittes bezeugt.

Karte → *CARTE*

Knotenpunkt – Unter ‚Knotenpunkten' versteht man innerhalb von → NETZWERKEN die Verteilerstellen von Verknüpfungen bzw. → KONNEKTOREN, welche den Grad der → KONNEKTIVITÄT eines Netzwerks bestimmen.

Konnektor/Konnektivität – In der → NETZWERK-Forschung ein → LINIEN-Typ, der (im Unterschied zum → VEKTOR) einen fest bestimmten Anfangs- und Endpunkt aufweist und auf das Vorhandensein eines → DIMENSIONALEN, metrischen Raums angewiesen ist.

Konstellation – Im Gegensatz zu einer zumeist – im Sinne Michel de Certeaus – ‚strategisch' begründbaren → NETZWERK-Bildung meint der in der Philosophie und Ideengeschichte insbesondere von Dieter Henrich und Martin Mulsow propagierte Begriff der ‚Konstellation' eher ‚taktisch' begründete, lose und oftmals im Verborgenen bis hin zum bewusst Klandestinen verbleibende Verbindungen von Akteuren, deren räumliche Vorstellung folgerecht eher → *MESHWORKS* denn *networks* entspricht und die sich in ihrer unvorhersehbaren→ RHIZOMATIK auch als wesentlich weniger fixier- und damit kartierbar erweisen denn Netzwerke.

Kontaktzone – Der von Mary-Louise Pratt ursprünglich in einer Studie über Reiseliteratur geprägte Begriff der ‚Kontaktzone' lässt sich in Anlehnung an die → TOPOLOGISCHE Denkfigur der → SCHWELLE als Zwischenraum oder → INTERVALL verstehen, in dem voneinander unterschiedene Wissens- und Raumordnungen miteinander in Austausch treten, wobei dieser Austausch nie konfliktfrei, sondern in einem → FELD verläuft, das von asymmetrischen Machtgefügen geprägt ist (→ 11. Postkoloniale Räume).

Linie – Linien lassen sich nicht nur als Geraden und somit als kürzeste Verbindung zwischen zwei geometrischen → PUNKTEN verstehen. In literatur- bzw. kulturtheoretischen Ansätzen tauchen Linien entweder als Grenzlinien auf, deren → ÜBERSCHREITUNG konstitutiv für ein narratives Sujet (→ 7. Raum und Erzählung; 14. Semiosphäre und Sujet) ist, oder als Bewegungslinien, die den → PARCOURS eines Aktanten im Raum in Anhängigkeit von der dabei aufgewendeten Zeit (→ RAUMZEIT) beschreiben; eine solche Linie ist im Nachhinein oft nur → SPURHAFT rekonstruierbar. Die Netzwerkforschung unterscheidet Linien als → KONNEKTOREN, mit denen sich n-dimensionale (→ DIMENSIONALITÄT) → NETZWERKE beschreiben lassen und die im speziellen dreidimensionalen Raum der euklidischen Geometrie mit einer konkreten → TOPOGRAPHIE (→ 2. Topographien) verknüpft werden können, von Linien als Bewegungsvektoren in einem topologischen → FELD, bei denen man nur eine spezifische Gerichtetheit (→ DIREKTIONALITÄT), nicht aber Anfangs- und Endpunkte wie bei konnektiven Linien angeben kann.

meshwork – Im Gegensatz zur festen, n-dimensionalen Struktur eines Netzwerks entfaltet sich ein ‚*meshwork*' nach Tim Ingold als ‚Gewebe' bzw. ‚Textur' oder auch → KONSTELLATION infolge spezifischer, gerichteter Bewegungsoperationen, deren → LINIEN pfadabhängige Verknüpfungen (→ PARCOURS) herstellen, ohne dass dabei eine festgelegte und als solche kartierbare Form (→ *CARTE*) von → KONNEKTIVITÄT entstehen würde. Damit haben *meshworks* auch eine besondere Affinität zu Praktiken des Erzählens (→ 7. Raum und Erzählung; 23. Transitorische Räume), in denen sich erst in der Realisierung eines bestimmten Parcours eine vernetzte Struktur von möglichen Anschlüssen herstellt.

Netzwerk – Die Netzwerkforschung unterscheidet als die beiden Bestandteile von Netzwerken → KONNEKTOREN und → KNOTENPUNKTE, mit denen n-dimensionale Räume modelliert werden können – je mehr Verbindungen ein Knotenpunkt besitzt, umso höher ist seine Konnektivität. Neben der Verkehrs-, Medien- und Infrastrukturforschung sind vernetzte Strukturen auch in der Erzählforschung im Hinblick auf nichtlineare Erzählformen beschrieben worden. Vor allem aber ist der Netzwerkbegriff in der Kulturtechnikforschung in folgenreicher Weise weiterentwickelt worden, insofern Netzwerke als Interaktion von menschlichen Akteuren, materiellen Objekten und Zeichengebrauch beschrieben werden können: So tritt der kulturtechnisch am Ursprung von Netzwerken stehende Gedanke ihrer Operationalität und ihrer praktischen Nutzung stärker in den Vordergrund. Gegenüber Netzwerken/*networks*, die stabile Wissensformen ausbilden (→ 9. Räume des Wissens), versucht die aktuelle Kulturforschung verstärkt den Begriff der ‚losen' Verknüpfung von Operationen zu → *MESHWORKS* in den Blick zu nehmen, die keine netzwerkartige Ordnung erfordern, sondern aus vektoriellen Operationen der Bewegung (→ Parcours; → 3. Dynamisierungen) heraus gedacht werden und hierüber → Konstellationen ausbilden.

Nicht-Ort – Unter ‚Nicht-Orten' versteht der französische Anthropologe Marc Augé jene anonymen Räumlichkeiten wie *Outlet*-Zentren, Verkehrsknoten oder Funktionseinrichtungen, die in der von ihm so genannten ‚über-' bzw. ‚surmodernen' Kultur über keine identitären Marken mehr verfügen, sondern in massenproduzierter Austauschbarkeit ganz in ihrer bloßen Nutzbarkeit aufgehen, so dass sie dem Benutzer keine Orientierung mehr zu geben vermögen, sondern sich in reiner Dienstleistung erschöpfen und darin ihre Eigenart des Räumlichen vollständig tilgen (→ 16. Nicht-Orte).

Origo – Der auf Karl Bühlers Sprachtheorie zurückgehende Begriff der ‚Origo' bezeichnet das pragmatische Zentrum einer Äußerung, den idealiter anzunehmenden → Punkt, von dem aus ein Sprechakt vollzogen wird und der sich zugleich von Äußerung zu Äußerung → spurhaft bewegt, indem er die personen-, zeit- und raumbezogenen → Achsen von ‚Ich' – ‚Nicht-Ich', ‚Jetzt' – ‚Nicht-Jetzt' und ‚Hier' – ‚Nicht-Hier' im ständigen Verschub vereint und so die Illusion eines Ursprungs erzeugt, der gleichwohl immer schon differentiell aufgeschoben ist (→ 4. Deixis).

Ort – In der Gedächtnisforschung (→ 17. Mnemotop) versteht man unter einem ‚Ort' (*locus*) mit Bezug auf die aristotelische Topik (→ 9. Räume des Wissens) ein mnemotechnisches Hilfsmittel, das die kulturelle Überlieferung durch ihre Bindung an bestimmte imaginierte oder reale → Topographien (→ 2. Topographien) stabilisiert. Bei Marc Augé erscheint der ‚Ort' im Gegensatz zum anonymen, wesenlosen → ‚Nicht-Ort' (→ 16. Nicht-Orte) als genau lokalisier- und spezifizierbare identitäre Räumlichkeit, die sich weder verwechseln noch ersetzen lässt, sondern durch ihre ganz besondere Eigenheit stets verlässlich erkennbar bleibt. Bei Michel de Certeau wird der Begriff des ‚Orts' (‚*lieu*') in einem syntaktischen Sinne statisch verstanden als Ordnungspunkt (→ Punkt) im Raum, wohingegen der → ‚Raum' (‚*espace*') aus pragmatischer Sicht dynamisch gefasst ist als ‚praktizierter Ort', der durch die Praktiken seiner Benutzer wie etwa die Etablierung von individuellen → Parcours oder auch akzidentellen → *trajectoires* funktional entfaltet wird.

Parcours/Wegstrecke – Nach Michel de Certeau lässt sich eine Form der Orientierung im Raum als ‚Parcours' beschreiben, wenn eine Bewegung ‚relational' von einer Wegmarke zur nächsten beschrieben wird (im Gegensatz zu einer festen, bewegungsunabhängigen Lokalisierung im Modus der → CARTE). Die damit verbundene Raumkonstitution ist mit einer bestimmten zeitlichen Abfolge verbunden, die insbesondere im Erzählen (→ 7. Raum und Erzählung) aktualisiert werden kann und die in literarischen Texten den Normalfall fiktionaler Situationsbildung bildet. Der Anthropologe Tim Ingold unterscheidet einen Parcours ohne vorgegebene Karte als rein → DIREKTIONALES ‚wayfaring' in einem → GLATTEN RAUM, über das sich → MESHWORKS konstituieren, von einem Parcours als → KONNEKTIVE Bewegung in einem → NETZWERK-artigen, → GEKERBTEN RAUM.

Planetarisches – Als Denkfigur des Globalen wird das ‚Planetarische' in mindestens zwei verschiedenen Bedeutungen gebraucht: Während geopolitische Theorien, etwa bei Carl Schmitt (→ 10. Geopolitik und Globalisierung), das ‚Planetarische' als totalisierende Ausweitung menschlicher Herrschaft über die gesamte Oberfläche der → ERDE ansehen, versuchen postkoloniale und medienwissenschaftliche Theorieansätze in Abgrenzung zur häufig unreflektierten Figur der Totalisierung einer partikularen Perspektive, die mit der Verwendung des Ausdrucks → WELT einhergeht, es als Differenzbegriff einzuführen: Die Einnahme einer imaginierten Außenperspektive geht dabei, so die Annahme, mit der Relativierung von Sinntotalitäten einher.

Plateau – Als Plateau lässt sich nach Gilles Deleuze und Félix Guattari eine spezifische Art der Stabilisierung → RHIZOMATISCHER Verknüpfungen zu einer konsistenten, jedoch nur durch immanente Regeln der Verknüpfung bestimmten Ordnung fassen, die auch für kulturelle Zusammenhänge herangezogen werden kann. Während, so lässt sich aus dem geologischen Modell von Deleuze und Guattari weiterhin folgern, ein ‚Plateau' seine immanente Konsistenz aus ‚horizontalen' Relationen zu anderen Elementen desselben Plateaus gewinnt, grenzt es sich gegenüber anderen Plateaus durch eine ‚stratigraphische', d. h. schichtenweise erfolgende Anordnung und die Ausbildung einer topologischen → ACHSE ‚oben' vs. ‚unten' ab, bei der sich die ‚jüngste' Schicht oben und die ‚älteste' ganz unten ablagert. Verschiedene Kulturtheorien der Moderne, von der Freud'schen Psychoanalyse bis zur Foucault'schen Wissensarchäologie (→ 9. Räume des Wissens), haben implizit oder explizit ein geologisches Modell zur historischen Beschreibung kultureller, auch literarischer Formationen (→ 25. Formationen literarischer Raumgeschichte) genutzt. Größere Komplexität erlangt ein solches Schichtenmodell von Geschichtlichkeit durch Operationen wie diejenige der → FALTUNG, durch die die klare Ausrichtung der Schichtung von Plateaus an einer Oben-Unten-Achse infrage gestellt werden.

Punkt – Im Gegensatz zu seiner Bedeutung als grundlegendes Element der Geometrie wird von Punkten in literarischen Räumen in der Regel nur zur abstrakten Beschreibung von topologischen Eigenschaften gesprochen (etwa von → KNOTENPUNKTEN in einem → KONNEKTIVEN → NETZWERK). In ähnlich abstrakter Weise können Punkte auch als Ursprungspunkte bzw. als die abstrakte → ORIGO im Hinblick auf die *ego-/hic-nunc*-Deixis (→ 4. Deixis) eines Sprechersubjekts verstanden werden. Bisweilen werden Punkte kulturhistorisch auf die ihrer materiellen Gestalt zugrunde liegende Form der ‚Punktierung' als Einstich zurückgeführt (zum *punctum* Roland Barthes), d. h. auf die Operation, die ein (visuelles oder narrativ hergestelltes) Raumkontinuum unterbricht und eine Zäsur schafft. Dies kann u. U. auch durch Punkte als ‚Interpunktionszeichen' geschehen, sofern sie in literarischen Texten entautomatisiert und damit als das Textkontinuum unterbrechende Figur von Schriftbildlichkeit (→ 5. Schrifträume; 41. Die Seite) verstanden werden.

Raum – Bei Michel de Certeau wird der Begriff des ‚Raums' (‚*espace*') im Gegensatz zu dem des → ‚ORTS' (‚*lieu*') dynamisch gefasst als das aus Prozessen wie dem → PARCOURS oder der → *TRAJECTOIRE* hervorgehende momentane Resultat einer an Orten abgeleisteten Praxis, welche diese durch Aneignung in Anspruch nimmt, nutzt, miteinander verbindet und auf diese Weise in Räume individuellen Handelns verwandelt, die von unterschiedlichen Akteuren unterschiedlich ‚beschrieben' werden können. Während also Orte lediglich syntaktische → PUNKTE in einem räumlichen Gefüge darstellen, zeigen Räume deren praktizierte Pragmatik.

Raumzeit – Mit dem Begriff der ‚Raumzeit' bzw. des ‚Chronotopos' zielt der russische Literaturwissenschaftler Michail Bachtin im Anschluss an Überlegungen aus der zeitgenössischen Biologie wie der Physik der 1920er und 1930er Jahre (→ 24. Nicht-euklidische Räume) auf die Untrennbarkeit der Konzepte ‚Raum' und ‚Zeit' und die damit insbesondere für die Gattung des Romans folgenreiche Bewusstmachung, dass jedem literarischen Raum immer schon auch eine zeitliche Dimension mit eingeschrieben ist, welche sich äußert einerseits in der Verräumlichung von Zeit wie etwa im Abenteuer- und Prüfungsroman, wo der Held in aller gegebenen Unwahrscheinlichkeit ‚zeitlos' durch Stationen geführt wird, bis er seine ‚Identität' erlangt, und andererseits in der Verzeitlichung von Raum wie etwa im idyllischen Roman, wo sich Zeit in einer Form gedehnt findet, dass beim Leser der Eindruck von unverwandelter Räumlichkeit entsteht (→ 13. Chronotopoi).

Reterritorialisierung → DETERRITORIALISIERUNG

Rhizom – Der von Gilles Deleuze und Félix Guattari geprägte Begriff des ‚Rhizoms' meint in Anlehnung an das Wachstum bestimmter Pflanzentypen ein eher unsystematisches und ‚wucherndes' Verknüpfungsmodell im → Raum, das im Gegensatz zu rational übergestülpten Ordnungstypen wie etwa dem der Taxonomie nicht schon von Haus aus zugunsten einer gesetzten (Vernunft-)Logik bestimmte, durchaus mögliche Nachbarschaften ausschließt, sondern vielmehr die Möglichkeit einer beständigen Verknüpfbarkeit eines jeden beliebigen → Punktes mit jedem anderen beliebigen Punkt aufrecht zu erhalten sucht, so dass weder das Denken noch dessen Repräsentation je der Illusion einer Abschließbarkeit anheimfallen, sondern beide vielmehr umso mehr stets im Fluss bleiben, als ihre Vielheit durch die transversale Überlagerung verschiedener → Plateaus zudem noch gesteigert werden kann.

scapes – *Scapes* sind von einem Suffix abgeleitet (von mhd. ‚-schaft'), das es ermöglicht, eine abstrakte Form von Räumlichkeit zu beschreiben, die insbesondere in Komposita wie *landscape*/Landschaft vorkommt und eine besondere Art der dynamischen Raumkonstitution bezeichnet. Gegenüber der im Landschaftsbegriff dominanten, visuell geprägten Horizontstruktur (→ 12. Landschaft) werden in der neueren kulturwissenschaftlichen Theoriebildung, insbesondere in Anlehnung an Arjun Appadurai, *scapes* meist zur Beschreibung einer → netzwerk-artig strukturierten Räumlichkeit verwendet: Komplementär zu ihrem Gegenbegriff, den → ‚topes', sind ‚*scapes*' von einer → vektoriellen, Verknüpfungen schaffenden Bewegung her gedacht. In literarischen Texten und Filmen lassen sich *scapes* als paradigmatisch für narrative Situationsbildung verstehen, bei denen Aktionen bzw. Bewegungen festen Situationen vorausgehen (→ 3. Dynamisierungen).

Schichtung – Im Unterschied zur → Faltung handelt es sich bei der ‚Schichtung' um ein → topologisches Modell (→ 1. Topologie) kultureller Ordnung, insbesondere zur Verräumlichung von Geschichte, bei dem sich eine horizontale Ebene der Verknüpfung schichtimmanenter Elemente klar von einer vertikalen Ebene unterscheiden lässt, auf der sich eine einzelne Schicht – bzw. ein ganzes → Plateau im Sinn von Gilles Deleuze und Félix Guattari – gegen eine andere bzw. ein anderes abgrenzt.

Schwelle – Im Unterschied zur → Grenze, die zwischen entgegengesetzten → Feldern gleichwohl Nachbarschaft und Kontinuität suggeriert, betont das Konzept der ‚Schwelle' zum einen die eigene Räumlichkeit der trennenden → Linie, wie etwa im Benjamin'schen Konzept der Zone, und zum anderen in noch radikalerem Sinn deren → intervallhafte Zwischenräumlichkeit, derzufolge das Trennende eher als Riss, Spalt oder auch als Kluft vorgestellt werden muss (→ *SPATIUM*; KONTAKTZONE), welche das Verbindende, ähnlich gleichpoliger Magneten, gerade durch Abstoßung herstellt und damit in eine nicht-kontinuierliche, inverse Relation zwingt.

spatium – Bei Gilles Deleuze erscheint als Begriff des ‚reinen *spatium*' die Vorstellung von einer abstrakten, rein topologisch gedachten Räumlichkeit (→ 1. Topologie), welche insofern noch nicht konventionellen menschlichen Ordnungsmustern anheimgestellt ist, als sie nicht als Ausdehnung, sondern lediglich als bloße Nachbarschaft, als reine Verhältnishaftigkeit, in mathematischem Sinn als schiere Relation gedacht ist, bevor sie überhaupt reduktiv vereinnahmenden (aber damit eben auch etwa für uns semantisch oder topographisch veranschaulichenden) Konkretisierungen unterzogen wird. Das ‚reine' *spatium* steht auf diese Weise mithin stets in Opposition zu intellektuell und kognitiv ‚kontaminierenden' Interessen und Besetzungen.

Sphäre (Bio-/Semiosphäre) – In der Kultursemiotik Jurij M. Lotmans (→ 14. Semiosphäre und Sujet) bezeichnet der von ihm in Analogie zu Vladimir Vernadskijs Konzept der Biosphäre als dem Raum der Natur entwickelte Begriff der ‚Semiosphäre' die semantische Gesamtvorstellung einer Kultur, über die sich eine Gemeinschaft in differentieller Absetzung von anderen Gemeinschaften eine identitäre Imagination ihrer Eigenheit zuschreibt. Lotman begreift dabei die Semiosphäre als einen beständig in → VEKTORIELLER Bewegung befindlichen dynamischen Raum der Ausverhandlung von Dominanzen zwischen einem trägen, auf Stabilität, Kontinuität und Identität bedachten Zentrum und darauf einwirkenden hochdynamischen Peripherien, deren vornehmliche Aufgabe es ist, die fixierenden Machtansprüche des Zentrums solange zu lockern und infrage zu stellen, bis dieses kollabiert und durch ein anderes Zentrum ersetzt wird.

Spur – Der Begriff der ‚Spur' bezeichnet im Gegensatz zu dem des → ‚PARCOURS' oder dem der → ‚*TRAJECTOIRE*' eine Bewegung im → RAUM, welche nur im Nachhinein fassbar ist (→ 17. Mnemotop) und deshalb auch noch nicht vorgreiflich mit Bedeutung ausgestattet werden kann. Während Parcours und *trajectoire* mit Certeau als räumlicher bzw. zeitlicher Aspekt einer Bewegung gefasst werden könnten, suggeriert die Spur lediglich die Ahnung von etwas möglicherweise Fassbarem vor aller begrifflicher Konkretisierung, das aber sowohl verräumlichende als auch verzeitlichende Wirkung hat.

Territorium – Im Zusammenspiel mit der Karte (→ *CARTE*) meint der Begriff des ‚Territoriums' vorderhand den bestimmten → RAUM, den die Karte mimetisch abbildet, während es näherhin, wie u. a. Alfred Korzybski, Gregory Bateson und im Anschluss daran Wolfgang Iser gezeigt haben, eigentlich erst die Karte ist, die das Territorium über den vermeintlichen Abbildungsvorgang performativ schafft, also etwa aus der Insel Hispaniola die Territorien von Haïti und der Dominikanischen Republik gewinnt (→ 31. Die ‚Neue Welt'). Dabei erscheinen – wie des Öfteren bei semiotischen Prozessen der Emergenz – Karte wie Territorium zugleich ineinander verschränkt als vorgängiges Phänomen wie auch als nachgängiges Produkt: ohne Territorium keine Karte, aber ohne Karte auch kein Territorium. Hieran schließt auch an die von Gilles Deleuze und Félix Guattari geprägte Rede vom → ‚DETERRITORIALISIEREN' bzw. ‚RETERRITORIALISIEREN'.

topes – Der ursprünglich meist als Suffix verwendete Begriff ‚-tope' (von griech. *Topos*, Ort) bezeichnet eine abstrakte Form von Räumlichkeit, die sich vor allem über die Unterscheidung von → INNEN UND AUSSEN stabilisiert (im Unterschied zu sich vor allem über Praktiken der Vernetzung strukturierende → ‚*SCAPES*'). Als Modell dient (in Abgrenzung etwa zum festen → ORT in der rhetorischen Topik) v. a. das dynamische Ortskonzept der biologischen Milieu- bzw. Umwelttheorien, die im 20. Jahrhundert eine zunehmende Bedeutung in kulturtheoretischen Kontexten erlangt haben (etwa in der Systemtheorie). Neuere literatur-, kultur- und medienwissenschaftliche Studien (→ 2. Topographien; 14. Semiosphäre und Sujet) bauen auf derart strukturierten Räumlichkeiten auf, um die semiotische bzw. kulturtechnische Konstitution von Situationen zu beschreiben (→ 3. Dynamisierungen).

Topographie – Im Gegensatz zur → TOPOLOGIE (→ 1. Topologie) bezeichnet die Topographie jedwede Konkretisation eines abstrakten → *SPATIUM* durch Einführung spezifizierender, verortbarer bzw. verorteter und im weiteren sodann semantisierbarer Elemente, durch die sich die → VEKTOREN zu → KONNEKTOREN wandeln und einem zuvor nur → DIREKTIONAL bestimmten Raum → DIMENSIONALITÄT verleihen, wodurch sie ihn entsprechend ‚kerben' (→ GEKERBTER RAUM). Infolge lassen sich Topographien jeweils als Festschreibungen einer Virtualität begreifen, die zugleich immer schon ausgestaltungsreicher und möglichkeitsärmer sind als ihnen entsprechende Topologien (→ 2. Topographien).

Topologie – Mit dem Begriff der ‚Topologie' bezeichnet die Mathematik zunächst nichts als eine → VEKTORIELLE Relationalität im abstrakten Raum des reinen → *SPATIUM*. Topologische Relationen bewegen sich mithin auf bloßen → ACHSEN oder auch – nicht-euklidisch – → DIREKTIONAL anderwärts im Raum, ohne dabei Ursprünge oder Ziele zu markieren. Hierin liegt ihre grundsätzliche und reine

Strukturalität als Menge der Relationen unter explizitem Ausschluss der Elemente (→ 1. Topologien).

trajectoire – Nach Michel de Certeau bezeichnet der Begriff der ‚*trajectoire*' eine zeitlich organisierte Bewegung im → RAUM, die sich im Gegensatz zum räumlich gefassten → PARCOURS komplementär beschreiben lässt über die diachrone, sukzessive Abfolge der auf einem Plan oder einer → Karte (möglicherweise auch nur gedachten) durchlaufenen → PUNKTE. Insofern steht der auf einer Karte verzeichnete → KONNEKTIVE Parcours in konzeptueller Nähe zu Certeaus Begriff einer vorschreibenden ‚Strategie', während die *trajectoire* sich eher der Praxis der ‚Taktik' nähert, deren Freiheit allerdings wiederum erst in der → SPUR greifbar wird.

Übertretung/Überschreitung – Der Begriff der ‚Übertretung' bzw. ‚Überschreitung' ist gekoppelt an die Vorstellung von der → GRENZE als einer den → RAUM in oppositive → FELDER teilende → LINIE. In der Sujettheorie Jurij M. Lotmans (→ 14. Semiosphäre und Sujet) ist die Überschreitung der Grenze stets verbunden mit der Potentialität eines die → WELT revolutionär verändernden Ereignisses, das Bestand haben, aber oftmals auch zurückgenommen werden kann. In den Überlegungen Michel Foucaults zur ‚*transgression*' wird die Übertretung nicht so sehr als Figur einer resultathaften Veränderung gesehen denn prozessual als dynamische Möglichkeit von Überschreitbarkeit überhaupt: als oszillatives Hin und Her, welches die Grenze als solche überhaupt erst bestimmt.

Vektor/Vektorialität – Im Gegensatz zum → KONNEKTOR ein Linientyp, der eine Bewegung ohne festen Zielpunkt beschreibt, welche nur in ihrer Gerichtetheit (→ DIREKTIONALITÄT) angegeben werden kann.

Weg/Wegstrecke → PARCOURS

Welt – Im Unterschied zu → ERDE bezieht sich ‚Welt' als Denkfigur des Globalen nach Robert Stockhammer meist nicht auf einen konkreten geographischen Raum, sondern auf ein Sinn-Ganzes, das für sich beansprucht, kein → AUSSEN mehr zu kennen. Wer sich auf ‚Welt' bezieht, generalisiert eine partikulare Perspektive häufig so, dass sie zum Inbegriff des geordneten → INNEN schlechthin wird. Kritik an einer solchen Form der Totalisierung stammt etwa aus der postkolonialen Theoriebildung (→ 11. Postkoloniale Räume), die als Gegenbegriff das → ‚PLANETARISCHE' einführt.

Zwischenraum → INTERVALL

V. Auswahlbibliographie

Aertsen, Jan A., und Andreas Speer (Hrsg.). *Raum und Raumvorstellungen im Mittelalter*. Berlin und New York: De Gruyter, 1998.
Agamben, Giorgio. *Homo sacer: Il potere sovrano e la nuda vita*. Turin: Einaudi, 1995 [*Homo sacer: Die souveräne Macht und das nackte Leben*. Übers. von Hubert Thüring. Frankfurt a. M.: Suhrkamp, 2002].
Agel, Henri. *L'éspace cinématographique*. Paris: Delarge, 1978.
Agnew, John A. *Geopolitics: Re-visioning World Politics*. London: Routledge, 1998.
Agnew, John A., und Stuart Corbridge. *Mastering Space: Hegemony, Territory and International Political Economy*. London: Routledge, 1995.
Agnew, John A., und James S. Duncan (Hrsg.). *The Power of Place: Bringing together Geographical and Sociological Imaginations*. Boston: Unwin Hyman, 1989.
Agnew, John A., David N. Livingstone und Alisdair Rogers (Hrsg.). *Human Geography: An Essential Anthology*. Oxford: Blackwell, 1996.
Agotai, Doris. *Architekturen in Zelluloid: Der filmische Blick auf den Raum*. Bielefeld: Transcript, 2007.
Ahrens, Daniela. *Grenzen der Enträumlichung: Welt-Städte, Cyberspace und transnationale Räume in der globalisierten Moderne*. Opladen: Springer, 2001.
Aitken, Stuart C., und Leo E. Zonn (Hrsg.). *Place, Power, Situation, and Spectacle: A Geography of Film*. Lanham: Rowman & Littlefield, 1994.
Akademie der Künste (Hrsg.). *Topos RAUM: Die Aktualität des Raumes in den Künsten der Gegenwart*. Nürnberg: Verlag für Moderne Kunst, 2005.
Algra, Keimpe. *Concepts of Space in Greek Thought*. Leiden: Brill, 1995.
Alpsancar, Suzana, Petra Gehring und Marc Rölli (Hrsg.). *Raumprobleme: Philosophische Perspektiven*. München: Fink, 2010.
Anderson, Benedict R. *Imagined Communities: Reflections on the Origin and Spread of Nationalism*. London: Verso, 1991.
Andrews, Lew. *Story and Space in Renaissance Art: The Rebirth of Continuous Narrative*. Cambridge: Cambridge University Press, 1995.
Andriopoulos, Stefan, Gabriele Schabacher und Eckhard Schumacher (Hrsg.). *Die Adresse des Mediums*. Köln: DuMont, 2001.
Andruchowytsch, Juri. *Das letzte Territorium: Essays*. Übers. von Alois Woldan. Frankfurt a. M.: Suhrkamp, 2003.
Antonioli, Manola. *Géophilosophie de Deleuze et Guattari*. Paris: Editions L'Harmattan, 2003.
Anzaldua, Gloria. *Borderlands / La Frontera: The New Mestiza*. San Francisco: Aunt Lute, 2007.
Apel, Friedmar. *Deutscher Geist und deutsche Landschaft: Eine Topographie*. München: Knaus, 1998.
Appadurai, Arjun. *Modernity at Large: Cultural Dimensions of Globalization*. Minneapolis, MN: University of Minnesota Press, 2010 [1996].
Appadurai, Arjun. *Fear of Small Numbers: An Essay on the Geography of Anger*. Durham: Duke University Press, 2006. [*Die Geographie des Zorns*. Übers. von Bettina Engels. Frankfurt a. M.: Suhrkamp, 2009].
Ardener, Shirley. *Women and Space: Ground Rules and Social Maps*. New York: St. Martin's Press, 1993.
Arendt, Hannah. *Vita Activa oder Vom tätigen Leben*. München: Piper, 1981 [1958].

Arnold, A. James, und Ottmar Ette (Hrsg.). *Caribbean(s) on the move: Archipiélagos literarios del Caribe. A transarea symposium*. Frankfurt a. M.: Lang, 2008.

Asendorf, Christoph. *Ströme und Strahlen: Das langsame Verschwinden der Materie um 1900*. Gießen: Anabas, 1989.

Asendorf, Christoph. *Super Constellation: Flugzeug und Raumrevolution. Die Wirkung der Luftfahrt auf Kunst und Kultur der Moderne*. Wien: Springer, 1997.

Ashcroft, Bill. *On Post-Colonial Futures: Transformations of Colonial Culture*. London: Continuum, 2001.

Ashcroft, Bill, Gareth Griffiths und Helen Tiffin. *The Empire Writes Back: Theory and Practice in Post-Colonial Literatures*. London: Routledge, 1989.

Assmann, Aleida. *Erinnerungsräume: Formen und Wandlungen des kulturellen Gedächtnisses*. München: C. H. Beck, 1999.

Atkinson, David, Peter Jackson, David Sibley und Neil Washbourne (Hrsg.). *Cultural Geography: A Critical Dictionary of Key Concepts*. London: Tauris, 2005.

Audretsch, Jürgen, und Klaus Mainzer (Hrsg.). *Philosophie und Physik der Raum-Zeit*. Mannheim, Wien und Zürich: BI-Wissenschafts-Verlag, 1994.

Augé, Marc. *Non-lieux: Introduction à une anthropologie de la surmodernité*. Paris: Seuil, 1992 [*Orte und Nicht-Orte: Vorüberlegungen zu einer Ethnologie der Einsamkeit*. Übers. von Michael Bischoff. Frankfurt a. M.: Fischer, 1994].

Avanessian, Armen, und Franck Hofmann (Hrsg.). *Raum in den Künsten: Konstruktion, Bewegung, Politik*. München: Fink, 2010.

Bachelard, Gaston. *Expérience de l'espace dans la physique contemporaine*. Paris: Alcan, 1937.

Bachelard, Gaston. *La Poétique de l'espace*. Paris: PUF, 1970 [1957] [*Poetik des Raumes*. Übers. von Kurt Leonhard. Frankfurt a. M.: Fischer, 2003].

Bachmann-Medick, Doris. *Cultural Turns: Neuorientierung in den Kulturwissenschaften*. Reinbek bei Hamburg: Rowohlt, 2006.

Bachtin, Michail M. „Formy vremeni i chronotopa v romane. Očerki po istoričeskoj poėtike". *Voprosy literatury i ėstetiki: Issledovanija raznych let*. Moskau: Chudožestvennaja literatura, 1975. 234–407. [*Chronotopos*. Übers. von Michael Dewey. Mit einem Nachwort von Michael C. Frank und Kirsten Mahlke. Frankfurt a. M.: Suhrkamp, 2008].

Backhaus, Gary, und John Murungi (Hrsg.). *Lived Topographies and Their Mediational Forces*. Lanham: Rowman & Littlefield, 2005.

Baier, Franz Xaver. *Raum: Prolegomena zu einer Architektur des gelebten Raumes*. Köln: König, 2000.

Barber, Stephen. *Projected Cities: Cinema and Urban Space*. London: Reaktion, 2002.

Barnes, Trevor J., und James S. Duncan (Hrsg.). *Writing Worlds: Discourse, Text and Metaphor in the Representation of Landscape*. London: Routledge, 1992.

Barnouw, Dagmar. *Visible Spaces: Hannah Arendt and the German-Jewish Experience*. Baltimore. MD: Johns Hopkins University Press, 1990.

Bartels, Dietrich. *Zur wissenschaftstheoretischen Grundlegung einer Geographie des Menschen*. Wiesbaden: Steiner, 1968.

Bataille, Georges. *Le Dictionnaire critique*. Orléans: L'Écarlate, 1993 [1929–1934] [*Kritisches Wörterbuch*. Übers. von Rainer Maria Kiesow. Berlin: Merve, 2005].

Bateson, Gregory. *Steps to an Ecology of the Mind*. Chicago: University of Chicago Press, 2000 [1972] [*Die Ökologie des Geistes: Anthropologische, psychologische, biologische und epistemologische Perspektiven*. Übers. von Hans Günter Holl. Frankfurt a. M.: Suhrkamp, 1981].

Baudelle, Yves, und Audrey Camus (Hrsg.). *Topographies romanesques*. Rennes: Presses universitaires de Rennes, 2011.
Bauer, Markus, und Thomas Rahn (Hrsg.). *Die Grenze: Begriff und Inszenierung*. Berlin: Akademie-Verlag, 1997.
Bauman, Zygmunt. *Liquid Modernity*. Cambridge: Polity Press, 2000.
Baumgärtner, Ingrid (Hrsg.). *Raumkonzepte: Disziplinäre Zugänge*. Göttingen: V & R Unipress, 2009.
Baumgärtner, Ingrid, und Hartmut Kugler (Hrsg.). *Europa im Weltbild des Mittelalters: Kartographische Konzepte*. Berlin: Akademie-Verlag, 2008.
Baxmann, Inge, Michael Franz und Wolfgang Schäffner (Hrsg.): *Das Laokoon-Paradigma: Zeichenregime im 18. Jahrhundert*. Berlin: Akademie-Verlag, 2000.
Bay, Hansjörg, und Wolfgang Struck (Hrsg.): *Literarische Entdeckungsreisen: Vorfahren – Nachfahrten – Revisionen*. Köln: Böhlau, 2012.
Bayer, Francis. *De Schönberg à Cage: Essai sur la notion d'espace sonore dans la musique contemporaine*. Paris: Klincksieck, 1981.
Bayerische Akademie der Schönen Künste (Hrsg.). *Kunst und Raum: Fünf interdisziplinäre Ansätze*. Göttingen: Wallstein, 2012.
Bayley, Sally. *Home on the Horizon: America's Search for Space, from Emily Dickinson to Bob Dylan*. Witney, Oxfordshire: Peter Lang, 2010.
Beck, Ulrich. *Was ist Globalisierung? Irrtümer des Globalismus – Antworten auf Globalisierung*. Frankfurt a. M.: Suhrkamp, 1997.
Behrens, Rudolf, und Rainer Stillers (Hrsg.). *Orientierungen im Raum: Darstellung räumlichen Sinns in der italienischen Literatur von Dante bis zur Postmoderne*. Heidelberg: Winter, 2008.
Bell, David, und Gill Valentine (Hrsg.). *Mapping Desire: Geographies of Sexualities*. London: Routledge, 1995.
Benevolo, Leonardo Andres, und Benno Albrecht. *Grenzen: Topographie, Geschichte, Architektur*. Frankfurt a. M.: Campus, 1995.
Benjamin, Walter. „Paris, die Hauptstadt des XIX. Jahrhunderts" [1935]. *Gesammelte Schriften*. Hrsg. von Rolf Tiedemann und Hermann Schweppenhäuser. Frankfurt a. M.: Suhrkamp, 1974. I,2, 509–690.
Benjamin, Walter. *Das Passagen-Werk. Gesammelte Schriften*. Hrsg. von Rolf Tiedemann. Frankfurt a. M.: Suhrkamp, 1991 [1982]. V,1 und V,2.
Benoist, Jocelyn, und Fabio Merlini (Hrsg.). *Historicité et spatialité: Recherches sur le problème de l'espace dans la pensée contemporaine*. Paris: Vrin, 2001.
Bense, Max. *Raum und Ich: Eine Philosophie über den Raum*. Berlin: Luken & Luken, 1934.
Benthien, Claudia, Stefanie Wenner und Manuela Gerlof (Hrsg.). *Paradies: Topografien der Sehnsucht*. Wien, Köln, Weimar: Böhlau, 2009.
Benveniste, Émile. *Problèmes de linguistique générale*. Paris: Gallimard, 1966.
Berbig, Roland. *Metropole, Provinz und Welt: Raum und Mobilität in der Literatur des Realismus*. Berlin: De Gruyter, 2013.
Bergé, Aline, und Michel Collot (Hrsg.). *Paysage et Modernité(s)*. Brüssel: Ousia, 2007.
Bergermann, Ulrike *et al.* (Hrsg.). *Das Planetarische: Kultur – Technik – Medien im postglobalen Zeitalter*. München: Fink, 2010.
Berman, Marshall. *All That is Solid Melts into Air: The Experience of Modernity*. New York: Penguin, 1982.

Bernard, Andreas. *Die Geschichte des Fahrstuhls: Über einen beweglichen Ort der Moderne*. Frankfurt a. M.: Fischer, 2006.
Berndt, Christian, und Robert Pütz (Hrsg.). *Kulturelle Geographien: Zur Beschäftigung mit Raum und Ort nach dem Cultural Turn*. Bielefeld: Transcript, 2007.
Berque, Augustin. *Médiance: De milieux en paysages*. Montpellier: Reclus, 2000 [1990].
Berque, Augustin. *Écoumène: Introduction à l'étude des milieux humains*, Paris: Belin, 2009 [2000].
Berzeviczy, Klara, Zsuzsa Bognar, Peter Lökös (Hrsg.). *Gelebte Milieus und virtuelle Räume: Der Raum in der Literatur- und Kulturwissenschaft*. Berlin: Frank & Timme, 2009.
Besse, Jean-Marc. *Voir la terre: Six essais sur le paysage et la géographie*. Arles und Versailles: Actes Sud / École nationale Supérieure du Paysage, 2000.
Besse, Jean-Marc. *Le Goût du monde: Exercices de paysage*. Arles und Versailles: Actes Sud / École nationale Supérieure du Paysage, 2009.
Bhabha, Homi K. *Nation and Narration*. London: Routledge, 1990.
Bhabha, Homi K. *The Location of Culture*. London: Routledge, 1994 [*Die Verortung der Kultur*. Übers. von Michael Schiffmann und Jürgen Freudl. Tübingen: Stauffenburg, 2000].
Bieger, Laura. *Ästhetik der Immersion: Raum-Erleben zwischen Welt und Bild. Las Vegas, Washington und die White City*. Bielefeld: Transcript, 2007.
Bimber, Oliver, und Ramesh Raska: *Spatial Augmented Reality: Merging Real and Virtual Worlds*. Wellesley: A. K. Peters, 2005.
Black, Jeremy. *Maps and Politics*. Chicago: University of Chicago Press, 1997.
Blanchot Maurice. *L'espace littéraire*. Paris: Gallimard, 1955.
Bloom, Paul, Mary A. Petersen, Lynn Nadel und Merril F. Garrit (Hrsg.). *Language and Space*. Cambridge, MA: MIT Press, 1996.
Blumenberg, Hans. *Die Genesis der kopernikanischen Welt*. 3 Bde. Frankfurt a. M.: Suhrkamp, 1975.
Blumenberg, Hans. *Die Vollzähligkeit der Sterne*. Frankfurt a. M.: Suhrkamp, 1997.
Blunt, Alison. „Cultural Geographies of Migration: Mobility, Transnationality and Diaspora". *Progress in Human Geography* 31.5 (2007): 684–694.
Blunt, Alison, und Rose Gillian (Hrsg.). *Writing Women and Space: Colonial and Postcolonial Geographies (Mappings)*. New York: Guilford Press, 1994.
Blunt, Alison, Rose Gillian und Cheryl McEwan (Hrsg.). *Postcolonial Geographies*. New York, London: Continuum, 2002.
Böckelmann, Frank. *Die Welt als Ort: Erkundungen im entgrenzten Dasein*. Berlin: Karolinger Verlag, 2007.
Bogen, Steffen, Wolfgang Brassat und David Ganz (Hrsg.). *Bilder – Räume – Betrachter*. Berlin: Reimer, 2006.
Böhme, Gernot. *Atmosphäre*. Frankfurt a. M.: Suhrkamp, 1995.
Böhme, Gernot, und Hartmut Böhme. *Feuer, Wasser, Erde, Luft: Eine Kulturgeschichte der Elemente*. München: C. H. Beck, 1996.
Böhme, Hartmut (Hrsg.). *Topographien der Literatur: Deutsche Literatur im transnationalen Kontext*. Stuttgart und Weimar: Metzler, 2005.
Bohr, Jörn. *Raum als Sinnordnung bei Ernst Cassirer*. Erlangen: Filos, 2008.
Bollnow, Otto Friedrich. *Mensch und Raum*. Stuttgart, Berlin, Köln und Mainz: Kohlhammer, 1963.
Bolter, Jay David. *Writing Space: The Computer, Hypertext, and the History of Writing*. Hillsdale: Lawrence Erlbaum, 1991.

Bonesio, Luisa. *Geofilosofia del paesaggio*. Mailand: Mimesis, 1997.
Bonnann, Regina. *Raum, Zeit, Identität: Sozialtheoretische Verortungen kultureller Prozesse*. Opladen: Leske + Budrich, 2001.
Bonta, Mark and John Protevi. *Deleuze and Geophilosophy: A Guide and Glossary*. Edinburgh: University of Edinburgh Press, 2004.
Borchmeyer, Florian. *Die Ordnung des Unbekannten: Von der Erfindung der Neuen Welt*. Berlin: Matthes & Seitz, 2009.
Bornscheuer, Lothar. *Topik: Zur Struktur der gesellschaftlichen Einbildungskraft*. Frankfurt a. M.: Suhrkamp, 1976.
Borries, Friedrich von, Steffen P. Walz und Matthias Böttger (Hrsg.). *Space Time Play: Games, Architecture, and Urbanism – The Next Level*. Basel, Boston und Berlin: Birkhäuser, 2007.
Borsò, Vittoria, und Reinhold Görling (Hrsg.). *Kulturelle Topographien*. Stuttgart und Weimar: Metzler, 2004.
Bou, Enric. *Invention of Space: City, Travel and Literature*. Madrid: Iberoamericana, 2012.
Bourdieu, Pierre. *Les règles de l'art. Genèse et structure du champ littéraire*. Paris: Seuil, 1992. [*Die Regeln der Kunst: Genese und Struktur des literarischen Feldes*. Übers. von Bernd Schwibs und Achim Russer. Frankfurt a. M.: Suhrkamp, 1999].
Bourdieu, Pierre. *Raisons pratiques: Sur la théorie de l'action*. Paris: Seuil, 1994 [*Praktische Vernunft: Zur Theorie des Handelns*. Übers. von Hella Beister. Frankfurt a. M.: Suhrkamp, 1998.
Bourdieu, Pierre. „Espace social et genèse des ‚classes'". *Actes de la Recherche en Sciences Sociales* 52/53 (1984): 3–15. [„Sozialer Raum und ‚Klassen'". *Sozialer Raum und ‚Klassen'. Leçon sur la leçon. Zwei Vorlesungen*. Übers. von Bernhard Schwibs. Frankfurt a. M.: Suhrkamp, 1985. 7–46].
Bourdieu, Pierre. „Effets de lieu". P. B. et al. (Hrsg.). *La misère du monde*. Paris: Seuil, 1993. 159–167 [„Ortseffekte". *Das Elend der Welt*. Konstanz: UVK, 1997. 159–168].
Brague, Rémi. *Die Weisheit der Welt: Kosmos und Welterfahrung im westlichen Denken*. München: C. H. Beck, 2006.
Brah, A. *Cartographies of Diaspora: Contesting Identities*. London: Routledge, 1996.
Braidotti, Rose. *Nomadic Subjects: Embodiment and Sexual Difference in Contemporary Feminist Theory*. 2. Aufl. New York: Columbia University Press, 2011.
Brandstetter, Gabriele. *Tanz-Lektüren: Körperbilder und Raumfiguren der Avantgarde*. Freiburg i.Br.: Rombach, 1995.
Brandstetter, Thomas (Hrsg.). *Ambiente: Das Leben und seine Räume*. Wien: Turia + Kant, 2010.
Brandstetter, Thomas, Karin Harrasser und Günther Friesinger (Hrsg.). *Grenzflächen des Meeres*. Wien: Turia + Kant, 2010.
Brandt, Joan E. *Geopoetics: The Politics of Mimesis in Poststructuralist French Poetry and Theory*. Stanford, CA: Stanford University Press, 1997.
Braudel, Fernand. *La méditerranée et le monde méditerranéen à l'époque de Philippe II*. 3 Bde. Paris: Armand Colin, 1949 [*Das Mittelmeer und die mediterrane Welt in der Epoche Philipps II*. 3 Bde. Übers. von Grete Osterwald. Frankfurt a. M.: Suhrkamp: 1996].
Braudel, Fernand (Hrsg.). *La Méditerranée: l'espace et l'histoire, les hommes et l'héritage*. Paris: Arts et Métiers, 1986 [*Die Welt des Mittelmeeres*. Übers. von Markus Jakob. Frankfurt a. M.: Fischer, 1987.]
Braudel, Fernand. „Géohistoire: La société, l'espace, le temps". *Les Ambitions de l'Histoire*. Paris: De Fallois, 1997.

Braun, Stephan. *Topographien der Leere: Friedrich Nietzsche, Schreiben und Schrift.* Würzburg: Königshausen & Neumann, 2007.
Bredekamp, Horst. *Darwins Korallen: Die Frühen Evolutionsdiagramme und die Tradition der Naturgeschichte.* Berlin: Wagenbach, 2005.
Bredella, Nathalie. *Architekturen des Zuschauens: Imaginäre und reale Räume im Film.* Bielefeld: Transcript, 2010.
Breidbach, Angela. *Anschauungsraum bei Cézanne: Cézanne und Helmholtz.* München: Fink, 2003.
Brejzek, Thea, Wolfgang Greisenegger und Laurence Wallen (Hrsg.). *Power and Space – Macht und Raum.* Zürich: Zürcher Hochschule der Künste, 2008.
Brincken, Anna-Dorothee von den. *Fines Terrae: Die Enden der Erde und der vierte Kontinent auf Mittelalterlichen Weltkarten.* Hannover: Hahnsche Buchhandlung, 1992.
Brincken, Anna-Dorothee von den. *Studien zur Universalkartographie des Mittelalters.* Göttingen: Vandenhoeck & Ruprecht, 2008.
Broc, Nurna. *La Géographie des Philosophes: Géographes et voyageurs français au XVIIIe siècle.* Paris: Université de Lille, 1975.
Brodersen, Kai. *Terra cognita: Studien zur römischen Raumerfassung.* Hildesheim, Zürich und New York: Olms, 1975.
Bronfen, Elisabeth. *Der literarische Raum: Eine Untersuchung am Beispiel von Dorothy M. Richardsons Romanzyklus „Pilgrimage".* Tübingen: Niemeyer, 1986.
Bronger, Dirk. *Metropolen, Megastädte, Global Cities: Die Metropolisierung der Erde.* Darmstadt: Wissenschaftliche Buchgesellschaft, 2004.
Brook, Peter. *The Empty Space.* New York: Atheneum, 1968.
Brosseau, Marc. „Geography's Literature". *Progress in Human Geography* 18.3 (1994): 333–353.
Brown, Peter, und Michael Irwin (Hrsg.). *Literature and Place: 1800–2000.* Frankfurt a. M.: Lang, 2006.
Bruhn, Mark J. „Place Deixis and the Schematics of Imagined Space: Milton to Keats". *Poetics Today* 26.3 (2005): 387–432.
Bruno, Giuliana. *Atlas of Emotion: Journeys in Art, Architecture, and Film.* London: Verso, 2002.
Buchanan, Ian, und Gregg Lambert (Hrsg.). *Deleuze and Space.* Edinburgh: Edinburgh University Press, 2005.
Bucholz, Sabine, und Manfred Jahn. „Space in Narrative". *Routledge Encyclopedia of Narrative Theory.* Hrsg. von David Herman, Marie-Laure Ryan und Manfred Jahn. London: Routledge, 2005. 551–554.
Buci-Glucksmann, Christine. *Der kartographische Blick der Kunst.* Berlin: Merve, 1997.
Buck-Morss, Susan. *The Dialectics of Seeing: Walter Benjamin and the Arcades Project.* Cambridge, MA: MIT Press, 1990.
Budke, Alexandra, Detlef Kanwischer und Andreas Pott (Hrsg.). *Internetgeographien: Beobachtungen zum Verhältnis von Internet, Raum und Gesellschaft.* Stuttgart: Steiner, 2004.
Buell, Lawrence. *Writing for an Endangered World: Literature, Culture, and Environment in the U. S. and Beyond.* Cambridge, MA: The Belknap Press, 2001.
Bühler, Karl. *Sprachtheorie: Die Darstellungsfunktion der Sprache.* Stuttgart: Lucius & Lucius, 1999 [1934].
Bulson, Eric. *Novels, Maps, Modernity: The Spatial Imagination 1850–2000.* London: Routledge, 2007.

V. Auswahlbibliographie — 535

Bunim, Miriam Schild. *Space in Medieval Painting and the Forerunners of Perspective*. New York: AMS, 1970.
Burckhardt, Lucius. *Warum ist Landschaft schön? Die Spaziergangswissenschaft*. Berlin: Schmitz und Martin, 2006.
Burckhardt, Martin. *Metamorphosen von Raum und Zeit: Eine Geschichte der Wahrnehmung*. Frankfurt a. M.: Campus, 1994.
Burgin, Victor. *In/Different Spaces: Place and Memory in Visual Culture*. Berkeley, CA: University of California Press, 1996.
Burkhardt, Johannes, Sabine Ullmann und Thomas Safley (Hrsg.). *Geschichte in Räumen*. Konstanz: UVK, 2006.
Busch, Werner, Oliver Jehle (Hrsg.). *Vermessen: Landschaft und Ungegenständlichkeit*. Zürich und Berlin: Diaphanes, 2007.
Buschauer, Regine. *Mobile Räume: Medien- und diskursgeschichtliche Studien zur Tele-Kommunikation*. Bielefeld: Transcript, 2010.
Buschauer, Regine, und Katharine S. Willis (Hrsg.). *Locative Media: Medialität und Räumlichkeit. Multidisziplinäre Perspektiven zur Verortung der Medien / Multidisciplinary Perspectives on Media and Locality*. Bielefeld: Transcript, 2013.
Butterfield, Jeremy, Mark Hogarth und Gordon Belot (Hrsg.). *Spacetime*. Aldershot: Dartmouth, 1996.
Buttimer, Anne. *Geography and the Human Spirit*. Baltimore, MD: The Johns Hopkins University Press, 1993.
Büttner, Nils. *Die Erfindung der Landschaft: Kosmographie und Landschaftskunst im Zeitalter Brueghels*. Göttingen: Vandenhoeck & Ruprecht, 2000.
Buzard, James. *The Beaten Track: European Tourism, Literature, and the Ways to Culture, 1800–1918*. Oxford: Oxford University Press, 1993.
Carrier, Martin. *Raum-Zeit*. Berlin und New York: de Gruyter, 2009.
Carter, Paul. *The Road to Botany Bay: An Essay in Spatial History*. London: Faber and Faber, 1987.
Casey, Edward. *The Fate of Place: A Philosophical History*. Berkeley, Los Angeles und London: University of California Press, 1997.
Cassirer, Ernst. „Mythischer, ästhetischer und theoretischer Raum" [1931]. *Symbol, Technik, Sprache. Aufsätze aus den Jahren 1927–1933*. Hrsg. von John Michael Krois und Ernst Wolfgang Orth. Hamburg: Meiner, 1985. 93–119.
Cassirer, Ernst. *Philosophie der symbolischen Formen*. 3 Bde. Hamburg: Meiner, 2010 [1923–1931].
Castells, Manuel. *The Rise of the Network Society*. Cambridge, MA: Blackwell, 1996 [*Der Aufstieg der Netzwerkgesellschaft*. Übers. von Reinhart Kößler. Opladen: Leske + Budrich, 2001].
Celma Valero, María Pilar und José Ramón González (Hrsg.). *Lugares de ficción: La construcción del espacio en la narrativa actual*. Valladolid: Cátedra Miguel Delibes, 2010.
Certeau, Michel de. *L'Écriture de l'Histoire*. Paris: Gallimard, 2002 [1975]. [*Das Schreiben der Geschichte*. Übers. von Sylvia M. Schomburg-Scherff. Frankfurt a. M. und New York: Campus, 1991].
Certeau, Michel de. „Écrire la mer. Introduction." Jules Verne. *Les grands navigateurs du XVIIIe siècle* [1879]. Paris: Ramsay, 1977, I-XIX. [„Die See schreiben". Übers. von Dirk Naguschewski. *Topographien der Moderne: Medien zur Repräsentation und Konstruktion von Räumen*. Hrsg. von Robert Stockhammer. München: Fink, 2005. 127–143].

Certeau, Michel de. *L'invention du quotidien 1: Arts de faire*. Paris: Gallimard/Folio Essais, 1990 [1980] [*Die Kunst des Handelns*. Übers von Ronald Vouillé. Berlin: Merve, 1988].
Chambers, Iain. *Migrancy, Culture, Identity*. London: Routledge, 1994.
Chenet, Françoise (Hrsg.). *Le Paysage et ses grilles*. Paris: L'Harmattan, 1996.
Clarke, David L. (Hrsg.). *Spatial Archaeology*. London: Academic Press, 1977.
Clifford, James. „Traveling Cultures". *Cultural Studies*. Hrsg. von Lawrence Grossberg, Cary Nelson und Paula A. Treichler. London und New York: Routledge, 1992. 96–116.
Cloke, Paul, und Ron Johnston (Hrsg.). *Spaces of Geographical Thought: Deconstructing Human Geography's Binaries*. London, Thousand Oaks und New Delhi: Sage, 2005.
Cohen, Margaret. *The Novel and the Sea*. Princeton, NJ: Princeton University Press, 2010.
Collot, Michel (Hrsg.). *Les Enjeux du paysage*. Brüssel: Ousia, 1997.
Collot, Michel. *La Pensée-paysage*. Arles und Versailles: Actes Sud / École nationale Supérieure du Paysage, 2011.
Collot, Michel. *Pour une géographie littéraire*. Paris: Corti, 2014.
Colomina, Beatriz (Hrsg.). *Sexuality and Space*. New York: Princeton Architectural Press, 1992.
Comment, Bernard. *Le XIXe siècle des panoramas*. Paris: Biro, 1993 [*Das Panorama: Die Geschichte einer vergessenen Kunst*. Übers. von Martin Richter. Berlin: Harry N. Abrams, 2000].
Conley, Tom. *The Self Made Map: Cartographic Writing in Early Modern France*. Minneapolis, MN: University of Minnesota Press, 1996.
Corbin, Alain. *Le Désir de rivage*. Paris: Aubier, 1988. [*Meereslust: Das Abendland und die Entdeckung der Küste*. Übers. von Grete Osterwald. Frankfurt a. M.: Fischer, 1994].
Corbridge, Stuart, Nigel Thrift und Ron Martin (Hrsg.). *Money, Power and Space*. Oxford: Blackwell, 1997.
Cosgrove, Denis. *Social Formation and Symbolic Landscape*. Madison, WI, und London: Croom Helm, 1984.
Cosgrove, Denis (Hrsg.). *The Iconography of Landscape: Essays on the Symbolic Representation, Design and Use of Past Environments*. Cambridge: Cambridge University Press, 1988.
Cosgrove, Denis (Hrsg.). *Mappings*. London: Reaktion Books, 1999.
Cosgrove, Denis. *Apollo's Eye: A Cartographic Genealogy of the Earth in the Western Imagination*. Baltimore, MD: The Johns Hopkins University Press, 2001.
Cosgrove, Denis, und Veronica della Dora (Hrsg.). *High Places: Cultural Geographies of Mountains, Ice and Science*. London: Tauris, 2009.
Crampton, Jeremy W, und Stuart Elden (Hrsg.). *Space, Knowledge and Power. Foucault and Geography*. Burlington: Ashgate, 2008.
Crang, Mike, und Nigel Thrift (Hrsg.). *Thinking Space: Critical Geographies*. London und New York: Routledge, 2000.
Cresswell, Tim. *Place: A Short Introduction*. Malden, Oxford und Carlton: Wiley-Blackwell, 2004.
Cresswell, Tim. *On the Move: Mobility in the Modern Western World*. London und New York: Routledge, 2006.
Crosby, Alfred W. *Ecological Imperialism: The Biological Expansion of Europe 900–1900*. Cambridge: Cambridge University Press, 1986.
Cruciani, Fabrizio. *Lo spazio del teatro*. Rom: Laterza, 1992.
Csáky, Moritz, und Christoph Leitgeb (Hrsg.). *Kommunikation – Gedächtnis – Raum: Kulturwissenschaften nach dem „Spatial Turn"*. Bielefeld: Transcript, 2009.

Cyon, Elias von. *Das Ohrlabyrinth als Organ der mathematischen Sinne für Raum und Zeit*. Berlin: Springer, 1908.
Dähne, Chris. *Die Stadtsinfonien der 1920er Jahre: Architektur zwischen Film, Fotografie und Literatur*. Bielefeld: Transcript, 2013.
Damir-Geilsdorf, Sabine, Angelika Hartmann und Beatrice Hendrich (Hrsg.). *Mental Maps. Raum. Erinnerung: Kulturwissenschaftliche Zugänge zum Verhältnis von Raum und Erinnerung*. Münster: Lit, 2005.
Damisch, Hubert. *L'Origine de la perspective*. Paris: Flammarion, 1987 [*Der Ursprung der Perspektive*. Übers. von Heinz Jatho. Zürich und Berlin: Diaphanes, 2010].
Dardel, Éric. *L'Homme et la Terre: Nature de la réalité géographique*. Paris: PUF, 1952.
Darian-Smith, Kate, Liz Gunner und Sarah Nuttall (Hrsg.). *Text, Theory, Space: Land, Literature and History in South Africa and Australia*. London und New York: Routledge, 1996.
Däumer, Matthias, Annette Gerok-Reiter und Friedemann Kreuder (Hrsg.). *Unorte: Spielarten einer verlorenen Verortung. Kulturwissenschaftliche Perspektiven*. Bielefeld: Transcript, 2010.
Davidson, Joyce, und Mick Smith (Hrsg.). *Emotional Geographies*. Aldershot: Ashgate, 2007.
Davis, Mike. *City of Quartz: Excavating the Future in Los Angeles*. London: Verso, 1990.
Davis, Mike. *Ecology of Fear: Los Angeles and the Imagination of Disaster*. New York: Metropolitan Books, 1998 [*Ökologie der Angst: Los Angeles und das Leben mit der Katastrophe*. Übers. von Gabriele Gockel. München: Piper, 2004].
Davis, Mike. *Planet of Slums*. London: Verso, 2006 [*Planet der Slums*. Übers. von Ingrid Scherf. Berlin: Assoziation A, 2007].
De Lange, Attie *et al.* (Hrsg.). *Literary Landscapes: From Modernism to Postcolonialism*. Basingstoke: Palgrave Macmillan, 2008.
Dear, Michael J. *The Postmodern Urban Condition*. Oxford: Blackwell, 2000.
Dear, Michael, Jim Ketchum, Sarah Luria und Douglas Richardson. *GeoHumanties: Art, History, Text at the Edge of Place*. London: Routledge, 2011.
Deleuze, Gilles. *L'image-mouvement. Cinéma 1*. Paris: Minuit, 1983. [*Das Bewegungs-Bild: Kino 1*. Übers. von Ulrich Christians. Frankfurt a. M.: Suhrkamp, 1997].
Deleuze, Gilles. *Foucault*. Paris: Minuit, 1986 [*Foucault*. Übers. von Hermann Kocyba. Frankfurt a. M.: Suhrkamp, 1987].
Deleuze, Gilles. *Le pli: Leibniz et le baroque*. Paris: Minuit, 1988 [*Die Falte: Leibniz und der Barock*. Übers. von Ulrich Johannes Schneider. Frankfurt a. M.: Suhrkamp, 2000].
Deleuze, Gilles, und Félix Guattari. *Mille Plateaux: Capitalisme et schizophrénie II*. Paris: Minuit, 1980 [*Tausend Plateaus*. Übers. von Gabriele Ricke und Ronald Voullié. Berlin: Merve, 1997].
Deleuze, Gilles, und Félix Guattari. *Qu'est-ce que la philosophie?* Paris: Minuit, 1991 [*Was ist Philosophie?* Übers. von Bernd Schwibs und Joseph Vogl. Frankfurt a. M.: Suhrkamp, 1996].
DeLoughrey, Elizabeth M. (Hrsg.). *Routes and Roots: Navigating Caribbean and Pacific Island Literatures*. Honolulu: University of Hawai'i Press, 2007.
Demuth, Volker. *Topische Ästhetik: Körperwelten, Kunsträume, Cyberspace*. Würzburg: Königshausen & Neumann, 2002.
Dennerlein, Katrin. *Narratologie des Raumes*. Berlin und New York: De Gruyter, 2009.
Derrida, Jacques. *Khôra*. Paris: Galilée, 1993 [1987] [*Chora*. Übers. von Hans-Dieter Gondek. Wien: Passagen, 1990].

Derrida, Jacques. *L'autre cap, suivi de La démocratie ajournée*. Paris: Minuit, 1991. [*Das andere Kap. Die vertagte Demokratie*. Übers. von Alexander García Düttmann. Frankfurt a. M.: Suhrkamp, 1992].
Desportes, Marc. *Paysages en mouvement: Transports et perception de l'espace: XVIIIe–XXe siècle*. Paris: Gallimard, 2005.
Dimock, Wai-chee. *Shades of the Planet: American Literature As World Literature*. Princeton, NJ: Princeton University Press, 2007.
Dipper, Christof, Ute Schneider und Wolfgang Behringer (Hrsg.). *Kartenwelten: Der Raum und seine Repräsentation in der Neuzeit*. Darmstadt: Wissenschaftliche Buchgesellschaft, 2006.
Dodds, Klaus, und David Atkinson (Hrsg.). *Geopolitical Traditions: A Century of Geopolitical Thought*. London und New York: Routledge, 2000.
Dodge, Martin, und Rob Kitchin. *Atlas of Cyberspace*. Edinburgh und London: Addison-Wesley, 2001.
Doel, Marcus A. *Poststructuralist Geographies: The Diabolical Art of Spatial Science*. Edinburgh: Rowman & Littlefield, 1999.
Doležel, Lubomír. *Heterocosmica: Fiction and Possible Worlds*. Baltimore, MD: The Johns Hopkins University Press, 1998.
Dolle, Verena, und Uta Helfrich (Hrsg.). *Zum ‚spatial turn' in der Romanistik*. München: Meidenbauer, 2009.
Domosh, Mona, und Joni Seager. *Putting Women in Place: Feminist Geographers Make Sense of the World*. New York: Guilford Press, 2001.
Döring, Jörg. „Distant Reading: Zur Geographie der Toponyme in Berlin-Prosa seit 1989". *Zeitschrift für Germanistik* 3 (2008): 84–106.
Döring, Jörg, und Tristan Thielmann (Hrsg.) *Spatial Turn: Das Raumparadigma in den Kultur- und Sozialwissenschaften*. Bielefeld: Transcript, 2007.
Döring, Jörg, und Tristan Thielmann (Hrsg.). *Mediengeographie: Theorie – Analyse – Diskussion*. Bielefeld: Transcript, 2009.
Döring, Tobias. *Caribbean-English Passages: Intertextuality in Postcolonial Tradition*. London: Routledge, 2002.
Dovey, Kim. *Framing Places: Mediating Power in Built Form*. London: Routledge, 1999.
Dovey, Kim. *Becoming Places: Urbanism / Architecture / Identity / Power*. New York und London: Routledge und Chapman & Hall, 2010.
Downs, Roger M., und David Stea. *Maps in minds: Reflections on Cognitive Mapping*. New York: Harper & Row, 1977 [*Kognitive Karten: Die Welt in unseren Köpfen*. Hrsg. von Robert Geipel. Übers. von Daniela und Erika Geipel. New York: Harper & Row, 1982].
Dreyer, Mechthild, und Karen Joisten (Hrsg.). *Räume des Wissens: Grundpositionen in der Geschichte der Philosophie*. Bielefeld: Transcript, 2010.
Dück, Michael. *Der Raum und seine Wahrnehmung*. Würzburg: Königshausen & Neumann, 2001.
Duncan, James, und David Ley (Hrsg.). *Place, Culture, Representation*. London: Routledge, 1993.
Duncan, Nancy (Hrsg.). *BodySpace: Destabilizing Geographies of Gender and Sexuality*. London: Routledge, 1996.
Dünne, Jörg. *Die kartographische Imagination: Erinnern, Erzählen und Fingieren in der Frühen Neuzeit*. München: Fink, 2011.

Dünne, Jörg, Hermann Doetsch und Roger Lüdeke (Hrsg.). *Von Pilgerwegen, Schriftspuren und Blickpunkten: Raumpraktiken in medienhistorischer Perspektive*. Würzburg: Königshausen & Neumann, 2004.
Dünne, Jörg, Sabine Friedrich und Kristen Kramer (Hrsg.). *Theatralität und Räumlichkeit: Raumordnungen und Raumpraktiken im theatralen Mediendispositiv*. Würzburg: Königshausen & Neumann, 2009.
Dünne, Jörg, und Stephan Günzel (Hrsg.). *Raumtheorie: Grundlagentexte aus Philosophie und Kulturwissenschaften*. Frankfurt a. M.: Suhrkamp, 2006.
Dünne, Jörg, und Wolfram Nitsch (Hrsg.). *Scénarios d'espace: Littératures, cinéma et parcours urbain*. Clermont-Ferrand: Presses Universitaires Blaise Pascal, 2014.
Dunning, William V. *Changing Images of Pictorial Space: A History of Spatial Illusion in Painting*. Syracuse: Syracuse University Press, 1991.
Dürr, Susanne, und Almut Steinlein (Hrsg.). *Der Raum im Film*. Frankfurt a. M.: Lang, 2002.
Eaton, Ruth. *Die ideale Stadt: Von der Antike bis zur Gegenwart*. Berlin: Nicolaische Verlagsbuchhandlung, 2001.
Ebeling, Frank. *Geopolitik: Karl Haushofer und seine Raumwissenschaft, 1919–1945*. Berlin: Akademie-Verlag, 1994.
Ebeling, Siegfried. *Der Raum als Membran*. Dessau: Dünnhaupt, 1926.
Eckhardt, Frank. *Soziologie der Stadt*. Bielefeld: Transcript, 2004.
Eckhardt, Frank. *Die komplexe Stadt: Orientierungen im urbanen Labyrinth*. Wiesbaden: Springer, 2009.
Edgerton, Samuel Y. *The Renaissance Rediscovery of Linear Perspective*. New York: Basic, 1975.
Edgerton, Samuel Y. *The Mirror, the Window, and the Telescope: How Renaissance Linear Perspective Changed Our Vision of the Universe*. Ithaca, NY: Cornell University Press, 2009.
Edl, Andrea. *Vom Ursprung ökokritischen Denkens zu einem kosmopolitanen Ansatz der urbanen Ökokritik: Ort und Raum von der amerikanischen Wildnis bis zur urbanen Dystopie*. Frankfurt a. M.: Lang, 2013.
Edson, Evelyn, Emelie Savage-Smith und Anna-Dorothee von den Brincken. *Der mittelalterliche Kosmos: Karten der christlichen und islamischen Welt*. Darmstadt: Wissenschaftliche Buchgesellschaft, 2005 [2004].
Edson, Evelyn. *The World Map, 1300–1942: The Persistence of Tradition and Transformation*. Baltimore, MD: The Johns Hopkins University Press, 2007.
Edwards, Sarah, und Jonathan Charley (Hrsg.). *Writing the Modern City: Literature, Architecture, Modernity*. London: Routledge, 2012.
Eibl, Doris G. *Wasser und Raum: Beiträge zu einer Kulturtheorie des Wassers*. Göttingen: V & R Unipress, 2008.
Eigmüller, Monika, und Georg Vobruba (Hrsg.). *Grenzsoziologie: Die politische Strukturierung des Raumes*. Wiesbaden: Verlag für Sozialwissenschaft, 2006.
Eisel, Ulrich. *Die Entwicklung der Anthropogeographie von einer „Raumwissenschaft" zur Gesellschaftswissenschaft*. Kassel: Gesamthochschul-Bibliothek, 1980.
Elden, Stuart. *Mapping the Present: Heidegger, Foucault and the Project of a Spatial History*. London und New York: Bloomsbury, 2001.
Elden, Stuart. *Understanding Henri Lefebvre: Theory and the Possible*. London und New York: Continuum, 2004.
Elden, Stuart. *Terror and Territory: The Spatial Extent of Sovereignty*. Minneapolis, MN: University of Minnesota Press, 2009.

Elsaesser, Thomas, und Adam Barker (Hrsg.). *Early Cinema: Space – Frame – Narrative*. London: BFI, 1990.
Engelke, Jan. *Kulturpoetiken des Raumes: Die Verschränkung von Raum-, Text- und Kulturtheorie. Studien zur Kulturpoetik*. Würzburg: Königshausen & Neumann, 2009.
Engell, Lorenz, Bernhard Siegert und Joseph Vogl (Hrsg.). *Stadt, Land, Fluss: Medienlandschaften*. Weimar: Universitäts-Verlag, 2007.
English, Paul W., und Robert C. Mayfield (Hrsg.). *Man, Space, and Environment*. New York, London und Toronto: Oxford University Press, 1972.
Entrikin, Nicholas. *The Betweenness of Place: Towards a Geography of Modernity*. Baltimore, MD: The Johns Hopkins University Press, 1991.
Ette, Ottmar. *Literatur in Bewegung: Raum und Dynamik grenzüberschreitenden Schreibens in Europa und Amerika*. Weilerswist: Velbrück Wissenschaft, 2001.
Ette, Ottmar. *ZwischenWeltenSchreiben*. Berlin: Kulturverlag Kadmos, 2005.
Ette, Ottmar. *Alexander von Humboldt und die Globalisierung: Das Mobile des Wissens*. Frankfurt a. M.: Insel Verlag, 2009.
Ette, Ottmar. *TransArea: Eine literarische Globalisierungsgeschichte*. Berlin und Boston: De Gruyter, 2012.
Everett, Wendy, und Axel Goodbody (Hrsg.). *Revisiting Space: Space and Place in European Cinema*. Frankfurt a. M.: Lang, 2005.
Faber, Richard, und Barbara Naumann (Hrsg.). *Literatur der Grenze – Theorie der Grenze*. Würzburg: Königshausen & Neumann, 1995.
Falkheimer, Jesper, und Andre Jansson (Hrsg.). *Geographies of Communication: The Spatial Turn in Media Studies*. Göteborg: Nordicom, 2006.
Farinelli, Franco. *Pour une théorie générale de la géographie*. Genf: Departement de Géographie, 1989.
Farinelli, Franco. *La crisi della ragione cartografica*. Turin: Einaudi, 2009.
Featherstone, David. *Resistance, Space and Political Identities: The Making of Counter-Global Networks*. Malden, Oxford und Carlton: Wiley-Blackwell, 2008.
Featherstone, David, und Scott Lash (Hrsg.). *Spaces of Culture: City, Nation, World*. London, Thousand Oaks und New Delhi: Sage, 1998.
Fecht, Thomas, und Dietmar Kamper (Hrsg.). *Umzug ins Offene: Vier Versuche über den Raum*. Wien und New York: Springer, 2000.
Feiner, Sabine (Hrsg.). *Raumdeutungen: Ein interdisziplinärer Blick auf das Phänomen Raum*. Hamburg, Berlin, Wien und London: Lit, 2001.
Feld, Steven, und Keith H. Basso (Hrsg.). *Senses of Place*. Santa Fe: School of American Research Press, 1996.
Feldtkeller, Christoph, und Benjamin Wihstutz (Hrsg.). *Politik des Raumes: Theater und Topologie*. München: Fink, 2010.
Felsch, Philipp. *Laborlandschaften: Physiologische Alpenreisen im 19. Jahrhundert*. Göttingen: Wallstein, 2007.
Ferré, André. *Géographie de Marcel Proust*. Paris: Le Sagittaire, 1939.
Field, Judith V. *The Invention of Infinity: Mathematics and Art in the Renaissance*. Oxford: Oxford University Press, 1997.
Fischer-Lichte, Erika, Christian Horn, Sandra Umathum und Matthias Warstat (Hrsg.). *Ritualität und Grenze*. Tübingen und Basel: Francke, 2003.
Fisher, Jaimey, und Barbara Caroline Mennel (Hrsg.). *Spatial Turns: Space, Place, and Mobility in German Literary and Visual Culture*. Amsterdam: Rodopi, 2010.

Fletcher, Angus. *Time, Space, and Motion in the Age of Shakespeare*. Cambridge, MA: Harvard University Press, 2007.
Fludernik, Monika, und Hans-Joachim Gehrke (Hrsg.). *Grenzgänger zwischen Kulturen*. Würzburg: Ergon, 1999.
Flügge, Matthias, Robert Kudielka und Angela Lammert (Hrsg.). *RAUM: Orte der Kunst*. Nürnberg: Akademie der Künste, 2007.
Flusser, Vilém. *Lob der Oberflächlichkeit: Für eine Phänomenologie der Medien*. Mannheim: Bollmann, 1993.
Flusser, Vilém. *Brasilien oder die Suche nach dem neuen Menschen: Für eine Phänomenologie der Unterentwicklung*. Mannheim: Bollmann, 1994.
Flusser, Vilém. *Von der Freiheit des Migranten: Einsprüche gegen den Nationalismus*. Mannheim: CEP, 2013 [1994].
Fohrmann, Jürgen. *Abenteuer und Bürgertum: Zur Geschichte der deutschen Robinsonaden im 18. Jahrhundert*. Stuttgart: Metzler, 1981.
Forster, Jean-Paul. *Eighteenth-Century Geography and Representations of Space in English Fiction and Poetry*. Bern et al.: Lang, 2013.
Foucault, Michel. *Le corps utopique, les hétérotopies*. Hrsg. von Daniel Defert. Fécamp: Lignes, 2009 [1966] [*Die Heterotopien / Der utopische Körper*. Übers. von Michael Bischoff. Frankfurt a. M.: Suhrkamp, 2005].
Foucault, Michel. „Des espaces autres" [1967]. *Dits et écrits*. 4 Bde. Hrsg. von Daniel Defert und François Ewald. Paris: Seuil, 1994. IV, 752–762. [„Von anderen Räumen". *Raumtheorie: Grundlagentexte aus Philosophie und Kulturwissenschaft*. Hrsg. von Jörg Dünne und Stephan Günzel. Übers. von Ronald Voullié. Frankfurt a. M.: Suhrkamp, 2006. 317–329].
Foucault, Michel. *Surveiller et punir: Naissance de la prison*. Paris: Gallimard, 1975 [*Überwachen und Strafen: Die Geburt des Gefängnisses*. Übers. von Walter Seitter. Frankfurt a. M.: Suhrkamp, 1976].
Foucault, Michel. *Sécurité, territoire, population: Cours au Collège de France (1977–1978)*. Paris: Gallimard, 2004 [*Sicherheit, Territorium, Bevölkerung*. Übers. von Claudia Brede-Konersmann und Jürgen Schröder. Frankfurt a. M.: Suhrkamp, 2004].
Frahm, Laura. *Jenseits des Raums: Zur filmischen Topologie des Urbanen*. Bielefeld: Transcript, 2010.
Frampton, Kenneth, und John Cava. *Studies in Tectonic Culture: The Poetics of Construction in Nineteenth and Twentieth Century Architecture*. Cambridge, MA: MIT Press, 1995.
Francke, Anselm (Hrsg.). *Territories: Islands, Camps and other States of Utopia*. Köln: König, 2003.
François, Étienne, und Hagen Schulze (Hrsg.). *Deutsche Erinnerungsorte*. 3 Bde. München: Beck, 2001.
Frank, Joseph. „Spatial Form in Modern Literature". *The Widening Gyre*. Bloomington, IN: University of Indiana Press, 1968. 3–62.
Frank, Joseph. „Spatial Form: Some Further Reflections". *Critical Inquiry* 5.2 (1978): 275–90.
Frank, Joseph. *The Idea of Spatial Form*. New Brunswick, NJ: Rutgers University Press, 1991.
Frank, Michael C. *Kulturelle Einflussangst: Inszenierungen der Grenze in der Reiseliteratur des 19. Jahrhunderts*. Bielefeld: Transcript, 2006.
Frank, Michael C. et al. (Hrsg.) *Räume. Zeitschrift für Kulturwissenschaft 2*. Bielefeld: Transcript, 2008.
Frank, Susi K., Cornelia Ruhe und Alexander Schmitz (Hrsg.). *Explosion und Peripherie: Jurij Lotmans Semiotik der kulturellen Dynamik revisited*. Bielefeld: Transcript, 2012.

Frank, Susi, und Igor P. Smirnov (Hrsg.). *Zeit – Räume: Neue Tendenzen in der historischen Kulturwissenschaft aus der Perspektive der Slawistik*. Wien: Gesellschaft zur Förderung Slawistischer Studien, 2002.

Franz, Michael, Wolfgang Schäffner, Bernhard Siegert und Robert Stockhammer (Hrsg.). *Electric Laokoon: Zeichen und Medien, von der Lochkarte zur Grammatologie*. Berlin: Akademie-Verlag, 2007.

Franzen, Brigitte, und Stefanie Krebs (Hrsg.). *Landschaftstheorie: Texte der Cultural Landscape Studies*. Köln: König, 2005.

Frers, Lars. *Einhüllende Materialitäten: Eine Phänomenologie des Wahrnehmens und Handelns an Bahnhöfen und Fährterminals*. Bielefeld: Transcript, 2007.

Freyer, Hans. *Die politische Insel: Eine Geschichte der Utopien von Platon bis zur Gegenwart*. Leipzig: Bibliographisches Institut, 1936.

Frick, Werner (Hrsg.). *Orte der Literatur*. Göttingen: Wallstein, 2002.

Friedman, Susan W. *Marc Bloch, Sociology and Geography: Encountering Changing Disciplines*. Cambridge: Cambridge University Press, 1996.

Fuchs, Anna. *Remarks on Deixis*. Heidelberg: J. Groos, 1993.

Funke, Christina, und Martina Löw (Hrsg.). *Raum Zeit – Medialität: Interdisziplinäre Studien zu neuen Kommunikationstechnologien*. Opladen: Leske + Budrich, 2003.

Gansel, Carsten, und Pawel Zimniak (Hrsg.). *Störungen im Raum – Raum der Störungen*. Heidelberg: Winter, 2012.

Ganser, Alexandra. *Roads of Her Own: Gendered Space and Mobility in American Women's Road Narratives, 1970–2000*. Amsterdam: Rodopi, 2009.

García Canclini, Nestor. *Culturas híbridas: Estrategias para entrar y salir de la modernidad*. Mexiko-Stadt: Grijalbo, 1990.

Gardies, André. *L'Espace au cinéma*. Paris: Meridiens-Klincksieck, 1993.

Gehring, Petra. *Innen des Außen – Außen des Innen: Foucault, Derrida, Lyotard*. München: Fink, 1994.

Geisenhanslüke, Achim, und Georg Mein (Hrsg.). *Schriftkultur und Schwellenkunde*. Bielefeld: Transcript, 2008.

Geisler, Eberhard (Hrsg.). *La representación del espacio en la literatura española del Siglo de Oro*. Barcelona: Anthropos, 2013.

Geisthövel, Alexa, und Habbo Knoch (Hrsg.). *Orte der Moderne: Erfahrungswelten des 19. und 20. Jahrhunderts*. Frankfurt a. M.: Campus, 2005.

Gellhaus, Axel. *Schreibengehen: Literatur und Fotografie en passant*. Köln: Böhlau, 2008.

Genette, Gérard. „Espace et langage". *Figures I*. Paris: Seuil, 1966. 101–108.

Genette, Gérard. „La Littérature et l'espace". *Figures II*. Paris: Seuil, 1969. 43–48.

Gennep, Arnold van. *Les Rites de passage*. Paris: Nourry, 1909 [*Übergangsriten*. Übers. von Klaus Schomburg und Sylvia M. Schomburg-Scherff. Frankfurt a. M. und New York: Campus, 1986].

Giedion, Sigfried. *Raum, Zeit, Architektur: Die Entstehung einer neuen Tradition*. Ravensburg: Maier, 1965.

Gießmann, Sebastian. *Die Verbundenheit der Dinge: Eine Kulturgeschichte der Netze und Netzwerke*. Berlin: Kadmos, 2014.

Giles, Paul. *The Global Remapping of American Literature*. Princeton, NJ: Princeton University Press, 2011.

Gillies, John. *Shakespeare and the Geography of Difference*. Cambridge: Cambridge University Press, 1994.

Gilroy, Paul. *The Black Atlantic: Modernity and Double Consciousness.* Cambridge: Cambridge University Press, 1993.
Girtler, Roland. *Abenteuer Grenze: Von Schmugglern und Schmugglerinnen, Ritualen und „heiligen" Räumen.* Wien et al.: Lit, 2006.
Glasze, Georg, und Annika Mattissek (Hrsg.). *Handbuch Diskurs und Raum: Theorien und Methoden für die Humangeographie sowie die sozial- und kulturwissenschaftliche Raumforschung.* Bielefeld: Transcript, 2009.
Glasze, Georg. *Politische Räume: Die diskursive Konstitution eines „geokulturellen Raums" – die Frankophonie.* Bielefeld: Transcript, 2010.
Glauser, Jürg, und Christian Kiening (Hrsg.). *Text – Bild – Karte: Kartographien der Vormoderne.* Freiburg i.Br.: Rombach, 2007.
Glissant, Édouard. *Poétique de la relation.* Paris: Gallimard, 1999.
Glissant, Édouard. *Traité du Tout Monde.* Paris: Gallimard, 1997.
Glotfelty, Cheryll, und Harold Fromm (Hrsg.). *The Ecocriticism Reader: Landmarks in Literary Ecology.* Athens, GA: University of Georgia Press, 1996.
Godlewska, Anne, and Neil Smith. *Geography and Empire.* Oxford: Blackwell, 1994.
Gomel, Elana. *Narrative Space and Time: Representing Impossible Topologies in Literature.* New York: Routledge, 2014.
Görling, Reinhold. *Heterotopia: Lektüren einer interkulturellen Literaturwissenschaft.* München: Fink, 1997.
Gosztonyi, Alexander. *Der Raum: Geschichte seiner Probleme in Philosophie und Wissenschaften.* 2 Bde. Freiburg i.Br. und München: Karl Alber, 1976.
Gottdiener, Mark. *The Social Production of Urban Space.* Austin: University of Texas Press, 1985.
Gouaffo, Albert, Lutz Götze und Hans-Jürgen Lüsebrink. *Discours topographiques et constructions identitaires.* Würzburg: Königshausen & Neumann, 2011.
Grant, Edward. *Much Ado about Nothing: Theories of Space and Vacuum from the Middle Ages to the Scientific Revolution.* Cambridge: Cambridge University Press, 1981.
Green, Keith. „Deixis and the Poetic Persona". *Language and Literature* 1.2 (1992): 121–134.
Green, Keith (Hrsg.). *New Essays in Deixis: Discourse, Narrative, Literature.* Amsterdam: Rodopi, 1995.
Gregory, Derek. *Geographical imaginations.* Cambridge, MA: Blackwell, 1994.
Gregory, Derek. *Explorations in Critical Human Geography.* Heidelberg: Department of Geography, University of Heidelberg, 1998.
Gregory, Derek, und John Urry (Hrsg.). *Social Relations and Spatial Structures.* Basingstoke, Houndsmills und New York: Macmillan, 1985.
Grob, Thomas. *Erzählte Mobilität im östlichen Europa: (Post-)Imperiale Räume zwischen Erfahrung und Imagination.* Tübingen: Francke, 2013.
Groh, Ruth, und Dieter Groh. *Weltbild und Naturaneignung: Zur Kulturgeschichte der Natur.* Frankfurt a. M.: Suhrkamp, 1996.
Gröning, Gert, und Ulfert Herlyn (Hrsg.). *Landschaftswahrnehmung und Landschaftserfahrung: Texte zur Konstitution und Rezeption von Natur als Landschaft.* München: Minerva, 1990.
Großklaus, Götz. *Medien-Zeit, Medien-Raum: Zum Wandel der raumzeitlichen Wahrnehmung in der Moderne.* Frankfurt a. M.: Suhrkamp, 1995.
Großklaus, Götz. *Natur – Raum: Von der Utopie zur Simulation.* München: Iudicium, 1993.
Grosz, Elizabeth. *Space, Time, and Perversion: Essays on the Politics of Bodies.* New York: Routledge, 1995.

Grosz, Elizabeth. *Chaos, Territory, Art: Deleuze and the Framing of the Earth*. New York: Columbia University Press, 2008.
Groys, Boris. *Topologie der Kunst*. München und Wien: Hanser, 2003.
Guattari, Félix. *Les trois écologies*. Paris: Galilée, 1989 [*Die drei Ökologien*. Übers. von Alec A. Schaerer. Wien: Passagen, 2012].
Gugerli, David, und Daniel Speich. *Topografien der Nation: Politik, kartografische Ordnung und Landschaft im 19. Jahrhundert*. Zürich: Chronos Verlag, 2002.
Gunn, Simon, und Robert J. Morris (Hrsg.). *Identities in Space: Contested Terrains in the Western Cities since 1850*. Aldershot: Ashgate, 2001.
Günzel, Stephan. *Geophilosophie: Nietzsches philosophische Geographie*. Berlin: Oldenbourg Akademieverlag, 2001.
Günzel, Stephan (Hrsg.). *Topologie: Zur Raumbeschreibung in den Kultur- und Medienwissenschaften*. Bielefeld: Transcript, 2007.
Günzel, Stephan (Hrsg.). *Raumwissenschaften*. Frankfurt a. M.: Suhrkamp, 2009.
Günzel, Stephan (Hrsg.). *Raum: Ein interdisziplinäres Handbuch*. Stuttgart und Weimar: Metzler, 2010.
Günzel, Stephan (Hrsg.). *Lexikon der Raumphilosophie*. Darmstadt: Wissenschaftliche Buchgesellschaft, 2012.
Günzel, Stephan (Hrsg.). *Texte zur Theorie des Raums*. Stuttgart: Reclam, 2013.
Günzel, Stephan, und Lars Nowak (Hrsg.). *KartenWissen: Territoriale Räume zwischen Bild und Diagramm*. Wiesbaden: Reichert, 2010.
Habermas, Jürgen. *Strukturwandel der Öffentlichkeit: Untersuchungen zu einer Kategorie der bürgerlichen Gesellschaft*. Neuwied: Luchterhand, 1962.
Halbwachs, Maurice. *La topographie légendaire des Évangiles en terre sainte: Étude de mémoire collective*. Paris: Presses universitaires de France, 1941.
Hall, Edward T. *The Hidden Dimension*. Garden City: Doubleday, 1966 [*Die Sprache des Raumes*. Übers. von Hilde Dixon. Düsseldorf: Schwann, 1976].
Haller, Dieter. *Feld, Lokalität, Ort, Territorium: Implikationen der kulturanthropologischen Raumterminologie*. Berlin: WZB, 1994.
Hallet, Wolfgang, und Birgit Neumann (Hrsg.). *Raum und Bewegung in der Literatur: Die Literaturwissenschaften und der Spatial Turn*. Bielefeld: Transcript, 2009.
Hammad, Manar et al. (Hrsg.). *Sémiotique de l'espace*. Paris: Denoël und Gonthier, 1979.
Hard, Gerhard. *Die ‚Landschaft' der Sprache und die ‚Landschaft' der Geographie*. Bonn: Dümmler, 1970.
Hard, Gerhard. *Spuren und Spurenleser: Zur Theorie und Ästhetik des Spurenlesens in der Vegetation und Anderswo*. Osnabrück: Rasch, 1995.
Hard, Gerhard. *Landschaft und Raum*. Osnabrück: Rasch, 2002.
Hard, Gerhard. *Dimensionen geographischen Denkens*. Göttingen: V & R Unipress, 2003.
Hardt, Michael, und Toni Negri. *Multitude: War and Democracy in the Age of Empire*. New York: Penguin, 2004 [*Multitude: Krieg und Demokratie im Empire*. Übers. von Thomas Atzert. Frankfurt a. M. und New York: Campus, 2004].
Harley, J. B., und Paul Laxton. *The New Nature of Maps: Essays in the History of Cartography*. Baltimore, MD: The Johns Hopkins University Press, 2001.
Harley, John B., und David Woodward (Hrsg.). *The History of Cartography*. 6 Bde. Chicago: Chicago University Press, 1987 ff.
Hartle, Johan Frederik. *Der geöffnete Raum: Zur Politik der ästhetischen Form*. München: Fink, 2006.

Hartog, François. *Le miroir d'Hérodote: Essai sur la représentation de l'autre*. Paris: Gallimard, 1980.
Harvey, David. *Spaces of Hope*. Berkeley, CA: University of California Press, 2000.
Harvey, David. *Spaces of Neoliberalization*. Stuttgart. Steiner, 2005. [*Räume der Neoliberalisierung: Theorie der ungleichen Entwicklung*. Übers. von Jürgen Pelzer. Hamburg: VSA, 2007].
Haß, Ulrike. *Das Drama des Sehens: Auge, Blick und Bühnenform*. München: Fink, 2005.
Hassauer, Friederike. *Santiago: Schrift – Körper – Raum – Reise. Eine medienhistorische Rekonstruktion*. München: Fink, 1993.
Hasse, Jürgen. *Heimat und Landschaft. Über Gartenzwerge, Center Parcs und andere Ästhetisierungen*. Wien: Passagen, 1993.
Hasse, Jürgen. *Übersehene Räume: Zur Kulturgeschichte und Heterotopologie des Parkhauses*. Bielefeld: Transcript, 2007.
Hauser-Schäublin, Brigitta, und Michael Dickhardt (Hrsg.). *Kulturelle Räume – räumliche Kultur: Zur Neubestimmung des Verhältnisses zweier fundamentaler Kategorien menschlicher Praxis*. Münster und Hamburg: Lit, 2003.
Häußermann, Hartmut et al. (Hrsg.). *Stadt und Raum: Soziologische Analysen*. Pfaffenweiler: Centaurus, 1991.
Haverkamp, Anselm, und Renate Lachmann (Hrsg.). *Gedächtniskunst: Raum – Bild – Schrift. Studien zur Mnemotechnik*. Frankfurt a. M.: Suhrkamp, 1991.
Heidegger, Martin. *Holzwege*. Frankfurt a. M.: Klostermann, 1950.
Heidegger, Martin. *Unterwegs zur Sprache*. Pfullingen: Neske, 1960.
Heidegger, Martin. „Bauen Wohnen Denken". *Bauen Wohnen Denken: Vorträge und Aufsätze. Teil II*. Tübingen: Neske, 1967. 3–36.
Heidegger, Martin. *Die Kunst und der Raum*. St. Gallen: Erker, 1969.
Heidenreich, Elisabeth. *Fließräume: Die Vernetzung von Natur, Raum und Gesellschaft seit dem 19. Jahrhundert*. Frankfurt a. M. und New York: Campus, 2004.
Heise, Ursula K. *Sense of Place and Sense of Planet: The Environmental Imagination of the Global*. Oxford: Oxford University Press, 2008.
Heise, Ursula K. „Ecocriticism". *Literatur und Wissen: Ein interdisziplinäres Handbuch*. Hrsg. von Roland Borgards *et al*. Stuttgart und Weimar: Metzler, 2013. 223–228.
Henckel, Dietrich, und Matthias Ebeling (Hrsg.). *Raumzeitpolitik*. Opladen: Leske + Budrich, 2002.
Henderson, Linda D. *The Fourth Dimension and Non-Euclidean Geometry in Modern Art*. Princeton, NJ: Princeton University Press, 1983.
Hennigfeld, Ursula (Hrsg.). *Nicht nur Paris: Metropolitane und urbane Räume in der französischen Literatur der Gegenwart*. Bielefeld: Transcript, 2012.
Hentschel, Linda. *Pornotopische Techniken des Betrachtens: Raumwahrnehmung und Geschlechterordnung in visuellen Apparaten der Moderne*. Marburg: Jonas, 2001.
Herman, Vimala. „Deixis and Space in Drama". *Social Semiotics* 7.3 (1997): 269–283.
Herrmann, Max. „Das theatralische Raumerlebnis" [1931]. *Raumtheorie: Grundlagentexte aus Philosophie und Kulturwissenschaften*. Hrsg. von Jörg Dünne und Stephan Günzel. Frankfurt a. M.: Suhrkamp, 2006. 501–513.
Herskovits, Annette. *Language and Spatial Cognition: An Interdisciplinary Study of the Prepositions in English*. Cambridge: Cambridge University Press, 1986.

Hertrampf, Marina Ortrud (Hrsg.). *Die (Neu)Vermessung romantischer Räume: Raumkonzepte der französischen Romantik vor dem Hintergrund des spatial turn*. Berlin: Frank & Timme, 2013.
Hess, Gerhard. *Die Landschaft in Baudelaires „Fleurs du Mal"*. Heidelberg: Winter, 1953.
Hessler, Martina. *Die kreative Stadt: Zur Neuerfindung eines Topos*. Bielefeld: Transcript, 2007.
Hess-Lüttich, Ernest W. B., Jürgen E. Müller und Aart van Zoest (Hrsg.). *Signs & Space: An International Conference on the Semiotics of Space and Culture*. Tübingen: Narr, 1998.
Heuner, Ulf (Hrsg.). *Klassische Texte zum Raum*. Berlin: Parodos, 2006.
Hillier, Bill. *The Social Logic of Space*. Cambridge: Cambridge University Press, 1984.
Hodges, Elisabeth. *Urban Poetics in the French Renaissance*. Aldershot: Ashgate, 2008.
Hoffmann, Gerhard. *Raum, Situation, erzählte Wirklichkeit*. Stuttgart: Metzler, 1978.
Hofmann, Franck, Jens E. Sennewald und Stavros Lazaris (Hrsg.). *Raum Dynamik: Beiträge zu einer Praxis des Raums*. Bielefeld: Transcript, 2004.
Höge, Helmut. *Pollerforschung*. Hrsg. von Philipp Goll. Siegen: Universität Siegen, 2010.
Holenstein, Elmar. *Philosophie-Atlas: Orte und Wege des Denkens*. Zürich: Ammann, 2004.
Holert, Tom, und Mark Terkessidis. *Fliehkraft: Gesellschaft in Bewegung – Von Migranten und Touristen*. Köln: Kiepenheuer & Witsch, 2006.
Hölter, Achim, Volker Pantenburg und Susanne Stemmler (Hrsg.). *Metropolen im Maßstab: Der Stadtplan als Matrix des Erzählens in Literatur, Film und Kunst*. Bielefeld: Transcript, 2009.
Honold, Alexander. *Die Stadt und der Krieg: Raum- und Zeitkonstruktion in Robert Musils Roman Der Mann ohne Eigenschaften*. München: Fink, 1998.
Hooks, Bell. *Belonging: A Culture of Place*. New York: Routledge, 2009.
Horden, Peregrine, und Nicholas Purcell. *The Corrupting Sea: A Study of Mediterranean History*. Oxford: Blackwell, 2000.
Howes, Laura L. (Hrsg.). *Place, Space, and Landscape in Medieval Narrative*. Knoxville, TN: University of Tennessee Press, 2007.
Huang, Yunte. *Transpacific Imaginations: History, Literature, Counterpoetics*. Cambridge, MA: Harvard University Press, 2008.
Hubbard, Phil, Rob Kitchin und Gill Valentine (Hrsg.). *Key Thinkers on Space and Place*. London: Sage, 2004.
Huber, Joachim. *Urbane Topologie: Architektur der randlosen Stadt*. Weimar: Bauhaus-Universität, 2002.
Huber, Martin, und Christine Lubkoll (Hrsg.). *Literarische Räume: Architekturen, Ordnungen, Medien*. Berlin: Akademie-Verlag, 2012.
Hulme, Peter. *Colonial Encounters: Europe and the Native Caribbean, 1492–1797*. London: Routledge, 1992.
Husserl, Edmund. *Ding und Raum. Vorlesungen 1907*. Hamburg: Meiner, 1991.
Ingold, Tim. *The Perception of the Environment: Essays on Livelihood, Dwelling & Skill*. London: Routledge, 2000.
Ingold, Tim. *Lines: A Brief History*. London: Routledge, 2007.
Innis, Harold A. *The Bias of Communication*. Toronto: University of Toronto Press, 2008 [1951] [*Kreuzwege der Kommunikation*. Übers. von Friederike von Schwerin-High. Wien und New York: Springer, 1997].
Ipsen, Detlev. *Raumbilder: Kultur und Ökonomie räumlicher Entwicklung*. Pfaffenweiler: Centaurus, 1997.
Ipsen, Detlev. *Ort und Landschaft*. Wiesbaden: VS Verlag für Sozialwissenschaften, 2006.
Issacharoff, Michael. „Space and Reference in Drama". *Poetics Today* 2.3 (1981): 211–224.

Italiano, Federico. *Tra miele e pietra: Aspetti di geopoetica in Montale e Celan*. Mailand: Mimesis, 2009.
Italiano, Federico, und Marco Mastronunzio (Hrsg.). *Geopoetiche: Studi di geografia e letteratura*. Mailand: Unicopli, 2011.
Jackson, John Brinckerhoff. *Discovering the Vernacular Landscape*. New Haven, CT: Yale University Press, 1984.
Jackson, Peter. *Maps of Meaning*. London: Hyman, 1989.
Jacob, Christian. *L'Empire des cartes*. Paris: Albin Michel, 1992.
Jacob, Christian (Hrsg.). *Lieux de savoir*. 3 Bde. Paris: Albin Michel, 2007 ff.
Jahn, Bernhard. *Raumkonzepte in der Frühen Neuzeit: Zur Konstruktion von Wirklichkeit in Pilgerberichten, Amerikareisebeschreibungen und Prosaerzählungen*. Frankfurt a. M.: Lang, 1993.
James-Chakraborty, Kathleen, und Sabine Strümper-Krobb (Hrsg.). *Crossing Borders Space Beyond Disciplines*. Oxford: Lang, 2011.
Jameson, Fredric. *The Geopolitical Aesthetic: Cinema and Space in the World System*. Indianapolis und London: Indiana University Press und British Film Institute, 1992.
Jameson, Fredric. *Archaeologies of the Future: The Desire Called Utopia and Other Science Fictions*. London: Verso, 2005.
Jammer, Max. *Das Problem des Raumes: Die Entwicklung der Raumtheorien*. Darmstadt: Wissenschaftliche Buchgesellschaft, 1980 [1954].
Jarvella, Robert J. (Hrsg.). *Speech, Place and Action: Studies in Deixis and Related Topics*. Chichester: Wiley, 1982.
Jenkin, Michael R. M., und Laurence R. Harris (Hrsg.). *Seeing Spatial Form*. Oxford: Oxford University Press, 2006.
Jöchner, Cornelia (Hrsg.). *Politische Räume: Stadt und Land in der Frühneuzeit*. Berlin: Akademie-Verlag, 2003.
Jöchner, Cornelia (Hrsg.). *Räume der Stadt: Von der Antike bis heute*. Berlin: Reimer, 2008.
Johannsen, Anja K. *Kisten, Krypten, Labyrinthe: Raumfigurationen in der Gegenwartsliteratur. W. G. Sebald, Anne Duden, Herta Müller*. Bielefeld: Transcript, 2008.
Jones, Elizabeth H. *Spaces of Belonging: Home, Culture, and Identity in 20th-Century French Autobiography*. Amsterdam: Rodopi, 2007.
Jong, Irene J. F. de (Hrsg.). *Space in Ancient Greek Literature*. Leiden: Brill, 2012.
Jongen, Marc (Hrsg.). *Philosophie des Raums: Standortbestimmungen ästhetischer und politischer Theorie*. München: Fink, 2010.
Jureit, Ulrike. *Das Ordnen von Räumen: Territorium und Lebensraum im 19. und 20. Jahrhundert*. Hamburg: Hamburger Edition, 2012.
Jurt, Joseph. *Das literarische Feld: Das Konzept Pierre Bourdieus in Theorie und Praxis*. Darmstadt: Wissenschaftliche Buchgesellschaft, 1995.
Kamper, Dietmar. *Körper-Abstraktionen: Das anthropologische Viereck von Raum, Fläche, Linie, Punkt*. Köln: König und Walther, 1999.
Kaschuba, Wolfgang. *Die Überwindung der Distanz: Zeit und Raum in der europäischen Moderne*. Frankfurt a. M.: Fischer, 2004.
Kasper, Judith. „L'espace traumatisé". *Trauma et texte*. Hrsg. von Peter Kuon. Frankfurt a. M., Berlin und Bern: Lang, 2008. 59–68.
Kath, Roxana, und Anna-Katharina Rieger (Hrsg.). *Raum, Landschaft, Territorium: Zur Konstruktion physischer Räume als nomadischer und sesshafter Lebensraum*. Wiesbaden: Reichert, 2009.

Kaufmann, Stefan (Hrsg.). *Ordnungen der Landschaft: Natur und Raum technisch und symbolisch entwerfen*. Würzburg: Ergon, 2002.
Kaufmann, Thomas und Elizabeth Pilliod (Hrsg.). *Time and Place: The Geohistory of Art*. Aldershot: Ashgate, 2005.
Keith, Michael, und Steve Pile (Hrsg.). *Place and the Politics of Identity*. London: Routledge, 1993.
Kemp, Wolfgang. *Die Räume der Maler: Zur Bilderzählung seit Giotto*. München: C. H. Beck, 1996.
Kern, Stephen. *The Culture of Time and Space, 1880–1918*. Cambridge, MA: Harvard University Press, 1983.
Kessl, Fabian, Susanne Maurer und Oliver Frey (Hrsg.). *Handbuch Sozialraum*. Wiesbaden: Verlag für Sozialwissenschaft, 2005.
Kestner, Joseph A. *The Spatiality of the Novel*. Detroit, MI: Wayne State University Press, 1978.
Kiening, Christian, und Martina Stercken (Hrsg.). *SchriftRäume: Dimensionen der Schrift zwischen Mittelalter und Moderne*. Zürich: Chronos, 2008.
Kirby, Kathleen M. *Indifferent Boundaries: Spatial Concepts of Human Subjectivity*. New York: Guilford, 1996.
Kirchmann, Kay. *Licht-Räume – Licht-Zeiten: Das Licht als symbolische Funktion im Theater der Neuzeit*. Siegen: Universität Siegen, 2000.
Kitchin, Rob, und Scott Freundschuh (Hrsg.). *Cognitive Mapping: Past, Present and Future*. London und New York: Routledge, 2000.
Klein, Bernhard. *Maps and the Writing of Space in Early Modern England and Ireland*. Basingstoke: Palgrave Macmillan, 2001.
Klein, Wolfgang, und Konstanze Jungbluth (Hrsg.). *Thematic issue on Deixis*. Zeitschrift für Literaturwissenschaft und Linguistik 125 (2002).
Klose, Alexander. *Das Container-Prinzip: Wie eine Box unser Denken verändert*. Hamburg: Mare, 2009.
Klotz, Volker. *Die erzählte Stadt: Ein Sujet als Herausforderung des Romans von Lesage bis Döblin*. München: Hanser, 1969.
Knebusch, Julien. *Poésie planétaire: L'ouverture au(x) monde(s) dans la poésie française au début du XXe siècle*. Paris: Presses universitaires de la Sorbonne nouvelle, 2013.
Koch, Andreas. *Dynamische Kommunikationsräume: Ein systemtheoretischer Raumentwurf*. Münster und Hamburg: Lit, 2005.
Kohl, Stephan (Hrsg.). *Literature and New Cultural Geography*. Anglia 126.2 (2008).
Konnefke, Silke. *Theater-Raum: Visionen und Projekte von Theaterleuten und Architekten zum anderen Aufführungsort 1900–1980*. Berlin: Reimer, 1999.
Korbel, Leonhard. *Zeit und Raum im Computerspiel: Ein narratologischer Ansatz*. München: Akademische Verlagsgemeinschaft, 2009.
Korinman, Michel. *Quand l'Allemagne pensait le monde: Grandeur et décadence d'une géopolitique*. Paris: Fayard, 1990.
Koschorke, Albrecht. *Die Geschichte des Horizonts: Grenze und Grenzüberschreitung in literarischen Landschaftsbildern*. Frankfurt a. M.: Suhrkamp, 1990.
Koselleck, Reinhart. *Zeitschichten: Studien zur Historik*. Frankfurt a. M.: Suhrkamp, 2000.
Kost, Klaus. *Die Einflüsse der Geopolitik auf Forschung und Theorie der Politischen Geographie von ihren Anfängen bis 1945: Ein Beitrag zur Wissensgeschichte der Politischen Geographie und ihrer Terminologie unter besonderer Berücksichtigung von Militär- und Kolonialgeographie*. Bonn: Dümmlers, 1988.

Köster, Ingo, und Kai Schubert (Hrsg.). *Medien und Raum und Zeit: Maßverhältnisse des Medialen*. Bielefeld: Transcript, 2009.

Köster, Werner. *Die Rede über den ‚Raum': Zur semantischen Karriere eines deutschen Konzepts*. Heidelberg: Synchron Verlag, 2002.

Koyré, Alexandre. *From the Closed World to the Infinite Universe*. Baltimore, MD: The Johns Hopkins University Press, 1957 [*Von der geschlossenen Welt zum unendlichen Universum*. Übers. von Rolf Dornbacher. Frankfurt a. M.: Suhrkamp, 1980].

Krajewski, Markus. *Restlosigkeit: Weltprojekte um 1900*. Frankfurt a. M.: Fischer, 2006.

Krapp, Holger, und Thomas Wägenbaur (Hrsg.). *Künstliche Paradiese – Virtuelle Realitäten: Künstliche Räume in Literatur-, Sozial- und Naturwissenschaften*. München: Fink, 1997.

Kratzert, Thomas. *Die Entdeckung des Raums: Vom hesiodischen „chaos" zur platonischen „chora"*. Amsterdam und Philadelphia: Benjamins, 1998.

Krausse, Joachim. *Gebaute Weltbilder: Von Boullée bis Buckminster Fuller*. Aachen: Arch+, 1993.

Kröncke, Meike, Kirstin Mey und Yvonne Spielmann (Hrsg.). *Kultureller Umbau: Räume, Identitäten und Re-Präsentationen*. Bielefeld: Transcript, 2007.

Krusche, Dietrich. *Zeigen im Text: Anschauliche Orientierung in literarischen Modellen von Welt*. Würzburg: Königshausen & Neumann, 2001.

Kugler, Hartmut, Sonja Glauch, Susanne Köbele und Uta Störmer-Caysa (Hrsg.). *Projektion, Reflexion, Ferne: Räumliche Vorstellungen und Denkfiguren im Mittelalter*. Berlin: De Gruyter, 2011.

Kundert, Ursula, Barbara Schmid und Regula Schmid (Hrsg.). *Ausmessen – Darstellen – Inszenieren: Raumkonzepte und die Wiedergabe von Räumen in Mittelalter und früher Neuzeit*. Zürich: Chronos, 2007.

Lacan, Jacques. „La topique de l'imaginaire". *Les écrits techniques de Freud: Séminaire I* [1953/1954]. Hrsg. von Jacques-Alain Miller, Paris: Seuil, 1975. 87–103 [„Die Topik des Imaginären". *Freuds technische Schriften. Das Seminar I*. Übers. von Werner Hamacher. Weinheim und Berlin: Quadriga, 1986. 97–116].

Lammert, Angela (Hrsg.). *Räume der Zeichnung*. Berlin und Nürnberg: Akademie der Künste, 2007.

Lamping, Dieter. *Über Grenzen: Eine literarische Topographie*. Göttingen: Vandenhoeck & Ruprecht, 2001.

Lange, Attie De. *Literary Landscapes: From Modernism to Postcolonialism*. Basingstoke: Palgrave Macmillan, 2008.

Lange, Carsten. *Architekturen der Psyche: Raumdarstellung in der Literatur der Romantik*. Würzburg: Königshausen & Neumann, 2007.

Lange, Sigrid (Hrsg.). *Raumkonstruktionen in der Moderne: Kultur – Literatur – Film*. Bielefeld: Aisthesis, 2001.

Larsen, Jonas, John Urry und K. W. Axhausen. *Mobilities, Networks, Geographies*. Aldershot: Ashgate, 2006.

Lash, Scott, und John Urry. *Economies of Signs and Space*. London, Thousand Oaks und New Delhi: Sage, 1994.

Latour, Bruno. „Drawing Things Together". *Representation in Scientific Practice*. Hrsg. von Michael Lynch und Steve Woolgar. Cambridge: Cambridge University Press, 1990. 19–68.

Latour, Bruno. *Facing Gaia* [Gifford Lectures, Edinburgh 2013] http://www.brunot.latour.fr/node/487 (19. Dezember 2014)

Law, John, und Annemarie Mol. „Situating Technoscience: An Inquiry Into Spatialities". *Environment and Planning D: Society and Space* 19.5 (2001): 609–621.

Lay Brander, Miriam. *Raum-Zeiten im Umbruch: Erzählen und Zeigen im Sevilla der Frühen Neuzeit*. Bielefeld: Transcript, 2011.

Lefebvre, Henri. *Le Droit à la ville*. Paris: Anthropos, 1968.

Lefebvre, Henri. *La Révolution urbaine*. Paris: Gallimard, 1968 [*Die Revolution der Städte*. Übers. von Ulrike Roeckl. München: List, 1972].

Lefebvre, Henri. *La production de l'espace*. Paris: Anthropos, 1974 [„Die Produktion des Raums" (Auszug)". *Raumtheorie: Grundlagentexte aus Philosophie und Kulturwissenschaften*. Hrsg. von Jörg Dünne und Stephan Günzel. Übers. von Jörg Dünne. Frankfurt a. M.: Suhrkamp, 2006. 330–342].

LeGates, Richard T., und Frederic Stout (Hrsg.). *The City Reader*. London: Routledge, 2007.

Lehmann, Annette Jael, und Philip Ursprung. *Bild und Raum: Klassische Texte zu spatial turn und visual culture*. Bielefeld: Transcript, 2010.

Lehnert, Gertrud (Hrsg.). *Raum und Gefühl: Der Spatial turn und die neue Emotionsforschung*. Bielefeld: Transcript, 2010.

Lehnert, Gertrud, und Stephanie Siewert (Hrsg.). *Spaces of Desire – Spaces of Transition: Space and Emotions in Modern Literature*. Frankfurt a. M.: Lang, 2011.

Lenz, Friedrich. *Deictic Conceptualisation of Space, Time, and Person*. Amsterdam: Benjamins, 2003.

Leroi-Gourhan, André. *Le Geste et la parole*. 2 Bde. Paris: Albin Michel, 1964–1965 [*Hand und Wort. Die Evolution von Technik, Sprache und Kunst*. Übers. von Michael Bischoff. Frankfurt a. M.: Suhrkamp, 1980].

Lessing, Gotthold Ephraim. *Laokoon oder Über die Grenzen der Malerei und Poesie*. Stuttgart: Reclam, 2012 [1766].

Lestringant, Frank. *L'atelier du cosmographe ou l'image du monde à la Renaissance*. Paris: Albin Michel, 1991.

Lestringant, Frank. *Le Livre des îles: Atlas et récits insulaires de la Genèse à Jules Verne*. Genf: Droz, 2002.

Lestringant, Frank. *Die Erfindung des Raums: Kartographie, Fiktion und Alterität in der Literatur der Renaissance. Erfurter Mercator-Vorlesungen*. Hrsg. von Jörg Dünne. Bielefeld: Transcript, 2012.

Levinson, Stephen C. *Pragmatics*. Cambridge: Cambridge University Press, 1983.

Levinson, Stephen C. *Space in Language and Cognition*. Cambridge: Cambridge University Press, 2003.

Levinson, Stephen C., und David P. Wilkins (Hrsg.). *Grammars of Space: Explorations in Cognitive Diversity*. Cambridge: Cambridge University Press, 2006.

Lévi-Strauss, Claude. *Tristes tropiques*. Paris: Plon, 1955 [*Traurige Tropen*. Übers. von Eva Moldenhauer. Frankfurt a. M.: Suhrkamp, 1978].

Lévy, Clément. *Territoires postmodernes: Géocritique de Calvino, Echenoz, Pynchon et Ransmayr*. Rennes: Presses universitaires de Rennes, 2014.

Lévy, Jacques. *Le tournant géographique: Penser l'espace pour lire le monde*. Paris: Belin, 1998.

Lewin, Kurt. *Grundzüge der topologischen Psychologie*. Bern und Stuttgart: Huber, 1969 [1936].

Light, Andrew (Hrsg.) *Space, Place and Environmental Ethics*. Lanham und Oxford: Rowman & Littlefield, 1997.

Light, Andrew (Hrsg.). *Philosophies of Place*. Lanham und Oxford: Rowman & Littlefield, 1998.

Light, Andrew (Hrsg.). *The Production of Public Space*. Lanham und Oxford: Rowman & Littlefield, 1998.
Lindberg, David C. *Theories of Vision from al-Kindi to Kepler*. Chicago: University of Chicago Press, 1976.
Lippuner, Ronald. *Raum – Systeme – Praktiken: Zum Verhältnis von Alltag, Wissenschaft und Geographie*. Stuttgart: Steiner, 2005.
Livingstone, David N. *Putting Science in Its Place: Geographies of Scientific Knowledge*. Chicago: University of Chicago Press, 2003.
Livingstone, David N. *Science, Space and Hermeneutics*. Stuttgart: Steiner, 2002.
Lobsien, Eckhard. *Landschaft in Texten: Zu Geschichte und Phänomenologie der literarischen Beschreibung*. Stuttgart: Metzler, 1981.
Lossau, Julia. *Die Politik der Verortung: Eine postkoloniale Reise zu einer anderen Geographie der Welt*. Bielefeld: Transcript, 2002.
Lossau, Julia, und Michael Flitner (Hrsg.). *Themenorte*. Münster: Lit, 2005.
Lotman, Jurij M. „Problema chudožestvennogo prostranstva v proze Gogol'ja". *Trudy po russkoj slavjanskoj filologij* 11 (1968): 5–50 [„Das Problem des künstlerischen Raums in Gogol's Prosa" [1968]. *Aufsätze zur Theorie und Methodologie der Literatur und Kultur*. Hrsg. von Karl Eimermacher. Übers. von Karl Eimermacher et al. Kronberg/Ts.: Scriptor, 1974. 200–271].
Lotman, Jurij M. „O metajazyke tipologičeskich opisanij kul'tury". *Trudy po znakovym sistemam* 4 (1969): 460–478 [„Zur Metasprache typologischer Kultur-Beschreibungen". *Aufsätze zur Theorie und Methodologie der Literatur und Kultur*. Hrsg. von Karl Eimermacher. Übers. von Karl Eimermacher et al. Kronberg/Ts.: Scriptor, 1974. 338–377].
Lotman, Jurij M. *Struktura chudožestvennogo teksta*. Moskau: Iskusstvo, 1970 [*Die Struktur literarischer Texte*. Übers. von Rolf-Dietrich Keil. München: Fink, 1993].
Lotman, Yuri M. *Universe of the Mind: A Semiotic Theory of Culture*. Übers. von Ann Shukman. London und New York: Tauris, 2001 [1990]. [*Die Innenwelt des Denkens: Eine semiotische Theorie der Kultur*. Hrsg. von Susi K. Frank, Cornelia Ruhe und Alexander Schmitz. Übers. von Gabriele Leupold und Olga Radetzkaja. Berlin: Suhrkamp, 2010].
Lotman, Jurij. *Kul'tura i vzryv*. Moskau: Gnozis, 1992 [*Kultur und Explosion*. Hrsg. von Susi K. Frank, Cornelia Ruhe und Alexander Schmitz. Übers. von Dorothea Trottenberg. Berlin: Suhrkamp, 2010].
Löw, Martina. *Raumsoziologie*. Frankfurt a. M.: Suhrkamp, 2001.
Low, Setha M., und Denise Lawrence-Zuniga (Hrsg.). *The Anthropology of Space and Place: Locating Culture*. Malden, Oxford and Carlton: Blackwell, 2003.
Luchanan, Ian, und Gregg Lambert (Hrsg.). *Deleuze and Space*. Edinburgh: Edinburgh University Press, 2005.
Lynch, Kevin. *The Image of the City*. Cambridge: MIT Press, 1960.
Mahler, Andreas. „Welt Modell Theater: Sujetbildung und Sujetwandel im englischen Drama der Frühen Neuzeit". *Poetica* 30 (1998): 1–45.
Mahler, Andreas (Hrsg.) *Stadt-Bilder: Allegorie – Mimesis – Imagination*. Heidelberg: Winter, 1999.
Majid, Shahn (Hrsg.). *On Space and Time*. Cambridge: Cambridge University Press, 2008.
Malpas, Jeff. *Place and Experience: A Philosophical Topography*. Cambridge: Cambridge University Press, 1999.

Mandelbrot, Benoit B. *The Fractal Geometry of Nature*. San Francisco, CA: Freeman, 1982 [*Die fraktale Geometrie der Natur*. Übers. von Reinhild Ulrich Zähle. Berlin: Akademie-Verlag, 1987].
Manzanas Calvo, Ana Ma und Jesús Benito Sánchez (Hrsg.). *Cities, Borders, and Spaces in Intercultural American Literature and Film*. New York: Routledge, 2011.
Maresch, Rudolf, und Niels Werber (Hrsg.). *Raum – Wissen – Macht*. Frankfurt a. M.: Suhrkamp, 2002.
Marin, Louis. *Utopiques: Jeux d'espaces*. Paris: Éditions de Minuit, 1973.
Marszałek, Magdalena, und Sylvia Sasse (Hrsg.). *Geopoetiken: Geographische Entwürfe in den mittel- und osteuropäischen Literaturen*. Berlin: Kadmos, 2010.
Massey, Doreen. *Spatial Divisions of Labour: Social Structures and the Geography of Production*. London: Macmillan, 1984.
Massey, Doreen. *Space, Place, and Gender*. Minneapolis, MN: University of Minnesota Press, 1994.
Massey, Doreen, und Pat Jess (Hrsg.). *A Place in the World?: Places, Cultures and Globalization*. Oxford: Oxford University Press, 1995.
Massey, Doreen B. *Power-Geometries and the Politics of Space-Time*. Heidelberg: Department of Geography, University of Heidelberg, 1999.
Massey, Doreen B. *For Space*. London: Sage, 2005.
Matzat, Wolfgang (Hrsg.). *Espacios y discursos en la novela española: Del realismo a la actualidad*. Madrid: Iberoamericana, 2007.
McAuley, Gay. *Space in Performance: Making Meaning in the Theatre*. Ann Arbor, MI: University of Michigan Press, 1999.
McKittrick, Katherine, und Clyde Woods (Hrsg.). *Black Geographies and the Politics of Place*. Toronto und Cambridge: Between the Lines, 2007.
McLuhan, Marshall, and Harley Parker. *Through the Vanishing Point: Space in Poetry and Painting*. New York: Harper & Row, 1968.
McLuhan, Marshall, und Bruce P. Powers. *The Global Village: Transformations in World Life and Media in the 21st Century*. New York: Oxford University Press, 1989 [*The Global Village. Der Weg der Mediengesellschaft in das 21. Jahrhundert*. Übers. von Claus-Peter Leonhardt. Paderborn: Junfermann, 1995].
McQuire, Scott. *Visions of Modernity: Representation, Memory, Time and Space in the Age of the Camera*. London: Sage, 1998.
Mehigan, Tim, und Alan Corkhill (Hrsg.). *Raumlektüren: Der spatial turn und die Literatur der Moderne*. Bielefeld: Transcript, 2013.
Merleau-Ponty, Maurice. *Le Visible et l'invisible*. Paris: Gallimard, 1964 [*Das Sichtbare und das Unsichtbare*. Übers. von Regula Giuliani und Bernhard Waldenfels. München: Fink 1994].
Meurer, Bernd (Hrsg.). *Die Zukunft des Raums*. Frankfurt a. M. und New York: Campus, 1994.
Meurer, Petra. *Theatrale Räume: Theaterästhetische Entwürfe in Stücken von Werner Schwab, Elfriede Jelinek und Peter Handke*. Berlin: Lit, 2007.
Meurer, Ulrich. *Topographien: Raumkonzepte in Literatur und Film der Postmoderne*. München: Fink, 2007.
Meusburger, Peter, Heike Jöns und David N. Livingstone (Hrsg.). *Geographies of Science: Academic Mobility, Knowledge Spaces, and Public Encounter*. Berlin: Springer, 2009.
Meusburger, Peter, Joachim Funke und Edgar Wunder (Hrsg.). *Milieus of Creativity: An Interdisciplinary Approach to Spatiality of Creativity*. Berlin: Springer, 2009.

Mignolo, Walter. *The Darker Side of Renaissance: Literacy, Territoriality, and Colonization*. Ann Arbor, MI: University of Michigan Press, 1995.

Mignolo, Walter. *Local Histories / Global Designs: Coloniality, Subaltern Knowledges, and Border Thinking*. Princeton, NJ: Princeton University Press, 2000.

Miles, Malcolm, Tim Hall und Ian Borden (Hrsg.). *The City Cultures Reader*. London: Routledge, 2004.

Miller, Arthur I. *Einstein, Picasso: Space, Time, and the Beauty that Causes Havoc*. New York: Basic, 2001.

Miller, J. Hillis. *Topographies*. Stanford, CA: Stanford University Press, 1995.

Mills, Sara. *Gender and Colonial Space*. Manchester: Manchester University Press, 2005.

Mitchell, Peta. *Cartographic Strategies of Postmodernity: The Figure of the Map in Contemporary Theory and Fiction*. London: Routledge, 2008.

Mitchell, William J. *Landscape and Power*. Chicago: University of Chicago Press, 1994.

Mitchell, William J. *City of Bits: Space, Place, and the Infobahn*. Cambridge, MA und London: MIT Press, 1995.

Mitterbauer, Helga, und Katharina Scherke (Hrsg.). *Entgrenzte Räume: Kulturelle Transfers um 1900 und in der Gegenwart*. Wien: Passagen, 2005.

Mlodinow, Leonard. *Euclid's Window: The Story of Geometry from Parallel Lines to Hyperspace*. New York: Free Press, 2001.

Monmonier, Mark. *How to Lie with Maps*. Chicago: University of Chicago Press, 1991 [*Eins zu einer Million: Die Tricks und Lügen der Kartographen*. Übers. von Doris Gerstner. Basel, Boston und Berlin: Birkhäuser, 1996].

Monmonier, Mark. *Rhumb Lines and Map Wars: A Social History of the Mercator Projection*. Chicago: University of Chicago Press, 2004.

Moretti, Franco. *Atlas of the European novel: 1800–1900*. London: Verso, 1998 [*Atlas des europäischen Romans. Wo die Literatur spielte*. Übers. von Daniele dell'Agli. Köln: DuMont, 1999].

Moretti, Franco. *Graphs, Maps, Trees: Abstract Models for a Literary History*. London: Verso, 2005 [*Kurven, Karten, Stammbäume: Abstrakte Modelle für die Literaturgeschichte*. Übers. von Florian Kessler. Frankfurt a. M.: Suhrkamp, 2009].

Morley, David, und Kevin Robins. *Spaces of Identity: Global Media, Electronic Landscapes and Cultural Boundaries*. London: Routledge, 1995.

Morris, David. *The Sense of Space*. Albany, NY: State University of New York Press, 2004.

Moser, Christian, und Linda Simonis (Hrsg.). *Figuren des Globalen: Weltbezug und Welterzeugung in Literatur, Kunst und Medien*. Göttingen: V & R Unipress, 2014.

Mukherji, Subha. *Thinking on Thresholds: The Poetics of Transitive Spaces*. London: Anthem Press, 2011.

Müller, Dorit, und Sebastian Scholz (Hrsg.): *Raum Wissen Medien: Zur raumtheoretischen Reformulierung des Medienbegriffs*. Bielefeld: Transcript, 2012.

Müller, Dorit, und Julia Weber (Hrsg.). *Die Räume der Literatur: Exemplarische Zugänge zu Kafkas Erzählung „Der Bau"*. Berlin: De Gruyter, 2013.

Müller, Gesine, und Susanne Stemmler (Hrsg.). *Raum – Bewegung – Passage: Postkoloniale frankophone Literaturen*. Tübingen: Narr, 2009.

Müller, Michael. *Die ausgestellte Stadt: Zur Differenz von Ort und Raum*. Basel, Boston und Berlin: Birkhäuser, 2005.

Müller, Stephan, Lieselotte E. Saurma-Jeltsch und Peter Strohschneider (Hrsg.). *Codex und Raum*. Wiesbaden: Harrassowitz, 2009.

Müller, Werner. *Barocke Raumphantasien: Gebaute Wirklichkeit und konstruierter Schein.* Petersberg: Michael Imhof Verlag, 2004.
Mulsow, Martin, und Marcelo Stamm (Hrsg.). *Konstellationsforschung.* Frankfurt a. M.: Suhrkamp, 2005.
Mumford, Lewis. *The Culture of Cities.* New York: Harcourt, Brace and Co, 1938.
Mumford, Lewis. *The City in History: Its Origins, its Transformations, and its Prospects.* New York: Harcourt, Brace and Co, 1961 [*Die Stadt. Geschichte und Ausblick.* 2 Bde. Übers. von Helmut Lindemann. München: dtv, 1979].
Mundy, Barbara E. *The Mapping of New Spain: Indigenous Cartography and the Maps of the Relaciones Geográficas.* Chicago: University of Chicago Press, 1996.
Murphy, Patrick D. *Ecocritical Explorations in Literary and Cultural Studies: Fences, Boundaries, and Fields.* Lanham, MD: Lexington Books, 2009.
Nast, Heidi J., und Steve Pile (Hrsg.). *Places Through the Body.* London: Routledge, 1998.
Nell, Werner, und Marc Weiland (Hrsg.). *Imaginäre Dörfer: Zur Wiederkehr des Dörflichen in Literatur, Film und Lebenswelt.* Bielefeld: Transcript, 2014.
Nell, Werner, und Steffen Hendel. *Atlas der fiktiven Orte: Utopia, Camelot und Mittelerde.* Mannheim: Meyers, 2012.
Neumann, Sabine (Hrsg.). *Comparing African Spaces.* Köln: Köppe, 1999.
Newcombe, Nora S., und Janellen Huttenlocher. *Making Space: The Development of Spatial Representation and Reasoning.* Cambridge: Cambridge University Press, 2000.
Nitsch, Wolfram. „Mobile Mediatope: Verkehrsmittel als Medien und Milieus in der französischen Literatur der Gegenwart". *Zeitschrift für Medien- und Kulturforschung* 2 (2012): 151–166.
Nitsch, Wolfram. „*Terrain vague*: Zur Poetik des städtischen Zwischenraums in der französischen Moderne". *Comparatio* 5 (2013): 1–18.
Nora, Pierre (Hrsg.). *Les lieux de mémoire.* 7 Bde. Paris: Gallimard, 1984–92 [Auswahl: *Zwischen Geschichte und Gedächtnis.* Übers. von Wolfgang Kaiser. Berlin: Wagenbach, 1990].
O'Doherty, Brian. *Inside the White Cube: The Ideology of the Gallery Space.* Santa Monica, CA: University of California Press, 1986.
Ohanian, Melik, und Jean-Christophe Royoux (Hrsg.). *Cosmograms.* New York: Lukas & Sternberg, 2005.
Olwig, Kenneth. *Landscape, Nature, and the Body Politic: From Britain's Renaissance to America's New World.* Madison, WI: University of Wisconsin Press, 2002.
Ott, Michaela, und Elke Uhl (Hrsg.). *Denken des Raums in Zeiten der Globalisierung.* Münster: Lit, 2006.
Ott, Michaela. „Raum". *Ästhetische Grundbegriffe.* Hrsg. von Karlheinz Barck *et al.* 6 Bde. Stuttgart und Weimar: Metzler, 2003. V, 113–149.
Padron, Ricardo. *The Spacious Word: Cartography, Literature, and Empire in Early Modern Spain.* Chicago: University of Chicago Press, 2004.
Perec, Georges. *Espèces d'espaces.* Paris: Galilée, 2000 [1974].
Pfaffenthaler, Manfred *et al.* (Hrsg.). *Räume und Dinge: Kulturwissenschaftliche Perspektiven.* Bielefeld: Transcript, 2013.
Piatti, Barbara. *Die Geographie der Literatur: Schauplätze, Handlungsräume, Raumphantasien.* Göttingen: Wallstein, 2008.
Pichler, Wolfram, und Ralph Ubl (Hrsg.). *Topologie: Falten, Knoten, Netze, Stülpungen in Kunst und Theorie.* Wien: Turia + Kant, 2009.

Picker, Marion, Véronique Maleval und Florent Gabaude (Hrsg.). *Die Zukunft der Kartographie: Neue und nicht so neue epistemologische Krisen.* Bielefeld: Transcript, 2013.
Pickles, John. *Phenomenology, Science and Geography: Spatiality and the Human Sciences.* Cambridge: Cambridge University Press, 1985.
Pickles, John. *A History of Spaces: Cartographic Reason, Mapping and the Geo-Coded World.* London: Routledge, 2004.
Pile, Steve, und Nigel Thrift (Hrsg.). *Mapping the Subject: Geographies of Cultural Transformation.* London: Routledge, 1995.
Port, Ulrich, und Martin Przybilski (Hrsg.). *Orts-Wechsel: Reale, imaginierte und virtuelle Wissensräume.* Wiesbaden: Reichert, 2014.
Porteous, Douglas J. „Smellscape": *The Smell Culture Reader.* Hrsg. von Jim Drobnick. Oxford: Berg, 2006. 89–106.
Pratt, Mary Louise. „Arts of the contact zone." *Profession* 91 (1991): 33–40.
Pratt, Mary Louise. *Imperial Eyes: Travel Writing and Transculturation.* London: Routledge, 1992.
Preciado, Beatriz. *Pornotopía: Arquitectura y sexualidad en „Playboy" durante la guerra fría.* Barcelona: Anagrama, 2010 [*Pornotopia: Architektur, Sexualität und Multimedia im Playboy.* Übers. von Bettina Engels. Berlin: Wagenbach, 2012].
Prieto, Eric. *Literature, Geography, and the Postmodern Poetics of Place.* New York: Palgrave Macmillan, 2013.
Purves, Alex C. *Space and Time in Ancient Greek Narrative.* New York: Cambridge University Press, 2010.
Rabasa, Jose. *Inventing America: Spanish Historiography and the Formation of Eurocentrism.* Norman, OK: University of Oklahoma Press, 1993.
Rabe, Ana M. *Das Netz der Welt: Ein philosophischer Essay zum Raum von Las Meninas.* München: Fink, 2008.
Raffestin, Claude, Dario Lopreno und Yvan Pasteur. *Géopolitique et Histoire.* Lausanne: Payot, 1995.
Rau, Susanne. *Räume: Konzepte, Wahrnehmungen, Nutzungen.* Frankfurt a. M.: Campus, 2013.
Reichardt, Ulfried (Hrsg.). *Die Vermessung der Globalisierung: Kulturwissenschaftliche Perspektiven.* Heidelberg. Winter, 2008.
Reichardt, Ulfried. *Globalisierung: Literaturen und Kulturen des Globalen.* Berlin: Akademie-Verlag, 2010.
Reichert, Dagmar (Hrsg.). *Räumliches Denken.* Zürich: vdf, 1996.
Reynolds, Nedra. *Geographies of Writing: Inhabiting Places and Encountering Difference.* Carbondale, IL: Southern Illinois University Press, 2004.
Rheinberger, Hans-Jörg, Michael Hagner und Bettina Wahrig-Schmidt (Hrsg.). *Räume des Wissens: Repräsentation, Codierung, Spur.* Berlin: Akademie-Verlag, 1997.
Rheingold, Howard. *Virtual Reality.* London: Secker & Warburg, 1991 [*Virtuelle Welten: Reisen im Cyberspace.* Übers. von Hainer Kober. Reinbek bei Hamburg: Rowohlt, 1992].
Richard, Jean-Pierre. *Terrains de lecture.* Paris: Gallimard, 1996.
Richard, Jean-Pierre. *Paysage de Chateaubriand.* Paris: Seuil, 1967.
Richardson, Nathan E. *Constructing Spain: The Re-Imagination of Space and Place in Fiction and Film, 1953–2003.* Lewisburg: Bucknell University Press, 2012.
Richterich, Annika. *Geomediale Fiktionen: Map Mashups – zur Renaissance der literarischen Kartographie in der digitalen Literatur.* Bielefeld: Transcript, 2014.

Rimpau, Laetitia, und Peter Ihring (Hrsg.). *Raumerfahrung – Raumerfindung: Erzählte Welten des Mittelalters zwischen Orient und Okzident*. Berlin: Akademie-Verlag, 2005.
Risthaus, Peter. *Onto-Topologie: Zur Entäußerung des unverfügbaren Ortes*. Zürich und Berlin: Diaphanes, 2009.
Ritter, Alexander (Hrsg.). *Landschaft und Raum in der Erzählkunst*. Darmstadt: Wissenschaftliche Buchgesellschaft, 1975.
Ritter, Joachim. *Landschaft: Zur Funktion des Ästhetischen in der modernen Gesellschaft*. Münster: Aschendorff, 1963.
Rodatz, Christoph. *Der Schnitt durch den Raum: Atmosphärische Wahrnehmung in und außerhalb von Theaterräumen*. Bielefeld: Transcript, 2010.
Rodaway, Paul. *Sensuous Geographies: Body, Sense, and Place*. London: Routledge, 1994.
Rodriguez, Fermín. *Un desierto para la nación: La escritura del vacío*. Buenos Aires: Eterna Cadencia Editora, 2010.
Roger, Alain. *Court traité du paysage*. Paris: Gallimard, 1997.
Rohmer, Eric. *L'Organisation de l'espace dans le Faust de Murnau*. Paris: 10/18, 1977 [*Murnaus Faustfilm: Analyse und szenisches Protokoll*. Übers. von Frieda Grafe. München: Hanser, 1980].
Romm, James S. *The Edges of the Earth in Ancient Thought: Geography, Exploration, and Fiction*. Princeton: Princeton University Press, 1992.
Rosa, Hartmut. *Beschleunigung: Die Veränderung der Zeitstrukturen in der Moderne*. Frankfurt a. M.: Suhrkamp, 2005.
Rose, Gillian. *Feminism and Geography: The Limits of Geographical Knowledge*. Minneapolis, MN: University of Minnesota Press, 1993.
Roselt, Jens. „Raum". *Metzler Lexikon Theatertheorie*. Hrsg. von Erika Fischer-Lichte, Doris Kolesch und Matthias Warstat. Stuttgart und Weimar: Metzler, 2005. 260–267.
Rosen, Steven M. *Dimensions of Apeiron: A Topological Phenomenology of Space, Time, and Individuation*. Amsterdam: Rodopi, 2004.
Rosen, Steven M. *Topologies of the Flesh: A Multidimensional Exploration of the Lifeworld*. Athens: Ohio University Press, 2006.
Ross, Kirsten. *The Emergence of Social Space: Rimbaud and the Paris Commune*. Minneapolis, MN: University of Minnesota Press, 1988.
Rost, Andreas (Hrsg.). *Zeit, Schnitt, Raum*. Frankfurt a. M.: Verlag der Autoren, 1997.
Ryan, Marie-Laure. „Space". *Handbook of Narratology*. Hrsg. von Peter Hühn et al. Berlin und New York: De Gruyter, 2009. 420–433.
Said, Edward W. „Traveling Theory". *The World, the Text, and the Critic*. Cambridge: Harvard University Press, 1983. 226–247.
Said, Edward W. *Orientalism*. London: Penguin, 2003 [1978] [*Orientalismus*. Übers. von Hans Günter Holl. Berlin, Frankfurt a. M. und Wien: Ullstein, 1981].
Sarlo, Beatriz. *Una modernidad periférica: Buenos Aires 1920 y 1930*. Buenos Aires: Nueva Visión, 1988.
Sassen, Saskia. *The Global City: New York, London, Tokyo*. Princeton: Princeton University Press, 1991.
Schäffner, Wolfgang. „Operationale Topographie: Repräsentationsräume in den Niederlanden um 1600". *Räume des Wissens: Repräsentation, Codierung, Spur*. Hrsg. von Hans-Jörg Rheinberger, Michael Hagner und Bettina Wahrig-Schmidt. Berlin: Akademie-Verlag, 1997. 63–90.

Schellenberger-Diederich, Erika. *Geopoetik: Studien zur Metaphorik des Gesteins in der Lyrik von Hölderlin bis Celan.* Bielefeld: Aisthesis, 2006.
Schivelbusch, Wolfgang. *Geschichte der Eisenbahnreise: Zur Industrialisierung von Raum und Zeit im 19. Jahrhundert.* München und Wien: Hanser, 1977.
Schlögel, Karl. *Im Raume lesen wir die Zeit: Über Zivilisationsgeschichte und Geopolitik.* München: Hanser, 2003.
Schlögl, Rudolf. *Anwesende und Abwesende: Grundriss für eine Gesellschaftsgeschichte der Frühen Neuzeit.* München: Fink, 2014.
Schmeling, Manfred (Hrsg.). *Das Paradigma der Landschaft in Moderne und Postmoderne.* Würzburg: Königshausen & Neumann, 2007.
Schmid, Christian. *Stadt, Raum und Gesellschaft: Henri Lefebvre und die Theorie der Produktion des Raumes.* Stuttgart: Steiner, 2005.
Schmid, Hans. *Fenster zum Tod: Der Raum im Horrorfilm.* München: Belleville, 1993.
Schmidt, Aurel. *Von Raum zu Raum: Versuch über das Reisen.* Berlin: Merve, 1998.
Schmitt, Carl. *Land und Meer: Eine weltgeschichtliche Betrachtung.* Leipzig: Reclam, 1942.
Schmitt, Carl. *Der Nomos der Erde im Völkerrecht des Jus Publicum Europaeum.* Berlin: Duncker & Humblot, 1950.
Schmitt, Carl. *Theorie des Partisanen.* Berlin: Duncker & Humblot, 1963.
Schmitz, Hermann. *Der Leib, der Raum und die Gefühle.* Ostfildern: Sirius, 2007.
Schneider, Ute. *Die Macht der Karten: Eine Geschichte der Kartographie vom Mittelalter bis heute.* Darmstadt: Primus, 2006.
Scholl, Michael, und Georg Christoph Tholen (Hrsg.). *DisPositionen: Beiträge zur Dekonstruktion von Raum und Zeit.* Kassel: IAG, 1996.
Schramm, Manuel. *Digitale Landschaften.* Stuttgart: Steiner, 2009.
Schröder, Iris, und Sabine Höhler (Hrsg.). *Welt-Räume: Geschichte, Geographie und Globalisierung seit 1900.* Frankfurt a. M. und New York: Campus, 2005.
Schroer, Markus. *Räume, Orte, Grenzen: Auf dem Weg zu einer Soziologie des Raums.* Frankfurt a. M.: Suhrkamp, 2005.
Schubert, Christoph. *Raumkonstitution durch Sprache: Blickführung, Bildschemata und Kohäsion in Deskriptionssequenzen englischer Texte.* Tübingen: Niemeyer, 2009.
Schwarte, Ludger (Hrsg.). *Auszug aus dem Lager: Zur Überwindung des modernen Raumparadigmas in der politischen Philosophie.* Bielefeld: Transcript, 2007.
Schwarzer, Mitchell. *Zoomscape: Architecture in Motion and Media.* New York: Princeton Architectural Press, 2004.
Schwingeler, Stephan. *Die Raummaschine: Raum und Perspektive im Computerspiel.* Boizenburg: Hülsbusch, 2008.
Seamon, David. *A Geography of the Lifeworld: Movement, Rest, and Encounter.* New York: St. Martin's Press, 1979.
Self, Will, und Ralph Steadman. *Psychogeography.* New York: Bloomsbury, 2007.
Sennett, Richard. *Flesh and Stone: The Body and the City in Western Civilization.* London: Faber, 1994 [*Fleisch und Stein: Der Körper und die Stadt in der westlichen Zivilisation.* Übers. von Linda Meissner. Berlin: Berlin-Verlag, 1996].
Sennett, Richard. *The Fall of Public Man.* Cambridge: Cambridge University Press, 1976 [*Verfall und Ende des öffentlichen Lebens: Die Tyrannei der Intimität.* Übers. von Reinhard Kaiser. Frankfurt a. M.: Fischer, 1983].
Serres, Michel. *Hermès 5: Le Passage du Nord-Ouest.* Paris: Minuit, 1980 [*Die Nordwest-Passage.* Übers. von Michael Bischoff. Berlin: Merve, 1994].

Serres, Michel. *Atlas*. Paris: Flammarion, 1996 [1994] [*Atlas*. Übers. von Michael Bischoff. Berlin. Merve, 2005].
Sheller, Mimi, und John Urry (Hrsg.). *Tourism Mobilities: Places to Play, Places in Play*. London, Thousand Oaks und New Delhi: Sage, 2006.
Sheller, Mimi, und John Urry. „The new mobilities paradigm". *Environment and Planning* 2 (2006): 207–226.
Shields, Rob. *Places on the Margin: Alternative Geographies of Modernity*. London und New York: Psychology, 1992.
Shields, Rob. *Lefebvre, Love, and Struggle: Spatial Dialectics*. London: Routledge, 1999.
Sick, Franziska (Hrsg.). *Stadtraum, Stadtlandschaft, Karte: Literarische Räume vom 19. Jahrhundert bis zur Gegenwart*. Tübingen: Narr, 2012.
Sidlauskas, Susan. *Body, Place, and Self in Nineteenth-Century Painting*. Cambridge: Cambridge University Press, 2000.
Siebel, Walter (Hrsg.). *Die europäische Stadt*. Frankfurt a. M.: Suhrkamp, 2004.
Siegert, Bernhard. *Passage des Digitalen: Zeichenpraktiken der neuzeitlichen Wissenschaften 1500–1900*. Berlin: Brinkmann und Bose, 2003.
Siegert, Bernhard. *Passagiere und Papiere: Schreibakte auf der Schwelle zwischen Spanien und Amerika*. München: Fink, 2006.
Simmel, Georg. *Die Großstädte und das Geistesleben*. Frankfurt a. M.: Suhrkamp, 2006.
Simmel, Georg. *Soziologie: Untersuchungen über die Formen der Vergesellschaftung*. München: Duncker & Humblot, 1922 [1908].
Simons, Oliver. *Raumgeschichten: Topographien der Moderne in Philosophie, Wissenschaft und Literatur*. München: Fink, 2007.
Sloterdijk, Peter. *Kopernikanische Mobilmachung und ptolemäische Abrüstung*. Frankfurt a. M.: Suhrkamp, 1987.
Sloterdijk, Peter. *Sphären*. 3 Bde. Frankfurt a. M.: Suhrkamp, 1998–2004.
Sloterdijk, Peter. *Im Weltinnenraum des Kapitals: Für eine philosophische Theorie der Globalisierung*. Frankfurt a. M.: Suhrkamp, 2005.
Smith, Donald K. *The Cartographic Imagination in Early Modern England: Re-writing the World in Marlowe, Spenser, Raleigh and Marvell*. Aldershot: Ashgate, 2008.
Smith, Jonathan Z. *To Take Place: Toward Theory in Ritual*. Chicago: University of Chicago Press, 1987.
Smitten, Jeffrey R., und Ann Daghistany Ransdell. *Spatial Form in Narrative*. Ithaca, NY: Cornell University Press, 1981.
Smuda, Manfred (Hrsg.). *Landschaft*. Frankfurt a. M.: Suhrkamp, 1986.
Sobchack, Vivian C. *Screening Space: The American Science Fiction Film*. New Brunswick, NJ: Rutgers University Press, 1997.
Soja, Edward W. *Postmodern Geographies: The Reassertion of Space in Critical Social Theory*. London: Verso, 1989.
Soja, Edward W. *Thirdspace: Journeys to Los Angeles and other Real-and-Imagined Places*. Oxford: Blackwell, 1996.
Soja, Edward W. *Postmetropolis: Critical Studies of Cities and Regions*. Oxford: Blackwell, 2000.
Sonnabend, Holger. *Die Grenzen der Welt: Geographische Vorstellungen der Antike*. Darmstadt: Primus, 2007.
Spain, Daphne. *Gendered Spaces*. Chapel Hill, NC: University of North Carolina Press, 1992.
Spencer Brown, George. *Laws of Form*. London: Allen & Unwin, 1971 [*Logik der Form*. Übers. von Thomas Wolf. Lübeck: Bohmeier, 1997].

Spivak, Gayatri Chakravorty. *In Other Worlds: Essays in Cultural Politics*. New York: Routledge, 1988.
Spivak, Gayatri Chakravorty. „Planetarity". *Death of a Discipline*. New York: Columbia University Press, 2003. 71–102.
Sprengel, Rainer. *Kritik der Geopolitik: Ein deutscher Diskurs 1914–1944*. Berlin: Oldenbourg Akademieverlag, 1996.
Sprenger, Ulrike. *Stehen und Gehen: Prozessionskultur und narrative Performanz im Sevilla des Siglo de Oro*. Konstanz: Konstanz University Press, 2013.
Stanek, Lukasz. *Henri Lefebvre on Space: Architecture, Urban Research, and the Production of Theory*. Minneapolis, MN: University of Minnesota Press, 2011.
Staubach, Nikolaus, und Vera Johanterwage (Hrsg.). *Außen und Innen: Räume und ihre Symbolik im Mittelalter*. Frankfurt a. M.: Lang, 2007.
Stegmayer, Werner. *Philosophie der Orientierung*. Berlin und New York: De Gruyter, 2008.
Stein, Howard F. *Developmental Time, Cultural Space: Studies in Psychogeography*. Norman, OK: University of Oklahoma Press, 1987.
Steininger, Benjamin. *Raum-Maschine Reichsautobahn*. Berlin: Kulturverlag Kadmos, 2004.
Stichweh, Rudolf. *Die Weltgesellschaft: Soziologische Analysen*. Frankfurt a. M.: Suhrkamp, 2000.
Stierle, Karlheinz. *Der Mythos von Paris: Zeichen und Bewußtsein der Stadt*. München: Hanser, 1993.
Stockhammer, Robert. „,An dieser Stelle': Kartographie und die Literatur der Moderne". *Poetica* 33 (2001): 273–306.
Stockhammer, Robert (Hrsg.). *TopoGraphien der Moderne: Medien zur Repräsentation und Konstruktion von Räumen*. München: Fink, 2005.
Stockhammer, Robert. *Die Kartierung der Erde: Die Macht und Lust in Karten und Literatur*. München: Fink, 2007.
Storck, Barbara. *Erzählte Enge: Raum und Weiblichkeit in französischen Erzähltexten des 18. und frühen 19. Jahrhunderts*. Heidelberg: Winter, 2009.
Ströker, Elisabeth. *Philosophische Untersuchungen zum Raum*. Frankfurt a. M.: Klostermann, 1965.
Sturm, Gabriele. *Wege zum Raum: Methodologische Annäherungen an ein Basiskonzept raumbezogener Wissenschaften*. Opladen: Leske + Budrich, 2000.
Tally, Robert T. *Melville, Mapping and Globalization: Literary Cartography in the American Baroque Writer*. London: Continuum, 2009.
Tally, Robert T. (Hrsg.). *Geocritical Explorations: Space, Place, and Mapping in Literary and Cultural Studies*. New York: Palgrave Macmillan, 2011.
Tally, Robert T. *Spatiality*. London: Routledge, 2013.
Tally, Robert T. (Hrsg.). *Literary Cartographies: Spatiality, Representation, and Narrative*. London und New York: Palgrave Macmillan, 2014.
Taubenböck, Andrea. *Die binäre Raumstruktur in der Gothic Novel: 18.–20. Jahrhundert*. München: Fink, 2002.
Teverson, Andrew, und Sara Upstone (Hrsg.). *Postcolonial Spaces: The Politics of Place in Contemporary Culture*. Basingstoke: Palgrave Macmillan, 2011.
Thabe, Sabine. *Raum(de)konstruktionen: Reflexionen zu einer Philosophie des Raumes*. Opladen: VS Verlag Für Sozialwissenschaften, 1997.
Thabe, Sabine (Hrsg.). *Räume der Identität – Identität der Räume*. Dortmund: IRPUD, 1999.

Tholen, Georg C. „Einleitung". *Konfigurationen: Zwischen Kunst und Medien*. Hrsg. von Heiko Idensen, Sigrid Schade und Georg Christoph Tholen. München: Fink, 1999. 15–35.

Tholen, Georg Christoph. *Die Zäsur der Medien: Kulturphilosophische Konturen*. Frankfurt a. M.: Suhrkamp, 2002.

Thrift, Nigel. *Spatial Formations*. London, Thousand Oaks und New Delhi: Sage, 1996.

Tiller, Elisabeth, und Christoph Oliver Mayer (Hrsg.). *RaumErkundungen: Einblicke und Ausblicke*. Heidelberg: Winter, 2011.

Toal, Gerard. *Critical Geopolitics: The Politics of Writing Global Space*. London: Routledge, 1996.

Tschumi, Bernard. *Questions of Space: Lectures on Architecture*. London: AA Publications, 1990.

Tuan, Yi-fu. *Topophilia: A Study of Environmental Perception, Attitudes, and Values*. Englewood Cliffs, NJ: Prentice Hall, 1974.

Tuan, Yi-Fu. *Space and Place: The Perspective of Experience*. Minneapolis, MN: University of Minnesota Press, 1977.

Tufnell, Miranda, und Chris Crickmay. *Body Space Image: Notes Towards Improvisation and Performance*. London: Virago, 1990.

Turchi, Peter. *Maps of the Imagination: The Writer as Cartographer*. San Antonio, TX: Trinity University Press, 2004.

Urban, Urs. *Der Raum des Anderen und andere Räume: Zur Topologie des Werkes von Jean Genet*. Würzburg: Königshausen & Neumann, 2007.

Urry, John. *Consuming Places*. London: Routledge, 1995.

Urry, John. *Sociology Beyond Societies: Mobilities for the Twenty-First Century*. London: Routledge, 2000.

Vater, Heinz. *Einführung in die Raum-Linguistik*. Hürth-Efferen: Gabel, 1991.

Vatsyayan, Kapila (Hrsg.). *Concepts of Space: Ancient and Modern*. New Delhi: Motilal Banarsidass, 1991.

Vavra, Elisabeth (Hrsg.). *Imaginäre Räume*. Wien: Verlag der Österreichischen Akademie der Wissenschaft, 2007.

Venn, Couze. *The Postcolonial Challenge: Towards Alternative Worlds*. London: Sage, 2006.

Virilio, Paul. *Esthétique de la disparition*. Paris: Balland, 1980 [*Ästhetik des Verschwindens*. Übers. von Marianne Karbe und Gustav Rossler. Berlin: Merve, 1986].

Virilio, Paul. *L'espace critique: Essai sur l'urbanisme et les nouvelles technologies*. Paris: Galilée, 1984.

Virilio, Paul. *L'horizon négatif: Essai de dromoscopie*. Paris: Gallilée, 1984 [*Der negative Horizont: Bewegung, Geschwindigkeit, Beschleunigung*. Übers. von Brigitte Weidmann. München: Hanser, 1989].

Waechter, Matthias. *Die Erfindung des amerikanischen Westens: Die Geschichte der Frontier-Debatte*. Freiburg i.Br.: Rombach, 1996.

Wagner, Kirsten. *Datenräume, Informationslandschaften, Wissensstädte: Zur Verräumlichung des Wissens und Denkens in der Computermoderne*. Freiburg i.Br.: Rombach, 2006.

Waldenfels, Bernhard. *In den Netzen der Lebenswelt*. Frankfurt a. M.: Suhrkamp, 1985.

Waldenfels, Bernhard. *Topographie des Fremden*. Frankfurt a. M.: Suhrkamp, 1997.

Waldenfels, Bernhard. *Ortsverschiebungen, Zeitverschiebungen: Modi leibhaftiger Erfahrung*. Frankfurt a. M.: Suhrkamp, 2009.

Wallerstein, Immanuel. *The Modern World-System*. 3 Bde. New York: Academic Press, 1974–1989 [*Das moderne Weltsystem*. 3 Bde. Übers. von Angelika Schweikhart. Frankfurt a. M.: Syndikat, 1986–2004].

Warf, Barney. *Time-Space Compression: Historical Geographies*. London: Routledge, 2008.
Warning, Rainer. „Der Chronotopos Paris bei den ‚Realisten'". *Die Phantasie der Realisten*. München: Fink, 1999. 269–312.
Warning, Rainer. *Heterotopien als Räume ästhetischer Erfahrung*. München: Fink, 2009.
Warnke, Martin. *Politische Landschaft: Zur Kunstgeschichte der Natur*. München: Hanser, 1992.
Watson, Sophie (Hrsg.). *Postmodern Cities and Spaces*. Oxford: Blackwell, 1995.
Watts, Michael. *Struggles over Geography: Violence, Freedom and Development at the Millenium*. Heidelberg: Department of Geography, University of Heidelberg, 2000.
Wegner, Phillip E. „Spatial Criticism: Critical Geography, Space, Place, and Textuality". *Introducing Criticism at the 21st Century*. Hrsg. von Julian Wolfreys. Edinburgh: Edinburgh University Press, 2002. 179–201.
Wegner, Phillip E. *Imaginary Communities: Utopia, the Nation, and the Spatial Histories of Modernity*. Berkeley, CA: University of California Press, 2002.
Wehrheim, Jan (Hrsg.). *Shopping Malls: Interdisziplinäre Betrachtungen eines neuen Raumtyps*. Wiesbaden: Verlag für Sozialwissenschaft, 2007.
Weigel, Sigrid. *Topographien der Geschlechter: Kulturgeschichtliche Studien zur Literatur*. Reinbek bei Hamburg: Rowohlt, 1990.
Weigel, Sigrid. „Zum topographical turn. Kartographie, Topographie und Raumkonzepte in den Kulturwissenschaften. *KulturPoetik* 2.2 (2002): 151–165.
Wenner, Stefanie. *Vertikaler Horizont: Zur Transparenz des Offensichtlichen*. Zürich und Berlin: Diaphanes, 2004.
Wentz, Martin (Hrsg.). *Stadt-Räume*. Frankfurt a. M. und New York: Campus, 1991.
Wenz, Karin. *Raum, Raumsprache und Sprachräume: Zur Textsemiotik der Raumbeschreibung*. Tübingen: Narr, 1997.
Werber, Niels. *Die Geopolitik der Literatur: Eine Vermessung der medialen Weltraumordnung*. München: Hanser, 2007.
Werlen, Benno. *Gesellschaft, Handlung, Raum: Grundlagen handlungstheoretischer Sozialgeographie*. Stuttgart: Steiner, 1987.
Werlen, Benno. *Zur Ontologie von Gesellschaft und Raum*. Stuttgart: Steiner, 1999.
Werlen, Benno. *Globalisierung, Region und Regionalisierung*. Stuttgart: Steiner, 2007.
Werlen, Benno. *Sozialgeographie*. Bern, Stuttgart und Wien: UTB, 2008.
Werlen, Benno. *Gesellschaftliche Räumlichkeit*. 2 Bde. Stuttgart: Steiner, 2010.
Wertheim, Margaret. *The Pearly Gates of Cyberspace: A History of Space from Dante to the Internet*. London und New York: Norton & Company, 1999 [*Die Himmelstür zum Cyberspace: Eine Geschichte des Raumes von Dante zum Internet*. Übers. von Ilse Strasmann. Zürich: Ammann, 2000.
West-Pavlov, Russell. *Spatial Representations on the Jacobean Stage: From Shakespeare to Webster*. Basingstoke: Palgrave Macmillan, 2002.
West-Pavlov, Russell. *Bodies and their Spaces: System, Crisis and Transformation in Early Modern Drama*. Amsterdam: Rodopi, 2006.
West-Pavlov, Russell. *Space in Theory: Kristeva, Foucault, Deleuze*. Amsterdam: Rodopi, 2009.
West-Pavlov, Russell. *Spaces of Fiction, Fictions of Space: Postcolonial Place and Literary Deixis*. Basingstoke: Palgrave Macmillan, 2010.
Westphal, Bertrand (Hrsg.). *La Géocritique mode d'emploi*. Limoges: Presses Universitaires de Limoges, 2000.
Westphal, Bertrand (Hrsg.). *Le rivage des mythes: Une géocritique méditerranéenne. Le lieu et son mythe*. Limoges: Presses Universitaires de Limoges; 2001.

Westphal, Bertrand: *La géocritique: Réel, fiction, espace*. Paris: Minuit, 2007.
Westphal, Bertrand. *Le monde plausible: Espace, lieu, carte*. Paris: Minuit, 2011.
Wharf, Bamey, Santa Anrias (Hrsg.). *The Spatial Turn: Interdisciplinary Perspectives*. London: Routledge, 2009.
White, Kenneth. „Éléments de géopoétique". *L'Esprit nomade*. Paris: Grasset, 1987. 272–293 [*Elemente der Geopoetik*. Übers. von Sabine Secretan-Haupt. Hamburg: Kellner, 1988].
Wiles, David. *A Short History of Western Performance Space*. Cambridge: Cambridge University Press, 2003.
Wilkens, Anna E., Patrick Ramponi und Helge Wendt (Hrsg.). *Inseln und Archipele: Kulturelle Figuren des Insularen zwischen Isolation und Entgrenzung*. Bielefeld. Transcript, 2011.
Williams, Raymond. *The Country and the City*. London: Hogarth Press, 1985.
Willke, Helmut. *Dystopia: Studien zur Krisis des Wissens in der modernen Gesellschaft*. Frankfurt a. M.: Suhrkamp, 2002.
Willke, Helmut. *Heterotopia: Studien zur Krisis der Ordnung moderner Gesellschaften*. Frankfurt a. M.: Suhrkamp, 2003.
Willke, Helmut. *Atopia: Studien zur atopischen Gesellschaft*. Frankfurt a. M.: Suhrkamp, 2005.
Wilts, Bettina. *Zeit, Raum und Licht: Vom Bauhaustheater zur Gegenwart*. Weimar: VDG, 2004.
Winkler, Hartmut. *Der filmische Raum und der Zuschauer: ‚Apparatus' – ‚Semantik' – ‚Ideology'*. Heidelberg: Winter, 1992.
Wirth, Uwe (Hrsg.). *Bewegen im Zwischenraum*. Berlin: Kadmos, 2012.
Withers, Charles W. J. *Placing the Enlightenment: Thinking Geographically about the Age of Reason*. Chicago: University of Chicago Press, 2007.
Wolf, Burkhardt. *Fortuna di mare: Literatur und Seefahrt*. Zürich und Berlin: Diaphanes, 2013.
Wolf, Jürgen. *Die Moderne erfindet sich ihr Mittelalter – oder wie aus der mittelalterlichen Erdkugel eine neuzeitliche Erdscheibe wurde*. Stuttgart: Steiner, 2004.
Wood, Denis. *The Power of Maps*. New York: Guilford Press, 1992.
Woodward, David (Hrsg.). *Art and Cartography*. Chicago: University of Chicago Press, 1987.
Würzbach, Natascha. *Raumerfahrung in der klassischen Moderne: Großstadt, Reisen, Wahrnehmungssinnlichkeit und Geschlecht in englischen Erzähltexten*. Trier: Wissenschaftlicher Verlag Trier, 2006.
Zee, Emile van der, und Jon M. W. Slack (Hrsg.). *Representing Direction in Language and Space*. Oxford: Oxford University Press, 2003.
Zeller, Thomas. *Driving Germany: The Landscape of the German Autobahn, 1930–1970*. New York: Berghahn Books, 2006.
Ziemer, Gesa. *Verletzbare Orte: Entwurf einer praktischen Ästhetik*. Zürich und Berlin: Diaphanes, 2008.
Zinsmeister, Annett (Hrsg.). *Welt[stadt]raum: Mediale Inszenierungen*. Bielefeld: Transcript, 2009.
Zitzlsperger, Ulrike. *Topografien des Transits: Die Fiktionalisierung von Bahnhöfen, Hotels und Cafés im zwanzigsten Jahrhundert*. Oxford et al.: Lang, 2013.
Zug, Beatrix. *Die Anthropologie des Raumes in der Architekturtheorie des frühen 20. Jahrhunderts*. Tübingen und Berlin: Wasmuth, 2006.
Zukin, Sharon. *Landscapes of Power: From Detroit to Disney World*. Berkeley, Los Angeles und London: University of California Press, 1991.
Zumthor, Paul. *La Mesure du monde: Représentation de l'espace au Moyen Âge*. Paris: Seuil, 1993.

VI. Register

Personenregister

Abbott, Edwin 274
Abel, Johanna 508
Achebe, Chinua 137
Addison, Joseph 413–419
Aelian[us] 478
Aelius Aristides 312, 321
Agamben, Giorgio 292–293, 487–490
Aischylos 318
Alazraki, Jaime 482
Alemán, Mateo 394
Althusser, Louis 332
Ameis, Friedrich 303, 306, 308
Andruchovyč, Jurij 210–211
Apollinaire, Guillaume 82, 453
Appadurai, Arjun 47–51, 111, 263, 496, 498, 505, 524
Ariosto, Ludovico (Ariost) 249, 254
Aristoteles 73, 117, 261, 521
Asendorf, Christoph 289
Ashcroft, Bill 138, 496
Assmann, Aleida 80, 197, 289
Assmann, Jan 75, 80, 197–198, 290
Augé, Marc 7, 36, 188–193, 291, 495, 521
Augustinus 61, 472
Augustus (Kaiser) 324–329
Austen, Jane 234, 369

Bachelard, Gaston 32–33, 35, 37
Bachmann-Medick, Doris 2, 138
Bachtin, Michail M. 82, 91, 96, 99, 123, 157, 160–168, 286, 470, 472, 476, 523
Bacon, Francis 178, 481
Bal, Mieke 4, 192
Balme, Christopher 105–113
Balzac, Honoré de 9, 23, 26, 31–32, 35, 36, 41, 43, 47–49, 91, 431–436, 439
Barnes, Trevor J. 286
Barthes, Roland 32, 37, 76, 97, 112, 122, 523
Bataille, Georges 185
Bateson, Gregory 526

Baudelaire, Charles 33, 190, 199, 245, 265, 268, 431–434, 436, 437–439
Baudrillard, Jean 498, 502
Beaurepaire-Froment, Paul de 217, 229
Beck, Ulrich 126
Beer, Gillian 423
Behaim, Martin 358
Behrens, Rudolf 405
Belyj, Andrej 214, 461–467
Benet, Juan 31
Benítez Rojo, Antonio 428, 505
Benjamin, Walter 65, 199, 200, 261, 265, 268, 367, 371, 433, 458, 524
Bérard, Victor 302
Bergé, Aline 157
Berger, John 444
Bergerac, Cyrano de 481
Bergermann, Ulrike 50
Bernabé, Jean 505, 508
Berque, Augustin 93, 151
Besse, Jean-Marc 151
Beyle, Henri (Stendhal) 184, 435
Bhabha, Homi K. 140, 141–143, 286, 291, 361
Binding, Günther 344, 345, 347
Bioy Casares, Adolfo 478, 479
Bittner, Regina 268
Blaim, Artur 421, 424
Blanchot, Maurice 3, 35, 89, 94, 185–186, 451, 454, 485, 518
Blumenberg, Hans 23, 25–27, 80, 122
Blunt, Alison 264
Böhme, Gernot 207
Böhme, Hartmut 45, 96, 100, 102, 207, 209
Bolaño, Roberto 267
Bolter, Jay David 77
Bolyai János 273
Borchmeyer, Florian 356
Borges, Jorge Luis 27, 183, 185–186, 453, 478–483
Borsò, Vittoria 100, 265
Bougainville, Louis Antoine de 372

Bourdieu, Pierre 7, 240–247, 517
Boyle, Danny 9, 498–504
Bradbury, Malcolm 227, 229
Bragard, Véronique 506, 509
Brandl-Risi, Bettina 108, 112
Brandstetter, Thomas 50
Brandt, Joan 209
Brant, Sebastian 355
Brathwaite, Edward Kamau 361, 425–426
Braudel, Fernand 219
Bredekamp, Horst 73, 404
Bronfen, Elisabeth 31, 32, 35, 96, 100
Bronger, Dirk 494–496, 498
Brontë, Charlotte 139
Brosseau, Marc 220, 227
Brussig, Thomas 200
Buell, Lawrence 207
Bühler, Karl 20, 21, 57–68, 290, 521
Burckhardt, Jacob 313
Burckhardt, Martin 289
Butler, Judith 265, 268
Butler, Samuel 127
Butor, Michel 38, 66, 221
Byron, George G. 156, 199, 312, 369

Camillo, Giulio 119
Campe, Rüdiger 74, 76, 456
Cancik-Kirschbaum, Eva 78, 80
Canguilhem, Georges 50
Carlson, Marvin 106, 109, 111
Carroll, Lewis 481, 482
Carruthers, Mary 61
Carter, Marina 508–512
Carter, Paul 145
Cassirer, Ernst 18, 96, 118, 272, 289, 290
Castells, Manuel 50, 128, 129, 132–133
Castoriadis, Cornelius 22
Cavendish, Margaret 478, 481
Čechov, Anton 208, 490
Celan, Paul 486
Certeau, Michel de 37, 44–45, 90, 96, 101, 102, 123, 188–189, 191, 192, 220, 256, 262, 264–266, 286, 294, 326, 515, 519, 521, 523, 525, 527
Cervantes, Miguel de 26, 37
Césaire, Aimé 361, 509, 511
Chaillou, Michel 157

Chamoiseau, Patrick 422, 428–429, 508
Chapman, George 370
Chase, Owen 444
Chateaubriand, François-René de 32, 156, 190
Chenet, Françoise 152
Chrestien (Chrétien) de Troyes 335–343
Claudel, Paul 155
Clifford, James 263
Coetzee, John M. 208, 422, 427–428
Cohen, Margaret 367
Cohen, Michael P. 208, 211, 212
Coleridge, Samuel Taylor 234, 265, 373
Collot, Michel 68, 151, 152, 158, 221, 223, 229
Colón, Cristóbal (s. Kolumbus)
Compagnon, Antoine 217
Confiant, Raphaël 508
Conley, Tom 252
Conrad, Joseph 139, 145, 369
Cook, James 145, 373
Cooke, Edward 364, 372
Cooper, David 227, 229, 234, 235
Cooper, James F. 365–366
Corbin, Alain 219, 369
Cortázar, Julio 36
Cortés, Hernan 370
Cosgrove, Denis 151, 251, 254
Courtés, Joseph 63
Cowan, Brian 415–416
Crang, Mike 286
Cresswell, Tim 263, 264
Cruciani, Fabrizio 109
Cuntz, Michael 50

Dabydeen, David 142
Dampier, William 364, 365, 372
Dante Alighieri 59–61, 161, 199, 434
Dardel, Éric 220
Daumier, Honoré 434
Defoe, Daniel 9, 27, 178, 364–367, 370, 372, 421–426
Dekker, Thomas 389
Deleuze, Gilles 18–19, 27, 34, 42–43, 44–45, 49, 51, 92, 116, 122, 129, 220, 223, 255, 264, 266, 287–288, 326, 426, 442, 480, 481, 497, 508, 515, 516, 517, 518, 522, 524, 525, 526

Personenregister — 565

Dennerlein, Katrin 99
De Quincey, Thomas 199
Derrida, Jacques 3, 73, 102, 118, 266, 287, 455
Descartes, René 62, 272, 458
Descola, Philippe 63
Desportes, Marc 265
Diderot, Denis 408, 434
Döblin, Alfred 268, 470
Döring, Jörg 2, 230, 234, 235
Döring, Tobias 142
Doetsch, Hermann 436
Doroszlaï, Alexandre 249
Dos Passos, John 9, 287, 469–477
Dostojevskij, Fjodor M. 214, 461, 462, 465
Douglass, Frederick 368–369
Downs, Roger M. 20
Doyle, Arthur Conan 127, 139
Duby, Georges 345
Dünne, Jörg 2, 31, 37, 44, 47, 66, 74, 82, 105, 107–111, 129, 221, 250–256, 355, 423, 425, 482
Dürer, Albrecht 154, 345
Dürr, Susanne 26, 175
Duncan, James 286

Eco, Umberto 253, 302
Einstein, Albert 17, 118, 164–165, 272–274, 276, 470, 517
Elias, Norbert 405
Eliot, Thomas Stearns 139, 472
Engelke, Jan 351
Equiano, Olaudah 368
Erll, Astrid 197, 199
Ernst, Ulrich 79, 344
Esposito, Elena 201, 290
Esposito, Roberto 262
Estienne, Robert 154
Ette, Ottmar 421, 425, 481, 505–507, 511, 512
Euklid 272–275, 279
Euripides 318–321

Faber, Richard 101
Falconer, William 369
Fanon, Frantz 139–141
Farinelli, Franco 253
Ferré, André 218, 227, 230

Ferretti, Victor 479
Festus (Sextus Pompeius Festus) 332
Fischer-Lichte, Erika 106, 108–109, 111, 293
Flaubert, Gustave 27, 32, 68, 435
Florio, John 377
Fludernik, Monika 97, 101
Flusser, Vilém 73, 75–76, 80, 121, 262
Foucault, Michel 18, 19, 36, 38, 43, 64–66, 90, 94, 115–116, 121, 122, 179–186, 192, 243, 244, 261, 262, 288, 290, 291, 451, 458, 518, 522, 527
Frahm, Laura 43
François, Étienne 197, 201
Frank, Joseph 96, 220
Frank, Michael C. 96, 101, 163, 168, 170
Frank, Susi K. (geb. Kotzinger) 79, 211
Frémont, Armand 220
Freud, Sigmund 19, 487, 522
Freytag, Gustav 126
Frick, Werner 227
Friel, Brian 143
Fromm, Harold 208

García Canclini, Néstor 286, 361
Gauß, Carl Friedrich 273
Gehrke, Hans-Joachim 101
Geistbeck, Michael 130–132
Genette, Gérard 3, 35, 62, 88, 96, 119, 435
Geoffrey von Monmouth 340
Geschke, Sandra M. 397, 400
Gide, André 265
Gießmann, Sebastian 45, 294
Gillet, Alexandre 188, 192
Gillies, John 252
Gilroy, Paul 368, 505
Glauser, Friedrich 75
Glissant, Édouard 266, 505–506, 508, 510
Glotfelty, Cheryll 208
Gödde, Susanne 319
Goethe, Johann Wolfgang von 156, 199, 228
Goez, Werner 339
Gogol', Nikolaj V. 24, 214, 461, 462, 465
Goodman, Nelson 52, 78
Goody, Jack 75, 79, 80
Gowing, Laura 389
Gracq, Julien 152, 221
Grantley, Darryll 386–388

Graziadei, Daniel 425
Greenblatt, Stephen 356–357
Gregory, Derek 252
Gregory, Ian N. 227, 234
Greimas, Algirdas Julien 63
Griaule, Marcel 428
Grove, Richard H. 424
Groys, Boris 461
Guattari, Félix 27, 44–45, 49, 129, 220, 223, 255, 264, 266, 288, 326, 426, 442, 497, 508, 515, 516, 517, 518, 522, 524, 526
Gumbrecht, Hans Ulrich 75, 11, 261
Günzel, Stephan 1–3, 17, 278, 351

Habermas, Jürgen 243, 413, 414–416, 418
Hallet, Wolfgang 98, 265
Haraway, Donna 266
Harley, John B. 250
Hartshorne, Richard 127, 129
Harvey, David 264
Haß, Ulrike 110, 293
Hassauer, Friederike 357
Haushofer, Karl 129
Haverkamp, Anselm 80
Heidegger, Martin 185, 262, 479
Heine, Heinrich 199, 200
Heinrich II. 340
Heise, Ursula K. 207, 208, 211
Helmholtz, Hermann von 274
Hendel, Steffen 229
Henderson, Linda D. 277
Hentze, Carl 303, 306, 308
Herodot 209
Herrmann, Max 106
Hess, Gerhard 32, 152
Hinton, Howard 275
Hoffmann, Gerhard 32, 96, 98
Hölderlin, Friedrich 312–313
Holert, Tom 267
Hölscher, Uvo 301–302
Homer 9, 64, 78, 137, 180, 199, 301–310, 370, 449
Horaz (Quintus Horatius Flaccus) 157, 327–332
Hörl, Erich 51
Hugill, Peter J. 128, 130
Hugo, Victor 36, 199, 432, 438, 439

Hulme, Peter 421, 423
Huntington, Samuel P. 131–132
Husserl, Edmund 285, 482
Huxley, Aldous 481

Ingold, Timothy 44–45, 48, 61, 151, 448, 520, 522
Innis, Harold A. 81, 130
Iser, Wolfgang 4, 478, 479, 480, 526
Isokrates 315–317
Italiano, Federico 249, 252, 254, 255

Jackson, John Brinckerhoff 151, 263
Jäger, Ludwig 57, 63
Jameson, Fredric 139–140, 143, 145
Janka, Markus 306, 308
Johann II. (Pfalzgraf zu Simmern) 345
Johnson, Uwe 200
Jonson, Ben 9, 26, 377–383
Joyce, James 199, 268, 470
Jullien, François 66
Jureit, Ulrike 127

Kafka, Franz 76, 93, 288
Kant, Immanuel 2, 62, 65, 67, 162–163, 165, 262, 289
Kasper, Judith 485
Keats, John 370
Keith, Michael 286
Kempowski, Walter 200
Kepler, Johannes 122–123
Kiening, Christian 82
Kirchmann, Kay 108, 110
Kittler, Friedrich A. 76–78, 80, 118, 293–294
Kjellén, Rudolf 127, 129
Klein, Bernhard 291
Knebusch, Julien 47, 221
Köster, Werner 2, 126
Korzybski, Alfred 251, 526
Kolumbus, Christoph 137, 355–362
Koschorke, Albrecht 80, 100, 152, 171, 289
Koselleck, Reinhart 290
Kost, Klaus 127, 129
Kotzinger, Susi (s. Frank, Susi K.)
Krajewski, Markus 44, 131
Kramer, Kirsten 44, 105, 107–111
Krämer, Sybille 3, 73, 78, 83, 102, 453, 456

Kretzschmar, Dirk 126, 128
Kristeva, Julia 287, 454, 496–498
Krstic, Igor 498–499, 501, 503
Kuhn, Hugo 25, 335
Kureishi, Hanif 143

La Bruyère, Jean de 405
Lacan, Jacques 64, 180
La Charité, Virginia A. 451, 457
Lachmann, Renate 74, 81, 197–198, 200, 464–467, 482
Lacoste, Yves 221
La Fayette, Madame de 408–411
Lamb, Jonathan 367, 373
Lanzmann, Claude 190
La Rochefoucauld, François de 404–405
Latour, Bruno 50, 64–66, 73, 82, 94, 120–121, 263, 266, 294
Lausberg, Heinrich 60
Lay Brander, Miriam 399–401
Lawrence, Thomas E. 448–449
Lefebvre, Henri 4, 115, 256, 264, 265, 268, 289, 387, 388
Leibniz, Gottfried Wilhelm 43, 67, 117, 119–120, 277–278
Leroi-Gourhan, André 63, 73, 79
Lesage, Alain René 367
Levi, Primo 485–489, 490
Levinson, Stephen C. 19, 21, 290
Lévy, Jacques 219, 223
Ley, David 286
Limojon de Saint-Didier, Alexandre-Toussaint 382
Lippuner, Roland 2
Listing, Johann Benedict 17, 117
Livius (Titus Livius) 325–326
Lobačevskij, Nikolaj 23, 273
Lobsien, Eckhard 152
Locke, John 144
Lotman, Jurij M. 4, 17, 20–27, 30, 32–37, 42, 44, 45, 52, 82, 96, 98, 100–101, 123, 170–176, 289, 452, 461, 464, 495, 518, 525, 527
Louis XIV (s. Ludwig XIV)
Löw, Martina 2
Loyola, Ignatius von 112, 223
Lüdeke, Roger 77, 290

Ludwig XIV 405–407
Luhmann, Niklas 128, 201, 243, 259, 285, 290
Lukian von Samosata 306, 321
Luque Fajardo, Francisco de 400
Lurija, Aleksandr R. 196
Luther, Andreas 303, 304, 307

Maeterlinck, Maurice 275, 277
Magellan, Ferdinand 371
Magnus, Olaus 443
Magris, Claudio 197
Mahler, Andreas 20–27, 30, 31–32, 46, 57, 82, 97, 171, 174, 175, 376–378, 389, 393, 461, 473, 476, 479
Mahlke, Kirsten 163, 168
Mahr, Bernd und Eva 78, 80
Maingueneau Dominique 89–90
Malet, Léo 66
Mallarmé, Stéphane 220, 451–459
Mandeville, Jehan de 355, 357
Manet, Édouard 431
Mann, Thomas 132
Manzoni, Alessandro 253–254
Maresch, Rudolf 2, 48
Marin, Louis 123
Marlowe, Christopher 291–292
Marszałek, Magdalena 209–210, 229, 235
Martin, George R. R. 341
Massey, Doreen 263
Mastronunzio, Marco 254, 256
Matzat, Wolfgang 32, 410
Maupassant, Guy de 265, 278
Maury, Matthew F. 445–446
May, Theresa J. 209, 213
Mayer, Theodor 25, 337
McLuhan, Marshall 77
McPherson, David 377–378, 381
Meeker, Joseph 208, 209
Melville, Herman 126, 212, 372, 442–447
Mercier, Louis-Sébastien 178, 433
Merleau-Ponty, Maurice 64–66
Meyer, Petra Maria 108, 112
Michaux, Henri 64
Michelet, Jules 444–445
Middleton, Thomas 385–391
Mignolo, Walter 286, 505

Miller, Hillis J. 102, 330, 381
Minkowski, Hermann 165, 470
Mitchell, William J. 151
Modiano, Patrick 34, 38
Montesquieu, Baron de (Charles Secondat) 217, 265
Moretti, Franco 222, 227, 231–234
Morris, Charles W. 6, 18, 57, 285
Morus, Thomas 178, 481
Moser, Christian 196
Mullaney, Steven 293, 385
Müller, Gesine 505, 506
Murphy, Patrick D. 211
Musil, Robert 42–43, 47, 276–277

Naipaul, V.S. 143
Naumann, Barbara 103
Naumann, Friedrich 131
Nell, Werner 229
Neuheuser, Hanns P. 344
Neumann, Birgit 263, 265
Neumann, Gerhard 81, 114
Neville, Henry 371
Nichols, Grace 142
Nitsch, Wolfram 35–38, 49, 51, 66, 185, 191, 193, 221, 291
Nora, Pierre 189, 197–198, 201, 289, 291
Nünning, Ansgar 97–99, 199, 263
Nunold, Beatrice 17

O'Beirne, Emer 191–193
Olwig, Kenneth 151
Ondaatje, Michael 143
Ortelius, Abraham 291
Ott, Michaela 2, 4, 18
Ovid (Publius Ovidius Naso) 327, 331–332, 379

Panofsky, Erwin 345, 347, 351
Parker, Brian 377, 380–382
Paster, Gail K. 380, 386
Patinir, Joachim 154
Paz, Octavio 456
Peirce, Charles S. 57
Perec, Georges 41
Petermann, August 447
Pethes, Nicolas 199

Pfinzing, Paul 346
Pfister, Manfred 107, 376, 377
Phillips, Caryl 143
Piaget, Jean 18
Piatti, Barbara 227, 230, 231, 234
Pickles, John 251
Piglia, Ricardo 31, 34, 37
Pile, Steven 286
Pincus, Steve 415, 416
Platon 178, 287, 305, 315, 316, 479
Plessner, Helmuth 21
Polo, Marco 355, 357
Pope, Alexander 289–290, 414, 419
Porteous, Douglas J. 47
Pratt, Mary Louise 144–146, 173, 519
Properz (Sextus Propertius) 327
Proust, Marcel 34, 37, 67, 91, 183, 186, 190, 201, 218–219, 230, 265, 436
Ptolemaios, Klaudius 249
Puškin, Aleksandr S. 214, 461, 462, 465

Quintilian 58, 250

Rabelais, François 161
Raleigh, Walter 144
Ratzel, Friedrich 127–130
Réda, Jacques 186, 191
Reichardt, Ulfried 46
Reichert, Dagmar 289
Rheinberger, Hans-Jörg 118, 121, 294
Rhys, Jean 139
Richard, Jean-Pierre 224, 455
Rilke, Rainer Maria 90, 91, 186, 201
Rippl, Gabriele 79, 102
Ritter, Alexander 98
Ritter, Joachim 155
Roa Bastos, Augusto 362
Robbe-Grillet, Alain 65
Rodler, Hieronymus 344–351
Roger, Alain 151, 154, 224
Rolin, Jean 191
Roselt, Jens 109
Rosenkranz, Moses 200
Roth, Joseph 200
Rousseau, Jean-Jacques 156, 184–186, 437
Rueckert, William 207
Ruhe, Cornelia 171, 173

Rushdie, Salman 137, 142, 143
Ryan, Marie-Laure 102

Said, Edward W. 101, 102, 139–143, 145, 252, 263, 361
Sanders, Julie 381, 382
Sandten, Cecile 496
Sarmiento, Domingo Faustino 32–33
Sasse, Sylvia 2, 3, 102, 160, 209–210, 229, 235–236
Sassen, Saskia 128
Schäffner, Wolfgang 118, 251
Schellenberger-Diederich, Erika 209
Schiller, Friedrich 123, 265
Schlögel, Karl 2, 235
Schmitt, Carl 126, 128–130, 133, 292, 330–331, 366, 522
Schnabel, Johann Gottfried 178, 184
Schneider, Lars 455
Schroer, Markus 2
Schulze, Hagen 197
Schüttpelz, Erhard 4, 294
Schwarzer, Mitchell 263
Scudéry, Madeleine de 404–405, 407
Sebald, Winfried Georg 153, 200
Selvon, Samuel 143
Senancour, Étienne Pivert de 156
Seneca (Lucius Annaeus Seneca) 327, 331
Serres, Michel 41–43, 46, 47, 64, 67, 262, 278, 330, 445
Shakespeare, William 25–26, 91, 208, 292, 293, 377
Sheller, Mimi B. 263, 422
Shelley, Percy Bysshe 369–370
Sicks, Kai Marcel 97, 102
Sidorenko, Igor' 210
Siegert, Bernhard 75, 250
Sieverts, Thomas 494–496
Sigüenza, Francisco de 396–400
Simmel, Georg 335
Simondon, Gilbert 50, 64, 66
Simons, Oliver 274
Sloterdijk, Peter 50–51
Smith, Donald K. 251–252, 256
Smollett, Tobias 367–368
Smuda, Manfred 152
Soja, Edward W. 219, 286

Solženicyn, Aleksandr 489–493
Sophokles 318
Soyinka, Wole 143
Spinoza, Benedictus de 272
Spohn, Georg R. 246, 349
Sprengel, Rainer 2
Sprenger, Ulrike 396, 399
Stanek, Lukasz 268
Starobinski, Jean 408, 493
Stea, David 20
Steele, Sir Richard 364, 413, 415–419
Stemmler, Susanne 495
Stendhal (s. Beyle, Henri)
Stercken, Martina 82
Stevenson, Robert Louis 229
Stewart, Charles Samuel 373
Stichweh, Rudolf 50
Stierle, Karlheinz 433–434, 475
Stingelin, Martin 77, 82
Stockhammer, Robert 31, 50, 82, 235, 250–251, 256, 516, 527
Stow, John 387, 390
Swarup, Vikas 499, 501
Swift, Jonathan 229, 414, 481

Ta, Beatrix 32, 34
Tacitus (Publius Cornelius Tacitus) 321
Tadié, Jean-Yves 153, 221
Taine, Hippolyte 50, 217, 218
Tally, Robert T. 228, 229
Terkessidis, Mark 267
Thibaudet, Albert 217
Tholen, Georg C. 293
Thrift, Nigel 286
Thukydides 312, 313, 315–317
Todorov, Tzvetan 356, 357
Tolkien, J. R. R. 229, 234, 341
Toporov, Vladimir 214, 461, 464
Torabully, Khal 506–512
Toussaint, Jean-Philippe 36
Turner, Victor W. 259

Uchtomskij, Aleksej A. 160
Uexküll, Jakob von 50, 127
Ungern-Sternberg, Armin von 227, 232
Urban, Urs 209
Urfé, Honoré de 157

Urry, John 260, 263
Uspenskij, Boris 30, 32, 275

Vaihinger, Hans 478–479
Valéry, Paul 454
Vargas Llosa, Mario 35
Velter, André 210
Veltman, Kim H. 346, 351
Vergil (Publius Vergilius Maro) 62
Vernadskij, Vladimir 170, 525
Verne, Jules 35, 37–38, 131, 446–448, 481
Vespucci, Amerigo 356
Vinken, Barbara 198, 199
Virilio, Paul 44, 191, 263, 275
Voßkamp, Wilhelm 178–179

Wagner, Kirsten 121
Walcott, Derek 137
Waldseemüller, Martin 249
Walpole, Horace 167–168
Warnecke, Heinz 302, 305–306
Warning, Rainer 23, 25, 27, 32–33, 36, 57–58, 184, 186, 292, 335, 434, 437
Weber, Max 241, 242
Webster, John 27
Wegner, Michael 164–165, 168

Weigel, Sigrid 2, 201
Wells, Herbert George 127, 178
Wells, Susan 386, 390
Wenzel, Horst 57, 63, 344
Werber, Niels 2, 48, 126, 128, 129, 132
Wertheim, Margaret 289
Westerwelle, Karin 432
Westphal, Bertrand 193, 222–223, 228
White, Kenneth 210, 228
White, Patrick 137
Wilkins, David P. 21
Williams, Glyndwr 371–372
Winnicott, Donald 287
Wirth, Uwe 74
Wolf, Burkhardt 44
Wolfzettel, Friedrich 394, 398, 400
Woolf, Virginia 75
Würzbach, Natascha 98–101

Xuan Jing 338

Yates, Frances 196
Young, Robert 142

Zimniak, Pawel 200
Zola, Émile 33, 36, 156

Sachregister

Abenteuer 161, 165–167, 182, 301, 304–305, 335–336, 339, 364–365, 423, 442–443, 446, 458

Abjekte (das), abjekt 494–504

Achse, topologische 6–9, 19, 19–26, 432, 515

Afrika 129, 138, 143, 200, 208, 210, 355, 368, 427–428, 438, 446–447, 508, 511

Agora 168, 166

Akteur 45, 48, 50, 58, 73, 75, 89, 92, 94, 97, 105–106, 108–110, 113, 121, 208, 221, 229, 240–245, 247, 386, 415, 448, 517, 519–520, 523

Allegorie, allegorisch 90, 119, 155, 193, 199, 350, 377, 385, 393, 395–396, 398, 401, 432, 434, 438, 472, 477

Ambiguität 376–383, 403, 424, 510

Amerika 179, 200, 213, 267, 358–359, 365–366, 473–474

– -studien 207

amour-propre 404–406, 408, 410

Anschauung 66, 82–83, 98, 100, 118, 121, 162, 165, 210, 224, 274, 292, 335, 359, 399, 494

Antike 8–9, 60–61, 102, 119, 161, 162, 165, 178, 196–199, 259, 288, 305, 312–314, 316, 339–340, 400–401, 439, 481

Apokalypse 137, 208, 472

Apriori, historisches 2, 162–163, 260

Archäologie 116, 122, 183, 250, 398–400, 491–492, 528

Archipel 137, 266, 358, 423, 425–427, 489–492, 508, 510–512

Architektur 121, 181, 197, 200, 264, 267, 344, 346, 350–351, 377, 389, 395, 439, 444, 474–475

Archiv 19, 74, 120–121, 201, 252, 437–438

Astronomie 122–123

Asymmetrie 30, 146, 172–173, 263, 410–411, 519

Athen 8, 197, 312–321, 332

Atlantik 301, 364–374, 422, 443, 508

Atlas 229, 231–236, 278, 303

Aufklärung 119, 161, 212, 369

Auschwitz 200, 485, 486, 488–489

Ausnahmezustand 488

Australien 129, 137, 145

Autochthonie 312–314–320

Autonomie 88, 92, 221, 232, 243–244

Avantgarde 82, 109, 111, 132, 244, 246, 465–466, 469, 474

Ballon(-fahrt) 35, 446–447

Beobachter, Beobachtungs- 17, 223, 240, 356–357, 360, 406, 408, 415, 419, 432, 448, 471

Bett 183, 310, 379–380, 408–410

Bewegung 4, 6, 26, 30, 37, 41–45, 47, 49, 51, 76, 82, 99–101, 106, 108, 111–113, 129, 141, 144, 151, 156, 160, 188, 207, 234, 253, 255, 261–268, 285–286, 312, 336–337, 339, 355, 387–389, 396, 404–406, 414, 421–423, 425, 437, 438–439, 448, 459, 471, 473–475, 477, 497, 499–500, 507, 509, 511–512, 515–518, 520–521, 524–525, 527

Bibliothek 38, 75, 92, 120–121, 181–182, 201–201, 288, 397–398, 443, 482

Bild 32, 61, 66, 73, 79, 118, 156, 168, 176, 183, 189, 223–224, 274, 331, 315, 319, 329, 343, 345, 348–349, 350, 351, 371, 373, 377, 397, 404, 431, 433, 439, 453, 459, 475, 476, 491, 504, 510

– Menschen- 162–163, 244

– Welt- 126, 168, 175–176, 274, 358

Biologie 50–51, 76, 116, 127, 160, 166, 181, 207–208, 210, 242, 246, 434, 495, 523, 526

Biosphäre 23, 52, 170, 427, 495, 496, 498, 525

Blick 17, 140, 181, 199, 262, 276, 346–348, 397, 399, 409, 411, 437–438, 443, 494–495, 499–500, 502–503

Boot 94, 186, 388, 423, 444

– Unterseeboot 37–38

Brücke 254, 387, 394, 443, 448, 474, 509

Buchdruck 119, 458

Buchhaltung 119

Bühne 36, 106, 108–110, 112, 124, 292, 320, 366, 368, 374, 377, 379–380, 383, 386, 389, 391, 395, 410, 415, 422, 433

Charakterisierung 96, 100, 168, 387, 462, 469
– *characteristica universalis* 117, 120
Chimäre 27, 461–467
chôra 93, 117, 287
Chronologie 9, 70, 138, 217–218, 221, 247, 291, 305, 356, 469, 501, 506
Chronotopos 7, 33, 45, 82, 96, 99, 107, 123, 144, 157, 160–168, 210–211, 260, 266, 268, 286, 317, 335, 394, 417, 422, 434, 437, 464, 466, 470, 472, 476–477, 500, 515, 523
commedia dell'arte 378, 381–382
Computer 74, 77, 83, 107, 120–121, 133
contact zone 144, 173
Coolitude 505–512

Dandy 432, 436, 438
Daten(-bank) 62, 85, 120–121, 131, 231–232, 262
Deixis, deiktisch 6, 21, 46, 57–68, 98, 164, 180, 247, 252, 278, 287, 290, 292, 317–318, 347, 381, 398, 421–422, 424–426, 449, 486, 515, 521, 523
– am Phantasma 59–62
Deterritorialisierung 93, 126, 193, 223, 497, 503, 515, 517, 523
Dezentrierung 336, 339–340
Diachronie 141, 161, 244, 247, 527
Diagramm 19, 30, 78–80, 82, 119–120, 124, 181, 232, 516
Dialog, philosophischer 178, 184, 400
Diaspora, diasporisch 48, 137–138, 263, 496, 505–506, 508–510
digital 79, 112–113, 118, 121, 128, 231–232
Dimension 4, 6, 57, 59, 67–68, 74, 76, 79, 81, 112, 115, 127, 129, 140, 155–156, 158, 164, 217, 219–220, 231, 242, 247, 260, 274–278, 285, 292–293, 301, 330, 356, 382, 463–464, 466, 493, 523
– dritte/vierte 164, 247, 274–275, 277
Dimensionalität 44, 516–517, 520, 526
Direktionalität 44, 516, 520, 527

Diskurs 7, 76, 98, 102, 115, 123, 126, 131, 132, 140, 141, 181, 183, 193, 198, 208, 210–211, 241, 244, 251, 260–262, 279, 292, 315, 356, 387, 408, 413, 417–419, 461, 479, 481–482, 494, 501, 505
Diskursivität 185, 208, 479, 481
Dispositiv 75, 89, 106–107, 109, 111, 113, 116, 121, 220, 251, 255–256, 265, 286, 294, 449, 458, 509
Distanz 19, 32, 60, 80, 91, 110, 211, 256, 418, 421, 432, 442, 475, 502
Dynamik, topologische 265–266, 268
Dynamisierung, dynamisiert 6, 8, 18, 37, 41, 43, 51, 61, 94, 102, 106, 111, 113, 118, 130, 154, 160, 168, 171, 176, 188, 200, 222, 241, 252, 260, 263, 75, 286, 319, 336, 386–387, 394, 396, 404, 414, 418, 431, 451, 456, 465, 469, 473, 496–497, 503, 507, 512, 516, 521, 524, 526
Dystopie 178–179, 371, 483

Ecocriticism 7, 50, 207–214, 222
Einfriedung 326, 330
Ekphrasis 152, 350
Empirie, empirisch 74, 116–117, 119–120, 162–163, 211, 236, 246, 290, 348, 356–357, 259–260, 481
enargeia (evidentia) 59–60, 62, 64
Entdecker, entdecken 137, 144–145, 356, 427
Enzyklopädie, enzyklopädisch 27, 183, 350, 479–480, 482, 184
Epistemologie, epistemologisch 19, 27, 123–124, 183, 252, 261, 263–264, 279, 293, 357, 442, 447, 458, 483, 494, 502, 518
Epoche 9, 47, 132, 158, 161–163, 168, 182, 196, 201, 230, 249, 275–276, 302, 310, 327, 336, 345, 368, 374, 451, 457
Epos 163, 301, 304–305, 309–310, 439, 448–449
Erde 50, 123, 127, 153, 167, 209, 229, 249, 312, 314, 324–325, 330, 332, 358, 367, 481, 510, 516, 518, 522, 527
Erdkreis 131, 331–332
Ereignis 24, 43, 90–94, 101, 175–176, 264, 290, 340, 368, 466–467, 481, 495

Sachregister — **573**

Erinnerung 37, 190, 196–201, 262, 265, 307, 309, 379, 439, 507, 509
Erzählung 23, 41–42, 60, 62, 96–97, 99, 101–102, 112, 123, 137, 153, 157–158, 160, 175, 186, 188, 190, 192, 199, 224, 235, 253, 263, 274, 276, 278, 289, 301–302, 304–305, 308, 314, 318, 336, 345, 365, 367–368, 372, 394, 408, 416, 421–422, 434, 442, 446–447, 462, 466, 469, 471–472, 479, 481, 486, 490, 498, 508, 520, 522
Ethnologie 121, 151, 189–190, 211–212, 263
Exklave 35, 37, 291
Expedition 144, 355, 364, 372, 373
Experiment, experimentell 4–5, 51, 66, 90, 112, 121, 123, 274, 277, 348, 453, 456, 516
Exteriorisierung 336–338, 341

Faltung, falten 61, 65, 457, 486, 517, 522, 524
Feld 6, 8, 24, 43, 47, 58, 60, 66, 73–75, 88–89, 97, 101, 107, 122, 126, 137–138, 140, 142–146, 157, 175, 241–247, 287, 495, 517, 524, 527
– literarisches 5, 7, 89–94, 122, 218, 240–247, 439, 517
– -theorie 92, 245, 517
Fenster 33, 37, 277, 346–351, 380, 389, 399, 406, 449, 474, 486
Festkultur 111, 393–401
Fiktion, Fiktions-, fiktional 4, 52, 82, 96–98, 101, 105, 110, 122, 123, 137, 153, 186, 190–193, 209, 221, 228, 230, 234, 236, 262, 265, 279, 286, 289, 292–293, 302, 306, 336, 362, 365, 367, 371, 416–417, 421, 427–429, 455, 457–458, 464–465, 478–479, 481–483, 500–501, 522
Film 1, 42–43, 51, 79, 107, 253, 260, 267–268, 287, 469, 498–504, 506, 524
Fläche 10, 18, 23, 144, 155, 255, 272, 274, 332, 346, 444, 449, 51
Fleck 21, 91, 92, 144, 328, 446
Fremde, das 30, 140, 326, 377
Frieden 132, 289, 327, 331, 426, 488, 505
Forschungsreise 120, 137
Frühe Neuzeit, frühneuzeitlich 25–26, 75, 79, 82, 100, 116, 119, 122–123, 144, 200, 252–255, 292, 355, 359, 371, 376–383, 385–391, 393–401, 443, 516

Garten 181–182, 186, 208, 254, 404, 406, 410–411, 431, 437, 444
Gattung 96, 122–123, 157–158, 161–165, 167, 178, 186, 193, 196, 207, 220, 245, 247, 286–287, 292, 313, 341, 367, 371, 381–382, 386, 391, 433, 439, 465, 523
Gedächtnis, kulturelles 46, 164, 196–197, 198
– -landschaft 197
– -ort 196–201, 506
Gefängnis 66, 181–182, 186, 302, 304, 367, 378, 398, 485
Genese 10, 186, 212, 246, 356, 382, 433, 455, 508
genius loci 221
Genre 35, 123, 152, 162–163, 167, 210, 227, 230–231, 233, 250, 268, 313, 341, 371, 378, 399, 476, 501, 520, 523
Geographie, literarische 46, 102, 155, 158, 193, 198, 209, 217–224, 230–231, 233, 235, 245, 254, 301–302, 312, 387, 394, 397, 424, 445, 447, 461–462, 479, 505, 515
– Bio- 127, 427
– Human- 212, 286
– *imaginative geography* 140, 145
Geokritik, geokritisch 193, 217, 219, 221–224, 228–229, 461, 505
Geometrie, geometrisch 2, 5, 7, 23, 65, 67, 109–110, 117–118, 155, 189, 272–79, 344, 346–347, 351, 447, 466, 494, 516, 520, 523
Geopoetik, geopoetisch 7, 207, 209–214, 222, 228–229, 235, 254, 506
Geopolitik, geopolitisch 2, 7, 48, 50, 126–133, 137, 171, 201, 208, 210, 262, 315, 320, 332, 336, 342, 355, 365, 414, 425, 432, 448–449, 461, 464, 473, 492, 495, 503, 506, 516–517, 522
Geowissenschaft 227, 263
Geschlecht, Geschlechts/er- 26, 75–76, 208, 380, 388–389, 403
Geste 58, 61, 63, 76, 89, 241, 398
Gleichzeitigkeit 193, 290, 470, 503

Globalisierung 46–47, 49–50, 82, 126–133, 137–138, 171, 201, 208, 260, 262–263, 332, 336, 342, 355, 361, 365, 414, 425, 432, 448, 461, 495, 503–504, 506–507, 517, 522
Globus 249, 358, 447
Gott, Götter 22, 25, 64, 81, 197, 254, 290, 301, 303–304, 306–308, 310, 313–315, 318–319, 325, 327–328, 330, 344, 347, 355, 366, 386, 415, 418, 425, 437, 443–445, 486
graphematisch *(graphe)* 118, 78, 123, 457
Grenze 6, 22, 24, 30–31, 36, 38, 51, 67, 82, 89, 100–101, 108–111, 116, 118, 121, 127, 131, 146, 153, 156, 161, 172–176, 179, 184–185, 192, 201, 210–211, 220, 229, 232, 234, 243, 345, 254, 261, 263–264, 267, 272–273, 278, 285, 292, 301, 308–309, 324–332, 345, 370, 380–381, 383, 389, 404, 406, 411, 416, 435, 437–438, 467, 473–474, 479, 485, 494, 496–497, 507, 509, 511, 517, 518, 524, 527
– Grenzüberschreitung 33, 37–38, 100–101, 123, 175–176, 380
Großstadt 33, 38, 158, 190, 200, 214, 385, 387, 389–391, 437, 443–444, 470, 470, 472, 475, 494, 498
– -literatur 198, 470
– -roman 33, 470, 476
Gulag 489–490, 492–493

Habitus 240–241, 245, 325, 431
Handel, Handels- 128, 131–132, 189, 301, 365–366, 368, 377, 386, 393, 397, 414, 443, 445
Haus 23–24, 26–27, 32, 34–35, 37, 41, 47–48, 51, 65, 92, 186, 308, 318, 340, 344, 378, 381, 389–390, 395, 397, 431–432, 464, 467, 488, 524
Heimat 41, 94, 127, 166–167, 198, 200, 207, 213, 301, 305, 307, 309, 360, 372, 425, 439, 488–489, 509
Held 24–25, 30, 32–33, 35–36, 38, 139, 165–166, 175, 291, 301–302, 304–305, 307–310, 335–336, 338–340, 342, 367, 369, 446, 462, 501, 523

Heteronomie 179, 244
Heterotopie 7, 36, 38, 64, 90, 115, 142, 178–186, 189, 192, 260, 288, 291, 317, 366, 386, 391, 395, 404, 426, 437, 444, 446, 481–482, 486–487, 490, 509, 517–518
Hodegetik 61
Hof (Königs-/Fürsten-), höfisch 8, 25, 111, 199, 244, 335–337, 338–343, 403–411, 415–416
– Artus- 25, 199, 289, 335–343, 399, 403, 410, 439, 498, 501
– höfisches Zeremoniell 405–406, 408, 415
Homologie 18, 44–45, 244, 246
Holzschnitt 346, 348

Identifikation 141, 201, 259, 464
Idylle 161, 167, 306, 411, 438, 523
Imagination 32, 97, 99–100, 115, 142, 144, 155–156, 179, 182–183, 236, 250–255, 324, 346, 388–389, 416, 448–449, 462, 447, 478, 517, 525
– kartographische (s. Kartographie)
Imaginationsraum (s. Raum)
immutable mobile 82, 120–121
Imperium 81, 171, 313, 324–332, 339, 464
Index 42, 45–46, 57, 196, 250–251, 267, 290
Indien 129, 137, 249, 356–359, 367, 458, 498, 506–511
Insel 8, 33, 35, 98, 127–129, 137, 143, 178, 184, 229, 301, 303–308, 355, 357–358, 360, 364–365, 372–373, 421–429, 465, 481, 489–492, 494, 506–507, 509–510, 512, 526
Inskription 74, 77, 79, 81, 252
Instrument 120–121, 207, 210, 212, 222, 228, 231, 233–234, 251, 272, 361, 443, 446–447, 456
Inszenierung, inszenatorisch 57–59, 61, 107–108, 112, 121, 123, 191–193, 347, 386
Intertextualität 10, 208, 422, 427, 429, 464
Inventar 32, 120
Isotopie 31–32, 457, 500

Kaffeehaus 8, 413–419
Kamera 253, 499, 503

Kannibalen 342, 357–358, 360–361, 425, 447
Kapital(-ismus) 365–367, 372, 389–390
– symbolisches 75, 240, 242
Karibik 9, 137, 142, 266, 356–357, 361, 368, 423, 505–506, 508, 511
Karneval 276, 382, 518
Karte 5, 31, 37, 44, 61, 66, 82, 119–120, 131, 155, 222, 227, 229–236, 249–256, 291, 302, 359, 397–398, 445, 447, 462, 515–516, 519, 522
– Land- 218, 328, 377, 394, 465–466
– Literatur-/*literary map* 229–230, 232, 236
– Welt-/*mappamundi* 144, 249, 291, 359
Kartizität 250, 256
Kartographie, kartographisch 11, 86, 111, 117, 227–228, 231–232, 234–235, 249–256, 292, 294, 301, 305, 358–359, 515
– kartographische Imagination 249, 251–253, 255, 462
– kartographisches Schreiben VI, 143, 249, 251, 253–255, 291, 301, 346, 356, 358–359, 425, 443, 447, 462, 515, 517
– Literatur- 218, 222, 227–236, 397, 424, 445
Katalog 119–120, 212, 310
Katastrophe 34, 338, 369, 442, 454
Kathedrale 8, 344–345, 377, 397
Kirche 109, 244, 345–351, 386, 399, 432
Klima 128, 208, 217–218, 418, 421
Knoten(-punkt) 18, 63, 130, 133, 385, 394, 414, 473, 494–495, 519, 523
Körper, Körperlichkeit 19, 21, 30, 42, 48–49, 58, 62–68, 76, 112, 116–117, 121, 179–181, 186, 261, 264–265, 267, 274, 293, 346, 373, 380, 389, 399–400, 434, 437, 470, 496, 502–503, 506, 517
kolonial/Kolonial- 27, 138–146, 193, 200, 265, 356, 361, 366, 372, 422, 424–435, 427–428, 447, 449, 461, 495, 498, 501, 503, 507–508, 511
Kolyma 490–491
Kontinent 145, 341–342, 355, 358, 361, 421, 423, 446, 490, 509
Koralle 505, 507, 509–511
kreol-, kreolisch 139, 174, 361, 426, 428, 505–506, 508, 510–511

Krieg 92, 132, 210, 219, 292, 303, 303, 305–306, 312–315, 317, 326, 328, 342–343, 361, 365–368, 426, 432, 442–444, 447–449, 506
– Erster Weltkrieg 217, 235, 448, 469
– Zweiter Weltkrieg 151–152, 197, 217, 231, 235, 474
Küste 127, 144, 301–302, 304, 306, 328–329, 341, 355, 364–366, 369–370, 373, 422–423, 425, 443
Kultursemiotik 170, 190, 461, 525
Kulturtechnik(en) 44–45, 51–52, 64, 73–75, 252, 255–256, 294, 456, 515, 520, 526
Kulturwissenschaft 1–2, 5, 47, 50, 96, 118, 139, 142, 151, 160, 174, 176, 190, 207, 209, 263, 265, 374, 489, 517, 524
Kunst, Künste 6, 101, 111, 113, 118, 139, 151, 154, 207, 210, 235, 241, 244, 246–247, 312, 345, 347–348, 351, 368–369, 408, 432, 435
Kunstwerk 23, 68, 197, 246, 277, 452, 467
Kunstkammer 124

Labor 121, 124, 294, 448
Lager 7–8, 188, 200, 267, 485–493, 502
Land 36, 129, 139, 144, 153–155, 208, 223, 304–307, 316, 318, 326, 331–332, 366–367, 373–374 376, 421–423, 426–427, 463, 467, 472, 474, 476, 487, 490, 492, 507
– *Land-Art* 208, 427–428
– -macht 127, 129
– -nahme 129, 356
– Niemands- 36, 144
Landschaft 5, 7, 32, 34, 38, 48, 50, 66, 98, 121, 151–158, 191, 209, 211, 217, 219–221, 223–224, 232, 263, 342, 437–438, 443, 447–448, 487, 490, 524
Legende 339, 398
Leiche 116, 180, 486–487
Literaturgeographie 46, 102, 155, 158, 193, 198, 209, 217–219, 221–224, 227–229, 230–231, 233, 235, 245, 254, 301–302, 312, 387, 394, 397, 424, 445, 447, 461–462, 479, 505, 515
Literaturkartographie 218, 222, 227–236, 397, 424, 445

Linie 2, 26–27, 38, 44, 57, 63, 66, 76, 100, 130–131, 131, 137–138, 144–145, 155, 218, 227, 230, 245, 247, 256, 272, 274–275, 277, 288, 320, 326, 348–350, 366–367, 438, 445, 447–448, 515, 518, 524, 527
locus 35, 64, 117, 197, 259, 261, 163–164
– *amoenus* 98, 154, 192, 318
– *terribilis/horribilis* 98, 154
Logos 78, 302, 479, 482
Lokalisierung 31, 34–35, 52, 67, 97, 105, 107, 111, 219, 250, 255, 259, 261–262, 303, 388, 515, 522
London 8, 97, 131, 137–138, 143, 199–200, 289, 293, 385–391, 400, 414–415, 415, 432, 507
Lyrik 68, 98, 123, 142, 152–153, 156–158, 207–208, 210, 220–221, 290, 327, 437–438, 451–452, 456, 458, 508–509

Macht, Macht- 11, 78, 82, 101, 115–116, 130, 133, 138–139, 141, 145–146, 171–172, 184, 210, 213, 242–243, 246, 267, 286, 289, 293–294, 313, 316–317, 324, 327–328, 335, 337–342, 366, 369–370, 379, 398, 403, 405, 410–411, 426, 432, 434–435, 447, 490, 492–493, 495, 510, 519, 525
– Handlungs- 20, 88, 367
Malerei 79, 100, 152, 154–156, 213
Manhattan 9, 230, 287, 443, 469–477
Marktplatz 386, 418
Maßstab 35–36, 253–254, 349
Mathematik 17, 23, 273, 278–279, 526
Matrix 7, 20, 247, 250–252, 515
Mediatop 51
Medium, Medialität 4, 50–51, 63–66, 68, 81–82, 102, 105–108–113, 118, 120, 128, 130–133, 139, 145, 162, 164, 188, 190–192, 211, 251–252, 254–256, 260, 265, 289, 290–291, 293–294, 330–331, 348, 431, 433, 455–456, 458, 462, 470, 476, 498, 500–501, 503, 515, 520, 522, 526
– Intermedialität 112, 255
– Transmedialität 255–256
Medizin 116, 267

Meer (s. auch Ozean, Mittelmeer) 19, 33–34, 37–38, 44, 62, 90, 94, 98, 90, 129, 137, 212, 264, 301, 303, 306, 308, 312, 328, 342, 364, 366–367, 369–370, 373, 404–405, 421, 423, 442–449, 490–492, 506, 508, 510, 518
Megastadt 137, 190, 267, 474, 494–504, 510
Melancholie 199, 442
Melodrama, melodramatisch 498, 502
Memoria, Memorial- 59, 61, 80, 118, 121, 142, 198, 329, 346, 360
mental map 212, 387
Metafiktion 428, 455, 457–458, 464–465, 479, 501
Metalepse 21, 61
Metapher 34, 51, 80, 133, 157, 164, 193, 201, 247, 253, 263, 266, 273, 275–276, 346, 415, 417, 475, 489, 492, 510–511
Metapoetik, metapoetisch 185, 193, 467
Metonymie 1, 23, 99, 250, 312, 328, 331, 340, 389, 391, 397, 425, 435, 509
Metropole 8, 137–139, 197, 199, 260, 385–386, 390–391, 413, 432, 443, 469, 471, 473–477, 494–503
Migration 48, 111, 138, 259–260, 505–512
Milieu 31–32, 42, 49–52, 64, 66, 157, 217, 410, 432, 434–435, 526
Mimesis, mimetisch 3–4, 27, 79, 111, 152, 157, 185, 208, 432, 453, 525
Mittelalter 8, 10, 25, 75, 81, 113, 119, 154, 161, 178, 199, 290–291, 335–343, 350–351, 381, 394, 398, 403, 432
Mitteleuropa 197, 200, 210, 213, 235–236
Mittelmeer 8, 128, 199, 301–310, 324, 329, 365–366, 369, 443, 449, 509
Mnemotechnik 119, 196, 233, 521
Mnemotop 7, 46, 61, 80, 164, 189–190, 196–201, 223, 235, 265, 289, 291, 309, 313, 344, 437, 467, 501, 506, 521, 525
Mobilität, *mobility* 26, 31, 37–38, 51, 77, 82, 100, 120–121, 260–261, 263–268, 393–401, 457
Moderne 10, 26–27, 32–34, 36–37, 43, 52, 75, 81–83, 106, 122, 132, 137, 139, 143, 145, 153, 158, 161, 165, 182, 189, 193, 197–199, 211, 218, 221–222, 252, 260–261, 265, 268, 273, 302, 351, 356,

359, 365–367, 370, 374, 376, 390–391,
401, 432–434, 436, 438–439, 443,
356, 458, 465–466, 470, 498–499, 511,
521–522
Montage 61, 65, 457, 469–470
Moralistik 184, 404, 408, 410–411, 432
Mosaik 508, 511
Mumbai 494–503
Museum 38, 196, 235, 288, 431–432
Mystik, mystisch 83, 89, 290, 466
Mythologie 142, 313–314, 319, 327
Mythos 26, 188–189, 302, 314, 318, 320,
331, 378, 439, 465, 509, 511

Narration 62–63, 96, 99, 112, 129, 210, 268,
302, 305, 307, 309–310, 451
– narrativ 30, 43–45, 62, 96, 98–99, 102,
112, 123, 139, 141, 210, 212, 221, 228, 253,
252, 262, 267–268, 275–276, 279, 289,
304, 313, 367–368, 387, 394–395, 416–417,
421, 427, 469, 486, 491, 520, 523–524
– Narrativ (Subst.) 221, 228, 252, 262,
275–276, 279, 313, 387, 416–417
– Narratologie 7, 96, 123, 174, 306
Nation 48, 132, 366, 425, 432, 439, 445
Natur, Natur- 23, 59, 91, 94, 98, 115–116,
117, 120, 151, 153, 155–156, 191, 199,
207–214, 219, 222, 247, 251, 287, 369,
372, 406, 442–446, 465, 488, 525
Navigation, navigieren 8, 21, 44, 120, 301,
309–310, 368, 445
Netzwerk 44–45, 48–51, 66–67, 82, 94, 121,
132–133, 229, 232, 260, 263, 387, 507,
517, 519, 520
Neue Welt (s. Welt)
New York 8, 190, 197, 262, 287, 469–477,
494–495
Nicht-Ort, *non-lieu* (s. Ort)
Nomadismus, Nomaden 188, 262–264, 266,
342, 424, 446, 448–449, 464, 516

Oberfläche 2, 103, 189, 132, 290, 421, 439,
444, 447, 455, 502–503, 522
Odyssee 9, 199, 301–306, 308, 488, 506,
509
Öffentlichkeit 170, 273, 395, 410, 413–419
Ökokritik (s. *Ecocriticism*)

Ökologie 51, 127, 207–214, 234, 266, 516
Ökonomie 77, 79, 93, 116, 119, 128, 132, 139,
151, 158, 208, 240–242, 247, 251, 357,
385–386, 397, 413, 431, 434–435, 443,
508
oikumene/Ökumene 93, 327–328, 331
Operation, Operations- 10, 45, 48, 52,
57–58, 64, 73–82, 91, 118–119, 121,
123, 251–252, 255, 294, 379, 455, 516,
520–523
Organismus 116, 126, 128–129, 313, 400
Orientalismus/*orientalism* 101, 140–142, 145
Orientierung 5–6, 10, 19–20, 23, 33, 37, 44,
61–62, 65–68, 88, 93, 102, 106, 115, 137,
163, 196, 200–201, 249, 290, 306, 360,
422–423, 438, 464, 515, 518, 521
Origo 21, 57, 60–64, 67, 521, 523
Ort (begehbar/topographisch) 4, 35, 36, 51,
58, 60, 75, 90, 128, 155, 167–168, 183,
186, 223–224, 288, 304–308, 330, 339,
366, 378, 394–400, 408, 410, 413–419,
421, 431, 434, 461–462, 465, 469, 489,
495, 500
Ort (medial/symbolisch) 4, 5, 32, 52, 58, 60,
81, 89, 90–91, 93, 98, 101, 102, 117, 123,
171–174, 181–182, 188, 246, 259–267,
278, 293, 303, 317–318, 337–338, 341,
344, 351, 376–377, 413–419, 425, 436,
451, 458, 467, 470, 482, 485, 516, 521
– Erinnerungs- 197–198, 291, 437
– Nicht- *(non-lieu)* 7, 10, 36, 38, 178,
188–193, 286, 291, 423, 486, 495, 521
– praktizierter 90
– Transit- 259, 266–268
Ortung 129, 291, 292, 330, 332
Osteuropa 209, 210, 213
Ozean (vgl. auch Meer, Atlantik, Pazifk) 8,
364–374, 405, 442–443, 445–446,
505–512
– Transozeanität 505, 507, 509, 511

Palast 196–197, 357, 393, 395, 404, 432
Palimpsest 81, 143, 344–345, 348, 496–497,
510
Pampa 32–33
Panoptismus, panoptisch 123, 494, 503

Panorama 31, 36, 98–99, 155–156, 433, 437, 477, 498–500
Paradigma, paradigmatisch 8–9, 26–27, 41–43, 48–49, 51, 58–59, 68, 121, 143, 240, 249, 263, 274, 292, 336, 362, 373, 376, 416, 423, 442, 444, 456, 470, 485, 494, 496, 498–502, 524
Parcours 44, 62, 66, 161, 262, 286, 340, 436, 454, 515–516, 518, 520, 521, 525, 527
Paris 7–8, 23, 31, 33–36, 38, 48–49, 66, 97, 131, 178, 184, 186, 190, 199–200, 245, 268, 431–439, 465, 470, 494, 500
Pazifik 364–374, 422, 508
Peripherie 138, 142, 144, 171–174, 182, 494–485, 518, 525
Petersburg, St. 8, 200, 214, 232, 461–467, 470
Phänomenologie 115, 220, 268
Phantasmagorie 37, 461–462, 465
Planet, planetarisch 50, 52, 126, 129, 221, 251, 324, 371, 462, 478–483, 522, 527
plot 101, 168, 286, 317, 467, 500–502
Poiesis, poietisch 97–99, 115, 140, 157, 422, 454
Position 57–68, 79, 140, 146, 233, 242, 245, 261, 288, 325, 351, 357, 362, 365, 381, 394, 409–410, 429, 487, 499
– Positionalität 21, 46, 49, 63, 66–67
postkolonial, *postcolonial* 7, 101, 137–146, 171, 173, 182, 200, 207, 260, 286, 291, 356, 361, 368, 422, 427, 447, 464, 495, 498, 501, 505, 519, 522, 527
– *postcolonial studies* 101, 207, 286, 291
Postmoderne 190, 193, 224, 264, 266, 376
Poststrukturalismus 101, 179, 207, 209, 211
Postwesen 130, 414
Praktik 1, 3, 6, 10, 44, 73–77, 81, 83, 90–91, 106, 120, 265
– kulturelle 1, 3, 8, 367, 373, 393
– Lektüre- 74, 91
– Raum- (s. Raum)
– Schreib- 75–76, 224, 254
Präposition 46–47, 59, 67, 273, 278–279
Praxis 41, 73, 75–76, 89–91, 105, 107, 110, 112, 115, 152, 193, 211, 221, 240, 252–256, 263, 285, 293, 326, 328, 351, 357, 376, 383, 387–389, 424, 455, 457, 523, 527
Projektion 22, 32, 63, 98, 113, 156, 176, 193, 249, 253, 366, 377, 447, 482, 516
Provinz 31, 36, 143, 200, 217, 324–325, 328, 431, 434–435
Prozession 109, 393, 396–397
Psychiatrie 75, 115, 181–182
Psychoanalyse 118, 243, 252, 522
Punkt 45, 45, 51, 64, 93, 110, 118, 272, 276, 349, 350, 462, 465–466, 521, 523–524

quest(e) 100, 498, 501

Rahmen 23, 30, 36, 48, 74–75, 89–90, 94, 100, 105, 107–108, 112, 153, 172, 186, 219–221, 230, 435, 488
Raum
– Abenteuer- 25, 166, 338–340, 342
– Aktions- 98, 287, 292–293, 393–394
– Anschauungs- 98
– Außen- 20, 30, 51, 139, 144, 173, 328, 332, 336–338, 342, 436, 479, 482, 487, 518
– autochthoner 312–313, 315, 317, 319
– bewegter 42, 51, 406
– Container- 515, 58, 117, 266–267, 515, 517
– Erfahrungs- 99, 102, 111, 494
– Erinnerungs- 198–200
– euklidischer 7, 23, 64, 117, 165, 275, 470, 520
– Experimental- 121
– erzählter / *récit d'espace* 96, 99, 102, 160, 301
– Fern- 22, 98
– flüssiger/fluider 42, 48, 43, 46–48, 259, 261, 264
– Gedächtnis- 196, 199, 201
– gekerbter 129, 426, 515, 517, 522, 526
– gekrümmter 88, 278, 447
– glatter 44, 129, 264, 426, 442, 444, 448, 516, 517, 522
– Handlungs- 108, 166, 228, 235, 287, 427
– Imaginations- 4–5, 326–327, 478–483
– Innen- 20, 26–27, 30, 41, 90, 332, 336, 338, 342, 346, 348, 351, 380, 411, 434, 464, 518
– Kommunikations- 293, 502

Sachregister — **579**

- künstlerischer 30, 33, 36–38, 213
- literarischer *(espace littéraire)* 3–4, 9, 30–31, 33, 35, 37, 43, 45, 47–48, 67, 100, 107, 111, 115, 122–123, 139, 156, 158, 161, 167, 181–182, 190, 209, 217–218, 220, 245, 247, 285–287, 289, 291–294, 302, 317, 326, 330, 335, 380, 398, 414, 421, 435, 464, 469, 471, 481, 494, 518, 522
- nichteuklidischer 7, 18, 67, 118, 193, 272–279, 526
- materieller 76–77, 102, 394, 394
- Möglichkeits- 36, 176
- Natur- 98, 144, 208, 437, 442–443, 445–447
- Navigations- 301
- postkolonialer 140, 142, 144
- privater/öffentlicher 109, 111, 380, 389–390, 394–395, 400, 408–409, 411, 424, 432
- sakraler 344–345, 347, 351
- Schau- 108, 110, 113, 116, 121, 410, 444, 448–449
- Schrift- 3, 27, 34, 52, 59, 63, 73–83, 102, 112, 118, 157, 185, 191, 209, 221, 252, 265, 277, 285, 348, 370, 378, 396, 416, 422, 425–426, 431, 438, 447, 451, 454–455, 458, 461, 467, 474–475, 479, 482, 491–492, 500, 502, 516, 523
- Schwellen- 380–381
- semiotischer 30, 82, 170
- sozialer 51, 74–75, 81, 88–91, 94, 102, 109, 123, 143, 189, 241, 246–247, 326, 423
- symbolischer 3, 32, 82
- Stadt- / urbaner 47, 109, 188, 191, 196–200, 268, 286, 351, 382–383, 388–389, 494–504
- Strömungs- 42
- Teilräume 24, 30, 33, 35–37, 101–102, 175, 391, 518
- Theaterraum 105–106, 112, 382–383
- *third space* 140–141, 260
- Transit- 8, 267
- virtueller 52, 81, 103, 113, 121, 181
- Weltaußen- 479, 482
- Weltinnen- 90, 332
- Wissens- 119–120, 278
- Zwischen- 3, 35–36, 38, 79, 101, 260, 278, 408, 492, 496, 519, 524, 527

Raumforschung 1, 5–7, 46–47, 105, 111, 138, 196, 211–212

Raumgeschichte 8, 43, 100, 111, 123, 144, 158, 161, 181, 217, 247, 285, 287, 289, 291, 293, 330, 398, 471, 494, 522

Raumkonstitution 44, 46–47, 51–52, 57, 96–97, 287, 290, 421–422, 522, 524

Raumkonstruktion 66, 97, 252

Raumkonzept 3–4, 7, 47, 97, 107, 117, 123, 142, 231, 259–260, 277, 290–291, 335, 351, 355, 401, 415, 490

Raumkunst 3, 78, 106, 292

Raummodell(ierung) 105, 273, 276–278, 286–287, 289–291, 294

Raumordnung 3, 34, 41–42, 58, 102, 105, 109, 112–113, 115, 117, 126, 137, 139–141, 143–145, 175, 196, 201, 253, 262, 293, 360, 390, 411, 434, 464, 515, 517, 519

Raumpraktik(en) 4, 6, 44, 109, 113, 249, 252, 286, 325, 388, 517

Raumzeit 45, 60, 74, 82, 160, 162–165, 168, 466, 469–471, 473, 475, 477, 515, 520, 523

Realismus 41, 43, 62, 156–157, 209, 307, 362, 465, 467, 501

Realität 25–27, 32, 65, 74, 97, 164, 180, 189, 191, 251, 278, 290, 376, 383, 434, 446, 449, 458, 462, 465, 480, 482, 492, 498, 503

Referenz, Referentialität 6, 46, 60, 64, 78–79, 82, 93, 97, 100, 115, 118, 152, 170, 174, 176, 185, 189, 218–219, 211, 222–223, 228, 230–231, 234–235, 303, 310, 330, 335, 350, 356, 377, 383, 387, 439, 456, 458, 476, 479, 501, 503

Reisebericht 36, 199, 212, 356, 362, 364, 377, 421, 423, 447

Reiseliteratur 198–199, 220, 427, 519

Reisen 8, 33, 120, 130, 137, 144–146, 178, 199, 260, 263–266, 301, 303, 305, 307, 355, 357, 359, 361, 364, 369, 373–374, 377, 426, 446, 470, 507

Relation, Relationierung 6, 17–25, 27, 30, 45–49, 57–58, 66–67, 73–75, 78–81, 96, 99–101, 105–107, 109, 117, 146, 189,

232, 241–242, 247, 250, 260–262, 266, 273, 277–279, 394, 397, 427–428, 463, 466, 471, 495, 505, 507, 508, 510, 512, 516–518, 521–522, 525–527
Relativitätstheorie 118, 160, 164–165, 273, 276, 470–471, 517
Renaissance 110, 116, 119, 142, 153, 155, 161, 178, 242, 277, 381, 400, 439
Rezentrierung 496–498
Rhetorik 59–61, 64, 68, 117, 119, 123, 133, 138, 140–142, 144–145, 191–192, 196–198, 210, 247, 251, 314–315, 319–320, 331, 356, 416, 526
Rhizom 18, 20, 27, 193, 255, 266, 288, 453, 494–495, 497, 499, 501, 503, 510–511, 516, 519, 522, 524
Ritual 35, 293, 312, 319, 326, 329, 330, 344–345, 347, 385, 421, 426–427
Rom 8, 38, 197, 250, 324–325–332, 339–340, 399, 439, 461
Roman 23, 30, 32–38, 41–42, 65–66, 96, 99, 157–158, 160–161, 163–164, 167, 184, 186, 200, 220–221, 231, 253, 335, 340, 434, 466, 523
– Ritter- 161, 335–336, 341
– Schelmen- 161, 393–396, 400
Route 37, 101, 128, 199, 263, 301, 308, 355, 368, 386
Ruine 199–200

Sammlung 124, 232, 360, 419, 433, 439, 508
scape 47–48, 153, 263
Schachtel 17, 41, 48, 58, 123, 272, 515
Schauplatz 31, 49, 65–67, 96–98, 100, 105, 107, 118, 124, 156, 166, 197, 199–200, 214, 228, 230–231, 233, 256, 268, 304, 386, 369, 385–389, 400, 436, 439, 458, 501
Schiff 34, 37–38, 44, 62, 89–90, 94, 128, 130–131, 182–183, 199, 304, 306–309, 355, 364, 366–369, 388, 422–424, 428, 442–445, 453, 473, 492, 507, 509–510
– -bruch 154, 309, 364–365, 421, 423, 425–426, 429, 453
– -fahrt 44, 130–131, 364, 367, 425, 445
Schreibpraxis 90, 152, 256

Schrift 7, 10, 73–83, 102, 112, 119, 131, 188, 249–250, 255–256, 260, 265–266, 268, 272, 278, 346, 396, 425, 432, 451, 453, 455
Schriftbildlichkeit 79, 102, 453
Schwelle 139, 165, 171, 181–182, 261, 302, 304, 309, 310, 380, 389, 411, 466, 479, 510, 519, 524
Seefahrt 301, 307, 364, 445–336
Segeln 249, 306, 373
– Weltumsegelung 364–365, 372
Seite 27, 43, 52, 77, 82, 102, 112, 119, 124, 142, 220–221, 224, 265, 290, 427, 451–458, 469, 479, 500, 503, 516, 523
Semiotische (das), semiotisch 6, 18, 30, 45, 48, 52, 73, 79, 82, 88, 144, 170–176, 198, 214, 251, 256, 383, 451, 456, 495–497, 503, 526
Semiosphäre 7, 22–24, 30, 42, 44, 52, 98, 107, 123, 138, 168, 170–176, 191, 211, 243, 264, 289, 293, 301, 331, 337, 380, 387, 406, 414, 422, 427, 434–435, 446, 464, 471, 473, 475, 479, 494–495, 518, 520, 525
setting 97–99, 462
Sevilla 249, 393, 395–401
Siedler 426, 482
Siglo de Oro 393, 395, 397, 399
Signatur 116, 192, 290, 376–378, 381–382
Simultaneität *(simultaneity)* 101, 292, 376, 381, 418, 457, 469, 470–471, 473
Situationsbildung 41, 43, 45–52, 522, 524
– *mise-en-situation* 64, 66
Sklave, Sklaverei 318, 361, 368, 422, 428, 506, 511
Slum 498–500, 502–503
Soziologie 68, 89–90, 93–94, 151, 208, 241
spatial turn 97, 102, 138, 170, 219, 227
spatium 18–20, 22, 117, 124, 261, 286, 331, 515, 525–526
Spiegel 64, 140, 180–181, 406, 481, 499
– -saal 405–406, 411
– -stadium 20
Spiegelung 20, 23, 247, 409
Spiel 36, 49, 243, 293, 341, 391, 403–411
Sprechakt 21, 521

Spur 32, 44, 73, 145, 161, 164, 227, 252, 261, 267, 428, 442, 453, 486, 497, 502–503, 517–518, 520–521, 525, 527
Staat 48, 120, 126–133, 138, 178, 210, 244, 260, 292, 305, 314, 326–327, 329, 337–338, 342
– Territorial- 337
Stadt (s.a. Megastadt) 24, 31, 34, 37, 41, 121, 130, 155, 197, 200, 211, 228–229, 262, 267–268, 293, 308, 312–321, 327, 331–332, 377, 393–400, 418, 427, 431–439, 461–467, 469–477, 494, 497–502
Stadtplan 31, 66
Stadttext 46, 213, 389, 461–463, 465, 473
Städtebau(lich) 111, 393, 439
Statik, statisch 38, 41–42, 51, 64, 68, 96–97, 99, 108–109, 141, 160, 170, 172, 176, 186, 211, 241, 243, 262, 285–286, 390, 399, 438, 499, 510–511, 515, 518, 521
Statistik, statistisch 117, 128, 130, 232–233, 495
Straße 8, 31, 34, 41, 94, 109, 129, 188, 196, 268, 378, 385–387, 389, 393–401, 415, 431, 436–439, 470, 472–473, 477, 491
Strömungsmechanik 42, 49
Strukturalismus 101, 107, 170, 171–175, 219, 240, 246
Subjekt, Subjekt- 27, 34, 58–59, 61–62, 63–64, 67, 75–76, 98, 100, 152, 155, 157, 179, 184, 223–224, 247, 262, 264, 266, 287, 370, 399, 425, 436, 476–477, 480, 487, 497, 506, 523
Südsee 35, 371–373
Sujet 22, 24, 26–27, 30, 34, 37, 42, 44, 57, 98–99, 107, 123, 138, 160, 168, 170–171, 173–176, 191, 211, 243, 264, 289, 293, 301, 313, 331, 337, 380, 387, 406, 414, 422, 427, 434–435, 446, 464, 471, 473, 475, 479, 494, 495, 502, 518, 520, 525–527
– sujethaft/-los 24, 41–42, 44, 171, 175–176
surmodernité (Übermoderne) 188–189, 191–193
Symmetrie 408–409, 411
Synchronie, synchron 19, 240, 244, 246–247

Syntagma, syntagmatisch 27, 59, 254, 286, 451, 501–502
System 4, 6, 17–18, 24, 45, 50–51, 59–60, 63, 65, 74, 79–80, 83, 88, 91, 94, 96, 98, 100–101, 111, 113, 115–116, 119–120, 123, 129–131, 137, 139, 141, 166, 170–173, 176, 179, 201, 231–232, 235, 240, 243–244, 250, 260, 292, 409, 435, 490
– Koordinaten- 6, 21, 253, 272, 278
Systemtheorie, systemtheoretisch 117, 171, 201, 243, 259, 526
Szenographie 108, 112

Tableau 49, 116, 119, 123, 124, 190, 263, 431–434, 437–438
– *tableau vivant* 108, 112–113
technè 73, 76
Technik (s.a. Kulturtechnik) 50, 52, 80, 83, 112, 133, 157, 287, 294, 351, 457, 469–470
– Körper- 44, 76
– Orientierungs- 44
– Medien- 112, 289, 470
– Verkehrs- 44, 128, 470
terra incognita 309, 373, 446
terra nullius 144
terrain vague 35–36, 193
Territorialisierung 50, 93, 126, 193, 223, 251, 326, 497, 503, 515
Territorium 93, 129, 142, 153, 173–174, 189, 251, 262, 324, 326, 328, 330–332, 340, 425, 516, 525–526
Text, literarischer 23, 45–46, 67, 88, 163, 174, 234, 236, 256, 278
– Gründungs- 89, 140, 268, 356, 508
– Hyper- 103, 461
– -stadt 461, 473–476
Theater 1, 7, 36, 105–113, 123, 143, 181–182, 196, 208–209, 220, 288, 292, 382–383, 389–391, 395, 413, 415, 436, 438
– anatomisches 116
– politisches 312–313, 315, 317, 319, 321
– postdramatisches 106–107
Theatralität 58, 105–113, 123, 209, 220, 292, 312, 317, 379, 381–382, 386, 395, 404, 415, 436, 442
– Meta- 381

theatrum 119, 291
tope 50–52, 526
Topik 118–119, 123, 197, 199, 214, 314–315, 329, 331, 405, 411, 521, 526
topographical turn 11, 227
Topographie, topographisch 6, 8, 18, 21, 24–25, 30–31, 33, 35, 37, 41, 44, 46–49, 51, 61, 65, 81, 97, 108, 117, 123, 129, 140, 142, 144, 153, 167, 174, 185, 191, 197–201, 210, 217, 220, 222, 227, 230, 137, 251, 253, 260, 262, 266, 268, 285, 303, 312, 315, 327, 330, 335–336, 339–342, 344, 365, 374, 377, 385, 387, 393–394, 398, 406, 413, 418, 423, 431, 435, 438, 445, 451, 461, 465, 470, 478, 489–490, 495, 497, 499, 516–517, 520–521, 525–526
Topologie, topologisch 2, 6, 8, 17–27, 43, 46, 49, 60–62, 64–65, 67–68, 100–101, 113–117–118, 121–123, 170, 175, 241, 259, 261–262, 265, 268, 272–273, 277–278, 288–293, 318, 337–338, 406, 413, 435, 473, 476, 481, 486, 489, 494, 498–499, 507, 515–525, 526–527
Topos, Topoi 24, 31, 61–62, 93, 117, 144, 178, 192, 197, 210, 214, 313, 316, 321, 344, 357, 400, 422, 427, 439, 455, 470, 526
Tragödie 163, 313–314, 317–321, 327, 439
Transkulturation 506
translatio imperii 336, 339–240, 342, 399, 439
Translation 340, 393, 396–399
Traum/Träumerei 21, 83, 156, 182, 262, 265, 410, 437, 442, 445, 473, 488–489, 507
Trauma 184, 230, 485–487, 498, 502, 509–510
Typographie, typographisch 82, 119, 123, 220, 346, 452–453, 457

Überlagerung 26, 33–34, 63, 100, 112, 137, 142–143, 186, 228, 261, 344–345, 393, 401, 474, 495, 498, 501, 524
Übermoderne (s. *surmodernité*)
Umgebung 17, 50, 97, 111, 157–158, 191, 276, 409, 423
Umwelt 20, 30, 49, 50–51, 127, 207–214, 224, 265–266, 526

Unsichtbarkeit, unsichtbar 20, 43, 91–92, 116, 139, 156–157, 180, 186, 242, 290, 398, 403, 408, 431, 437, 490
Urbanisierung 151, 386, 390, 495
Utopie, utopisch 17, 36, 63–65, 88, 90, 98, 115, 123, 133, 142, 178–186, 189, 192, 260, 288, 291, 317, 366–367, 371, 373, 386, 395, 404, 426, 437, 444, 446, 481–482, 486–487, 490, 509, 517–518

Vektor-, vektorialisiert 6, 18, 20, 42–43, 264, 266, 503, 517–521, 524–526, 527
Venedig 8, 26, 186, 199, 376–383
Verkehr/Verkehr(s)- 44, 128–133, 188–189, 327, 366, 393, 397, 400, 436, 470, 520–521
– Welt- 44, 126, 128–133
Verkehrsmittel 38, 44, 51, 66, 132, 188, 260, 470, 473, 500
Vermessung 11, 140, 355, 424, 433
Vernetzung/vernetzen 48, 50, 73, 130, 201, 208, 386, 425, 496, 498, 500, 520, 526
Versailles 8, 110, 403–411
Verräumlichung 8, 45, 102, 112, 116, 197, 200, 219–220, 406, 456, 516, 523–524
Verschiebung 57, 63, 112–113, 137, 139, 141, 144, 335, 340–342, 348, 356, 364, 500
Volk/Völker 22, 93, 127–128, 132, 162, 231, 305, 308, 313, 315–316, 325, 327–332, 339, 395, 464, 481, 506–507

Wahrnehmung 19–20, 32, 34, 62–64, 66–67, 76, 79, 99, 109–110, 112–113, 115, 117–118, 139, 154–154, 163, 199, 212, 224, 240, 252, 262, 265, 268, 274, 276–277, 287, 290–293, 346, 348, 350–351, 356–357, 413, 432, 435–439, 457, 462, 470, 480, 509
Wald 22, 35, 92, 167, 184, 213–214, 403–404, 425
Walfang 443–445
Wanderung 93, 199, 229, 445
Weg 19, 129, 188, 199, 304, 309, 347, 393–394, 396–398, 400, 405, 445, 489, 492, 527
Welt (Singular) 6, 17–27, 33–38, 48, 50, 64, 80–82, 88, 91–95, 118, 127–133,

139, 144–145, 155–157, 165, 166, 171, 174–176, 192, 211, 212, 217–222, 224, 249, 262, 266, 291, 301–308, 325, 328–332, 337, 342, 355–356, 362, 365, 393, 434, 438, 442, 447, 448, 478–483, 485–486, 489, 491, 495, 505, 508, 527
Welten (Plural) 34, 36, 51–52, 94, 123, 137, 180, 228, 230, 233, 289, 305, 478–483
– Ander- 480–482
– erzählte/dargestellte 160, 164, 168, 350, 499–503
– fiktionale/fiktive 96–101, 110, 422, 427, 429, 466, 482–483
– Neue 8, 123, 137, 144, 249, 265, 355–359, 361, 366, 393, 421, 425, 442, 507, 526
Welterzeugung 46, 96–97
Weltgesellschaft 50, 130, 133, 171
Welthaftigkeit 97, 482
Weltstaat 131–131
Weltwissen 97, 119
Wildnis 35, 370, 424, 427
Wirklichkeit 4, 34, 74–75, 77, 79–80, 82–83, 162–163, 223, 292, 336, 387, 489, 492

Wissen 4, 74, 80, 102, 115–124, 155, 173, 176, 179, 184, 208, 250, 345, 356, 358–359, 371, 443, 479, 491, 501, 516
– -smodell 272, 274
– -spoetologie 122
Wunder 301, 307–309, 433, 443
Wüste 8, 89, 98, 137, 212, 264, 364, 380, 404, 421, 428, 436, 442–443, 445, 447–448, 491, 508

Zeigfeld (s. Deixis)
Zeit 2, 7, 24, 76, 81, 96, 99, 116, 118–119, 121, 123, 130, 132–133, 160–168, 182, 240, 259–261, 265–267, 285–289, 318, 345, 394, 401, 419, 436, 439, 449, 458, 466, 467, 470–477, 486–489, 500–501, 507, 518, 520–521, 523
Zeitschrift 82, 416–417, 419, 452
Zentralperspektive 100, 118, 254, 276
Zipango 355–358, 360–361
Zone 27, 35–36, 38, 101, 141–146, 173, 189, 259–260, 267, 301, 304, 306–307, 308–309, 332, 341, 381, 385, 422, 435, 436, 486–487, 518–519, 524–525
Zoom 253, 263, 499, 503

VII. Abbildungsnachweise

III.2, 31 Ehrlicher
Abb. 1: Colón, Cristóbal. *Textos y documentos completos*. Hrsg. von Consuelo Varela. Madrid: Alianza, 1982.

III.2, 36 Sprenger
Abb. 1: [Unbek. Künstler]. *La Grande Gallerie de Versailles*. Paris: Jean-François Daumont, Mitte des 18. Jh.
Abb. 2: Sébastien Le Clerc (1637–1714). *La Grande Gallerie de Versailles*, Frontispiz zu Mlle de Scudérys *Conversations nouvelles*. Paris: Claude Barbin, 1684.

VIII. Autorinnen und Autoren

Johanna Abel, Dr. phil., ist assoziiertes Mitglied der Emmy Noether-Forschungsgruppe „Transkoloniale Karibik" am Romanischen Seminar der Universität zu Köln.

Vittoria Borsò, Dr. phil., ist Professorin i.R. für Romanische Literatur- und Kulturwissenschaft am Institut für Romanistik der Heinrich-Heine-Universität Düsseldorf.

Matei Chihaia, Dr. phil., ist Professor für Französische und Spanische Literaturwissenschaft am Fachbereich Geistes- und Kulturwissenschaften der Bergischen Universität Wuppertal.

Margaret Cohen, Ph.D., ist Andrew B. Hammond Professor of French Language, Literature and Civilization an der Stanford University, wo sie auch Englische und Vergleichende Literatur lehrt.

Michel Collot, Docteur ès lettres, Mitglied des Institut universitaire de France, ist Professeur émérite de Littérature française an der Université Sorbonne nouvelle Paris 3 und gehört der Unité mixte de recherche THALIM (Paris 3/ENS/CNRS) an.

Michael Cuntz, Dr. phil., ist Professor auf Zeit für Medienphilosophie an der Fakultät Medien der Bauhaus-Universität Weimar.

Hermann Doetsch, Dr. phil., ist Akademischer Oberrat für französische, spanische und lateinamerikanische Literatur- und Filmwissenschaft am Institut für Romanische Philologie der Ludwig-Maximilians-Universität München.

Sebastian Domsch, Dr. phil., ist Professor für Anglophone Literaturen am Institut für Anglistik/Amerikanistik der Ernst-Moritz-Arndt Universität Greifswald.

Tobias Döring, Dr. phil., ist Lehrstuhlinhaber für Englische Literaturwissenschaft im Department für Anglistik und Amerikanistik der Ludwig-Maximilians-Universität München.

Jörg Dünne, Dr. phil., ist Professor für Romanistische Literaturwissenschaft an der Universität Erfurt.

Hanno Ehrlicher, Dr. phil., ist Professor für Romanische Literaturwissenschaft (Iberoromania) an der Universität Augsburg.

Victor A. Ferretti, Dr. phil., ist wissenschaftlicher Mitarbeiter am Romanischen Seminar der Christian-Albrechts-Universität zu Kiel.

Michael C. Frank, Dr. phil., vertritt derzeit die Professur für Anglistik und Allgemeine Literaturwissenschaft am Fachbereich Literaturwissenschaft der Universität Konstanz.

Susanne Frank, Dr. phil., ist Professorin für Ostslawische Literaturen und Kulturen am Institut für Slawistik der Humboldt Universität zu Berlin.

VIII. Autorinnen und Autoren

Sabine Friedrich, Dr. phil., ist Professorin für Romanistik, insbesondere Literatur- und Kulturwissenschaft, am Institut für Romanistik der Friedrich-Alexander-Universität Erlangen-Nürnberg.

Xavier Garnier, Docteur ès lettres, ist Professeur de littératures francophones an der Université de la Sorbonne Nouvelle Paris 3.

Susanne Gödde, Dr. phil., ist Professorin für Griechische Philologie und Religionswissenschaft der Antike in der Abteilung für Griechische und Lateinische Philologie der Ludwig-Maximilians-Universität München.

Daniel Graziadei, Dr. phil., ist wissenschaftlicher Mitarbeiter am Institut für Romanische Philologie der Ludwig-Maximilians-Universität München.

Kurt Hahn, Dr. phil., ist Privatdozent an der Katholischen Universität Eichstätt-Ingolstadt und vertritt dort zurzeit eine Professur für Romanische Literaturwissenschaft.

Tatjana Hofmann, Dr. phil., ist wissenschaftliche Mitarbeiterin am Slavischen Seminar der Universität Zürich.

Federico Italiano, Dr. phil., Ph.D., ist Universitätsassistent in der Vergleichenden Literaturwissenschaft der Universität Innsbruck und Lehrbeauftragter am Institut für Allgemeine und Vergleichende Literaturwissenschaft der Ludwig-Maximilians-Universität München.

Markus Janka, Dr. phil., ist Professor für Klassische Philologie und Fachdidaktik der Alten Sprachen an der Abteilung für Griechische und Lateinische Philologie der Ludwig-Maximilians-Universität München.

Joseph Jurt, Dr. phil., Dr. phil. h.c., ist Professor emeritus für Französische Literaturwissenschaft am Romanischen Seminar der Albert-Ludwigs-Universität Freiburg.

Isabel Karremann, Dr. phil., ist Professorin für Englische Literatur- und Kulturwissenschaft am Neuphilologischen Institut der Julius-Maximilians-Universität Würzburg.

Judith Kasper, Dr. Dr. phil. habil., lehrt als wissenschaftliche Mitarbeiterin Französische, Italienische und Allgemeine Literaturwissenschaft am Institut für Romanische Philologie der Ludwig-Maximilians-Universität München.

Miriam Lay Brander, Dr. phil., ist wissenschaftliche Mitarbeiterin für Romanische Literaturen im Fachbereich Literaturwissenschaft der Universität Konstanz.

Christina Lechtermann, Dr. phil., ist Junior-Professorin für Germanistische Mediävistik am Germanistischen Institut der Ruhr-Universität Bochum.

Roger Lüdeke, Dr. phil., ist Professor für Neuere Englische Literaturwissenschaft am Institut für Anglistik und Amerikanistik der Heinrich-Heine-Universität Düsseldorf.

Andreas Mahler, Dr. phil., ist Professor für Englische Literatur und Systematische Literaturwissenschaft am Institut für Englische Philologie der Freien Universität Berlin.

Gesine Müller, Dr. phil., ist Professorin für Romanische Philologie am Romanischen Seminar der Universität zu Köln.

Birgit Neumann, Dr. phil., ist Professorin für Englische Literaturwissenschaft/Anglophonie am Institut für Anglistik und Amerikanistik der Heinrich-Heine-Universität Düsseldorf.

Wolfram Nitsch, Dr. phil., ist Professor für Romanische Philologie an der Universität zu Köln.

André Otto, Dr. phil., ist wissenschaftlicher Mitarbeiter am Institut für Englische Philologie der Freien Universität Berlin.

Nicolas Pethes, Dr. phil., ist Professor für Neuere deutsche Literaturwissenschaft und Allgemeine Literaturgeschichte am Institut für deutsche Sprache und Literatur 1 der Universität zu Köln.

Barbara Piatti, Dr. phil., war von 2006 bis 2014 Forschungsgruppenleiterin am Institut für Kartografie und Geoinformation der ETH Zürich (für das Projekt „Ein literarischer Atlas Europas") und betreibt seit 2013 eine eigene Firma für Literaturwissenschaft und Kulturgeschichte.

Cornelia Ruhe, Dr. phil., ist Professorin für Romanische Literatur- und Medienwissenschaft am Romanischen Seminar der Universität Mannheim.

Sabine Schülting, Dr. phil., ist Professorin für Englische Philologie (Cultural Studies) am Institut für Englische Philologie der Freien Universität Berlin.

Johanna Schumm, Dr. phil., ist wissenschaftliche Mitarbeiterin am Institut für Allgemeine und Vergleichende Literaturwissenschaft der Ludwig-Maximilians-Universität München.

Oliver Simons, Dr. phil., ist Associate Professor of Germanic Languages an der Columbia University in New York.

Ulrike Sprenger, Dr. phil., ist Professorin für Romanische und Allgemeine Literaturwissenschaft an der Universität Konstanz.

Wolfgang Struck, Dr. phil., ist Professor für Neuere deutsche Literaturwissenschaft an der Universität Erfurt.

Bernhard Teuber, Dr. phil., ist Professor für Romanische Philologie am Institut für Romanische Philologie der Ludwig-Maximilians-Universität München.

Rainer Warning, Dr. phil., ist Professor emeritus für Romanistik und Allgemeine Literaturwissenschaft am Institut für Romanische Philologie der Ludwig-Maximilians-Universität München.

Niels Werber, Dr. phil., ist Professor für Neuere deutsche Literaturwissenschaft am Germanistischen Seminar der Universität Siegen.

Karin Westerwelle, Dr. phil., ist Professorin für Französische und Italienische Literaturwissenschaft am Romanischen Seminar der Westfälischen Wilhelms-Universität Münster.

Burkhardt Wolf, Dr. phil., ist zurzeit Vertretungsprofessor für Neuere deutsche Literatur an der Humboldt-Universität zu Berlin.

Xuan Jing, Dr. phil., ist Privatdozentin und wissenschaftliche Oberassistentin für Romanische Philologie am Institut für Romanische Philologie der Ludwig-Maximilians-Universität München.

www.ingramcontent.com/pod-product-compliance
Lightning Source LLC
Chambersburg PA
CBHW070254240426
43661CB00057B/2554